Dieser Band ist der dritte von vier Bänden über die Mittelmeerwelt im Altertum im Rahmen der Fischer Weltgeschichte. *Er behandelt in chronologischer Folge den Aufbau des römischen Reiches und seine Auseinandersetzung mit den hellenistischen Diadochenreichen und den »barbarischen« Nachbarvölkern. Neben den politischen Ereignissen werden die geistigen und religiösen Strömungen sowie die sozialen und wirtschaftlichen Verhältnisse dargestellt und als wirksame Kräfte geschichtlichen Lebens beschrieben. Der Herausgeber, Prof. Pierre Grimal (Sorbonne, Paris), schildert die Geschichte Roms vom Ende des Zweiten Punischen Krieges bis zum Tod des Kaisers Augustus im Jahr 14 n. Chr. Besondere Kapitel sind den Germanen, Skythen, Dakern und Parthern gewidmet, mit denen die römische Weltmacht im 2. und 1. Jahrhundert vor der Zeitenwende wiederholt in ernsten Konflikt geriet. Prof. Georg Kossack (Universität Kiel) schrieb den Beitrag über die Germanen. Tamara Talbot Rice (Edinburgh) zeichnet für die Geschichte der Skythen, Prof. D. Berciu (Universität Bukarest) ist für den Abschnitt über die Daker verantwortlich. Das Kapitel über die Parther stammt aus der Feder von Prof. Richard N. Frye (Harvard University). Der Band ist in sich abgeschlossen und mit Abbildungen, Kartenskizzen und einem Literaturverzeichnis ausgestattet. Ein Personen- und Sachregister erleichtert dem Leser die rasche Orientierung. — Die Geschichte der Mittelmeerwelt im Altertum findet im Band 8 der* Fischer Weltgeschichte *ihre chronologische Fortsetzung.*

DER HERAUSGEBER DIESES BANDES

Pierre Grimal,

geb. 1912; 1935 Agrégé des Lettres, Docteur ès Lettres; 1935–37 Mitglied der École Française in Rom; 1941–45 Professor an der Universität Caen, von 1945–52 an der Universität Bordeaux; seit 1952 Professor für Lateinische Literatur und Römische Kultur an der Sorbonne; seit 1964 Ritter der Ehrenlegion. Professor Grimal ist Autor zahlreicher Bücher und Zeitschriftenaufsätze über römische und griechische Kultur. Sein Hauptwerk, ›La Civilisation Romaine‹, erschien 1960 in französischer, 1961 in deutscher Sprache.

Fischer Weltgeschichte

Band 7

Der Aufbau des römischen Reiches
Die Mittelmeerwelt im Altertum III

Herausgegeben von

Pierre Grimal

Fischer Taschenbuch Verlag

Umschlagentwurf: Wolf D. Zimmermann
unter Verwendung des Fotos
›Statue des Augustus aus dem Museum von Korinth‹ (Foto Marburg)
Harald und Ruth Bukor zeichneten die Abbildungen 2, 4, 5, 13, 21, 23

Illustrierte Originalausgabe
mit 24 Abbildungen
Veröffentlicht im Fischer Taschenbuch Verlag GmbH,
Frankfurt am Main, November 1966

93.–95. Tausend: September 1987

Wissenschaftliche Leitung: Jean Bollack, Paris

Druck und Bindung: Clausen & Bosse, Leck
Printed in Germany
1480-ISBN-3-596-60007-3

Mitarbeiterverzeichnis 8

1. Die Zeit der großen Eroberungen Roms (202–129 v. Chr.) 9

I. Rom am Ende des Zweiten Punischen Krieges 10

a) Die nationale Literatur 11 · α) Naevius 11 · β) Ennius und Terenz 12 · b) Die religiöse Krise 14 · c) Die Organisation des Staates 17 · α) Die neue Aristokratie 17 · β) Die Gewalten des Volkes. Die Komitien 18 · γ) Die Magistrate 21 · δ) Der Senat 22

II. Die Vorgänge im Osten 23

a) Die Lage der Königreiche 23 · b) Der Zweite Makedonische Krieg 25 · α) Seine Ursachen 25 · β) Das Eingreifen Roms 30 · γ) Das freie Griechenland 33 · c) Der Krieg gegen Antiochos III. 35 · α) Die Macht des Antiochos 35 · β) Die Intrigen der Aitoler 38 · γ) Die Feindseligkeiten 39 · d) Die Pax Romana im Osten 43

III. Die innere Entwicklung Roms im 2. Jahrhundert 45

a) Der Hellenismus in Rom 45 · α) Seine Kraft 45 · β) Cato 46 · b) Das römische Weltreich 48 · α) Seine rechtliche Definition 48 · β) Die Entwicklung in Italien 50

IV. Die Entwicklung der Kräfte im Osten 51

a) Das griechische Problem 51 · b) Die Lage im Osten nach dem Frieden von Apameia 52 · c) Der Dritte Makedonische Krieg 54 · d) Das neue Gleichgewicht 59 · α) Der Aufstieg von Delos und die Wirtschaft im Mittelmeerraum 59 · β) Griechenland bis zur Zerstörung Korinths 60 · γ) Das Schicksal der Königreiche 65 · § 1 Pergamon 65 · § 2 Ägypten 68 · § 3 Die Seleukiden 69

V. Die Eroberung des Westens 72

a) Die Befriedung Norditaliens 72 · b) Die Vorgänge in Spanien 74 · α) Spanien in vorrömischer Zeit 74 · § 1 Das Königreich von Tartessos 74 · § 2 Die Iberer 76 · § 3 Die Kelten 81 · § 4 Die Keltiberer 82 · β) Die Kämpfe gegen Rom 84 · c) Der Dritte Punische Krieg 86

2. *Die Agonie der Republik (133–49 v. Chr).* 92

I. Die Faktoren der Krise 92

a) Die Rolle des Geldes in der römischen Gesellschaft 92 · b) Die materiellen Wandlungen der Urbs 96 · c) Das Geistesleben 101 · d) Die Entwicklung des Rechts 105

II. Die Krise der Gracchen 109

a) Tiberius Gracchus 110 · α) Der Mensch und seine politische Doktrin 110 · β) Das Tribunat des Tiberius Gracchus 112 · γ) Von Tiberius zu Gaius Gracchus 116 · b) Gaius Gracchus 117 · α) Die Vorgänge in Asien 118 · β) Die Politik des Gaius Gracchus 119

III. Von den Gracchen zu Sulla 123

a) Der Jugurthinische Krieg 124 · b) Vorherrschaft und Mißerfolg des Gaius Marius 128 · c) Der Bundesgenossenkrieg 130 · d) Der Bürgerkrieg 133 · α) Die Voraussetzungen 133 · β) Mithridates und die Krise im Osten 134 · γ) Sullas Marsch auf Rom 137 · δ) Sullas Rückkehr und Diktatur. Die Reformen 139 · ε) Das Ende von Sullas Diktatur 143

IV. Die letzten Jahre der Republik 144

a) Lepidus und Sertorius 144 · b) Die Kriege gegen Mithridates 146 · c) Die innenpolitischen Probleme 149 · α) Sertorius 149 · β) Spartakus 150 · γ) Der Prozeß des Verres 151 · δ) Die rogatio des Gabinius 153 · ε) Die Verschwörung des Catilina 154 · ζ) Die Rückkehr des Pompeius 161 · η) Das erste Triumvirat 161 · d) Die Eroberung Galliens 166 · α) Gallien am Vorabend der Eroberung 166 · β) Die Faktoren der Einheit 171 · γ) Die politischen und sozialen Verhältnisse 174 · δ) Die Feldzüge Caesars 177 · § 1 Der Krieg gegen die Helvetier 178 · § 2 Die Feldzüge von 57 bis 53 v. Chr. 179 · § 3 Der Aufstand des Jahres 52 v. Chr. 183

V. Auf dem Weg zum Bürgerkrieg 185

3. *Von der Diktatur zum Prinzipat (49 v. Chr.–14 n. Chr.)* 187

I. Der Triumph Caesars 189

a) Die Ausschaltung des Pompeius 189 · b) Caesar Herr der Welt 196 · c) Die Opposition gegen Caesar 201

II. Rom beim Tod Caesars 202

a) Die Literatur 203 · α) Die Entwicklung der Prosa 204 · β) Die Beredsamkeit 207 · γ) Cicero 208 · δ) Das Lehrgedicht des Lukrez 211 · ε) Die Erneuerung des Alexandrinismus 212 · b) Die Religion 204

III. Von Caesar zu Augustus 207

a) Die Intervention des Octavian 208 · b) Das zweite Triumvirat 220 · α) Das Veteranenproblem 222 · β) Der Frieden von Brindisi 223 · γ) Vom Vertrag von Tarent zur Schlacht von Actium 224 · § 1 Antonius im Osten 226 · § 2 Der Bruch zwischen Antonius und Octavian 228 · c) Octavian Herr der Welt 229 · α) Die Reorganisation der Macht 230 · β) Der Name des Augustus 233 · γ) Die Dynastie 234 · δ) Die Krise des Jahres 23 v. Chr. 235 · ε) Die Sittengesetzgebung 240

IV. Das römische Weltreich 242

a) Die östlichen Provinzen 244 · b) Die westlichen Provinzen 247 · c) Der Kult des Augustus 249 · d) Die außenpolitischen Probleme 251 · α) Die Germanen 252 · β) Geten und Daker · Der Aufstieg der Daker im 2. und 1. Jahrhundert v. Chr. Daker und Römer zur Zeit des Augustus 273 · γ) Südosteuropa zur Zeit der Skythen 288 · δ) Die Welt der Parther 301 · ε) Die Suche nach den Grenzen 320

V. Das augusteische Zeitalter 323

Zeittafel 327

Anmerkungen 329

Literaturverzeichnis 351

Verzeichnis und Nachweis der Abbildungen 361

Register 363

MITARBEITER DIESES BANDES

Prof. Dr. D. Berciu (Universität Bukarest):
Kapitel 3 IV d β

Prof. Richard N. Frye (Harvard University):
Kapitel 3 IV d δ

Prof. Dr. Pierre Grimal (Sorbonne, Paris):
Kapitel 1, 2, 3 I, II, III, V und 3 IV a, b, c, d ε

Prof. Dr. Georg Kossack (Universität Kiel):
Kapitel 3 IV d α

Tamara Talbot Rice (Edinburgh):
Kapitel 3 IV d γ

Gerhard Frey (Heidelberg)
übersetzte Kapitel 1, 2, 3 I, II, III, V und 3 IV d β
sowie 3 IV d ε aus dem Französischen.

Ilse Gattenhof (München)
übersetzte Kapitel 3 IV d γ aus dem Englischen.

Gudrun Steigerwald (Heidelberg)
übersetzte Kapitel 3 IV d δ aus dem Amerikanischen.

1. Die Zeit der großen Eroberungen Roms (202—129 v. Chr.)

Die Niederlage Karthagos bei Zama bedeutete nicht nur das Ende des Reiches der Barkiden im westlichen Mittelmeer, sondern zugleich den Zusammenbruch der gesamten punischen Macht. Die wenigen Versuche, die Hannibal unternahm, um die Regierungsform Karthagos zu reformieren und ihr eine gewisse Stabilität[1] zurückzugeben, scheiterten. Er mußte schließlich in die Verbannung in den Orient gehen.[2] Noch ein halbes Jahrhundert sollte Rom seinem alten Feind ein Existenzrecht einräumen, jedoch unter der ausdrücklichen Bedingung, sich nicht wieder zu erheben.[3] Dieser Machtverlust Karthagos hinterließ im ganzen Westen ein Vakuum, das auch der Hellenismus nicht mehr zu füllen vermochte. Eine der Folgen des Zweiten Punischen Krieges war ja gerade die Zerstörung der letzten politischen Macht des Griechentums in Sizilien gewesen. Syrakus hatte den Fehler begangen, die Politik Hierons II. aufzugeben, und sich im falschen Augenblick auf die Seite Karthagos geschlagen.[4] Auch Tarent hatte sich unwiderruflich kompromittiert. Was an westlichem Griechentum zurückblieb, sollte in der Folgezeit mit der römischen Macht verschmelzen. Rom war nun die unbestrittene Hauptstadt des Okzidents. Die endgültige Befriedung angesichts der Welt der Barbaren, der Ligurer, der Kelten Norditaliens und Galliens, der spanischen Iberer und bald der Numider sollte seine Aufgabe sein. Um Rom sollten sich, von unterschiedlicher Begeisterung erfüllt, die »zivilisierten« Völker scharen, denen nichts anderes übrig bleiben sollte, als die römische Hegemonie de facto anzuerkennen.
Die Politik Hannibals hatte indessen noch eine andere Konsequenz. Durch die Intrigen des Puniers war der Augenblick einer (über kurz oder lang ohnehin unvermeidlichen) Auseinandersetzung zwischen Rom und dem makedonischen Königreich nähergerückt. Den Römern war klar geworden, daß ihre Blicke nach Osten nicht an den italischen Ufern des Ionischen Meeres und der Adria haltmachen durften. Durch die Ausschaltung Karthagos als Wirtschaftsmacht standen Rom und, im weiteren Sinne, die »Italiker« unmittelbar der Welt des Ostens gegenüber. Es war so, als wäre ein Schutzwall (den der karthagische Handel bedeutet hatte) plötzlich zusammengestürzt. Rom sollte von nun an im Osten seine Verbündeten, seine »Klienten« und seine Feinde finden. Ohne daß es schon die Gelegenheit gefunden hatte, irgendwo mit Waffengewalt einzugreifen, genügte bereits die Nennung seines Namens, um neue Alternativen und

politische Gruppierungen zu schaffen.[5] Angesichts der tiefen Zersplitterung der griechischen Welt im Osten, die keines der früheren Königreiche durch sein Übergewicht hatte beseitigen können, war Rom auch hier aufgerufen, zunächst Schiedsrichter, dann Führer zu sein. Der Niedergang Karthagos war gewiß nicht der einzige, vielleicht auch nicht der Hauptgrund für diese Entwicklung, in deren Verlauf Rom sein Imperium auf den Osten ausdehnte. Er gehört jedoch zu den bestimmenden Faktoren und schuf auf jeden Fall die Möglichkeit dazu am Anfang des 2. Jahrhunderts vor unserer Zeitrechnung.

I. Rom am Ende des Zweiten Punischen Krieges

Die über fünfzehn Jahre dauernde Krise Roms, die seinen Bestand ernsthaft bedroht hatte, führte zu tiefgreifenden materiellen, politischen und geistigen Wandlungen in der Stadt selbst und in ihren Beziehungen zu den Bundesgenossen. Die Eroberung der Welt – das war der neue Sendungsauftrag, dem sich ein nach Zama erneuertes Rom stellte, ohne sich seiner wahrscheinlich schon ganz bewußt zu sein. Man würde die Dinge zu einfach sehen, wenn man behauptete, daß der gegen Hannibal in Bewegung gesetzten Kriegsmaschine nun jede Möglichkeit des Einsatzes fehlte und die Römer, von ihrer Begeisterung mitgerissen, danach trachteten, ihre siegreichen Unternehmungen auf weitere Gebiete auszudehnen. Diese schreckliche Kriegsmaschine war zu Verteidigungszwecken gegen einen Angreifer, der den Krieg nach Italien getragen hatte, geplant und entwickelt worden. Rom hatte sein Volk und seine Verbündeten gegen eine Armee von Hilfstruppen, Söldnern und Abenteurern aus allen Teilen der Welt bewaffnet. Eine solche Macht wird nicht zwangsläufig ihrem ursprünglichen Ziel entfremdet, wenn sie ihren Auftrag erst einmal erfüllt hat. Aber man kann dennoch mit Bestimmtheit sagen, daß für Rom im Lauf des Kampfes gegen Hannibal das Kriegführen zu einer schrecklichen und das Siegen zu einer nicht minder gefährlichen Gewohnheit geworden waren. Man ahnt etwas von der Begeisterung, die die Herzen ergriff, von dem Glauben Roms an sein Schicksal, an seine Unverwundbarkeit, von allen jenen Gefühlen, von denen in den kommenden Jahrhunderten die Politik Roms getragen werden sollte und die in weitem Maß zu ihrer Erklärung beitragen.

a) Die nationale Literatur

α) Naevius

Es ist gewiß kein Zufall, wenn zu dieser Zeit kurz nacheinander zwei römische Nationalepen entstanden: das *Bellum Punicum* des Naevius und die *Annales* des Ennius. Naevius, ein Kampaner, gehörte zu der ersten Generation der römischen Dichter. Seine ersten Werke schuf er kurze Zeit nach Livius Andronicus.[6] Es ist aber wahrscheinlich, daß die Abfassung seines Epos gegen Ende seines Lebens anzusetzen ist und zeitlich mit dem Krieg gegen Hannibal zusammenfällt.[7] Die *Annales* des Ennius folgen in ganz geringem zeitlichem Abstand auf das Werk des Naevius, zumindest was ihren Anfang anlangt; denn der Dichter arbeitete durchgehend an ihnen wie an einer Chronik bis zu seinem Tod im Jahr 169. Während Ennius Zeuge der ersten Erfolge im Orient wurde, bewies Naevius die Zuversicht seines Glaubens in den dunklen Stunden des Krieges. Sein Zeugnis über die innere Haltung der Römer zur Zeit der Schlacht am Metaurus und vor Zama ist daher um so wertvoller.

Obwohl uns das *Bellum Punicum* nicht erhalten geblieben ist, vermögen wir heute doch durch den Scharfsinn und die Einfühlungsgabe der Philologen etwas von dem Geist zu ahnen, der es beseelte. Zunächst begegnen wir einer tiefen Religiosität, einem Glauben, nicht so sehr an die materielle Wahrheit der überkommenen Mythen, die ja trotz allem in Rom fremde »Superstrukturen« sind, sondern an die Wirkkraft der Riten und in weiterem Sinn an die Wirklichkeit des Göttlichen überhaupt.[8] Schon vor Vergil verband Naevius das Schicksal Roms mit dem Willen der Götter. Schon lange vor ihm versuchte er, in einer eingehenden *ätiologischen* Episode den tiefreichenden Antagonismus zwischen Karthago und Rom durch die Gegenüberstellung von Äneas, dem Gründer Roms, und Dido, der Gründerin Karthagos, zu deuten. Dem ersten Teil des Gedichtes, das dem Göttlichen und Mythischen der Ereignisse der jüngsten Geschichte Roms gewidmet ist, folgt eine »Chronik« des Ersten Punischen Krieges, an dem Naevius selbst als Soldat teilgenommen hatte. Sein Bericht ist offenbar bewußt sachlich und nüchtern gehalten, den »elogia« vergleichbar, die man in einer oder in zwei Zeilen auf dem Grab der römischen Anführer einmeißelte. Wir haben es hier bereits mit der Entstehung eines »römischen« Stils zu tun, der von Nüchternheit und geradezu brutaler Kraft gekennzeichnet ist und sich völlig von der Üppigkeit und bilderreichen Ornamentik des zeitgenössischen hellenistischen Epos' unterscheidet, das Naevius bestimmt gekannt hat. Rom widersetzt sich dem Osten, um seine Eigenständigkeit in jenem Streben nach Ruhm zu festigen, das, wie wir bereits sagten, zu den tiefsten Triebkräften im Denken der damaligen

Zeit gehörte.[9] Alles Geschehen vollzieht sich somit auf zwei Ebenen. Oben stehen die Götter und Heroen, deren Abenteuer symbolisch die Menschheitsgeschichte verkörpern. Unten entrollt sich das Drama der Geschichte mit seinen Episoden voller Heldentum, aber ebenso in seiner banalen Routine und offensichtlichen Zusammenhanglosigkeit, seinen Rückschlägen und Erfolgen, die ihren Sinn nur im Licht des Göttlichen erhalten.
Das *Bellum Punicum* ist gewiß kurze Zeit vor der Schlacht am Metaurus verfaßt worden. Es kennzeichnet den Augenblick, in welchem Rom innerlich wieder neue Hoffnung schöpfte. Vielleicht hat es dazu beigetragen, diese Hoffnung zu beleben, indem es zeigte, daß der »Kontakt« zwischen Rom und seinen Göttern unzerstörbar und die Vergangenheit der sicherste Garant für die Gegenwart und die unmittelbare Zukunft waren. Dieses Zeugnis war gewiß von hohem Wert in einer Stadt, die von Sorge über die anhaltenden Rückschläge erfüllt war und sich fragte, ob sie nicht ihr Verhältnis zum Göttlichen von Grund auf überprüfen mußte.[10] In diesem Augenblick gab ein Dichter ihr neues Vertrauen.

β) Ennius und Terenz

Ennius zeigt eine Generation später eine ganz andere geistige Haltung. Rom war nicht mehr belagert. Die Heimsuchungen durch einen furchterregenden Feind haben aufgehört. Rom ist die stärkste Macht des Okzidents geworden. Es empfand nicht mehr das gleiche Bedürfnis, sich auf sich selbst zu besinnen und Zuflucht im Glauben an seine Traditionen zu finden. Es vermochte sich nun mehr dem Hellenismus zu öffnen, dem es zum Teil seinen Ursprung verdankte[11], von dem es aber eine Zeitlang durch den Krieg Hannibals abgeschnitten war. Das wird an folgendem deutlich: Als Ennius sich seinerseits entschloß, ein nationales Epos zu schreiben, griff er nicht auf den alten »Saturnier« zurück, der von Livius und Naevius verwendet worden war, sondern er führte mit mehr oder weniger Erfolg den homerischen Hexameter in die lateinische Sprache ein. Ja mehr noch: Er verstand sich als Reinkarnation Homers und versicherte zu Beginn der Annalen, der alte Dichter sei zuerst in einen Pfau[12] verwandelt worden und dann Ennius selbst geworden. Dieser eigentümliche Prolog weist darauf hin, daß der Dichter – und wir wissen dies auch von anderer Seite – ein Anhänger der Pythagoreer gewesen ist, für die es eine Seelenwanderung gab. Es zeigt aber auch, daß Ennius von Kallimachos beeinflußt war, der hier sein Vorbild gewesen zu sein scheint.[13] Durch Ennius wurde Rom wieder so etwas wie eine alexandrinische »Kolonie«. Wahrscheinlich erklärt die Herkunft des Ennius (er wurde in Rudiae, unweit Tarent, geboren) zum Teil wenigstens den Pythagoreismus des Dichters; denn Tarent war lange Zeit hindurch das Zentrum gewesen, von dem aus die Lehre auf Italien ausstrahlte. Zum anderen ist sie eine Erklärung für seine besondere Empfänglichkeit gegenüber dem griechischen Einfluß. Aber diese Herkunft erklärt noch keineswegs, warum Rom sich als ganzes in seinem Werk erkannte, und zwar in einem Maße, daß Ennius später als »Vater« der nationalen Dichtung angesehen wurde.

Die gleiche Gegensätzlichkeit, die man zwischen dem Wesen eines Naevius und eines Ennius feststellen kann, zeigt sich deutlich, wenn man die Theaterdichtung eines Plautus mit der eines Terenz vergleicht. Plautus war ganz unverkennbar der Zeitgenosse des Naevius (wahrscheinlich um einige Jahre jünger). Terenz war jünger als Ennius. Seine nur sechs Komödien sind alle nach dem Tod des letzteren geschrieben[14], aber auch sie zeigen eine eindeutige Rückkehr zum Hellenismus. Plautus (der bekanntlich Intrigen und Personen von den Autoren der neuen attischen Komödie entlehnte[15]) zeigt den Sittenverfall des griechischen Lebens, dem er, zumindest indirekt, die Sittenstrenge und sittliche Unverdorbenheit der Römer entgegenhält. Terenz dagegen scheint sich nicht nur genauer an seine griechischen Vorbilder gehalten und weniger als sein Vorgänger den im Volk verwurzelten Traditionen der römischen »Farce« geopfert zu haben, sondern er hielt sich auch mehr an den philosophischen Gehalt der Werke, die er nachahmte, und benutzte sie nicht einfach als Vorwurf oder als Quelle possenhafter Situationen. An seinem Beispiel zeigt sich am deutlichsten der Generationskonflikt, der sich zwangsläufig zwischen Vätern, die »Römer alten Stils« geblieben waren, und Söhnen ergeben mußte, die infolge der wirtschaftlichen Entwicklung der Stadt, in der sich durch Eroberung immer größere Reichtümer ansammelten, und angesichts der immer intensiveren Kenntnis von der hellenistischen *»paideia«* kaum noch bereit waren, die Ideale der Tradition zu akzeptieren. Die bedingungslose Hingabe des einzelnen für den Staat war im Verlauf der Krise, in der Rom gestanden hatte, unerläßlich gewesen. In einem siegreichen und siegenden Rom konnte sie zu Recht als ein absurdes Ansinnen erscheinen.

Der Hellenismus verherrlichte in seiner »modernen« Form, d. h. so wie er sich zu jener Zeit in dem Denken und der Zivilisation der hellenistischen Welt darstellte, den Wert und die Rechte des Individuums. Wir hatten gesehen, daß seit geraumer Zeit die Zwangsmaßnahmen seitens der Stadt gelockert worden waren. Man hat immer wieder mit Recht darauf hingewiesen, daß in der hellenistischen Welt der einzelne sowohl in politischen Abenteuern als auch in den Lehren der Philosophen Triumphe feierte. Ebenso wahr ist, daß die großen hellenistischen Schulen, die die größte Anhängerschaft besaßen, die Menschen lehrten,

wie sie, ein jeder für sich und durch eigene Anstrengung, zum »glücklichen Leben« gelangen könnten.[16] Rom konnte sich dieser Entwicklung auf die Dauer nicht entziehen, die seiner eigenen vorausgegangen war. Ihr Beispiel mußte ansteckend wirken. Der »Pythagoreismus« des Ennius ist ein Beispiel dafür, welche Bedeutung dem Einzelmenschen beigemessen wurde. Selbst der Tod vermochte ihn nicht zu vernichten: Die »außergewöhnliche« Seele vergeht nicht und behauptet sich.
Zu dieser Zeit verbreiteten sich in Italien und Rom Ideen, deren Künder Ennius in zwei Dichtungen wurde, von denen wir zwar kaum mehr als den Titel kennen, deren Sinn wir aber ahnen. Es handelt sich um den *Epicharmos* und den *Euhemeros.* Im ersteren wurde in Gestalt einer »Offenbarung« (ähnlich derjenigen, mit welcher die *Annales* beginnen) eine Naturlehre dargelegt, die der Dichter dem Pythagoras in den Mund legte, der in Wirklichkeit aber eine bunte Mischung von pythagoreischen, aber auch stoischen und platonischen Elementen gewesen zu sein scheint. Ennius lehrte darin seine Landsleute, daß die Seele des Menschen nur ein Funke aus der Sonne und Jupiter nur eines der Elemente sei, nämlich die Luft, deren Veränderungen über die meisten meteorologischen Phänomene Aufschluß geben. Im *Euhemeros* vervollständigte er diese Lehre, die das Ziel verfolgte, den einzelnen aus der »Tyrannei« der Staatsreligion zu befreien. Die Götter erscheinen als Sterbliche, die die Zeitgenossen aus Dankbarkeit zu Gottheiten erhoben hatten.[17] Die Welt wurde auf diese Weise erklärt, ohne daß dabei auf die traditionellen Kategorien zurückgegriffen zu werden brauchte. Eine »Vernunfttheologie« hielt Einzug in Rom, ungeachtet der »politischen« Theologie, die die alten Glaubensüberzeugungen wegen ihrer Nützlichkeit[18] beibehielt, denen die Gebildeten jedoch keine andere Berechtigung mehr konzedierten.

b) Die religiöse Krise

In Rom begann sich das abzuzeichnen, was oft als Krise der nationalen Religion und ihr Niedergang bezeichnet wird. Man muß jedoch bestimmte Unterschiede machen. Erschöpfte sich in dem traditionellen Pantheon, das in dieser Weise in Mißkredit geraten war, wirklich das gesamte religiöse Denken und Leben der Stadt? Man darf nicht vergessen, daß diese Gottheiten ihrem Wesen nach Rom zum großen Teil fremd waren und sich in ihnen die verschiedensten Elemente verbanden. Sie erfüllten offensichtlich den Zweck, Träger bestimmter *rites* zu sein. Als sich im 3. Jahrhundert die Stadt vor die Notwendigkeit gestellt sah, die Wirkkraft ihrer Religion zu erhöhen, wurden nicht so sehr neue Gottheiten als vielmehr bis dahin noch unbekannte

Abb. 1: Antike Stukkatur aus dem Haus der Isis-Priesterin im Garten der Villa Farnesina in Rom

rituelle Handlungen eingeführt (außergewöhnliche Opferungen, Lektisternien usw.). Die Sibyllinischen Bücher, die bei solchen Anlässen befragt wurden, waren eigentlich nur Sammlungen vergleichbarer Vorschriften.[19] Fremde Götter, wie die Göttermutter Kybele aus Pessinous, wurden zusammen mit ihren Priestern und kultischen Handlungen eingeführt.[20] Was sich von der Staatsreligion sagen läßt, trifft auch auf die Frömmigkeit des einzelnen zu. Zu Beginn des 2. Jahrhunderts verbreitete sich mit einer für die Behörden besorgniserregenden Schnelligkeit die Religion des Liber Pater oder, genauer gesagt, eine mystische Form dieser Religion. Es ist bemerkenswert, daß sich dieser Kult an einen der offiziellen Götter des römischen Pantheons wandte, der mit Ceres und Libera im Tempel in unmittelbarer Nachbarschaft des Aventin[21] in Verbindung stand. Aber der Gott dieser Bacchanalien (wie die kultischen Feiern und die Anhänger dieser neuen Religion hießen) hatte nur sehr wenig mit ihm gemein. Liber Pater, der antike Gott männlicher Fruchtbarkeit, wurde seit undenklichen Zeiten in Latium durch einen Phalloskult verehrt.[22] Mit seinem Namen ließen sich ohne weiteres die orgiastischen Riten verbinden, die wahrscheinlich aus Süditalien gekommen waren (oder vielleicht, wie andere meinen, von den Etruskern stammten).

Durch einen erhalten gebliebenen Text eines *senatus consultum* vermögen wir uns vorzustellen, worum es dabei ging.[23] Im Jahr 186 wurde dem Senat durch eine Denunziation hinterbracht, daß Bacchusanhänger sich in allen Städten Italiens und sogar in Rom zu kultischen Feiern zu versammeln pflegten, bei denen es zu unsittlichen Handlungen, ja Verbrechen komme. Man behauptete sogar, daß Menschenopfer dabei nichts Seltenes seien.[24] Die durch diese Denunziation aufs höchste beunruhigten Magistrate griffen ein. Durch Senatsbeschluß wurden bei Androhung der Todesstrafe die geheimen Bacchusgenossenschaften verboten. Der Kult selbst wurde weiterhin geduldet, aber nur unter der Bedingung, daß nächtliche Versammlungen und die Bildung von Genossenschaften *(collegia)* in Zukunft unterblieben. Welches Ziel verfolgte nun eigentlich dieses Verbot (das schonungslos gewesen zu sein scheint)? War es das Bemühen, Anstoß erregenden kultischen Handlungen ein Ende zu setzen, die Kontrolle über die verschiedenen Kulte und, ganz allgemein, über das religiöse Leben zu behalten? Oder ging es vielleicht darum, der Bildung einer umfassenden Organisation zuvorzukommen, deren Umtriebe politischen Charakter[25] annehmen konnten? Wie dem auch sei: Diese Angelegenheit weist hin auf eine tiefe Strömung im religiösen Empfinden Roms in jener Zeit, auf die Sehnsucht nach einer unmittelbaren Teilnahme jedes Gläubigen am Göttlichen, d. h. in jedem Fall auf die Sehnsucht nach Selbstverwirklichung des einzelnen Menschen. Die Verbote des Senats und harte Strafverfolgungen konnten auf die Dauer die Verbreitung der dionysischen Religion nicht aufhalten.[26] Nach ihr kamen, vom gleichen Geist beseelt, andere Religionen nach Rom, die schließlich größere Bedeutung erlangten als die staatlichen Kulte. Darüber sollte allerdings noch ein ganzes Jahrhundert vergehen.

c) Die Organisation des Staates

Der Krieg gegen Hannibal hat, wenn nicht die Institutionen Roms, so doch ihre Arbeitsweise und den politischen Stil unverkennbar gewandelt. Die politischen Sitten waren in ihrer Bedeutung ebenso groß wie die geschriebenen Gesetze. Die Gesellschaftsordnung hatte sich gewandelt. Schon im Schwinden begriffene Standesunterschiede fielen ganz fort, während andere neu entstanden und bereits den gesellschaftlichen und politischen Zustand der zu Ende gehenden Republik ankündigten.

α) Die neue Aristokratie

Der Gegensatz zwischen Plebs und Patriziern gehörte schon seit Anfang des 3. Jahrhunderts nicht mehr zu den entscheidenden Problemen im Staat. Die beiden Klassen bestanden, rechtlich voneinander geschieden, fort, aber die Unterschiede waren nicht so sehr rechtlicher als sozialer und vor allem religiöser Natur. Die Plebs hatte Zugang zu allen Magistraturen.[27] Dieses Recht war nunmehr unangefochten, und niemand wäre auf den Gedanken gekommen, es wieder in Frage zu stellen. Aber ein feinerer Unterschied ist an die Stelle des früheren Gegensatzes getreten. Die Plebs, die die Macht mit den alten patrizischen Familien teilte, war keine unorganische Masse mehr, die man mit dem »Demos« der griechischen Demokratien vergleichen könnte. Diejenigen Angehörigen der Plebs, die von der Möglichkeit einer Ämterlaufbahn Gebrauch machen konnten, glichen immer mehr den Patriziern. Die plebejischen *gentes* verbanden sich mit den alten patrizischen *gentes*. Das politische Intrigenspiel wurde zwischen ihnen ausgetragen, ohne daß irgendwelche Einzelgänger die Möglichkeit bekommen hätten, sich ihrerseits einzuschalten. Es genügt der Hinweis, daß die Konsulate (die einzigen Ämter, über die wir durch die erhalten gebliebenen *Fasti*[28] genauer Bescheid wissen) in der Hand einiger weniger Familien blieben.

Im Lauf des 4. Jahrhunderts, als die Römer nacheinander das Samniterland und Süditalien eroberten, stiegen die *Junii*, die *Fulvii*, die *Decii* und die *Curii* zu konsularischen *gentes* auf. Einige von diesen Familien waren eben erst Römer geworden wie zum Beispiel die *Decii*, die aller Wahrscheinlichkeit nach aus Kampanien stammten[29], oder die *Fulvii*, die mit Gewißheit aus Tusculum kamen, während die Herkunft der *Curii* aus Tusculum nicht ganz feststeht.[30] Der Aufstieg in die neue römische Aristokratie war somit nicht nur den vornehmen Plebejern Roms möglich, sondern auch den treuesten und zuverlässigsten Bundesgenossen aus der Provinz, deren Dienste man auf diese Weise belohnte. Es hat sogar den Anschein, daß bei den Senatoren die Adligen aus der Provinz bereitwilliger Aufnahme fanden als Plebejer von alter römischer Abstammung. Die aristokratischen Traditionen der besiegten Völker paßten sich schneller den Traditionen an, denen sich die römischen Patrizier verbunden fühlten.

Die Patrizier behielten noch bestimmte religiöse Vorrechte. Nur sie durften die Priester für einige Kollegien stellen.[30a] In Wirklichkeit ergab sich der wichtigste Klassenunterschied aus den Vermögensverhältnissen. Dieser Unterschied hatte sich schon ganz deutlich in der »Servianischen« Klassifizierung gezeigt, nach der die Reichsten die Macht innehatten.[31] Es wäre jedoch falsch anzunehmen, daß der Reichtum eine unerläßliche Qualifizierung gewesen sei. Bekanntlich durfte das Vermögen der Senatoren nur aus Landbesitz bestehen. Dem Senatorenstand war jegliches geschäftliches Unternehmertum untersagt (seit der *lex Claudia* von 218[32]). Die Händler, Bankiers und Kaufleute, die Geschäfte mit Übersee trieben, sowie alle möglichen Geldverleiher waren, selbst wenn sie ein dem *census* der Senatoren vergleichbares Vermögen hatten, jedoch nicht zu staatlichen Ämtern zugelassen. Sie bildeten die Klasse der Ritter. Die römische Verfassung (wenn man diesen an sich anachronistischen Begriff überhaupt verwenden will) bestand nicht nur in der Anwendung einfacher Grundsätze. Tradition und Praxis beschränkten die theoretischen Rechte der Bürger. Ebenso falsch wäre es, diese Organisation als »plutokratisch« zu bezeichnen, da man zwischen den verschiedenen Formen des Reichtums Unterschiede machte. Ebensowenig wäre es gerechtfertigt, in ihr eine »Aristokratie« zu sehen, da man oft weder de jure noch de facto etwas gegen die Eingliederung von Nichtaristokraten in die herrschende Aristokratie (die in ihrer Zusammensetzung selbst auch nicht einheitlich war) einzuwenden hatte.

β) Die Gewalten des Volkes. Die Komitien

Das aristokratische Prinzip war im übrigen auf andere Weise gefährdet. Die zahlreichen und verschiedenen Volksversammlungen verfügten ihrerseits über nicht geringe Macht. In vielen Fällen trug, selbst in rechtlicher Hinsicht, im Konfliktsfall das Volk über den Senat den Sieg davon.

Wie nun die Rechtslage des einfachen Bürgers im einzelnen beschaffen war, läßt sich nicht mit Genauigkeit sagen (gemeint ist hier der Bürger, der nicht zum Senatorenstand gehörte, weil er nicht den erforderlichen *census* nachweisen konnte oder keine Verbindung zu den adligen Familien hatte oder aber kein hervorragendes persönliches Verdienst diese Isolierung ausglich). Die Zeugnisse der antiken Historiker hierüber sind nicht immer ganz zuverlässig. Man kann durchaus der Meinung sein, daß das Grundprinzip, auf dem die »Freiheit« basierte, das »Appellationsrecht« war *(ius provocationis)*, das jedem römischen Bürger das Recht gab, eine Volksversammlung (in der Praxis ein aus Geschworenen bestehendes Gericht) gegen jede Entscheidung eines Magistrats, die sein *caput* (Leben und Rechtsstand) betraf, anzurufen. Das vorübergehend im 5. Jahrhundert v. Chr. von den Decemvirn aufgehobene Recht war unmittelbar nach dem Ende des Decemvirats während des berühmten Konsulats des Valerius und Horatius (445–444 v. Chr.) wiederhergestellt worden.[33] Seit dieser Zeit wurde es nie wieder in Frage gestellt.[34] Weniger Klarheit besteht allerdings hinsichtlich der anderen Rechte, die der römische Bürger besaß.

Es ist nicht so sicher, daß das zweite, denselben Konsuln zugeschriebene Gesetz (deren Namen die Anhänger der Hyperkritik nicht wenig in Unruhe versetzten, da sie so sehr an die Namen der ersten Konsuln der Republik erinnerten) tatsächlich auf diesen Zeitpunkt zurückgeht, der uns zumindest sehr fragwürdig erscheinen will. Wenn man Titus Livius Glauben schenkt, dann wurde tatsächlich im Jahr 444 in den Centuriatskomitien ein Gesetzesantrag eingebracht, um die von der Plebs in den Versammlungen der Tribus gefaßten Entscheidungen für die Gesamtheit der Bürger rechtsverbindlich zu machen.[35] Es ist kaum denkbar, daß eine solche Autorität der Plebs zuerkannt wurde, auf der anderen Seite aber die Vorrechte der Patrizier unangetastet blieben. Ein ähnliches Gesetz tauchte zweimal auf, zunächst im Jahr 339[36], als zu dieser Bestimmung eine Klausel trat, die in dem Gesetz von 444 fehlte (Notwendigkeit vorheriger Billigung durch den Senat einer jeden den Tributskomitien vorgeschlagenen Maßnahme[37]). Im Jahr 287 führte dann ein letzter »Auszug« der Plebs auf den Janiculus zur Annahme der *lex Hortensia*, die die Bestimmungen der *lex Valeria Horatia* aus dem Jahr 339 wieder aufnahm.[38] Gaius hob hervor, daß man erst mit der *lex Hortensia* von einer vollständigen Gleichheit zwischen Patriziern und Plebs sprechen könne. Es ist daher nicht auszuschließen, daß die *lex Valeria Horatia* eine völlig unechte »Dublette« ist oder daß sie nur in bestimmten Fällen den Volksabstimmungen Rechtsgültigkeit zuerkannte. Vielleicht bedurften schließlich die Entscheidungen der Plebs, auch nach ihrer Abstimmung, der Zustimmung durch den Senat. Die *Patres* verfügten damit über ein absolutes Vetorecht.

Die »Volksversammlungen« stellen ein komplexes System dar, das sich nicht auf einmal herausbildete, in dem sich vielmehr, entsprechend den jeweiligen gesellschaftlichen Gegebenheiten, verschiedene Elemente nacheinander überlagerten. Die alten Curiatskomitien bestanden fort[39], hatten aber nur noch geringe Vollmachten. Die wichtigste Befugnis war die Abstimmung über die *lex de imperio* zugunsten der Konsuln und Prätoren des Jahres sowie die Eintragung der Adoptionen. Aber diese Komitien setzten sich nur noch aus dreißig Liktoren, von denen jeder eine Kurie vertrat, und drei Auguren zusammen. Die Centuriatskomitien waren eine im wesentlichen militärische Versammlung. Obwohl eine große Zahl ihrer traditionellen Befugnisse auf die Tributskomitien übergegangen war, behielten sie weiterhin bedeutende Vollmachten, wie die Wahl der höchsten Magistrate (Konsuln, Prätoren und Zensoren) und die Abstimmung über außenpolitische Entscheidungen (Kriegserklärung, Unterzeichnung von Verträgen). Die Centuriatskomitien behielten ebenfalls eine Rechtsbefugnis, während das »Appellationsrecht« vom Volk selbst ausgeübt wurde. Dies galt besonders für Anklagen auf »Hochverrat« *(perduellio)*.[40] Die Centuriatskomitien wurden auf dem Marsfeld abgehalten, d. h. *extra pomerium*, was ganz natürlich ist, da es sich doch um eine militärische Versammlung handelte. In diesen Komitien hatten die ersten Centurien den größten Einfluß, d. h. diejenigen, denen die reichsten und ältesten Bürger angehörten, zumal die Centurien der Ritter, die als erste abstimmten, sich aus *seniores* und *iuniores* zusammensetzten. Die *seniores* besaßen in ihnen eine unangefochtene Autorität.

Die Tributskomitien waren anderen Ursprungs. Sie stellten eine Erweiterung des *concilium plebis* dar, der Versammlung der Plebejer, zu der die Patrizier natürlich keinen Zutritt hatten. Diese erreichten es aber schließlich, daß sie in diese Versammlung der Plebejer eingegliedert wurden, die von da an alle Bürger, allerdings auf der Ebene der Tribus, einschloß. Zu Beginn des 2. Jahrhunderts gab es 35 Tribus (seit dem Jahr 241, in welchem die beiden letzten Tribus gebildet wurden, die *Quirina* und die *Velina*), in die die Bürger, ungeachtet ihrer gesellschaftlichen oder religiösen Zugehörigkeit, eingegliedert waren. Diese Tribus waren Gebietseinteilungen, in denen die Bürger im allgemeinen nach ihrem jeweiligen Wohnsitz eingeschrieben waren. Es gab vier städtische Tribus (die den vier Vierteln der Stadt entsprachen). Die übrigen waren ländliche Tribus, die nach Zahl und Ausdehnung unterschiedlich waren, je nachdem, wie das römische Territorium wuchs.[41] Dabei ist klar, daß die ländlichen Tribus den ausschlaggebenden Einfluß hatten, im eigentlichen Sinn natürlich die Grundbesitzer, die mit einer örtlichen »Klientel« rechnen konnten. Die Einschreibung neuer Bürger, insbesondere der Freigelassenen, warf eine heikle Frage auf: Sollte man sie, entsprechend dem Wohnsitz ihres früheren Herren, den ländlichen Tribus oder den städtischen Tribus zuteilen? Von wenigen Ausnahmen abgesehen, entschied man sich meistens für die zweite Lösung. Die Verteilung der Freigelassenen (oder deren Söhne) auf die ländlichen Tribus deutet darauf hin, daß die Großgrundbesitzer ihren Einfluß zu stärken versuchten.[41a] Diese Einteilung hatte aber ihre Nachteile, da sie

sogleich das Stimmengewicht der Neubürger vergrößerte. Daher wurden sie meistens in städtische Tribus, zuweilen in eine einzige, eingegliedert.[42] Diese Manipulationen waren das Werk der Zensoren, die in dieser Hinsicht geradezu richterliche Vollmacht besaßen.[43]
In den Tributskomitien und den Centuriatskomitien wurde eine Entscheidung durch die Mehrheit der Tribus herbeigeführt, d. h. jede Tribus hatte nur eine Stimme, unabhängig davon, wie groß die Zahl ihrer eingeschriebenen Wähler war. Auf diese Weise war es leicht, das Stimmengewicht dieser oder jener Gruppe von Bürgern zu verringern oder zu vergrößern, indem man sie auf mehrere Tribus verteilte oder alle einigen wenigen Tribus zuwies. Auch hier läßt sich mit den Institutionen allein noch kein politisches »System« definieren; denn alles hing davon ab, wie sie in der Praxis Anwendung fanden. Je nach den Zeitumständen entwickelte sich Rom auf eine Demokratie hin oder es hatte mit ihr nur noch wenig zu tun und glich weit mehr einer oligarchischen Aristokratie.

γ) Die Magistrate

In dem Maße, wie diese Versammlungen nebeneinander im Staat existierten, hatten sie auch Anteil an der Macht, ohne daß uns die jeweilige Teilnahme an ihr in jedem Fall ganz bekannt wäre. So waren die Tributskomitien mit der Wahl der Quästoren und der curulischen Ädilen beauftragt, während die Magistrate, die das *imperium* besaßen (und die Zensoren), von den Centurien gewählt wurden. Das *concilium plebis* behielt wie zur Zeit seiner Entstehung weiterhin das Recht, die Tribunen und die plebejischen Ädilen zu wählen. Man kann also feststellen, daß die Plebejer in ihrer Gesamtheit, für sich oder in Verbindung mit den Patriziern, mehr Magistrate wählten als die Patrizier. Aber die Gewohnheit hemmte sehr rasch jede Entwicklung zu einer echten Demokratie. Darüber hinaus wurde schon sehr früh die Tradition durch Gesetze untermauert und kodifiziert. Die Wahl der Magistrate war an Vorschriften gebunden, die uns nicht bis in alle Einzelheiten bekannt sind, die aber doch schon geraume Zeit vor dem Plebiszit des Jahres 180 v. Chr. bestanden zu haben scheinen, das auf Vorschlag des Tribuns L. Villius gefaßt wurde. Dieses Gesetz bestimmte, wie wir durch Titus Livius wissen, »das jeweilige Alter, in dem man sich um ein bestimmtes Amt bewerben und es ausüben dürfe«[44]. Es legte ebenfalls verbindlich fest, daß das Amt des Prätors dem des Konsuls vorauszugehen hatte (wobei hierdurch ganz gewiß eine frühere Tradition noch gestärkt wurde). Es bestimmte schließlich einen zeitlichen Zwischenraum von zwei Jahren zwischen zwei aufeinanderfolgenden curulischen Ämtern.[45] Ebenso wurden genaue Altersgrenzen vorgeschrieben. Es war danach unmöglich, Konsul vor dem 42. Lebensjahr zu werden. Infolgedessen konnte ein Prätor nicht jünger als 39 Jahre und ein curulischer nicht jünger als 36 Jahre sein. Die Quästur scheint, zumindest unter Berücksichtigung der Beispiele, die sich für eine Ämterlaufbahn rekonstruieren lassen, keine unerläßliche Voraussetzung gewesen zu sein, um zum Ädil gewählt werden zu können. Daraus läßt sich der Schluß ziehen, daß dieses Amt von jungen Männern bekleidet wurde, die gerade erst ihren Militärdienst beendet hatten (dessen Dauer 10 Jahre betrug und der vor dem Eintritt in die staatliche Ämterlaufbahn geleistet werden mußte[46]). Diese genaue Festlegung hatte den Zweck, den Zugang zu den Ämtern zu regeln und zu beschränken und ein regelrechtes Beamtentum oder, anders ausgedrückt, eine Organisation von militärischen und zivilen Verwaltungsbeamten zu schaffen, in die sich nicht so ohne weiteres Unbefugte einschleichen konnten. Auf diese Weise bildete sich im Staat der neue Adel, der zwar vom Volk gewählt wurde, nicht aber eigentlich aus ihm hervorging. Er entwickelte sich zu einer eigenen Klasse von großer Stabilität, deren Mitglieder ein jedes für sich rechtlich den Versammlungen, von denen es seinen Auftrag hatte, praktisch vor allem aber seinesgleichen, d. h. dem Senat, Rechenschaft schuldig war.

δ) Der Senat

Der Senat, der als das *concilium* des Staates, d. h. als sein Gehirn, sein Führungsorgan angesehen wurde, hatte die Republik im Krieg gegen Hannibal geführt. Nachdem der Krieg beendet war, hielten die Bürger an der Gewohnheit fest, sich in der Führung der Staatsgeschäfte auf ihn zu verlassen.[47] So war für den größeren Teil des 2. Jahrhunderts in der Praxis das Einvernehmen zwischen den Ständen verwirklicht *(concordia ordinum)*, das den nachfolgenden Generationen wie ein unerreichbares Ideal erschien. Ernstzunehmende politische Kämpfe ergaben sich nur innerhalb des Senats zwischen rivalisierenden Parteien.[48] Die Masse des Volkes legte nur wenig Wert darauf einzugreifen, obwohl sie theoretisch ein Recht dazu besaß. Als schließlich schwerwiegendere Probleme auftauchten, entstanden sie nicht im Volk, sondern unter den wohlhabenden Klassen, insbesondere den Rittern, die sich in der Mitte des Jahrhunderts immer mehr durchzusetzen begannen. Ihre Auseinandersetzungen mit dem Senat sollten zu Ende des Jahrhunderts eine Krise von beispielloser Tragweite und schließlich das Ende der Republik heraufbeschwören.[49]

a) Die Lage der Königreiche

Unmittelbar nach Beendigung des Zweiten Punischen Krieges stellten sich Probleme, die dringend einer Lösung bedurften. Es galt, die verheerenden außenpolitischen Folgen des Krieges gegen Karthago und des mit ihm in Zusammenhang stehenden Ersten Makedonischen Krieges zu beseitigen. Im Osten bot sich im Bereich der Ägäis eine politische Lage, die das Eingreifen Roms auf die Dauer unvermeidlich erscheinen ließ.

Das Gleichgewicht zwischen den drei großen hellenistischen Mächten (Makedonien, Seleukidisches Königreich und Ägypten), das sich allmählich durchgesetzt und im Lauf des Jahrhunderts schlecht und recht erhalten hatte, stand unmittelbar vor seinem Zusammenbruch. Der Niedergang Ägyptens, die unvorhergesehene Wiedererstehung eines großen Seleukidenreiches, der Ehrgeiz des Königs von Makedonien, Philipps V., waren drei Ursachen, deren Wirkungen zum Nachteil des Friedens sich immer mehr verstrickten.

Die Schlacht bei Raphia im Jahr 217[50] hatte anscheinend der langen Auseinandersetzung zwischen Seleukiden und Lagiden endgültig ein Ende gesetzt. Die Sicherheit Ägyptens schien nun gegen die Anschläge des ersteren gewährleistet, und die Herrschaft der Ptolemäer über Koile-Syrien schien so gut wie unbestritten. Was man aber als das »Wunder von Raphia« zu bezeichnen geneigt wäre – ein Ergebnis der Tatkraft des Sosibios –, kam die Dynastie teuer zu stehen. Das Gefühl der einheimischen Bevölkerung, seine Könige gegen Eindringlinge gerettet zu haben, schuf eine neue Situation. Die Macht des Königs verlor an Prestige, was zu einem plötzlichen Aufbegehren der Völker führte. Es kam zum Abfall Thebens, wo für kurze Zeit ein unabhängiges Königreich entstand[51], während am Nil weiter stromaufwärts die Gegend von Philae in die Hände des Äthiopiers Ergamenes fiel.[52] Ptolemaios Philopator war unfähig, diesen erneuten Krisen die Stirne zu bieten. Sosibios mußte also auf einen anderen Günstling des Königs setzen, einen gewissen Agathokles, der in geheimem Zusammenspiel mit seiner Schwester Agathokleia, der Mätresse des Philopator, den König beherrschte.

Als dieser starb[53], gelang es Agathokles und Sosibios, den Tod des Königs so lange zu verheimlichen, bis sie die Königin Arsinoe, die im Volk sehr beliebt war[54], getötet und das Testament des Königs gefälscht hatten. Als Sosibios unterdessen starb, übernahm Agathokles für den Sohn des Philopator, der noch in zartem Alter stand, die Regentschaft. Diese Regentschaft dauerte aber nicht lange. Der Gouverneur von Pelusion, Tlepolemos, der bei seinen Soldaten sehr beliebt war, verjagte erfolgreich mit ihrer Unterstützung Agathokles und übernahm die Herrschaft.[55] Unter diesen Bedingungen war es in einem Königreich, in dem alles unmittelbar vom Herrscher abhing, nicht mehr möglich, eine feste Politik zu führen, insbesonders die fernen Besitzungen wie Lysimacheia in Thrakien, Thera, Samos und die verbündeten Städte in Kleinasien oder in Karien[56] zu verteidigen. Selbst die Zukunft von Koile-Syrien war keineswegs gesichert.

Angesichts eines so geschwächten Ägypten war der Seleukide Antiochos III. darangegangen, seinen Machtbereich, dessen Erbe er war, wiederherzustellen. Er wandte sich zunächst gegen Achaios[57], der sich selbst zum König gemacht hatte, nachdem er zuvor in Treue zur Dynastie und im Dienst seines Königs die zu Unrecht von Attalos von Pergamon besetzten Gebiete zurückerobert hatte. Zu Beginn des Jahres 216 begann Antiochos mit seinen Operationen gegen ihn.[58] Mit der Unterstützung von Attalos vermochte er ihn in Sardes, seiner Hauptstadt, einzuschließen. Nach zweijähriger Belagerung nahm er Achaios gefangen und ließ ihn zu Tode foltern. Das war ein erster Mißerfolg für Ägypten, das offiziell Achaios unterstützte, ihm aber nicht rechtzeitig hatte Hilfe leisten können. Der Tod des Achaios führte das Ende des abgefallenen Seleukidenreiches in Kleinasien herbei, wo nur noch das Königreich von Pergamon und, weiter im Norden, das Königreich von Bithynien, in dem Prusias herrschte, fortbestanden. Während aber Pergamon mit Antiochos Freundschaft hielt, hegte Prusias, hierin einer Tradition folgend, gegenüber den Attaliden feindliche Gefühle und richtete sich nach Makedonien aus.

Nach der Vernichtung des Achaios bereitete Antiochos am Ende des Jahres 212 eine Expedition gegen die Satrapie Armenien vor, die sich als unabhängige Macht aufspielte und den Tribut verweigerte. Ein Feldzug genügte, um sie wieder in die Schranken zu weisen. Dann brach Antiochos nach Osten auf. Zunächst griff er das Königreich der Parther[59] an und zwang im Jahr 209 Arsakes, seine Oberherrschaft anzuerkennen. Im darauffolgenden Jahr fiel er mit seiner gesamten Streitmacht in Baktrien ein. Aber die Bedingungen für die Kriegführung waren in diesen fernen Ländern so ungünstig, daß der König nach zwei Jahren in einen Kompromiß einwilligte. Euthydemos, der über dieses Land gebot, behielt seinen Königstitel und schloß mit ihm einen ewigen Bund.[60]

Bei seinem Rückmarsch ahmte Antiochos in gewisser Weise Alexander nach, indem er den Weg durch den Süden wählte. Kampflos durchquerte er Arabien und nahm nach seiner Rückkehr in sein Königreich den Beinamen der »Große« an, den ihm seine Untertanen auch bereitwillig zubilligten. In demselben Jahr verließ Scipio Sizilien, um den Krieg nach Afrika hineinzutragen. Zu gleicher Zeit ratifizierte der Senat den Friedensvertrag von Phoinike mit dem König von Makedonien (204 v. Chr.). In diesem Augenblick zog im Osten ein allgemeiner Krieg herauf, der den Zweiten Makedonischen Krieg einleitete.

b) Der Zweite Makedonische Krieg

α) Seine Ursachen

Trotz seiner Erfolge löste jedoch nicht Antiochos den Krieg aus. Die Initiative ging von Philipp V. aus. Das ist auch der Grund, der schließlich zu dem Eingreifen Roms führte. Hätten sich die Feindseligkeiten zwischen Antiochos und Ägypten nur wegen der syrischen Frage ergeben, hätte der Senat keinen Grund zur Einmischung gehabt. Aber seit dem Ersten Makedonischen Krieg mißtraute er diesem König und Verbündeten Hannibals, der zur Unterstützung Karthagos ein Kontingent gesandt hatte, das bei Zama in die Kämpfe eingriff.[61] Die römische Haltung zu jener Zeit mag kleinlich erscheinen. Sie war gewiß auch irregeleitet durch die Erinnerung an den Zweiten Punischen Krieg, der die römische Machtstellung ernstlich erschüttert hatte. Sie ist aber nichtsdestoweniger verständlich. Der Senat konnte sich völlig zu Recht fragen, ob Philipp V. nicht schließlich ein zweiter Pyrrhos werden könne.

Es ging indessen um weit mehr. Der Erste Makedonische Krieg hatte Rom ziemlich tief in die Vorgänge im Osten verwickelt. Das Volk von Rom war der Bundesgenosse des Königs von Pergamon, und Attalos hatte angesichts der drohenden Gefahr guten Grund, an die *fides* Roms zu erinnern. Die Entstehung dieses Bündnisses zwischen Rom und Pergamon liegt im dunkeln. Wir wissen lediglich, daß schon im Jahr 222 Attalos in freundschaftlichen Beziehungen mit den Aitolern stand und 211 mit in den Vertrag einbezogen wurde, der Rom und die Aitoler gegen Philipp V. verband. Als Aigina von den Verbündeten eingenommen war, kaufte Attalos für 30 Talente den Aitolern, denen die Insel gehörte, das Gebiet ab, um dort einen Flottenstützpunkt zu errichten. In Aigina begegnete er im Jahr 208 dem römischen General P. Sulpicius Galba, der die Operationen gegen Philipp leitete. Der Friede von Phoinike hatte für Attalos den *status quo* in Asien wiederhergestellt und ihm vorübergehend gegenüber der Bedrohung durch Prusias Luft verschafft.

In dem Augenblick, als der Frieden von Phoinike geschlossen wurde, hatte der Senat eine feierliche Botschaft an den König von Pergamon gesandt mit der einzigartigen Bitte, der König

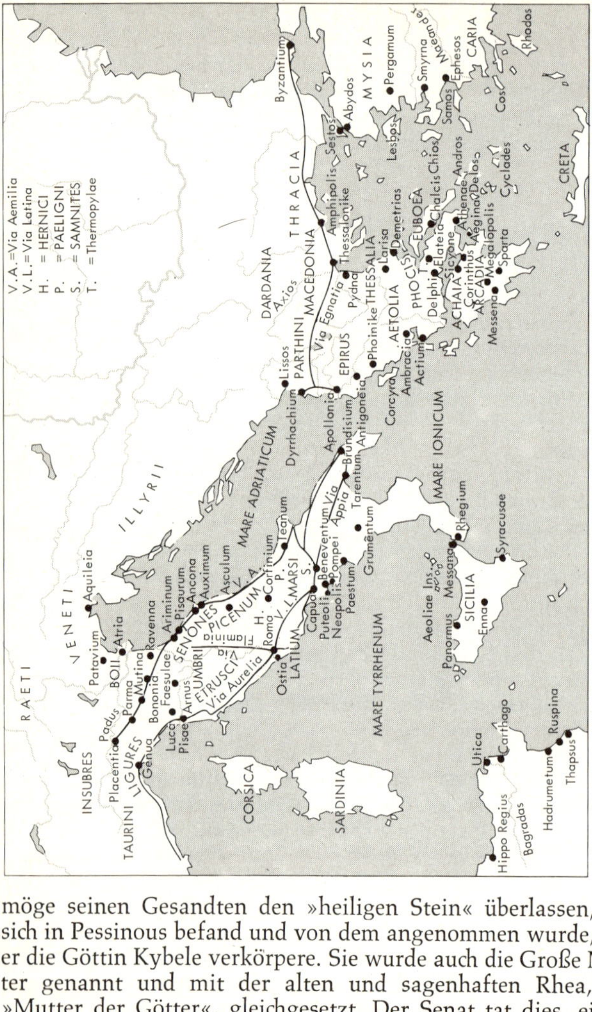

Abb. 2: Italien und die griechische Welt

möge seinen Gesandten den »heiligen Stein« überlassen, der sich in Pessinous befand und von dem angenommen wurde, daß er die Göttin Kybele verkörpere. Sie wurde auch die Große Mutter genannt und mit der alten und sagenhaften Rhea, der »Mutter der Götter«, gleichgesetzt. Der Senat tat dies, einem Rat des Orakels von Delphi und einer Antwort der Sibyllinischen Bücher folgend. Es ist für uns heute sehr schwierig, genau den Sinn eines solchen Vorgehens zu ergründen. Die Göttin wurde von den Galliern (den Galatern) verehrt, die sich in der Gegend von Pessinous niedergelassen hatten. Handelt es sich um eine *evocatio*, die sich gegen die Gallier oder Gallia Cisalpina richtete, die mit Hannibal gemeinsame Sache gemacht hatten und vor denen man sich immer noch hüten mußte? Das ist möglich, aber es lassen sich weit tieferreichende Gründe anführen. Phrygien bleibt für Rom gleichsam eine religiöse Metropole. Der Mythos von der trojanischen Herkunft ist lebendiger denn je.[62] Andererseits ist es nicht ausgeschlossen, daß zumindest einige Senatoren die Auffassung vertraten, die Interessen Roms und seiner italischen Verbündeten hätten in der Ägäis eine Bedeutung gewonnen, daß die römische Diplomatie nach festen Stützpunkten Ausschau halten müsse. Hier bot sich nun eine Gelegenheit, die schon im Krieg geknüpften Verbindungen zu stärken. Attalos hütete sich abzulehnen. Und so wurde der Stein in großem Gepränge von Pessinous (auf gallischem Gebiet, ohne Zweifel aber mit Zustimmung der Galater[63]) bis zum Meer und von da nach Rom gebracht, wo er auf dem Palatin innerhalb des *pomeriums* aufgestellt wurde. Das ist ein sicherer Hinweis darauf, daß die Göttin nicht als eine Fremde angesehen wurde.[64]

Wirtschaftliche Interessen der *Itali* müssen wohl bei der Stärkung des Bündnisses mit Pergamon gegen die Bedrohung durch Philipp V. eine Rolle gespielt haben. Diese Annahme ist insofern berechtigt, als die Republik von Rhodos, die ebenfalls dem Philipp feindlichen Lager angehörte, trotz der Schwierigkeiten, die sie mit Attalos gehabt hatte[65], in Pergamon Hilfe suchte, sobald der König von Makedonien seine Absicht durchblicken ließ, die Ägäis zu beherrschen. Alles verlief so, als verbündeten sich Rhodos, Pergamon und, mit geringem zeitlichem Abstand, Rom, um die Freiheit des Verkehrs auf den Schifffahrtswegen nach Osten aufrechtzuerhalten.

Nach Phoinike war die Stellung Makedoniens so günstig, wie sie seit den Zeiten des Gonatas nicht mehr gewesen war. Gewiß, im eigentlichen Griechenland war Athen seit 229[66] unabhängig, aber es war so geschwächt, daß es militärisch bedeutungslos geworden war. Dagegen unterhielt Philipp Garnisonen in Akrokorinth und in Chalkis. Die Aitoler waren gedemütigt und geschwächt. Die Achaier waren zwar von Stolz erfüllt über den Erfolg, den sie dem taktischen Geschick des Philopoimen aus Megalopolis[67] verdankten, und schienen weniger geneigt als früher, die Oberherrschaft des Königs hinzunehmen[68], offiziell blieben sie jedoch seine Verbündeten. Ihre Aufmerksamkeit richtete sich vor allem auf Sparta, wo Nabis die Macht an sich gerissen hatte und seine soziale Revolution vorantrieb.[69] Sämtliche Städte in Griechenland litten unter wirtschaftlichen Schwierigkeiten, in die sie durch so viele Kriege, durch eine Politik ohne klare Ziele und durch Klassenkämpfe geraten waren, die Philipp geschickt zu nutzen wußte, um hier und da als Anwalt der Armen aufzutreten.[70] Schließlich blieb die Ägäis nach dem Niedergang der Ptolemäer ohne jeden »Protektor«.

Jene Rolle, die früher einmal Gonatas gespielt hatte, erstrebte Philipp, wenigstens einen Augenblick, für sich selbst. Schon vor dem Frieden von Phoinike hatte er mit dem Bau einer Flotte begonnen. Zu gleicher Zeit ermutigte er die kretischen Seeräuber in ihren Unternehmungen gegen Rhodos, das gleichsam als Seepolizei fungierte. Rhodos war für Philipp das Haupthindernis. Diesen Gegner galt es zuerst zu zerschlagen. Er beauftragte zwei seiner Hauptleute, gegen Rhodos einen hinterhältigen Kampf aufzunehmen. Dikearchos, ein aitolischer Abenteurer, überprüfte zugunsten Philipps die Schiffe in der Ägäis[71], während Herakleides, ein tarentinischer Verbannter, den Auftrag erhielt, die Flotte im Hafen selbst in Brand zu stecken, was ihm jedoch mißlang.[72]

Nach dem Tod des Philopator wurde Ägypten, das auch bald danach Sosibios verlor, eine leicht zu erobernde Beute, die Antiochos und Philipp gleicherweise begehrten. Agathokles schickte während seiner Regentschaft eine Gesandtschaft zum Seleukiden, um ihn an die zwischen beiden Ländern bestehenden Verträge zu erinnern. Zu gleicher Zeit ließ er Philipp um die Hand seiner Tochter bitten, um sie mit dem jungen Ptolemaios V. zu verloben. Diese Vorsichtsmaßnahmen waren jedoch unzureichend. In einem Geheimvertrag teilten Philipp und Antiochos die Reste Ägyptens unter sich auf. Antiochos erhielt wahrscheinlich Koile-Syrien und Ägypten selbst. Philipp ließ sich die Außenbesitzungen in der Ägäis und Kyrene zusichern, das traditionsgemäß als die Fortsetzung von Inselgriechenland im Westen angesehen wurde.[73]

Holleaux[74] hat wohl recht mit seiner Annahme, daß weder Philipp noch Antiochos es bei der beabsichtigten Teilung ganz ernst meinten. Antiochos war gewiß kaum bereit, dem Makedonen die ägyptischen Gebiete von Karien und die mit den Ptolemäern verbündeten Städte Kleinasiens zu überlassen. Vielleicht strebte Philipp seinerseits danach, die Integrität des Königreiches der Lagiden zu erhalten, dessen Herrscher sein zukünftiger Schwiegersohn sein würde. Es ist nicht ausgeschlossen, daß die von Makedonien in diesem Jahr nach Karthago entsandten Truppen[75] den ausdrücklichen Auftrag hatten, für den Fall eines Sieges die Kyrenaika im Rücken zu fassen. Über die wirklichen Absichten des Herrschers läßt sich nichts Bestimmtes sagen; denn wie ehedem Pyrrhos änderte er seine Strategie je nach den Umständen und fand rasch einen »Ersatz« für eine früher verfolgte Politik.

Wie dem auch sei, Philipp mußte sich in jenem Jahr 203 der Neutralität von Antiochos versichern, wollte er seine vordringlichen Ziele erreichen. Seine Offensive im Frühjahr 202 (dem Jahr der Schlacht bei Zama) richtete sich nicht gegen die ägyptischen Besitzungen, sondern gegen die freien Städte oder diejenigen, welche mit Mächten verbündet waren, mit denen er im

Frieden stand. Nacheinander nahm er Lysimacheia, Kalchedon am Bosporus, Kios, das lange hindurch Prusias von Bithynien widerstanden hatte. Philipp überließ diese Stadt seinem Verbündeten, allerdings erst, nachdem er sie in Schutt und Asche gelegt hatte. Danach nahm er Thasos durch Verrat und verkaufte seine Bewohner in die Sklaverei.

Dieses Vorgehen löste tiefste Entrüstung in der ganzen hellenistischen Welt aus. Schon am Ende des Sommers bildete sich mit Rhodos als führender Macht eine Koalition zwischen Byzantion, Kyzikos, Chios und Kos. Im Frühjahr 201 begann man bereits mit den Operationen zur See. Philipp ging daran, eine Insel nach der anderen zu nehmen. In Samos, das ägyptisch war, lag eine größere Flotte vor Anker. Er bemächtigte sich ihrer. In diesem Augenblick verbündete sich wahrscheinlich Attalos I. mit Rhodos aus Furcht vor den Folgen eines Sieges von Philipp, der dann Prusias gegen ihn aufgehetzt hätte. Gemeinsam griffen die Flotten von Rhodos und Pergamon Philipp vor Chios an. Die Schlacht ging allerdings unentschieden zu Ende.[76]

Attalos kehrte nach Pergamon zurück. Die Flotte von Rhodos bezog ihre Stellung vor Milet. Ein örtlicher Erfolg Philipps nötigte sie, die Berührung mit ihm aufzugeben. Sie konnte sich weiter im Süden neu formieren. Philipp nutzte sofort die Gelegenheit, um in Milet an Land zu gehen und in aller Eile nach Pergamon aufzubrechen. Es gelang ihm jedoch nicht, die Stadt einzunehmen. Dafür verwüstete er das gesamte Land ringsum.[77] Da aber Attalos mit kluger Voraussicht alles verfügbare Getreide vorher vom Land in die Stadt hatte schaffen lassen, litten die Truppen Philipps bald Hunger und zogen sich ohne greifbaren Erfolg zurück, um in Karien zu überwintern, wo sie durch die feindliche Blockade in Schach gehalten wurden.

Philipp befand sich in einer mißlichen Lage. Den Verbündeten war jedoch klar, daß seine militärische Kraft keineswegs gebrochen war, und sie bangten um die Zukunft. Da erschien am Ende des Sommers 201 in Rom eine Gesandtschaft aus Pergamon und Rhodos, um den Senat um Hilfe zu bitten. In ihrer Begleitung befand sich auch eine Gesandtschaft aus Athen, die ihrerseits Klage gegen Philipp führte.[78] Angesichts dieser Klagen wußten die Senatoren nicht so recht, wie sie sich verhalten sollten. Die einen meinten, daß der Friede zu kostbar sei und Philipp zwar in Griechenland Schändliches tue, er sich aber doch an den Frieden von Phoinike halte. Ein Krieg im Osten sei überdies sehr schwierig und hinsichtlich seines Ausgangs mehr als ungewiß. Andere Senatoren, die weitsichtiger und vor allem besser informiert waren, da sie durch ihre *negotiatores*, deren Schiffe die Ägäis befuhren, private Verbindungen hatten, durchschauten die Pläne des Königs. Ihrer Meinung nach durfte keine Macht im Orient das Übergewicht gewinnen. Und selbst wenn es Philipp nicht gelingen sollte, Antiochos auszuschalten, der nach seiner Rückkehr aus Baktrien wie ein zweiter Alexander erschien, würde ein mögliches Bündnis zwischen den beiden noch schwerwiegender die römischen Interessen gefährden. Es läßt sich sogar denken, daß Erwägungen über das Los, das Ägypten dann erwartete, bei den Überlegungen der Befürworter einer Intervention eine Rolle gespielt haben. Rom war ein gewisses Gleichgewicht im Orient gewöhnt. Wegen seiner guten Beziehungen zu Alexandria konnte ihm ein möglicher Zusammenbruch dieses Gleichgewichts keineswegs gleichgültig sein. Vielleicht kamen auch gefühlsmäßige Gründe hinzu: die Hochachtung vor der Vergangenheit Athens, die Erinnerung an die Ehrung, welche Rom durch die griechischen Städte bei den Isthmischen Spielen des Jahres 229 zuteil geworden war[79], der Wunsch, als Retter des Rechts und der Freiheit gegenüber der Willkür eines Königs zu erscheinen, schließlich das schmeichelhafte Gefühl, nach der Besiegung Karthagos nun als Schiedsrichter der Welt dazustehen, eine Versuchung, der sehr wenige Völker nach einem so teuer erkauften Sieg im Lauf der Geschichte widerstanden haben.

β) Das Eingreifen Roms

Die Senatoren entschieden sich für das Eingreifen. Drei Gesandte wurden damit beauftragt, Philipp ein Ultimatum zu überbringen: C. Claudius Nero, der Sieger der Schlacht am Metaurus, P. Sempronius Tuditanus, der den Frieden von Phoinike geschlossen hatte und den Orient gut kannte, schließlich der jüngste unter ihnen, M. Aemilius Lepidus, der zu der Gruppe der *philhellenes* gehörte. Diese Gesandtschaft traf in dem Augenblick in Griechenland ein, als Philipp, der der Blockade in Karien entkommen war, den Krieg an die Küsten Thrakiens getragen hatte, wo er eine Stadt nach der anderen unterwarf und zuletzt Abydos belagerte, das eine freie Stadt war. Dort traf ihn Lepidus und erklärte ihm den Willen Roms. Er solle Attalos und Rhodos Kriegsentschädigungen gewähren und von jeglichem Krieg gegen die unabhängigen griechischen Staaten ablassen.[80] Die Bedingungen kamen Philipp nicht ganz überraschend. Die römische Gesandtschaft hatte sie fast in ganz Griechenland propagiert. Da Philipp dennoch nicht die Feindseligkeiten eingestellt, sondern sogar einen Hauptmann mit dem Auftrag der Verwüstung Attikas entsandt hatte, begnügte sich Lepidus damit, ihm offiziell den Krieg zu erklären. Zu gleicher Zeit (die Chronologie ist hier nicht ganz zuverlässig) gelang es den Befürwortern der Intervention, die beim ersten Mal in den Komitien überstimmt worden waren, nach einer zweiten Beratung die Entsendung eines Expeditionskorps gegen den König durchzusetzen (Frühjahr des Jahres 200?).

Der Feldzug jenes Jahres diente lediglich der Erkundung, die unter der Führung des P. Sulpicius Galba stand. Sie wurde von Apollonia aus in die Wege geleitet, während eine schwache Vorhut den König, der Athen belagerte, fortgesetzt beunruhigte.[81] Nach einigen Erfolgen im Tal des Asopos stellten sich bis dahin noch unentschlossene Völker auf die Seite der Römer. Aber weder die Aitoler noch die Achaier konnten sich dazu entschließen, in den Krieg einzutreten.
Im darauffolgenden Jahr lieferten sich die Armee Philipps und die des P. Sulpicius Galba eine Schlacht bei Ottobolos am Mittellauf des Erigon. Sie endete für Philipp ungünstig.[82] Aus unerfindlichem Grund zog sich Sulpicius im Herbst nach Apollonia zurück. Diese Atempause versetzte den König in die Lage, die Invasion der Barbaren an den Nordgrenzen einzudämmen und dann die Aitoler anzugreifen, die inzwischen aus ihrer Tatenlosigkeit herausgetreten waren und Thessalien verwüsteten. Auf dem Meer blieb Philipp das Kriegsglück versagt. Er hatte nicht verhindern können, daß die Flotte des Attalos mit der Unterstützung eines römischen Geschwaders wichtige Stützpunkte wie Oreos an der Nordeinfahrt des Euboiakanals besetzte.
Zu Anfang des Jahres 198 entschloß sich Philipp, mit vollem Einsatz die Römer anzugreifen. Er stellte seine Armee am Aoos vor der befestigten Stadt Antigoneia auf, um den römischen Legionen den Weg nach Thessalien zu versperren. Es zeigte sich, daß der Konsul Villius ihm nur zögernd und unentschlossen entgegentrat. Auf die Truppen war kein Verlaß. Die Veteranen der Afrikaarmee, die sich dort befanden, forderten ihre Entlassung. Villius fehlte die notwendige Autorität, sie im Gehorsam zu halten. Vielleicht läßt sich daraus erklären, weshalb er bald darauf durch T. Quinctius Flamininus ersetzt wurde. Es kann aber auch sein, daß die »Philhellenen« im Senat es vorzogen, die Führung dieses Krieges, der ja ihr Krieg war, einem jungen Patrizier zu übertragen, der wie sie dachte, anstatt sie Villius zu überlassen, diesem Emporkömmling, der offensichtlich wenig Lust verspürte, seinen Kopf für eine Sache hinzuhalten, die er als ein Abenteuer auf fremder Erde ansah.
Die Ankunft des Flamininus brachte den Römern neue Sympathien ein. Der Konsul sprach Griechisch – nichts Außergewöhnliches für einen Römer –, aber er sprach es wie ein Mann mit Bildung. Seine Argumente, die er den Städten vortrug, wirkten faszinierend. Er wandte sich an die Aristokratie und machte sich zum Anwalt der bestehenden Gesellschaftsordnung. Auf Ersuchen der Aitoler hielten Flamininus und der König eine Konferenz an den Ufern des Aoos ab. Noch einmal verlangte der Römer von Philipp, von jeder Unternehmung in Griechenland Abstand zu nehmen. Philipp lehnte ab und beendete die Unter-

handlung. Durch die Hinweise eines aitolischen Adligen glückte Flamininus ein Umgehungsmarsch, und er durchstieß die makedonische Front.[83] Philipp mußte sich, unter Verlusten und von den Römern verfolgt, zurückziehen. Er bezog Quartier im Tempetal, während Flamininus Phokis besetzte und in Elatea sein Lager aufschlug.

Nach diesem Stellungswechsel begann die diplomatische Offensive aufs neue. Flamininus versuchte, die Städte der Peloponnes auf seine Seite zu ziehen in der Hoffnung, Akrokorinth zu nehmen. Der Achaische Bund stimmte (mit geringer Mehrheit) für den Krieg gegen Philipp, Korinth aber wehrte sich derart, daß es unmöglich war, es einzunehmen. Philipp versuchte seinerseits, wieder mit Rom zu verhandeln. Wieder wurde eine Konferenz eröffnet, diesmal an der Küste des Maliakischen Meerbusens (unweit der Thermopylen) und in Anwesenheit der Verbündeten Roms.[84] Angesichts der Forderungen der Griechen und des Attalos beschlossen Philipp und Flamininus, sich an den Senat zu wenden. Bis zur Rückkehr der makedonischen Gesandtschaft wurde ein Waffenstillstand von zwei Monaten vereinbart. Vielleicht war es Philipp nur darum gegangen, Zeit zu gewinnen; denn als die Senatoren Philokles, den Führer der makedonischen Gesandtschaft, fragten, ob Philipp bereit sei, die drei Städte (Chalkis, Korinth, Demetrias), die er in Griechenland besetzt hielt, zu räumen, antwortete er, er habe dazu keinerlei Instruktionen. Die Verhandlungen wurden daraufhin abgebrochen. Zu gleicher Zeit wurde die Amtszeit des Flamininus verlängert.

Das entscheidende Treffen fand in der Nähe von Skotussa auf einer Hügelkette mit dem Namen »Hundeköpfe« (Kynoskephalai) im Juni 197 statt. Ganz überraschend ergab sich die Berührung mit dem Feinde. Beide Seiten mußten daher ihre Taktik improvisieren. Ein Angriff der Phalanx brach die römische Front auf, aber ein Gegenangriff des Flamininus mit seinen Elephanten brachte die feindliche Schlachtordnung durcheinander. Die wendigeren und beweglicheren römischen Truppen vermochten das schwierige Gelände besser zu nutzen, das für das Manövrieren der geschlossenen Phalanxeinheiten denkbar ungeeignet war.[85] Es ist müßig, nach einer Überlegenheit der Legion über die Phalanx zu fragen. Es siegte eben derjenige Gegner, dessen Taktik sich am besten dem Gelände der Kynoskephalai anpaßte, das sich keine Seite eigens ausgesucht hatte.

Mittellos und ohne Soldaten mußte Philipp, den alle seine Verbündeten im Stich gelassen hatten, um Frieden bitten. Am Anfang des Jahres 196 teilte der Senat seine Bedingungen mit. Die Garnisonen in den griechischen Städten mußten aufgelöst werden. Der König durfte nur noch 5 Kriegsschiffe und 5000 Soldaten unterhalten.[86] Das war das Ende des makedonischen Reiches. Bei den Isthmischen Spielen jenes Jahres erklärte Flamininus die Unabhängigkeit Griechenlands.[87]

γ) Das freie Griechenland

Die Römer empfanden im Grunde gemischte Gefühle über das, was ihnen so ganz ohne Eroberung in den Schoß gefallen war. Die meisten griechischen Städte und die zwei großen Bünde waren freiwillig an ihrer Seite in den Krieg eingetreten. Die Römer hatten nun auch nicht mehr die Absicht, das imperialistische Streben der Aitoler zu unterstützen, die sich frecher und lauter denn je gebärdeten. Mit gewisser Berechtigung läßt sich annehmen, daß viele Senatoren die Ansicht vertraten, man könne eine griechische Welt aus jener Unzahl freier Städte neu begründen, die andererseits unfähig wäre, sich in eine Weltmacht zu verwandeln. Ihre Entschlossenheit, die Städte Griechenlands und die griechischen Städte Kleinasiens[88] zu »befreien«, zeigt sich an folgendem: Kein König sollte sich in Zukunft unterstehen, sein Staatsgebiet auf Kosten der Hellenen zu vergrößern, vor allem nicht Antiochos, der am gefährlichsten werden konnte.

Das Prinzip der »Freiheit« war nichts Neuartiges. Es hatte schon als diplomatische Waffe gegen die Diadochen gedient.[89] Die Erinnerung an ein wirklich freies Griechenland war durchaus lebendig und ein Ideal, das mit der Zeit noch an Anziehungskraft gewonnen hatte. Das Wort war kein leerer Schall. Im Prinzip erfreuten sich die griechischen Städte innerhalb der Königreiche einer weitgehenden Autonomie[90], und die Könige haben es lange Zeit vermieden, direkten und sichtbaren Druck auf die örtlichen Regierungen auszuüben. Doch hatte sich im Laufe des 3. Jahrhunderts seit den Zeiten des Gonatas[91] vor allem in Griechenland der politische Stil gewandelt. Die Methoden Philipps waren brutal. Wenn also unter diesen Bedingungen die Freiheit wieder in ihre Rechte eingesetzt wurde, dann kam das einer Anerkennung der wesentlichen Werte des Hellenismus gleich, selbst wenn sich dann in der Praxis ihre Verwirklichung als schwierig erweisen sollte.

War eine Rückkehr zu den Zeiten von Chaironeia möglich? Die griechischen Städte hätten nur dann unabhängig und in gegenseitiger Hochachtung leben und damit zugleich die Voraussetzung für ihre Unabhängigkeit schaffen können, wenn es zu einer tiefgreifenden inneren Umwandlung gekommen wäre. Dazu hätte es zunächst einmal politischer Systeme bedurft, die sich nicht so von Grund auf unterschieden. Die erste Bewährungsprobe des »freien« Griechenland endete denn auch damit, daß, wie nicht anders zu erwarten, auf der Peloponnes wegen Sparta ein Konflikt ausbrach. Bei seiner diplomatischen Offensive auf der Peloponnes vor der Schlacht auf den Kynoskephalai

hatte man Flamininus dazu bewegen können, Nabis und sein Regiment offiziell anzuerkennen und ihm sogar Argos zu überlassen, das trotz massiven Drucks Philipp die Treue gehalten hatte.[92] Sollten bei der allgemeinen Regelung die Bewohner von Argos Sparta weiterhin unterworfen bleiben? Diese Frage stellte Flamininus den Vertretern aller in Korinth versammelten Städte. Darauf erklärten alle, man müsse Nabis den Krieg erklären. Eine Armee mit Truppen aus ganz Griechenland begann an der Seite der Römer den Kampf. Nabis wurde in Sparta eingeschlossen und mußte verhandeln. Flamininus begnügte sich damit, Spartas imperialistischer Politik einen Riegel vorzuschieben. Die politische Verfassung der Stadt blieb aber unangetastet, und sie bewahrte ihre Freiheit und Unabhängigkeit gegenüber dem Achaischen Bund.
Als Flamininus 196 die römischen Truppen aus den drei Städten Chalkis, Akrokorinth und Demetrias abzog, die Philipp die »Schwerter« Griechenlands nannte, stand kein römischer Soldat mehr auf dem Boden dieses nun vollständig befreiten Landes. In die allgemeine Freude mischten sich aber auch Ressentiments, denen die Aitoler bewußt neue Nahrung gaben, da sie sich in ihren ehrgeizigen Hoffnungen getäuscht sahen. Viele der Vorwürfe gegen Rom waren ungerechtfertigt. Stärker als sie war jedoch das Gefühl verbreitet, daß diese Freiheit ja eigentlich keine Freiheit mehr sei, sondern nur Schein und daß ein Griechenland, das sich nicht mehr dem altgewohnten (und tödlichen) Spiel der Bündnisse, Koalitionen und Kriege hingeben könne, seine Unabhängigkeit verloren habe. Man könnte sich, noch weiter gehend, die Frage stellen, ob nicht ein ausgezehrtes Griechenland, das schon über ein Jahrhundert daran gewöhnt war, von Königen abhängig zu sein, in seiner breiten Masse und hinsichtlich seines Lebensstils ein politisches System wirklich wünschte, in dem keine freigebigen Herrscher für das Durchkommen mehr sorgen würden. Die damals auftauchenden sozialen Probleme sind die gleichen, wie sie sich Rom zwei oder drei Generationen später stellen sollten.[93] Die Römer, ja selbst ein Flamininus bei all seinem Verständnis für die griechische Welt, vermochten nicht mit einem Schlag eine Situation zu überblicken, für die sie noch nicht die nötige Erfahrung besaßen. Da stellten auch nicht die Institutionen ihrer Republik eine echte Alternative dar. Die politische Phantasie der Senatoren, selbst der leidenschaftlichsten Philhellenen, stand in keinem Verhältnis zu den Absichten, die sie verfolgten. Das konnte auch gar nicht anders sein; denn sie ließen sich dabei von der Erinnerung an eine längst vergangene Zeit leiten.

c) Der Krieg gegen Antiochos III.

α) Die Macht des Antiochos

Während sich Philipp, durch sein Einvernehmen mit Antiochos gestärkt, in das Abenteuer stürzte, das schließlich sein Ende herbeiführen sollte, griff der Seleukide Ägypten an. Dort hatten sich die Dinge anders entwickelt. Nach vielem Hin und Her hatte schließlich Antiochos gesiegt.

Nach einem ersten Angriff im Jahr 201 stieß die Armee des Antiochos mühelos bis Gaza vor. Dann brachte sie der Widerstand der Stadt zum Stehen. Die Söldner des aitolischen Exulanten Skopas, der in ägyptischen Diensten stand, nutzten diese Atempause, um Palästina zurückzuerobern. Darauf rückte Antiochos mit beträchtlicher Truppenstärke an, besiegte Skopas bei Panoin[94] und belagerte ihn bei Sidon, wohin dieser geflohen war. Sidon wurde im Frühjahr 199 zur Kapitulation gezwungen (in dem Augenblick, als Sulpicius und Philipp sich im Tal des Asopos gegenüberstanden). Den Rest des Jahres brachte Antiochos mit der Rückeroberung Palästinas zu. Koile-Syrien fiel wieder in seine Hand.

Antiochos stand noch im Kampf mit Skopas, als die Gesandten des römischen Senats, die die Griechen gegen Philipp aufwiegeln sollten[95], am Ende ihrer Rundreise bei ihm vorsprachen. Als Verbündete der Ptolemäer boten die Römer ihre Vermittlung an, verlangten aber nicht Frieden um jeden Preis. Ihnen lag vor allem daran, zu verhindern, daß das Bündnis zwischen Philipp und Antiochos sich zu einer ernsten Gefahr auswachsen könnte. Wir wissen nicht, was bei diesem Treffen zwischen den *legati* und dem König ausgehandelt wurde. Vermutlich mußten sich die Römer mit der Zusicherung des Antiochos zufriedengeben, daß er seinem Gegner lediglich die Provinzen, die er nach Raphia verloren hatte (was durchaus seine Berechtigung hatte), abnehmen, Ägypten selbst aber nicht angreifen werde. Wahrscheinlich glaubten sie, Antiochos werde mit Rücksicht auf Rom von seinen Plänen, die er einige Jahre zuvor gehabt hatte (oder die man ihm andichtete), ablassen. Auf dem Rückweg über Alexandria konnten sie den Ratgebern des jungen Ptolemaios versichern, daß sie sich voll und ganz für das Erbe des Infanten eingesetzt hätten.[96] Was im einzelnen auch geschehen sein mag, Antiochos eroberte Koile-Syrien zurück und brach seinen Feldzug ab, um sich nach Kleinasien zu begeben. Sein Ziel war die Rückeroberung der seleukidischen Besitzungen in diesem Gebiet, vor allem des Königreiches von Pergamon, das ein Rebell vom Reich abgespaltet hatte.[97] Schon im Frühjahr 198 (bevor die Befriedung Koile-Syriens begann) hatte Antiochos einen Feldzug gegen Pergamon organisiert, während Attalos den Römern gegen Philipp half. Attalos bat die Römer um Hilfe, die bei Antiochos den Rückzug seiner Truppen durchsetzten.[98] Aber schon im folgenden Jahr nahm Antiochos nach einem anderen Plan die Offensive gegen den Norden wieder auf. Diesmal war nicht Pergamon das Ziel, sondern die entweder von Ägypten oder Makedonien besetzten Teile seines »Erbes«. Von Antiocheia kommend, wählte er die Straße von Sardes und deckte seinen Vormarsch zu Lande mit einer Flotte von hundert Schiffen. Er überschritt den Taurus. Als er aber in Kilikien einbrach, machten ihm die Römer deutlich, daß sie einem weiteren Vordringen seiner Flotte nicht tatenlos zusehen würden. Während beide Seiten noch verhandelten, wurde Philipp auf den Kynoskephalai besiegt. Die Römer brauchten folglich nicht mehr zu befürchten, daß Antiochos seinem Verbündeten zu Hilfe eilen werde, und hoben das Verbot auf. Darauf fuhr Antiochos fort, eine Stadt nach der anderen, die zuvor den Ptolemäern gehört hatte, zu besetzen. Dabei überließ er vorsichtshalber einige Städte den Rhodiern, die immer schon eine Ausweitung ihres Einflußgebietes auf dem Festland Kleinasiens gewünscht hatten. Pergamon behandelte er ebenfalls schonend, über das Eumenes II. nach dem Tod von Attalos I., den mitten in einer Versammlung in Theben der Schlag getroffen hatte[99], regierte. In Ephesos (einer ptolemäischen Stadt) begnügte er sich zunächst damit, sich seine Oberherrschaft von den freien Städten bescheinigen zu lassen, die nicht das Geringste dagegen unternahmen; denn der Status einer »freien« Stadt in dem seleukidischen Königreich war dem einer Stadt, die Philipp unterwarf, bei weitem vorzuziehen. Dennoch erklärten sich zwei von ihnen, Smyrna und Lampsakos, nicht mit einer Treueerklärung gegenüber dem König einverstanden, was diesen veranlaßte, Truppen gegen sie zu entsenden. So geschah es, daß genau in dem Augenblick, als Flamininus in Korinth die Freiheit der griechischen Städte proklamierte, zwei dieser Städte, die von den Truppen des Antiochos bedroht wurden, die Römer um die Gunst dieser »Befreiung« baten.[100]

Das Bittgesuch von Smyrna und Lampsakos stellte die Römer, d.h. Flamininus und die Senatsbeauftragten, die ihn begleiteten, vor das Problem der asiatischen Städte. Da die Römer keinen Grund mehr sahen, den König zu schonen, und sie allmählich von der Logik ihrer eigenen Politik mitgerissen wurden, blieb ihnen kaum etwas anderes übrig, als Antiochos zu gebieten, die griechischen Städte, die von nun an unter dem Schutz Roms autonom sein sollten, in Ruhe zu lassen. Sie verboten ihm weiter, nach Europa überzusetzen, was dieser einfach nicht vermeiden konnte, wenn er in der Rückeroberung der früheren seleukidischen Besitzungen fortfahren wollte.[101]

Antiochos ignorierte dieses Verbot, vielleicht weil seine Unternehmungen schon in vollem Gang waren. Im Sommer 196 nahm er bereits Sestos auf der europäischen Seite des Hellespont ein. Um jeden Zweifel zu zerstreuen, daß er in Thrakien zu bleiben gedenke, ließ er das verlassene und halbverödete Lysimacheia wieder aufbauen. Dort erschien eine römische Gesandtschaft und gab ihm zu verstehen, daß der Senat auf seinen Rückzug nach Asien Wert lege. Aber Antiochos lehnte jede Unterordnung ab. Als die Römer darauf hinwiesen, daß sie die Interessen von Ptolemaios V. verträten, enthüllte er ihnen, daß er seine Tochter Kleopatra soeben mit Ptolemaios V. verlobt habe.[102] Hinsichtlich der Städte Lampsakos und Smyrna lehnte er die Schiedsrichterrolle Roms ab und übertrug sie Rhodos.

Diese Handlungsweise war höchst raffiniert. Rom hatte nun keinen Vorwand mehr, in Kleinasien einzugreifen. Die öffentliche Meinung, der die römische Politik der Einmischung schon längst lästig zu werden begann, empfand Genugtuung über diese Abfuhr, die den »Barbaren« erteilt worden war, die die griechischen Angelegenheiten ja eigentlich nichts angingen. Antiochos war nun der mächtigste König des Orients und der einzige, dessen Macht sich mit der Roms messen konnte. Seine Bündnisse, die wie zu der Zeit der Diadochen auf Heiraten beruhten[103], erstreckten sich über ganz Asien und, nach 194, bis nach Ägypten. Während er die römischen Rechte respektierte, legte er seinerseits auf eben dieselbe Behandlung Wert. Im Verlauf des Winters von 194 auf 193 wäre es zwischen ihm und den Römern fast zu einer regelrechten Teilung der Welt gekommen. Seinen Gesandten bot der Senat an, ihm in Asien freie Hand zu lassen, wenn er Thrakien räume.[104] Die Gesandten waren jedoch zu keiner Antwort legitimiert. So ging die Gelegenheit ungenutzt vorüber. Im übrigen war der Senat hinsichtlich seiner Person geteilter Meinung. Scipio und seine Freunde vertraten die Ansicht, daß eines Tages der Krieg gegen ihn doch unvermeidlich werden würde.[105] Sie glaubten, um so mehr Grund für ihre Meinung zu haben, als Hannibal, den seine politischen Gegner aus Karthago verjagt hatten, zu Antiochos geflohen war (im Jahr 195) und dort – wenn man der Tradition glauben darf – versuchte, ihn in einen großen Krieg gegen Rom hineinzuziehen.[106] Andere vertraten dagegen die Auffassung, daß eine Verständigung möglich und die Erhaltung des Friedens gewährleistet sei, wenn man sich auf ein freies Griechenland zwischen Okzident und Asien einigte. Im Hinblick auf dieses Ziel bemühte sich Flamininus während der letzten Monate seines Prokonsulats, in den griechischen Staaten prorömische Gefühle wachzurufen und sich möglichst viele »Klienten« zu verpflichten, indem er sich entweder ihre Dankbarkeit zuzog oder sein Prestige zu stärken versuchte. Man mag diese »Eitelkeit« des Flamininus und seine Ruhmesgier belächeln. Die Frage ist dabei nur, ob man in dieser Haltung gegenüber einer Welt, der der Glanz eines Führers mehr galt als seine wirkliche Macht und in der der Ruhm als einer der höchsten Werte angesehen wurde, das hohe Maß an bewußtem Kalkül, ja politischem Fingerspitzengefühl richtig einschätzt.[107] Dadurch, daß Flamininus diese Popularität suchte, verlieh er der römischen Macht jene menschliche und königliche Aura, die allein Geist und Herz der Griechen zu gewinnen vermochte. Sie würde, so glaubte er, die Elite Griechenlands für die römische Macht einnehmen und die Massen von der Faszination ablenken, die von Antiochos ausging.

Jeder Ruhm zieht jedoch *invidia* nach sich. Die Aitoler übernahmen die Rolle des Verleumders. Sie, die als erste die Römer nach Griechenland gerufen hatten, waren zu ihren erbittertsten Feinden geworden; denn aus Werkzeugen, die sie hatten benutzen wollen, waren Herren, zumindest aber Schiedsrichter geworden. Daher wandten sie sich auch zuerst Antiochos zu und versuchten, sein Eingreifen in Griechenland zu provozieren.

β) Die Intrigen der Aitoler

Kaum hatten die römischen Legionen Griechenland verlassen, da boten die Aitoler gleichzeitig Antiochos (der sich nicht rührte), Philipp (der ablehnte) und Nabis ihr Bündnis an. Letzterer ging darauf ein. Er provozierte Revolten gegen die Achaier in den früheren Städten Spartas, die dem Bund zugesprochen worden waren, und nahm sie ein. Vor Gytheion verließ ihn jedoch das Kriegsglück. Die Achaier setzten sofort Rom in Kenntnis, das im Frühjahr 192 eine Flotte gegen Nabis entsandte. Flamininus, der sein Werk durch die Intrigen der Aitoler kompromittiert sah, begab sich auf die Peloponnes, um den Frieden zu retten. Er kam jedoch zu spät, um Philopoimen zu warnen, der seinen Feldzug schon begonnen hatte, ohne die Römer abzuwarten. Trotz einer Niederlage auf See besiegte Philopoimen Nabis in offener Feldschlacht und schloß ihn in Sparta ein. In diesem Augenblick gelang es Flaminius, einen Waffenstillstand herbeizuführen. Während er die Peloponnes verließ, gewann ein aitolischer Intrigant, namens Alaxamenos, unter dem Vorwand, er wolle für Truppen sorgen, das Vertrauen von Nabis und erschlug ihn. In dem nun folgenden Durcheinander bemächtigten sich die Achaier der Stadt und zwangen sie, ihrem Bund beizutreten.[108]

Diesen Mißerfolg konnten die Aitoler durch einen Erfolg in Demetrias, das sie besetzten, wettmachen. Ihre Eroberung boten sie sogleich Antiochos an. Obwohl es schon auf den Winter zuging, war die Versuchung für Antiochos zu groß; er landete in Thessalien mit 10 000 Mann und 500 Reitern.

Den ganzen Winter hindurch tobte zwischen den Anhängern des Königs und denen der Römer ein heftiger Kampf in allen

Städten. Antiochos wurde der Stratege des Aitolischen Bundes. Seine Verbündeten hatten ihm eine Volkserhebung zu seinen Gunsten verheißen. Sie blieb jedoch aus. Die meisten Städte schwankten zwischen beiden Parteien hin und her. Schließlich wurde Antiochos der Sache überdrüssig und machte den Versuch, Chalkis mit Gewalt einzunehmen, dessen er als zweiter Basis für seine Invasion bedurfte, die er für den Frühling plante. Unterdessen überrumpelte ein Hauptmann des Königs, Menippos, eine Truppe von 500 Römern, die in Delion, einem heiligen Asyl, Zuflucht gesucht hatten. Hierauf erklärten die Römer, der König habe einen Kriegszustand geschaffen. Sie würden entsprechend handeln.[109]

γ) Die Feindseligkeiten

Philipp V. und Ptolemaios V. traten auf die Seite Roms. Ersterer hatte dem Antiochos seine schwankende Haltung im Zweiten Makedonischen Krieg, seine mit solcher Eile betriebene Annexion der bis dahin Makedonien unterstehenden Städte und einige unfreundliche Akte nicht verziehen.[110] Letzterer tat es aus Bündnistreue gegenüber Rom. Selbst Karthago bot, um sich öffentlich von Hannibal, der der Ratgeber von Antiochos geworden war, zu distanzieren, Getreide, Schiffe und Gold an.[111] Der Sieg Roms schien gesichert. Eumenes schloß sich, einer alten Tradition von Pergamon folgend, den Römern ebenfalls an.

Welche Absichten verfolgte Antiochos? Die antiken Historiker überliefern uns die verschiedensten Meinungen der königlichen Ratgeber. Aber inwieweit haben wir es hier nicht einfach mit rhetorischer Ausschmückung zu tun? Der Name Hannibals verbreitete Furcht und Schrecken. Es wird uns überliefert, der Verlierer von Zama sei gegen jede Landung in Griechenland gewesen. Er habe keinen anderen Wunsch gehabt, als sich an die Spitze einer Invasionsarmee im Norden Italiens oder von Sizilien her zu stellen, um dann eine allgemeine Erhebung zu provozieren, während Karthago Rom den Krieg erklären und als Basis für Antiochos dienen sollte.[112] Hannibal hätte indessen Grund genug gehabt, einer solch grandiosen Strategie zu mißtrauen; denn die Vergangenheit hatte sie Lügen gestraft. Die etruskischen Städte hatten Rom die Treue gehalten. In Karthago hatte er seine Popularität verloren. Und schließlich hatte er den starken Arm Roms zu spüren bekommen. Vermutlich ist dieser Plan nur eine Erfindung eines Historikers. Es trifft höchstens zu, daß der König und sein Ratgeber einen Scheinangriff im Westen ins Auge gefaßt haben.[113] Antiochos dachte wohl nicht daran, die römische Macht zu zerschlagen. Der Zwischenfall von Delion war nicht vorsätzlich geplant worden. Dem König kam es zweifellos darauf an, den Krieg zu vermeiden und gegen Rom die Strategie anzuwenden, deren es sich selbst gegen ihn bedient hatte. Er schlug vor, zwischen Rom und sich die Schranke eines – diesmal freilich durch ihn – »befreiten« Griechenland zu schieben. Er hatte gehofft, daß allein seine Anwesenheit genügen werde, die Städte zum Übertritt zu bewegen. Darin hatte er sich aber getäuscht. Von nun an scheint er durch den Lauf der Dinge und die Intrigen um ihn her den klaren Blick verloren zu haben. Seine Kriegführung wurde planlos. Als Hannibal in Chalkis[114] darauf bestand, der König solle die Küsten Illyriens besetzen und Italien mit einer Invasion bedrohen, während er seine früheren Verbündeten um sich scharen wollte, zog Antiochos es vor, in Griechenland zu bleiben. Er begann mit der Eroberung Thessaliens, die den ganzen Winter über weitergeführt wurde. Im Frühjahr war sie noch nicht abgeschlossen. Auf den Rat der Aitoler hin begab er sich dann nach Akarnanien. Dort konnte er jedoch nur eine einzige Stadt einnehmen. Die Akarnanen leisteten erbitterten Widerstand. Unterdessen landete einer der Konsuln des Jahres, M. Acilius Glabrio, ein »Philhellene«, mit einer beträchtlichen Streitmacht in Apollonia.

Glabrio brach unverzüglich nach Osten auf, wo sich seine Truppen mit denen Philipps vereinigten, der schon damit begonnen hatte, die von Antiochos zurückgelassenen Garnisonen zu verjagen. Dieser eilte zurück und bezog im Norden der Thermopylen Stellung. Seine Verteidigungsposition schien uneinnehmbar. Zum Meer hin hatte er sich verschanzt. Eine Mauer gewährte zusätzlichen Schutz. Schnell verlegbare vorgeschobene Posten verliehen ein Höchstmaß an Beweglichkeit. Der linke Flügel – lauter aitolische Kontingente – stand auf dem Gebirge und in den Felsschluchten des Asopos. Aber M. Porcius Cato, der als *legatus* in der Armee diente, erinnerte an die Perserkriege und führte einen raschen Stellungswechsel herbei, indem er den Pfad benutzte, auf dem einst der Verräter Ephialtes den Xerxes geführt hatte.[115] Die Aitoler, die nur halb bei der Sache waren, wurden überrannt, und die Schlachtreihen des Antiochos eilten in wilder Flucht davon. Der König floh nach Chalkis. Alle Streitkräfte, die er in Griechenland besaß, waren vernichtet. Er erreichte Ephesos und begann dort, für den Notfall den Widerstand vorzubereiten.

Verglichen mit seinen früheren militärischen Leistungen verhielt sich Antiochos in einer Weise, die seiner unwürdig war.[116] Mit seinem Alter allein läßt sich ein solcher Unterschied nicht hinreichend erklären (er war 51 Jahre alt). Der Tod seines Sohnes im Jahr 193 hatte ihn gewiß getroffen. Aber sein Kummer kann andererseits nicht so groß gewesen sein; denn er heiratete unmittelbar danach in Euboia in dem Winter, der der Schlacht bei den Thermopylen vorausging. Andere Gründe sind naheliegender. Der gesamte Feldzug in Griechenland wurde mit den

Truppen geführt, die er im Herbst 192 mitgeführt hatte. Weder aus Syrien noch aus Asien war Verstärkung gekommen. Der König selbst hatte mit einer größeren Zahl von Verbündeten in Griechenland gerechnet. Er hatte sogar gehofft, Philipp werde sich auf seine Seite stellen. Die Reaktion der Römer, deren Streitmacht gerade groß genug war, um zahlenmäßig im Übergewicht zu sein (Acilius hatte nur 20 000 Fußsoldaten, 2000 Reiter und 15 Elefanten), deutete nicht auf einen so raschen Feldzug hin. Beide Seiten glaubten wohl eher an eine »koloniale« Expedition, die mit Waffengewalt einer diplomatischen Offensive Nachdruck verleihen sollte, auf keinen Fall aber an einen großen Krieg, wie Hannibal ihn sich nach dem Muster des Zweiten Punischen Krieges erträumte. Der Senat selbst war geteilter Meinung. Viele Väter schreckten davor zurück, größere Streitkräfte für ein Abenteuer im Orient einzusetzen. Sie befürchteten auch die ansteckende Wirkung der »griechischen Sitten«; die Eroberung des Westens erschien ihnen als ein lohnenderes Projekt.[117] Die römische *fides* hatte zwar schon zu viele Verpflichtungen im Orient auf sich genommen, als daß noch daran zu denken war, die Herausforderung des Königs nicht anzunehmen, aber dennoch waren die meisten Senatoren (und auch die Mehrheit des Volkes) ziemlich fest entschlossen, von jeder Eroberung abzusehen. Aus diesem Grund befanden sich in der Armee des Acilius Glabrio zwei *legati*, L. Valerius Flaccus und M. Porcius Cato, die gleichsam als politische Beobachter ein Auge auf den Konsul hatten.[118] Andererseits war Rom der Auffassung, daß mit dem Sieg bei den Thermopylen das Kriegsziel eigentlich nicht erreicht sei. Antiochos hatte vielleicht einen Augenblick geglaubt, daß es ihm möglich sein werde, in Asien seine eigene Politik zu machen, aber Scipio konnte die Römer davon überzeugen, daß der Friede gefährdet bleibe, solange ein Seleukide Asien beherrsche und Hannibal zu seiner Umgebung gehöre. Allmählich reifte so der Plan eines großen Krieges. Sein Ziel war jedoch nicht die Eroberung der Mittelmeerwelt, er sollte Rom vielmehr in die Lage versetzen, den anderen Mächten seine Bedingungen zu diktieren und über das Gleichgewicht der Kräfte zu wachen. Die Änderung des Kriegsziels kam nach den Thermopylen symbolisch darin zum Ausdruck, daß der Senat sich entschied, Acilius durch einen angeseheneren Führer zu ersetzen, dessen Entscheidungsspielraum für die Ausweitung des Kampfes erheblich vergrößert werden sollte. An Scipio Africanus dachte man dabei zu allererst, er war jedoch für das Konsulat des Jahres 190[119] noch nicht wählbar. Statt seiner wählte man seinen Freund und früheren Hauptmann C. Laelius und seinen Bruder L. Cornelius Scipio. Lucius erhielt die Provinz Asien, im Grund also den Auftrag zur Kriegführung. Als *legatus* wurde sein Bruder bestimmt.

Eumenes und den Rhodiern, die Antiochos fürchteten, kam diese Änderung der Strategie sehr gelegen. Mit ihrer Unterstützung begannen die Operationen zur See schon im Sommer 191. Der Admiral des Antiochos versuchte, die Vereinigung der drei verbündeten Flotten zu verhindern, wurde aber am Kap Korykos besiegt und floh nach Ephesos. Der Gegenschlag erfolgte im Frühjahr 190, als eine Flotte der Rhodier vor Samos vernichtet wurde, wodurch ein gemeinsames Vorgehen zur See problematisch wurde. Der entscheidende Seesieg konnte erst Ende September am Kap Myonnesos errungen werden.[120] Er erfolgte gerade rechtzeitig, um Eumenes zu entlasten, dessen Hauptstadt von Seleukos, dem Sohn des Antiochos, belagert wurde und die sein Bruder Attalos verteidigte.[121] Das Gros der römischen Streitkräfte, das in Apollonia an Land gegangen war, hatte nur langsam vorrücken können, weil zunächst die Aitoler vor Amphissa niedergerungen werden mußten. Schließlich gewährten die Scipionen dem Feind einen Waffenstillstand von sechs Monaten.[122] Mit der Unterstützung Philipps marschierten sie zu den Dardanellen. Als sie vor Lysimacheia erschienen, war die Stadt evakuiert, aber nichts – kein Proviant, nicht einmal der königliche Schatz – waren fortgeschafft worden.[123] Nach Überquerung der Meerenge bezogen sie in Asien ihre Stellung. Dort erschienen Boten des Königs, die nicht nur die Evakuierung der thrakischen Küste (die bereits vollzogen war), sondern sogar die Befreiung aller griechischen Städte anboten, deren Freiheit die Römer forderten. Der König wollte die Hälfte der Kriegslasten tragen; außerdem schlug er dem Africanus insgeheim vor, ihm seinen Sohn auszuliefern, der in Asien gefangengesetzt worden war, und dazu eine gewaltige Summe zu zahlen. Scipio lehnte jedoch ab und gehorchte dabei einer Regung seines Gefühls, die Antiochos, der an griechische und orientalische Sitten gewöhnt war, nicht erwartet hatte.[124] Trotz dieser Weigerung schickte Antiochos dem Scipio, der in Eleia, dem Hafen von Pergamon, krank darnieder lag, von sich aus seinen Sohn, ohne Lösegeld zu verlangen. Scipio ließ ihm lediglich den Rat geben, nicht mit der Schlacht zu beginnen, bevor er nicht selbst an ihr teilnehmen könne.[125] Im übrigen antwortete er ihm, daß seine Friedensangebote zu spät kämen, es sei denn, er finde sich bereit, die gesamten Kriegslasten zu tragen, Asien zu räumen und sich bis hinter Taurus zurückzuziehen. Antiochos lehnte ab.

Die Entscheidungsschlacht fand mitten im Winter 190/189 im Südwesten von Ephesos, nicht weit von Magnesia im Sipylosgebirge statt. Die Truppen unter dem direkten Befehl des Antiochos waren zunächst im Vorteil, aber in der Mitte und auf dem linken Flügel brachen die Truppen des Eumenes und die römische Reiterei durch. P. Scipio nahm nicht an der Schlacht teil. Das eigentliche Kommando hatte L. Domitius Ahenobarbus.

Antiochos verlor seine ganze Armee, mehr als 50 000 Gefallene, zog sich hinter den Taurus zurück und bat um Frieden.

d) Die Pax Romana im Osten

Dieser Friede wurde jedoch nicht gleich geschlossen. Dem Senat erschienen die von L. und P. Scipio vorgeschlagenen Bedingungen nicht mehr ausreichend. Die *curia* war zu Anfang des Jahres 189 der Schauplatz einer Reihe von Intrigen, die von zahllosen Gesandtschaften angezettelt wurden, die diesen oder jenen Vorteil für sich herauszuholen versuchten oder diese und jene Gebietsabtretung verhindern wollten. Der Senat mußte sich vor allem zwischen zwei Bittstellern entscheiden: Eumenes von Pergamon und den Rhodiern. Die ganz der hellenistischen Tradition verhafteten Rhodier wünschten die bedingungslose Befreiung der griechischen Städte in Asien. Eumenes forderte als Lohn für seine Dienste (die beträchtlich gewesen waren) die Vergrößerung seines Königreiches. Die Römer selbst dachten ebensowenig wie nach Kynoskephalai daran, Gebiete in Asien zu erwerben. Schließlich setzte sich Eumenes durch. Wenn auch Rhodos bedeutende Gebietsgewinne buchen konnte (Karien im Süden des Mäander und Lykien), so war doch Eumenes der große Gewinner, der die thrakische Küste mit Lysimacheia erhielt und in Asien den größten Teil des früheren Gebietes der Seleukiden westlich der Trennungslinie Halys – Taurus. Alle griechischen Städte, die während des Krieges gegen Antiochos gekämpft hatten, waren jedoch von dieser Abtretung ausgeschlossen.

Der Friedensvertrag wurde im Frühjahr 188 in Apameia unterzeichnet. Das Gebiet des Antiochos wurde auf eine Linie südlich des Taurus beschränkt. Er durfte keine Elefanten mehr halten, keine Söldner in seinen früheren Besitzungen ausheben und mußte eine enorme Entschädigungssumme an die Römer und auch an Eumenes zahlen. Rom forderte darüber hinaus die Auslieferung der »schlechten« Ratgeber, allen voran Hannibal. Der König ließ ihn aber entkommen; Hannibal fand in Bithynien eine Zuflucht.

Die Römer nutzten den Zeitraum zwischen der Schlacht von Magnesia und dem Vertrag von Apameia für kriegerische Unternehmungen, die keineswegs ganz durch die Erfordernisse der Befriedung gerechtfertigt waren. Der neue Befehlshaber, Manlius Vulso – auf die »Philhellenen« folgte ein »Traditionalist«, ein Vertreter der Gruppe, die der Meinung war, der Krieg müsse sich auch »auszahlen« – unternahm zwei Feldzüge in Kleinasien[126], einen gegen die Pisider, den anderen gegen die Galater. Die Pisider hatten sich im Taurusgebirge niedergelassen.

Dieses räuberische Volk hatte nahezu unzugängliche Schlupfwinkel, in denen es ungeheure Reichtümer angehäuft hatte. Die Legionen des Manlius nahmen ihre Hauptstadt ein und brachten reiche Beute mit. Die Galater lebten in relativem Frieden in dem Gebiet zwischen Pessinous und Ankyra. Manlius griff sie mit seiner ganzen Streitmacht an. Sie zogen sich auf die Berge Olymp und Magaba zurück und führten ihre Frauen, Kinder und Schätze mit sich. Die beiden Verteidigungsstellungen der Galater wurden im Sturm genommen und sie selbst niedergemetzelt.[127] Auch dort war die Beute gewaltig.
War Manlius nichts anderes als ein Plünderer oder handelte er vielleicht im Auftrag des Eumenes? Beides ist wahrscheinlich der Fall. Es ist jedoch auch anzunehmen, daß er dem tief im Römer verwurzelten Drang nach Befriedung folgte. Den Römern waren Unruhe stiftende »Barbaren« immer ein Dorn im Auge. Besondere Genugtuung empfand er wohl auch darüber, daß er den Kelten, den traditionellen Feinden Roms, eine vernichtende Niederlage zufügte und dadurch zugleich die griechischen Städte von dem Tribut befreite, den sie seit einem Jahrhundert den Galatern zahlen mußten.
Während Manlius Anatolien »befriedete«, wurde die aitolische Frage gelöst. Während des Waffenstillstandes, den Scipio ihnen gewährt hatte, schickten die Aitoler eine Abordnung nach Rom. Der Senat weigerte sich jedoch, sie anzuhören, was um so gerechtfertigter war, als sie die Gelegenheit sofort genutzt hatten, um ihre Stellung zu verbessern. Nach dem Sieg über Antiochos bei Magnesia landete ein neuer Heerführer, M. Fulvius Nobilior, in Apollonia mit dem Auftrag, ihrem Treiben für alle Zeit ein Ende zu bereiten. Im Frühjahr 189 belagerte er die Stadt Ambrakia. Die Aitoler, die in ihrem Rücken von Perseus, dem Nachfolger Philipps V., angegriffen wurden, mußten diesmal, ob sie wollten oder nicht, um Frieden bitten. Er wurde ihnen von Fulvius Nobilior, und zwar zu sehr milden Bedingungen, gewährt. Der Senat verschärfte sie mit dem Hinweis, die Aitoler seien unzuverlässige Bundesgenossen, heimtückische und aufwieglerische Feinde gewesen und hätten am meisten die Eintracht unter den griechischen Städten gestört.

Unterdessen wurde in Illyrien Genthios, der Heerführer, der mit Perseus ein Bündnis abgeschlossen hatte (das ihm übrigens keinen angemessenen Lohn einbrachte), nach einigen Tagen des Kampfes gefangengenommen. Rom war erneut Herr über die griechischen Länder. Aber sein Sieg warf schwere Probleme auf. Wie sollte, wenn Makedonien verschwand, das politische Gleichgewicht im Osten garantiert werden? Der König von Pergamon schien nicht mehr der verläßliche Verbündete von einst zu sein. Die Rhodier hatten wenige Tage vor der Schlacht von Pydna eine Gesandtschaft nach Rom geschickt, um mit Nachdruck auf die Notwendigkeit eines möglichst raschen Friedensschlusses hinzuweisen. Diese Gesandtschaft traf im gleichen Augenblick in Rom ein wie die Siegesmeldung. Sie brachte daraufhin dem Senat ihre Glückwünsche dar, der sich jedoch nichts vormachen ließ. Die römische Politik hatte im Osten keine verläßliche Stütze mehr.

Die Schwierigkeiten tauchten jedoch nicht zum ersten Mal auf. Nach der Schlacht auf den Kynoskephalai waren immer wieder Kommissionen in den Osten entsandt worden, um an Ort und Stelle die auftauchenden Probleme zu lösen. Mit der Zeit hatte sich ein indirektes Überwachungssystem herausgebildet, das sehr elastisch gehandhabt wurde, die Unabhängigkeit der Städte unangetastet ließ und, in der Hand einiger »Experten« (wie Marcius Philippus), die schlimmsten Krisen zu verhindern vermochte. Gewiß waren die Väter davon überzeugt, daß das System nun um so funktionsfähiger sein werde, weil ohne die Intrigen der makedonischen Könige sein reibungsloses Funktionieren garantiert werden und die antirömische Partei in den lokalen Regierungen der Städte keinen Rückhalt mehr haben würde. Aus all diesen Gründen und getreu ihrem Grundsatz von der »Freiheit« der Völker machten sie Makedonien nicht zur Provinz, sondern teilten es gemäß den natürlichen Regionen in vier Distrikte ein. Jede, ja sogar jede private Verbindung (Heirat, Erwerb von Grundbesitz) wurde zwischen den Distrikten verboten.[187] Man mißtraute der Sehnsucht nach Einheit, nach dem monarchischen »Großmakedonien«. Um diese Sehnsucht in Vergessenheit geraten zu lassen, wurde der Tribut der Einwohner auf die Hälfte desjenigen festgesetzt, den sie vorher an die Könige gezahlt hatten. Diese Regelung fand jedoch nicht die Zustimmung der Makedonen, deren politisches Leben mit einem Schlag seiner Grundfeste, der Königsherrschaft, beraubt war.[188] Daher setzte sich die Demokratie auch nur sehr schwer durch. Die Historiker berichten uns von gewalttätigen Ausschreitungen. Einen Augenblick lang war zu befürchten, daß ein Usurpator namens Andriskos, ein angeblicher Sohn des Perseus, die Bevölkerung hinter sich bringen würde. Nach verschiedenen Abenteuern gelang es ihm 149, die reguläre makedonische Armee zu besiegen und dann ein römisches Interventionskorps zu schlagen. Es bedurfte im folgenden Jahr einer ganzen Armee unter der Führung von Q. Caecilius Metellus, um diesem kühnen Unternehmen ein Ende zu setzen, das schon dahin geführt hatte, daß die Bündnistreue mehrerer griechischer Städte nachließ und sich eine antirömische Bewegung von Makedonien bis nach Karthago abzuzeichnen begann.[189] Andriskos wurde besiegt, im Triumphzug des Metellus mitgeführt und hingerichtet.

Die Erregung war so heftig gewesen[190], daß der Senat den Entschluß faßte, in Makedonien Truppen zu stationieren. Dazu war es erforderlich, aus Makedonien eine Provinz nach dem Muster Siziliens und der spanischen Gebiete zu machen. Zu den vier makedonischen Distrikten kamen Illyrien und Epirus hinzu. Man begann mit dem Bau der *Via Egnatia,* indem die beiden Straßen von Dyrrhachium und Apollonia nach Edessa, Pella und Thessalonike weitergeführt wurden. Die strategische Achse der neuen Provinz war somit geschaffen. Später sollte sie dann den Legionen als Marschroute nach Asien dienen.

So trat das römische Volk ganz einfach an die Stelle der makedonischen Könige; griechisches Land wurde wie Sizilien und Spanien behandelt. Das Prinzip der Freiheit geriet dabei etwas in Vergessenheit; denn die Notwendigkeit, die Integrität des römischen »patrimonium« zu erhalten, hatte den Vorrang. Dieses »patrimonium« machte die Anerkennung der im Osten erworbenen Rechte erforderlich. Makedonien sollte nur noch eine »Mark« für die Verteidigung der griechischen Staaten gegen die Barbaren aus dem Norden sein, mit denen die Könige nie hatten fertig werden können.[191] Die griechischen Städte im Hinterland behielten die Freiheit.

Die Lösung konnte nicht kampflos erzielt werden. Im Senat gab es eine Strömung für die vollkommene Annexion. Ein Prätor namens M. Juventius Thalna[192] schlug nach der Schlacht von Pydna vor, Rhodos zur Bestrafung für seine undurchsichtige Haltung während des Krieges zur Provinz zu erklären. Cato sträubte sich gegen eine solche Maßnahme. Er machte klar, daß die Rhodier treue Bundesgenossen gewesen seien und Rom seine Politik der Gerechtigkeit gegenüber den Griechen nicht verleugnen dürfe.[193] Vielleicht wollte er auch nur verhindern, daß die Republik sich ein Gebiet aufbürdete, das schwer zu regieren und zu verteidigen war. Die politische Klugheit des früheren Zensors siegte an diesem Tag über die kurzsichtige Raffgier derjenigen, denen es vor allem darum ging, daß sich die Eroberungen auch »auszahlten«.

d) Das neue Gleichgewicht

α) Der Aufstieg von Delos und die Wirtschaft im Mittelmeerraum

Rhodos kam dennoch nicht ohne Schaden davon. Die Karier und Lykier[194] wurden für unabhängig erklärt. Vor allem aber wurde die Insel Delos, die der Flotte von Perseus als Stützpunkt gedient hatte, den Athenern zugesprochen (den früheren Herren in der Zeit des Reiches) und erhielt den Status eines Freihafens. Die Folge war, daß sich die Handelsströme in der Ägäis umorientierten. Da es nun möglich wurde, Waren gebührenfrei in Delos zu löschen, ging die Bedeutung, die Rhodos als Warenlager und Transithafen gespielt hatte, allmählich auf Delos über. Die Folge war, daß sich die Einnahmen von Rhodos (die hauptsächlich aus Hafengebühren bestanden) in katastrophalem Maß verringerten.[195] Die syrischen, ägyptischen, griechischen und italischen Großkaufleute zogen ihren Nutzen aus dieser Verlagerung der Einkünfte. Delos wurde der bedeutendste Hafen für den Sklavenhandel, weil die Händler dort keine Kontrollen zu befürchten brauchten, in denen festgestellt wurde, ob sich nicht ein freier Mensch – was häufig geschah – in der Menschenladung befand. Die Demütigung von Rhodos durch die »Entpolitisierung« des Seehandels führte immer mehr dazu, daß die Seeräuber straflos ausgingen und die Schlagkraft der Seepolizei, die die Rhodier geschaffen hatten, nachließ.[196] Rom sollte später diesen Irrtum bitter bereuen, als die Seeräuberplage mit allen Mitteln bekämpft werden mußte.[197]

Hatte der Senat die günstigen Auswirkungen dieser Politik auf den Handel der kampanischen Verbündeten vorausgesehen? Man verneint das. Aber es ist nicht so unwahrscheinlich angesichts der Tatsache, daß die Sorge um den Schutz der italischen *negotiatores* ein Dreivierteljahrhundert früher die Römer zur Intervention in Illyrien veranlaßte.[198]

Der italische Handel, der bis dahin die rhodischen Benutzungsgebühren zu zahlen hatte, wurde nun frei. In Delos entstanden Speditionsunternehmen. Unter den Waren, die über diesen »Regulator« gingen, waren Wein und Öl aus Italien, Getreide, mit dem ein blühender Handel getrieben wurde, Gebrauchsgüter (einfache Töpferwaren) oder Luxuswaren (syrische Baumwoll- und Seidenstoffe, Teppiche aus Asien, Purpur, Parfüms, die aus Asien über Syrien kamen, Gewürze usw.).[199]

Die Insel beherbergte eine zahlenmäßig starke italische Kolonie, wie aus den Inschriften und den Maßen der »Italischen Börse« hervorgeht, einem gewaltigen Gebäude, das eigens für sie errichtet wurde.[200] Noch weitere Kolonien entstanden in Berytos (Beirut) und Tyros. So vollzog sich durch diese materielle Koexistenz eine imponierende Verschmelzung der Traditionen und

Kulturen auf dem winzigen und unfruchtbaren Delos, über das die Athener zwar rechtlich die Herrschaft ausübten, wo in Wirklichkeit aber einzig und allein das Geld regierte und der Reichtum der einzig anerkannte Wert war.

In dieser zweiten Hälfte des 2. Jahrhunderts entstand eine »Delische Zivilisation«, über deren Wesenszüge wir durch die Arbeiten der École Française d'Athènes gut Bescheid wissen.[201] Es entwickelte sich ein delischer Stil in der Architektur der Privathäuser, der Dekoration, der Malerei und natürlich auch in der Religion und den Riten. Diese delische Kultur war indessen nichts anderes als eine Widerspiegelung der sie umgebenden Kulturkreise, die wir zwar nur indirekt kennen, die aber zu ihrer Entstehung beigetragen haben. Durch einen Vergleich mit den kürzlich erforschten rhodischen Städten lassen sich zum Beispiel Verwandtschaften, aber auch Unterschiede herausstellen.[202] Es scheint, daß der delische Stil besonders darauf abzielte, auf das Auge zu wirken, und in seinem Wesen eher asiatisch als griechisch war. Ein Luxus, der nicht der griechischen Tradition entsprach, gelangte durch den ständigen Austausch zwischen der Insel und den kampanischen Städten zunächst nach Süditalien und von da nach Rom — wie zum Beispiel Einlegearbeiten mit kostbarem Marmor in den Privathäusern oder Malereien, die die Musterung und die Farben nachahmten.

Durch den Einfluß von Delos läßt sich jedoch nicht die gesamte kampanische Kultur erklären, vor allem nicht ihre Hellenisierung, die zu dem Bedeutendsten der Kulturgeschichte dieser Zeit gehört. Schon lange vor dem Jahr 167 standen die kampanischen Städte in Verbindung mit dem Orient. Zwischen Neapel und dem Orient verkehrten ständig Schiffe. Der Handel mit Alexandria lief besonders über Pozzuoli[203], und die Götter des hellenistischen Ägypten, besonders Isis, kamen durch dieses Tor nach Italien.[204] Es ist ebenso ausgemacht, daß die ersten großen Villen in Pompeji (der sogenannten »samnitischen« Periode) in keinem Zusammenhang mit Delos stehen.[205] Es läßt sich jedoch nicht bestreiten, daß Delos wesentlich zu einer rascheren Entstehung einer Kulturgemeinschaft beigetragen hat, in der italische Elemente mit solchen, die durch die Handelsbeziehungen aus dem Orient einströmten, verschmolzen.

β) Griechenland bis zur Zerstörung Korinths

Nach der Schlacht von Pydna — so konnte man hoffen — würden die Städte und Staaten des europäischen Griechenland Mittel und Wege finden, um in Frieden unter römischer Protektion zu leben. In Wirklichkeit aber ist die Geschichte Griechenlands bis zur Zerstörung Korinths im Jahre 146 eine Kette verworrener Auseinandersetzungen, gegen die auch die Gesandtschaften des Senats nichts ausrichteten.

Athen nahm, ob zu Recht oder nicht, in den Herzen der Römer einen besonderen Platz ein. Die Gründe lassen sich leicht denken, selbst wenn spätere Autoren sie nicht ausdrücklich nennen.[206] Athen erschien als Heimstätte des Edelsten und Glanzvollsten in Kultur und Geschichte. Legenden machten Attika zu dem Land, in dem alle Künste ihren Ursprung nahmen, angefangen bei der Landwirtschaft bis zur Bildhauerei oder Holzverarbeitung.[207] Es hieß, ein Bewohner Attikas habe das Rad erfunden und die Methode, wie man ein Viergespann anspanne.[208] Der einfache Mensch glaubte fest an diese Legenden. Aber es ging um weit mehr. Die Gebildeten unter den Vätern wußten, daß die Athener bis zuletzt für die Freiheit gekämpft und sich nie geschlagen gegeben hatten. Die Perikleische Demokratie erschien als ein glanzvolles Vorbild, aus dessen Unglück noch die anderen Republiken lernen konnten. Die Römer, die ihrerseits für den Ruhm empfänglich und von der Sehnsucht erfüllt waren, die großen Taten der Gemeinschaft oder des einzelnen zu verewigen, zollten Athen die Achtung, die sie selbst sich von der Nachwelt erhofften.

Es wäre falsch, anzunehmen, daß die Einzigartigkeit der attischen Denker und Dichter den Römern unbekannt gewesen sei. Um Aemilius Paullus hatte sich ein Kreis echter »Attikisten« gebildet, zu dem auch der Sohn des Siegers über Perseus, Scipio Aemilianus, der spätere Africanus, gehörte. Die Bibliothek der makedonischen Könige war der Lohn des Sieges. Hier fanden die jungen römischen Adligen die Leitbilder für Philosophie, Dichtung und Redekunst.[209] Das war jene Zeit, in der sich als Reaktion gegen den hellenistischen Ennius die Literatur der attischen Klassik näherte. Im Kreis des Scipio Aemilianus und seines Freundes Laelius verfaßte Terenz Komödien, die nicht so sehr für ein Publikum, das Plautus und seinen Nachahmern nachtrauerte, als vielmehr für eine kleine Elite geschrieben wurden, deren ästhetischen und geistig-sittlichen Problemen sie Ausdruck verliehen.[210] Aus all diesen Gründen betrieben die Väter im allgemeinen eine athenfreundliche Politik.

Wenn auch Sparta nicht auf die gleichen Verdienste vor der Geschichte mit Stolz verweisen konnte, so war doch für einen Römer seine Geschichte nicht weniger ruhmvoll. In Sparta glaubten die Römer gewisse Züge wiederzuerkennen, auf die sie besonders stolz waren: die Begeisterung für das Heroische, die Hingabe des einzelnen bis zur Selbstaufopferung zum Wohl aller. Bis hin zur Verfassung schienen Ähnlichkeiten mit Rom zu bestehen: die anerkannte Vorrangstellung der Alten (die *Gerusia* ließ sich mit gewissen Einschränkungen mit dem Senat vergleichen), der allgemein verbreitete Sinn für Disziplin, schließlich die Geschichte der Stadt selbst, in deren Verlauf die Könige allmählich ihre Macht an gewählte Magistrate verloren

hatten. Diese militärisch organisierte und geprägte Republik hatte etwas Faszinierendes für die Söhne des Romulus.[211] Die anderen Völker auf der Peloponnes nahmen sich, verglichen mit ihnen, wie Parvenus und Usurpatoren aus.
Athen hatte sich im Augenblick der Schlacht von Pydna für die römische Sache erklärt. Zur Belohnung erhielt es Delos, Lemnos und einige andere Stückchen seines ehemaligen Reiches.[212] Einige Zeit danach kam es 155 zu einem Streit zwischen den Athenern und den Bewohnern von Oropos (und zwar scheinen die Athener die alleinige Schuld gehabt zu haben). Athen schickte seine berühmtesten Philosophen als Gesandtschaft nach Rom: Karneades, das Haupt der Akademie, den Peripatetiker Kritolaos und den Stoiker Diogenes von Seleukeia. Diese gewandten und angesehenen Männer brachten es zuwege, daß die Strafe von 500 Talenten herabgesetzt wurde, die Sikyon, das beide Parteien zum Schiedsrichter gewählt hatten, in erster Instanz festsetzte. Dieses unbedeutende Ereignis stand am Beginn einer Krise, die schließlich zur Erhebung der Achaier gegen Rom führte. Es hätte jedoch nicht solche Folgen gehabt, wenn nicht schon lange ein gespanntes Verhältnis zwischen Rom und dem Bund bestanden hätte.
In dieser Hinsicht war das Problem Sparta nicht wirklich gelöst worden. 192 war Sparta vom Bund annektiert worden.[213] Drei Jahre später entschloß sich Sparta im Jahr 189, diese Herrschaft, die ihm oktroyiert worden war, abzuschütteln und seine völlige Unabhängigkeit zurückzuerobern. Philopoimen nutzte die Gelegenheit, um im Frühjahr 188 in Lakonien einzufallen, die Gegner niederzumetzeln und die Befestigungsanlagen schleifen zu lassen. Die Gesetze des Lykurgos wurden abgeschafft und die durch die vorherige Regierung freigelassenen Heloten als Sklaven verkauft. Die brutalen Maßnahmen gegen die Stadt, die die Erbfeindin seiner Heimatstadt Megalopolis und Messeniens war, lösten das Eingreifen Roms aus. Q. Caecilius Metellus versuchte in einer friedlichen Intervention, die Sache Spartas vor der achaischen Versammlung zu verfechten, wurde aber von Philopoimen daran gehindert. Man kam aber überein, daß, wenn Sparta (gegen seinen Willen) im Bund verbliebe, die von Philopoimen Verbannten mit allen Rechten und ihrem Hab und Gut zurückkehren dürften. Als 183 Messenien seinerseits den Bund verlassen wollte, schritt Rom nicht ein. Philopoimen drang, ohne Rom zu befragen, in das Gebiet der Rebellen ein; die Messenier wurden bald besiegt, obwohl Philopoimen bei dem Feldzug ums Leben kam.[214] Wieder fand sich Rom damit ab, daß gegen seinen ausdrücklichen Willen vorgegangen wurde. Die Achaier glaubten nun, die Rückkehr der verbannten Spartaner hinauszögern zu können. In diesem Augenblick ersann ein gewisser Kallikrates, ein Achaier, eine hinterhältige

Intrige, um mit der Hilfe Roms seine eigenen Feinde im Bund auszuschalten. Als eine Gesandtschaft vor dem Senat angehört wurde, legte er den Vätern nahe, in Zukunft doch deutlicher ihre Meinung kundzutun, weil sonst die unglücklichen Griechen nicht wüßten, was sie zu tun hätten. Die Senatoren ließen sich hinter das Licht führen und forderten in einem ausdrücklichen Senatsbeschluß die Rückkehr der Verbannten nach Sparta.[215] Dieser Beschluß, der allen griechischen Staaten mitgeteilt wurde, stärkte die Stellung des Kallikrates, der sich daraufhin zum Strategen wählen ließ und mit der Rückführung der Verbannten nach Sparta und Messenien begann.[216] Auf diese Weise hatte Kallikrates, um seinen eigenen Ehrgeiz zu befriedigen, Rom zu einer energischeren Politik angetrieben.

Während des Krieges gegen Perseus stellte sich kein Politiker, weder Kallikrates noch die Vertreter der gegnerischen Opposition, Lyortes (der Vater des Polybios) und Archon, auf die Seite des Königs. Polybios selbst sorgte als Hipparch für die Verbindung zwischen dem Bund und der römischen Armee in Thessalien und verhielt sich gewiß als verläßlicher Bundesgenosse. Dennoch gingen nach der Schlacht von Pydna die Senatsbeauftragten, die zu den Achaiern geschickt wurden, in einer Weise vor, die uns heute unbegreiflich erscheint. In blindem Vertrauen auf Kallikrates setzten sie die Billigung mehrerer Dekrete in der Versammlung durch: Todesstrafe für alle Anhänger des Perseus, Verhaftung von tausend »Verdächtigen«, in Wirklichkeit Gegner des Kallikrates, und ihre Verschleppung nach Italien.[217] Unter ihnen befand sich der junge Polybios. Die meisten achaischen Verbannten, die als Geiseln angesehen wurden, wurden auf die Municipien verteilt. Polybios, der von Aemilius Paullus aufgenommen wurde, erhielt die Erlaubnis, in Rom im Haus der Aemilii zu leben, wo er der Freund des jungen Scipio Aemilianus und seines Bruders wurde. Er machte sie mit den größten Schöpfungen der griechischen Kultur vertraut, während ihm zu gleicher Zeit die Gründe für die Größe Roms und die Bedeutung seines historischen Sendungsauftrages klar wurden.[218]

Diese Massendeportation (die erst im Jahr 151 rückgängig gemacht wurde, als nur noch ein Drittel der Verbannten lebte) schuf für ein Jahrzehnt eine Ruhepause. Aber die Achaier hatten ihre politische Elite verloren, was um so bedenklicher war, als die prorömische Partei im allgemeinen aus gewissenlosen Männern bestand, die jederzeit bereit waren, das Vertrauen des Senats zu mißbrauchen. So vertrieb im Jahr 151 Menalkidas, der Stratege des Bundes, für die Zahlung einer Summe und auf Verlangen der Bewohner von Oropos die in der Stadt ansässigen Athener.[219] Aber Menalkidas, der Spartaner war, wurde angeklagt, einen separatistischen Aufstand in seiner Heimat vorzubereiten. Vielleicht war das nur eine Verleumdung. Aber im darauffolgenden Jahr ergriff der neue Stratege Diaios Maßnahmen gegen die Spartaner, die diese zwangen, sich zu ihrer Rechtfertigung an Rom zu wenden (im Jahr 149). In diesem Augenblick brach der Aufstand des Andriskos los.[220] Diaios trat mit verwegener Arroganz vor den Senat; die Väter hüllten sich in Schweigen, und so führte Diaios nach seiner Rückkehr auf die Peloponnes mit erhöhter Energie den Kampf gegen Sparta fort. Nach Friedensschluß erschien eine Gesandtschaft des Senats unter Führung des L. Aurelius Orestes und gab dem Bund den Befehl des Senats bekannt, daß Sparta, Korinth, Argos, Orchomenos in Arkadien und Herakleia Trachinia aus dem Bund austreten sollten.[221] Ein allgemeiner Wutausbruch war das Echo, besonders im einfachen Volk, als dessen Beschützer Diaios galt. Es kam zu Gewalttätigkeiten gegen mutmaßliche Freunde Spartas und die römischen Gesandten. Eine zweite Gesandtschaft versuchte, die Dinge wieder ins Lot zu bringen, aber vergebens.[222] Der Kriegsausbruch schien zum Greifen nahe.

Der Kampf, der einsetzte, war von sehr kurzer Dauer und scheint ebenso sozialer wie politischer Natur gewesen zu sein. Die antirömische Bewegung, die ihren Anfang bei den Seeleuten, Arbeitern und Sklaven in Korinth nahm, breitete sich mit unglaublicher Geschwindigkeit in den anderen Städten aus. Die Schulden wurden für nichtig erklärt, eine Landaufteilung in Aussicht gestellt. Die Revolte scheint über die Kontroversen zwischen den einzelnen Staaten hinaus eine logische Folge der wirtschaftlichen Schwierigkeiten gewesen zu sein, mit denen Griechenland zu kämpfen hatte.[223]

Kritolaos, der für das Jahr 146 zum Strategen gewählt wurde, fühlte sich durch die Unterstützung aller griechischen Städte (außer Athen und Sparta) in einer starken Position. Als Caecilius Metellus erneut vor die Versammlung des Bundes trat und versuchte, die Eintracht wiederherzustellen, entgegnete ihm Kritolaos, »die Achaier hätten gehofft, in den Römern Freunde, nicht Herren zu finden«[224]. Der Kampf begann, sobald Metellus zu der Armee in Makedonien gestoßen war. Er marschierte in südlicher Richtung und brachte Kritolaos bei Skarpheia (östlich der Thermopylen) eine vernichtende Niederlage bei. Kritolaos wurde getötet.[225] Diaios trat an seine Stelle als Stratege und führte den Kampf erbarmungslos fort. Er lehnte jedes Friedensangebot ab. Metellus wurde durch den Konsul des Jahres, Mummius, ersetzt, der den Durchmarsch über den Isthmus bei Leukoptera erzwang, Korinth besetzte und die Stadt plündern ließ.

Die Plünderung Korinths wird oft als eines der unverzeihlichsten Verbrechen der Römer angesehen. Aber das, was dieser Stadt angetan wurde, erwartete jede griechische Stadt, die in die Hand des Gegners, selbst wenn es ein griechischer Gegner war,

fiel. Seit mehr als einem Jahrhundert lebte Griechenland in einer Atmosphäre der Grausamkeit, die nicht Rom geschaffen hatte. Die Stadt wurde angezündet und dem Erdboden gleichgemacht, aber erst, nachdem man die Kunstwerke aus der Stadt entfernt und unter die römischen und griechischen Städte verteilt hatte.[226]
Die Gründe für das Vorgehen des Senats waren sehr verschiedenartig. Vor allem sollte ein Exempel statuiert werden. Wie oft hatte er die Führer des Bundes zur Mäßigung ermahnt und gewarnt! Vergebens. Sie zeigten sich unfähig, ihr Wort zu halten oder einen Bündnisvertrag zu respektieren. In ihrem blinden Haß gegen Sparta waren sie nicht davor zurückgeschreckt, mit Gewalt gegen die Städte vorzugehen, deren einzige Schuld im Grund darin lag, daß sie unabhängig sein wollten. Was war der Ruhm Korinths, verglichen mit dem Spartas? Wenn der Bund unter der Herrschaft der Korinther kein anderes Gesetz gelten ließ als das des Krieges, dann konnte sich dieses Gesetz zu Recht ohne Gnade gegen sie selbst wenden. Außerdem war die Zerstörung Korinths im selben Jahr beschlossene Sache wie die Zerstörung Karthagos. Diese beiden Ereignisse stehen wahrscheinlich in ursächlichem Zusammenhang. Vielleicht war in der Vorstellung der Väter noch die Erinnerung an den Zusammenstoß zwischen Griechen und Puniern wach, zu dem es bei jeder Krise erneut kam. Da Rom eine Einkreisung im Osten und Westen befürchten konnte, mochte es ihm auch als gerechtfertigt erscheinen, den Feind auf beiden Seiten zu schlagen und ihn für seine *perfidia* zu strafen.
Die Zerstörung Korinths bedeutete das Ende der traditionellen Politik Roms in Griechenland. Die Beauftragten des Senats griffen in die Verwaltung der Staaten ein. Die Bündnissysteme wurden aufgelöst, und man tat alles, um zu verhindern, daß neue Verbindungen zwischen den Städten geknüpft wurden. So ließen sich, wie man hoffte, in Zukunft die Koalitionen und Streitigkeiten vermeiden. Das ganze Land wurde unter die Aufsicht (nicht direkte Verwaltung) des Statthalters von Makedonien gestellt. Die Senatsbeauftragten bemühten sich darum, die Spuren des Krieges auszulöschen. Dabei stand ihnen der Historiker Polybios mit Rat und Tat zur Seite, der durch seinen Weitblick und seine Integrität den Römern, aber auch seinem Vaterland unschätzbare Dienste leistete.[227]

γ) Das Schicksal der Königreiche

§ 1 Pergamon Eumenes war während des Krieges gegen Perseus in ein schiefes Licht geraten. Der Senat ließ ihn jedoch straflos ausgehen und untersagte es ihm lediglich, sich in Italien aufzuhalten.[228] Eumenes starb im Jahr 159. Sein Bruder Attalos, der ihm in der Regierung nachfolgte, stieß bei den Römern nicht auf die gleichen Vorbehalte. Er bemühte sich darum,

Abb. 4: Der Vordere Orient

sich ihrer Unterstützung in der Überwindung äußerer Krisen zu vergewissern, die den Anfang seiner Herrschaft kennzeichneten.[229] Als Rom die Unabhängigkeit Galatiens anerkannte, verzichtete er auf die traditionellen Ansprüche Pergamons auf dieses Gebiet. 156 fiel Prusias von Bithynien in die Staaten des Attalos ein, aber der Senat intervenierte im Jahr 154, setzte dem Krieg ein Ende und stellte den Status quo wieder her.[230] Attalos sollte bald Gelegenheit zur Rache erhalten, indem er dem Sohn des Prusias, dem jungen Nikomedes, dabei half, seinen Vater zu entthronen.[231] Rom hatte zu seinen Beauftragten viel-

leicht absichtlich unfähige Männer gewählt. Auf jeden Fall legten sie dem Attalos nichts in den Weg.
Die Truppen von Pergamon nahmen 146 am Krieg gegen Andriskos und Korinth teil. Im folgenden Jahr führte Attalos erfolgreich einen Feldzug gegen einen thrakischen Stammesführer namens Diegylis, was für die Römer keine unwesentliche Hilfe darstellte. Attalos II. wurde mit 61 Jahren König und starb im Jahr 138 mit 82 Jahren. Auf dem Thron folgte ihm sein Neffe Attalos III., der Sohn des Eumenes.
Attalos III. ist eine rätselhafte Persönlichkeit, über den schon sehr früh Legenden im Umlauf waren. Bei seiner Thronbesteigung war er ungefähr 24 Jahre alt[232]; er regierte nur fünf Jahre. Seine Herrschaft soll er damit begonnen haben, daß er eine Anzahl von hochgestellten Persönlichkeiten, zu denen sogar Verwandte gehörten, umbrachte. Danach soll er, geistig zerrüttet, sich in seinen Palast[233] eingeschlossen haben, um sich ganz der Züchtung von Heilkräutern, vor allem gifthaltigen, hinzugeben. Er soll sogar Experimente an Todeskandidaten durchgeführt haben, um Gift und Gegengift zu erproben. Tatsächlich scheint er sich für Untersuchungen über die Heilkraft von pflanzlichen und tierischen Drogen interessiert zu haben. Besonders häufig nannte man seine Arbeiten über Baumzucht und Zoologie.[234] All das fesselte natürlich die Phantasie des Volkes außerordentlich, die aus ihm einen Zauberkönig machte.
Man kann sich leicht vorstellen, daß ein solcher Fürst wenig Neigung verspürte, die Last des Regierens zu tragen, und zutiefst allem Politischen gegenüber eine gewisse Skepsis empfand, deren Ausdruck das einzigartige Testament sein sollte, in welchem er sein ganzes Königreich den Römern vermachte. Tatsächlich kennen wir die wirklichen Verhältnisse in Kleinasien und Pergamon in dieser Zeit zu schlecht, als daß uns die Gründe für seine sonderbare Entscheidung ganz klar wären. Schwierigkeiten in der Dynastie (wie sie in der Revolte des Aristonikos unmittelbar nach dem Tod des Königs zutage traten), Bedrohung von außen (was kaum wahrscheinlich erscheint), die Überzeugung, daß Rom die einzige Macht sei, die zum Regiment der Welt berufen sei, die ohne sie der Anarchie und fortgesetztem Blutvergießen ausgesetzt wäre – all das mag zu seiner Entscheidung beigetragen haben. Juristisch gesehen war dieses Testament gültig und entsprach der Auffassung vom hellenistischen Königtum.[235] Der König war danach der größte *private* Grundbesitzer im Königreich und konnte als solcher über sein Eigentum verfügen. Attalos vermachte dem römischen Volk das, was ihm gehörte. Die Städte sollten dem Testament zufolge frei werden, ebenso wie die anderen Städte, die in Griechenland und Asien den gleichen Status genossen.[236] Attalos scheint voraus-

geahnt zu haben, daß die traditionellen Monarchien, die aus der Zerstückelung des Alexanderreiches hervorgegangen waren, sich dem Untergang näherten und durch eine elastischere und dauerhaftere Föderation, eben jene, die die Römer der Welt zu geben im Begriff standen, ersetzt werden müßten. In dieser Hinsicht greift das Testament des Attalos – vielleicht zufällig, vielleicht bewußt – der Geschichte voraus und weist den Weg in die Zukunft.

§ 2 Ägypten Attalos brauchte sich als Beispiel für diesen Auflösungsprozeß der Königreiche nur Ägypten zu wählen. Nach dem siegreichen Krieg des Antiochos teilten sich zwei Brüder die Herrschaft[237]: Ptolemaios Philometor und sein jüngerer Bruder, Ptolemaios Euergetes (»Der Wohltäter«, der von seinen Untertanen jedoch den Beinamen »Physkon« – »Der Dicke« – erhielt). Das ging nicht lange gut. Schon 146 wurde Philometor in einem Aufstand aus Alexandria verjagt. Der Schiedsspruch Roms erzwang eine andere Form der Teilung: Philometor erhielt Ägypten, Euergetes die Kyrenaika. Zwei Jahre später wurde Zypern Euergetes zugesprochen. Philometor nahm diese Entscheidung nicht hin und widersetzte sich ihrer Durchführung mit Waffengewalt. Es gelang ihm sogar, Euergetes gefangenzusetzen. Er ließ ihn jedoch am Leben und gab ihm sogar die Kyrenaika zurück.

In Rom hatten beide Könige Anhänger. Cato vertrat die Sache des Philometor. Es ist kaum anzunehmen, daß er das für Geld tat. Anders verhielt es sich da bei den Anhängern des vielgehaßten und verachteten Euergetes. Wir besitzen das Testament, das er 153 abfaßte, in welchem er Rom die Kyrenaika vermachte für den Fall, daß er keine Nachkommenschaft haben sollte.[238] Dieses Testament wurde zwar nie vollstreckt, aber vor Beginn des Dritten Punischen Krieges war es nicht ganz bedeutungslos. Wahrscheinlich hat es zwanzig Jahre später als Modellfall für Attalos III. gedient.

Philometor nutzte 147 die Unruhen in dem Königreich der Seleukiden, um in Syrien einzufallen und die verlorenen Provinzen zurückzuerobern. Man sagt, er hätte sich dort krönen und die beiden Königreiche vereinigen können, wenn er nicht so sehr den Zorn Roms gefürchtet hätte. Er starb bald darauf, nachdem er im Kampf verwundet worden war. Damit endete die Rückeroberung Koile-Syriens. Euergetes, der allein als König zurückblieb, bemächtigte sich Alexandrias und regierte dort bis zu seinem Tod im Jahr 116. Es war eine von zahllosen Revolten, ständigem Hin und Her und von Grausamkeiten des Königs gegen seine eigene Familie erfüllte Herrschaftszeit. Einmal wurde er von seiner ersten Frau, Kleopatra II., verjagt, floh nach Zypern, tauchte aber ab 129 wieder in Alexandria auf.

§ 3 Die Seleukiden Das Schicksal der Seleukiden war keineswegs beneidenswerter als das der Ptolemäer. Nach dem Tod Antiochos' IV. im Jahr 164 wurde das Königreich seinem Sohn Antiochos V. Eupator, der erst neun Jahre alt war, übergeben. Rom, das über die Vertragsverletzungen des vorigen Königs gegen die Bestimmungen des Vertrages von Apameia beunruhigt war, schickte dem jungen Prinzen als »Beschützer« eine Gesandtschaft von drei Senatoren. Es waren allerdings sonderbare Beschützer, welche damit begannen, die Kriegselefanten zu erschlagen und die Waffen und Schiffe, die Antiochos hinterlassen hatte, zu vernichten. Ein Aufstand brach los, und der Führer der Gesandtschaft, Cn. Octavius, wurde ermordet (162 v. Chr.). Der herrschende Regent Lysias entschuldigte sich in Rom. Der Senat nahm zwar die Entschuldigung an, aber plötzlich entfloh, scheinbar ganz zufällig, der Sohn des Seleukos IV. Philopator, der als Geisel in Rom lebte, und forderte das Erbe seines Vaters. Diese Flucht, die durch einige Senatoren erleichtert und von Polybios gefördert wurde[239], war die Antwort Roms auf die Ermordung des Octavius.

Demetrios wurde mit offenen Armen von den Syrern empfangen, die Armee schloß sich ihm an. Lysias und der junge Antiochos V. wurden niedergemacht. Aber die anderen Provinzen widersetzten sich, besonders Babylonien, das sich unter Führung des Timarchos (Bruder des Herakleides, des Ministers von Antiochos IV.) erhob. Hinzu kam das jüdische Problem, das sich erneut in aller Schärfe stellte. Rom erkannte Timarchos an und schloß einen Freundschaftsvertrag mit dem jüdischen Volk ab, das zwar unter der Herrschaft der Seleukiden stand, aber nach seiner Unabhängigkeit strebte.[240] Demetrios machte sich keine Sorgen über das Vorgehen Roms, das, wie er wohl wußte, über bloße diplomatische Schritte nicht hinausgehen würde. Er stellte die Ordnung in Jerusalem wieder her und warf den Aufstand des Timarchos nieder. Die Römer beugten sich. Demetrios wurde von ihnen anerkannt und nahm den Beinamen Soter an (160 v. Chr.).[241]

Angesichts seiner Erfolge begannen Pergamon und Ägypten, gegen Demetrios zu intrigieren. Attalos II. hetzte den König von Kappadokien, Ariarathes IV.[242], gegen ihn auf, während die Bevölkerung Antiocheias durch fremde Agenten aufgewiegelt wurde und sich Demetrios gegenüber immer feindlicher verhielt. Dieser zog sich in die Einsamkeit zurück, holte Philosophen an seinen Hof und verfolgte blutig seine Gegner.[243] Schließlich brachte Attalos II. gegen ihn einen Thronprätendenten ins Spiel, einen gewissen Balas, der Antiochos IV. zum Verwechseln ähnlich sah.[244] Herakleides, der in Kleinasien lebte, erklärte sich für Balas, führte ihn nach Rom, wo der Senat den jungen Hochstapler offiziell unter dem Namen Alexander anerkannte (Ende des Jahres 153).[245] Einige Monate danach kehrte Balas nach Syrien zurück, brachte Palästina auf seine Seite, und Ptolemaios Philometor stellte ihm ein Expeditionskorps zur Verfügung. In einem Aufstand in Antiocheia im Sommer des Jahres 150 wurde Demetrios, der sich tapfer zur Wehr setzte, erschlagen.[246] Alexander Balas setzte sich die Krone der Seleukiden aufs Haupt.

Balas, der Günstling des Attalos und des Ptolemaios, heiratete noch zu Ende des Jahres 150 Kleopatra Thea, die Tochter des Philometor, und begann, ein ausschweifendes und wollüstiges Leben zu führen. Aber zu Beginn des Jahres 147 landete ein Sohn des Demetrios Soter, der ebenfalls den Namen Demetrios trug, in Syrien an der Spitze einer Truppe kretischer Söldner und rückte vor die Stadt Antiocheia. Balas eilte zu Hilfe, während Philometor in Syrien unter dem Vorwand, ihm helfen zu wollen, einfiel; aber als er die Städte eingenommen hatte, erklärte er sich plötzlich gegen Balas, anerkannte Demetrios II. und gab ihm seine Tochter Kleopatra, die sich bei ihm befand, zur Frau. In der Entscheidungsschlacht siegten Demetrios und Philometor (dieser starb jedoch an seinen Verletzungen zu Anfang des Sommers 145).[247] Wieder mußte Ägypten Koile-Syrien räumen.

Obwohl Demetrios (für einige Monate) das Erbe der Seleukiden in seine Hand gebracht hatte, vermochte er nicht die Zuneigung der Syrer zu gewinnen, die sich gegen ihn erhoben. Unter der Führung eines Soldaten namens Diodotos aus Apameia ernannten sie einen Sohn des Alexander Balas unter dem Namen Antiochos VI. zum König. Diodotos wurde Regent des jungen Prinzen (unter dem Namen Tryphon), den er schon 141 erschlug. Daraufhin machte er sich zum König. Das Land war in zwei Teile gespalten. Die Parther nutzten diese Situation aus, fielen in Babylonien ein und besetzten Seleukeia am Tigris. Nachdem Demetrios den Eindringling zurückgeschlagen hatte, wurde er durch Mithridates I. gefangengesetzt.[248] Tryphon schien das Königreich vereinigen zu wollen, da drang der Bruder des Demetrios, Antiochos, in Syrien ein und setzte seiner widerrechtlichen Herrschaft als Antiochos VII. Euergetes (genannt Sidetes) ein Ende. Er begann mit der Bekämpfung des jüdischen Separatismus, der große Fortschritte erzielen konnte (Judäa war unter Demetrios II. offiziell unabhängig geworden). Jerusalem konnte erst nach einer Belagerung von einem Jahr genommen werden. Danach wandte sich der König nach Mesopotamien, aber 129 fand er dort in einem Gefecht gegen die Parther den Tod.[249] Das war praktisch das Ende der Dynastie. Demetrios wurde zwar von den Parthern freigelassen, aber er erwies sich als unfähig, das Werk seines Bruders fortzuführen oder zumindest zu erhalten. Die Städte und Völker machten sich

von der Macht des Königs unabhängig. Fast überall tauchten Thronprätendenten auf. Der Hellenismus befand sich im gesamten Gebiet des Orients im Rückzug. In dem Augenblick, in dem sich Rom durch die Umwandlung des Königreiches von Pergamon in eine römische Provinz in Kleinasien festsetzte, wurde es ganz deutlich, daß eine Intervention im Reich der Seleukiden nur noch eine Frage der Zeit war.
Man kann sich fragen, ob Rom in dieser Zeit eine wirklich einheitlich-konsequente Politik gegenüber der Welt des Ostens geführt hat. Man muß dabei zunächst einmal bedenken, daß, wenn es diese Politik überhaupt gab, sie Sache des Senats und nicht des »römischen Volkes« war. Die Freundschaftsverträge (wie sie zu wiederholten Malen mit dem jüdischen Volk abgeschlossen wurden) betrafen nicht das Volk unmittelbar. Sie standen mit bestimmten Absichten des Senats in Verbindung, die manchmal nur vorübergehend akut waren. Das System der Gesandtschaften und Untersuchungskommissionen wurde regelmäßig angewandt, und die ihnen angehörenden Senatoren setzten für gewöhnlich ihren Willen durch. Für diese Aufträge wurden besonders einflußreiche und kluge Senatoren ausgewählt. Der Hauptzweck scheint gewesen zu sein, den Frieden zu sichern und die Koalitionen der Vergangenheit zu verhindern. Die Väter traten als Berater auf. Sie intervenierten zwar sehr zurückhaltend bei den Königen und in den Städten (wenigstens war das meistens der Fall), aber ihr Eingreifen gab den Ausschlag, ohne daß sie auf die römische Militärmacht zurückzugreifen brauchten.[250] Die Maßnahmen, die innerhalb dieses keineswegs klar festgelegten Systems von den »*legationes*« getroffen wurden, sind nicht immer ohne weiteres durchsichtig. Haben die *legati* vor allem den Handel der *Itali* im Auge gehabt oder versucht, mit denjenigen Völkern Verbindung aufzunehmen, die in den Randzonen der Königreiche oder in ihrem Inneren lebten und dort noch gar nicht richtig unterworfen worden waren (wie die Galater und die Juden)? Vielleicht haben gewisse Senatsbeauftragte so gehandelt, aber dann hatten sie ganz persönliche Absichten im Auge. Es läßt sich zumindest die Tendenz beobachten, daß sich die Gesandten des Senats direkt an die Städte und Völker wandten und die Könige umgingen, weil sie die Monarchie als eine niedere, vorübergehende und für die Freiheit und Sicherheit der Völker gefährliche politische Form ansahen. So bereiteten sie, eher einem politischen Instinkt als bewußten Überlegungen folgend, in der Praxis die künftige Integration der Völker in das *Imperium Romanum* vor. Zu gleicher Zeit reiften die Bedingungen heran, die die Umwandlung der Königreiche in Provinzen möglich machten. Die höchsten Persönlichkeiten der Republik lernten als Legaten, sich über die Reichtümer und die Geographie jener fernen Länder ein Bild zu

verschaffen. Allmählich erwachte der Neid, und aus mehr oder weniger taktvollen Beratern von heute wurden allmächtige Statthalter von morgen, die an die Stelle der Könige traten.

V. DIE EROBERUNG DES WESTENS

Während sich auf diese Weise der Griff Roms nach den alten Königreichen des Orients anbahnte, machte die Romanisierung im Westen bedeutende Fortschritte. Dieser gleiche Zeitabschnitt ist gekennzeichnet von der Bildung mehrerer Provinzen: zunächst der Provinzen in Spanien und, nach dem Untergang Karthagos, der Provinz Afrika. Hier wie im Osten kann man eigentlich nicht von einem bewußten Imperialismus sprechen. Es hat vielmehr den Anschein, daß das Streben nach Sicherung der erzielten Vorteile seinerseits neue Fortschritte zur Folge hatte. Natürlich haben materielle Interessen eine Rolle gespielt. Wäre Spanien nicht so reich an Bergwerken und Steinbrüchen gewesen und hätte es nicht eine so blühende Landwirtschaft besessen, dann wäre den Römern vielleicht nicht so sehr daran gelegen gewesen, die Iberische Halbinsel und Afrika zu befrieden. Aber Handelsinteressen waren gewiß bei dieser Doppelaktion der Römer nicht die treibende Kraft. Rom war im Gegensatz zu Karthago keine Handelsrepublik. Die *negotiatores* eilten den Legionen voraus, begleiteten sie und waren eine Hilfe bei der Eroberung, aber meistens waren es nur Verbündete, keine Römer. Wenn auch zuweilen gemeinsame Interessen mit einigen Senatoren bestanden haben, so waren andererseits doch viele Väter dagegen, daß sich die Eroberung in der wirtschaftlichen Ausbeutung der Welt erschöpfen sollte. In der Angelegenheit Rhodos hatte sich schließlich Cato durchgesetzt.[251]

a) Die Befriedung Norditaliens

Nach der Niederlage Hannibals bei Zama blieb die politische Situation im Westen einigermaßen verworren. Rom nahm zwar eine Vorrangstellung ein, aber sein Führungsanspruch wurde keineswegs überall anerkannt, nicht einmal in Italien selbst. Besonders der Widerstand der Gallier in der Poebene und der Ligurer, die sich auf der dem Tyrrhenischen Meer zugewandten Seite des Apennin zwischen dem Südhang der Alpen bis zum Gebiet der Etrusker niedergelassen hatten, konnte erst nach langen Kämpfen gebrochen werden.
Die Kämpfe gegen die Kelten dauerten etwa zwanzig Jahre. Sie wurden von Truppen unter Führung eines Konsuls oder Prätors von den latinischen Kolonien aus geführt, die am Vorabend des

Zweiten Punischen Krieges gegründet worden waren, der die Befriedungsanstrengungen unterbrochen hatte. Diese latinischen Kolonien waren Cremona, das im Jahr 218 auf dem linken Ufer des Po (unweit des Zusammenflusses mit der Addua), und Piacenza, das im Jahr 219 auf dem rechten Ufer des Po am Zusammenfluß mit der Trebia gegründet worden war. Der weit abgelegene Stützpunkt bleibt Ariminum (Rimini), das Rom an der Spitze des Dreiecks anlegte, das die padanische Ebene zwischen dem Apennin und dem Meer bildet.[252] Die Städtegründungen nahmen zu und boten eine Gewähr für die sichere Besetzung des Landes. 189 wurde Felsina, die Hauptstadt der Bojer, in der sich keltische mit etruskischen Villanovaelementen überlagerten[253], römische Kolonie unter dem Namen Bononia (das heutige Bologna). Der Zustrom von Siedlern stärkte die Stellung Cremonas und Piacenzas, während einige Jahre später im Jahr 183 Mutina (Modena) und Parma[254] gegründet wurden. Diese Städte waren gewissermaßen Markierungspunkte an der *Via Aemilia*, der strategischen Straße, die 187 durch den Konsul M. Aemilius Lepidus erbaut wurde und als breite Überlandstraße gradlinig Ariminum mit Placentia verband. Sie wurde dann später bis nach Mediolanum Insubrium (Mailand) und nach Comum (Como) weitergeführt, wo die römischen Armeen zum ersten Mal im Jahr 190 einfielen.
Die Befriedung Liguriens ging Hand in Hand mit derjenigen der Gallia Cisalpina. Die Ligurer – Barbaren, die sich glänzend auf das Legen von Hinterhalten verstanden – bewohnten ein gebirgiges Gebiet mit unzugänglichen Schlupfwinkeln. Dieses räuberische und in tiefstem Elend lebende Volk bedrohte mit seinen Raubzügen die reichen romanisierten Städte Etruriens und die Kolonien in der Gallia Cisalpina. Das Gelände war allerdings hier für eine militärische Besetzung und die Anlage von strategischen Straßen weniger geeignet als die Poebene. Der Kampf schien kein Ende nehmen zu sollen. Daher war man gezwungen, bis zum Äußersten zu gehen, und begann mit der Umsiedlung der Bevölkerung.[255] So wurde es möglich, die Kolonien Luca im Jahr 180 als letzte der Kolonien latinischen Rechts und Luna im Jahr 177 zu gründen. Schließlich stellt der Bau einer Straße im Jahr 154 durch den Apennin von Genua nach Piacenza, der zugleich nördlichsten Querverbindung, eine bedeutende Etappe in der Befriedung dar. Diese Straße wurde bis Aquileia fortgeführt, das 181 als Kolonie am Timavus in der Nordostecke des Dreiecks der Poebene gegründet wurde. Sie ist das Symbol für die Einheit der Halbinsel innerhalb der Pax Romana, einer Halbinsel, die das Apenningebirge in viele Teile aufgliedert. Für Jahrhunderte und noch zur Zeit des Augustus sollte Aquileia der vorgeschobene Verteidigungsposten Italiens sein, ein Riegel am Ausgang der Alpentäler und dort, wo das

Imperium Romanum an das Gebiet der illyrischen und aller im Norden der griechischen Welt lebenden Barbaren grenzte.

b) Die Vorgänge in Spanien

Während die Befriedung Italiens bis zu den natürlichen Grenzen der Halbinsel geographisch bedingt war, ergab sich die Eroberung Spaniens als unmittelbare Folge des Zweiten Punischen Krieges. Der Senat hatte den Krieg geführt, um die Herrschaft der Barkiden in ihrem Lebensnerv zu treffen.[256] Dort hatte Scipio die ersten großen Siege des Krieges errungen. Nach diesen Erfolgen, die das Vorspiel zur Befreiung Italiens gewesen waren, hatte der Senat nicht einen Augenblick die Absicht, das Eroberte aufzugeben. Nach Ilipa waren die Punier praktisch aus Spanien vertrieben worden. Das Land erhielt römische Statthalter[257], die über eine Armee geboten, in der die römischen Legionäre mehr und mehr durch einheimische Hilfstruppen verstärkt und manchmal ganz ersetzt wurden. Nach einer Bemerkung des Titus Livius »bot sich Spanien noch weit mehr als Italien zum Kriegführen an, und zwar ebenso hinsichtlich der geographischen Verhältnisse wie der Eigenart seiner einheimischen Bewohner. Daher war auch Spanien, die erste festländische Provinz, in die die Römer eindrangen, die letzte, die befriedet wurde unter der Befehlsgewalt und der Herrschaft des Caesar Augustus«[258]. Welche Völker waren es, die in Spanien zwei Jahrhunderte lang den Römern Niederlagen beibrachten und dann geradezu vorbehaltlos die römische Zivilisation in sich aufnahmen, so daß vielleicht nur Gallien in vergleichbarer Weise geprägt wurde?[259]

α) Spanien in vorrömischer Zeit

Die Probleme hinsichtlich der ersten Besiedlung der Iberischen Halbinsel fallen nicht in den Bereich der Geschichte, sondern der Vorgeschichte, und diese ist voller Dunkel bis zum Vorabend der römischen Kolonisierung.[260]

§ 1 Das Königreich von Tartessos Zu allen Zeiten stand Spanien von überall her Bevölkerungsströmen offen – man wagt in diesem Zusammenhang kaum von Völkerwanderungen zu sprechen, da sie sich sehr langsam vollzogen. Die einen kamen aus Afrika über die Straße von Gibraltar, die anderen über die Pyrenäen. Wieder andere kamen aus dem Westen oder dem Norden und landeten an der Atlantikküste. Schließlich kamen sie auch aus dem östlichen Mittelmeer oder näher liegenden Ländern und von den Küsten des Vorderen Orients. Die ersten Berichte in schriftlichen Quellen über die spanischen Völker

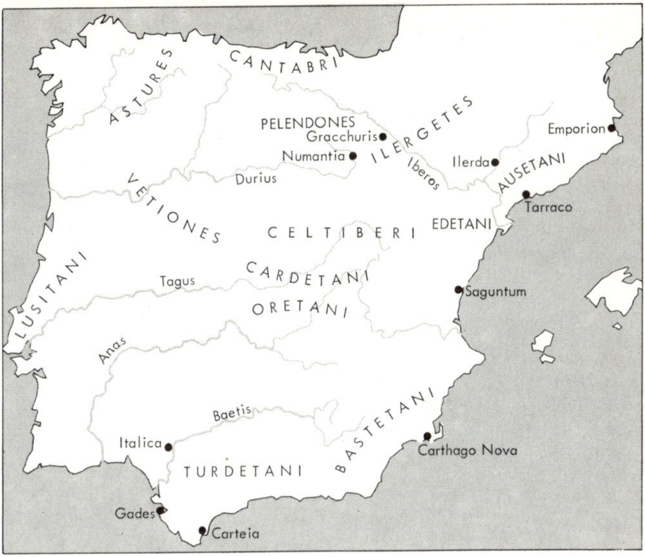

Abb. 5: Die Iberische Halbinsel

wissen von einem wunderbaren Königreich zu berichten, dem Land von Tartessos, das anscheinend lebhaft die Phantasie der Reisenden beschäftigte. Dieses Königreich erstreckte sich über das Gebiet des heutigen Andalusien.[261] Seine Hauptstadt lag an der Mündung des Guadalquivir[262], und dort sollen auch die tyrischen Schiffe nach ihrer Durchfahrt durch die Straße von Gibraltar die Edelmetalle für König Salomon geholt haben.[263] Wer waren die Tartessier, die sich am Ende des 2. Jahrtausends v. Chr. in dieser Gegend niederließen? Sind es Eindringlinge aus dem Osten oder ein Volk gewesen, das sich dort langsam seit vorgeschichtlichen Zeiten entwickelte? Strabo behauptet, sie hätten eine Chronik über 6000 Jahre[264] sowie Gedichte und einen in Versen abgefaßten Gesetzeskodex besessen. Natürlich brachte man mit diesem Königreich Heraklesmythen in Verbindung. Geryon, dessen Herden der Held rauben sollte, soll ein König von Tartessos gewesen sein.[265] Es heißt auch, dieses Königreich sei nach einer Seeschlacht, von der Strabo berichtet[266], unter die Herrschaft der Tyrer geraten. Eine (in Wirklichkeit recht dunkle) Weissagung[267] des Jesaja deutet darauf hin, daß die tyrische Herrschaft über Tartessos zu Ende des 7. Jahrhunderts zusammenbrach. Tartessos soll darauf eine Blütezeit erlebt haben; mit den Königen sollen die griechischen

Seefahrer in Verbindung getreten sein, nachdem sie die neuen Herren über die Seewege nach dem Niedergang von Tyros geworden waren.[268] Aber zu Ende desselben Jahrhunderts sollen die Karthager, die an die Stelle der Griechen im westlichen Mittelmeer traten, die Macht des Königreiches gebrochen haben.
Es wäre wahrscheinlich gewagt, wollte man Tartessos mit einer der in Spanien nachgewiesenen prähistorischen Schichten in Verbindung bringen, beispielsweise mit derjenigen, die man nach den glockenförmigen Gefäßen und (zu gleicher Zeit?) den Megalithen benennt.[269] Alles in allem liegt die wahrscheinlichste Lösung darin, das Königreich von Tartessos, welches vor der Geschichte dank der Zeugnisse der Seefahrer aus dem Osten eine ausgezeichnete Stellung einnahm, als Vertreter einer typisch iberischen Kultur anzusehen, die zu Beginn der Bronzezeit entstand und keineswegs auf das Mündungsgebiet des Guadalquivirs beschränkt blieb, die vielmehr mit gewissen Unterschieden in allen Teilen der Halbinsel anzutreffen ist.

§ 2 Die Iberer Man darf annehmen, daß diese Zivilisation von Tartessos zu dem gehört, was die Alten die Welt der Iberer nannten. Die griechischen Historiker[270] geben diesen Namen vom 6. Jahrhundert an der einheimischen Bevölkerung an der Mittelmeerküste Spaniens. Lange Zeit hindurch haben die modernen Historiker die Auffassung vertreten, daß es sich hier um eine afromediterrane »Rasse« handeln müsse, die sich sehr früh im gesamten westlichen Mittelmeerbecken niedergelassen habe.[271] Heute neigen die Historiker Spaniens zu der Ansicht, daß die iberische Kultur in Spanien selbst aus verschiedenen Volkselementen hervorgegangen sei, die nahezu von überall her im Laufe der Jahrtausende einströmten.[272] Wenn man diese Hypothese erst einmal akzeptiert, dann wird man als Teil der iberischen Welt auch jene Kultur ansehen können, die im Süden und Osten der Halbinsel durch archäologische Untersuchungen aufgedeckt wurde. Diese Kultur scheint eine stetige Entwicklung von der Bronzezeit bis zur römischen Eroberung durchlaufen zu haben und von den jeweils von außen einströmenden Einflüssen geprägt worden zu sein. Auf die griechische und phokaiische Kolonisation folgte die punische; hinzu kamen keltische Elemente aus dem Norden und von der Hochebene Zentralspaniens.
Das eigentlich »iberische« Siedlungsgebiet liegt im Tal des Guadalquivirs und der östlichen Küstenebene von Gibraltar bis zu den Pyrenäen und sogar bis zum Roussillon. Außerhalb dieser Zone, insbesondere am Oberlauf des Ebro, lassen sich iberische Elemente schwer nachweisen, weil die nachrückenden Kelten sie allmählich ganz verschwinden ließen und überlagerten. Es ist aber ziemlich sicher, daß zwischen der keltischen und ibe-

rischen Welt eine Kulturzone mit verschiedenen Übergangsformen lag, in der die gegenseitige Beeinflussung ein äußerst buntes Bild schuf. Hier finden wir auch die Völker, die von den Alten »Keltiberer« genannt wurden.
Unter den in den Quellen genannten iberischen Völkern, die zur Zeit der römischen Eroberung lebten, unterscheidet man die *Turdetani* und ihre Nachbarn und die mit ihnen verwandten *Turduli* am Mittel- und Unterlauf des Guadalquivirs. An der Südküste zwischen der Straße von Gibraltar und Alicante lebten die *Mastieni*, die oft (zu Recht oder nicht?) mit den *Bastitani* gleichgesetzt werden, deren Name erst spät auftauchte. An der Ostküste begegnen wir den *Gimnesii* (oder *Gymnetes*) zwischen Segura und Jucar sowie auf der Insel Ibiza. Im Norden des Jucar waren die *Editani* ansässig, die in historischer Zeit ein weites Gebiet bewohnt haben müssen, das sich bis zum Ebro und darüber hinaus und im Inneren bis Saragossa erstreckte. Nördlich des Flusses ist die Lage nicht ganz eindeutig. Im Augenblick des Zweiten Punischen Krieges spielten zwei Völker eine bedeutende Rolle in dieser Gegend, nämlich die *Ilergetes* im Landesinneren und die *Indicetes*, die lange Zeit die Nachbarn der griechischen Siedler von Emporion waren. Je mehr man in das Innere des Landes eindringt, desto zahlreicher und kleiner werden die politischen Verbände. Jedes Tal der Pyrenäen war im allgemeinen von einem einzigen Volk bewohnt.
Wir wissen nichts Genaues über die Gesellschaftsstruktur der Iberer. Es findet sich keine Spur von föderativen Institutionen. Im Süden scheint lange Zeit die Monarchie in Fortführung der Traditionen Tartessos' fortbestanden zu haben. Es ist möglich, daß die Karthager zum Fortbestehen dieser Regierungsform mit beigetragen haben, die sich für die fremden Eroberer als zweckmäßig erwies. Aber man kann auch, und zwar je weiter man nach Norden geht, die Tendenz feststellen, die Königsherrschaft durch die Regierung örtlicher »Senate« zu ersetzen.
Die Iberer im Süden waren die ersten, die so etwas wie Städte besaßen. Die Iberer im Osten und Norden begnügten sich mit Zufluchtsstätten, in denen sie normalerweise nicht wohnten. Von diesen Städten sind zahlreiche Umwallungen erhalten geblieben, die mit gewaltigen Steinen in regelmäßigen Schichten oder in »zyklopischer« unregelmäßiger Form erbaut waren, ohne daß man zu sagen wüßte, ob eine feste chronologische Beziehung zwischen beiden Techniken besteht. Dem zyklopischen Typ entsprechen die Stadtmauern von Tarragona, Gerona und Saguntum usw. Von den Befestigungsanlagen mit regelmäßigem Mauerwerk müssen die von Olerdola (in der Provinz Barcelona) erwähnt werden.
An manchen Stellen tritt die innere Anlage der Stadt zutage. Sie war außerordentlich primitiv. Die Häuser waren nichts wei-

ter als rechteckige Hütten, die mit Stroh oder Schilf gedeckt waren. Die Straßen folgten den Bodenerhebungen, vor allem der Linie mit dem stärksten Gefälle. Der Hügel wurde an der Spitze ganz oberflächlich abgetragen, nicht bebaut und bildete den Mittelpunkt der Siedlung.[273] Alle diese Städte lagen auf einer Anhöhe.
Typisch für das iberische Landschaftsbild war die große Anzahl von Türmen, von denen die römischen Historiker uns berichten.[274] In der Zeit, in der wir von ihnen erfahren (seit dem 3. Jahrhundert v. Chr.), dienten sie als Schutz der reichen Küstenebenen gegen die Einfälle der »Räuber« von den Bergen. Manchmal bildete sich ein Dorf im Schutz dieser kleinen Festung, wie wir es an der *Turris Luscutuna* (in der Nähe von Cadiz) sehen, die wir durch eine Inschrift des Aemilius Paullus kennen.[275]
Durch archäologische Entdeckungen besitzen wir von den Iberern eine große Zahl von Kunstwerken, die besonders in der Bildhauerkunst und der Keramik von sehr lebendigen einheimischen Traditionen zeugen.[276] Die Skulpturen sind Motivbilder aus Bronze, Stein und Terrakotta. Die meisten Bronzefiguren kommen aus der Provinz von Jaen und der Gegend von Murcia. Es sind kleine, in »verlorenen Wachsformen« gegossene Statuetten, die selten höher als zehn oder zwanzig Zentimeter sind. Die einen sind nur sehr oberflächliche Darstellungen einer menschlichen Gestalt, aber andere verdienen doch schon den Namen Kunst. Sie bieten uns eine Skala menschlicher Typen der Eingeborenen: Krieger zu Fuß oder beritten, mit ihren Waffen (Helm, Schild, Rundschild, die *caetra,* Schwert und Speer) und ihrer Ausstattung, besonders dem *sagum,* das man zu einem Bündel zusammenrollte und kreuzweise über die rechte Schulter legte. Aber es kommen auch ganz einfache Leute vor, die mit ihrer kurzen Tunika bekleidet sind oder manchmal mit einem Mantel, der die Schultern bedeckt und bis zu halber Höhe herabhängt. Besonders zahlreich sind die weiblichen Figuren. Wie die männlichen Statuetten sind sie meist in der Haltung eines Betenden dargestellt. Sie sind teils nackt, teils (und zwar meistens) mit einem Tuch bekleidet, das den Körper in seiner ganzen Länge umhüllt und bis zu den Knöcheln herabfällt. Bei einigen ist der Kopf mit einem Schleier bedeckt, einer richtigen Mantille, die um die Stirn gelegt ist wie ein Diadem und nach hinten herabfällt, um dann auf den Schultern gerafft zu werden. Aber es gibt auch andere, kompliziertere Kleider, die von der Schulter herabhängen und einen spitzen Ausschnitt haben sowie »Halbärmel«, welche aus Santa Elena stammen, oder jene großen Umhänge, deren Saum mit einem verzierten Band eingefaßt ist und die gleichzeitig den Kopf und den Körper umhüllen.

Abb. 6: Die Dame von Elche

Die Statuen aus Terrakotta und Stein trifft man dort an, wo die natürlichen Kupfervorkommen unzureichend waren. Einige von diesen Statuen sind sehr berühmt, wie die vom *Cerro de los Santos* (Albacete), ein an weiblichen Statuetten besonders reicher Fundort, von denen einige auf sonderbare Weise mit einem weiten Mantel bekleidet sind und deren Kopf mit einer konischen Kappe von geradezu mönchischem Aussehen bedeckt ist. Diese Serien führen uns hin zu der berühmten Dame von Elche, der Büste einer Prinzessin mit einer kunstvoll-komplizierten Haartracht und sehr feinen Gesichtszügen, die einen priesterlich-hoheitsvollen Ausdruck haben, der in anderen Statuen derselben Gegend wiederkehrt. Aber in diesen Werken spiegelt sich

viel deutlicher als in den Bronzefiguren, deren volksnahe Ausdrucksform etwas Archaisches bewahrt, der Einfluß fremder, d. h. griechischer, vielleicht auch römischer Vorbilder wider.[277] Größte Unklarheit besteht noch hinsichtlich der Chronologie dieser Kunst, feststeht jedoch, daß die Traditionen, auf die sie zurückgeht, in eine Zeit weit vor der römischen Eroberung und punischen Besetzung zurückreichen.
Die Keramik, die ebenfalls von starker Eigenart und reich an lebendigen und verschiedenartigen Szenen und Verzierungen ist[278], gibt uns nicht weniger Rätsel auf. In dieser Keramik, deren Anfänge bis in prähistorische Zeiten zurückgehen, begegnen wir einer Reihe von Werken, an denen wir die Entwicklung der Ornamentik, angefangen bei einem Stil von rein geometrischen Formen, die teils aufgemalt, teils eingeschnitten sind, bis hin zu umfassenderen Kompositionen verfolgen können, die eine erzählerische Absicht zum Ausdruck bringen und Szenen aus dem Krieg, von Festen, der Jagd oder der Obsternte darstellen. Man trifft hier sogar auf eine erste Darstellung einer »corrida«. Die Tierbilder von Vögeln, Jagdwild (Wildschweine, Hirsche) und gezähmten Tieren (Pferde, Stiere) scheinen in eine sehr frühe Zeit zurückzugehen (wenn man überhaupt eine Entstehungszeit für Werke ansetzen kann, die aus Werkstätten stammen, in denen die Traditionen der Vorfahren ständig weitergegeben wurden). Die Menschendarstellung erinnert in ihrem Stil oft an die kretische oder mykenische Kunst, aber auch an die Gestalten der Felsmalereien in der Sahara, ohne daß man gleich wegen dieses zufälligen Zusammentreffens der Meinung sein müßte, daß Verwandtschaften zeitlich und räumlich unmöglich seien.
Auf einigen dieser Keramiken (bei denen man den Einfluß griechischer oder kampanischer, ja sogar etruskischer Schöpfungen feststellen kann) stehen Inschriften in »iberischer« Sprache. Wenn sich heute auch das Alphabet dieser Inschriften ziemlich mühelos entziffern läßt[279], besonders dank der großen Zahl klassifizierter iberischer Münzen und einiger wertvoller Funde, wie zum Beispiel beschriebener Bleistückchen, bleibt es leider nach wie vor unmöglich, die Sprache oder die Sprachen zu verstehen, die sich seiner bedienten. Dieses sehr komplizierte Alphabet weist archaische Züge auf, und es hat den Anschein, daß es auf die verschiedensten Quellen zurückgeht. Es verbindet syllabische Zeichen mit solchen, die nur einen Laut wiedergeben. Dieses Alphabet hat sich noch dazu verändert und ist nach einzelnen Regionen verschieden. Über das Wesen der Sprache, die sich hinter diesen Inschriften verbirgt, läßt sich ebenso wenig Genaues sagen wie über die Sprachgruppe, zu der sie gehörte. Natürlich ist es verlockend, dieses Problem mit dem der baskischen Sprache in Verbindung zu bringen, aber auch hier erweist

sich jede vereinfachende Hypothese als unhaltbar. Es ist nicht ausgeschlossen, daß das Baskische etwas mit den iberischen Sprachen und Dialekten zu tun hat, aber wie soll man *a priori* die Einflüsse und das Einströmen unzähliger anderer Sprachelemente berücksichtigen, die diese Verwandtschaft möglicherweise überdeckt haben?

§ 3 Die Kelten Während die Kultur der Iberer im Süden und Osten der Halbinsel aufblühte, wurden der Norden, das Zentrum und der Westen sehr früh keltisiert, ohne daß wir zu sagen vermögen, unter welchen Bedingungen die Einfälle der keltischen Völker vonstatten gingen.[280] Es ist aufgrund der von der Archäologie aufgedeckten Spuren möglich, annähernd ihr allmähliches Einsickern zu verfolgen, aber die Ausdeutung dieser Tatsachen erweist sich als ein dornenvoller Weg. Es trifft wohl zu, daß schon zu Beginn der Bronzezeit erste Vorboten von Norden her eindrangen, denen mehrere Einwanderungsstöße folgten, nachdem die keltischen Stämme im Rheingebiet durch die nachrückenden Germanen gezwungen worden waren, sich einen neuen Wohnsitz zu suchen. Nach den »Protokelten«, die schon zu Beginn des 1. Jahrtausends aufgetaucht sein sollen, folgte angeblich im Lauf des 7. Jahrhunderts eine erste Gruppe, hauptsächlich vertreten durch die *Pelendones*, die man später in Keltiberien am Oberlauf des Duro antrifft. Mit ihnen sollen auch die *Cempsi*, die *Cimbres* und die *Eburones* eingedrungen sein. Gegen Ende des Jahrhunderts trifft man die *Turones* an, die *Lemovi* und *Sefes*, von denen andere Zweige sich in Gallien niederließen. Der letzte Zustrom der Kelten bestand aus Belgiern, Nerviern und Tongerern.[281] Schließlich waren der gesamte Norden, Nordosten, Westen und das zentrale Hochland der Halbinsel (die *Meseta*) keltisiert.
Das gesellschaftliche Leben dieser Völker, die zum Zeitpunkt der römischen Eroberung eine Periode der Expansion durchliefen, scheint demjenigen sehr ähnlich gewesen zu sein, welches wir in anderen keltischen Gebieten antreffen, zum Beispiel bei den Galliern. Sie kannten unter anderem die Klientel[282], die eine so bedeutende Rolle in Gallien spielte. In der Zeit, in der wir ihnen begegnen, haben sie schon die Monarchie abgeschafft. Es scheint, daß die Macht den Volksversammlungen gehörte, zumindest galt dies für Krisenzeiten. Es ist möglich, daß in normalen Zeiten die Regierungsgeschäfte von einem Rat der Alten wahrgenommen wurden. In Notzeiten nahm man Zuflucht zu Führern, die auf begrenzte Zeit gewählt wurden. Es gibt Andeutungen dafür (allerdings haben sie geringe Wahrscheinlichkeit, und die modernen Historiker neigen immer mehr dazu, dies alles als Legende abzutun), daß die Frauen noch einen letzten Schimmer einer politischen Rolle beibehielten, die sie in den

ältesten keltischen Stammesverbänden vor den großen Wanderungen anscheinend besessen hatten.[283]
Diese keltischen Stämme, die in politischen Organisationsformen zusammengeschlossen waren, von denen wir nur sehr nebelhafte Vorstellungen haben, die aber doch über den einfachen Stammesverband hinausgegangen zu sein scheinen, lebten meist von der Viehzucht, so wie sie heute noch in den spanischen Gebirgsdörfern betrieben wird. Der Anbau von Getreide setzte sich überall dort durch, wo die Bedingungen des Bodens und des Klimas es gestatteten. Die keltischen Wanderungen fanden in einer Zeit statt, in welcher die Hallstattkultur in ihrer Blüte stand.[284] Die Kelten wurden von der Entwicklung, die sich in der La Tène-Zeit abzeichnet, nicht mehr erreicht. Diese Tatsache erklärt den archaischen Zug, den diese Völker in der Kunst und vielleicht auch in der Gesellschaftsstruktur beibehielten, ebenso wie die unleugbare Tendenz zur Mannigfaltigkeit, die man je nach den Regionen der Halbinsel feststellen kann. Sie ist auch eine Erklärung dafür, daß das einheimische Substrat, das die keltischen Einwanderer antrafen, einen unverkennbaren Einfluß auf sie auszuüben und dazu beizutragen vermochte, den Regionalcharakter der entstehenden Kulturformen zu verstärken. Man denke nur einmal an die »castros« in Galicien und Portugal, jene befestigten Dörfer auf dem Gipfel eines Berges, die durch ziemlich unförmige Umwallungen (die sich den jeweiligen Geländeverhältnissen anpassen) ihre Hütten schützen, die entsprechend der Gegend entweder rund oder rechteckig sind und bunt zusammengewürfelt dastehen.[285] In diesen *oppida* lebten Kelten, wie aus verschiedenen Funden hervorgeht, aber sie führten ganz gewiß auch Traditionen fort, die weit in die Zeit vor der Ankunft der Kelten zurückreichen. Wie dem auch sei, es handelt sich um Bergvölker, die unter Aufbietung ihrer letzten Kräfte den Kampf gegen die Römer führten, wie zum Beispiel die *Cantabri*, die von Augustus selbst nach endlosen Feldzügen bezwungen wurden.[286]

§ 4 Die Keltiberer Die Keltiberer, in deren Gebiet sich im 2. Jahrhundert die fürchterlichsten Kämpfe gegen die Römer abspielten, waren gewiß auch nur ein Volk, das aus jener kulturellen Verschmelzung zwischen der einheimischen Bevölkerung mit iberischer Tradition und den keltischen Einwanderern hervorging. Ihr Name taucht zum ersten Mal in einem Text des Titus Livius auf, der über die Ereignisse des Jahres 218 berichtet.[287] Die Beschreibung ihres Wohngebietes bleibt im einzelnen ziemlich ungenau. Es lag in dem Becken, welches der Oberlauf des Tajo und des Anas (Guadiana) oder der des Sucro (Jucar) bilden. Unter der Bezeichnung Keltiberer haben wir wohl

eine Zusammenfassung einer Vielzahl von Stämmen zu verstehen, unter denen sich die ältesten keltischen Einwanderer der Halbinsel befanden, wie die *Pelendones*, die *Arevaci*, die *Lusones*, die *Belli* und die *Tutti*.[288] Die Verbindung zwischen diesen Völkern scheint ziemlich locker gewesen zu sein. Einige von ihnen waren die Klienten der anderen, wie die *Belli* gegenüber den *Arevaci*. Man kann daraus auf eine Konföderation schließen, deren verschiedene Mitglieder nicht gleichberechtigt waren.

Die Sonderstellung der Keltiberer innerhalb der spanischen Geschichte der vorrömischen Zeit rührt von ihrem verbissenen Kampf gegen den Eindringling her. Dieser Kampf fand in der Belagerung von Numantia seinen Höhepunkt. Die heroischen Leistungen der Keltiberer wären jedoch nicht möglich gewesen, wenn sie sich nicht eines gewissen wirtschaftlichen Wohlstandes erfreut hätten. Langgezogene Gebirgshöhen ermöglichten den Almauftrieb der Herden; auf dem fruchtbaren Boden der Ebenen gedieh das Getreide; der damals noch reiche Waldbestand wirkte sich günstig auf das Klima aus und gab dem Großwild Nahrung, das die Keltiberer mit Vorliebe jagten. Keltiberien, das Land der Jäger, Hirten, Reiter (die Pferdezucht stand in hohem Ansehen), war ebenso bekannt für seine Krieger und jungen Männer, die aus der Heimat zogen, um als Söldner in fremde Dienste zu treten, was an die Sitten der Galater am anderen Ende der Mittelmeerwelt erinnert.

In diesem Land gab es eine große Anzahl von Städten, und ihre noch sichtbaren Ruinen lassen den Schluß zu, daß der Städtebau weiter fortgeschritten war als in den übrigen keltischen Gebieten. Die berühmteste von ihnen war Numantia, die mit größter Sorgfalt erforscht worden ist.[289] Numantia liegt auf einem nicht allzu hohen Hügel auf dem rechten Ufer des Duro (Durius). Die ersten Spuren der Besiedlung gehen auf die Jungsteinzeit zurück, die letzten stammen aus der Römerzeit; denn nach der Zerstörung der Stadt im Jahr 133 v. Chr. wurde dort später eine Kolonie des Augustus erbaut, so daß man unter dem Grundriß des römischen Straßennetzes nach den Spuren der keltiberischen Stadt suchen muß. Diese hatte die Form einer langgestreckten Ellipse. Die netzartig angelegten Straßen richteten sich nach der kleinen und großen Achse aus. Darüber hinaus war die Stadt durch Straßen, die vom Zentrum bis an die Mauer heranführten, in richtige, ziemlich regelmäßige *insulae* aufgegliedert, die den Gedanken nahelegen, daß die griechische Kunst des Städtebaus einen Einfluß auf Numantia gehabt hat.

Wie bei diesem kriegerischen Volk nicht anders zu erwarten, gaben die Nekropolen eine große Zahl von allen möglichen Waffen her: das spanische Kurzschwert, das die Römer von den Keltiberern übernahmen, und unzählige Lanzenspitzen und Dolche. Die Schilde *(caetra)* waren rund und klein. Die keltiberischen Krieger benutzten eigenartige gebogene Hörner aus Terrakotta, die Jagdhörnern ähnlich sind.

β) Die Kämpfe gegen Rom

Nach Meinung des Senats gibt es nach 197 zwei bestimmte Einflußsphären Roms auf der Iberischen Halbinsel: das Tal des Ebro, die *Hispania Citerior*, und das Tal des Baetis (Guadalquivir), die *Hispania Ulterior* (oder Baetica). Jede von ihnen erhielt einen Statthalter. Diese Aufteilung in zwei Provinzen erklärt sich aus den Verhältnissen, wie man sie bei der Besetzung vorgefunden hatte. Rom trat einfach an die Stelle Karthagos und übernahm die Struktur der punischen Kolonisation. Sie drängte sich auch insofern einfach auf, als die Unterschiede zwischen der nichtkeltisierten Bevölkerung des Südens und den anderen Völkern unverkennbar erhalten geblieben waren und fortbestanden. Wie dem auch sei, die Zweiteilung Spaniens sollte über das ganze Altertum hinweg, ungeachtet der offensichtlichen geographischen Einheit der Halbinsel, fortbestehen.

Das persönliche Prestige des Scipio hatte wesentlich dazu beigetragen, den Einfluß Roms in Spanien zu festigen. Nach ihm begannen die Aufstände. Der erste Aufstand war der des »Königs« Culcha in der Baetica um das Jahr 200.[290] Und einige Jahre darauf griff die Bewegung auf die Hispania Citerior über.[291] Die Gefahr erschien so drohend, daß 195 der Konsul des Jahres, M. Porcius Cato, damit beauftragt wurde, die Ordnung wiederherzustellen.[292] Cato brach von Emporion aus auf, wo Griechen und Einheimische wachsam und stets zum Kampf bereit schlecht und recht in Frieden miteinander lebten. Die römischen Truppen nahm man daher freudig auf. Noch gegen Ende des Sommers lieferte Cato den Aufständischen eine Entscheidungsschlacht, während eine Reihe von Erfolgen in der Baetica die Ruhe wiederherstellte. In diesem Augenblick aber wurde es deutlich, daß die Keltiberer die Hauptgefahr darstellten, da sie, von den anderen Völkern zur Hilfe gerufen, als Söldner in deren Dienste traten. Cato versuchte, sie für sich zu gewinnen, doch die Verhandlungen scheiterten. Der Frieden, der durch diesen Feldzug wiederhergestellt wurde, ermöglichte es zwar dem Konsul, die Silber- und Eisengewinnung in den Bergwerken zu organisieren[293], aber dieser Frieden stand auf schwachen Füßen, solange das Innere des Landes weiter in der Hand kriegerischer Völker lag, die eifersüchtig über ihre Unabhängigkeit wachten. In der ganzen ersten Hälfte des 2. Jahrhunderts ist man – soweit die Quellen darüber etwas aussagen – Zeuge einer ganzen Reihe von militärischen Operationen, bei denen die römischen Siege ohne dauerhaften Erfolg blieben.

Abb. 7: Scipionenmonument in Tarragona

Nur eine systematische Politik der allmählichen Angleichung der verschiedenen Kulturformen konnte auf die Dauer erfolgreich sein. Einen Augenblick lang versuchte sich Ti. Sempronius Gracchus mit ihr. Er gründete eine Stadt am Oberlauf des Ebro *(Gracchuris)* und versuchte, die nomadisierenden Völker, die ihren Lebensunterhalt mit Raubzügen bestritten, seßhaft zu machen. Zu gleicher Zeit wurde einheimischen Bewohnern Gehör geschenkt, wenn sie Klagen gegen habsüchtige und grausame Statthalter vorzubringen hatten. Sie konnten die Wahrnehmung ihrer Interessen vier »Schutzherren« anvertrauen, d. h. vornehmen Senatoren, deren Einfluß schon eine gewisse Garantie darstellte.[294]

Trotz dieser Maßnahmen und aller Faszination, die die römische Kultur auf die Spanier ausübte, kam es gegen Mitte des Jahrhunderts im Land der Keltiberer erneut zum Krieg.[295] Es würde zu weit führen, wollte man das Auf und Ab der Ereignisse nachzeichnen. Der Krieg sollte zwanzig Jahre dauern und in einer unvergeßlich dramatischen und großartigen Episode, der Belagerung Numantias, sein Ende finden. Aber ehe die Römer gegen den letzten Schlupfwinkel der Keltiberer vorgingen, mußten sie den Kampf gegen einen lusitanischen Hirten, Viriathus, aufnehmen, der vorübergehend den Freiheitsdrang und das Unabhängigkeitsstreben der einheimischen Bevölkerung verkörperte. In diesem Krieg verhielten sich die Besiegten oft ehrenhafter als die Römer, bei denen Verrat und Niederträchtigkeit nichts Seltenes waren. Zumindest trifft dies auf einige Magistrate wie den Prätor Ser. Sulpicius Galba zu, der ungeachtet seines gegebenen Wortes die Lusitanier niedermetzeln ließ und die Überlebenden in die Sklaverei verkaufte.[296] Die Proteste Catos vermochten nichts gegen Galba auszurichten, dessen Verbrechen nur dazu beitrug, den Augenblick der Versöhnung zwischen den Römern und den Spaniern hinauszuzögern. Viriathus hatte das Massaker überlebt. Er rächte die Ermordeten und brachte für fast sieben Jahre den gesamten Westen Spaniens fest in seine Hand. Er wurde jedoch von drei Freunden ermordet, die sich an die Römer verkauft hatten.[297]

Der Kampf um Numantia war der letzte Akt dieser langen Kette von Aufständen. Seit dem Jahr 143 löste in den Unternehmungen gegen die Keltiberer, besonders aber gegen ihre Stadt Numantia, ein römischer General den anderen ab. Jede Unternehmung endete mit einem Mißerfolg, einige sogar mit beschämenden Niederlagen.[298] Schließlich wandte man sich an den ruhmreichsten Sieger, Scipio Aemilianus, der etwa zehn Jahre zuvor Karthago zerstört hatte. Die ganze Welt verbündete sich gegen die Bergbewohner Numantias. Scipio begann ganz allmählich mit der Einschließung der Stadt und steigerte sie bis zur völligen Blockade. Numantia wurde durch Hunger und Seuchen auf die Knie gezwungen. Die meisten Anführer töteten ihre Leute und begingen darauf Selbstmord. Die Überlebenden, die nicht den Mut hatten, ihrem Beispiel zu folgen, wurden als Sklaven verkauft, und die Stadt wurde dem Erdboden gleichgemacht. Nach diesem barbarischen Strafgericht herrschte in Spanien bis zum Ausgang des Jahrhunderts Frieden.

c) Der Dritte Punische Krieg

Die Zerstörung Numantias (im Jahr 133) erfolgte 13 Jahre nach der Zerstörung Karthagos, die ihrerseits zeitlich mit der Eroberung und Plünderung Korinths zusammenfiel. Die Welteroberung Roms endete im Zeichen des Schreckens. Diese drei »Beispiele« sind wahrscheinlich keine reinen Zufälle. Man muß sie eher als dreifachen Ausdruck ein und derselben Politik sehen, als den Wunsch, ein für allemal mit den brutalsten Methoden der schier endlosen Kette von Kriegen ein Ende zu setzen. »Nie wieder Krieg« – Rom wurde der militärischen Anstrengungen überdrüssig, die ihm nun schon seit der Invasion Hannibals abverlangt wurden. Einige Politiker vertraten indessen die Auffassung, daß der Frieden nicht ein Gut an sich wäre. Auf ihre Haltung, die am deutlichsten in der Gestalt des Scipio Nasica zum Ausdruck kam, haben die antiken Historiker immer wieder hingewiesen. Sie läßt sich in einem Streitgespräch (das wirklich stattfand, dann aber immer mehr in die symbolische Sphäre entrückte) zwischen Nasica und Cato zusammenfassen.[299] Cato setzte alles daran, um zwischen Rom und Karthago einen Konflikt zu provozieren und so die Möglichkeit zu schaffen, den alten Feind endgültig zu zerschlagen. Jedesmal, wenn er das Wort im Senat ergriff, fügte er, nachdem er seine Meinung über die zur Debatte stehende Frage geäußert hatte, hinzu: »Im übrigen bin ich der Meinung, daß Karthago zerstört werden muß.« *(»Ceterum censeo Carthaginem esse delendam.«)* Scipio Nasica, dessen Ansehen bei den Vätern ebenso groß war, antwortete, daß die Römer sich, wenn die punische Gefahr erst einmal verschwunden wäre, dem Luxus und dem Wohlleben hingeben und all die Vorzüge verlieren würden, die ihre Größe einst ausgemacht hätten. Nasica verhinderte etwa zur gleichen Zeit, daß in Rom ein Theater mit Sitzreihen nach griechischem Muster gebaut wurde; seiner Ansicht nach sollte das Volk stehend an den Spielen teilnehmen. Es ist einzigartig, feststellen zu können, daß Cato in seinem Alter an Härte und sittlicher Strenge noch übertroffen wurde!

Man hat manchmal behauptet, daß Catos Feindschaft gegenüber Karthago wirtschaftliche Gründe gehabt habe, da die Fruchtbarkeit des Gebietes um Karthago, das einem Garten glich, eine ernstzunehmende Konkurrenz für die italische Landwirtschaft werden konnte, die sich immer mehr auf die Erzeugung von Öl und Wein konzentrierte. Das ist jedoch sehr unwahrscheinlich. Zwischen Karthago und Rom bestand hinsichtlich des Handels keine Rivalität mehr. Die Märkte des Ostens waren in der Hand der Römer und der griechischen Bundesgenossen. Andere führen als Grund das Streben Roms an, in Afrika Fuß zu fassen, wo die Macht des Masinissa, des numidischen Königs, den Rom als »Überwacher« Karthagos eingesetzt hatte, ständig wuchs. Die Übergriffe Masinissas nahmen überhand. Die römischen Gesandtschaften, die die aus ihnen entstehenden Streitfälle zwischen dem König und den Puniern (denen durch den Vertrag mit Rom ausdrücklich jeglicher bewaffnete Konflikt verboten war) schlichten sollten, entschieden sich meistens zugunsten des Numiders, aber zumindest einmal hat eine der Gesandtschaften angesichts des schreienden Unrechts auf seiner Seite Karthago recht gegeben.[300] Der Barbare war offensichtlich kein Verbündeter, dem man ganz vertrauen konnte, und dem Senat war nicht wohl bei dem Gedanken, ihm Karthago zu überlassen. Dieser Grund leuchtet ein und mag zu der Entscheidung der Römer beigetragen haben. Aber es genügte, wie das Beispiel Cato zeigt, allein schon der Gedanke daran, wie rasch sich Karthago wieder erholt hatte und wie sehr ihm seine demütigende Stellung lästig zu werden begann. Eines Tages würden die Karthager nach Rache schreien. Eine ganze Senatspartei war fest entschlossen, diesem Tag zuvorzukommen.

Der Anlaß dazu bot sich während des Jahres 150, als Karthago, der ständigen Provokationen des Masinissa überdrüssig, gegen den Vertrag von Zama verstieß. Der Krieg wurde von der demokratischen Partei vom Zaun gebrochen. Eine regelrechte Revolution ging ihm voraus, in deren Verlauf die Führer der Aristokratie aus der Stadt verjagt wurden. Sie fanden beim König Zuflucht.[301] Scipio Aemilianus, der sich zufällig in den Ländern des Masinissa aufhielt, um Elefanten zu beschaffen, wurde Zeuge einer vernichtenden Niederlage der Karthager. Das besiegte Karthago mußte Masinissa eine Kriegsentschädigung in Aussicht stellen und die Verbannten zurückrufen, was einer hellenistischen Kriegstradition entsprach. Die schwerwiegendste Konsequenz war allerdings die, daß der Senat nun einen Vorwand hatte. Die punischen Führer waren sich darüber völlig im klaren und versuchten, die Initiative an sich zu reißen. Sie ließen die Generäle, die den Kampf gegen Masinissa geführt hatten, zum Tod verurteilen, wobei sie dies um so bereitwilliger taten, als es sich ja um ihre Gegner, die Führer der Volkspartei, handelte. Eine Gesandtschaft erschien in Rom, um diese Verurteilung bekanntzugeben. Aber der Senat blieb völlig ungerührt. Die Konsuln erhielten den Auftrag, alle notwendigen Mittel für einen Krieg gegen Karthago bereitzustellen. Aber zunächst einmal hielt man das wahre Ziel dieser Vorbereitungen geheim. Die Bewohner von Utica faßten den Entschluß, sich ganz auf die Seite der Römer zu stellen, wozu vermutlich römische Verbindungsleute sie vorher angestachelt hatten (die in großer Zahl in der Stadt lebten, in der sich eine zahlenmäßig ziemlich große und dazu blühende Kolonie von italischen Kaufleuten befand). Die Väter ergriffen sofort die Gelegenheit und erteilten den Konsuln den Befehl, im Gebiet von Utica an Land zu gehen. Die Karthager fanden sich nach dieser Demonstration der Stärke bereit, alles zu tun, was der Senat wünschte. Auf Befehl des Senats mußte den Konsuln das gesamte Kriegsmaterial, das sich in Karthago befand, ausgeliefert werden. Als die Konsuln der Ansicht waren, daß Karthago nun schutzlos dastehe, gaben sie die römischen Bedingungen bekannt: Karthago sollte vollständig evakuiert werden. Es wurde lediglich die Erlaubnis erteilt, eine neue Stadt, aber ohne Verteidigungsanlagen, zehn Meilen vom Meer entfernt, zur Aufnahme für die Evakuierten zu erbauen. Unklugerweise hatten die Konsuln den Karthagern eine Waffenruhe von dreißig Tagen eingeräumt, um ihre Antwort vorzubereiten. Die Einwohner nutzten die Zeit, um die Stadt in den Verteidigungsstand zu versetzen. Die ausgelieferten Waffen wurden in aller Eile ersetzt. Weil der Hanf, den man für die Herstellung der Katapultseile benötigte, ausgegangen war, opferten die Frauen ihr Haar. Die Belagerung Karthagos begann.

Karthago verfügte über nicht geringe Kräfte. Die von Masinissa im Vorjahr besiegte Armee stand noch im Feld. Die auftauchenden Versorgungsschwierigkeiten und die klimatischen Verhältnisse, die den Truppen hart zusetzten, führten dazu, daß mitten im Sommer 148 die Konsuln die Belagerung abbrechen mußten. So zog sich der Präventivkrieg in die Länge, den viele Senatoren gewünscht hatten, weil sie der Meinung gewesen waren, daß er nur von kurzer Dauer und einfach zu gewinnen sein werde. Nicht genug damit: Karthago begann eine rege diplomatische Tätigkeit zu entfalten und die Erzfeinde Roms aufzuwiegeln. Das geschah in dem Augenblick, als in Makedonien der Krieg gegen Andriskos tobte.[302] Wieder tauchte das alte Schreckgespenst vor den Römern auf. Es mußten energische Maßnahmen ergriffen werden. Scipio Aemilianus, der in der konsularischen Armee als Militärtribun in Afrika kämpfte, war allen durch seinen Mut und sein diplomatisches Geschick aufgefallen, so daß sich immer mehr die Meinung im Volk durchsetzte, »die Einnahme Karthagos erfordere einen Scipio«. Und so setzte das Volk seine Wahl zum Konsul des Jahres 147 durch.[303] In den Komitien des Jahres 148 kandidierte Scipio lediglich für das Amt des Ädilen, für das einzige, für das er in seinem Alter in Frage kam.[304] Aber das Volk antwortete durch die Stimme seiner Tribunen auf die Einwände der Konsuln, die den Vorsitz in den Komitien führten, daß man »das Gesetz auf sich beruhen lassen solle«.

Die Wahl eines Scipio, des Sohnes eines berühmten Siegers, Aemilius Paullus, der durch Adoption in die Familie des ersten Africanus aufgenommen worden war[305], war an sich nichts Ungesetzliches; denn die aus den Volksversammlungen hervorgegangenen Gesetze konnten in bestimmten Punkten durch einen Beschluß derselben Versammlungen außer Kraft gesetzt werden. Aber bedenklich mußte es stimmen, daß das Volk zugunsten des Aemilianus das tat, was es schon für den ersten

Africanus getan hatte – um so mehr, als diese Übereinstimmung nicht ganz zufällig war und die öffentliche Meinung in der ersten Wahl einen Präzedenzfall erblickte, der nun die Berechtigung für die zweite Wahl schuf. Die Frage war nicht ganz abwegig, ob die Freiheit nicht in Gefahr gerate, wenn ohne weiteres angenommen werde, daß der Sieg an eine *gens* und somit an etwas »Schicksalhaftes« gebunden sei. Dieses Privileg der *Cornelii* sollte zwei oder drei Generationen später für die *Julii* gefordert werden, was zu den bekannten Folgen führte. Schon hier zeichnet sich im Ansatz eine Entwicklung ab, die schließlich zum Prinzipat hinführen sollte.

Nach seiner Ankunft vor Karthago nahm Scipio sofort die Blokkade wieder auf. Zwischen den kämpfenden Parteien entrollte sich ein Ringen, in dem Einfallsreichtum und Hartnäckigkeit Unglaubliches leisteten. Zu den Unternehmungen im Umkreis der Stadt kam der Kampf Scipios gegen die Truppen im Hinterland. Im Frühjahr 146 wurde die Stadt in einem letzten Sturmangriff genommen. Nur die Feuersbrunst erstickte den Widerstand der Einwohner. Der Senat beschloß, die Stadt, deren letzte Verteidiger sich ergeben hatten, dem Erdboden gleichzumachen. Eine Kommission von zehn Senatoren wurde damit beauftragt, für die Durchführung dieses Urteilsspruches Sorge zu tragen und für die Zukunft der afrikanischen Gebiete die notwendigen Regelungen zu treffen. Darüber hinaus wurden sogar die Götter der Punier nach Rom gebracht: Juno Caelestis wurde auf dem Kapitol aufgestellt.[306] Karthago war nicht mehr, weder vor den Menschen noch vor den Göttern.

Masinissa war mit 90 Jahren während des Krieges gestorben. Scipio regelte – und zwar schon vor seiner Wahl zum Konsul – seine Nachfolge. Er verteilte auf die vier legitimen Söhne des Königs die Machtbefugnisse, aber das Gebiet blieb ungeteilt. Micipsa erhielt den Königstitel. Aber das Gebiet von Karthago wurde in eine römische Provinz verwandelt.

Es wird berichtet, Scipio habe über den Ruinen Karthagos geweint und einen Vers aus der *Ilias* gesprochen: »Einmal wirst auch du, heiliges Troja, vergehen.« Polybios, der sich an seiner Seite befand, hat uns die Szene berichtet.[307] Die Worte wurden wohl kaum aus Mitleid für die gehaßte Stadt gesprochen. Sie waren eher eine Besinnung auf die Unberechenbarkeit des Schicksals. Ausspruch und Haltung lassen vermuten, daß Scipio ebenso an Herodot und an die Geschichte von Kroisos dachte wie an die Lehren des Polybios. Die Anekdote zeigt auch, wie sehr ein römischer General von griechischem Geist durchdrungen war, daß er griechisch dachte und fühlte. Die Griechen selbst befaßten sich leidenschaftlich mit der Frage, ob Rom bei der Zerstörung Karthagos richtig oder falsch gehandelt habe. Die einen sahen in diesem Strafgericht eine Tat der Klugheit und tiefer politischer Einsicht, die anderen bemühten sich nachzuweisen, daß Rom durch diese Politik des Terrors seine eigenen Grundsätze der Milde und der *pietas* verraten habe.[308] Niemand aber kam auf den Gedanken, daß Rom in diesem schrecklichen Schauspiel das Vorgehen der hellenistischen Könige nachahmte und dabei ganz den Beispielen folgte, die ihm die griechische Welt seit mehreren Jahrhunderten gegeben hatte.

2. Die Agonie der Republik (133–49 v. Chr.)

I. DIE FAKTOREN DER KRISE

Wehmütig erinnert Cicero in seinem Buch *De Re Publica*, das er in der Mitte des 1. Jahrhunderts v. Chr. schrieb, an jene Zeiten, als Scipio Aemilianus, der Bezwinger Karthagos und Numantias, noch der Erste Bürger Roms war. Diese Zeit, die schon so weit zurückzuliegen scheint, obwohl doch erst ein Menschenalter vergangen war, ist sie nicht das Goldene Zeitalter der Republik gewesen? Ihre Stabilität müsse wiedergefunden und zu neuem Leben erweckt werden. Die modernen Historiker vermögen seinen Optimismus nicht zu teilen. In ihrer Sicht sind die schweren Erschütterungen, die das Tribunat der Gracchen auslöste, nicht das Ergebnis einer Rebellion, die von einigen umstürzlerischen Bürgern ganz willkürlich angezettelt wurde, sondern die unausweichliche Folge tiefreichender Ursachen, eines geistigen und sozialen Unbehagens, dessen Wurzel in den politischen Widersprüchen des Stadtstaates zu suchen sind.

Wenn einerseits die dramatischen Höhepunkte des Zweiten Punischen Krieges eine enge Solidarität unter den Römern, die sich um den Senat scharten, bewirkt hatten, so führten andererseits die unaufhörlichen Eroberungen Roms während der ersten siebzig Jahre des Jahrhunderts dazu, daß sich Kräfte in der Gesellschaft entfalteten, die sie zu desintegrieren drohten. Wir sagten bereits[1], daß unter dem Einfluß des Hellenismus die Rolle der Persönlichkeit wuchs, und zwar auf Kosten der Gesellschaft. Scipio Aemilianus sah sich im Krieg gegen Karthago vor eine Aufgabe gestellt, die ihm kein anderer abnehmen konnte. Selbst ein Cato konnte sich dem »Charisma« des jungen Heerführers nicht verschließen.[2] Aber der Wandel im römischen Denken ging noch weiter. Mit unwiderstehlicher Gewalt ergriff er sogar Cato, der so entschieden bei dem ersten Africanus gegen die gleichen Tendenzen angekämpft hatte.

a) Die Rolle des Geldes in der römischen Gesellschaft

Die Römer machten für gewöhnlich das Anwachsen des Reichtums für den Wandel in ihren Sitten verantwortlich. Die modernen Historiker müssen, obwohl sie oft die moralischen

Verdammungsurteile der antiken Moralisten als Gemeinplätze abtun, doch zugeben, daß der Wandlungsprozeß, dem Rom unterworfen war, weitgehend als eine Folge der wirtschaftlichen Veränderungen angesehen werden muß. Rom hatte sich im Lauf des 2. Jahrhunderts in ungeahntem Maß bereichert. Dieser wachsende Reichtum sollte infolge seiner ungleichen Verteilung und der Veränderung des traditionellen Lebensstils, die er mit sich brachte, einen umwälzenden Einfluß ausüben, Zwietracht säen und die frühere Selbstzucht untergraben. Wir neigen heutzutage weniger zu der Auffassung, daß der Reichtum eine unmittelbar zersetzende Wirkung auf den Menschen ausübt. Vielleicht durchschauen wir besser, welche Kettenreaktionen er auszulösen vermag. Aber alles in allem betrachtet und bei voller Berücksichtigung der Tatsache, daß wir den Dingen heute mit größerer Klarheit auf den Grund zu gehen vermögen, widerlegen die Schlüsse, zu denen wir heute gelangen können, in keiner Weise die Auffassung der antiken Denker.

Rom war ein Gemeinwesen, dessen Aufgaben- und Tätigkeitsbereich die *res publica* bildete, und rechtlich hatte jeder Bürger teil an den Lasten und Vorteilen des Staates. Deshalb mußte auch, theoretisch gesehen, der Gewinn aus den Eroberungen gleichmäßig verteilt werden. Die Einnahmen aus den eroberten Ländern gehörten allen, also dem Volk *(populus)*. Solange das römische Gebiet nur von begrenzter Größe war, reichten die Einnahmen Roms nicht aus, um die Staatsausgaben zu decken. Die Lücke wurde durch Steuern aufgefüllt, von denen die wichtigsten eine indirekte Steuer für die Freilassung von Sklaven (5 % des geschätzten Wertes des freigelassenen Sklaven) und eine direkte Steuer, der Tribut *(tributum)* waren, der entsprechend dem persönlichen Einkommen des einzelnen erhoben wurde. Das *tributum* wurde als eine außergewöhnliche Abgabe angesehen, selbst wenn sie regelmäßig erhoben wurde. Das *tributum* wurde daher auch im Jahr 167 abgeschafft, als der Staatskasse aus den Gewinnen des makedonischen Sieges genügend Geldmittel zuströmten. In den Provinzen wurde der Tribut weiterhin erhoben. Nach einer aus dem hellenistischen Osten stammenden Lehre war er das Zeichen der »Knechtschaft«, das Stigma der Eroberung[3], er war zugleich aber auch der Preis, den die vom Militärdienst befreiten Provinzbewohner für den militärischen Schutz, den ihnen der Sieger gewährte, zu zahlen hatten. Darüber hinaus konfiszierte der Staat nach der Eroberung einen Teil (manchmal einen beträchtlichen) des Bodens, der dem Besiegten gehört hatte, und verleibte ihn der »Domäne des Volkes« *(ager publicus)* ein. Diese Domäne wurde so verwaltet, wie »es sich für einen treusorgenden Familienvater schickt«. Zum Beispiel (und dies scheint die älteste Form der Bewirtschaftung gewesen zu sein) wurde an

einzelne das Weiderecht *(scriptura)* vergeben. Wurde das Land bewirtschaftet, mußte der Pächter den Zehnten entrichten. Außerdem wurden Forstwirtschaft, Bergbau, Fischfang und Salzgewinnung systematisch im Auftrag des Staates betrieben. Ihr Ertrag wurde an *publicani* (Steuerpächter) verpachtet, und zwar nach einem System, das im Osten Anwendung fand[4] und in Sizilien schon seit dem Ende des Ersten Punischen Krieges gang und gäbe war.[5] Spätestens seit dem Beginn des 2. Jahrhunderts[6] wurden Zölle für den Warenverkehr *(portoria)* erhoben. Vielleicht handelte es sich dabei zunächst um städtische Eingangszölle (auch die Städte brauchten Steuereinnahmen), die in bestimmten Fällen eingezogen oder dann ganz allgemein von Rom eingeführt wurden. Durch die Zensur des Jahres 179 wurden sie um ein Vielfaches heraufgesetzt.[7]
Polybios schreibt in seiner Darstellung über den römischen Staat in der Mitte des 2. Jahrhunderts, daß »die Zensoren in ganz Italien eine große Zahl von Aufträgen für die Ausführung von Arbeiten der öffentlichen Hand, für die Unterhaltung, die Erneuerung sowie für den Ausbau und Neubau von öffentlichen Gebäuden vergäben; viele Flüsse, Häfen, Gärten, Bergwerke, Ackerland, kurz, alles, was dem römischen Staat unterstehe, werde für das Volk bewirtschaftet; denn gewisse Leute schlössen Verträge mit den Zensoren, manche hinterlegten eine Kaution, wieder andere investierten ihr Geld in diese staatlichen Geschäfte«[8]. Man sieht, daß das System der Steuerpächter sich nicht nur auf die Einziehung von Steuern erstreckte, sondern in mancherlei Hinsicht an die für den lagidischen Staat typischen Bewirtschaftungspachten erinnert.[9]
Zur Zeit des Krieges gegen Hannibal verbreitete sich diese Art der Wirtschaftstätigkeit derart, daß der Senat es für notwendig erachtete, sie den Senatoren durch ein Gesetz zu untersagen.[10] Etwa um dieselbe Zeit werden zum ersten Mal Gesellschaften für die Ausführung von staatlichen Verträgen genannt.[11] In dem Maß, in dem das Imperium wuchs, vergrößerte sich auch das Volumen der Geschäftsabschlüsse, aber zugleich auch der Gewinn der Pächter. Ein immer größerer Anteil der Einnahmen des römischen Volkes ging dem Staat verloren und floß in die Taschen einer Gruppe von Nichtaristokraten, die nicht dem Senat angehörten, sich aber durch ihren Reichtum von der breiten Masse unterschieden. Seit etwa 178 wurden die Bergwerke an Staatspächter vergeben.[12] Nach 148 wurden nach der Umwandlung Makedoniens in eine Provinz die früheren königlichen Einnahmequellen verpachtet. Natürlich entzog der Senat in den neugewonnenen Provinzen den Steuerpächtern einen beträchtlichen Teil der Steuergelder; was jedoch übrigblieb, reichte völlig aus, um all die Römer zu bereichern, die laut Gesetz das Recht besaßen, Teilhaber von Pachtgesellschaften zu sein.

Die staatlichen Verträge stellten indessen nicht die einzige Quelle der Bereicherung dar. Der italische Handel hatte im Lauf des Jahrhunderts einen beachtlichen Aufschwung zu verzeichnen. Die in kurzen Abständen vollzogene Ausschaltung Korinths und Karthagos trug entscheidend zu dieser Aufwärtsentwicklung bei. Delos wurde damals zum großen Umschlagplatz und zum Zielpunkt aller Schiffahrtslinien im Mittelmeer, wohin Tausende von italischen *negotiatores* (oft Kampaner) die Reichtümer des Orients schafften. Rom schöpfte einen beträchtlichen Anteil des in den Provinzen produzierten Einkommens ab und verwendete es zur Bezahlung seiner Einfuhren. Denn die Römer und – ganz allgemein – die Italiker (besonders die Kampaner) hatten eine besondere Vorliebe für den Luxus. Die Luxusgüter aber kamen aus dem Orient: kostbare Möbel, leichte Stoffe, Leinen, bald folgten mit Purpur gefärbte Seide oder Seide aus den syrischen Werkstätten, Schmuck, Parfüme und immer mehr Sklaven. In Pompeji finden wir noch Spuren dieser Zeit in den ältesten Häusern, von denen einige zu den prächtigsten der Stadt gehörten wie das Haus des Fauns und das Haus des Pansa. Die Stadt erlebte damals ihre große »hellenistische« Zeit.[13] Diese Häuser reicher Kaufleute, die in ihnen ein üppiges Luxusleben führten, während ihre Beauftragten die Meere durchkreuzten, weisen einen in unserer Sicht typisch delischen Stil mit jenen Malereien auf, die Einlegearbeiten aus Marmor darstellten.

Abb. 8: Pompeji. Haus des Fauns

b) Die materiellen Wandlungen der Urbs

Durch die siegreichen Eroberungen, welche Rom zur eigentlichen Hauptstadt der Mittelmeerwelt machten, gewann eine in vieler Hinsicht archaische Stadt ein politisches Prestige, das sich keineswegs in dem äußeren Bild der Stadt widerspiegelte. Der Rückstand im römischen Städtebau als Folge des Zweiten Punischen Krieges war nur zum Teil durch eine von den Zensoren des Jahres 179 entfachte fieberhafte Bautätigkeit aufgeholt worden. Für Rom handelte es sich nicht darum, die hellenistischen Städte auszustechen, sondern schlicht und einfach darum, Einrichtungen für die Allgemeinheit zu erbauen, die in Pompeji und in den kampanischen Städten bereits vorhanden waren.[14] Rom besaß noch kein Theater. Lepidus ließ ein Theater unweit des Apollotempels auf dem Marsfeld erbauen.[15] Da der alte Tempel des Jupiter Capitolinus nicht mehr zeitgemäß erschien und mit seinen an den Säulen aufgehängten Votivbildern viel zu überladen wirkte, ließ Lepidus ihn reinigen, die Säulen polieren und weißen und überflüssige Statuen, Waffen und Feldzeichen entfernen, die in der Vergangenheit dem Schutzgott der *imperatores* geweiht worden waren. Fulvius leitete eine rege Bautätigkeit auf dem Gebiet gemeinnütziger Einrichtungen ein. Auf ihn ist der Bau der Basilika auf dem Forum an der Nordostseite des Platzes zurückzuführen, die später *Aemilia* genannt wurde. Sie war nicht das erste Gebäude dieser Art, da bereits Cato als Zensor die Basilika *Porcia* hatte errichten lassen, von der heute jede Spur fehlt, während von der Basilika *Aemilia* durch verschiedene Restaurierungen (besonders in der Zeit des Augustus) wenigstens einige Ruinen erhalten geblieben sind. Die Basiliken, eigentlich »königliche Säulenhallen«, stammten aus dem Orient. Sie waren große überdachte Säulenhallen, die den Kaufleuten, Reedern und Geschäftsleuten, die die *agorai* besuchten, als Aufenthaltsort dienten. Da nun in Rom die gleichen Sitten sich durchsetzten, mußten auch die dazugehörigen Gebäude errichtet werden. Man kann sich ein Bild von dem Aufschwung des Geschäftslebens machen, wenn man bedenkt, daß neun Jahre nach dem Bau der Basilika *Aemilia* die Basilika *Sempronia* errichtet wurde (an deren Stelle die zur Zeit Caesars auf der Südwestseite des Forums errichtete Basilika *Julia* trat). Die Entstehung der Basiliken fällt zeitlich mit der in den Quellen nachgewiesenen Expansion des Handels, des Bankwesens und, ganz allgemein, mit dem wachsenden Umfang des beweglichen Vermögens zusammen.

Viel wichtiger aber ist das, wenn auch noch zaghafte, so doch unverkennbare Auftauchen einer städtebaulichen Konzeption. Man baute nicht mehr an jeder beliebigen Stelle und auch nicht

mehr in jedem beliebigen Stil ganz nach dem Gutdünken der Zensoren, die in regelmäßigen Abständen aufeinanderfolgten und sich kaum um die Fortführung der Projekte ihrer Vorgänger kümmerten. Zu Beginn des 2. Jahrhunderts war das Forum noch ein völlig uneinheitlicher Platz, dessen bizarre Gestalt von dem Gelände selbst herrührte. Mit den zwei großen Basiliken *(Aemilia* und *Sempronia)* wurde offensichtlich der Versuch unternommen, eine gewisse bauliche Einheitlichkeit durchzusetzen und dem Platz auf seinen beiden Längsseiten eine »Fassade« zu geben. Aus diesem Grund berücksichtigte man den gewaltigen Tempel in unmittelbarer Nähe, den Tempel des Castor. Die Zensoren ahmten offensichtlich die großen hellenistischen *agorai* nach oder sie wandten das Prinzip im Einklang mit den Erfordernissen und der Geschichte Roms an. Die vor kurzem in der Gegend des Forums durchgeführten Ausgrabungen bestätigen, was wir bereits durch die Texte wußten, daß nämlich für die Errichtung der Basiliken Privathäuser aufgekauft werden mußten, deren Spuren noch unter den Fundamenten zu erkennen sind. Diese Gebäude dienten verschiedenen Zwecken. Einmal wurde durch sie Raum geschaffen und dem Raum gleichzeitig eine gewisse Ordnung gegeben. Dem öffentlichen Leben wurde ein glanzvolleres oder zumindest ansehnlicheres Äußeres gegeben, als es die Ladenreihen, die bis dahin den Platz gesäumt hatten, darboten. Diese Vorhaben gewannen für die Römer vordringliche Bedeutung in einer Zeit, in welcher die Könige und die Städte des Orients immer wieder Gesandtschaften an die Ufer des Tiber schickten.
Die Tätigkeit der Zensoren im Jahr 179 ist noch in anderer Hinsicht aufschlußreich. Als Ersatz für das Gelände, das für die Vergrößerung des Forums verwendet worden war, schufen sie weiter im Norden einen neuen Fischmarkt, während in der übrigen Stadt die Zahl der öffentlichen Plätze, besonders um die Tempel, erhöht wurde.[16] Unter dem Vorwand, den Zugang zu den Heiligtümern frei zu machen und gegen Übergriffe einzelner zu schützen, legte man *temene* an, wie man sie ganz ähnlich in den hellenistischen Städten antraf. Die Folge davon war, daß sich das gesellschaftliche Leben nicht mehr ausschließlich auf dem Forum abspielte und so etwas wie ein Freizeitleben (alles, was nicht *negotium* war) einen legitimen Platz im Leben der Stadt einzunehmen begann.
Lepidus und Fulvius hatten auch mit dem Bau eines Aquädukts begonnen. Die Stadt besaß nur zwei Aquädukte, den *Appia,* das Werk des Zensors Appius Claudius aus dem Jahre 312, und den *Anio Vetus,* der im Jahr 272 von Manius Curius Dentatus und L. Papirius Cursor mit der durch den Pyrrhossieg gemachten Beute errichtet wurde.[17] Die Zensoren des Jahres 179 wollten einen dritten Aquädukt bauen, aber ihr Projekt schei-

terte am Widerstand des M. Licinius Crassus, der verbot, daß er durch seine Domäne gelegt wurde.[18] Erst im Jahr 144 wurde der *Marcia*, der erste »moderne« Aquädukt Roms erbaut, der die Stadt reichlicher und mit gesünderem Wasser versorgte.
Die Modernisierung Roms während des Jahrhunderts zeigt sich an der immer größeren Zahl von Säulengängen, die errichtet wurden. Diese aus dem Orient entlehnte architektonische Form traf in Italien sehr günstige Bedingungen an. Während der Zensur des Jahres 179 wurden drei auf einmal errichtet: hinter den *navalia* (der Schiffswerft am Tiberufer) und zwei auf der Südseite des Marsfeldes (eine neben dem Gemüsemarkt, dem *forum olitorium*, die andere unweit des neuen Theaters und *Post Spem*, hinter dem Tempel der Hoffnung). Besonders die kosmopolitischen Viertel in Flußnähe zogen Nutzen aus diesen Modernisierungsvorhaben. Im Lauf der darauffolgenden Jahre wurden – in zeitlicher Reihenfolge – zunächst der Portikus des Octavius gebaut, den man zur Erinnerung an den Seesieg über Perseus im Jahr 168 errichtete, weiter ein Portikus um die *Area Capitolina*, einem heiligen Platz, der sich vor dem Tempel des Jupiter Optimus Maximus erstreckte. Schließlich umgab Q. Caecilius Macedonicus die Tempel des Jupiter Stator und der Juno mit einem Portikus, den er in Erinnerung an seinen Triumph errichtete. Diese beiden Tempel mit dem Portikus ihres *temenos* unweit des Circus Flaminius waren wegen ihrer Kunstwerke, die sie enthielten, berühmt. Metellus, der gerade Makedonien zur römischen Provinz gemacht hatte, stellte in seinem Portikus die Reiterstandbilder, Werke des Lysippos, auf, die Heerführer Alexanders darstellten. Der frühere Ruhm des Eroberers war so gewissermaßen am Fuß des Kapitols gebannt. Diese Tempel bestanden ganz aus Marmor, was für Rom etwas völlig Neues war. Ein griechischer Architekt, Hermodoros von Salamis, soll den Bau des Jupitertempels geleitet haben.[19] Dieser Tempel war, so berichtet Vitruv, ein Peripteros (rings von Säulen umgebener Tempel). Die Fassade bestand aus sechs und die Längsseiten aus elf Säulen. Stand er, wie die anderen italischen Tempel, auf einem *podium*? Wir wissen es nicht, aber es ist wahrscheinlich, wenn man daran denkt, daß diese architektonische Form einer typisch italischen religiösen Vorstellung entsprach, denn die Idee von der göttlichen Macht und Stärke war an die Überhöhung des Heiligtums gebunden. Wie dem auch sei, im 2. Jahrhundert v. Chr. entstand der »republikanische« Stil der Tempelbauten, ein Stil, über den wir ziemlich unzureichend unterrichtet sind und in dem sich (soweit wir das übersehen können) italische Traditionen und hellenistische Formvorstellungen mischten, die sich ihrerseits schon seit der Zeit des klassischen Hellenismus gewandelt hatten.

Abb. 9: Republikanische Tempel am Largo Argentina in Rom

Die meisten in dieser Zeit errichteten Bauwerke, Tempel und Portikus, standen im Süden des Marsfeldes. Das erklärt sich aus der Tatsache, daß den Architekten dort meist noch unbebautes Staatsland zur Verfügung stand, während der Raum innerhalb der Servianischen Mauer die Stadtbevölkerung nicht mehr faßte. Für die Bevölkerungszahl fehlt uns eine direkte Quelle, und wir sind ganz auf Hypothesen und Vermutungen angewiesen.[20] Es steht außer Zweifel, daß die allgemeine Lage in diesem Jahrhundert einen Bevölkerungsanstieg begünstigte, viel entscheidender aber ist, daß infolge der unaufhörlichen Kriege (die wenig Menschenleben forderten und deren Hauptlast von den Verbündeten getragen wurde) große Massen von Sklaven in die Stadt strömten. In den Texten werden sehr hohe Zahlen genannt. Aemilius Paullus soll im Jahr 167 150 000 Sklaven verkauft haben. Nach der Eroberung Karthagos wurden von Scipio Aemilianus 50 000 Sklaven verkauft. Jeder Feldzug, selbst wenn er kaum in unseren Quellen Erwähnung findet, erhöhte die Zahl der in Italien verkauften Sklaven.[21] Natürlich blieb diese große Zahl nicht in Rom allein. Sehr viele Sklaven wurden auf die Municipien verteilt und lebten auf den Landgütern, aber jeder Bürger und jede Familie gewöhnte sich immer mehr daran, eine wachsende Zahl von Sklaven in Dienst

zu nehmen. Das führte dazu, daß sich die natürliche Zunahme der Zahl der Bürger um ein Vielfaches steigerte. Rom war gewiß noch nicht jene übervölkerte Stadt des 1. vorchristlichen Jahrhunderts, aber es zeigte sich immer deutlicher die Notwendigkeit, einen Mauergürtel zu durchstoßen, der hundert, beziehungsweise hundertundfünfzig Jahre vorher noch viel zu viel Raum freigelassen hatte.
Außer den Bürgern und Sklaven strömten Reisende aus allen Teilen der Welt nach Rom. Infolge des Aufschwungs von Handel und Seeverkehr und der immer engeren politischen Beziehungen zu fernen Staaten lebte in Rom eine fortwährend fluktuierende Bevölkerung, deren Zahl weit weniger ins Gewicht fiel als ihre Wesensart. Durch den Kontakt mit diesen »Fremden« wurde das Unzeitgemäße der alten Sitten augenfällig. Die Gesandtschaften der Könige erschienen mit einem Pomp, der bewußt auf Wirkung ausging, knüpften mit den wichtigsten Bürgern persönliche Beziehungen und verteilten großzügig Geschenke, von denen niemand so recht zu sagen wußte, ob es Beweise persönlicher Dankbarkeit oder Zeichen der Freundschaft oder Bestechungsmittel sein sollten. Sittlich zersetzend wirkte auch die wachsende Zahl von Sklavenhändlern, die sich vornehmlich auf die Einfuhr junger Mädchen, Tänzerinnen und Musikantinnen oder solcher Frauen verlegten, deren einzige Qualität ihre Willfährigkeit war. Diese Mädchen stellten für die jungen Leute eine ständige Versuchung dar, die manchmal ihr ganzes Vermögen dort verschleuderten. Das »griechische Leben«, ein Leben der Vergnügungssucht und der Zügellosigkeit, das die Väter zu Lebzeiten des Plautus so verabscheut hatten, stand im Begriff, bei vielen die strengen Sitten von einst zu verdrängen. Aber dieses Leben beschränkte sich nicht allein auf die Befriedigung animalischer Begierden. Durch die herbeiströmenden griechischen Künstler und vor allem durch den ständigen Zustrom von Kunstwerken, die einen beträchtlichen Teil der Kriegsbeute nach einer Eroberung ausmachten, trat ein tiefgreifender Wandel in der äußeren Gestaltung des täglichen Lebens ein. Die Schönheit erschien als notwendige Krönung des Ruhms. Die Götter waren nicht mehr alleinige Nutznießer der Künste. Zunächst dienten die kostbaren Statuen und Bilder aus den östlichen Ländern als Weihgaben für die Verzierung der Tempel. So sahen auch im vorangegangenen Jahrhundert bei den szenischen Spielen auf dem *pulvinar* thronende Göttergestalten zu. Nun wurde diese Schönheit »säkularisiert«; sie drang in das Leben jedes einzelnen. Man kann der Tatsache gar nicht genügend Bedeutung beimessen, daß die großen Persönlichkeiten, die Eroberer und Triumphatoren, lange Zeit hindurch nicht das alleinige Verfügungsrecht über die Beute besaßen, welche sie nach ihren Siegen in den grie-

chischen Städten machten. Das Volk war in seiner Gesamtheit Nutznießer dieser Schätze, die sich in den Heiligtümern, auf den Plätzen und vor den Tempeln und in den Portikus ansammelten. Die Zeit der großen Sammler war noch nicht gekommen.

c) Das Geistesleben

In dem Maß, in dem die Sitten der Alten immer mehr ihre Kraft verloren und neue Strömungen in der breiten Masse des Volkes, das schon am unmittelbarsten mit dem Hellenismus in Berührung gekommen war, sich durchzusetzen begannen, wurde es für die Elite unumgänglich, statt sich einfach den Verlockungen aus dem Osten hinzugeben, ernsthaft nach den Gründen dieses Umwandlungsprozesses zu fragen, der, wie sie wohl wußte, unvermeidlich war. Das 2. vorchristliche Jahrhundert wurde daher die große Epoche der Philosophie.
Man würde die Dinge allzu sehr vereinfachen, wenn man der Auffassung wäre, daß Rom infolge seiner relativen Isolierung, in der es am Rand der hellenistischen Welt dahinlebte, erst so spät mit der Philosophie in Berührung gekommen und erst durch den Mund einiger weniger »Sendboten«, besonders durch die drei athenischen Gesandten, die im Jahr 155 vor dem Senat die Sache ihrer Stadt vertraten, in die Philosophie eingeführt worden sei. Es stimmt, daß diese drei Philosophen die bedeutendsten philosophischen Schulen vertraten, nämlich Diogenes die Stoiker, Kritolaos die Peripatetiker und Karneades die Akademie. Sie gaben zwar den Römern brillante Proben ihres Könnens (besonders Karneades), indem sie ihre Gedanken mit spielerischer Ironie entwickelten und die faszinierendsten und plausibelsten Gegenargumente vortrugen, aber dennoch waren sie keineswegs die ersten, durch deren Mund in die Stadt etwas von der Debattierkunst herüberklang, die in Griechenland seit mehr als vier Jahrhunderten gepflegt wurde. Das philosophische Denken hatte durch das Theater Eingang gefunden. Es war ferner durch das pythagoreische Tarent nach Rom gelangt. Dann scheinen Berufsphilosophen bei dem römischen Publikum ihr Glück versucht zu haben, so daß schließlich ihre Ausweisung für notwendig erachtet wurde. So wurde im Jahr 161 den lateinisch sprechenden Rhetoren und Philosophen durch einen Senatsbeschluß der Aufenthalt in der Stadt untersagt.[22] Wenn es in dieser Zeit schon Philosophen gab, die in lateinischer Sprache lehrten, dann muß es auch ein Publikum gegeben haben, das sie verstand. Es ist deshalb wohl nicht ganz ausgeschlossen, daß die beiden Epikureer Alkios und Philiskos, die, wie wir durch Athenaios wissen »unter dem Konsulat des

L. Postumius« aus Rom vertrieben wurden[23], die Lehre ihres Meisters eine Generation früher ausbreiteten.[24] Aber die Anwesenheit von Philosophen in Rom war keine unerläßliche Voraussetzung dafür, daß philosophisches Denken bekanntwurde. Die griechischen Städte oder die sehr weitgehend hellenisierten Städte Kampaniens und besonders Neapel waren ohne Zweifel seit langem mit einer Disziplin vertraut, die einen so entscheidenden Platz im griechischen Geistesleben einnahm. Die Gesandtschaft des Jahres 155 ist wegen des Skandals, den sie auslöste, und der Reaktion Catos besonders deshalb so bezeichnend, weil sie den Senat dazu zwang, offiziell zu einem Problem Stellung zu nehmen, das für das Jahrhundert geradezu paradigmatisch ist (Cato setzte bekanntlich die sofortige Ausweisung der Philosophen durch, die man für schuldig erklärte, in unverschämter Weise die sittlichen Werte der Väter verhöhnt zu haben. Sie hätten zum Beispiel versucht nachzuweisen, daß die Gerechtigkeit zwar die größte aller Tugenden sei, aber ebenso von Siegern als die größte Dummheit angesehen werden könne).
Man darf wohl behaupten, daß die geistige Problematik, mit der sich der junge Scipio Aemilianus auseinanderzusetzen hatte, der, noch den traditionellen Werten verhaftet, doch schon mit den neuen Idealen durch seinen Freund und Lehrer, den Griechen Polybios[25], in Berührung kam, für diesen Zeitabschnitt kennzeichnend gewesen ist. Die Schwierigkeit ihrer Verschmelzung sollte erst zwei oder drei Generationen später von Cicero bewältigt werden.
Diese Verschmelzung beginnt sich schon in dieser Zeit über den Weg des Stoizismus abzuzeichnen, der offenbar eine Antwort auf die Kernfragen des römischen Denkens zu geben vermochte. Die Stoa wies zum Beispiel mit Nachdruck auf die Notwendigkeit der Tugendübung hin, die dem Hang eines jeden Menschen nach dem Vergnügen Einhalt gebiete. Zu den Haupttugenden zählte sie den Mut (eine sittliche Verhaltensweise, die bei den Römern besonders geehrt wurde, weil für sie der Dienst des Soldaten die höchste Würde im Staat verlieh), die Gerechtigkeit (jeder römische Beamte versah zunächst einmal ein Richteramt) und die Selbstbeherrschung. Gewiß gehörte auch die »Weisheit« zu ihnen als die Erkenntnis des Guten, die infolgedessen von vornherein eine Methode zur Auffindung der Wahrheit voraussetzte, aber die ersten Stoiker und besonders der größte unter ihnen, Panaitios, ein Rhodier, wiesen mit Bedacht auf die gegenseitige Verquickung der vier Grundtugenden hin, indem sie verkündeten, daß jeder Mensch, der eine von ihnen besäße, auch über die anderen verfüge. Während nach der Auffassung der alten Stoa die Wissenschaft von der Weisheit eine unerläßliche Voraussetzung jeder Tu-

gend sei, wurde nunmehr eingeräumt, daß man allein schon durch Übung zu sittlicher Vervollkommnung gelangen könne – daß also eine gute Tat in sich den gleichen Wert habe wie ein wahrer Gedanke.[26] Gleichzeitig befreite Panaitios den Stoizismus von seinen augenfälligsten Widersprüchen, die dem gesunden Menschenverstand der Römer widerstrebten. Er lehrte, daß der Weise über ein Minimum an materiellen Annehmlichkeiten verfügen müsse, daß seine Tugend durchaus im Einklang mit der Gesundheit und einem angemessenen Wohlstand stehen könne, ja daß sie sogar bestimmter Körperkräfte bedürfe, um nicht zu verkümmern.[27] Die alte Stoa hatte die Einschränkung gemacht, daß nur der vollkommene Weise in den Besitz der Tugend gelangen könne. Niemand außer dem Weisen besitze den geringsten Wert – in seinen Augen waren die übrigen Menschen nur eine gemeine Herde. Panaitios machte seinen römischen Zuhörern klar, daß man diese Lehre nicht ganz so wörtlich nehmen dürfe. Natürlich setze die vollkommene Tat eine absolute Tugend voraus, aber es wäre absurd, wollte man ableugnen, daß es bestimmte Stufen in ihrer Erlangung gebe. Der vollkommenen Tat wurde die Erfüllung »mittlerer Pflichten« gegenübergestellt, d. h. solcher Pflichten, deren Ausübung den anständigen und tüchtigen Menschen hervorbringe, wenn sie auch nicht gleich aus ihm einen Weisen mache.

Man begreift, daß diese Lehren begierig von Menschen aufgenommen wurden, denen es nicht darum ging, sich vollständig in die Wissenschaft der Berufsphilosophen zu vertiefen und sich mit allen Raffinessen dialektischer Spitzfindigkeiten vertraut zu machen, die vielmehr von dem Wunsch beseelt waren, ihr Leben und Tun in der Öffentlichkeit und im Privatleben nach Vernunftnormen auszurichten. Mit Lehren wie denen der Kyniker, die in Bausch und Bogen all das verurteilten, was einem Römer heilig war: das Leben in der Familie und innerhalb der staatlichen Gemeinschaft, die Würde der Persönlichkeit und die Ehre, wußten sie wenig anzufangen. Ebenso wenig berührte sie der Epikurismus, der an den Anfang jeder Sittenlehre die Suche nach dem Vergnügen stellte, einen Wert also, der, wie die Römer erkannt hatten, in der Praxis eine zerstörerische Wirkung auf den Menschen ausübt. Die äußeren Umstände, die sich wie zufällig ergaben, trugen (wenigstens zum Teil) das Ihre dazu bei, die Anziehungskraft des Stoizismus auf Rom zu erhöhen. Hinzu kam die Tatsache, daß sein Hauptvertreter ein Rhodier war, also der Republik angehörte, die als einzige von allen griechischen Staaten nie in ein Königreich eingegliedert worden war und bis zum Schluß ihre Freiheit bewahrt hatte. Die Rhodier, für die Cato ganz offensichtlich trotz des Unrechts, in das sie sich Rom gegenüber gesetzt hatten, viel Sympathie empfand, boten eine gewisse Garantie für die stoischen Philosophen, die dort lehrten. So läßt sich feststellen, daß mindestens zwei Generationen von Stoikern aus Rhodos kamen, die in Rom ein aufmerksames Publikum fanden. Nach Panaitios, der der engste Freund des Scipio Aemilianus war, kam Poseidonios, dessen Denken und vor allem dessen imponierende Persönlichkeit einen starken Eindruck auf Cicero und seine Zeitgenossen hinterließen.

Die lange Reihe der stoischen Philosophen, angefangen bei Krates, dem Lehrer des Panaitios, bis zu dessen Schüler, Athenodoros, dem Sohn des Sandon, der seinerseits Lehrer des Octavius und sein Ratgeber nach der Machtergreifung war[28], prägten nacheinander die geistige Entwicklung Roms von der Jugend des Scipio Aemilianus bis ins reifere Alter des ersten Kaisers. Jeder von ihnen gab seiner Lehre die ihm eigene Richtung, und die Spuren seines Wirkens lassen sich auf allen Gebieten des römischen Denkens verfolgen. Krates kommt gewiß das besondere Verdienst zu, die Aufmerksamkeit seiner Hörer auf die Probleme der Literarkritik und der Sprache gelenkt zu haben.[29] Denn dieser Philosoph war in erster Linie auch ein Theoretiker des sprachlichen Ausdrucks im allgemeinen und der Dichtkunst im besonderen. Er befaßte sich mit Homer, dessen Werke er mit kritischem Kommentar herausgab. Als Philosoph stellte er die Sprache in den Mittelpunkt seiner Bemühungen. Als echter Stoiker war er der Auffassung, daß die Sprache aus dem natürlichen Gemeinschaftstrieb entstanden sei, und interessierte sich besonders dafür, der Sprache ein Höchstmaß an Ausdruckskraft abzugewinnen und ihr dadurch Prägnanz und Kürze zu geben. Ein Echo auf diese Lehren findet sich in der römischen Literarästhetik, insbesondere vertreten durch die Freunde des Scipio Aemilianus, die eifrige Puristen »attischer« Prägung waren.

Wir sagten bereits, welchen Beitrag Panaitios zu der Entwicklung der römischen Philosophie leistete. Der Einfluß des Poseidonios bestand vor allem darin, daß er auf die Bedeutung der Geschichte hinwies und sich um die Erhellung der Gesetze bemühte, die das gesellschaftliche Leben bestimmen. Er gab den Überlegungen Tiefe, denen sich schon immer seit Herodot die griechischen Denker hingegeben hatten. Er versuchte, wie schon Polybios vor ihm, aber methodisch exakter, die Spuren des göttlichen Waltens, das »Wirken Gottes« in der Welt nachzuweisen.[30] Dieser Gedanke war von besonderer Bedeutung für die Römer, auf denen die Verantwortung für das Imperium lastete. Es scheint, daß manche herausfordernde Frage des Karneades sie nicht mehr losließ, so zum Beispiel die Frage, ob Eroberer sich »gerecht« nennen dürften. Poseidonios bietet, indem er ein Bild von der Welt entwirft, die Voraussetzungen einer Antwort. Er sagt, daß gewisse soziale Systeme fortschrittlicher seien als andere, und die der Gewalt sich widersetzende Gewalt erhalte dann ihre Legitimation, wenn sie das Ziel verfolge, die Menschen zu einem besseren Leben zu zwingen.

d) Die Entwicklung des Rechts

Es konnte nicht ausbleiben, daß dieses Jahrhundert der Philosophen oder, bescheidener ausgedrückt, dieses Jahrhundert, in dem das spekulative Denken eine immer stärkere Faszination ausübte, auf eine letztgültige Fixierung des Rechts innerhalb des Staates einzuwirken versuchte. Das alte römische Recht entsprach weder materiell noch geistig den neuen Verhältnissen. Es mußte einer Gesellschaft angepaßt werden, in der sich nicht mehr nur Streitfälle zwischen Bürgern ergaben, sondern nun auch zwischen Bürgern und *peregrini* (nach Rom gezogene Fremde). Wie nicht anders zu erwarten, fiel die Ernennung eines besonderen Beamten, der für solche Prozesse eingesetzt wurde, zeitlich mit dem Augenblick zusammen, in dem sich in Rom nach dem ersten Sieg über Karthago im Jahr 242 die Tore für den Handel weit auftaten. Diese Neuerung hatte unabsehbare Folgen, die sich auf die ganze Rechtspraxis auswirkten und dazu beitrugen, den zu eng gewordenen und zu formalen Rahmen der Rechtstradition und der nationalen Gesetzgebung zu sprengen.

Dem Prätor fiel in seiner richterlichen Funktion üblicherweise die Aufgabe zu, »Recht zu sprechen«, d. h. die Genehmigung für die Einleitung eines Rechtsverfahrens zwischen zwei Parteien zu erteilen. Er tat dies auf der Grundlage der bestehenden Gesetze. War der vorliegende Fall in den Gesetzen vorgesehen, konnte er einen Schiedsrichter *(iudex)* einsetzen, der über die Streitsache entschied. War dies jedoch nicht der Fall, dann wurde der Kläger abgewiesen. Die rituellen Klageformeln, die verwendet werden mußten, wenn man eine Klage vorbringen wollte, waren in ihrer Zahl begrenzt, und ihr Wortlaut stand unwandelbar fest. Früher wurden sie von den Pontifices geheimgehalten, die in gewisser Weise über sie wachten. Seit dem Ende des 4. Jahrhunderts[31] wurden bekanntlich diese Formeln veröffentlicht, aber sie blieben absolut verbindlich. Es werden Fälle (ohne Zweifel extreme) erwähnt, wie zum Beispiel der eines Bauern, der Klage erhob, daß ihm sein Nachbar unrechtmäßig seine Weinstöcke abgeschnitten habe. Er verlor seinen Prozeß, weil er in der Formel das Wort »Weinstock« statt »Baum« benutzt hatte, das vom Gesetz vorgesehen war. In der Mitte des 2. Jahrhunderts v. Chr. wurde dem Prätor gestattet, bisher nicht verwendete Formeln entgegenzunehmen. Seit dieser Zeit legte der Kläger eine schriftliche Formel vor, die mit der Hilfe eines Juristen abgefaßt war und den Gegenstand der Klage zusammenfaßte. Diese Formel unterschied sich in einigen Details von der üblichen mündlichen Formel, die vor dieser Reform für jeden verbindlich gewesen war. In den meisten Fällen ließ man sich jedoch von ihr leiten. Die Formen der alten Rechtsprechungspraxis wurden erweitert, aber nicht abgeschafft.

Diese Neuerung war folgenschwer. Nach dem alten Recht legte das Gesetz die Strafe fest, was begreiflich war, da es ja die einzelnen Rechtsfälle vorsah. Nun wurde es notwendig, die Strafe oder die Wiedergutmachung entsprechend der Schädigung oder des Schadens festzusetzen. In diesem Fall erhielt der Richter vom Prätor den Auftrag, die Schadenssumme auszumachen oder sie nach bestem Wissen und Gewissen von einem Schiedsrichter schätzen zu lassen. Neue Fälle tauchten auf, und es war nun Sache des Prätors, zu entscheiden, ob sie Gegenstand einer Klage sein sollten oder ob sie wegen Geringfügigkeit gar nicht erst vor den Richter kommen sollten. In solch einem Fall griff der Magistrat selbst ein, während ihm im alten Rom Tradition, Brauch und rituelle Formeln keinerlei Freiheit ließen.

Es wäre jedoch falsch anzunehmen, daß das Recht nun von der Willkür des für ein Jahr gewählten Magistraten, des Stadtprätors, abhing, der ganz nach seinem Gutdünken Gesetze erlassen und außer Kraft setzen konnte. Die politischen Gewohnheiten der Römer schlossen eine solche Gefahr von vornherein aus. Die Magistraten waren sich ihrer Pflicht und Schuldigkeit bewußt. Ihnen zur Seite stand ein »Rat« von Freunden, Verwandten, Verbündeten, ohne deren Stellungnahme sie keine Entscheidung fällten. Zu diesem Rat gehörten Fachjuristen; die eingehende Kenntnis des Rechts wurde für ein Mitglied der Aristokratie einfach für notwendig erachtet. Ein allzu reformfreudiger Prätor setzte sein Ansehen im Senat aufs Spiel und gefährdete seine Karriere. Aus all den genannten Gründen entwickelte sich das Rechtswesen, selbst unter den aufgezeigten Verhältnissen, nur sehr langsam; und bei Veränderungen wurde behutsam vorgegangen.

Die Ausweitung des Imperiums hatte schließlich noch eine weitere Konsequenz: Das römische Recht wurde mit dem der besiegten oder verbündeten Völker konfrontiert. Es bestand nicht mehr aus einer Gesamtheit von überlieferten Sitten und Bräuchen, die lediglich das Zusammenleben der Glieder eines Gemeinwesens mit archaischen Sitten ordneten. Immer mehr Menschen von überallher trachteten danach, in den Genuß dieses Rechts zu kommen, dessen Normen offensichtlich gerechter und das vor allem durch die Macht Roms sicherer verbürgt war als das lokale Recht. Dies verlieh den römischen Gesetzen jene Universalität, durch die sie später die gesamte Welt zu regieren vermochten. In einem Wort, mit dem römischen Recht geschah fast dasselbe, was sich einst im Osten nach der Eroberung Alexanders mit der griechischen »Geisteskultur« zugetragen hatte. Die Stadt lockte allmählich die Menschen von überallher an und wuchs in dem Maß, in dem die Bezeichnung »römischer Bürger« zum Symbol höchster Daseinserfüllung wurde. Der Begriff des Rechts wurde Schritt für Schritt durch den der Billigkeit ersetzt. Aus Billigkeitsgründen sannen die Prätoren und ihre Berater auf Ausweichmöglichkeiten in den Fällen, in welchen die alten Rechtssätze zu empörenden Lösungen führten. Während jedoch Recht oder Gesetz wesensmäßig an einen bestimmten Staat gebunden sind, ist die Billigkeit ein von allen anerkannter und auf alle anwendbarer Wert. Die Entwicklung des Rechts war auf diese Weise Ausdruck einer Wechselbeziehung, eines »Dialogs« zwischen Rom und der Welt.

Eines der Hauptmerkmale des römischen Rechts bestand darin, daß es praktisch keine Beziehung zu der Staatsgewalt hatte und unabhängig von ihr ausgeübt wurde. Der Magistrat überwachte lediglich die Einleitung des Verfahrens, aber er traf keine Entscheidungen in einem Rechtsstreit. Darin lag eine gewisse Garantie für die Freiheit des Bürgers. Parteien und Schiedsrichter waren gleicherweise Privatpersonen, und das Gerichtsverfahren blieb im konkreten Bereich des Menschen. Der Staat gewährleistete lediglich die Durchführung des Urteilsspruchs. Kein Apparat der Justiz wurde in Gang gesetzt, um das Gewissen des rechtschaffenden Mannes *(vir bonus)*, der das Richteramt versah, zu ersetzen. Daraus folgt, daß der Wesenskern des Rechts die Regelung der Beziehungen der einzelnen Bürger untereinander war. Das römische Recht war wesentlich ein »ziviles« Recht (das heißt, das *ius civile*, das sich auf die *cives*, die Bürger, bezog). Das Strafrecht, einschließlich der Strafverfolgung, zog dabei den kürzeren. Aus Gründen, deren Ursprung in der Geschichte der römischen Gesellschaft zu suchen sind, die sich nie ganz von ihrem archaischen Ursprung löste, bewahrte die kleinste gesellschaftliche Zelle (die Familie) ihre Autonomie und übernahm die Strafverfolgung in eigener Instanz gegen diejenigen ihrer Glieder, die *in manu*, also der uneingeschränkten Gewalt des Familienvaters unterstanden. Das Recht intervenierte nicht gegen das Familientribunal, um den schuldigen Sohn oder die schuldige Gattin zu bestrafen. Die Sklaven, die rechtlich nicht existent waren, konnten nicht zur Verantwortung gezogen werden. Die Kosten für den von ihnen angerichteten Schaden mußten von ihrem Herrn getragen werden, der mit ihnen so verfuhr, wie er es für richtig hielt. In ihrem Fall konnte das Recht nur eingreifen, um die Allgewalt des Hauptes der *familia* einzuschränken. Es griff schließlich doch ein, jedoch mit größter Behutsamkeit, wobei ihm schon lange im voraus der Weg durch eine öffentliche Meinung, der willkürliche Grausamkeiten zuwider waren, geebnet wurde.

Es bleibt noch der Fall, in dem sich ein »Vater« eines Verbrechens gegen das Gemeinwesen schuldig machte. De jure und de facto hatten zweifellos lange Zeit hindurch die Magistraten alle Vollmachten, ein Strafmaß festzusetzen. Der Zensor konnte zum Beispiel die Geldstrafe festsetzen, die er für angemessen hielt, und jeder Magistrat verfuhr ebenso bei Fällen, die zu seinem Zuständigkeitsbereich gehörten. Es wurde dann nicht eigentlich ein Urteil gefällt, sondern ein Beschluß gefaßt (im Einvernehmen mit dem *consilium* des Magistraten, einem privaten Ratgeber). Wir sahen bereits[32], daß diese Befugnis des Magistraten nur durch das Recht der Appellation an die Volksversammlung eingeschränkt war *(ius provocationis)*. In solch einem Fall fällte die Volksversammlung das Urteil, indem sie sich für den Magistraten oder für den mutmaßlichen Schuldigen erklärte. Sie nahm zu dem Urteilsspruch in einer ordnungsgemäßen Abstimmung Stellung, es sei denn, ein Tribun unterbrach das Verfahren kraft seines Vetorechts *(ius intercessionis)*. In jedem Fall hatte der Angeklagte die Möglichkeit, wenn er merkte, daß die Verhandlung zu seinen Ungunsten verlief, dem Urteilsspruch zuvorzukommen, indem er freiwillig ins Exil ging. Er wurde nicht verfolgt, und die Magistraten verzichteten auf ein Auslieferungsgesuch an die verbündete Stadt, in die er geflohen war. Wer sich auf diese Weise von der Gemeinschaft der Bürger trennte, war nach allgemeiner Auffassung genügend gestraft. Noch mehr zu verlangen, das wäre als unerträgliche Grausamkeit empfunden worden. Das Verfahren des *iudicium populi* (Fällung des Urteilsspruches durch die Volksversammlung) war außerordentlich umständlich; es belastete die Tagesordnung der Versammlungen und führte zu Debatten, bei welchen Vernunft und Justiz hoffnungslos aneinandergerieten. Das war besonders bei Prozessen *de pecuniis repetundis* der Fall, die gegen einen Statthalter angestrengt wurden, den man bei seiner Rückkehr der Erpressung der Untertanen anklagte. Solche Prozesse standen in Gefahr, sich in technische Details zu verlieren, und das Urteil wurde dann ganz nach Gesichtspunkten der Popularität und Unpopularität gefällt, anstatt sich am wahren Sachverhalt auszurichten. Daher ließ ein gewisser L. Calpurnius Piso, ein Volkstribun, über ein Gesetz abstimmen (Plebiszit), das entschied, daß die Prozesse *de pecuniis repetundis* in Zukunft vor eine ständige Kommission *(quaestio perpetua)*, die nur aus Senatoren zu-

sammengesetzt sein sollte, gebracht werden sollten. Da die Statthalter immer Senatoren waren, lag der Gedanke nahe, daß der Tribun, der selbst Senator war, im Interesse seines Standes gehandelt habe. Es wäre jedoch unbillig, diesem Gesetz ausschließlich egoistische Beweggründe zu unterstellen.[33] Der Senat durfte sich als der legitime Hüter (weit mehr als das Volk in seiner Gesamtheit) der gegenüber den Verbündeten eingegangenen Verpflichtungen ansehen, da, wie wir bereits sahen, die Väter die eigentlichen, ja die einzigen Verantwortlichen für die »Außenpolitik« waren.[34]
Das Verfahren der *quaestiones perpetuae* wurde rasch verallgemeinert. Es erwies sich als praktikabel, aber man stellte ebenso fest, daß es schwerwiegende politische Fragen aufwarf. Die Zusammensetzung dieser Gerichte gewann bald eine außerordentliche Bedeutung und führte zu leidenschaftlichen Kämpfen, die dazu beitrugen, das gesamte Staatswesen zu erschüttern.

II. DIE KRISE DER GRACCHEN

In diesem sich wandelnden Rom, in dem sich das Denken rascher als die Institutionen umzustellen vermochte und die Sitten und Gebräuche sich nicht den wirtschaftlichen Gegebenheiten angepaßt hatten, mußte bei der ersten sich bietenden Gelegenheit unweigerlich eine Krise hervorbrechen, die einige der augenfälligsten Widersprüche, unter denen das Gemeinwesen litt, zutage fördern würde. Es ist bezeichnend, daß diese Krise nicht von einem Demagogen aus der anonymen Masse oder einem Vertreter der verbündeten und besiegten Völker, sondern von zwei Brüdern ausgelöst wurde, die zu ihren Vorfahren Scipio, den ersten Africanus, zählten. Ihr Vater, Ti. Sempronius Gracchus, hatte zweimal das Konsulat innegehabt, war Zensor gewesen und hatte mehrere Siege errungen. Ihre Mutter, Cornelia, war die Tochter des Africanus. Ihre Schwester wurde später die Frau des Scipio Aemilianus. Obwohl die *gens Sempronia* eine plebejische *gens* war, hatte sie sich schon lange einen bedeutenden Platz innerhalb der *nobilitas* erobert. Ti. und C. Gracchus hätten sich mit den Vorteilen, die ihnen ihre Herkunft verschaffte, zufriedengeben und sie durch ihre Gaben mehren können. Statt dessen erschütterten sie das Gleichgewicht im politischen Leben und lösten eine Krise von unabsehbaren Folgen aus.

a) Tiberius Gracchus

α) Der Mensch und seine politische Doktrin

Tiberius war der ältere der beiden Brüder (einer Familie von zwölf Kindern, von denen nur drei heranwuchsen[35]). Er wurde um das Jahr 163 geboren. Gaius war neun Jahre jünger (geboren im Jahr 154, offenbar kurz nach dem Tod des Vaters). Seine Karriere unterschied sich in nichts von der eines römischen Notabeln. Er diente in Afrika unter seinem Schwager Scipio Aemilianus. Auffallend an ihm waren sein Mut und die Gewalt, die er über die Menschen besaß, sowie die treue Ergebenheit gegenüber seinem Anführer. In Spanien, wo er Quästor war, rettete er durch das Ansehen, das er bei den Bewohnern von Numantia genoß, eine römische Armee, die ein unfähiger Heerführer in eine heikle Lage gebracht hatte. Selbst entschlossen, die Ehre seiner Familie hochzuhalten, wurde er noch von seiner Mutter dazu angespornt, die sich darüber beklagte, »nur als die Schwiegermutter des Scipio Aemilianus und nicht als Mutter der Gracchen bekannt zu sein«[36]. Der leidenschaftliche Eifer, der den Tiberius antrieb und schließlich seinen Sturz herbeiführte, entsprach zunächst einfach dem Wunsch eines Römers, seinem Vaterland zu dienen und das Ansehen und die Ehre zu erlangen, die den Lohn des Staatsmannes ausmachten.

Einige von Plutarch überlieferte Zeugnisse lassen darauf schließen, daß verschiedene Einflüsse auf den jungen Mann einwirkten, so zum Beispiel der Rhetor Diophanes aus Mytilene und der stoische Philosoph Blossius von Cumae, der seinerseits ein Schüler des Antipater aus Tarsos war. Es ist nicht ausgeschlossen, daß Tiberius zu seiner Politik von diesen Freunden inspiriert wurde, die ihm die Argumente dafür zuspielten — besonders von Blossius, da er uns auch als Philosoph genannt wird. Man hat mit Recht darauf hingewiesen[37], daß der Stoizismus nicht grundsätzlich die demokratische Regierungsform bejahte. Es verhielt sich genau umgekehrt. Zu Lebzeiten des Gonatas hatte er sich sehr gut mit der Monarchie arrangiert. Panaitios und später Poseidonios wurden Theoretiker einer aristokratischen Morallehre. Poseidonios trat später als Anhänger der Oligarchie gegen die Demagogen auf.[38] Der Stoizismus konnte sich bestenfalls für eine »aufgeklärte« Monarchie erwärmen, in welcher der Souverän die Aufgabe übernehmen würde, die in der menschlichen Seele die »lenkende« Vernunft erfüllt *(hegemonikon)*. Wie hätte er auf den Gedanken verfallen können, die Macht diesen »Narren« zu überlassen, für die der Weise die Menschen ansah, die von der Philosophie unberührt geblieben waren?

Ganz anders verhält es sich, wenn man die stoische Philosophie hinsichtlich ihrer grundlegenden ethischen Postulate und nicht in ihrer Anwendung auf die Politik betrachtet. Eine der Tugenden des Weisen ist seine Gerechtigkeit, die die Stoa definiert als »das Wissen davon, was jedem zukomme«. Das Kriterium, nach welchem man dieses »was einem zukommt« bestimmen könne, sei das gleiche, nach welchem man das höchste Gut, das letzte Ziel jedes menschlichen Tuns finden könne: das »der Natur gemäße Leben«. Es läßt sich leicht denken, wie unter diesen Bedingungen die Idee einer gerechten Politik entstehen und sich nicht darauf beschränken konnte, die Volksmassen an die Macht zu bringen, sondern sie, im Gegenteil, zu führen und ihnen das zu geben, was für ein »Leben gemäß der Natur« unerläßlich ist. Eine solche Politik setzte es sich zum Ziel, die »Verkehrtheiten« zu beseitigen, die das Gesicht der »Natur« entstellten.

Vielleicht muß man die berühmte Erzählung des Gaius Gracchus in diesem Licht verstehen, der berichtet, wie sein Bruder, als er das Land der Etrusker (die heutige Toskana) durchquerte, um sich nach Spanien zu begeben, die Armseligkeit dieses einst so fruchtbaren Landes erlebt und bemerkt habe, daß auf den Feldern nur noch Sklaven barbarischer Herkunft statt, wie früher, italische Bauern arbeiteten. Dieser Anblick soll Tiberius zum ersten Mal zu seiner späteren Politik inspiriert haben.[39] Wenn das stimmt, dann ist diese Reise des Jahres 137 vier Jahre vor seinem Tribunat der Ausgangspunkt einer wenn auch nicht genauen politischen Doktrin, so doch einer instinktmäßig erfaßten politischen Grundkonzeption, die ebenso sehr als eine Antwort des Herzens wie des Intellekts anzusehen ist.

Tiberius, der alles andere als ein Schwärmer für einen utopischen »Sozialismus« war[40], scheint ein realistisch denkender Reformer gewesen zu sein, der sich plötzlich der tödlichen Gefahr bewußt wurde, die dem römischen Gemeinwesen durch die verhängnisvolle und »verkehrte« (nämlich gegen die Natur der Dinge gerichtete) Politik des Senats oder doch zumindest einer ansehnlichen Gruppe der Nobilität drohte. Eine solche Politik mußte darauf hinauslaufen, daß die römische Macht ihre bis dahin stärkste Stütze verlieren würde, nämlich das italische Bauerntum. Die Erinnerung an den Zweiten Punischen Krieg (sozusagen eine Familienerinnerung für den Enkel des großen Scipio) war noch lebendig. War nicht damals durch die Hilfe und die bedingungslose Treue der verbündeten Städte, vor allem der Städte Etruriens, Rom vor der Einnahme durch Hannibal bewahrt worden? Ihr Niedergang war daher ein schreiendes Unrecht. Nun, da das Land sich in der Hand römischer Großgrundbesitzer befand, die ganz zu Unrecht den besten Boden des *ager publicus*[41] in Besitz genommen hatten,

war Rom in die Isolierung geraten, umgeben von einem Volk von Sklaven. In diesen Jahren zeigten sich in Sizilien, wo sich schon lange die Verhältnisse, die Tiberius in Italien anprangerte, eingestellt hatten, die schrecklichen Folgen dieses Systems.
Die Revolte brach in Henna im Jahre 135 los, als die Sklaven zweier grausamer Herren, des Damophilos und seiner Frau, sich erhoben und die Stadt Henna einnahmen.[42] Die anderen Sklaven folgten bald dem Beispiel, ergriffen die Waffen und schlossen sich zu einer Armee unter Führung eines Syrers, eines Hirten namens Eunous, zusammen. Eunous ließ sich unter dem Namen Antiochos zum König ausrufen. Ein anderer Anführer aus der Gegend von Agrigent, ein Kilikier namens Kleon, unterstellte sich dem Oberbefehl des Eunous. Den Bewohnern blieb nichts anderes übrig, als sich in den Städten einzuschließen. Auf dem offenen Land wurde gebrandschatzt und gemordet. Schließlich kam der Augenblick, in dem selbst die Stadtbefestigungen den Rebellen nicht mehr Einhalt zu gebieten vermochten. Eine römische Armee, die im Jahr 134 den Auftrag erhielt, die Ordnung wiederherzustellen, erzielte keine Erfolge. Drei Feldzüge waren erforderlich, um die Rebellion niederzuschlagen.
Die Revolte des Eunous ermutigte die Sklaven, sich fast überall in Griechenland und Italien zu erheben. Die Aufstände in Delos, dem Hafen, durch welchen jährlich Massen von Sklaven geschleust wurden, erreichten nicht das Ausmaß eines Krieges, wie Rom ihn in Sizilien zu führen hatte, aber sie waren dennoch eine unüberhörbare Warnung. In einer aufblühenden Wirtschaft, die ganz »orientalisch« ausgerichtet war, mußte das immer größere Gewicht der Sklavenarbeit weitblickende Politiker mit Sorge erfüllen. Überhaupt kam die große Umwandlung, in die Rom hineingerissen wurde und die sein Gesicht so veränderte, daß seine Wirtschafts- und Sozialstruktur immer mehr derjenigen der hellenistischen Königreiche zu ähneln begann, allzu sehr einem Verzicht auf die nationale Tradition gleich, als daß ein großer Teil der römischen Nobilität sich ohne weiteres mit ihr hätte abfinden können.

β) Das Tribunat des Tiberius Gracchus

Die von Tiberius während seines Tribunats (das am 10. Dezember 134 begann) eingebrachten Gesetze stellten nichts Revolutionäres dar. Sie wurden im Einvernehmen mit mehreren Persönlichkeiten vorbereitet, unter denen sich der Pontifex maximus Licinius Crassus, der Jurist Mucius Scaevola und Appius Claudius Pulcher, der Schwiegervater des Tiberius, befanden.[43] Diese Gesetze wiederholten im wesentlichen den Gehalt der früheren Gesetze, die entweder von ihren Verfassern fallengelassen oder nie durchgeführt worden waren. Die *lex Sempronia* wies noch einmal auf die Rechtsgrundlage des *ager publicus* hin, verurteilte die unrechtmäßige Aneignung von Grundbesitz und legte fest, daß alle, die ohne Rechtstitel den Boden kultiviert hatten, von ihren widerrechtlich angeeigneten Ländereien vertrieben werden sollten. Es wurde aber denjenigen, die »guten Glaubens« das Land okkupiert hatten, das Recht eingeräumt, 500 jugera (125 Hektar) zu bewirtschaften, zu denen noch 250 zusätzliche Morgen für jedes Kind kamen. Das Recht der Inbesitznahme des Bodens sollte aufgrund dieses Gesetzes in ein regelrechtes Eigentumsrecht umgewandelt werden, das keinerlei Steuern vorsah.

Andererseits sollte das freiwerdende Ackerland an mittellose Bürger verteilt werden, und zwar durch drei Kommissare, die als regelrechte Magistrate vom Volk gewählt wurden und den Titel *triumviri agris iudicandis adsignandis* erhielten. Die Parzellen sollten aus 30 Morgen (7,5 Hektar) bestehen, und die Empfänger sollten kein Wiederverkaufsrecht erhalten. Die Ziele dieses Gesetzes waren eindeutig. Tiberius legte sie in einer eingehenden Rede vor seiner *rogatio* dar und prangerte vor allem die Ungerechtigkeit der gegenwärtigen Zustände an, die die italische Bevölkerung, die durch Verwandtschaft (Tiberius benutzte ausdrücklich diese Bezeichnung) mit Rom verbunden sei, ihrer früheren Existenzgrundlage beraube. In Wirklichkeit versteht man nicht so recht, wie dieses Gesetz, das die Verteilung des *ager publicus* an arme Bürger vorsah, den Italikern unmittelbar zugute kommen sollte. Vielleicht war es die Absicht des Tiberius, durch die Vermehrung der Landbevölkerung der Landwirtschaft neue Impulse zu geben, den Wohlstand der kleinen Städte wiederherzustellen und wohl auch neue Kolonien zu gründen.

Die meisten Senatoren schreckten vor der Abstimmung über das Gesetz zurück. Die früheren Gesetze über den *ager publicus* hatten mühelos heruntergespielt werden können. Durch die Einsetzung der *triumviri* würde diese Möglichkeit bei der *rogatio Sempronia* von vornherein ausgeschaltet, sobald sie erst einmal angenommen sein würde. Sie bedeutete, daß die Verwaltung des *ager publicus*, die seit undenklichen Zeiten in der Hand der Väter lag, auf diese drei »Diktatoren« übergehen und ihre Autorität keinen Widerspruch dulden würde. Die Senatoren entfachten eine regelrechte Hetzkampagne gegen das Gesetz, indem sie überall verkündeten, daß die vorgesehenen Maßnahmen ungerecht seien und man sie um die Früchte ihrer mühevollen Arbeit bringen wolle, um den Wein, den sie selbst gepflanzt, und um das Haus, das sie mit ihrer Hände Arbeit errichtet hätten. Sie behaupteten, daß ihre Vorfahren in der Erde ruhten, die man ihnen jetzt wegnehmen wolle. Sie hätten die strittigen Felder ererbt oder anderen abgekauft. Der ganze Staat werde durch diese Neuverteilung in seinen Grundfesten erschüttert.[44] Die Stadt spaltete sich in zwei Lager, ja schließlich ganz Italien; denn das Problem stellte sich ebenso in den Gemeinden Latiums oder Etruriens. So entstand schließlich aus diesem Gesetz, das doch die Wiederherstellung des früheren Gleichgewichts innerhalb des Staates bezweckt hatte, eine revolutionäre Situation, und zwar insofern, als sich zwischen der Masse des Volkes und dem Senat eine tiefe Kluft gegensätzlicher Meinungen auftat. Scharen von Bauern, die ihr Land durch die Übergriffe der Nobilität verloren hatten, strömten nach Rom, um das Gesetz zu unterstützen. An dem Tag, an welchem sich die Tributskomitien versammelten (wahrscheinlich Ende April[45]), bestand kein Zweifel mehr darüber, daß die *rogatio* angenommen werden würde.

Die Gegner des Gesetzes im Senat griffen verzweifelt zu einem letzten Mittel: Sie brachten Octavius, den Kollegen des Tiberius, dazu, sein Veto einzulegen. Die Sitzung der Komitien nahm einen dramatischen Verlauf. Der Gerichtsschreiber hatte damit begonnen, den Text der *rogatio* zu verlesen, als Octavius von seinen Rechten als Tribun Gebrauch machte und ihm weiterzulesen verbot. Tiberius protestierte heftig, aber Octavius blieb bei seinem Verbot. Der Senat, den man zum Schiedsrichter anrief, unternahm nichts anderes, als Tiberius zu beschimpfen, der sich erfolglos zurückziehen mußte. Hätte Tiberius etwas Geduld aufgebracht und bis zur Wahl der neuen Tribunen gewartet, hätte wahrscheinlich diese Niederlage wieder ausgeglichen werden können. Dann aber wäre Tiberius nicht mehr selbst Tribun gewesen und hätte einem anderen die Aufgabe übertragen müssen, die *rogatio* durchzubringen. Seine *dignitas* hätte Schaden genommen. Er versuchte, auf anderem Weg eine Entscheidung zu erzwingen. Er stellte in den Komitien den Antrag, über die Amtsenthebung des Octavius abzustimmen. Dieser Schritt war ohne Vorbild. Aber Tiberius hatte dennoch Erfolg. Auf der Stelle wurde ein neuer Tribun gewählt, und der gleichgesinnte neue Amtskollege wandte nichts gegen das Gesetz ein, so daß es verabschiedet wurde.

Die römische »Verfassung« war damals nicht oder war eigentlich nie, auch zu jener Zeit nicht – von einigen Versuchen abgesehen[46] – schriftlich fixiert worden. Jede Neuerung stellte einen Präzedenzfall dar und mußte aus diesem Grund Beunruhigung auslösen. Das mühsam erreichte Gleichgewicht zwischen der Macht des Volkes und den Amtsbefugnissen der Senatoren (wobei die Magistraten meistens ihre für ein Jahr eingesetzten Beauftragten waren) war durch die Absetzung des Octavius und durch die Ernennung der mit der Durchführung

des Gesetzes beauftragten Triumvirn (Tiberius selbst, sein Schwiegervater Appius Claudius und der Bruder des Tiberius, der junge Gaius) kompromittiert worden. Vielleicht hätten die Väter weniger leidenschaftlich reagiert, wenn sie das Gefühl gehabt hätten, daß eigentlich nur eine Machtverschiebung zugunsten der Plebs stattgefunden habe, und nicht der Eindruck entstanden wäre, daß der eigentliche Nutznießer dieser neuen Situation gar nicht das Volk, sondern sein Führer, der aristokratische Tribun, war. Mit einem Wort: Man erhob den Vorwurf (manche meinten ihn ernst, die meisten heuchelten ihn wahrscheinlich), daß Tiberius sich zum König ausrufen lassen wolle. An Parallelen zu den Tyrannen des alten Griechenland fehlte es nicht. In Sizilien hatte es sie vor gar nicht so langer Zeit gegeben. Und noch furchterregender mußte der Vergleich mit den umstürzlerischen Demagogen sein, die Korinth oder Sparta einige Jahre vorher in die Katastrophe geführt hatten. So fielen nach und nach die Senatoren, die die Freunde des Tiberius gewesen waren, von ihm ab. Man wartete den Dezember ab. Dann würde der Tribun wieder schlichter Privatmann sein und einer Anklage stünde nichts mehr im Wege, die seine Karriere ruinieren mußte.
Angesichts dieser drohenden Gefahr entschloß sich Tiberius dazu, das Volk um ein zweites Tribunat zu ersuchen. Das war etwas Unerhörtes. Die Gesetze verboten dies nicht, ja sie sahen so etwas überhaupt nicht vor. Das bisherige System war in seinem Lebensnerv getroffen: Wenn die Macht des Volkes einfach in die Hände eines Tribuns gelangte, der in seinem Amt verbleiben würde, dann würde dieser in der Lage sein, den Senat zu der Billigung der verrücktesten Maßnahmen zu zwingen. Rom würde, wenn es erst einmal diesen Weg einschlagen sollte, seine gesamte bisherige Tradition verleugnen. Das aber konnten die Väter nicht zulassen. Das Volk selbst, das nur noch durch die städtische Plebs bei der Wahl (im Juli) vertreten war, war nicht mehr von der gleichen Begeisterung erfüllt, die einige Monate vorher die Verabschiedung des Gesetzes ermöglicht hatte. Als es zur Abstimmung kam, stellte Tiberius fest, daß er fast allein dastand. Auch die anderen Tribunen fielen von ihm ab. Der Pontifex maximus Scipio Nasica sah den Augenblick für gekommen, seinem Haß gegen Tiberius freien Lauf zu lassen. Er verließ überstürzt die Halle, in der der Senat tagte. Eine kleine Gruppe von Senatoren und Rittern stürzten sich auf Tiberius und seinen Anhang, die inmitten einer zahlenmäßig verschwindend kleinen Volksversammlung standen. Die Angreifer zerschlugen die Bänke, bewaffneten sich mit Knüppeln und verfolgten die Anhänger des Tribuns, die weder die Zeit fanden noch genügend Kaltblütigkeit bewahrten, sich zu sammeln und Widerstand zu leisten. Nasica und

seine Leute erschlugen alle, deren sie habhaft werden konnten. Tiberius, der auf der Flucht strauchelte, wurde von Nasica eingeholt und von ihm mit eigener Hand getötet.[47]

γ) Von Tiberius zu Gaius Gracchus

Die Ermordung eines Tribuns war eine sehr ernste Sache. Die »Ultras« im Senat scheinen, nachdem die Ruhe wiederhergestellt war, selbst über das Verbrechen entsetzt gewesen zu sein, obwohl sie sich mit dem Hinweis reinwaschen konnten, die Legalität gerettet zu haben. Es war keine Rede davon, die *lex Sempronia* abzuschaffen. Man versuchte nicht einmal, sich ihrer Durchführung in den Weg zu stellen. In einer stillschweigenden Übereinkunft stellte man fest, daß durch den Tod des Tiberius die Eintracht in der Stadt hinreichend wiederhergestellt sei. Den »Gemäßigten«, die die Pläne des Tiberius vor den Exzessen, zu welchen sich der Tribun hatte hinreißen lassen, unterstützt hatten, fiel die Aufgabe zu, jede Erinnerung an den Aufruhr auszulöschen. Die äußeren Umstände legten eine solche Beschwichtigungspolitik nahe. Attalos III. war gerade gestorben, und sein Testament öffnete den Römern die Pforten nach Asien mitsamt seinen Reichtümern.[48] Numantia fiel unter dem massiven Angriff des Scipio Aemilianus, die Sklavenaufstände waren niedergeschlagen worden. Die öffentliche Meinung hatte guten Grund, den Senat zu den glänzenden Erfolgen seiner Politik zu beglückwünschen und ihm wieder sein Vertrauen zu schenken. Um den gräßlichen Mord eines Tribuns zu »sühnen«, wurde nach einer Befragung der Sibyllinischen Bücher beschlossen, der Ceres besondere Ehren zu erweisen, was der Tradition entsprach, da Ceres als Beschützerin der Plebs zugleich über die Unverletzlichkeit der Tribunen wachte. Aber es war doch zugleich auch eine Verbeugung der Väter vor der gesamten Plebs. Nasica, der Mörder, wurde von Rom entfernt. Man teilte ihn der Kommission zu, die in Asien die Nachfolge des Attalos regeln sollte.

Die Durchführung des Ackergesetzes wurde unterdessen aufgenommen. P. Licinius Crassus, der Schwiegervater des Gaius, trat im Kollegium der Triumvirn an die Stelle des Tiberius. Gaius kam zu dieser Zeit aus Spanien zurück ebenso wie Scipio Aemilianus, mit dem er sich überworfen hatte; denn Aemilianus hatte öffentlich gegen Tiberius Partei ergriffen und die Ermordung gutgeheißen. Gaius hatte nur eines im Sinn, nämlich das Werk seines Bruders fortzuführen und ihn zu rächen. In den Jahren vor seinem Tribunat (das am 10. Dezember 124 begann) bereitete er sich auf seine politische Tätigkeit vor und bemühte sich darum, seinen Einfluß im Senat und im Volk zu stärken. Diesen Einfluß verdankte er zunächst einmal seiner Beredsamkeit, der noch Cicero seine Hochachtung zollte, obwohl sie beide diametral entgegengesetzte politische Anschauungen vertraten. Und er verdankte sie weiter den vielen Freundschaften, die er zu knüpfen verstand. Da er überzeugt war, daß Tiberius deshalb gescheitert war, weil er sich blindlings in ein Abenteuer eingelassen hatte, über das er die Kontrolle verlor, ließ er sich immer erst nach eingehender Vorbereitung in den Kampf ein. Als er schließlich Tribun wurde, beschränkte er sich nicht auf die Einbringung eines einzigen Gesetzesvorschlags, sondern legte ein in sich geschlossenes Reformgesetzgebungswerk vor. Wären diese Reformen ganz durchgeführt worden, dann wäre die Republik wahrscheinlich grundlegend umgewandelt und erneuert worden. Tiberius war ein Opfer seiner *rogatio* geworden. Gaius hatte sich lange zuvor Gedanken über die Voraussetzungen gemacht, deren er zum Erfolg bedurfte. Sein Mißerfolg war nicht der eines Demagogen, den sein Anhang im Stich läßt. Er wurde als Politiker auf seinem eigenen Feld von Gegnern geschlagen, die mehr Glück hatten als er.

b) Gaius Gracchus

Gaius, der sich vorbehaltlos zu dem Erbe seines Bruders bekannte, nahm tatkräftig die Durchführung des Ackergesetzes auf. Aber je mehr die Triumvirn in Aktion traten, desto größer wurde die Zahl der Unzufriedenen; denn das Gesetz des Tiberius berücksichtigte die Italiker bei der Landverteilung nicht. Darüber hinaus wurde das Land beschlagnahmt, das den verbündeten Städten bereits zugestanden worden war. Das Gesetz traf auf diese Weise die örtlichen Landbesitzer ebenso hart wie die römischen *possessores*. Allmählich wurde es immer klarer, daß das Ackergesetz sämtliche Verbündeten gegen Rom aufbrachte. Das Prinzip der Konföderation war in Frage gestellt. Es war nur selbstverständlich, daß sich die Italiker an den Mann wandten, der im römischen Staat das höchste Ansehen genoß, dessen moralisches Gewicht sie allein zu schützen vermochte und dessen Großvater früher einmal in der Zeit des Zweiten Punischen Krieges der Anwalt dieser Völker gewesen war. Sie wandten sich also an Scipio Aemilianus, der eine folgenschwere Gesetzesänderung durchsetzte. In Zukunft sollten Prozesse, die wegen der Durchführung des Gesetzes angestrengt wurden, nicht mehr vor den Triumvirn, sondern vor den Konsuln ausgetragen werden. Er ging sogar noch weiter und schlug vor, daß die Bestimmungen des Gesetzes vor dem *foedus* mit der jeweiligen italischen Stadt zurückzutreten hätten.[49] Nun sollte nur noch eine Debatte darüber stattfinden. Man war gespannt auf die große Rede, die Aemilianus am fol-

genden Tag halten sollte. Er zog sich am Abend mit seinen Täfelchen in das Haus zurück, um die Rede vorzubereiten. Am folgenden Tag fand man ihn tot. Wahrscheinlich war er einem Herzanfall erlegen, aber es kam auch vorübergehend das Gerücht auf, man habe ihn ermordet. Aber selbst seine Freunde unternahmen nichts, um diese Verleumdung in ein glaubhaftes Licht zu rücken. Und als später gewisse politische Gegner der Gracchen es wagten, die Frau des Scipio, Sempronia, und ihre Mutter, Cornelia, der Ermordung des Aemilianus anzuklagen, so war das nur eine üble und nicht zu rechtfertigende Verleumdung.[50]
Durch den Tod des Aemilianus versickerte die Durchführung des Ackergesetzes im Sand. Gaius wurde als Quästor nach Sardinien geschickt, wo er zwei Jahre blieb (127–126), so daß er vorübergehend aus der Politik ausschied. Die Zeit des Nachdenkens kam ihm sehr zustatten. Die Lage hatte sich seit der ersten *rogatio* des Tiberius verändert. Die Geschäftsleute, die sich nunmehr die Bezeichnung »römische Ritter« gaben, wurden sich ihrer Stärke mehr und mehr bewußt. Ein Plebiszit aus dem Jahr 129 unterscheidet sie ausdrücklich von den Senatoren, indem es diesen die Eigenschaft des »Ritters« abspricht (*equo publico,* wie die Bezeichnung lautete). Die Senatoren gehörten hinfort nicht mehr den Reitercenturien an.[51] Das Stimmengewicht in den Centuriatskomitien verlagerte sich zugunsten der »Ritter«. Gleichzeitig trat in der Regelung der Angelegenheiten in Asien der heimliche Gegensatz der Ritter und Senatoren immer offener zutage.

a) Die Vorgänge in Asien

Nach dem Tod Attalos' III. weigerte sich ein Sohn des Eumenes, des vorherigen Königs, und einer Konkubine aus Ephesos, das Testament hinzunehmen, das das Königreich dem römischen Volk vermachte, und er beanspruchte die Thronfolge. Dieser Prätendent namens Aristonikos[52] stützte sich auf die breite Volksmasse und besonders auf die Sklaven. Eine beträchtliche Zahl von Söldnern und ein Teil der Flotte stellten sich auf seine Seite. So war er für Rom ein durchaus ernstzunehmender Feind, und zwar um so mehr, als die Bewegung des Aristonikos die Formen einer Volksbewegung annahm und eine Antwort auf die Sklavenrevolte von Henna und verschiedene andere Aufstände zu sein schien, die in dieser Zeit überall aufflammten.[53] Aristonikos nannte seine Anhänger Heliopolitai, »Bürger der Sonne«, ein Name, der zu unendlichen Spekulationen Anlaß gab, ohne daß über seine Bedeutung Genaueres gesagt werden könnte.[54] Schwebte Aristonikos eine Art Weltstaat vor, dessen Bürger alle »unter der Sonne« gleich sein sollten, oder war er das Haupt einer wesentlich asiatischen Bewegung, in welcher die syrische Göttin aus Baalbek verehrt wurde, auf die sich auch Eunous, der Führer des sizilischen Aufstandes, berief? Vielleicht hat das alles eine Rolle gespielt. Die Tatsache, daß Blossius von Cumae nach dem Tod des Tiberius Gracchus bei Aristonikos Zuflucht suchte, beweist noch lange nicht, daß dieser ein Anhänger jenes »sozialen« Stoizismus gewesen ist, dessen wirkliches Vorhandensein nicht so recht vorstellbar ist. Wo sollte ein Feind Roms hinflüchten? Es gab für ihn kaum noch Zufluchtsorte in der Welt! Wie dem auch sei, die Pergamon benachbarten Könige leisteten den Römern gegen Aristonikos Hilfe. Dennoch wurde Licinius Crassus, der Verbündete der Gracchen, der mit einer konsularischen Armee nach Asien geschickt worden war, besiegt und getötet. M. Perperna, der Konsul des Jahres 130, trat seine Nachfolge an, und es gelang ihm, einen entscheidenden Sieg zu erringen. Nun stellte sich das Problem der Organisation der neuen Provinz. M. Aquilius, der auf Perperna (dieser war noch vor seiner Rückkehr nach Rom gestorben) folgende Konsul, beschloß, nichts an dem Steuersystem der Attaliden zu ändern. Diese Entscheidung war eine bittere Enttäuschung für die Ritter, die vergebens gehofft hatten, daß die Reichtümer des Königreiches der Ausbeutung durch die Steuerpächter freigegeben würden. Außerdem verkleinerte Aquilius auch noch die neue Provinz, indem er beträchtliche Teile des von Attalos den Römern vermachten Gebietes an die verbündeten Könige abtrat. Man behauptete, der Konsul sei von den Nutznießern dieser großzügigen Geschenke bestochen worden, und wenn dann auch die Klage *de pecuniis repetundis* vor dem Gerichtshof zum Freispruch führte, waren in den Augen der Öffentlichkeit keineswegs die Zweifel an seiner Unschuld beseitigt.

β) Die Politik des Gaius Gracchus

So standen die Dinge, als C. Gracchus aus Sardinien zurückkehrte, wo er, wenn es nach den Vätern gegangen wäre, noch lange einfacher Quästor geblieben wäre. Aber er kehrte dennoch zurück, und niemand wagte, ihm wegen seiner etwas verfrühten Rückkehr Vorwürfe zu machen. Er ging sofort, zusammen mit seinem Freund M. Fulvius Flaccus, *triumvir agris iudicandis* seit 130 und Konsul für das Jahr 125, die Hauptschwierigkeit an, welche der Durchführung des Ackergesetzes im Weg gestanden hatte. Flaccus brachte einen Gesetzesantrag ein, der für die Italiker die Erlangung des römischen Bürgerrechts nach eigener Wahl vorsah. Der Senat erklärte sich einmütig gegen diese *rogatio*, die gar nicht erst dem Volk vorgelegt wurde. Es wird indessen vermutet, daß die Zensoren des Jahres 125 aus eigener Machtvollkommenheit die Zahl der Bürger beträchtlich erhöhten und somit inoffiziell den Verbündeten Genugtuung verschafften, die ihnen offiziell nicht gewährt worden war.[55] Eine zweite Vorsichtsmaßnahme war die Einbringung (und die Verabschiedung) eines Gesetzes, das die Wahl eines Tribuns für ein zweites Amtsjahr gestattete. Flaccus brach nach der Beendigung seines Konsulats in die Gallia Transalpina an der Spitze eines Heeres auf und begann einen Feldzug gegen die einheimische Bevölkerung. Im Juli des Jahres 124 wurde Gaius unter riesiger Beteiligung des Volkes, das seine Hoffnungen ganz auf ihn setzte, zum Tribun gewählt.

Gaius trat dann gleich zu Beginn seines Tribunats mit einem umfangreichen Gesetzgebungsprogramm auf. In seiner ersten Rede zählte er die einzelnen Gesetze auf: ein Ackergesetz, ein Gesetz über das Heerwesen, das Erleichterungen für den Militärdienst bringen sollte, ein drittes über die Gewährung des Bürgerrechts an die Verbündeten, ein viertes über die *annona*, das den Armen zu niedrigen Preisen Getreide versprach, schließlich ein Gesetz über die Umbildung der *quaestiones perpetuae*, das nunmehr die Zugehörigkeit von 300 Rittern zu den Gerichtshöfen neben 300 Senatoren vorsah.[56] Der Nutznießer dieser Gesetze war vor allem das Bürgertum und nicht der kleine Mann. Die assignierten Bauernstellen sollten nach den neuen Bestimmungen 200 Morgen umfassen und nicht mehr nur 30 wie in der ersten *lex Sempronia*. Gleichzeitig wurden ausdrücklich die fruchtbarsten Strecken des *ager publicus*, das Gebiet um Capua, Tarent und einige Teile von Latium von der Erfassung ausgenommen. Diese Gebiete befanden sich nämlich vorwiegend in der Hand der Väter. Man begnügte sich damit, eine römische Bürgerkolonie in Tarent und eine andere in Capua zu gründen, wobei möglichst wenig die bestehenden Interessen angetastet wurden.

Dieses Programm wurde Schritt für Schritt durchgeführt, mit einigen Ergänzungen wie der *lex Sempronia* über die Provinzen, die festlegte, daß in Zukunft der Senat erst nach Festlegung der Provinzen zur Wahl des Konsuls schreiten dürfe. Dadurch wurde gleichzeitig verhindert, daß die Senatoren die Provinzen im Hinblick auf diejenigen auswählten, die sie verwalten sollten, und die Volksversammlung erhielt die Möglichkeit, den Männern ihre Stimme zu geben, die sie auf einen solchen Posten zu entsenden gedachte. Dieses Gesetz bot auch noch einen anderen Vorteil, aus dem die Ritter Nutzen zogen: Die Senatoren verloren eine der schlagkräftigsten Waffen gegen sie, da sie nun nicht mehr in der Lage sein würden, an jeder beliebigen Stelle und je nach den augenblicklichen Erfordernissen ihrer Politik einen Statthalter einzusetzen, der den Interessen der Steuerpächter entgegenzuwirken vermochte. Gaius ließ, um ganz deutlich zu machen, welches Gewicht er den Rittern beimaß, das Rechtsstatut für die Provinz Asien abändern, das Aquilius ihr gegeben hatte. Er schaffte das Steuersystem der Attaliden ab und führte ein System ein, wie es ganz ähnlich schon ein Jahrhundert lang in Sizilien Anwendung fand.[57] Die Einwohner sollten den Zehnten entrichten, dessen Eintreibung verpachtet werden sollte. Die Vergabe von Steuerpachten sollte in Rom unter Aufsicht der Zensoren stattfinden. Die Steuerpachten wurden lediglich an römische Ritter vergeben, die damit zu einer regelrechten Klasse zusammengefaßt und als solche anerkannt wurden. Gaius sorgte dafür, daß ihnen durch ein Gesetz besondere Sitzreihen im Theater reserviert wurden, und zwar gleich neben den Senatoren.

Ende des Jahres 123 schien es so, als habe Gracchus das Spiel gewonnen. Er wurde zum Tribun wiedergewählt. Ihm zur Seite stand sein Freund Flaccus, der aus Gallien als Triumphator zurückgekehrt war. Das Kolonisierungswerk machte erfreuliche Fortschritte. Ein von einem anderen Tribun, Rubrius, eingebrachtes Gesetz wies sogar die Triumvirn an, in Afrika neben der Stelle, an der der Fluch über Karthago ausgesprochen worden war, eine Kolonie zu gründen. Gaius und Flaccus waren hocherfreut über die sich ihnen bietende Gelegenheit, den vielen Tausenden römischer Bürger und auch Italiker Ackerland zuzuweisen. Aber das war der Anfang vom Ende. Ihre Gegner nutzten ihre Abwesenheit (erst Flaccus, dann Gaius mußten sich zur Organisierung der Kolonie von Karthago nach Afrika begeben), um einen ihrer Kollegen, Livius Drusus, gegen sie aufzuhetzen. Sie brachten ihn dazu, das politische Klima anzuheizen und dadurch die Zuneigung und den Rückhalt, den die allzu populären Tribunen bei ihren Anhängern fanden, zunichte zu machen. Daher erlitt Gaius eine Schlappe, als er im Mai 122 (oder etwa um diese Zeit) Maßnahmen mit dem Ziel vorschlug, die Italiker in den römischen Staatsverband aufzunehmen. Die städtische Plebs lehnte es in ihrer Selbstsucht ab, die Verbündeten in ihrer Mitte aufzunehmen und die Früchte der gemeinsam errungenen Siege zu teilen. Und so wurden in den folgenden Wahlen weder Flaccus noch Gaius wieder zu Tribunen gewählt.

Die Oligarchen stießen sofort nach, indem sie eine regelrechte Verleumdungskampagne gegen das Ackergesetz einleiteten, und zwar mit der Unterstützung des Papirius Carbo, des dritten Triumvirn, der nach Karthago aufgebrochen war und von dort Schreckensnachrichten nach Rom schickte. Wölfe seien dabei, die Grenzsteine der Parzellen herauszureißen. Als man der Ansicht war, daß die Erregung des Pöbels den Siedepunkt erreicht hatte, stellte ein Tribun, Minucius Rufus, den Antrag, das gesamte Gesetzgebungswerk des Gaius rückgängig zu machen. Die *rogatio* wurde dem Volk vorgelegt. Gaius versuchte, sich zu rechtfertigen, und hielt eine leidenschaftliche

Verteidigungsrede, von deren gewaltiger Wirkung wir durch Cicero wissen.[58] Die Abstimmung wurde auf den folgenden Tag verschoben. Am Morgen kam Gaius in Begleitung seiner Freunde auf das Kapitol. Da schien plötzlich ein Unbekannter sich auf Gaius stürzen zu wollen. Er wurde auf der Stelle von den Anwesenden erschlagen. Nun hatte der Konsul L. Opimius, der sich geschworen hatte, Gaius Gracchus umzubringen, den Vorwand, den er brauchte. Der Leichnam des Unbekannten wurde in den Senat geschafft. Und die Väter billigten einen Antrag, in dem der Konsul ersucht wurde, »die für die Rettung des Staates notwendigen Maßnahmen zu treffen«. Das kam einer Kriegserklärung zwischen den Oligarchen und der Partei des Gaius gleich.

Den ganzen Tag lang traf man Vorbereitungen, so daß die Stadt bald einer belagerten Festung glich. Gracchus glaubte, mit der Unterstützung der Ritter rechnen zu können. Aber sie verließen ihn und folgten dem Konsul, der sie aufgehetzt hatte. Gaius und Flaccus suchten auf dem Aventin Zuflucht, wo sie sich im Tempel der Diana verschanzten. Aber die Kolonnen des Opimius nahmen den Tempel im Sturm. Nur Gaius gelang die Flucht. Er kam an das rechte Tiberufer zum heiligen Hain der Nymphe Furrina in Begleitung eines einzigen Sklaven. Dort starb er durch die Hand seines Sklaven, der ihn auf seine Bitte hin tötete und dann Selbstmord über seinem Leichnam beging. Opimius fuhr in seinem Rachefeldzug fort. Über dreitausend Bürger wurden umgebracht, sogar die Leichname wurden geschändet. Das Haus des Tribuns wurde dem Erdboden gleichgemacht, und sein gesamtes Vermögen, bis auf die Mitgift seiner Frau, wurde konfisziert.

Der Sieg der radikalen Gruppe im Senat stellte ein einschneidendes Ereignis in der Geschichte des Niedergangs der Republik dar. Zum ersten Mal trugen eindeutig Klasseninteressen über Staatsinteressen den Sieg davon. Der Senat hatte seine natürliche Funktion als ausgleichender Faktor im staatlichen Leben der Republik verloren, deren politisches Gleichgewicht eine Folge des Zweiten Punischen Krieges gewesen war. Nun war er zu einem Instrument in der Hand einiger weniger herabgewürdigt worden, dessen sich einige Männer und einige Familien bedienten, um möglichst viele Vorteile aus ihrer Machtstellung zu ziehen. Dabei machten sie gerade nur so viele Konzessionen, wie unbedingt nötig waren, um die Plebs in Schach zu halten und gleichzeitig zu verhindern, daß sie sich unter neuen Führern zu der Kraft zusammenrottete, die, nahezu unbezwinglich, sich in den Dienst der Gracchen gestellt hatte. Die Oligarchen sorgten in den folgenden Jahren immer wieder für falsche »Volksführer«, denen ganz bestimmte Konzessionen gemacht wurden und die sich nur bis zu einem bestimmten Punkt vorwagen durften. Aber sie waren sich ebenso darüber im klaren, daß sie nicht mehr allein regieren konnten. Die Ritter konnte man nicht mehr übergehen. Während daher durch verschiedene Maßnahmen die Reformen und Gesetze des Gaius Gracchus auf ein Minimum reduziert wurden, blieben die Gesetze zugunsten der Ritter unangetastet. Es wurde immer deutlicher, daß Rom in zwei Lager aufgespalten war: in die Besitzenden und Besitzlosen. Es war verhängnisvoll, daß sich dadurch eine ständige Auseinandersetzung, eine latent schwelende Zwietracht ergab, die den zynischen Optimismus des Opimius, der unmittelbar nach der blutigen Unterdrückung, in welcher sich seine Grausamkeit ausgetobt hatte, auf dem Forum am Fuß des Kapitols einen Tempel der Concordia errichten ließ, Lügen strafte.

III. VON DEN GRACCHEN ZU SULLA

Der Krieg war schon immer ein Rechtfertigungsmittel und ein Alibi für die Nobilität gewesen. In der Bedrängnis des Zweiten Punischen Krieges hatte sich ihre Vorrangstellung gefestigt. Nun versuchte sie, in einem eindeutig imperialistischen Krieg die Aufmerksamkeit der Plebs abzulenken und gleichzeitig neue Hoffnungen zu wecken. Flaccus hatte mit der Eroberung eines Gebietsstreifens am Waldrand der Gallia Cisalpina begonnen. Sein Nachfolger, C. Sextius Calvinus, führte seinen siegreich begonnenen Feldzug zu Ende, verjagte die Salluvier – ein unruhiges Nachbarvolk von Marseille – aus ihrem *Oppidum* Entremont und gründete in der Ebene die »Stadt der Sextinischen Wasser« (*Aquae Sextiae*, das heutige Aix-en-Provence). Diese Gründung war lediglich die erste Etappe auf dem römischen Vormarsch. Schon 122 führte der Konsul Cn. Domitius Ahenobarbus ihn mit einer verstärkten Streitmacht fort. Im darauffolgenden Jahr vereinigte sich, entgegen dem Willen der Partei der Gracchen, eine zweite konsularische Armee unter Führung des Fabius Maximus mit der Streitmacht des Domitius. Zusammen trugen sie am 8. August 121 einen gewaltigen Sieg über die Arverner und Allobroger davon, die sich gegen den Eindringling verbunden hatten. Während Fabius nach Rom zurückkehrte, setzte Domitius den Feldzug entlang den Cevennen fort, indem er die keltische Bevölkerung, die sich in das Gebirge zurückzog, in Schach hielt. Auf diese Weise steckte er die Grenze einer neuen Provinz ab.

Diese neue Provinz erhielt schon im Jahr 118 eine Hauptstadt im Rahmen der noch gültig gebliebenen Bestimmungen des Agrargesetzes. Die Kolonie *Narbo Martius* wurde an der Stelle des heutigen Narbonne angelegt. Man siedelte dort besonders

die Veteranen des Domitius an, aber es ist ohne weiteres klar, daß die gesamte Plebs diese Ausweitung des römischen Territoriums als eine Entschädigung für den Verlust der Parzellen des *ager publicus* ansehen konnte, die in Italien von Gaius Gracchus vergeben worden waren und die die Großgrundbesitzer mit legalen und illegalen Mitteln wieder einzuziehen versuchten. Wenn auch der erste Gedanke einer römischen Intervention in Gallien wahrscheinlich von den Griechen in Marseille stammte, die unter den fortgesetzten Angriffen der Salluvier zu leiden hatten, so stellte die Gründung der Kolonie von Narbonne für die alte phokaiische Stadt eine noch viel ernstere Bedrohung dar. Rom kontrollierte von nun an den Landweg zwischen Italien und Spanien. Seine Siedler würden die fruchtbaren Ebenen des Hinterlandes unter den Pflug nehmen und seine Kaufleute den Handel mit der einheimischen Bevölkerung übernehmen. An die Stelle eines Gallien, das in einem (wenn auch langsamen) Prozeß der Hellenisierung begriffen war, trat ein Gallien, in dem nunmehr die Romanisierung einsetzte.
Das erste Unternehmen der imperialistischen Senatspolitik endete, gestützt auf den Wirtschaftsimperialismus der Ritter, mit einem vollen Erfolg für die Nobilität. Bald jedoch sollte eben dieser Krieg die Krise herbeiführen, in welcher das Ansehen der Großen dahinschmolz.

a) Der Jugurthinische Krieg

Am Beginn seiner Darstellung des Krieges der Römer gegen den Numider Jugurtha nennt Sallust die Gründe, derentwegen er dieses Thema gewählt habe: »Zunächst, weil dieser Krieg lange und verbissen mit wechselndem Glück und vielen Rückschlägen geführt wurde und man sich hier zum ersten Mal dem Stolz der Nobilität zu widersetzen wagte.«[59] Tatsächlich wurde zum ersten Mal das Recht der Senatoren, einen Krieg zu führen, vom Volk in Frage gestellt. Es hatte den Anschein – ob zu Recht oder nicht, mag dahingestellt bleiben –, als habe ein »Emporkömmling«, der bäurische C. Marius, der sich als Soldat emporgearbeitet hatte und aus einem unbedeutenden Ort Latiums stammte, mehr gegen einen Feind ausgerichtet als die *imperatores*, die vor ihm keinen Erfolg gehabt hatten.
Der Krieg wurde durch den Tod des Königs Micipsa ausgelöst, des jüngsten Sohnes des Masinissa. Er gehörte zu den Söhnen, denen Scipio Aemilianus die Nachfolge in Numidien übertragen hatte.[60] Micipsa war ein treuer Verbündeter Roms gewesen, der je nach Lage der Dinge Getreide, Elefanten und Truppenkontingente geliefert hatte. Im Sinne seiner friedfertigen Veranlagung hatte er den Versuch unternommen, in sei-

nem Königreich und besonders in seiner Hauptstadt Cirta (Constantine) eine griechische Kolonie anzusiedeln, um seine barbarischen Untertanen mit der griechischen Zivilisation bekanntzumachen.[61] Bei seinem Tod setzten die Schwierigkeiten ein, als es um die Regelung der Nachfolge ging. Der König hinterließ zwei eheliche Kinder, die noch sehr jung waren: Adherbal und Hiempsal. Daneben mußten die Neffen des Königs berücksichtigt werden: Massiva, der Sohn des Gulussa, Gauda und Jugurtha, die Söhne des Mastanabal. Alle hatten einen gewissen Anspruch auf die Königskrone, da das Königreich seinerzeit von Scipio als unteilbar erklärt worden war. Der hervorragendste der möglichen Prätendenten war Jugurtha. Aber er war der Sohn einer Konkubine, was seine Stellung ungewiß erscheinen ließ. Von Micipsa war er mit einem numidischen Kontingent nach Numantia geschickt worden, wo er sich die Wertschätzung des Scipio Aemilianus erwarb, der Micipsa riet, die großen Vorzüge des jungen Mannes nicht ungenutzt zu lassen. Er ließ Jugurtha gegenüber durchblicken, daß er eines Tages mit der Unterstützung Roms König werden könne. Getreu den Versprechungen des Aemilianus teilte der Konsul M. Porcius Cato, der bei dem Tod des Micipsa zur Regelung der Nachfolge, die Micipsa gleichzeitig auf Adherbal, Hiempsal und Jugurtha (letzterer war für ehelich erklärt worden) übertragen hatte, herbeigeeilt war, Numidien in drei voneinander unabhängige Königreiche auf und wies diese den drei Thronfolgern zu.[62]

Durch den Ehrgeiz des Jugurtha und seine verschlagene Grausamkeit wurde diese Kombination bald zunichte gemacht. Zunächst ließ er Hiempsal umbringen. Adherbal, der um sein Leben bangte, suchte in der römischen Provinz Zuflucht, nachdem sein Versuch, mit Waffengewalt in das Königreich des Jugurtha einzufallen, gescheitert war. Von der Provinz aus begab er sich nach Rom, um dort vom Senat sein Recht zu fordern. Die Abgesandten Jugurthas traten gleichzeitig mit vor die Versammlung der Väter. Der Senat war geteilter Meinung. Das Ansehen des Jugurtha war groß infolge seiner früheren Bekanntschaft mit Scipio Aemilianus, durch die er von vornherein in einem günstigen Licht stand. Einige Senatoren aus der Umgebung des designierten Konsuls Aemilius Scaurus verdächtigten ihn dennoch seines Verbrechens und, da sie gleichzeitig eine Vergrößerung des römischen Territoriums in Afrika im Auge hatten, schlugen sie vor, gegen ihn zu intervenieren. Aber die Oligarchen unter Führung des L. Opimius setzten sich mit ihrem Lösungsvorschlag durch. Eine Senatskommission wurde beauftragt, sich an Ort und Stelle zu begeben, um eine neue Teilung zwischen den beiden Prinzen vorzunehmen. Sie erledigte ihren Auftrag unter Führung von L. Opimius während des Jahres 116. Adherbal erhielt die östliche Hälfte Numidiens zwischen der Provinz und der Gegend von Cirta. Jugurtha erhielt alle übrigen Gebiete bis zum Muluja (heutige algerisch-marokkanische Grenze).

Aber der König, dem dieses Ergebnis nicht ausreichte, griff zu Anfang des Jahres 113 das Königreich des Adherbal an und belagerte Cirta. Adherbal schickte sofort ein Hilfegesuch an den Senat, das jedoch in einem ungünstigen Augenblick eintraf; denn eine römische Armee war gerade in den steirischen Alpen von den einfallenden Teutonen aufgerieben worden. Es war ein Glück für Rom, daß sich die Barbaren nach ihren Siegen nach Gallien wandten[63], aber das Entsetzen war so groß gewesen, daß selbst Aemilius Scaurus es für unklug hielt, größere Truppenverbände in Afrika zu binden. Man begnügte sich damit, eine Kommission an Ort und Stelle zu entsenden (Frühjahr 112), die die Aufhebung der Belagerung von Cirta forderte. Jugurtha ließ sich jedoch nicht beirren. Als Adherbal ein Kapitulationsangebot machte, versprach ihm der König, sein Leben zu schonen. Nachdem er aber in die Stadt eingezogen war, brachte er ihn um, metzelte die Bevölkerung nieder und verschonte auch nicht die italischen Kaufleute, die sich dort in großer Zahl niedergelassen hatten.

Gegen ihren Willen erklärten die Väter unter dem Druck der Volksmeinung dem verräterischen König den Krieg. Der Kampf begann unter der Führung des Konsuls Calpurnius Bestia zu Beginn des Jahres 111. Der Feldzug, der sich gegen den Osten des numidischen Königreiches (im Süden Tunesiens) richtete, war von Erfolg gekrönt. Jugurtha bat um Frieden, und der Konsul gewährte ihm, im Gegensatz zum Willen des Volkes, sehr milde Bedingungen. Der Tribun C. Memmius, der zu den ersten gehört hatte, die eine Strafexpedition gegen den König gefordert hatten, erhob scharfen Protest und erreichte, daß Jugurtha sich in Rom rechtfertigen mußte, falls er den Wunsch haben sollte, daß der Vertrag mit Bestia ratifiziert werde. Jugurtha kam nach Rom und wurde nicht etwa vor dem Senat, sondern vor der Versammlung der Plebs unter Führung des Memmius angehört. Dieser griff ihn heftig an und befahl ihm, die volle Wahrheit über die Abmachungen mit Bestia zu sagen. Aber ein anderer Tribun erlegte dem König auf Befehl der Väter Schweigen auf, bevor er überhaupt ein Wort geäußert hatte. Jugurtha war klargeworden, daß es angesichts der Uneinigkeit Roms möglich, ja einfach war, ganz nach eigenem Gutdünken zu verfahren. In völliger Überschätzung dieser Tatsache scheute er nicht davor zurück, in Rom den jungen Massiva[64], den man für alle Fälle als Geisel festhielt, ermorden zu lassen. Massiva wurde zwar erwürgt, aber einer der Attentäter wurde festgenommen, denn der Anschlag war schlecht vor-

bereitet worden. Die Beteiligung des Jugurtha stand nunmehr außer Zweifel. Dem Senat blieb nichts anderes übrig, als den numidischen König aus Italien auszuweisen.
Der Konsul Spurius Albinus wurde mit der Fortführung des Krieges betraut. Wegen der von Jugurtha vorgetäuschten Verhandlungsbereitschaft zog sich der Krieg in die Länge, so daß der Feldzug erst Ende des Jahres richtig begann. Spurius Albinus, der sich nach Rom begeben mußte, um in den Komitien den Vorsitz zu führen, verließ zu diesem Zeitpunkt seine Provinz. Sein Bruder, Aulus Postumius Albinus, den er zu seinem *legatus* gemacht hatte, übernahm an seiner Stelle das Kommando. Aulus, ein unfähiger General, ließ sich von Jugurtha weit von seiner Ausgangsbasis weglocken und mußte sich in einer offenen Feldschlacht ergeben. Jetzt verlangte das Volk angesichts einer solch demütigenden Niederlage die Bestrafung der Schuldigen, eben jener Adligen, die zu der Partei der Oligarchen gehörten. Eine Untersuchungskommission erhob Klage gegen Calpurnius Bestia, Spurius Postumius Albinus und L. Opimius und verurteilte sie. Für die Fortführung des Krieges wurde ein »gemäßigter« Aristokrat, Q. Caecilius Metellus, gewählt, der, wie Sallust schreibt, »sich eines ungeschmälerten und makellosen Rufes erfreute«[65].
Metellus packte mit ganzem Einsatz seine Aufgabe an, fest entschlossen, sie auch zu einem guten Ende zu führen. Der Feldzug sollte sich über fünf Jahre hinziehen, und der Oberbefehl wurde zwischendurch Metellus entzogen. Dieser erzielte gegen Jugurtha in offener Feldschlacht einen solchen Erfolg, daß Jugurtha seine Taktik änderte und zum Guerillakrieg überging. Die numidische Stadt Vaga, die für bezwungen galt, vernichtete am Fest der Ceres die römische Garnison, die in ihr lag. Diese Katastrophe wurde zwar blutig gerächt, rief aber den Unwillen des Volkes hervor, um so mehr, als zu gleicher Zeit der andere Konsul, M. Junius Silanus, in Gallien eine vernichtende Niederlage durch die Kimbern erlitt, die er ohne eine Herausforderung ihrerseits angegriffen hatte.[66] Plebs und Ritter erhoben gemeinsam gegen den Senat heftige Vorwürfe wegen dieser Niederlagen. Durch die *rogatio* des Tribuns C. Servilius Glaucia wurde eine Reform der *quaestiones* durchgeführt. In Zukunft sollten sich die Gerichtshöfe für die Prozesse gegen korrupte oder unfähige Statthalter nur noch aus Rittern zusammensetzen.[67]
Die Stellung des Metellus wurde andererseits immer mehr durch die Kampagne unterhöhlt, die sein *legatus* C. Marius gegen ihn führte, dem er das Recht streitig gemacht hatte, bei den Konsulatswahlen des Jahres 108 (für das Jahr 107) zu kandidieren. Marius wurde trotzdem gewählt, und durch ein Plebiszit wurde Metellus das Kommando entzogen. Die Führung der Truppen

in diesem Krieg wurde Marius für unbegrenzte Zeit übertragen. Die Sympathie des Volkes für Marius war so groß, daß sich in Scharen Freiwillige meldeten. Anders als die *imperatores* vor ihm, die als Rekruten vor allem Soldaten aus den oberen Klassen (den reichsten) angeworben hatten, nahm Marius in erster Linie Bürger ohne Vermögen in das Heer auf, die sich dort zu bereichern hofften. Marius führte also ein Volksheer nach Afrika. Alle Soldaten, die nicht über genügende Mittel verfügten, selbst für ihre Ausrüstung aufzukommen, erhielten die gleiche Bewaffnung, nämlich einen langen zylindrischen Schild und das *pilum.* Sie wurden nach einer neuen Kampftaktik ausgebildet, die der Legion durch die Aufgliederung in Kohorten größere Wendigkeit und gleichzeitig größere Geschlossenheit verlieh.[68] So schuf sich Marius schließlich das Instrument, mit dem er siegen konnte, indem er Männer in den Kampf schickte, die sich von einem Sieg alles versprachen und nur noch auf den Tag warteten, an dem sie in das Zivilleben würden zurückkehren können, um auf ihrem kleinen Landsitz, den sie sich von ihrem Feldherrn erhofften, oder aber in der nächstgelegenen Stadt ein sorgenfreies Leben zu führen. Die Legionäre waren nun nicht mehr Verteidiger Roms und ihres Besitzes, sondern Knechte eines Feldherrn, auf dessen Freigebigkeit sie alles setzten.
Marius nahm mit großer Tatkraft in Afrika die Offensive wieder auf. Wie Metellus hatte er zu Anfang des Krieges glänzende Erfolge zu verzeichnen, dann aber blieb der Feldzug stecken. Das unermeßliche Königreich des Jugurtha mußte nach allen Richtungen hin durchquert werden. Eine Festung nach der anderen mußte genommen werden, bis man den König zur Flucht nach Mauretanien zu König Bocchus zwang. Dem Quästor des Marius, Cornelius Sulla, sollte es dann schließlich gelingen, die Auslieferung von Jugurtha mit Erfolg durchzusetzen. Marius zog im Triumph am 1. Januar 104 in Rom ein. Den Hauptfeind, den er an seinen Kampfwagen gekettet hatte, zog er hinter sich her, bevor er ihn im Tullianum hinrichten ließ.

b) Vorherrschaft und Mißerfolg des Gaius Marius

Marius war, als er noch nicht einmal im Triumph eingezogen war, in seiner Abwesenheit vom Volk zum Konsul wiedergewählt worden, das ihm im voraus die Provinz Gallien übertrug.[69] Sallust schreibt, alle Hoffnungen hätten sich auf ihn gerichtet, der die ganze Hoffnung Roms war. Denn die Bedrohung durch die Barbaren wurde in Gallien immer akuter. Zwei römische Armeen waren am 6. Oktober des voraufgegangenen Jahres bei Arausio (Orange) vernichtet worden. Der Senat, der einige Jahre vorher Ti. Gracchus gefürchtet hatte, mußte es sich nun gefallen lassen, sich unter die Macht eines Mannes beugen zu müssen, den das Volk ihm aufgezwungen hatte und der sich nicht mehr damit begnügte, als Tribun aufzutreten, sondern dem nun sogar eine siegreiche Armee gehorchte, die nicht mehr eine Armee der Republik, sondern seine Armee war.

Marius begab sich in die Gallia Narbonensis, um dort den Kimbern und Teutonen entgegenzutreten, mit deren Rückkehr gerechnet werden mußte. Als sich die Teutonen im Herbst 102 in der südlichen Provence zum Kampf stellten, vernichtete er sie vor Aquae Sextiae. Dann fing er mit seinem Kollegen Q. Lutatius Catulus den Stoß der Kimbern auf und besiegte sie bei Vercellae am 30. Juli 101. Nach diesem Sieg wurden 150 000 Sklaven nach Rom und nach ganz Italien verkauft. In den folgenden Jahren wurde Marius nacheinander zum Konsul gewählt, was gegen die Gesetze verstieß und bisher nicht dagewesen war.

Andere Feldherrn errangen zwar während dieser Jahre ebenfalls Siege über andere Feinde, und zwar über die Sklaven Siziliens, die sich aufs neue erhoben hatten, über die Seeräuber Kilikiens, die nach dem Untergang der großen hellenistischen Seemächte immer furchtloser vorgingen, und schließlich über die Skordisken, die, immer zum Angriff bereit, an den Grenzen Makedoniens lauerten – aber alle diese Siege ließen sich in nichts mit denen vergleichen, deren Marius sich rühmen konnte. Dieser wurde nach seiner Rückkehr trotz seines gewaltigen Prestiges zu einem bloßen Werkzeug in den Händen zweier Volksführer, C. Servilius Glaucia und L. Appuleius Saturninus. Sie schmeichelten seiner Eitelkeit, verschafften ihm Land für seine Veteranen durch ein Ackergesetz und sicherten ihm sechs Jahre lang das Konsulat. Dafür unterstützte Marius sie in ihrem Kampf gegen die Oligarchen. Zwei Jahre lang führten Saturninus und Glaucia ein Schreckensregiment in Rom, bis sie, unbesonnen genug, annahmen, es ginge nun ohne Marius. Dieser bemächtigte sich ihrer auf Befehl des Senats, der die beiden Demagogen wegen einer Gewalttat, deren sie sich bei einer Wahl schuldig gemacht hatten, für vogelfrei erklären ließ. Marius gestattete ihren Gegnern, sie umzubringen.[70] So wurde ein Soldat zum Schiedsrichter in einem endlosen Streit zwischen den Popularen und der Nobilität. In der Erkenntnis, daß er sich durch diese plötzliche Kehrtwendung überall Feinde geschaffen hatte, begab sich Marius nach Asien, wohin ihn, wie er vorgab, ein früher einmal der »Großen Mutter« (Magna Mater, Kybele) abgelegtes Gelübde rufe.

c) Der Bundesgenossenkrieg

Das jähe Ende der beiden Demagogen Saturninus und Glaucia und die Abreise des Marius hatten dem Senat, zumindest dem Schein nach, die Macht wieder zurückgegeben. Aber der Mechanismus der in harmonischer Ausgewogenheit funktionierenden Verfassung, die einst Polybios so bewundert hatte, war in seiner Substanz angegriffen worden. Das wurde ganz deutlich, als zwei Senatoren, die den alten Idealen treu geblieben waren, der Jurist Q. Mucius Scaevola und sein Freund P. Rutilius Rufus, sich anheischig machten, der Korruption der Steuerpächter in Asien ein Ende zu setzen. Scaevola war Statthalter der Provinz, Rutilius Rufus sein *legatus*. Sie leisteten zusammen gute Arbeit. Aber als sie zurückkehrten, wandten sich die Ritter, weil sie nichts gegen Scaevola zu unternehmen wagten, gegen Rufus. Der aus Rittern bestehende Gerichtshof verurteilte ihn, obwohl er unschuldig war. Rufus ging ins Exil und suchte Zuflucht in der Provinz, deren Ausplünderung man ihm zur Last gelegt hatte. Dort wurde er begeistert empfangen. Die Probleme, die die Gracchen zu lösen versucht hatten, blieben ungelöst. Die fortgesetzt wechselnden Heilmittel, die dem Kranken verabreicht wurden, hatten ihn eher vergiftet als zu seiner Heilung beigetragen.

Die Erfahrung der dreißig vergangenen Jahre hatte gezeigt, daß jede Politik, wollte sie erfolgreich sein, wenn nicht gerade gegen, so doch unter Umgehung der Gesetze geführt werden mußte und die Plebs eine gewaltige Macht darstellte, wenn man sie entkettete und vor allem lenkte. M. Livius Drusus, der wie die Gracchen (deren Sturz sein Vater verursacht hatte[71]) zu den vornehmsten Familien Roms gehörte und wie sie alle Geistesgaben und eine hohe Bildung besaß, versuchte, diese Macht des Volkes zu nutzen, um dem Senat seinen Platz und seine Rolle im Staat wiederzugeben. Von unbändiger Energie vorangetrieben (seine Feinde meinten, aus blindem Ehrgeiz), glaubte er, allein aller Schwierigkeiten Herr werden zu können. Seine politischen Kombinationen, sein Draufgängertum, dem bald rohe Gewaltanwendung folgte, führten schließlich dazu, daß alle Krankheiten, unter denen der Staat litt, sich nur noch verschlimmerten, immer mehr ihrem Höhepunkt zutrieben und Drusus nicht nur seinen eigenen Untergang heraufbeschwor, sondern eine Krise auslöste, in der Rom fast untergegangen wäre.

Drusus wandte sich zuerst gegen die Ritter. Sein Hauptziel bestand darin, ihnen das Monopol der *quaestiones* zu entreißen. Dafür mußte er sich die Dankbarkeit der Plebs zuziehen. Im Jahr 92 zum Tribun gewählt, ließ er ein Getreidegesetz verabschieden, das weit demagogischer war als die vorangegangenen. Dann schritt er, sehr geschickt, zu einer Geldentwertung (indem er bei dem Sesterz, der bis dahin aus feinem Silber bestanden hatte, ein Achtel seines Gewichtes in Kupfer einführte). Dadurch wurde die Staatskasse aufgefüllt und die Schuldenlast verringert. Die Ritter allein, die die größten Gläubiger waren, trugen die Kosten dieser gewaltigen *largitio*, die die Popularität des Tribuns erhöhte. Ein neues Ackergesetz schließlich, das noch radikaler war als das der Gracchen, dessen Durchführung die Oligarchen boykottiert hatten, warf erneut die Frage des italischen *ager publicus* auf. Die Senatoren gestatteten indessen die Abstimmung über das Gesetz, weil sie selbst die Abstimmung über das Richtergesetz wünschten, das den Ritterstand nachhaltig treffen sollte. Später würde sich immer noch Zeit finden, die Konzessionen, die man unter Druck hatte machen müssen, zu revidieren.

Drusus setzte, nicht ohne Schwierigkeiten, die Verabschiedung seines Richtergesetzes durch. Um einen Ausgleich für die zu schaffen, die dabei den kürzeren zogen, ließ er die gleiche Anzahl Ritter wie Väter in den Senat aufnehmen (300 an der Zahl).[72] Die Folge war, daß alle unzufrieden waren. Die Ultras unter den Senatoren waren tief in ihrer Standesehre getroffen. Die Ritter waren über die Zurücksetzung ihres Standes verbittert. Hinzu kamen vor allem die Ritter, die keine Aussicht hatten, bei der Besserstellung berücksichtigt zu werden. Das Gesetz kam durch dank der massiven Unterstützung durch die Bürger aus den Landgemeinden, die sich alles von dem Ackergesetz erhofften.

Hier wurde der tiefe Widerspruch ganz klar, der das politische System unterminierte. Wie in der Zeit des Ti. Gracchus stellte sich durch die drohende Neuverteilung des Landes, deren Hauptlast die Verbündeten zu tragen haben würden, erneut die italische Frage. Drusus hatte dies durchaus begriffen. Er schloß mit den Verbündeten einen Geheimvertrag, in dem er ihnen das Bürgerrecht in Aussicht stellte. Um die Reformen, deren Durchführung er für unerläßlich hielt, voranzubringen, schreckte er vor einer regelrechten Revolution nicht zurück. Schon längere Zeit war das Haus des Tribuns auf dem Palatin Treffpunkt der Notabeln aus dem Gebirge und aus dem Gebiet der Marser, die dort mit ihm Gespräche führten. Der Pakt zwischen Drusus und dem Führer der Marser, Pompaedius Silo[73], sah vor, daß die Marser dem Tribun Hilfe leisten und, notfalls mit Waffengewalt, dazu beitragen sollten, die *rogatio* des Drusus, nach welcher alle Italiker das römische Bürgerrecht erhalten sollten, in der Abstimmung durchzubringen. Solche Absprachen kompromittierten Drusus in aller Augen. Das wurde noch deutlicher, als die Marser den Plan entwarfen, den Konsul Philippus, den Hauptgegner der *rogatio*, umzubringen. Außerdem rief das Auftauchen der Bergbewohner auf der politischen Bühne alte

Rivalitäten wieder wach. Den Marsern widersetzten sich die etruskischen Großgrundbesitzer, weil sie fürchten mußten, daß ihre Bauern, wenn sie das römische Bürgerrecht erhielten, ihnen gleichgestellt werden würden. In dieser bürgerkriegsähnlichen Atmosphäre wurde Drusus, der offiziell vom Senat desavouiert wurde, von einem Unbekannten ermordet; dieser war in sein Haus eingedrungen, hatte ihn mit einem Schustermesser erstochen und war dann verschwunden.

Der Tod des Drusus löste den Krieg aus. Der Kampf begann in Asculum in Picenum (Ascoli Piceni) im Herbst 91. In wenigen Tagen waren alle römischen Kolonien isoliert und die Straßen von den Aufständischen blockiert. Nach Picenum schlossen sich die Marser, Samnium, Apulien und Lukanien den Rebellen an. Das Kriegsziel war weniger die Erlangung des Bürgerrechts als das Verlangen, die totale Unabhängigkeit wiederzugewinnen und mit ihr die Möglichkeit, das traditionelle Leben als Gebirgsvölker, deren Lebensrhythmus vom Weideauftrieb der Herden bestimmt wurde, weiterzuführen. Die Ansiedlung von römischen Siedlern auf den Ländereien für den Durchtrieb der Herden war für diese Völker eine Katastrophe, die sie um jeden Preis verhindern wollten.[74]

Wie zu den Zeiten Hannibals gab der Senat, um den sich alle scharten, ein Musterbeispiel ungebrochener Energie. Er konnte mit den reichsten und bevölkertsten Gebieten Italiens, mit Etrurien und dem Land der Gallier, rechnen. Man rief die angesehensten Heerführer zurück, besonders C. Marius, die man allerdings sehr durchschnittlichen Konsuln unterstellte. Unter den Heerführern, die mit der Führung des Kampfes betraut wurden, war ein ehemaliger Prätor, Cn. Pompeius Strabo, den seine persönliche Autorität in Picenum, wo er riesige Ländereien besaß, für diese Aufgabe besonders geeignet erscheinen ließ. Zehn Monate reichten aus, um einen erbittert kämpfenden Feind zu bezwingen, der zwar gut organisiert war, dem aber die unausschöpflichen Quellen, wie sie Rom durch das Imperium besaß, fehlten. In der Hoffnung eines baldigen Sieges fand Rom zurück zu einem Großmut, den es in Friedenszeiten vergessen zu haben schien. Eine *lex Julia,* die von L. Julius Caesar, einem Sieger des Krieges, eingebracht worden war, gewährte den Soldaten (selbst solchen barbarischer Herkunft, wie denen der spanischen Kontingente), die sich im Kampf hervorgetan hatten, sowie den Völkern, die Rom die Treue hielten, das römische Bürgerrecht. Auf diese Weise war der Weg zur Versöhnung geebnet. Der Kampf tobte indessen noch ein Jahr. Nacheinander mußten sich die aufständischen Völker unter dem erdrückenden Übergewicht des Gegners ergeben. Kurz vor der endgültigen Beendigung des Krieges gegen Ende des Jahres 89 wurden kurz nacheinander zwei Gesetze verabschiedet, die denjenigen schon volles Bürgerrecht in Aussicht stellten, die die Waffen strecken und sich innerhalb von 60 Tagen dem Prätor unterwerfen würden.[75] Einige Tage darauf wurde Asculum genommen und der Rebellion endgültig ein Ende gesetzt.

d) Der Bürgerkrieg

α) Die Voraussetzungen

Der Bundesgenossenkrieg hatte gezeigt, daß die Haltung Roms gegenüber äußeren Gefahren unverändert geblieben war und die militärischen Vorzüge, ja sogar die sittlichen Tugenden seiner Soldaten einen Vergleich mit der nationalen Geschichte nicht zu scheuen brauchten. Sobald der Frieden wiederhergestellt war, zeigte sich jedoch deutlich, daß die Institutionen nicht mehr der Verwaltung eines Staates gewachsen waren, in welchem die Auseinandersetzung der sich widerstreitenden Kräfte nur noch eine Wahl zwischen Erstarrung und Revolution ließ. Es geht hier weniger darum, den Fehler in einer »sittlichen Dekadenz« der Menschen zu suchen, als vielmehr darum, die Unzulänglichkeit der Werte der Tradition, ja ihrer Gefahren für die Bewältigung der neuen Probleme aufzudecken. Die italische Frage war gelöst worden, bis zu einem gewissen Grade auch die Frage der Landverteilung, und zwar insofern, als ihrer Lösung nicht mehr die Schwierigkeiten im Weg standen, wie sie sich vorher aus der italischen Frage ergeben hatten. Aber ein noch tiefergehendes und folgenschwereres Problem war ungelöst geblieben: Wie sollte im Staat die Stellung der *nobilitas* mit der Rolle der Ritter in Einklang gebracht werden? Was sollte geschehen, um zu verhindern, daß die unvereinbaren Interessen der Provinzstatthalter und der Steuerpächter zu ständigen Konflikten führten, die das Ansehen Roms unterhöhlten und schließlich die Reichtümer des Imperiums verschleuderten?

Die Senatoren waren, getreu der Tradition, beseelt von dem Verlangen nach Ruhm und dem Ehrgeiz, im Staat eine besondere *dignitas* und *auctoritas* zu erlangen. Der Weg dorthin führte über die öffentlichen Ämter (*honores*), militärische Erfolge, die Übernahme verschiedener Aufgaben, aber auch über den rednerischen Erfolg im Senat und vor dem Volk, die Kenntnis des Zivilrechts, die die Möglichkeit schuf, Hilfesuchenden beizustehen und sie dadurch zu Abhängigen, Wählern und Klienten zu machen. Diese archaische Auffassung darüber, wie man zu Macht und Ansehen gelangen könne, war nur bei ganz persönlichen Beziehungen der Bürger untereinander möglich. Während sie in einer kleinen Stadt durchaus ihre Gültigkeit behielt (sie blieb noch lange in den Provinzstädten in der Kaiserzeit lebendig), erwies sie sich als eine echte Gefahr in einer Stadt

wie Rom, in die (besonders während des Bundesgenossenkrieges) gewaltige Menschenmassen strömten und deren Bürgerschaft ins Unermeßliche wuchs und verstreut in immer entfernteren Kolonien lebte. *Dignitas* konnte kaum mehr aus persönlichem Ansehen erwachsen. Es bürgerte sich ein, unter Verletzung der Gesetze seine Popularität mit großzügigen Geschenken zu erkaufen, die das solideste Vermögen ruinierten. Der prunkvolle Aufwand der Spiele wurde geduldet. Geldspenden an Wähler waren indessen nur gestattet, wenn sie den Angehörigen der Tribus zuflossen, zu der der Kandidat gehörte. In Wirklichkeit herrschte jedoch überall das Geld. Die Korruption wurde zum alltäglichen Mittel, um zu einem Amt zu kommen.
Immer wieder hatte es sich gezeigt, daß die Konflikte zwischen Senat, Rittern und Plebs von Männern ausgelöst wurden, die sich mit allen Mitteln jenen Einfluß, die *potentia*, zu verschaffen suchten, die ihnen als das höchste Ziel vorschwebte. Materielle Interessen spielten dabei nur eine zweitrangige Rolle. Das Geld war für die Senatoren nur ein Mittel, ihre *dignitas* zu festigen. Deshalb würde man die Dinge allzu sehr vereinfachen, wenn man die lange Folge der Krisen, die die Republik erschütterten, lediglich als kleinliches Gezänk um die Gewinne aus den Eroberungen verstünde. Gewiß wuchs das Verlangen nach Luxus; in Rom, Latium und Kampanien stieg der Lebensstandard. Doch dieser Luxus im Alltag, in der Kleidung (feinste, kostbarste Tuche traten an die Stelle selbstgewebter Wollstoffe), in der Wohnkultur und in der Kochkunst und auch der luxuriöse Lebensstil der Frau wurden nur insofern als etwas Erstrebenswertes betrachtet, als sie ein äußeres Zeichen des gesellschaftlichen Erfolgs waren.
Dieses Prestigedenken gehörte zu den unmittelbaren Ursachen der blutigen Revolution, die gleich auf die Wiederherstellung des Friedens in Italien folgte. Sie brach aus, als die Übergriffe Mithridates' VI. Eupator, des Königs von Pontos, den Krieg auslösten und Rom schließlich von seinem eigenen Heer auf Befehl eines Heerführers belagert und eingenommen wurde, dem ein Rivale den ehrenvollen Auftrag entzogen hatte, den Oberbefehl im Feldzug gegen den Osten zu führen.

β) Mithridates und die Krise im Osten

In Kleinasien war mit dem Ende des Königreiches von Pergamon das Gleichgewicht zusammengebrochen, das schließlich zwischen den Hauptmächten, die sich in die Halbinsel teilten, zustande gekommen war, nämlich zwischen Pergamon, dem Königreich von Bithynien und dem Königreich von Pontos. Bei der Regelung der Nachfolge durch M. Aquilius für das Königreich von Pergamon[76] hatten Nikomedes II. von Bithynien und

Abb. 10:
Mithridates VI.
Eupator

Mithridates V. Euergetes, der König von Pontos, einen Teil der Provinzen erhalten, die den Attaliden gehört hatten. Unter dem Einfluß des C. Gracchus wandte sich das Volk gegen die Ratifizierung dieser Neuerwerbungen durch Rom und wußte sie zu verhindern. Bei dieser Lage der Dinge trat einer der Söhne Mithridates' V., der spätere Mithridates VI. Eupator, im Alter von etwa zwölf Jahren das Erbe seines Vaters an (120 v. Chr.). Er mußte sich jedoch die Herrschaft gegen seine Mutter, die Miterbin des Königreiches, erkämpfen. So führte er etwa sieben Jahre lang im Gebirge ein unstetes Leben, das seinen Körper stählte. In dieser Zeit soll er seinen Körper an immer stärkere Dosen von Gift gewöhnt haben, um gegen die an den orientalischen Höfen nicht seltenen Anschläge immun zu sein. Zu der Zeit, als Rom den Kampf gegen Jugurtha aufnahm, machte sich Mithridates an die Ausweitung seines Königreiches mit dem Ziel, sich an den Ufern des Schwarzen Meeres ein einheitliches Königreich zu schaffen. Zu diesem Zweck griff er das Königreich der Krim an und stellte die griechischen Städte unter eine Art Protektorat. Gleichzeitig stellte er seine Oberherrschaft über Kleinarmenien wieder ganz her und brachte Trapezunt und das Königreich von Kolchis unter seine Gewalt. Das Reich des Mithridates umschloß gewissermaßen das Schwarze Meer von allen Seiten. Aber das genügte dem König noch nicht; er wollte ganz Kleinasien. Zunächst mit der Unterstützung des Nikomedes, dann gegen ihn, versuchte er, alle Gebiete an sich zu bringen, deren er sich bemächtigen konnte. Er griff vor allem Kappadokien an und löste damit im Jahr 101 das Eingreifen Roms aus. Die Popularen, die zu dieser Zeit an der Regierung waren, brachten ein Gesetz für eine bewaffnete Intervention in Asien durch. Aber der Sturz von Saturninus und Glaucia verhinderte die Durchführung. Mithridates konnte somit sein Protektorat über das begehrte Gebiet errichten. Kaum war jedoch wieder Ruhe eingekehrt, befahl der Senat dem König, Kappadokien zu räumen, und zugleich Nikomedes, Paphlagonien preiszugeben (das dieser an sich gebracht hatte). Als die Armenier auf Betreiben des Mithridates und in dessen Auftrag versuchten, ihrerseits Kappadokien zu besetzen, wurde L. Sulla, der Statthalter von Kilikien, im Jahr 92 beauftragt, das Land dem mit den Römern verbündeten König, der vom Angreifer vertrieben worden war, zurückzugeben. Sulla schloß mit dem Partherkönig Mithridates II. dem Großen (ein Namensvetter des Mithridates Eupator) ein Abkommen, in dem der Euphrat als Grenze zwischen dem Partherreich und Rom festgelegt wurde. Roms Absicht ging dahin, ganz Kleinasien, und zwar über die engen Grenzen seiner Provinz hinaus, zu seiner unbestrittenen Einflußsphäre zu machen.

Während des Bundesgenossenkrieges schürte Mithridates weiterhin, vor allem in Bithynien, die inneren Unruhen, wo auf Nikomedes II. sein Sohn Nikomedes III. gefolgt war, dessen Herrschaft nicht unwidersprochen hingenommen wurde. Eine römische Armee wurde unter dem Oberbefehl von M. Aquilius entsandt. Mithridates, der offensichtlich die Stärke der italischen Aufständischen überschätzte, eröffnete die Feindseligkeiten gerade in dem Augenblick, als in Italien Ruhe einkehrte (Anfang 88). Rom hatte den König von Bithynien auf seiner Seite. Aber Mithridates taktierte so geschickt, daß er Nikomedes III. und M. Aquilius nacheinander und getrennt schlug. Gleichzeitig gewannen seine Flotten kampflos die Seeherrschaft. In wenigen Tagen wurden die römischen Streitkräfte in Asien, Kilikien und auf dem Meer voneinander getrennt und zur Ohnmacht verurteilt. Die griechischen Städte begrüßten jubelnd den König, in dem sie den neuen Dionysos, den Sieger und Beschützer zu sehen meinten, der gekommen sei, sie vom römischen Joch zu befreien. Mehr noch: Auf Befehl des Mithridates wurden alle in Asien lebenden Italiker in allen Städten und Dörfern gleichzeitig umgebracht, Männer, Frauen und Kinder, ob Sklaven, Bürger oder Bundesgenossen. Ihr Besitz wurde konfisziert, wobei die Mörder und die königliche Schatzkammer jeweils die Hälfte

erhielten. Etwa 80 000 Menschen fielen diesem Blutbad zum Opfer. Die Helfershelfer des Mithridates trugen den Aufstand gegen Rom über Kleinasien und die vorgelagerten Inseln hinaus. Und wieder erhob sich das Volk von Athen, dem Rom doch so viele Vergünstigungen eingeräumt hatte, und zwar unter der Führung einer sonderbaren Gestalt namens Aristion, vielleicht auch Athenion[77], eines Philosophen und Demagogen, der die Demokratie wiederherstellte, sich zum Strategen wählen ließ und gleich darauf Delos bedrohte. Mit Hilfe der Flotte des Mithridates wurde die Insel eingenommen und die ganze italische Bevölkerung niedergemacht. Athen übernahm wieder die Oberherrschaft über die Insel, die nur noch ein öder Felsen war.
In diesem Jahr waren Q. Pompeius, ein Verwandter des Pompeius Strabo, und L. Cornelius Sulla Konsuln in Rom. Der Senat hatte Sulla, dem damals fünfzig Jahre alten[78] hochmütigen Aristokraten, der bis dahin nur legitimen Zielen nachgejagt zu sein schien, sein Vertrauen ausgesprochen. Um die Opposition der Popularen zu neutralisieren, ließ Sulla P. Sulpicius Rufus, den er für einen treuen Anhänger des Adels hielt, in das Tribunenkollegium aufnehmen. In Wirklichkeit wartete Sulpicius Rufus nur auf seine große Stunde. Im Auftrag der Ritter bereitete er die politische Rückkehr des Marius vor. Im voraufgegangenen Jahr hatte der Senat gemäß der *lex Sempronia* die Provinz Asien zur konsularischen Provinz erklärt; denn es war zu erwarten, daß dort wieder einmal gegen Mithridates vorgegangen werden mußte. Einer der Gründe für die Wahl Sullas zum Konsul war gerade der Wunsch der Väter gewesen, ihm die Führung der Operationen in jenem Land anzuvertrauen, das er als Statthalter Kilikiens und bei seinen diplomatischen Verhandlungen mit den Parthern genau kennengelernt hatte. Sulpicius hingegen wollte auf Betreiben der Ritter Marius die Gelegenheit verschaffen, einen imperialistischen Krieg zu führen, und zwar möglichst einen gewinnbringenden, der die römischen Besitzungen im Osten erweitern und damit auch die Gewinne der Steuerpächter vergrößern sollte.

γ) Sullas Marsch auf Rom

Während daher Sulla gegen Ende des Jahres in Capua weilte, um die Zusammenziehung seiner Armee zu leiten, brachte Sulpicius völlig unerwartet drei revolutionäre Anträge ein, die, wären sie angenommen worden, zu einer Veränderung in der Zusammensetzung des Senats geführt und Sulla (neben anderen) – angeblich wegen schwerer Verschuldung – aus dem Senat ausgeschlossen hätten. Sulla kehrte schleunigst in die Stadt zurück und versuchte, die Abstimmung über die Anträge des Sulpicius zu verhindern; aber auf dem Forum herrschte der Aufruhr. Sulla suchte bei Marius Zuflucht, wo beide eine geheime Unterredung führten, in der einer den anderen hinters Licht zu führen versuchte. Sulla versprach Marius, ihm in Rom freie Hand zu lassen, wenn er den Oberbefehl im Ostfeldzug behielte. Marius willigte ein, aber beide waren fest entschlossen, diese Vereinbarung zu brechen, sobald sie dazu in der Lage sein würden.[79] Sulla kehrte ungehindert nach Capua zurück, während in Rom Sulpicius durch Volksbeschluß Sulla den Oberbefehl im Osten entziehen und auf Marius übertragen ließ. Sulla hatte mit diesem Schachzug gerechnet. Als er die offizielle Nachricht erhielt, versammelte er seine Soldaten um sich, teilte ihnen den Volksbeschluß mit und wählte seine Worte so, daß seine Soldaten, die sich schon um die reiche Beute im Osten geprellt sahen, die Boten des Sulpicius verhöhnten und Sulla drängten, nach Rom zu marschieren, um die »Aufrührer« zu zerschlagen. Sulla hatte erreicht, was er wollte. Er brach das Lager ab und zog nach Rom, wo er bald durch die Porta Collina einfiel. Als sich einige Popularen seinem Vormarsch durch Subura entgegenzustellen versuchten, warf er selbst die erste Fackel und steckte Rom in Brand.

Sulla war der unumstrittene Herrscher Roms und setzte mit Gewalt die Aufhebung aller von Sulpicius vorgeschlagenen Maßnahmen durch. Der Tribun und seine engsten Freunde wurden für vogelfrei erklärt. Nachdem er als Oberbefehlshaber bestätigt und für das Jahr 87 zwei ihm nahestehende Konsuln, L. Cornelius Cinna und Cn. Octavius, designiert worden waren, brach er endlich nach Osten auf.

Die politische Lage war grotesk: Sulla führte einen Krieg, den er nach eigenem Gutdünken so lange zu führen den Auftrag hatte, wie ihm dies möglich sein würde. Aber die legale Macht lag in den Händen von zwei Konsuln, auf deren Treue gegenüber Sulla kein großer Verlaß war, und das Volk, dem man viel zu lockere Zügel angelegt hatte, konnte von heute auf morgen sich erheben und wieder neue parteiische Gesetze erlassen. Die einzigen, die wirklich gedemütigt und zur Ohnmacht verurteilt worden waren, waren die Väter, in deren Interesse Sulla – wenigstens dem Schein nach – gehandelt hatte. Marius gehörte mit zu den Verbannten und suchte in Begleitung seines Sohnes in Afrika Zuflucht, wo ihn jedoch der Statthalter auswies. Dennoch konnte er einige Truppen zusammenbringen, bei denen er noch im alten Ansehen stand.[80] Als in Rom der Krieg wieder ausbrach, diesmal zwischen den beiden Konsuln (Octavius hatte im Auftrag des Senats versucht, Cinna, der in einer überraschenden politischen Kehrtwendung die Rückrufung der Verbannten vorgeschlagen hatte, auszuschalten), kehrte Marius nach Italien zurück, wohin ihn der rebellische Konsul gerufen hatte. Indem er an seine Veteranen und alle Verzweifelten im Land appellierte, stellte er bald, mit der Unterstützung durch Cinna, eine Armee aus ganz Italien auf die Beine. Die Stadt wurde isoliert und eingeschlossen. In einer ersten Schlacht auf dem Janiculus gewann Marius die Oberhand. Einige Tage darauf kapitulierte der Senat vor Marius und Cinna. Und wieder floß Blut in Rom. Cinna und Marius teilten sich das Konsulat für das Jahr 86. Letzterer hatte die Absicht, so bald wie möglich nach Osten aufzubrechen, um Sulla den Oberbefehl zu entreißen. Aber er starb am 17. Januar an einer Brustfellentzündung, so daß nunmehr die ganze Macht in Cinnas Händen lag.

δ) Sullas Rückkehr und Diktatur. Die Reformen

Sulla befand sich in einer beispiellosen Lage: Von Cinna und seinem Regime geächtet, das die Legalität verkörperte, seit sich der Senat dem Konsul und Marius unterworfen hatte und beide zu Konsuln gewählt worden waren, verteidigte er nichtsdestoweniger die Machtstellung Roms im Osten und brachte Griechenland wieder unter die Botmäßigkeit Roms. Nach einer rücksichtslosen Belagerung nahm er Athen in einem Blitzangriff (1. März 86) ein, danach den Piräus, bevor überhaupt Mithridates an einen erfolgreichen Gegenschlag denken konnte. In Böotien kam es zum Zusammenstoß zwischen ihm und dem königlichen Heer. Gegen Ende des Frühjahrs trug Sulla einen glänzenden Sieg davon. Er war Herr der Lage, als plötzlich in seinem Rücken zwei von der »rechtmäßigen Regierung« entsandte Legionen unter dem Befehl von L. Valerius Flaccus (der Konsul, der an die Stelle von Marius getreten war) und C. Flavius Fimbria in Epirus an Land gingen. Aber diese Truppen weigerten sich, gegen Sulla zu kämpfen, so daß sich die Generäle des Marius auf den Hellespont zurückziehen mußten. Einige Monate später trug Sulla in Orchomenos in Böotien wieder einen Sieg über ein von Mithridates entsandtes Expeditionskorps davon. Überall lächelte den Römern das Kriegsglück. In Kleinasien bedauerte die Partei der Aristokraten, die im allgemeinen romfreundlich eingestellt war, die Begeisterung, die die Städte in die Arme des Mithridates getrieben hatte; zudem begann das marianische Heer in Kleinasien einzufallen, um möglichst rasch zu Sulla zu stoßen. Fimbria, der nunmehr einziger Befehlshaber war (er hatte Flaccus erschlagen), stieß bis Pergamon vor, das er einnahm. Doch konnte Fimbria, allein auf seine Truppen gestellt, die letzte Entscheidung nicht herbeiführen. Mithridates unterwarf sich Sulla im August 85. Damit war Fimbrias Schicksal besiegelt; da er nicht mehr hoffen konnte, Sulla, der nun Herr der Lage war, zu entkommen, beging er Selbstmord. Seine Armee lief zum Sieger über. Diesem blieb nur noch, die Macht in Rom zurückzuerobern. Dazu stand ihm diese Armee zur Verfügung, die sich ihm wegen seines Ansehens und der reichen Beute verpflichtet fühlte, die er ihr verschafft hatte.

Im Frühjahr 83 landete Sulla in Brundisium. Bei seinem Sieg zwei Jahre zuvor hatte er seine Absicht angekündigt, der grausamen Gewaltherrschaft des Cinna ein Ende zu setzen, die den letzten Schein der Legalität verloren hatte, da ihr Führer Jahr für Jahr das Konsulat in Händen behielt, ohne auch nur wenigstens Scheinwahlen durchführen zu lassen. Als Cinna erfuhr, daß Sulla im Anmarsch war und man ihn zur Rechenschaft ziehen würde, versuchte er, eine Streitmacht aufzustellen. Aber die Soldaten, die er einziehen wollte, versagten ihm den Gehorsam und verhöhnten ihn. Der Senat trat in offene Verhandlungen mit Sulla ein. Mit knapper Not gelang es der Partei der Popularen, eine politische und militärische Organisation aufzustellen, um der drohenden Gefahr die Stirn zu bieten. Aber alles um sie her stürzte ein. Die Truppen desertierten; die Großgrundbesitzer zogen ihre Klienten mit sich in Sullas Partei hinüber – wie zum Beispiel Cn. Pompeius, der Sohn des Pompeius Strabo, der ganz Picenum Sulla zu Füßen legte. Den Popularen blieb nichts anderes übrig, als die noch nicht unterworfenen Bergbewohner zu Hilfe zu rufen und dadurch den Bundesgenossenkrieg wieder zu entfachen. Sulla näherte sich langsam, aber unerbittlich. Vor den Mauern Roms kam es an der Porta Collina am 1. November 82 zur Entscheidungsschlacht.
Nach Sullas Sieg blieben von der republikanischen Verfassung nur noch die Bezeichnungen der Magistraturen und die Erinnerung an die Jahre der Anarchie und der Ohnmacht, die zu der blutigen Katastrophe geführt hatten, in welcher der Staat aus den Fugen geraten war. Sulla begann damit, einen schon fast in Vergessenheit geratenen Titel wieder in Erinnerung zu rufen, und zwar den des Diktators, der ihm vom Volk zuerkannt wurde, nachdem er es durch entsetzliche Blutbäder und vor allem durch die »Proskriptionen« gefügig gemacht hatte. Durch diese wurden vierzig Senatoren, die beschuldigt wurden, mit Cinna gemeinsame Sache gemacht zu haben, und 1600 Ritter auf einmal geächtet.[81] Überall verfügten die Denunzianten über Leben und Besitz der Bürger. Die Freiheit, früher einmal der Stolz Roms, war dahin.
Sulla hatte die Waffen gegen die Popularen ergriffen, und er konnte nun als Wortführer des Senats gelten. In Wirklichkeit setzte er sich für keine Partei ein und schien nur von dem Wunsch beseelt zu sein, dem Staat eine Organisation zu geben, die nicht mehr zu Anarchie und Ohnmacht führte. Es ist sogar zweifelhaft, ob sein letztes Ziel darin bestand, auf die Dauer eine persönliche Herrschaft auszuüben; denn er zog sich ja freiwillig aus allen seinen Ämtern zurück und beschloß sein Leben in stiller Zurückgezogenheit. Was ihn in das ungewöhnliche Abenteuer hineingetrieben hatte, war sein Wille, seine *dignitas* und mit ihr die des Senatorenstandes zu wahren. Daher setzte

er Reformen durch, die den Verantwortlichen – gleich welche es in Zukunft sein würden – volle Handlungsfreiheit für die Durchführung der allgemeinen Politik zurückgeben sollten. Deshalb ging es ihm wohl nicht in erster Linie darum, alle Macht in seiner Hand zu vereinigen, sondern vielmehr darum, den Rittern und den Volksmassen die Möglichkeit der Einmischung in die Politik zu nehmen.
In den *leges Corneliae* finden sich tatsächlich Maßnahmen gegen den Ritterstand (Abschaffung der reservierten Plätze im Theater, Übertragung von Richterbefugnissen auf die Senatoren) sowie gegen die politische Rolle der Plebs. Aus den Wirren der Vergangenheit klug geworden, beschnitt Sulla die Rechte des Tribunats. Er ließ den Tribunen das Vetorecht, aber nur für die Unterstützung einzelner Bürger und nicht zu dem Zweck, sich einem Gesetz oder der Autorität eines Magistraten zu widersetzen, der im Rahmen seiner gesetzmäßigen Befugnisse handelte; er verbot ihnen auch, Gesetzesanträge ohne vorherige Genehmigung durch den Senat einzubringen. Noch schwerwiegender war, daß er den ehemaligen Tribunen jede Kandidatur für ein anderes Amt für die Zukunft untersagte. Da das Tribunat nun den Abschluß der Ämterlaufbahn bedeutete, war es praktisch zur Bedeutungslosigkeit verurteilt.
Der Senatorenstand wurde ebenso einschneidenden Maßnahmen unterworfen. Zunächst wurde der Senat durch die *adlectio* von Rittern, die Sulla selbst vornahm, von 300 auf 600 Mitglieder erweitert. Die zukünftige Rekrutierung der Senatsmitglieder wurde dadurch sichergestellt, daß man die Zahl der für ein Jahr gewählten Magistrate (acht Prätoren statt sechs, zwanzig Quästoren statt acht) erhöhte und den Quästoren das Recht (das sie bis dahin nicht gehabt hatten), an den Beratungen im Senat teilzunehmen, gewährte. Auf diese Weise wurde der Cliquenwirtschaft der Oligarchen, die die Schwierigkeiten des Staates nur noch verschlimmert hatten, der Boden entzogen. Andererseits wurden die Ämter selbst nach einem neuen System aufgegliedert. Die Zensur wurde vielleicht nicht ausdrücklich abgeschafft, blieb aber unbesetzt, solange Sulla regierte. Er übte dieses Amt aus, ohne den Titel zu führen. Vor allem änderte der Diktator die Altersgrenzen für die Erlangung einer Magistratur; für die Quästur mußte man nun 29, für die Prätur 39 und für das Konsulat 42 Jahre alt sein.[82] Wiederwahl zum Konsulat war nur noch ein einziges Mal möglich, und zwar erst zehn Jahre nach der ersten Amtszeit.
Schließlich wurde beschlossen, die Provinzialverwaltungen nicht mehr den amtierenden Magistraten, sondern den ehemaligen Magistraten nach ihrem Amtsjahr, und zwar nur für die Dauer eines Jahres, zu übertragen.
Gleichzeitig sah Sulla Gesetze für die Strafverfolgung vor, die

uralten Mißbräuchen, besonders Wahlmanövern und Wählerbestechung, ein Ende setzen sollten. Seine *lex Cornelia de ambitu* verbannte jeden aus dem politischen Leben, der des Wahlbetrugs überführt worden war. Wie die *lex de pecuniis repetundis*, die sich gegen die Verbrechen der Provinzstatthalter richtete, bekräftigte die *lex de maiestate* nochmals die unbedingte Vorrangstellung (*maiestas*) des Staates, den sie vor jedem Umsturzversuch in Tat, ja auch in Wort abschirmte, indem den Magistraten und Statthaltern verboten wurde, über ihre Befugnisse hinauszugehen, beispielsweise die Grenzen ihrer Provinz zu überschreiten oder militärische Operationen ohne vorherige Genehmigung durchzuführen; sie untersagte sogar den Rednern, in der Volksversammlung oder im Senat beleidigende Anschuldigungen gegen irgend jemanden zu erheben. Alle Übertretungen dieser Art wurden von stehenden Gerichtshöfen geahndet (*quaestiones perpetuae*), deren Zahl auf sieben erhöht wurde. Unpolitische Verbrechen – wie Mord, Giftmord, Urkundenfälschung, Brandstiftung, Körperverletzung und Verletzung des Hausrechts – fielen unter die Zuständigkeit derselben Gerichtshöfe. Zum ersten Mal zeichnete sich in Rom die Entwicklung zu einem vom Zivilrecht unabhängigen Strafrecht ab.
In unserer heutigen Sicht stiftete das politische Vermächtnis Sullas nur Verwirrung; keine Klasse, kein Stand überstand die Krise, ohne an Gewicht verloren und von seiner Macht eingebüßt zu haben. Niemand besaß – abgesehen von Sulla – noch wirkliche Macht. Magistrate, Senatoren, Ritter, einfacher Bürger – sie alle waren gewissermaßen nur noch Teilchen im Räderwerk einer Maschine, die, um funktionsfähig zu sein, einen Anstoß von außen brauchte. Wenn der Diktator so große Sorge trug, um zu verhindern, daß irgend jemand – außer ihm selbst – eine Vormachtstellung im Staat errang, entsprach das alter republikanischer Gesinnung, aber nicht den tatsächlichen Verhältnissen, wie sie sich aus der Entwicklung seit über einem Jahrhundert ergeben hatten. Diese Entwicklung aber ging dahin, in jeder Generation an die Spitze des Staatsgebäudes eine hervorragende Persönlichkeit zu stellen, die die Führung der Aristokratie übernehmen konnte und vom Volk respektiert wurde. Der Widerspruch hätte sich lösen lassen, wenn man Sullas außerordentliche Magistratur nicht als Notlösung zur Überwindung einer vorübergehenden Krise, sondern als unerläßliches Herzstück und Eckstein des ganzen Systems anzusehen bereit gewesen wäre. Mit anderen Worten: Würde Rom, das de facto bereits eine Monarchie war, nun auch de jure eine Monarchie werden? Die Zukunft hing vollkommen in der Schwebe.
Nun kam es ganz allein auf Sulla an. Zwei Lösungen boten sich an oder waren zumindest denkbar: entweder ein von der Gewalt getragenes Königtum (Sullas Lösung) oder eine auf An-

sehen, Ruhm und Weisheit beruhende Vorrangstellung – jener »Prinzipat«, wie er sich in der Zeit des Scipio Aemilianus bereits angedeutet hatte und in der Folgezeit immer schärfere Konturen annehmen sollte.[83]

In diesem Licht gesehen, war Sulla mit dem, was er leistete, weit mehr Vollstrecker von Zwangsmaßnahmen (die eine Rückkehr ins Chaos verhindern sollten) als Wegbereiter der Zukunft. Ob nun sein Werk Vorspiel oder Generalprobe der sich anbahnenden Tragödie war, es leitete sie eher ein, anstatt ihr zuvorzukommen.

ε) Das Ende von Sullas Diktatur

Trotz der Wachsamkeit des Diktators begann die von den Metelli beherrschte Gruppe der Oligarchen, deren Einfluß alle Krisen der beiden letzten Generationen überdauert hatte, gegen den zum Tyrannen gewordenen Retter des Staates zu intrigieren. Die ganze Ruchlosigkeit dieser Gewalt- und Willkürherrschaft wurde in einem Skandalprozeß offenbar, der gegen Sex. Roscius aus Ameria auf Betreiben eines Freigelassenen namens Cornelius Chrysogonus angestrengt wurde, der der Privatsekretär Sullas war. Cicero, der hier zum ersten Mal ins Rampenlicht der Geschichte trat, übernahm die Verteidigung des Roscius, der beschuldigt wurde, seinen Vater getötet zu haben. In Wirklichkeit war dieser von zwei Vettern umgebracht worden, die das Erbe nicht erwarten konnten. Chrysogonus hatte unter Einbehaltung eines beträchtlichen Teils des begehrten Vermögens interveniert, um das Verbrechen zu verschleiern und die Mörder zu decken. Diese in ihrer Schamlosigkeit unübertreffliche Machenschaft lieferte Sullas Feinden den Vorwand, den Skandal auszulösen.[84] Überdies begann ein neuer Stern so steil am politischen Firmament aufzusteigen, daß er die Besorgnis des Diktators erregte.

Der junge Pompeius hatte Sulla bei der Revolution gegen die Marianer unterstützt. Ohne Magistrat gewesen zu sein, war er mit der Weiterführung der Operationen gegen die Heere der Popularen und ihre Führer, die sich noch in den Provinzen hielten, beauftragt worden. So hatte er in Sizilien und danach in Afrika wieder Ruhe und Ordnung hergestellt. Seine Soldaten gaben ihm den Beinamen *Magnus* (der Große), den er bis zu seinem Tode führte. Die Anhänglichkeit dieser Truppen, die ihrem jungen Anführer bedingungslos ergeben waren, schien Sulla gefährlich. Wohl wurde Pompeius nicht gezwungen, seine Soldaten schon in Afrika zu entlassen, wie Sulla es zunächst gewünscht hatte; doch blieb ihm der Triumphzug versagt, sowie – woran ihm mehr gelegen war – die Aufgabe, den von dem Marianer Sertorius geführten Aufstand in Spanien niederzuschlagen.

Die Rückkehr des Pompeius und seiner Soldaten schuf eine neue Variante in der politischen Lage: Im Notfall bildete diese Armee, selbst wenn sie demobilisiert war, immerhin ein mögliches Gegengewicht gegen die Machtmittel, die dem Diktator zu Gebote standen. Aus diesem Grund wurde Pompeius vom Adel gewissermaßen »mit Beschlag belegt«, obwohl er sich früher gegen die Autorität des Senats gewandt hatte, um sich auf Sullas Seite zu stellen. Der Senat gewährte ihm gegen den Willen Sullas den Triumphzug (am 12. März 79). Gleichzeitig förderten die Metelli (mit denen Pompeius seit kurzem durch die Heirat mit Mucia enger verbunden war), die Kandidatur des Aemilius Lepidus für das Konsulat des Jahres 78, eines Anhängers von Sulla, der sich, sobald er mit ihrer Unterstützung rechnen konnte, leidenschaftlich gegen seinen früheren Freund erklärte und zum Kristallisationskern aller gegen das Regime gerichteten Strömungen wurde. Merkwürdigerweise unternahm Sulla nichts und verzichtete auf seine notorische Grausamkeit. Als ihm der Senat die Verwaltung der Gallia Cisalpina antrug – was ihn, wollte er seine eigenen Gesetze befolgen, zum Verzicht auf die Diktatur zwang – zog er sich lieber ganz aus dem politischen Leben zurück, und zwar genau an dem Tag, an dem Lepidus gewählt wurde (wahrscheinlich im Juli 79).
In seinem Landhaus in Cumae in Kampanien, umgeben von den Kolonien, in denen er seine Veteranen angesiedelt hatte, führte er noch ein Jahr lang ein zurückgezogenes und beschauliches Dasein, vielleicht in der Erwartung, daß man ihn holen werde, sobald die Politik Roms wieder in eine Sackgasse geraten wäre. Doch der Tod überraschte ihn im Frühjahr 78, ohne daß sich diese Hoffnung (hat er sie wirklich gehegt?) erfüllte.

IV. DIE LETZTEN JAHRE DER REPUBLIK

a) Lepidus und Sertorius

Die Diktatur Sullas hatte keines der wesentlichen Probleme gelöst, und zwar weder im Innern, wo sie einen Staat zurückließ, der den Machtkämpfen einzelner oder ganzer Gruppen wehrlos ausgeliefert war, noch außerhalb Italiens, wo die Siege des Diktators nur eine vorübergehende Atempause verschafft hatten.
Die unbeugsamen Oligarchen, die Sullas Rückzug veranlaßt hatten, sahen sich auf allen Seiten vor Schwierigkeiten gestellt. Zunächst einmal galt es, den beunruhigenden Verbündeten, Lepidus, zu »liquidieren«, der, kaum hatte er das Amt angetreten, schon wieder die Front wechselte und sich auf die Seite der Popularen und gegen den zweiten Konsul Q. Lutatius Catulus

stellte. Ein Aufstand der Bevölkerung von Fiesole (*Faesulae*) gegen die Veteranen Sullas, denen im Arnotal Land zugeteilt worden war, bot den gewünschten Anlaß, eine Armee auszuheben, deren er sich bediente, um offen den Senat herauszufordern. Schließlich war der Senat gezwungen, den jungen Pompeius gegen ihn zu bewaffnen, der seine eigenen Veteranen um sich scharte, Lepidus mit Unterstützung des Catulus' im Rücken faßte und ihn zwang, Italien zu verlassen und nach Sardinien zu fliehen. Dort starb er kurz darauf (Herbst 77).

Die wenigen noch überlebenden Anhänger des Lepidus verließen Sardinien und zogen nach Spanien, wo seit dem Jahr 83 und Sullas Machtergreifung der Marianer Sertorius ein abenteuerliches Leben führte, wie es sich die Phantasie kaum auszumalen vermag. Dieser umbrische Ritter, den Plutarch für würdig befand, ihm eine Vita zu widmen, hatte im Bundesgenossenkrieg das Kriegshandwerk erlernt. Im Jahr 83 war ihm von der marianischen Regierung die Provinz des diesseitigen Spanien anvertraut worden, während Sulla für dieselbe Provinz einen Statthalter ernannte, der allerdings seinen Posten nicht zu erreichen vermochte. Aber im Jahr 81 hatte Sertorius der Offensive des C. Annius Luscus weichen müssen, die dieser in Sullas Auftrag gegen ihn führte. Sertorius verließ Spanien und schiffte sich mit seinen Getreuen (dreitausend an der Zahl) ein, um ein Asyl zu suchen. Nach einer wechselvollen Fahrt erreichten sie das Gebiet von Gades, wo ihnen kilikische Piraten, die es in diese entfernten Gegenden verschlagen hatte, von einem geheimnisumwitterten Land erzählten, das eine Schiffsreise von zehn Tagen entfernt liege (gemeint waren wohl die Kanarischen Inseln) und das wegen seines stets gleichmäßigen Klimas und der Fruchtbarkeit seines Bodens den Namen »Inseln der Seligen« verdiene. Das Abenteuer reizte Sertorius, doch nach reiflicher Überlegung verzichtete er darauf und lenkte seine Schiffe nach Süden statt nach Südwesten. In Mauretania Tingitana ging er an Land. Innerhalb von Jahresfrist schuf sich Sertorius ein Königreich mit Tanger als Mittelpunkt. Dann brach er, als ihm die Lage in Spanien günstig erschien, nach Lusitanien auf, wohin ihn aufständische Eingeborene gegen Rom zu Hilfe riefen. Sieben Jahre lang hielt er den Armeen stand, die zuerst Sulla, dann der Senat gegen ihn ins Feld schickten, die erste unter dem Befehl des Metellus Pius, die zweite unter Pompeius.

Sertorius gelang es, unter den eingeborenen Volksstämmen ein spanisch-römisches Reich zu errichten, das entscheidend zur Romanisierung der Halbinsel beitrug. Nach und nach wuchs hier im westlichen Mittelmeer eine neue Macht heran, die man nicht mehr einfach als bloßes Aufstandsgebiet eines Statthalters abtun konnte, sondern die ein eigenständiges Staatsgebilde darstellte, das eine unabhängige und für Rom gefahrvolle Außenpolitik zu führen begann. Sertorius konnte mit der Unterstützung der Seeräuber rechnen, deren Zahl im Mittelmeer wieder angestiegen war, obwohl wiederholt Expeditionen, zuerst durch P. Servilius Vatia (zwischen 77 und 75), dann durch M. Antonius, dessen Angriff auf die Kreter im Jahr 71 scheiterte, gegen sie geführt wurden. Bald wurde sogar Mithridates sein Verbündeter, als dieser sich entschloß, erneut die Waffen gegen Rom zu ergreifen.

b) Die Kriege gegen Mithridates

Sulla, den es zur Rückkehr nach Rom drängte, um dort die »Ordnung wiederherzustellen«, hatte im August 85 in Dardanos mit Mithridates überstürzt Frieden geschlossen. In Asien hatte er L. Licinius Murena mit dem Auftrag zurückgelassen, für die Wahrung des Friedens zu sorgen. Aber Murena hatte im Jahr 83 die Feindseligkeiten gegen den König eröffnet und war nach Pontos einmarschiert, wodurch er den zweiten Krieg gegen Mithridates auslöste. Sulla hatte jedoch seinen ehrgeizigen Plänen einen Strich durch die Rechnung gemacht, indem er A. Gabinius in den Osten schickte, um den Frieden wiederherzustellen. Murena hatte sich im Jahr 81 bei seiner Rückkehr nach Rom mit einem Triumphzug begnügen müssen, der einer Disqualifizierung zum Verwechseln ähnlich war.
Doch die Intrigen des Mithridates ließen auch weiterhin Asien nicht zur Ruhe kommen. Auf sein Betreiben hin vergrößerte sein Schwiegersohn Tigranes, der König Armeniens, sein Gebiet auf Kosten des Partherreiches und einiger anderer Gebiete, in denen sich, mehr schlecht als recht, die letzten Seleukiden hielten. Dann machte er nach Art der hellenistischen Könige eine neue Stadt zu seiner Hauptstadt, der er bei ihrer Gründung den Namen Tigranokerta (Tigranokirt) gab. Danach fiel er in Kappadokien ein, das unter römischem Schutz stand.
Mithridates setzte alles daran, um die Feinde Roms zu ermutigen, wo er nur konnte: in Kilikien, an den Grenzen Makedoniens und auch in Spanien, wo er Beziehungen zu Sertorius aufnahm. Der Krieg war unvermeidlich geworden. Den Anlaß lieferte die Thronfolge in Bithynien: König Nikomedes III. hatte bei seinem Tod sein Königreich dem römischen Volk vermacht (Ende 75 oder Anfang 74). Der Senat beauftragte M. Junius, den Statthalter von Asien, das Erbe zu übernehmen. Mithridates versuchte, ihm zuvorzukommen, und besetzte das Land außer der Halbinsel von Kalchedon, die zum Zufluchtsort aller vor der königlichen Armee fliehenden Italiker wurde.
Zwei römische Armeen wurden beauftragt, die verfahrene Situation zu retten: Einer der Konsuln, L. Licinius Lucullus, er-

Abb. 11: Entlassung römischer Legionäre. Relief vom Altar des Domitius Ahenobarbus

hielt die Provinz Kilikien, der andere, M. Aurelius Cotta, die Provinz Bithynien. Aber beim ersten Zusammenstoß wurde Cotta vernichtend geschlagen und mußte nach Kalchedon fliehen. Das hatte wenigstens den Vorteil, daß Mithridates eine Zeitlang durch die Belagerung der Stadt gebunden war. Dadurch fand Lucullus Zeit, die in Asien stationierten Truppen zu sammeln (darunter auch die beiden »marianischen« Legionen des Fimbria, die noch auf eine endgültige Entscheidung über ihr Schicksal warteten), und durch einen raschen Vormarsch in Richtung Kyzikos zwang er den König, die Belagerung von Kalchedon aufzugeben. Zwischen Kyzikos, dessen Bewohner heldenhaften Widerstand leisteten und sich die Dankbarkeit der Römer zuzogen, und dem Heer des Lucullus eingeschlossen, mußte Mithridates schließlich unter der Verfolgung der Römer den Rückzug antreten, die angeblich 10 000 Mann seines Heeres töteten. Im Sommer des Jahres 73 besetzte Lucullus Bithynien und zog über Galatien bis an die Grenzen des pontischen Königreiches, während zur See die Flotte des Mithridates vor Tenedos vernichtet wurde. Nach kurzer Pause, die der Einbruch des Winters verursachte, wurde die Offensive im Frühjahr 72 erneut aufgenommen. Mithridates, unfähig, sich dem Römer entgegenzustellen, mußte schließlich seine Staaten aufgeben und in Armenien bei Tigranes Zuflucht suchen. Zwei Jahre lang war Lucullus mit der Neuordnung der eroberten Gebiete beschäftigt. Er zügelte energisch die Habgier der Steuerpächter, was ihm die

erklärte Feindschaft aller Ritter eintrug. Zu Anfang des Jahres 69 versuchte er, die römischen Eroberungen noch weiter voranzutreiben. Mithridates in Armenien? Und Tiridates weigerte sich, ihn auszuliefern? Einem Lucullus sollte es gelingen, sowohl Mithridates als auch das Königreich in seine Gewalt zu bringen! Zunächst war das Kriegsglück auf seiten der Römer. Im Herbst fiel die Stadt Tigranokerta. Das genügte dem General aber noch nicht; sein nächstes Ziel war die Stadt Artaxata in Großarmenien, die im Gebirge am Fluß Araxes lag. Dieses tollkühne Unternehmen war der Beginn der Niederlagen des Lucullus. Die durch den endlosen Marsch hart mitgenommenen römischen Truppen litten unter dem vorzeitig beginnenden Winter und weigerten sich schließlich, weiterzumarschieren. Unterdessen erfuhr Lucullus, daß er nicht mehr Statthalter von Kilikien war. Auf Anordnung des Senats war Q. Marcius Rex zu seinem Nachfolger bestimmt worden. Schließlich erreichte ihn noch eine weitere Nachricht: Mithridates war erneut zum Angriff übergegangen. Er sei dabei, das Königreich Pontos wieder in Besitz zu nehmen, und Tigranes sei in Kappadokien eingefallen. Von seinen Soldaten im Stich gelassen, die diesen gescheiterten *imperator* nicht mehr als ihren Anführer ansahen, blieb Lucullus nichts anderes übrig, als sich zurückzuziehen. Bald darauf sah er sich gezwungen, sein Amt Pompeius zu übertragen, der aufgrund der *lex Manilia* vom Jahr 66 nach seinen entscheidenden Siegen über die Seeräuber, die er im vorangegangenen Jahr errungen hatte, alleiniger Oberbefehlshaber aller gegen Mithridates gerichteten Operationen geworden war.
In seiner Kriegführung entfaltete Pompeius die Fähigkeiten, die M. Lucullus gefehlt hatten. Als erstes erneuerte er mit Phraates III., dem neuen König der Parther, das seinerzeit durch Sulla abgeschlossene Bündnis.[85] Nachdem er so die rechte Flanke abgesichert glaubte, fiel er in Kleinarmenien ein, während Mithridates, außerstande, seinen Vormarsch aufzuhalten, seine Truppen in einem sinnlosen Kleinkrieg verbrauchte und sich schließlich in einem Engpaß einschließen ließ, in dem er 10 000 Soldaten verlor und beinahe selbst gefangen worden wäre. Zum zweiten Mal wurde das Königreich von Pontos von den Römern besetzt. Diesmal konnte Mithridates in Armenien keine Zuflucht mehr finden; denn Tigranes war sehr daran gelegen, sich die Unterstützung der Römer zu erhalten, um endlich mit den Schwierigkeiten fertig zu werden, die ihm aus der Rebellion seines eigenen Sohnes erwuchsen. Mithridates floh bis Kolchis.
Pompeius, der, allerdings mit größerer Umsicht, die Pläne des Lucullus wieder aufgriff, fiel in Armenien ein, wohin ihn der aufrührerische Sohn des Tigranes gerufen hatte. Dieser unterwarf sich Pompeius, bevor es zur Entscheidungsschlacht kam.

Dafür behielt er seinen Thron, allerdings nur als Vasall Roms (Herbst 66).
Mithridates gab sich indessen noch nicht geschlagen. Von Kolchis aus war es ihm gelungen, die römische Seesperre zu durchbrechen, sich bis zur Krim durchzuschlagen und dort ein neues Heer auszuheben, das er nach römischer Art bewaffnete. Er liebäugelte mit dem Gedanken, das Donautal hinaufzuziehen und von Norden her in Italien einzufallen! Zu Anfang des Jahres 63 brach ein Aufstand in der Armee des Königs aus. Pharnakes, sein Sohn, zwang Mithridates in Panticapaeum zum Selbstmord. Aber zu diesem Zeitpunkt dachte Pompeius, der Sieger über den gesamten Osten, kaum noch an seinen alten geschlagenen Feind.

c) Die innenpolitischen Probleme

α) Sertorius

Noch vor seinem Sieg über Mithridates und der endgültigen Zerschlagung der Königreiche im Osten war Pompeius beauftragt worden, Spanien zu befrieden. Seit dem Jahr 77 widmete er sich dieser Aufgabe, für deren Bewältigung ihm ein Senat das Kommando anvertraut hatte, den die Erfolge des Sertorius zutiefst beunruhigten.[86] Der Senat tat dies, obwohl Pompeius keine Magistratur innehatte. Somit war die Ernennung illegal, ergab sich jedoch zwangsläufig aus den sullanischen Institutionen und unter dem wachsenden Druck der Präzedenzfälle. Jedenfalls hatte Pompeius Erfolg, wo Metellus keine Entscheidung hatte herbeiführen können. Schon im Jahr 74 durfte er für sich buchen, daß die Macht des Sertorius endgültig gebrochen war. Ihre völlige Beseitigung war nur noch eine Frage der Zeit. Im Jahr 72 wurde Sertorius bei einem Gelage von seinem Unterführer Perperna erschlagen. Dieser wurde in offener Feldschlacht besiegt und hingerichtet. Pompeius ließ die Archive der marianischen »Regierung« sofort verbrennen, um mit dieser Geste der Versöhnung unter die Vergangenheit und alle umstürzlerischen Intrigen, deren Beweismaterial in diesen Archiven aufbewahrt wurde, ein für allemal einen Schlußstrich zu ziehen. Diese Geste hob sich deutlich von der Schonungslosigkeit ab, mit der Sulla seine Gegner verfolgt und überführt hatte, und sollte unabsehbare Folgen haben: Von dieser Zeit an war die Milde sonderbarerweise eine Begleiterscheinung des Bürgerkriegs. Caesar beweinte (nicht nur aus reiner Heuchelei) das erbärmliche Ende seines Gegenspielers. Caesars *clementia* entsprach dieser neuen Haltung, deren erstes Beispiel Pompeius in Spanien gegeben hatte. An die Stelle des Tyrannen trat der *Princeps.*

Durch seinen Sieg gewann Pompeius großes Ansehen bei der Bevölkerung in Spanien selbst, die von der brutalen und grausamen Politik, die Sertorius zuletzt geführt hatte, bitter enttäuscht worden war. Wie die großen Friedensstifter früherer Zeiten traf er Anordnungen für das zukünftige Schicksal der Volksstämme und gründete neue Städte: Pompaelo (Pamplona), und am Nordhang der Pyrenäen Lugdunum Convenarum (Saint-Bertrand de Comminges).

β) Spartakus

Kaum war Pompeius im Jahr 71 aus Spanien zurückgekehrt, da wurde ihm noch ein weiterer Sieg beschieden – oder vielmehr die Beendigung eines Krieges, den ein anderer fast schon zu einem erfolgreichen Ende geführt hatte. Im Jahr 73 war in Kampanien ein Sklavenaufstand ausgebrochen, den ein ehemaliger Hirte thrakischer Herkunft anführte, der unter dem Namen Spartakus Gladiator geworden war. Einige Gladiatoren aus einer Fechterschule in Capua hatten die Revolte ausgelöst, die bald gewaltige Ausmaße annahm. Nacheinander wurden die gegen die Rebellen ins Feld geführten Truppen geschlagen, so daß andere Sklaven ebenfalls ihre Ketten zerbrachen und Spartakus zuströmten. Spartakus, der sich plötzlich an die Spitze eines Massenheeres gestellt sah, das er weder mit Proviant versorgen noch völlig bewaffnen konnte, faßte den Plan, nach Norden zu ziehen, Italien zu verlassen und sich in den Ländern der Barbaren niederzulassen, wo es keine Herren mehr geben würde. Gegen Ende des Sommers 72 gelangte er bis Modena, wo er eine römische Armee überrannte. Dann unterbrach er jedoch seinen Marsch, wandte sich nach Süden und zog an der Adria entlang, möglicherweise um seinen Leuten Nahrung zu verschaffen, die er in der Gallia Cisalpina nicht so leicht gefunden hätte. Angesichts dieser offensiven Kehrtwendung ergriff Rom Sondermaßnahmen, und der Senat ernannte M. Licinius Crassus zum alleinigen Oberbefehlshaber gegen die Sklaven. Crassus war der reichste Römer und gehörte zu denen, die Pompeius um seine Erfolge beneideten, aber weder sein Talent noch seine persönlichen Qualitäten besaßen. In dieser bedrohlichen Lage versuchte Spartakus einen Augenblick lang, nach Sizilien auszuweichen, dem Land der Sklavenaufstände schlechthin. Aber die Seeräuber, mit deren Hilfe er für das Übersetzen nach Sizilien gerechnet hatte, brachen ihr Wort. Außerdem war Verres, der Statthalter der Insel, auf seiner Hut. Spartakus mußte in Lukanien bleiben. Es kam zu einem gnadenlosen Kampf zwischen ihm und Crassus. Crassus versuchte, ihn auf der Halbinsel Aspromonte einzuschließen; aber Spartakus entkam, und Crassus, der an seinen eigenen militärischen Fähigkeiten zu zweifeln begann (die nicht überragend waren), rief Pompeius

zu Hilfe. Durch die Ankunft des Prokonsuls von Makedonien, Terentius Varro Lucullus, änderte sich die Lage jedoch schlagartig. Es gelang den Legionen, das Heer des Spartakus endgültig zu vernichten, bevor noch Pompeius aus Spanien eingetroffen war. Crassus ereilte das Pech, daß eine Bande des Spartakus entkommen konnte, und so trug Pompeius in Etrurien den letzten Sieg über sie davon, der dem Krieg ein Ende setzte. Der Ruhm, Rom von dem Alptraum befreit zu haben, fiel Pompeius zu. Um beide zu belohnen, bot ihnen der Senat das Konsulat für das Jahr 70 an, obwohl keiner von beiden von Rechts wegen Anspruch auf dieses Amt hatte. Beide aber nahmen an. So wurden diese beiden Männer, die das Schicksal zu Rivalen gemacht hatte und die sich haßten, gemeinsam vom Senat an die Macht gebracht, der sie auf diese Weise zu neutralisieren hoffte, sie aber lediglich zu Komplizen machte.
Unter dem Druck der Popularen und dem Zwang der Verhältnisse wurden die sullanischen Gesetze allmählich außer Kraft gesetzt. Die Agitation der Tribunen hatte wieder eingesetzt, und die Stimmung zugunsten einer Wiederherstellung des Tribunats wuchs mit jedem Tag. Zunächst gab man ihm seinen Platz in der Ämterlaufbahn zurück; dann nötigte man Pompeius, wenige Tage vor seiner Wahl zum Konsul, das Versprechen ab, das Vetorecht wieder in der Weise einzuführen, wie es vor Sulla bestanden hatte. Kaum war Pompeius in seinem Amt bestätigt, als er diesem Verlangen entsprach. Es war ebenfalls Pompeius, der, zusammen mit seinem Kollegen Crassus, die Zensur wieder einführte. Dies war ein großes Entgegenkommen gegenüber den Rittern. Denn seit es keine Zensoren mehr gab, die die Bürgerlisten mit der Aufteilung in Zensusklassen aufstellten, fehlte dem Ritterstand die legale Grundlage, vor allem erhielten die Steuerpächter durch die Wiedereinführung der Zensur wieder die Handhabe zur Einziehung der von Sulla abgeschafften Steuern, die von den Zensoren eingezogen wurden, wie beispielsweise der Zehnte in Asien, von wo der Ritterstand weitgehend seine Einkünfte bezog.

γ) Der Prozeß des Verres

Während des Konsulats des Pompeius und Crassus kam es schließlich auch zu einer Reform der Richtergesetze, die durch den Verresskandal unumgänglich geworden war, daß man keinen Augenblick zögert, etwas anderes in ihr zu sehen als das Ergebnis eines bis ins letzte ausgeklügelten Programms. Der Prozeß gegen Verres ist durch Ciceros Pamphlete (man kann sie nicht als Plädoyers bezeichnen) unvergessen geblieben. Verres, der ehemalige Proprätor Siziliens, ein Marianer, der umgeschwenkt und Anhänger Sullas geworden war, hatte seine Provinz von 73 bis 71 verwaltet. Dort hatte er in enger Zusammenarbeit mit dem Großbürgertum und einem Heer von Helfershelfern, die immer auf ein faules Geschäft bedacht waren, nicht nur beträchtliche Geldsummen angehäuft, sondern auch ganze Kunstsammlungen, Statuen und Silbergeschirr, die ihm skrupellose Schwindler verschafften. In fast allem hatte er spekuliert, besonders aber in Getreide, darin einer Tradition folgend, die auch nach seinem Tod fortbestehen sollte.[87] Cicero warf ihm auch Grausamkeiten gegen sizilianische Notabeln und römische Bürger vor. Aber in diesem Punkt ist die Anklage wohl weniger zuverlässig, als Ciceros Wortgewalt glauben machen möchte.[88] Die Ereignisse in der Zeit der Prätur des Verres (der Sklavenaufstand, die Bedrohung durch die Seeräuber, die nahezu überall Freunde und Bündnispartner fanden, die antirömische Propaganda der Agenten des Mithridates in den griechischen Staaten) sind vielleicht eine Erklärung für die Strenge des Statthalters und für die Tatsache, daß es in dieser turbulenten Zeit auf der Insel ruhig blieb.

Wie dem auch sei, Verres war unbestreitbar ein Statthalter von einer gewissen Durchtriebenheit, den die Sizilianer verwünschten (obwohl ihm die Syrakusaner ein Standbild errichteten). Die Sizilianer baten Cicero, der wenige Jahre zuvor (im Jahr 75) Quästor in Lilybaeum gewesen war und dessen Verwaltung man in bester Erinnerung hatte, ihre Sache zu vertreten. Die Verteidigung übernahm Hortensius Hortatulus, der beste Redner des Adels. Cicero war in diesem Prozeß weniger der Anwalt der Sizilianer als vielmehr der Steuerpächter, die ihn bei seinen Nachforschungen an Ort und Stelle unterstützten und natürlich auf eine Verurteilung des Verres hofften, die den Adel in Mißkredit bringen und den Rittern wieder Zugang zu den *quaestiones* verschaffen würde. Ihre Rechnung ging auf. Verres, den Cicero schon am ersten Prozeßtag mit einer erdrückenden Beweislast an die Wand spielte, wartete erst gar nicht die weiteren Debatten ab, sondern ging freiwillig ins Exil. Cicero hatte nur die erste und unbedeutendste seiner Reden vorgetragen, die er vorbereitet hatte. Die weiteren Reden ließ er veröffentlichen. Sie machten auf die Öffentlichkeit einen so nachhaltigen Eindruck, daß gegen Ende desselben Jahres 70 die *lex Aurelia* verabschiedet wurde, nach der die Gerichte in Zukunft zu einem Drittel aus Senatoren, einem Drittel aus Angehörigen der Rittercenturien und einem Drittel aus »Ärartribunen«, also Bürgern, die den Rittercensus besaßen, ohne den Rittertitel zu tragen, zusammengesetzt sein sollten. Das bedeutete praktisch, daß die Richtergewalt fast ausschließlich den Bürgern übertragen wurde, die den größten Anteil des Nationalvermögens besaßen, und nicht mehr denen, die die politische Macht innehatten. So wurde der Dreiparteienstaat aus der Zeit vor den Cornelischen Gesetzen wiederhergestellt. Drei Jahre danach zog L. Roscius

Otho die Konsequenz daraus, indem er den Rittern das von Sulla abgeschaffte Privileg der reservierten Plätze im Theater zurückgab.

δ) Die rogatio des Gabinius

Im gleichen Jahr verlangte der Tribun A. Gabinius in einer *rogatio* die Schaffung eines gemeinsamen Oberkommandos für den Kampf gegen die Seeräuber, die zu einer regelrechten Plage geworden waren und den gesamten Handel im Mittelmeer lahmlegten. Gabinius hatte keinen Namen genannt, aber jeder dachte an Pompeius. Der Heerführer, der solche Sondervollmachten erhielte, um seine Aufgabe zu bewältigen, wäre der wirkliche Herrscher im Staat. Das lag einfach in der Logik der Entwicklung, die nicht mehr aufzuhalten war. Diesmal stellte sich der Senat gegen die *rogatio,* und Gabinius mußte sie von einer Volksversammlung verabschieden lassen (Januar 67).

Höchstwahrscheinlich war das Gesetz des Gabinius nicht nur im Einvernehmen mit Pompeius, sondern auch mit der Zustimmung der Ritter vorbereitet worden, die für ihren Handel die Wiederherstellung der Sicherheit brauchten. Es ist daher nicht weiter erstaunlich, daß der Getreidekurs, der vor der Einbringung des Antrags gestiegen war, nach der Abstimmung plötzlich fiel.

Die Operationen des Pompeius gegen die Seeräuber gingen äußerst rasch vonstatten und hatten durchschlagenden Erfolg. In drei Monaten brachte er 846 Schiffe auf, machte 20 000 Gefangene, tötete 10 000 Mann und besetzte 120 Stützpunkte.[89] Auf dem Meer herrschte wieder Frieden.

Das Gesetz, das von Manilius, einem der Tribunen, die am 10. Dezember 67 ihr Amt antraten, eingebracht wurde und Pompeius den Oberbefehl im Krieg gegen Mithridates und die Regierung der asiatischen Provinzen übertragen sollte, warf dringlicher denn je die Verfassungsfrage auf. Pompeius erschien allen als der »Retter« des Imperiums. In seiner Rede »Über das Imperium des Cn. Pompeius« (De imperio Cn. Pompeii), die er zugunsten der *rogatio* des Manilius hielt, wagte Cicero auszusprechen, was ein jeder dachte, daß nämlich Roms vitale wirtschaftliche Interessen ein schleuniges Ende des Krieges gegen Mithridates verlangten. Der Senat hatte zwar in den voraufgegangenen Jahren Lucullus den Oberbefehl entzogen, aber die Heerführer, die an seine Stelle getreten waren, Q. Marcius Rex und M. Acilius Glabrio, schienen offenbar nicht in der Lage zu sein, einen Sieg zu erzwingen. Die Zeit drängte. Die Lösung, die der Senat im Rahmen der Verfassung nicht zu finden vermocht hatte, sollte von außen durch ein Plebiszit erzwungen werden. Es gab genügend Väter, die diese Sprache verstanden. Viele von ihnen waren indirekt an den Steuerpächtergesellschaften beteiligt, und wenn sie auch als Oligarchen gegen die *rogatio* protestierten, so konnten sie sie als Geschäftsleute nur gutheißen. Pompeius hatte im übrigen schon bewiesen, daß er kein zweiter Sulla sein würde. Man ahnt hinter den Worten Ciceros schon etwas von dem Bündnis, das sich zwischen den Rittern und zumindest einem Teil der Senatoren anzubahnen begann, das unter der Ägide eines wohlmeinenden *Princeps* stand, den das Schicksal Rom sandte. Auch Caesar verteidigte den Antrag des Manilius und erwarb sich dadurch die Dankbarkeit des um neun Jahre älteren Pompeius. Das Gesetz wurde verabschiedet, und Pompeius brach nach Asien auf, wo er, wie wir bereits sahen, die endgültige Niederlage des Mithridates besiegelte, bevor er über das Schicksal der asiatischen Gebiete entschied. Er sollte erst im Januar 61 zurückkehren. In der Zwischenzeit lenkten zwei Männer die Aufmerksamkeit Roms auf sich: der eine, Cicero, stand im Vordergrund; der andere, Caesar, machte zwar schon von sich reden, bereitete sich jedoch darauf vor, vor allem morgen die entscheidende Rolle zu übernehmen.

ε) Die Verschwörung des Catilina

Cicero, ein Kleinbürger aus Arpinum (der Heimat des C. Marius), war der erste seines Geschlechts, der in den Senat einzog. Er gehörte also nicht der *nobilitas*, sondern dem Ritterstand an. Das ist sehr bedeutsam, wenn man daran denkt, daß eines der schwerwiegendsten Probleme dieser Zeit gerade die Teilung der Macht zwischen »Adligen« und Rittern war. Schon von Jugend auf bildete Cicero sich in den Disziplinen, die auf ein öffentliches Amt vorbereiteten, und er pflegte den Umgang mit Männern, die das vergangene Jahrhundert noch erlebt hatten, also die Zeit der Gracchen, die in seinen Augen immer das »Goldene Zeitalter« der Republik blieb. Der Rhetorik hatte er sich mit einer Leidenschaft verschrieben, die alles andere in den Hintergrund drängte. Zweifellos betrachtete er wohl die Redekunst als ein Aktionsmittel, mit dem man Freunden beistehen konnte und, darüber hinaus, Bürgern, die mit einer Verurteilung rechnen mußten. Sie gewährte Autorität und Ansehen bei Volk und Senat. Aber die Redekunst war für ihn vor allem auch ein Mittel individueller Aussage. Er hatte das Temperament eines Künstlers, für den die Schönheit der höchste Wert ist. Cicero war Dichter und Redner zugleich, und er versuchte, in seinen Abhandlungen – insbesondere in *De Oratore* – die notwendigen Voraussetzungen darzulegen, ohne die jenes Ergriffensein von der Schönheit, welche durch das Wort das Herz mitzureißen vermag, nicht bewirkt werden könne. Das »Nützliche« *(prodesse)* ist danach gut, aber das eigentliche Ziel (ja geradezu die Voraussetzung für die Nützlichkeit) ist »Daß es gefalle« *(delec-*

tare) im weitesten Sinn des Wortes. Die Rede solle nicht allein gefallen, sondern ein Kunstgenuß sein.
Noch etwas gab Cicero diesem Rom, dessen überlieferte Werte gleichsam umgekehrt worden waren, in dem das Streben nach Ruhm nur noch gemeine Ehrsucht war und nur der etwas galt, der in der Schlacht die meisten Feinde erschlug und mit der Beute, die seinem Triumphwagen folgte, die meisten Plünderungen nachweisen konnte. In einem seinem Konsulat gewidmeten Gedicht steht ein Vers, der, etwas unbeholfen, die Umkehrung der Ideale in folgenden Worten zusammenfaßt: »Mögen die Waffen der Toga weichen und der Lorbeer der Würde.« Gemeint ist damit, daß nicht dem Eroberer die höchste Ehre gebühre, sondern dem weisen, vorausschauenden Magistraten, der auf die Erhaltung des Friedens und des Gleichgewichts im Staat bedacht sei und dem dies durch die Macht des Wortes und die Überzeugungskraft seiner Rede gelinge. Die Bedeutung dieses Satzes wird man dann ermessen können, wenn man sich die kurz zurückliegende Regierungszeit Sullas vergegenwärtigt mit ihren Proskriptionen, Massakern und ihrer Niedertracht und all den Intrigen um Macht und Geld. Ein neues Ideal tauchte hier auf, das jenes Ende der Republik überstrahlte. Die Gestalt des *orator,* also des wirklichen Staatsmannes im Gegensatz zum *imperator,* dem nur Waffen und Truppen zu Gebote stehen, wurde zum Symbol einer neuen Hoffnung. Man begreift, weshalb sich Cicero zu Pompeius hingezogen fühlte, der zwar kein Redner, sondern ein militärischer Führer war, der jedoch bei seinen Eroberungszügen und Expeditionen unendlich mehr Menschlichkeit und Achtung vor dem menschlichen Leben bewiesen hatte als andere Generäle. Die Art, wie er die Seeräuber in Gebieten angesiedelt hatte, in denen sie nicht mehr zu einem Leben im Elend verurteilt sein würden, der Ruf, den ihm seine Milde eingebracht hatte – all dies gewann ihm die Zuneigung Ciceros und entsprach dem neuen Ideal, das er den Römern bot.
Die Ironie des Schicksals wollte es, daß Ciceros eigenes Ideal in einer ziemlich schweren Krise, der Verschwörung des Catilina, seine Bewährungsprobe bestehen mußte. Während der Abwesenheit des Pompeius ging das politische Leben mit seinem üblichen Auf und Ab weiter. Jährlich kehrten mit den Wahlen auch die Betrügereien und Intrigen wieder. Die Wahl der Konsuln für das Jahr 65 war zum großen Ärger des Crassus, der gerade Zensor war, für ungültig erklärt worden. Er beschloß, ihnen durch einen Gewaltstreich wieder Rechtskraft zu verleihen, und sammelte eine Verschwörergruppe um sich; zu dieser gehörten C. Antonius Hybrida (der spätere Kollege Ciceros im Konsulat des Jahres 63), C. Julius Caesar, der Crassus, seinem Gläubiger, riesige Summen schuldete und dadurch völlig abhän-

gig war, P. Sittius, ein kampanischer Ritter, dem sich später durch die Gunst Caesars eine glanzvolle Karriere in Afrika eröffnete, ein junger Leichtfuß namens Cn. Calpurnius Piso und schließlich ein völlig heruntergekommener Adliger, Sergius Catilina, eine finstere Gestalt. Mit eigenen Händen hatte er unter grauenvollen Umständen den Marianer Marius Gratidianus zur Zeit der Proskriptionen[90] gefoltert. Sein Privatleben war von den übelsten Verbrechen erfüllt.[91] Crassus entwarf mit seinen Freunden den Plan, am 1. Januar 65 die neuen Konsuln umzubringen. Danach sollte Crassus zum Diktator gewählt werden, und das sullanische Abenteuer hätte von neuem begonnen – diesmal mit Caesar als Führer des Ritterstandes. Crassus hatte indessen in seinem kurzsichtigen Plan Pompeius nicht berücksichtigt. Dieser brauchte allerdings gar nicht erst einzugreifen, denn die Verschwörung wurde aufgedeckt, ehe sie auch nur annähernd zur Ausführung gelangt war. Die Konsuln waren auf der Hut, und nichts geschah. Es geschah ebenso wenig am 5. Februar, dem zweiten von den Verschwörern festgesetzten Termin nach dem Mißerfolg vom 1. Januar. Der enttäuschte Catilina bereitete nun auf eigene Faust den Griff nach der Macht vor und kandidierte, um sein Vorhaben ins Werk zu setzen, bei den Wahlen des Jahres 64 für das Jahr 63[92], in denen er durchfiel. Als er im Jahr 64 erneut kandidierte, war diesmal M. Tullius Cicero sein Mitbewerber. Ciceros Karriere hatte damit begonnen, daß er den Metelli zu Gefallen Sex. Roscius aus Ameria[93] verteidigt hatte. Als er für Pompeius Partei ergriff, geriet er in Opposition zur *nobilitas*. Er erschien nun als Anwalt der Ritter, für die die *lex Manilia* entworfen worden war. Die Popularen ihrerseits erinnerten sich daran, daß Cicero Sulla die Stirn zu bieten gewagt hatte, als dieser auf dem Gipfel seiner Macht stand, und manche von ihnen hatten ihm ihre Sympathie bewahrt. Gegen sich hatte er die Clique des Crassus, die von Caesar unterstützt wurde (der dies mehr oder weniger gezwungen tat). Crassus warb für Antonius Hybrida und Catilina, seine »Freunde« von der letzten Verschwörung. Cicero griff in einer Rede, die er *»in toga candida«* hielt (in der mit Kreide geweißten Toga, wie sie die Kandidaten während der Wahlzeit zu tragen pflegten), die illegalen Intrigen dieser beiden Männer an. Mit dieser Rede gewann er sich gewiß die Unterstützung einiger Optimaten. So kam es, daß Cicero und C. Antonius gewählt wurden, Cicero mit überwältigender Mehrheit, Antonius mit einigen Stimmen Vorsprung vor Catilina.

Dieser gab sich jedoch nicht geschlagen. Bei den Komitien vom Juli 63 kandidierte er erneut. Seine Gegenkandidaten waren der Jurist Servius Sulpicius Rufus, D. Junius Silanus, ein Adliger ohne besonderes Format, und vor allem L. Licinius Murena, der ehemalige Legat des Lucullus im Osten. Verglichen mit ihnen allen erschien Catilina als der Verteidiger der kleinen Leute, all derer, die Cicero gerade enttäuscht hatte, weil er durch die Überzeugungskraft seiner Rede die Ablehnung des von dem Tribunen eingebrachten Ackergesetzes durchgesetzt hatte. Catilina versprach eine Schuldenstreichung, ein neues Ackergesetz, kurz, eine soziale und zugleich politische Revolution. Aber in den Wahlen, die in jenem Jahr im September stattfanden, unterlag Catilina wiederum. Die beiden Konsuln des Jahres 62 hießen Silanus und Murena. Die Aussicht auf einen *de ambitu*-Prozeß (der dann auch gegen Murena angestrengt wurde, in welchem aber Cicero, der seine Sache vertrat, Ende November 63 seinen Freispruch erwirkte) genügte Catilina nicht. Diesmal war er entschlossen, sich mit Gewalt Genugtuung zu verschaffen, da ihm der legale Weg zur Macht versperrt blieb.

Zuerst scharte er eine Reihe von Komplizen um sich, deren Ehrgeiz aus irgendeinem Grund enttäuscht worden war. Einige hatten sich umsonst bemüht, ihren Ehrgeiz zu befriedigen, und sich dabei ruiniert oder waren unfähig gewesen, ihr Vermögen zu verwalten. Andere wiederum, Ritter und Bürger aus den kleinen italischen Städten, steckten tief in finanziellen Schwierigkeiten. Die wirtschaftliche Lage, ganz besonders aber die Lage der Landwirtschaft, hatte die Zahl der zahlungsunfähigen Schuldner um ein Vielfaches ansteigen lassen. Infolge der Konkurrenz der Sklavenarbeit und der Konzentration der Produktion in den Händen einiger weniger hatte sich die Lage der Kleinbauern erheblich verschlechtert. Besonders hart waren die Siedler betroffen, denen Sulla Land zugewiesen hatte, dessen Bewirtschaftung sie vor immer neue Schwierigkeiten stellte. Diese Siedler, die alle ehemalige Soldaten waren, konnten sich nur schwer an die mühevolle Landarbeit gewöhnen. Den weitaus größten Teil seines Heeres rekrutierte Catilina aus ihnen, besonders in Etrurien.

Die Verschwörung wurde im September angezettelt. Noch im selben Monat erfuhr Cicero von ihr durch die Indiskretion eines Komplizen, der seiner Mätresse, die ungeduldig von ihm Geld verlangte, den ganzen Plan entdeckte und ihr sagte, daß sie beide bald durch Catilina reich sein würden. Die Dame war aufs höchste beunruhigt, andererseits war es nur zu verlockend, bare Münze aus dem ihr anvertrauten Geheimnis zu schlagen. Sie suchte den Konsul auf, und im Verlauf der Krise verkaufte sie ihm dann wertvolle Informationen. Cicero fehlten jedoch hinreichende Beweise, um ein Einschreiten rechtfertigen zu können. Er beschränkte sich darauf, am 23. September (an diesem Tag wurde der spätere Augustus geboren) dem Senat mitzuteilen, was er erfahren hatte. Niemand nahm indessen die Sache ganz ernst, bis einen Monat später in der Nacht vom 20. auf den 21. Oktober ein neues Ereignis eintrat. Crassus, M. Marcellus und Metellus Scipio sprachen bei Cicero vor und händigten ihm Briefe aus, die ein Unbekannter bei ihnen abgegeben hatte. In diesen anonymen Briefen wurden sie, zusammen mit einigen anderen, aufgefordert, die Stadt so rasch wie möglich zu verlassen und sich in Sicherheit zu bringen.[94] Am nächsten Morgen berief Cicero den Senat ein und ließ diese Briefe verlesen; er fügte noch einige Einzelheiten hinzu und erklärte, daß seinen Informationen zufolge Manlius, ein Unterführer Catilinas, am 27. Oktober offen zur Rebellion schreiten, Cicero selbst am 28. Oktober ermordet werden und Praeneste am 1. November besetzt werden solle. Nach einer Nacht Bedenkzeit stimmten die Senatoren über ein *senatus consultum ultimum* ab.

Cicero war indessen mehr daran gelegen, vorzubeugen als zu heilen, und er hoffte, die Verschwörer durch umfassende Maßnahmen, die er unverzüglich ergriff, zu entmutigen. Es wurden Truppen ausgehoben, Kampanien wurde besetzt, wo die Verschwörer einen Aufstand der Gladiatoren von Capua auslösen sollten. Catilina ließ sich jedoch nicht einschüchtern. Gleich am 8. November versuchte er, Cicero umbringen zu lassen. Die Mörder wurden im Morgengrauen bei ihm vorstellig, unter dem Vorwand, ihm, wie die Sitte es wollte, ihren Gruß zu entbieten. Cicero war jedoch gewarnt worden, und Catilinas Boten wurden nicht vorgelassen. Wenige Stunden später hielt Cicero dagegen im Senat die erste Rede gegen Catilina. Er wollte Catilina zwingen, die Karten auf den Tisch zu legen und sich selbst offen zum Feind Roms zu erklären. Am selben Abend verließ Catilina die Stadt und stieß in Etrurien zur Armee des Manlius. Tags darauf erklärte Cicero dem Volk, wie die Lage wirklich aussehe. Er wußte, daß die meisten Verschwörer in Rom geblieben waren und versuchen würden, einen Volksaufstand zu entfesseln. Um diesem Aufstand zuvorzukommen, hielt Cicero diese Rede, und auch deshalb, weil er die Gesetze und den Geist der Institutionen respektierte und es ihm völlig klar war, daß das Volk oberster Schiedsrichter war und letztlich ihm die Macht im Staat zukam. Dieses Volk mußte um jeden Preis in die »Partei der Ordnung« hinübergezogen werden. Catilina und seine Anhänger gaben sich den Anschein, als gelte ihre Aktion nur der Verteidigung des kleinen Mannes und der Elenden im Land.[95]

Kaum hatte Catilina das Lager des Manlius erreicht, da erklärte ihn der Senat zum Staatsfeind. Antonius, der zweite Konsul, wurde aufgefordert, gegen ihn vorzugehen. Damit war aber die Verschwörung noch nicht niedergeschlagen. Am Vorabend der Saturnalien sollte Calpurnius Bestia, einer der neuen Tribunen und Mitglied der Verschwörergruppe, vor der Versammlung der Plebs Klage gegen Cicero erheben; in der darauffolgenden Nacht sollte Rom in Brand gesteckt und die Senatoren in einem Massaker getötet werden. Catilina wollte dann an der Spitze seiner Armee in der Stadt einziehen, die bereits in der Hand seiner Anhänger sein würde. Unterdessen hielt es Lentulus, der wichtigste Verbindungsmann des Catilina, für nützlich, mit den Abgesandten der Allobroger, die sich in der Stadt aufhielten, ein regelrechtes Bündnis abzuschließen. Die Allobroger, die zunächst nicht abgeneigt waren, brachten die Sache vor ihren römischen »Patron«, Q. Fabius Sanga. Cicero wurde informiert, so daß in der Nacht vom 2. zum 3. Dezember durch eine Polizeiaktion die rechtzeitig unterrichteten Allobroger an der Milvischen Brücke festgenommen und in ihrem Gepäck der Vertragstext mitsamt der Unterschrift der Verschwörer beschlagnahmt werden konnte. Sofort wurden die Schuldigen verhaftet, und am selben Abend unterrichtete Cicero in seiner dritten Rede gegen Catilina das Volk über die Lage. Nun blieb nur noch die Frage zu klären, wie man mit den Verschwörern verfahren sollte. Diejenigen, die bewaffnet in Etrurien standen, waren Staatsfeinde, »Ausländer« (*hostes*), mit denen man sich im Kriegszustand befand. Was sollte aber mit denen geschehen, deren Bewachung Privatpersonen anvertraut worden war? Cicero legte diese Frage dem Senat am 5. Dezember vor. Sie war das Thema der vierten und letzten Catilinarischen Rede.

Die Sitzung des Senats zog sich in die Länge, die Meinungen stießen hart aufeinander. Die »Aristokraten« forderten die Todesstrafe. Caesar, der schon geraume Zeit als Führer der Popularen galt, setzte sich für eine milde Bestrafung ein. Seiner Ansicht nach genügte eine Strafversetzung der Schuldigen in die Municipien oder Kolonien. Den Ausschlag gab schließlich die Rede Catos (des späteren »Cato von Utica«), der ebenfalls der Ankläger Murenas gewesen war. Er trat als der kompromißlose Doktrinär auf und brachte den Senat dazu, daß man für die Todesstrafe stimmte. Einige Stunden später ließ Cicero sie vollstrecken. Die fünf führenden Verschwörer Lentulus, Cethegus, Statilius, Gabinius und Ceparius wurden im Kerker des Tullianum erwürgt. Etwa einen Monat später, gegen Ende Januar, wurde Catilina, der die Führung seiner Armee übernommen hatte, gezwungen, sich in einer offenen Feldschlacht den Truppen des Senats zu stellen. Die Heere stießen in Pistoria zusammen. Die Rebellen wurden vernichtend geschlagen. Manlius und Catilina fielen im Kampf. Ciceros Konsulat hatte am 29. Dezember geendet. Sein Kollege Antonius, dessen Amtszeit als Prokonsul verlängert worden war, befehligte die Armee, die Catilina schlug. Allerdings nahm er nicht selbst am Kampf teil und entging damit der Schmach, denjenigen in den Tod zu schicken, der früher einmal sein Freund gewesen war.

Aus diesem Abenteuer, das durch die Redekunst des Cicero und den schriftstellerischen Genius des Sallust die Dimension eines ganz zentralen Ereignisses dieser Zeit gewann, ging die

Abb. 12: Pompeius Magnus

Oligarchie scheinbar gestärkt hervor, da es diesmal nicht notwendig gewesen war, sich um Hilfe an einen »Retter« zu wenden, und der Senat die Rückberufung des Pompeius ablehnte, obwohl ein solcher Vorschlag in der *rogatio* des Tribuns Q. Metellus Nepos gemacht wurde, eines ehemaligen Legaten des Pompeius, der aus dem Osten zurückgekehrt war, um sich zum Tribun wählen zu lassen, fest entschlossen, das reibungslose Funktionieren der aristokratischen Institutionen zu stören. Aber Nepos, der seiner *rogatio* mit einem Terrorakt auf dem Forum Nachdruck verliehen hatte, mußte fliehen, ohne auch nur das geringste erreicht zu haben. Schon am 29. Dezember, als Cicero beabsichtigt hatte, eine Rede über sein Vorgehen gegen Catilina zu halten, hatte Nepos sich dagegen gewandt, und Cicero hatte sich mit dem traditionellen und kurzen Eid begnügen müssen, den ein aus dem Amt scheidender Konsul schwor.

ζ) *Die Rückkehr des Pompeius*

Vor seinem Aufbruch in den Orient war Pompeius die angesehenste Persönlichkeit im Staat. Aber seine gewaltigen Verdienste, die er sich erworben hatte, vergrößerten sein Ansehen wohl nicht in dem Maß, wie er es angesichts der umfangreichen Eroberungen und Annexionen in Asien verdient hätte: Syrien (im Jahre 64), die Befriedung Palästinas und die Einnahme Jerusalems (im Sommer 63), die Bildung der Provinzen von Bithynien und Syrien, die Ausdehnung des römischen Einflusses auf Armenien und seine Festigung in Kappadokien und in Kommagene. Cicero hatte sich trotz des berechtigten Anspruchs des Pompeius auf die Dankbarkeit Roms auf andere Weise das Recht gesichert, sich »Vater des Vaterlandes« nennen zu lassen. Er hatte den Vätern neue Hoffnung gegeben, die der Auffassung waren, daß die Entwicklung nicht zwangsläufig auf eine Militärdiktatur zusteuere. Vielleicht erklärt sich daraus das Manöver des Nepos und die Verbitterung des Pompeius gegenüber Cicero, der ihm zwar nicht gerade den Sieg gestohlen, ihn aber doch geschmälert hatte. Es ist wohl richtig, daß Catilina nur ein Abenteurer von kleinem Format gewesen ist, aber die wirkliche Bedeutung seiner Clique war geringer als die Wirkung, die sie auf die verschiedenen Klassen der Stadt ausübte. Der Schauplatz der Feldzüge des Pompeius lag weit weg; der heimliche oder offene Kampf zwischen Catilina und Cicero hatte sich vor aller Augen abgespielt. Es ist nicht weiter verwunderlich, daß die Väter das Verdienst Ciceros als etwas Besonderes herausstellten (und dabei übertrieben, wie manche meinen), um so mehr, als der Redner die Republik wiederhergestellt und vielen der Väter das Leben gerettet hatte. Als Pompeius zu Anfang des Jahres 61 nach Rom zurückkehrte, versuchte er nicht einmal, sich seine Armee zu erhalten, sondern entließ vorschriftsmäßig bis zum Tag seines Triumphes seine Soldaten. Es sollte kein neues Sulla-Abenteuer geben. Es gereicht Pompeius nur zur Ehre, begriffen zu haben, daß die Lage nach Ciceros Konsulat sich von der Zeit der »Tyrannei« der Popularen unter Cinna grundlegend unterschied.

η) *Das erste Triumvirat*

In Wirklichkeit waren die Probleme Roms weder durch die Niederlage Catilinas noch durch die Siege Roms gelöst worden. Ein gewisses Gleichgewicht schien für den Augenblick erreicht, aber nichts konnte ohne durchgreifende Reformen gelöst werden. Zu ihnen hätte gehört: das »Ausschwärmen« der Plebs in die Kolonien, deren Gründung nun wirklich tatkräftig hätte vorangetrieben werden müssen, und eine Reorganisierung der Provinzialverwaltung, um der schamlosen Ausbeutung der Reichsgebiete durch einige Senatoren und durch die Steuerpächter

insgesamt ein Ende zu setzen. Es war ausgeschlossen, diese Reformen durchzuführen, ohne dabei gleichzeitig das prekäre Gleichgewicht zu gefährden, das Cicero mit einem traditionellen, aber von ihm erneuerten Begriff *concordia ordinum* nannte (das Einvernehmen oder die Eintracht zwischen den Ständen). Diese Eintracht würde in dem Augenblick zusammenbrechen, in dem vitale Interessen dieser oder jener Klasse in Gefahr gerieten. Cicero war überzeugt, daß die Überzeugungskraft des Wortes und die Klarheit der Vernunftgründe hinreichen würden, um die Wahrheit zu offenbaren. Mit dieser philosophischen Auffassung stand er letztlich dem »sokratischen« Optimismus nahe, der damit lediglich im Hinblick auf die Erfordernisse des politischen Handelns neu durchdacht wurde[96] (trotz der Vorbehalte Ciceros gegenüber Sokrates, die ihn davor bewahrten, bedingungslos die Lehren des Sokrates sich zu eigen zu machen).
Aber das politische Geschehen zur Zeit Ciceros warf immer neue Fragen auf, die dringend einer Lösung bedurften. Es blieben nicht nur die alten Probleme, es kamen immer neue hinzu, die mehr den konkreten Menschen als irgendwelche Grundsätze betrafen und so schnell wie nur irgend möglich gelöst werden mußten. Pompeius hatte bei seiner Rückkehr aus dem Osten seine Frau Mucia verstoßen müssen, die die Halbschwester der Metelli war. Daraufhin distanzierte sich die Partei der Oligarchen von Pompeius, der gezwungen war, sich anderweitig nach Unterstützung umzusehen, um zu erreichen, was für ihn unerläßlich war: nämlich die Ratifizierung seiner Entscheidungen durch den Senat und die Zuteilung von Land zur Abfindung seiner Veteranen. Andererseits war, zumindest dem Namen nach, Crassus seit ihrem gemeinsamen Konsulat der Führer der Popularen, hatte sich aber derartig mit ihm überworfen, daß er bei der Ankunft des Pompeius aus Italien nach Makedonien floh. Als er zurückkehrte und sich davon überzeugt hatte, daß Pompeius kein neuer Sulla sein werde, richtete er sein ganzes Augenmerk darauf, Pompeius in allem, was er tat, Hindernisse in den Weg zu legen. Es blieb nur ein Mann, der sich noch nach keiner Seite hin endgültig festgelegt hatte, der aber durch seine Familienbande und seinen Widerstand gegen Sulla[97] sowie seine Haltung während der Verschwörung des Catilina den Eindruck eines überzeugten »Demokraten« hinterlassen hatte. Caesar hatte sich noch nicht so hervorgetan, um schon als Rivale des Pompeius erscheinen zu können. Dem Älteren und Angeseheneren war er immer mit Ehrerbietung begegnet, und seine eigene Karriere verlief so, daß er in dem Spiel der politischen Ambitionen seine völlige Unabhängigkeit zu wahren vermochte, wenn man einmal von der offensichtlichen Abhängigkeit absieht, in die er durch seine Schulden gegenüber Crassus geraten war, wobei Crassus im Hinblick auf die Rückzahlung der Vorschüsse

gewissermaßen gezwungen war, Caesar mehr zu dienen als sich von ihm dienen zu lassen.
Die Prätur des Jahres 62 hatte Caesar inne. Seit 63 war er Pontifex Maximus und hatte dieses auszeichnende Amt erhalten (das im allgemeinen nur einem Älteren übertragen wurde), als er noch nicht vierzig Jahre alt war. Als Prätor war er zunächst in die Affäre um die *rogatio* des Metellus Nepos[98] verwickelt worden. Während dieser aber zu Pompeius floh, blieb Caesar in Rom und fügte sich den strikten Anweisungen des Senats, so daß er einige Tage darauf öffentlich gelobt wurde. Vor allem verstand er es überall, sich Freunde zu machen. So hatte er gegen Ende seiner Prätur dabei geholfen, P. Clodius Pulcher, einem Schwager des Metellus Celer, aus der Klemme zu helfen, während Cicero Clodius, der bis dahin mit ihm befreundet gewesen war, zu seinem Todfeind machte. Clodius, der mutmaßliche Geliebte der Frau Caesars, hatte das Fest der Guten Göttin, das in diesem Jahr (in den ersten Dezembertagen) in Caesars Haus gefeiert wurde, dazu benutzt, heimlich bei seiner Mätresse einzudringen. Er wurde jedoch ertappt. Der Skandal war um so größer, als während der Zeremonie kein Mann zugelassen war. Es lag demnach ein Sakrileg vor. Die Oligarchen ordneten eine Untersuchung an, und Clodius kam vor Gericht. Caesar begnügte sich damit, Pompeia zu verstoßen, trat aber im Prozeß nicht als Zeuge gegen den Angeklagten auf. Cicero dagegen machte das Alibi des Clodius zunichte, indem er einen Beweis vorbrachte, auf den er hätte verzichten können. Clodius wurde zwar nicht verurteilt, denn er hatte sich die Richter gekauft, aber er verzieh Cicero diesen unfreundlichen Akt nie. Von nun an kämpfte Clodius mit Verbissenheit gegen Cicero und griff ihn immer wieder scharf im Senat an. Cicero machte erst gar nicht den Versuch, ihn einer Reaktion auf seine heftigen Angriffe zu würdigen. Insgeheim bereitete Clodius seine Rache vor. Caesar, der darum wußte, behielt sich diese Waffe für den Kampf gegen den Sieger über Catilina vor.
Inzwischen brach Caesar nach Ablauf seiner Prätur in das jenseitige Spanien auf, um es als Proprätor zu verwalten. Pompeius dagegen feierte in Rom einen Triumph, der zwei Tage dauerte (28.–29. September 61). Caesar machte sich mit der Verwaltung einer Provinz vertraut und wußte sich die Zuneigung und Dankbarkeit der einheimischen Bürger und des Adels zu erwerben. Darüber hinaus machte er seine Erfahrungen im »Kolonialkrieg« gegen die Bergbewohner Lusitaniens und organisierte sogar den Kampf mit gleichzeitigem Einsatz von See- und Landstreitkräften. Auf diese Kampftaktik sollte er später bei seiner Eroberung Galliens zurückkommen. Als er im Juli 60 aus seiner Provinz nach Rom zurückkehrte, hatte er seine Finanzen mit der Beute ordnen können, die er den lusitanischen »Räubern« ab-

genommen hatte, und er kandidierte zum Konsulat. Aber es ist anzunehmen, daß er dies erst tat, nachdem er vorher mit Pompeius und Crassus eine Geheimabsprache getroffen hatte, die in die Geschichte unter der Bezeichnung »Triumvirat« eingehen sollte.[99] Dieses Triumvirat verfolgte das Ziel, jedem der drei Partner für die Verfolgung seiner Ansichten die Mittel aller in die Hand zu geben. Von nun an gab es im politischen Leben nicht mehr drei »Stände« wie früher, sondern das Herrschaftsteam der Triumvirn und einige Aristokraten, die sich um Cato scharten. Die Steuerpächter und die überwiegende Mehrheit der Ritter taten, was Crassus verlangte. Die Volksmassen Roms folgten Caesar oder seinem Sprecher, dem Demagogen Clodius. Pompeius konnte sich für die nahe Zukunft auf die Veteranen seiner Armee verlassen. Sein Ansehen war in ganz Italien und auch bei seiner »Klientel« in den Provinzen groß. Innerhalb des Triumvirats bestanden indessen Differenzen zwischen den Verbündeten. Pompeius und Crassus mißtrauten einander. Ihre Aussöhnung war das Werk Caesars gewesen. Er war die tragende Säule des guten Einvernehmens. Caesar war im Grund der Mittelpunkt dieses Bündnisses. Vor allem war er derjenige, der sich am meisten von ihm versprach, war doch sein Beitrag von allen der geringste gewesen. Es brachte ihm zunächst das Konsulat nach einer triumphalen Wahl ein, und zwar im vorgesehenen Mindestalter. Darüber hinaus erhielt er die Zusicherung – von der Rom erst nach und nach erfuhr –, ungehindert die unerläßlichen Reformen durchführen zu können.

Das Konsulat Caesars (59 v. Chr.) ist von einer fieberhaften Gesetzgebungstätigkeit gekennzeichnet, die sich nur mit der Sullas vergleichen läßt. Zunächst ließ er eine *lex de repetundis* verabschieden, die die allgemeine Funktion der öffentlichen Verwaltung sowohl für Rom als auch für die Provinzen regelte, die Provinzialen von der Willkür der Statthalter befreite und schwere Strafen für die Schuldigen vorsah. Dann brachte er ein Ackergesetz ein, über das zweimal trotz der Opposition Catos und des zweiten Konsuls Bibulus abgestimmt wurde. Darin wurde der Senat gezwungen, einen Eid im Hinblick auf seine Durchführung abzulegen. In seiner zweiten Version schloß es die Aufteilung des *ager campanus* ein, die die Aristokraten bis dahin zu verhindern vermocht hatten. Caesar gab sich indessen keinen Illusionen hin: Wenn sein Konsulat erst einmal beendet sein würde, würden die Senatoren alles daransetzen, diese heilsamen Gesetze außer Kraft zu setzen. Man würde dann wieder von vorn beginnen müssen. Um daher einer möglichen Koalition gegen ihn zuvorzukommen und ihr von vornherein die Spitze zu nehmen, setzte er zwei Sicherungsmaßnahmen durch. Einerseits wurde ihm durch ein Plebiszit, das von seinem Freund, dem Tribunen Vatinius, eingebracht wurde, für fünf

Jahre die Regierung über die Gallia Cisalpina und Illyrien übertragen. Dabei sollten ihm drei Legionen zur Seite stehen. Der Senat wagte nicht, sich dieser Wahl zu widersetzen, ja, er fügte Caesar zu den zwei Provinzen auch noch die Gallia Narbonensis und zu den drei Legionen noch eine vierte hinzu. Andererseits gestattete er die Adoption des P. Clodius durch einen Plebejer, eine ganz und gar fiktive Adoption, die keinen anderen Zweck verfolgte als den, Clodius, der aus der patrizischen *gens* der Claudii stammte, Zugang zum Tribunat der Plebs zu verschaffen. Auf diese Weise war Caesar durch sein prokonsularisches *imperium* genügend abgesichert; er würde Rom in den Händen eines rebellischen Verbündeten zurücklassen, der jederzeit in der Lage sein würde, gegen jeden vorzugehen, der irgend etwas gegen Caesar im Schilde führte, vor allem gegen Cicero und Cato. Um schließlich zwischen sich und Pompeius engere persönliche Bande zu knüpfen, gab er ihm seine Tochter Julia zur Frau. So würde er in seiner Abwesenheit von Rom einen treuen Verbündeten in der Stadt haben.
Bevor Caesar die Stadt verließ, schaltete er die beiden alleinigen Gegner aus, die ihm gefährlich werden konnten, oder er verurteilte sie zum Schweigen. P. Clodius, der im voraufgegangenen Jahr zum Tribun gewählt worden war und am 10. Dezember sein Amt angetreten hatte, war das Werkzeug, dessen er sich dazu bediente. Zu diesem Zeitpunkt war die Insel Zypern von einem Bruder des ägyptischen Königs Ptolemaios Auletes besetzt. Dieser war nach vielem Hin und Her schließlich offiziell von den Römern als König Ägyptens anerkannt worden. Die Annexion Zyperns sollte der Preis für den erwiesenen Dienst sein. Clodius ließ sie durch ein Plebiszit ratifizieren, und Cato wurde gegen seinen Willen damit beauftragt, sie durchzusetzen. Gleichzeitig sollte er die Ruhe und den Frieden in der Stadt Byzantion wiederherstellen.
Cicero wurde auf andere Weise ausgeschaltet. Caesar, der Cicero schätzte und ihm sogar freundschaftlich gesonnen war, hätte ihn gerne auf seine Seite gezogen. Er versuchte sogar, ihn in den Bund mit Pompeius und Crassus aufzunehmen; dann bot er ihm an, sein *legatus* zu werden. Aber Cicero weigerte sich hartnäckig und war nicht bereit, irgend etwas zu unternehmen, was seiner früheren Politik zuwiderlaufen und dazu beitragen würde, das Gleichgewicht der Institutionen aufs Spiel zu setzen. Caesar blieb nichts anderes übrig, als gegen ihn den Tribun ins Feld zu führen, der sich seinen Untergang geschworen hatte. Schon im Februar brachte Clodius zwei Gesetzesanträge ein. Der eine verordnete die Strafverfolgung eines jeden Magistraten, der ohne Urteilsspruch einen römischen Bürger hatte töten lassen. Das andere wies den aus dem Amt scheidenden Konsuln des Jahres die Provinzen Kilikien und Makedonien zu. Diese

beiden Maßnahmen, die auf den ersten Blick nichts miteinander zu tun hatten, waren sehr wohl aufeinander abgestimmt. Die Konsuln des Jahres 58 waren A. Gabinius, ein treuer Unterführer Caesars, und L. Calpurnius Piso Caesoninus, der Schwiegervater Caesars seit dem Vorjahr. Beide waren auf diese wichtigen Provinzen erpicht und hofften, sich dort zu bereichern und ruhmgekrönt zurückzukehren. Das war der Preis, den Clodius für die Hilfe zahlte, die sie ihm gegen Cicero leisten konnten. Tatsächlich wurde die *lex de capite civis Romani* vom Volk Anfang März 58 trotz der Bemühungen einiger Senatoren, die Freunde Ciceros waren, und der Ritter, die ihm insgesamt die Treue hielten, verabschiedet. Aber jeder leiseste Widerstand wurde von den Konsuln gebrochen. Dabei tat sich besonders Gabinius hervor. Cicero ging am Vorabend der endgültigen Annahme des Gesetzes freiwillig ins Exil. Caesar war mit einigen Teilen seiner Armee bis zur Abhaltung der Komitien in Rom geblieben, um notfalls Clodius mit Waffengewalt zu unterstützen. Sobald alles erreicht war, brach er nach Gallien auf, um in diesem unermeßlichen Gebiet, das zum größten Teil noch unerschlossen war, den Ruhm zu suchen, der dem des Pompeius, welchen dieser im Osten erworben hatte, gleichkäme.

d) Die Eroberung Galliens

α) Gallien am Vorabend der Eroberung

Seit dem Anfang des 6. Jahrhunderts wurden die Länder, die die Römer später unter der Bezeichnung Gallien zusammenfaßten, wahrscheinlich von mehreren aufeinanderfolgenden keltischen Einwanderungswellen überrollt. Aber die Kelten vertrieben nicht die früheren Einwohner, sondern bildeten mit ihnen richtige Völker, und es ist anzunehmen, daß dieses menschliche »Substrat« ganz entscheidend dazu beitrug, die Nomaden, die durch ganz Europa von Böhmen bis an das äußerste Ende Spaniens zogen, seßhaft zu machen. Die aus dieser Vermischung hervorgegangenen Völker waren in ihrer Zusammensetzung sehr verschiedenartig infolge der Mannigfaltigkeit des Substrats, aus dem sie hervorgingen, und zum anderen infolge der mehr oder weniger fortgeschrittenen Keltisierung. Hinzukamen die Unterschiede in der Hellenisierung; wir sahen bereits[100], daß die keltische Kultur und Zivilisation schon sehr früh unter dem Einfluß der griechischen Welt stand, der sich von verschiedenen Richtungen her in Gallien durchsetzte: auf den Straßen des Balkans, und besonders durch das Donautal, über die Alpen, von Spina aus, schließlich auf den Straßen des Rhonetals. Dieser Einfluß des Hellenismus setzte sich entsprechend den örtlichen Verhältnissen durch und entsprechend der Entfernung, in wel-

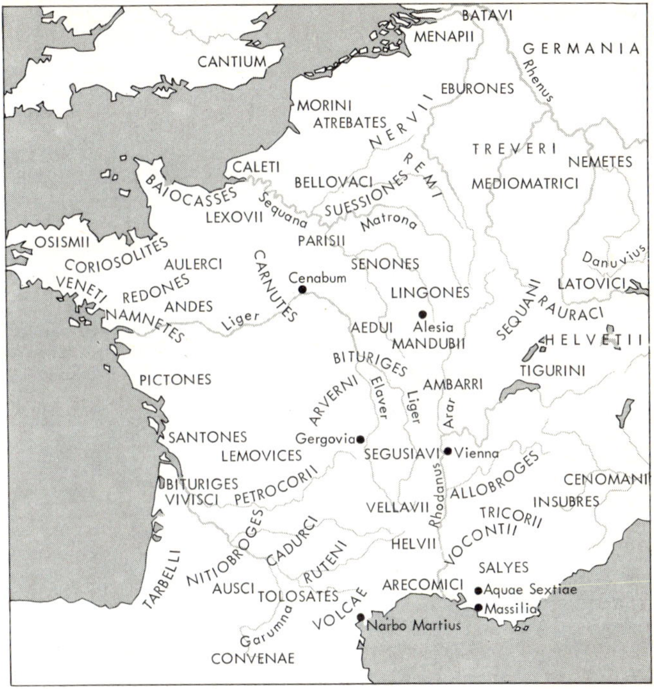

Abb. 13: Gallien zur Zeit Caesars

cher die Handelsstraßen, auf denen er vordrang, an dem jeweiligen Gebiet vorbeiführten.[101]

Caesar unterscheidet in seinen *Commentarii* über den Krieg gegen die Gallier drei große Gebietsteile in Gallien: das Gebiet der Aquitaner, der Kelten im eigentlichen Sinn und der Belgen. Jede dieser großen Stammesgruppen umfaßte eine große Zahl von Völkerstämmen *(civitates)*, die das freie Gallien bildeten (später nannte man es das »behaarte« Gallien). Zu den drei Gebietsteilen kam noch ein vierter, die Gallia Narbonensis, von der Caesar nichts sagt, da sie schon seit langem römische Provinz war.[102] Sie sollte die Ausgangsbasis für die Eroberung und die ihr folgende Romanisierung sein.

Die Gallia Narbonensis war in gewisser Weise schon für die Aufnahme der römischen Zivilisation durch den Einfluß Marseilles vorbereitet worden. Die Ausgrabungen von Saint-Rémy de Provence (das antike Glanon) und von Cavaillon beweisen, daß die Hellenisierung im Tal der Durance gegen Ende des

3. Jahrhunderts v. Chr.[103] einsetzte. Aber diese Hellenisierung hielt sich in engen Grenzen. Marseille legte auf die Besetzung des Hinterlandes kaum Wert. Es ging ihm darum, Handelsniederlassungen an der Küste zu errichten, in denen die aus dem Inland kommenden Waren eingeschifft werden konnten.[104] Der Einfluß des Hellenismus wirkte sich vor allem indirekt aus, wie sich am Beispiel des griechischen Städtebaus nachweisen läßt, unter dessen Einfluß sich die Bauweise der Eingeborenenhäuser, wie in Ensérune, veränderte.[105]
Einer der Mittler hellenistischer Zivilisation war das Geld, das schon im 3. Jahrhundert bis in die entlegensten Gebiete gelangte: Münzen aus Marseille, die große Ähnlichkeit mit den syrakusanischen oder anderen Münzen hatten, aber auch makedonisches Geld, die berühmten von Philipp II. (dem Vater Alexanders des Großen) geprägten Goldmünzen, die noch lange nach dem Tod Philipps II. weitergeprägt wurden. Es ist möglich, daß diese in großer Zahl gefundenen Goldmünzen in den keltischen Siedlungsraum während des 3. Jahrhunderts gelangt sind, und zwar über die Beziehungen, die entweder mit Gewalt oder auf friedlichem Weg mit den hellenistischen Königreichen geknüpft wurden. Bei diesen Geldern handelte es sich um die Beute aus Plünderungen, um Abgaben, die den Königen aufgezwungen wurden, um sich den Frieden zu erkaufen, oder um den Sold der Söldner – all dies häufte sich im Hinterland und in den königlichen Schatzkammern an. In dem Maß, in dem der Reichtum der gallischen Städte durch die Seßhaftwerdung der Bewohner immer mehr anwuchs, entstand ein lokales Münzwesen, in dem griechische Vorbilder nachgeahmt wurden, aber auch schon Darstellungen auftauchen, bei denen die einheimischen Graveure ihrer Phantasie freien Lauf ließen.[106] Der Handelsaustausch führte auf diese Weise zu eigenständigen plastischen Ausdrucksformen (im weitesten Sinn des Wortes).
Die Gallier verdankten den Griechen ebenfalls den Gebrauch der Schrift, da, wie Caesar uns berichtet, die öffentlichen Register der Helvetier in griechischen Buchstaben abgefaßt waren. Aber neben in diesem Alphabet eingravierten Inschriften finden sich auch solche, die auf die Zeit vor der römischen Eroberung zurückgehen und doch das lateinische Alphabet verwenden. Dies scheint darauf hinzuweisen, daß die Verwendung der Schrift wenn nicht kurzen Datums, so doch letztlich eine Ausnahme und den örtlichen Verhältnissen angepaßt war.
Die Gallia Narbonensis erstreckte sich zur Zeit Caesars von der Gegend um Toulouse, in der die Volker ansässig waren, bis zu den Alpen, zog sich durch das Gebiet der Helvier und erstreckte sich dann nach Norden hin bis zum Zusammenfluß der Saône und der Rhone und von da bis nach Genf. Die bedeutendsten gallischen Stämme, die in diesem riesigen Gebiet lebten, waren

die Allobroger (im Tal der Isère), die Vokontier (zwischen Valence und Briançon), die Trikastiner (zwischen Orange, Vaison und Carpentras), die Kavaren (Gegend von Avignon) und die Salluvier (Aix-en-Provence). Den hartnäckigsten Widerstand leisteten die Allobroger, die sich noch im Jahre 61 erhoben und nur mit Mühe durch den Statthalter C. Pomptinus in Schach gehalten werden konnten.
Die Gallia Aquitania lag im Westen der Gallia Narbonensis zwischen den Pyrenäen, der Garonne und dem Atlantik. Sie war nach den keltisierten Ländern Spaniens hin orientiert. Strabo weist in seiner Darstellung Galliens mit Nachdruck auf den Unterschied zwischen den Aquitanern und den übrigen Galliern hin. Seiner Meinung nach sprachen sie nicht die gleiche Sprache und ähnelten in ihrem Körperwuchs mehr den Iberern als den Galliern.[107] Es ist heute schwierig, die Behauptungen des Strabo auf ihren Wahrheitsgehalt hin zu prüfen. Die Ortsnamenkunde läßt indessen darauf schließen, daß die »iberische« Sprache irgendwann einmal auf beiden Seiten der Pyrenäen gesprochen worden sein muß. Die Ausdehnung des Stammesgebiets der Basken, deren Beziehungen mit der iberischen Zivilisation nicht klar erkennbar sind, gibt in etwa eine Vorstellung von der Lage Aquitaniens vor der Ankunft der Römer. Die Pyrenäenkette stellte keine Grenze dar, sondern brachte eher eine politische Zersplitterung bis in die einzelnen Täler hinein mit sich und behinderte nicht etwa die Verbindung von einer Seite zur anderen, sondern förderte sie vielmehr. So groß der Partikularismus der aquitanischen Völker auch gewesen sein mag, so gerieten sie andererseits doch unter den Einfluß der Kelten (*Sotiates* im Tal der Garonne an der Einmündung des Lot, *Vocates* und *Vasates*, ihre Nachbarn im Südwesten, die *Tarusates*, *Cocosates* und *Tarbelli*, die im Adourbecken und in der Ebene der Landschaft Landes wohnten, *Elusates* und *Ausci* im Armagnac, die *Bigerriones* im Bigorre, die *Boii* an den Ufern des Arcachonbeckens). Einige von ihnen wie die *Boii* und die *Bituriges-Vivisci* waren keltische Volksstämme, die sich kurz vor Caesars Ankunft dort niedergelassen hatten. Aber noch viel weiter zurückliegende Einwanderungsschübe hinterließen überall Spuren in dieser Gegend (die für die Hallstatt-Zeit typischen *tumuli*).
Die Gallia Celtica war nach den Worten Caesars weitaus am größten, reichte sie doch von der Garonne bis an die Seine und Marne.[108] Sie unterschied sich insofern von der Gallia Belgica, als ihre keltischen Bewohner schon länger dort ansässig waren. Die Gallia Belgica war dagegen erst vor kurzem von der keltischen Invasion überrollt worden. Diesen Unterschied mag man als nebensächlich abtun, er ist jedoch von entscheidender Bedeutung, weil er zwischen diesen beiden Gebieten einen ganz deutlichen kulturellen Kontrast schuf, auf den Caesar mit den

Worten hinweist, daß die Belgen »die weitaus mutigsten« und kriegerischsten Gallier seien. Der Einfluß des Klimas, der Lebensstil und das Beispiel der Bewohner milderten offensichtlich in der Gallia Celtica im Laufe der zwei Jahrhunderte, die ungefähr zwischen diesen beiden Einwanderungswellen lagen, die Roheit der Kelten, kurz, alle diese Einflüsse begünstigten ihre Zivilisierung.

Wir sind nicht ganz in der Lage, Größe und Bedeutung des keltischen Elements in den verschiedenen Gebieten zu beurteilen. Gewiß kann man (allerdings ist das hypothetisch) damit rechnen, daß es in den fruchtbaren und darum begehrten Landstrichen bedeutender war als in den rauheren Zonen, wo außerdem die traditionelle Lebensweise der Einwohner nicht so leicht nachahmbar war. Das scheint für die Küstengebiete am Atlantik und besonders für die Bretagne gegolten zu haben, wo die Ausbeutung der Reichtümer des Meeres als Existenzgrundlage weit mehr im Vordergrund gestanden zu haben scheint als die Landwirtschaft. Diese armorikanischen Völker hatten die erste keltische Invasion in der Hallstatt-Zeit miterlebt. Wahrscheinlich waren die späteren Invasionen in dieser Gegend von geringerem Umfang als in dem übrigen keltischen Gallien. Zur Zeit Caesars lebten in der Bretagne rein keltische oder weitgehend keltisierte Volksstämme wie die *Namnetes*, die *Redones*, die *Veneti* und die *Osismii*.

Aus dem gleichen Grund läßt sich behaupten, daß die Keltisierung in den rauhsten Gebieten des Massif Central am schwächsten gewesen sein muß und die *Arverni* zum Beispiel oder die *Vellavi* an der Kette der Bergkuppen der Auvergne und des Velay im wesentlichen »alte« Bewohner und kaum Kelten gewesen sind. Die Ortsnamenkunde weist tatsächlich in dieser Gegend sehr wenige Orts- und Städtenamen mit keltischer Etymologie nach. Weder Gergovia noch die heilige Stadt Alesia am Rande des Morvan und der Bourgogne tragen keltische Namen. Dennoch kann man feststellen, daß die Gesellschaftsstruktur dieser Völker, soweit wir das überblicken können, vom keltischen Element geprägt war, wenn es auch zahlenmäßig nicht so ins Gewicht fiel. Die Namen der arvernischen Aristokraten, die uns überliefert sind, sind keltische Namen. Und man kann wohl behaupten, daß in der Gallia Celtica (und in noch stärkerem Maß in der Gallia Belgica) eine keltische Minderheit in gesellschaftlicher und politischer Hinsicht eine Bevölkerung beherrschte, die zum größten Teil dem lokalen Substrat angehörte.

Zu dem Zeitpunkt, als die römische Eroberung einsetzte, hatte sich ein gewisses Gleichgewicht zwischen diesen Bevölkerungsschichten herausgebildet. Die Wanderungsbewegungen wurden immer mehr zur Ausnahme. Sie stießen auf immer größere Hindernisse und wurden nicht mehr aufs Geratewohl, sondern aufgrund vorheriger Abkommen begonnen, wobei ein Volksstamm mit einem zu großen Siedlungsraum einen weniger begünstigten Volksstamm ins Land holte, um den Boden zu bestellen, der sonst brach liegen geblieben wäre.[109] Das von einer »Nation« besiedelte Gebiet war im allgemeinen durch natürliche Bedingungen festgelegt, das heißt, letztlich durch einen bestimmten Lebensstil und bestimmte Bewirtschaftungsarten in der Landwirtschaft. Es läßt sich nicht mit Bestimmtheit sagen, ob der menschliche Faktor bei der Aufteilung des gallischen Bodens eine größere Rolle gespielt hat als die geologische Infrastruktur oder die Vegetationsverhältnisse. Diese Faktoren standen in enger Wechselbeziehung. Der gesellschaftliche Oberbau beruhte auf den natürlichen Bedingungen. Es ist nicht unwahrscheinlich, daß dieser Wechselbezug sich um so leichter ergeben konnte, als die vorkeltische Bevölkerung zahlenmäßig gering war und Zentren bildete, die weit voneinander entfernt lagen. Die Invasoren konnten mühelos die Lücken schließen. Mit der Bevölkerungszunahme, deren Ursache sie waren, wurden die wirtschaftlichen Beziehungen zwischen den verschiedenen Siedlungszentren immer komplexer. Es bildeten sich in zunehmendem Maß autarke »Zellen«, deren Komponenten immer mannigfaltiger wurden. Richtige, mit dem Boden verwurzelte Staaten entstanden. In der römischen Terminologie wurden diese Zellen *pagi* genannt, ein Wort, das wir mit »Kanton« übersetzen. Es bezeichnet weniger eine politische Unterteilung der jeweiligen keltischen Gemeinschaft als vielmehr das territoriale Ergebnis der Keltisierung.

β) Die Faktoren der Einheit

Gallien war auf diese Weise ein Mosaik von Völkern geworden, deren Namen uns vor allem durch Caesar bekannt sind.[110] Einige dieser Völkerschaften besaßen riesige Gebiete, andere lebten auf engem Raum zusammen und standen in wirtschaftlicher und oft auch politischer Abhängigkeit von den erstgenannten. Aber es gab keine allen gallischen Völkern gemeinsame Organisation. Daher sprach man auch lange Zeit von »den Gallien« und nicht »dem Gallien«. Die Einheit des Landes sollte erst innerhalb des römischen Weltreiches wirklich werden. Diese Einheit hätte sich jedoch nie herausbilden können, wenn nicht ihre Keimzellen vor der Eroberung existiert hätten.

Die ersten Umrisse eines einigen Gallien traten im geistigen Bereich hervor. Zunächst sprachen alle Völker die gleiche Sprache (in zahlreichen und verschiedenen Dialekten zwar[111]), doch scheinen die Gallier der verschiedenen Volksstämme keinen Dolmetscher gebraucht zu haben, um sich verständigen zu können). Durch die gleiche Sprache besaßen sie zugleich auch eine gemeinsame Literatur, die mündlich überliefert wurde und anscheinend lange Epen umfaßte, in denen die Abenteuer von

Göttern und legendären Völkern berichtet wurden. Da diese Epen in der vorrömischen Zeit nicht niedergeschrieben wurden, sind sie uns nur auf Umwegen durch solche Spuren bekannt, die sich möglicherweise in der Literatur Irlands, Wales', Cornwalls und Schottlands, kurz der Inselkelten finden lassen. Aber diese Inselliteratur ist erst viele Jahrhunderte nach Caesar gesammelt worden. In der Zwischenzeit war sie zahlreichen Einflüssen ausgesetzt und nahm unter anderem viel spätere historische Ereignisse auf, die beispielsweise mit den Einfällen der Sachsen in Verbindung standen. Nichtsdestoweniger läßt sich sagen, daß es eine »gesamtkeltische« Mythologie gab, deren Spuren sich zuweilen verfolgen lassen, besonders wenn man sie mit den anderen indogermanischen Bereichen vergleicht.[112]

Wie auch im einzelnen die sakrale Literatur und die gallische Religion ausgesehen haben mögen (letztere ist uns nur unzureichend bekannt), läßt sich doch soviel sagen, daß sich die geistige Einheit des gallischen Kulturkreises weitgehend durch den »Druidismus« verwirklichte, der zur Zeit Caesars noch gar nicht lange bestanden haben dürfte. Sein Zentrum lag zu dieser Zeit in Inselbritannien. Vielleicht ist dort sogar sein Ursprung zu suchen, wenn es stimmt, daß er auf ein altes vorkeltisches Priestertum in Britannien zurückgeht. Es fällt schwer zu glauben, daß die Druiden bei den Kelten die Vertreter einer Priesterklasse waren, wie sie sich in anderen indoeuropäischen Kulturen nachweisen läßt. Unsere Kenntnisse sind allzu nebulös, als daß wir zu einiger Gewißheit zu gelangen vermöchten. Es läßt sich vermuten, daß die Druiden die Vermittler einer Lehre über die Götter, aber auch über die Dinge dieser Welt waren. Sie glaubten an die Unsterblichkeit der Seele und lehrten, daß diese nach dem Tod des Einzelmenschen nicht in das Nichts eingehe, sondern einem anderen Körper Leben einhauche. Dies fachte, wie Caesar meint, den Mut der Soldaten an, die in der Schlacht den Tod nicht fürchteten, weil er für sie nur ein Übergangsstadium darstellte.

Die Druiden lassen sich nicht so ohne weiteres als Vertreter einer Priesterkaste des jeweiligen Volksstamms einordnen. Sie waren vielmehr eine Kaste, die sich nicht mit den einzelnen Stämmen identifizieren ließ. Insofern ist die gallische Einheit ihr Werk gewesen. In der Zeit Caesars wurden sie in »Kollegien« in Britannien ausgebildet, wo sie sich mehrere Jahre hindurch dem Studium der Traditionen hingaben, über denen ihre Lehrmeister wachten. Sie lernten dort auch nahezu endlose Dichtungen auswendig. Dabei war es ihnen nicht gestattet, sich zur Entlastung des Gedächtnisses der Schrift zu bedienen. Nach dieser Ausbildungszeit kehrte jeder in den Stammesverband zurück, aus dem er gekommen war. So war es möglich, Druide zu werden, ohne daß nach der Herkunft gefragt wurde. Sehr wahrscheinlich ist, daß der Druide schließlich bestimmte Aufgaben in der keltischen Gesellschaft übernahm und er bis zu einem gewissen Grad den ursprünglichen »Priester« ersetzte. Aber das geistige Leben der gallischen Stämme wurde von außen gesteuert. Die Druiden hielten »internationale« Versammlungen ab. So entsprach die Schaffung eines Kultes in Lyon zu Beginn der römischen Eroberung, der von Priestern aus sämtlichen Stämmen gefeiert wurde, einer Sitte und einem Erfordernis des freien Gallien.

In Gallien gab es zu gleicher Zeit eine Versammlung der »Führer« der verschiedenen Volksstämme, die zusammenkamen, um Entscheidungen zu fällen, die für die gesamte gallische »Gemeinschaft« von Belang waren. Wir wissen nicht, inwiefern dieser Ansatz eines Bundesrates vielleicht auf die Druiden zurückzuführen ist. Es läßt sich nur vermuten, daß zwischen beiden ein Wechselbezug bestanden haben muß. Es ist dabei durchaus möglich, daß diese Versammlungen zur Zeit Caesars noch gar nicht lange Zeit bestanden hatten und durch die äußere Bedrohung großen Auftrieb erhielten. In einer weiter zurückliegenden Zeit lassen sich einige Versuche nachweisen, ein »Reich« zu gründen und mit Gewalt die verschiedenen Volksstämme der Herrschaft eines einzigen Volksstammes zu unterwerfen. So gab es während des 2. vorchristlichen Jahrhunderts ein »Reich der Arverner«, das vielleicht in den letzten Jahren des 3. Jahrhunderts entstanden war.[113] Strabo sagt von ihm, daß alle gallischen Stämme bis in die Gegend von Marseille und bis Narbonne und an den Rand der Pyrenäen ihm angehört hätten.[114] Einige Namen von Königen sind uns überliefert worden: der erste von ihnen, Luernios, erscheint als sagenumwobener König, der sich mit Barden umgab, die sein Lob sangen, und der in barbarischem Luxus lebte.[115] Der König Bituitos, sein Sohn und Nachfolger, sei der erste gewesen, der mit Rom in Verbindung getreten sei. Von den Allobrogern in einen Konflikt verwickelt, in den die Arverner nur als »Oberherren« und Beschützer der von den Römern angegriffenen Völker eingriffen, wurde er schließlich ein Opfer seiner Gutgläubigkeit gegenüber den Römern. Er wurde von ihnen gefangengenommen und nach Rom geführt, wo er in dem Triumphzug des Domitius Ahenobarbus und des Fabius mitgeführt wurde.[116] Auf jeden Fall bedeutete die Bildung der römischen Provinz Gallia Narbonensis unweigerlich das Ende des arvernischen Reiches. Die Römer verlangten die Auslieferung des Sohnes des Bituitos, Congennatos, und schickten ihn zu seinem Vater nach Rom[117], weil, wie Titus Livius zusammenfassend sagt, »dies für die Erhaltung des Friedens wichtig zu sein schien«.

Bis zu dieser Zeit scheint das Königtum die üblichste Regierungsform bei den gallischen Volksstämmen gewesen zu sein.

Allmählich wurde jedoch die Monarchie durch die Herrschaft des Adels abgelöst. Könige konnten sich nur noch bei einigen Volksstämmen halten, aber auch das wurde immer seltener und war eigentlich nur noch dort möglich, wo die Könige sich bereitfanden, ein Werkzeug der römischen Politik zu werden (wenn man dabei an die *Nitiobriges* von Agen denkt, die ihren König behielten). Entgegen dem, was C. Jullian sagt, ist es keineswegs sicher, daß Rom von vornherein allen Königen Galliens feindlich gesinnt gewesen sei, während es sie doch andererseits tolerierte und sie für seine Zwecke in der Reichspolitik einspannte. Der Sohn des Bituitos wurde aus seiner Heimat weggeführt wie einige Jahrzehnte vorher der junge Tigranes, als Pompeius der Auffassung war, daß es unklug wäre, ihn in Asien zurückzulassen. Ebenso wurden die Söhne der von Sulla Geächteten ihrer politischen Rechte beraubt, weil man befürchtete, daß sie gegen das aus der Diktatur hervorgegangene Regime Rachegefühle hegten. Die Entwicklung von der Monarchie zur Aristokratie ist, wie immer wieder hervorgehoben wurde, eine überall auftretende Erscheinung in der Welt der Antike. Sie entsprach einer wirklichen politischen Gesetzmäßigkeit, und die Gründe dafür sind keineswegs in der römischen Diplomatie zu suchen, selbst wenn sich eine unverkennbare Sympathie der Römer (und zwar derjenigen, die die Außenpolitik führten) für die besitzenden Klassen feststellen läßt. Ihr Mißtrauen galt weniger den Königen als den Demokraten.

γ) Die politischen und sozialen Verhältnisse

Jedenfalls war zum Zeitpunkt der römischen Eroberung das führerlose arvernische Reich nur noch eine Erinnerung, die in der Sehnsucht des Volkes fortlebte. Dies erklärt wohl auch den Versuch einer Wiederherstellung der Monarchie, der gerade bei den Arvernern von Celtilles, dem Vater des Vercingetorix, gemacht wurde und große Zustimmung beim Volk fand, als dieser den Widerstand gegen Rom organisierte.

Der Übergang von der Monarchie zur Aristokratie wurde durch die jährliche Wahl eines höchsten Magistraten in jedem Volksstamm begünstigt, der gleichsam der König des Jahres war. Er trug, zumindest bei einigen Stämmen, die Bezeichnung *Vergobretus* (bei den Santonen und Häduern usw.). Es ist möglich, daß es untergeordnete Magistrate gab, die ihm zur Seite standen. Früher war der König der mächtigste aller Sippenführer gewesen. Die Revolution hatte darin bestanden, daß die Sippenführer sich die Macht der Reihe nach teilten. Denn der Stammesverband setzte sich aus gleichgeordneten Sippen zusammen, wobei jede wiederum eine große Anzahl von »Klienten« hatte, deren Existenzgrundlage vom Sippenführer abhing. Es war ein Leichtes, aus diesen zahllosen Klienten eine richtige Armee auszuheben. Daher begegnet uns in dem Bericht Caesars immer wieder dieser oder jener Adlige, der seine eigene Politik führte (indem er Familienbündnisse, indirekt damit natürlich auch politische Bündnisse, mit anderen großen Familien entweder innerhalb oder außerhalb eines Stammesverbandes schloß). Ein Musterbeispiel für diese mächtigen Stammesherrscher ist der Häduer Dumnorix, der steinreich war, wie ein Tyrann regierte und sich über die Gesetze hinwegsetzte. Er hatte Verwandte bei den Biturigen, den Helvetiern und auch noch bei anderen Stämmen.[118] Es hat also offenbar in Gallien zwei verschiedene politische Organisationsformen gegeben, die sich überlagerten: eine Aristokratie, der keine Schranken gesetzt waren. Sie war eindeutig keltischer Herkunft und führte die den Kelten teuren Traditionen der Prachtliebe fort. Auf der anderen Seite stand das Gefüge des »Gemeinwesens« mit seinen Magistraten, seiner Rechtsprechung (die im Prinzip für alle gleich war), seiner Verwaltung, deren Ziel es war, Übergriffen der Adligen zu begegnen. Es ist jedoch nicht ausgemacht, ob die Masse des Volkes wirklich an den Institutionen des Gemeinwesens gehangen hat. Die römische Eroberung führte zu ihrer Entwicklung und ihrer völligen Durchsetzung, wobei alles Überkommene beseitigt wurde.

In der Familienstruktur lassen sich für diese Zeit tiefgreifende Umwandlungen feststellen. Caesar zufolge war der Vater der absolute Herrscher, der das Recht über Leben und Tod seiner Kinder und selbst seiner Frau hatte. Aber so war es nicht immer gewesen. Einige Hinweise deuten darauf hin, daß die Frauen vor dieser Zeit eine größere Rolle im Gemeinwesen gespielt haben müssen und in der Versammlung über die schwerwiegendsten Fragen Entscheidungen fällten, wie zum Beispiel über Verträge und auswärtige Beziehungen.[119] Was Plutarch uns über die Frau der Gallia Cisalpina zur Zeit Hannibals sagt, traf wahrscheinlich in späterer Zeit auch auf die Frauen des freien Gallien zu.[120] So ließe sich dann auch der so rätselhafte Ausspruch Strabos erklären, daß »die Aufgaben der Männer und Frauen genau umgekehrt im Vergleich zu uns verteilt sind«[121]; Strabo fügt hinzu, daß dieser weitverbreitete Brauch einem Brauch bei den Barbaren entspreche. Strabo meint wahrscheinlich nicht, daß die Frauen die Felder bestellten und säten, sondern daß sie im Gemeinwesen am Leben der Öffentlichkeit teilhatten. Leider vermögen wir nicht zu sagen, wie und inwieweit sich dieser alte Brauch bis ins 1. vorchristliche Jahrhundert halten konnte. Wie dem auch sei, das »wirtschaftliche« Fortkommen der Frauen wurde durch einen Brauch gesichert, der uns durch Caesar überliefert ist. Bei der Heirat wurde eine gemeinsame »Rücklage« zusammengetragen, die sich zur Hälfte aus der Mitgift und zur Hälfte aus einer Summe zusammensetzte, die der Ehemann mitbrachte. Beim Tod eines der beiden Ehegatten erbte der überlebende das Kapital und die Zinsen.[122]

Der größte Teil der Bevölkerung lebte verstreut auf dem Land und bestritt seinen Lebensunterhalt aus der Landwirtschaft. Städte gab es nur wenige; sie waren vor allem Zufluchtsorte. Caesar nannte sie *oppida* und brachte sie mit diesem Ausdruck mit den auf den Hügeln Mittelitaliens liegenden Dörfern in Verbindung. Vermutlich dienten die *oppida* vor der Invasion der Teutonen und Kimbern, die große Verwüstungen anrichteten, kaum als Wohnstätte. Die Invasionen zwangen die Bevölkerung, sich hinter die schützenden Mauern zurückzuziehen.[123] Der aufblühende Handel und die Zunahme des beweglichen Vermögens – das Beispiel lieferte die Welt des Mittelmeers – führte dazu, daß sich in dieser Zeit die Gallier länger in ihren *oppida* aufhielten, als es nötig gewesen wäre. Die Entstehung regelrechter Städte stand zweifellos in engem Zusammenhang mit den Fortschritten im Handwerk, das in der Zeit zu Beginn des Kaiserreiches einen großen Aufschwung erlebte: die Weberei bei den *Remi* oder *Cadurci*, die Herstellung von Ackerbaugeräten, Fahrzeugen (die gallischen Stellmacher waren berühmt), Werkstätten für Metallverarbeitung (Waffen- und Messerschmieden). Diese Städte erscheinen als wichtige Etappen auf den Handelsstraßen. Sie lagen vor allem an Flüssen (wie Cenabum, Lutetia usw.) und an Stellen, wo in vorgeschichtlicher Zeit wichtige Verbindungswege führten (Alesia, Bibracte usw.). Aber die wirklich gallische »Landschaft« war die der Felder und der Bauernhöfe, die teils verstreut, teils in kleinen Gruppen in Dörfern zusammenstanden, wo verschiedene landwirtschaftliche Produktionszweige vertreten waren: natürlich der Anbau von Getreide, aber auch die Viehzucht und Kleinviehzucht, also Pferdezucht, Rinderzucht, die Zucht von Schafen, deren Wolle an die Weber geliefert wurde, die Geflügelzucht, die anscheinend vor allem den Eigenbedarf an Nahrung deckte. Gänse wurden zur Gewinnung der Gänseleber gemästet.[124] Alle diese hochentwickelten Produktionsarten im Gewerbe und in der Landwirtschaft Galliens zur Zeit des Imperiums[125] sind im freien Gallien entstanden. Ihr Vorhandensein ist für uns ein Beweis der Prosperität und Stabilität dieses Landes, in welchem die zahlreichen Rivalitäten zwischen den Volksstämmen und die Kriege, für die sich früher die Gallier begeisterten, es nicht vermochten, den täglichen Lebensrhythmus ernstlich zu erschüttern. Bei dieser Konfrontation der Invasoren mit der einheimischen Bevölkerung trug schließlich die Friedfertigkeit der seßhaften Bauern den Sieg über die kriegerische Gesinnung der keltischen Eroberer davon.

Die Komplexität Galliens war besonders auf dem Gebiet der Religion sichtbar. Allerdings wissen wir über sie trotz der großen

Zahl bildlicher Darstellungen recht wenig. Läßt sich mit einiger Sicherheit sagen, ob die unzähligen »Muttergöttinnen«, deren Darstellungen man nahezu überall findet und denen in der gallisch-römischen Zeit derartig viele Weihgeschenke gewidmet wurden, Varianten der Mutter Erde sind, jener Gottheit, die die Historiker in allen Kulturen festgestellt haben und für eine der ersten der Menschheit überhaupt halten? Neben dieser (etwas hypothetischen) Erdenmutter gab es einen Vater, dessen Vorhandensein von Caesar belegt wird (von ihm besitzen wir eine Darstellung der gallischen Religion, die gewiß verzerrt ist und Kategorien willkürlich hineinnimmt, die dem griechisch-römischen Heidentum entstammen). Der Gott der Toten (Caesar nennt ihn *Dis Pater*) soll der Urahn der gesamten Menschheit gewesen sein. Alles geht aus Nacht und Tod hervor, das Leben und das Licht. Diese optimistische Konzeption vom Universum verbannte alles aus der Welt, was »negativ« war, und entsprach etwa dem, was uns von der Lehre der Druiden berichtet wird, die von dem Glauben an die Seelenwanderung ausging.
Der gallische Jupiter — wie ihn die Römer nannten — war natürlich der Gott des Himmels; er wurde auf den Bergen angebetet, weil man ihm dort am nächsten war. Ist er mit dem Sonnengott gleichzusetzen? In diesem Fall würde er mehr Apollo ähneln, wenn man diesen Namen nicht den heilenden Göttern vorbehalten will, wie sie in vielen Gegenden Galliens auftauchen. Was gehört bei diesen nicht ganz faßbaren Gottheiten einer älteren Religion an und was ist an ihnen keltisch? Vielleicht waren es die keltischen Götter, die der gallischen Religion den Ruf äußerster Grausamkeit eintrugen; so wurden Jupiter (unter dem Namen Taranis, dem Gott des Donners), Esus Mars und Merkur Teutates Menschenopfer dargebracht, und zwar immer entsprechend dem Gott, dem sie galten (durch Verbrennung, Ertränken oder Erwürgen).
Zur Unterwerfung dieser Völker brach Caesar in den ersten Märztagen des Jahres 58 auf, nachdem er Pompeius und P. Clodius die Sorge dafür übertragen hatte, daß die Oligarchen seine Entscheidungen nicht im darauffolgenden Jahr wieder in Frage stellten.

δ) Die Feldzüge Caesars

Welche Ziele verfolgte Caesar mit dem ersten Krieg, durch den Gallien unter die Herrschaft Roms geriet und der der Beginn der späteren Romanisierung des gesamten Westens sein sollte? Wenn es stimmt, daß sein Plan zunächst darin bestanden habe, in Illyrien Krieg zu führen und die Grenzen des Reiches bis an die Donau vorzutragen, dann ließe sich die Ansicht vertreten, daß er lediglich einen Krieg mit begrenzten Kriegszielen wünschte, vielleicht sogar nur die Gelegenheit, sein Vermögen

Abb. 14: Gaius Julius Caesar

wiederherzustellen und sich in den Dienst der Interessen der Ritter zu stellen, die immer auf der Suche nach neuen Märkten waren. Es ist jedoch keineswegs ausgeschlossen, daß Caesar von Anfang an ein Auge auf Gallien geworfen hatte und die erste Abfassung des Plebiszits des P. Vatinius, das ihm Illyrien übertrug, nur ein Manöver war, dessen eigentliches Ziel es war, die Gallia Transalpina zu erhalten. Seine gesamte bisherige Laufbahn prädestinierte ihn geradezu dafür, den Blick nach Westen zu wenden und bis zu den Küsten des Ozeans vorzustoßen. Dort allein konnte er Alexander nacheifern und einen Ruhm finden, der dem gleichen würde, den Pompeius in Kleinasien und Syrien erfochten hatte.

§ 1 Der Krieg gegen die Helvetier Der Anlaß war die Auswanderung der Helvetier, die durch den Druck des Suebenkönigs Ariovist dazu gezwungen wurden, ihr Land zu verlas-

sen. Die Helvetier wohnten etwa im Gebiet der heutigen Schweiz. Ihre Absicht war es, Westgallien zu erreichen, wo sie bei den Santonen Aufnahme finden sollten. Das Einfachste war, in Genf zusammenzuströmen und die Rhone am linken Ufer entlangzuziehen. Aber diese Route verlief durch das Gebiet der Allobroger, die in die römische Provinz eingegliedert worden waren. Caesar fand so den Vorwand zur Intervention. Er täuschte die Helvetier durch eine vorgegaukelte Verhandlungsbereitschaft und setzte in der Zwischenzeit die Provinz in den Verteidigungszustand. Schließlich verbot er ihnen offiziell den Durchzug. Als die folgsamen Helvetier an der rechten unwegsamen Uferseite entlangzogen, verfolgte er sie trotzdem und schlug sie vernichtend im Juni in der Schlacht von Montmort im Gebiet der Häduer. Caesar verdankte den Häduern, die nach dem Jahrhundertende zu »Brüdern des römischen Volkes« erklärt worden waren, die Möglichkeit, in ihrem Gebiet zu intervenieren. Er war dorthin von dem neuen Vergobreten gerufen worden, dem Druiden Diviciacus, der früher einmal nach Rom geflohen war, wo er im Haus Caesars und Ciceros ein und aus gegangen war. Zu einem der wichtigsten Mittel, die Caesar bei der Eroberung Galliens einsetzte, gehörte immer die Politik der gallischen Stämme untereinander. Schon bei diesem ersten Feldzug erschien Caesar als der unerläßliche Schiedsrichter der Gallier. Er regelte das Schicksal der Helvetier, siedelte einen Stamm hier an, den anderen dort, so daß die in Bibracte versammelten Gallier ihn baten, gegen Ariovist zu intervenieren, der die Länder auf dem linken Rheinufer bedrohte. Über das Schicksal des Ariovist wurde in einem kurzen Feldzug entschieden (Sieg Caesars im oberen Elsaß im September 53). Die Truppen Caesars unter dem Kommando des Labienus bezogen ihre Winterquartiere bei den Sequanern.
Die großen Nutznießer dieses Krieges waren die Häduer. Man darf sich wohl der Meinung eines modernen Historikers anschließen[126], daß Caesar um die Gallia Narbonensis herum ein »Glacis von Vasallenstaaten« schaffen wollte, ähnlich wie es Pompeius in Armenien getan hatte. Vielleicht wollte er damit jedoch lediglich der Meinung der Mehrheit der Senatoren entgegenkommen, die gegen einen Eroberungskrieg eingestellt war und zu dem einmal gegebenen Wort stand. Waren die Häduer nicht schon die »Brüder« des römischen Volkes?

§ 2 *Die Feldzüge von 57 bis 53 v. Chr.* Caesar konnte es nicht verborgen bleiben, daß die Hegemonie der Häduer nicht so ohne weiteres von den anderen Völkern hingenommen werden würde. Vielleicht hatte er mit dieser Reaktion gerechnet, die ihn zum Handeln zwingen würde. Wie nicht anders zu erwarten, schlossen sich die Stämme des belgischen Gallien zusammen und

erklärten den Römern den Krieg. Schon im Frühjahr 57 fiel Caesar, nachdem ihm die *Remi* ihre Unterstützung zugesichert und die Häduer, die Carnuten und Lingonen Verpflegung und Hilfe zugesagt hatten (alles Völker der Gallia Celtica), im Gebiet der *Bellovaci* ein, überquerte die Aisne in einem Blitzfeldzug und stieß bis zur Hauptstadt der *Suessiones* vor, die das Zentrum der Koalition waren. Er nahm die Stadt im Sturm. Einige Wochen später zerfiel die Koalition. Es blieb nur noch die Bekämpfung einiger isolierter Stämme, die den Krieg fortsetzten, nämlich der *Nervii, Atrebates, Viromandui,* schließlich der *Aduatuci* und *Eburones.* Der Feldzug endete mit der Einnahme Namurs (im September 57). »Zugleich meldete P. Crassus«, so berichtet Caesar, »der mit einer Legion gegen die *Veneti, Venelli, Osismii, Curiosolites, Esuvii, Aulerci, Redones* losgeschickt worden war, die alle in den Küstengebieten des Ozeans lebten, daß alle diese Völker Rom unterworfen worden seien.«[127] Der Zusammenbruch der belgischen Macht wirkte sich bis in die äußerste Bretagne aus. War es Zufall oder Absicht, daß der jüngste Sohn des Triumvirn die wirtschaftlichen Interessen der Republik vertrat und mit diesem militärischen »Spaziergang« bis an das Ende der Welt beauftragt wurde?
In Wirklichkeit waren alle diese Erfolge, die Caesar den offiziellen Dank des Senats eintrugen, nicht von Dauer. Das Jahr 56 war erfüllt von Kämpfen gegen diese im Vorjahr »unterworfenen« Völker. Die *Eburovices* (von Evreux), die *Lexovii* und die *Venelli* mußten in die Schranken verwiesen werden. P. Crassus drang indessen tief in Aquitanien ein, unterstützt von den Volksstämmen, die zu Rom übergetreten waren, wie die *Santones, Pictones* (Poitiers) und *Nitiobroges,* die seit langem ein Vasallenstaat waren. Crassus unterwarf das Land von Bazas, das Land von Sos und die Gegend von Tartas. Caesars eigene kriegerische Unternehmungen richteten sich gegen die Veneter. Der *imperator* mußte im Kampf gegen dieses Volk der Seeleute eine neue Taktik erfinden. Dabei machte er sich die Erfahrungen zunutze, die er früher bei der Verwaltung des jenseitigen Spanien und der Bekämpfung der Inselbewohner von Lusitanien gesammelt hatte.
Im Frühjahr des Jahres 56 hielt Caesar es für angebracht, das Triumvirat zu stärken, indem er Pompeius, Crassus und eine große Zahl von Magistraten und früheren Magistraten nach Lucques (an der Grenze seiner Provinz) einberief. Dort gaben die drei Verbündeten ihrer gemeinsamen Politik neuen Auftrieb, indem sie eine regelrechte Teilung der Welt vornahmen: Pompeius und Crassus sollten zusammen die Konsuln des Jahres 55 sein. Danach sollte Pompeius die beiden Spanien erhalten und Crassus Syrien, was ihn in die Lage versetzen würde, die Eroberung des Partherkönigreiches zu unternehmen, sich der

großen Karawanenstraßen des Ostens zu bemächtigen und Pompeius dadurch an Ansehen gleichzukommen. Caesars Befehlsgewalt über Gallien sollte verlängert werden. Es ist kaum anzunehmen, daß in diesem Augenblick der Gedanke einer totalen Annexion Galliens nicht der Hauptbeweggrund Caesars gewesen ist. Alle diese Abmachungen hatten jedoch keine Gesetzeskraft, sondern waren lediglich private Absprachen. In Rom hatte sich die Lage immerhin seit Caesars Weggang im Jahr 58 gewandelt. Cato war aus dem Osten zurückgekehrt. Cicero war im Sommer 57 (mit Zustimmung Caesars und nicht ohne vorher ein Versprechen für sein Wohlverhalten abgegeben zu haben) aus dem Exil zurückgerufen worden. P. Clodius hatte sich als eine sehr schwierige Person erwiesen. Er hatte Pompeius schwer beleidigt und ließ sich fortgesetzt etwas Neues einfallen, um ihn bloßzustellen. So herrschte in der Stadt eine Atmosphäre fortgesetzten Aufruhrs. Der Senat, der auf die Ausschreitungen der Banden des Clodius mit derselben Taktik reagierte, setzte die Gladiatoren des Milo gegen sie ein. Aus diesem Grund hatte Caesar es für notwendig erachtet, das Bündnis mit seinen Partnern wieder enger zu gestalten. Tatsächlich gelang es Pompeius ohne Mühe, die ersten Anzeichen oppositioneller Regungen im Senat zu ersticken. Cicero rühmte in einer Rede das Vorgehen Caesars in Gallien (Rede über die konsularischen Provinzen), und die Konsulatswahlen für das Jahr 55 übertrugen Pompeius und Crassus die Staatsgewalt. Ein von dem Tribun Trebonius eingebrachtes Plebiszit übertrug Pompeius ein prokonsularisches *imperium* für die Dauer von fünf Jahren für die beiden Spanien. Das gleiche galt für Crassus in Syrien (März 55). Eine von Crassus und Pompeius eingebrachte *lex Licinia Pompeia* verlängerte um den gleichen Zeitraum die Befehlsgewalt Caesars in Gallien.
Während diese politischen Manöver in Rom abrollten, befand sich Caesar in der Gallia Cisalpina. Die Kampfhandlungen setzten erst wieder im Vorsommer ein. Sie begannen mit einem Feldzug gegen die germanischen Auswanderer, die Usipiter und Tenkterer, die, wegen der fortgesetzten Angriffe der Sueben zur Auswanderung gezwungen, den Rhein im Mündungsgebiet zu überqueren versuchten. Sie wurden rücksichtslos niedergemetzelt, ohne daß sich für das Massaker ein anderer Rechtfertigungsgrund erkennen ließe als der, daß die Unglücklichen der Ausführung der Pläne des *imperators* im Wege standen, der eine Landung in Britannien plante. Caesar mußte, bevor er an die Ausführung dieses Planes ging, noch eine militärische Unternehmung, gewissermaßen eine Demonstration seiner Stärke auf dem rechten Rheinufer durchführen, nachdem er eine gewaltige Brücke, ein Denkmal römischer Technik, über den Fluß hatte schlagen lassen. Der Sommer neigte sich bereits seinem

Ende zu, als Caesar seine Flotte im Hafen der Morini zusammenzog (Boulogne und Umgebung) und in See stach. Caesar konnte nur einige Tage in Britannien bleiben, aber er hatte die Erkundung dieses Gebietes eingeleitet, die ihm im darauffolgenden Jahr eine Operation größeren Stils ermöglichen sollte.
Die erste Hälfte des Jahres 54 war dann tatsächlich einer Expedition nach Britannien vorbehalten. Was suchte Caesar dort an den Grenzen der damaligen Welt? Die einen behaupten, er habe dort Perlen von unglaublicher Größe vermutet und gesucht, die anderen behaupten, er habe dort Edelmetalle zu finden gehofft (man denkt dabei auch an Zinnbergwerke). Caesar selbst vertrat die Meinung, daß die Insel für die Gallier, die sich der römischen Beherrschung widersetzten, eine immer offene Zuflucht sein würde.[128] Er spürte vielleicht schon, daß Britannien gewissermaßen die geistige Schutzburg der Kelten war, eine Quelle, aus der die Adligen und die Druiden immer wieder Kraft für den Gedanken der keltischen Einheit schöpften, die der Einheit entgegenstand, wie Caesar sie erstrebte. Caesar selbst konnte dabei als der siegende und ruhmvolle, ja schon legendäre Heros erscheinen, als Beschützer gegen die Germanen, unbesiegbar und kühn, fast schon ein Gott.
Diese Hoffnung erfüllte sich nicht. Caesar mußte sich den Gedanken einer ständigen Besetzung der Insel aus dem Kopf schlagen und sich nach der Unterwerfung der Königreiche des südlichen Britannien (würde eine Unterwerfung ohne die Zurücklassung von Truppen von Dauer sein?) zurückziehen. Nicht genug damit. Als er im Herbst 54 nach Gallien zurückkehrte, kam es zu zahlreichen und bedrohlichen Erhebungen, besonders bei den Carnuten, den Eburonen, die fünfzehn Kohorten vernichteten, und auch in anderen Gebieten, in die die Nachricht von Caesars Rückschlägen gedrungen war. Caesar mußte sich zu sofortigem Handeln entschließen. Einige gut vorbereitete lokale Operationen geboten den Abtrünnigen vorübergehend Einhalt, aber den ganzen Winter hindurch setzten sich die Kämpfe fort. Im Frühjahr verfolgte Caesar im gesamten übrigen Land eine Politik des Terrors, die sich sehr von derjenigen unterschied, die er zu führen gehofft hatte. Gegen Ende des Sommers zwang er eine allgemeine Versammlung der gallischen Nobilität dazu, die Hauptrádelsführer der Aufstände zum Tod zu verurteilen, nämlich diejenigen, die von ihrer feindlichen Haltung gegenüber Rom nicht abließen. Die Ruhe, die einkehrte, war ein Schweigen der Angst. Es genügte die Nachricht, die sich Anfang Januar 52 in Gallien verbreitete, daß neue Unruhen in Rom ausgebrochen und Caesar die Hände gebunden seien. Der Aufstand brach sofort los. Eine Geheimversammlung im Waldgebiet der Carnuten beschloß den Krieg. Zu den Verschwörern gehörten nahezu alle Stämme der Gallia Celtica: die

Aulerci, Andes, Turones, Parisii, Senones, Arverni, Ruteni, Cadurci, Lemovices. Der Krieg begann mit der Niedermetzelung der römischen Bürger in Orléans (Cenabum). Ein junger Adliger, der Arverner Vercingetorix, wurde mit dem Oberkommando betraut, nachdem er sich, gegen den Willen der anderen Adligen, zum König seines Stammes hatte ausrufen lassen.

§ 3 Der Aufstand des Jahres 52 v. Chr. Caesar befand sich zu Beginn der Erhebung in der Gallia Cisalpina, wo er wachsam die Entwicklung der Lage beobachtete, wie sie sich aus der Ermordung des P. Clodius ergeben hatte. Vercingetorix hatte gehofft, die verschiedenen römischen Armeekorps in ihren Winterquartieren einzuschließen und Caesar daran zu hindern, zu ihnen zu stoßen. Gleichzeitig sollte der Cadurcer Lucterius mit einem Angriff durch das Tal des Hérault unmittelbar Narbonne bedrohen. Caesar vereitelte diesen Plan, indem er die römische Provinz in den Verteidigungszustand versetzte, und begab sich unverzüglich durch die verschneiten Cevennen in das Gebiet der Arverner, das er zu verwüsten begann. Vercingetorix ging ihm, von seinen Leuten unter Druck gesetzt, entgegen. Aber Caesar schwenkte wieder zur Rhone hin ab und konnte dank einer Kavallerieeskorte, die er in der Gegend von Vienne zusammengezogen hatte, das Gebiet der Häduer durchqueren, bevor diese sich der Rebellion angeschlossen hatten. Nachdem er seine verstreuten Legionen gesammelt hatte, griff er Agedincum an und eroberte es. Danach nahm er Cenabum (Orléans) ein, wo der Aufstand begonnen hatte, und statuierte ein Exempel. Vercingetorix mußte zu einer anderen Strategie übergehen; er ging Caesar aus dem Weg, versuchte, die Legionen auszuhungern, beunruhigte fortgesetzt die Fouriere und die Transporte, um auf diese Weise schließlich alle größeren Truppenbewegungen unmöglich zu machen. Aber diese Strategie wurde nicht mit letzter Konsequenz durchgeführt. Man entschloß sich dazu, Avaricum zu halten, statt es zu räumen und zu vernichten. Caesar bemächtigte sich nach einer langen und mühevollen Belagerung der Stadt, ohne daß Vercingetorix einen Versuch wagen konnte, sie zu retten.

Caesar, der nun endgültig die Oberhand gewonnen zu haben meinte, teilte seine Truppen auf. Um Zeit zu gewinnen (es war ihm klar, daß seine Kommandogewalt zeitlich befristet war, und er wünschte daher einen raschen Sieg), beauftragte er Labienus damit, die Aufständischen im Seinetal zu bekämpfen, während er selbst die Arverner angriff. Labienus trug bald entscheidende Siege über die *Aulerci* und *Eburovices* davon, was ihn in die Lage versetzte, Caesars Rückzug zu decken, als dieser sich auf Agedincum nach seiner Niederlage vor Gergovia zurückziehen mußte. Die Niederlage vor Gergovia war für Caesar die dun-

kelste Episode in allen seinen Feldzügen in Gallien. Während eines Teilangriffs, der schlecht geführt wurde, konnte Caesar, dessen Soldaten die Mauer zum Teil schon erklommen hatten, einen heftigen Gegenangriff des Vercingetorix nicht verhindern; er verlor in wenigen Augenblicken 700 Mann und 46 Centurionen. Um eine Katastrophe zu verhindern, mußte er sich nach Norden hin absetzen. Das Echo auf diese Niederlage war in ganz Gallien gewaltig und bewog viele Volksstämme zum Abfall von Rom. In der allgemeinen Versammlung, welche die Häduer in Bibracte einberiefen und damit Rom verrieten, weigerten sich lediglich drei Volksstämme, sich anzuschließen, und zwar die *Treveri*, die *Remi* und die *Lingones*.
Caesar befand sich zu diesem Zeitpunkt zwischen Agedincum (wo Labienus wieder zu ihm gestoßen war) und der Hochebene von Langres, dem Gebiet der *Lingones*, seiner Bundesgenossen. Bald setzte er seine zehn (oder elf) Legionen nach Süden hin in Marsch. Hatte er die Absicht, in die Provinz zurückzukehren und von der Eroberung abzusehen? Das ist kaum wahrscheinlich. Es handelte sich eher um ein Täuschungsmanöver, mit dem er Vercingetorix absichtlich in eine Falle lockte. Der Gallier erlag der Versuchung und brachte es nicht über sich, die Gelegenheit, die ihm Caesar heimtückisch bot, ungenutzt vorübergehen zu lassen. Er führte einen Angriff mit seiner Reiterei gegen die römische Armee, die sich allem Anschein nach in der Ebene von Dijon auf dem Rückzug befand. Aber Caesar verfügte über eine starke germanische Reiterei. Nach langem und hartem Kampf zogen sich schließlich die Gallier unter schweren Verlusten zurück. Vercingetorix schloß sich daraufhin aus ziemlich unerfindlichen Gründen in der Festung Alesia ein. Vielleicht dachte er dabei an Gergovia und hoffte das Spiel von neuem zu beginnen. Aber Alesia schloß sich hinter den gallischen Truppen wie eine Falle. Caesar, dem bekannt war, daß sich das Gros der Armee der Aufständischen zu sammeln begann und in Kürze anrücken würde, ließ in aller Eile von seinen Legionen gewaltige Arbeiten ausführen. Eine weitverzweigte Befestigungslinie versperrte Vercingetorix den Weg aus der Stadt, eine andere konzentrisch zulaufende Verteidigungsanlage umgab die römischen Stellungen und schirmte sie gegen einen Angriff von außen ab. Diese Vorkehrungen hatten den Erfolg, den sich Caesar erhofft hatte. Bei dem Angriff der Entsatzarmee gelang es weder den Belagerten noch den angreifenden Truppen, die römischen Verteidigungsstellungen zu durchbrechen. Die Verluste der Truppen, die Alesia zur Hilfe geeilt waren, waren derartig groß, daß die Aufständischen den Kampf aufgaben und in wilder Flucht davonjagten. Vercingetorix blieb nichts anderes übrig, als sich zu ergeben. Das geschah in den letzten Septembertagen des Jahres 52.[129]

Der Sieg von Alesia kam für Caesar gerade rechtzeitig. Das Triumvirat stand im Begriff, sich aufzulösen. Crassus war über ein Jahr zuvor auf dem Schlachtfeld von Carrhae in Syrien gefallen, ein Opfer seiner Sorglosigkeit und militärischen Inkompetenz. Mit ihm zusammen war eine große römische Armee vernichtet worden, deren überlebende Soldaten nun die Äcker der Parther bestellten, und die römischen Adler waren an die Ufer des Euphrat entführt. Pompeius und Caesar blieben also allein zurück. Das Band, das beide lange Zeit miteinander verbunden hatte, nämlich Julia, vom Vater und Ehemann gleichermaßen geliebt (Pompeius war ihr so zugetan, daß er manchmal ihretwegen die Politik vernachlässigte), war zwei Jahre zuvor, als die junge Frau im September 54 starb, zerrissen.

Pompeius war in Rom, das zu verlassen er sich weigerte, obwohl er dazu verpflichtet gewesen wäre, um seine Provinzen in Spanien zu verwalten, den verlockenden Angeboten erlegen, mit denen die Oligarchen nicht sparsam verfuhren. Der Tod des P. Clodius gab ihm die Gelegenheit, eine scheinbare Unparteilichkeit an den Tag zu legen: Als einziger Konsul setzte er die Verurteilung des Milo und die Auflösung seiner Terrorbanden durch (die im Grund im Dienst der Oligarchen standen). Aber wenn er sich auch den Anschein zu geben vermochte, den Beauftragten Caesars zu rächen, trat er in Wirklichkeit an seine Stelle und besaß dadurch die eigentliche Macht im Staat.

Das Problem, das sich nun stellte, war die Auflösung des Triumvirats und insbesondere die Annullierung der Vollmachten Caesars. Dieser trieb die Befriedung Galliens hastig voran. Seine Ungeduld gegenüber allem, was seinen endgültigen Sieg hinauszögern konnte, äußerte sich in brutaler Grausamkeit (den Mitkämpfern des Cadurcen Lucterius, den Verteidigern von Uxellodunum, ließ er die rechte Hand abhacken). Unterdessen folgte in Rom ein taktischer Schachzug auf den anderen, wobei es darum ging, ob man es Caesar gestatten könne, unmittelbar nach seiner Provinzstatthalterschaft zum zweiten Mal Konsul zu werden. Für Caesar war es unerläßlich, diese beiden Magistraturen ohne zeitliche Unterbrechung nacheinander zu bekleiden. Andernfalls würden die Feinde des Prokonsuls gegen ihn einen Prozeß *de repetundis* anstrengen können. Um seine Laufbahn und seinen Ruhm wäre es dann geschehen gewesen. Ein tribunizisches Gesetz entschied, daß Caesar im Sinn eines besonderen Vorrechts *in absentia* sich um ein Konsulat bewerben dürfe. Die Oligarchen hoben einige Zeit später diese Entscheidung wieder auf. In verschiedenen hinterhältigen Vorschlägen versuchten sie, einen Nachfolger für Caesar ins Spiel zu bringen, während sie diesem die Möglichkeit anboten, in den Komitien

des Jahres 50 zum Konsul gewählt zu werden. Aber Caesar brauchte noch Zeit, um seine Befriedungsaktionen zum Abschluß zu bringen, und er lehnte ab. Als der Senat versuchte, sich darüber hinwegzusetzen, intervenierte einer der Tribunen, Curius, der heimlich im Dienst Caesars stand, mit seiner *intercessio.* Der Konflikt spitzte sich im Lauf des Dezember immer mehr zu. Die Oligarchen verbreiteten das Gerücht, Caesar wolle in Italien mit seiner Armee intervenieren. In diesem Augenblick war eine Verständigung gewiß noch möglich, Pompeius selbst hielt sie für durchaus möglich. Aber Hirtius, ein Unterführer und Freund Caesars, kam unterdessen nach Rom, suchte aber nicht Pompeius auf, sondern brach am folgenden Tag schon auf. Damit zerrann eine letzte Hoffnung (7. Dezember).
Caesar war zu dieser Zeit in Ravenna, umgeben von einer Armee, deren unumschränkter Gebieter er war. Er bat sie, seine »Ehre« und seine von den Oligarchen bedrohte *dignitas* zu verteidigen. Zunächst machte er ein Friedensangebot nach dem anderen. Es ging ihm darum, wenigstens einen Teil seiner prokonsularischen Gewalt vor seiner Wiederwahl zum Konsul für das Jahr 50 zu behalten. Er richtete einen offiziellen Brief an den Senat, in dem er gegen die Verdächtigungen gegen seine Person protestierte. Der Brief wurde am 1. Januar 49 verlesen, aber die Senatoren verfügten in einer Abstimmung die Rückberufung Caesars und seine Ersetzung durch seinen schlimmsten Feind, L. Domitius Ahenobarbus. Außerdem befahlen sie Caesar, seine Kandidatur zum Konsulat in eigener Person vorzuschlagen. Die Caesar ergebenen Tribunen, Antonius und Q. Cassius, legten ihr Veto ein. Daraufhin stimmten die Väter über ein *senatus consultum ultimum* ab. Mit der gleichen Waffe hatte einst Cicero gegen Catilina gekämpft. Die beiden Tribunen flohen zu Caesar und erhoben dagegen Protest, daß man ihre sakrosankte Magistratur und die Rechte des Volkes verletzt habe. Es blieb kein anderer Ausweg mehr als der Bürgerkrieg, auf den sich beide Seiten, sowohl Caesar als auch Pompeius (für die Aristokraten) geistig und materiell vorzubereiten begonnen hatten.

3. Von der Diktatur zum Prinzipat (49 v. Chr.–14 n. Chr.)

Im Januar des Jahres 49 geschah es nicht zum erstenmal, daß sich ein Heerführer mit der ihm anvertrauten Armee gegen die legale Regierung wandte und sich die Institutionen ungeeignet zeigten, dieses Problem zu bewältigen. Vermochte die republikanische Staatsform denn nie, diese Eroberer, die sich durch ihre unermeßlichen Siege über die gewöhnlichen Sterblichen erhoben, in die Schranken der Legalität zu verweisen? Pompeius hatte versucht, die Gesetze zu achten und friedlich in sein Vaterland zurückzukehren, nachdem er den Osten unterworfen hatte. Nach dieser öffentlichen Demonstration blieb ihm jedoch nichts anderes übrig, als den Kampf um die Macht wieder aufzunehmen, die er zwar nicht mit Gewalt an sich zu reißen gedachte, die er sich aber doch durch das heimliche Bündnis des Triumvirats zu sichern gezwungen war. Der römische Staat – das war seit Sulla ganz klar geworden – war ohne einen »Beschützer« nicht mehr funktionsfähig. Waren mehrere Beschützer zu gleicher Zeit möglich? Cicero, der, wie wir bereits sagten, an eine Art geistig-sittlichen Protektorats dachte, das ganz auf der Überredung beruhen sollte, war rasch in Gegensatz zu Pompeius geraten. Wer am Ende den Sieg davontragen würde, stand außer Zweifel. Was würde jedoch geschehen, wenn Pompeius und Caesar, die beide ruhmreiche Feldherrn waren, sich als Rivalen gegenüberstünden? Der Ruhm des einen hatte überdies mit der Zeit viel von seinem Glanz verloren, während Caesar einen soeben erst erfochtenen Sieg vorweisen konnte. Die Oligarchen hatten sich natürlich dafür entschieden, sich den weniger gefährlichen der beiden zum Protektor zu erwählen, der später leichter wieder ausgeschaltet werden konnte und dessen politisches Denken weniger eigenständig, vielleicht sogar inexistent war. So hatte sich der Senat früher um Hilfe an Marius gegen Saturninus und Glaucia[1] gewandt: Der Ruhm des Pompeius sollte wie derjenige des Marius lediglich als Werkzeug in den Dienst der Nobilität gestellt werden.

Caesar ließ sich eher mit Sulla vergleichen; denn er hatte schon Beweise seiner Tatkraft und seiner politischen Weitsicht geliefert, und sein Konsulat ließ vermuten, wie seine Politik aussehen würde, wenn er erst einmal an der Macht wäre. Während jedoch Sulla gegen die »Popularen« an die Macht gelangt war, war

Caesars Laufbahn ganz von ihnen abhängig gewesen.[2] Die neue Ordnung, die das Ergebnis dieser Reformen sein würde, wenn ihm ihre Durchsetzung gelingen sollte, würde kaum mehr der früheren ähneln. Die Aristokraten bangten um ihre Privilegien: um das, was ihnen noch von den unrechtmäßigen *occupationes* geblieben war, die Möglichkeit, die Untertanen in der Provinz schamlos auszubeuten (die *lex Julia de repetundis* zeigte, daß die Verwaltung des Reiches eines der Hauptanliegen Caesars war), die Monopolstellung in der allgemeinen Politik, mit einem Wort um all das, was sie Unabhängigkeit und Freiheit nannten. Die Ritter und ganz allgemein die Geschäftsleute (die ziemlich stark im Senat selbst vertreten waren) befürchteten Maßnahmen wie die Tilgung der Schulden, Beschlagnahmung des Vermögens der politischen Gegner und eine soziale Revolution, wie sie in der Vergangenheit Catilina erträumt und die Demagogen versucht hatten.[3] Alle fürchteten sich vor einem politischen Führungswechsel.
Auf der Seite Caesars standen alle diejenigen, die sich alles von einer Revolution erhofften: bankrotte Bürger, das einfache Volk, aber auch Abenteurer, die schon eine Wiederkehr sullanischer Zeiten zu erleben meinten. Die Propaganda der Caesar-Gegner trieb die verkommensten Gestalten, nämlich die Berufsdemagogen, in seine Arme.[4] Caesar konnte sich jedoch auf die Volksmassen in Rom und auch in Italien verlassen: in der Gallia Cisalpina, wo er die Zahl der Kolonien mit römischen Bürgern erhöht hatte, und auch in vielen Municipien, die ihm spontan ihre Tore öffnen würden. Die Erinnerung an den Krieg der Marser war noch lebendig; die Herzen wandten sich besonders demjenigen zu, den man für den Rächer der Besiegten der Porta Collina ansah. Die öffentliche Meinung Italiens gewann allmählich Einfluß auf das politische Kräftespiel. Schon Cicero hatte den von Clodius gegen ihn aufgehetzten Massen der römischen Plebs die Begeisterung entgegensetzen können, die ihm das Bürgertum der italischen Städte entgegenbrachte. Die Entwicklung war nicht mehr aufzuhalten. Rom wuchs über seine Grenzen hinaus. Die politische Bühne war nicht mehr beschränkt auf die Versammlungen auf dem Marsfeld, auf den engen Raum des alten römischen Forums und die *contiones*, die sich vor den *rostra* versammelten. Dazu gehörten nun auch die verstreut liegenden Kolonien, die Bürger der kleinen Städte und Landgemeinden, die an den entscheidenden Tagen nach Rom eilten und deren Stimme den Ausschlag gab. Rom war nicht mehr der relativ kleine Gemeindestaat, sondern entwickelte sich zu einem umfassenden Staatswesen. Caesar konnte als der auserwählte Führer dieses Staates erscheinen, weil man sich von ihm Gerechtigkeit versprach und zu seinen Gegnern die Nobilität gehörte, deren Stolz und Raffgier jeder fürchtete. Er war

schon zu einer legendären Gestalt geworden, hatte er doch die gefürchteten Gallier besiegt, den Rhein überquert und den Ozean befahren. Ihm stand eine unbesiegbare Armee zu Gebote, die ihm bedingungslos gehorchte. Er stand in dem Ruf, daß er Treue zu lohnen wisse und menschlich und milde sei — zumindest wenn dies nicht seinen Kalkulationen und der Verwirklichung seiner Pläne zuwiderlief.

I. DER TRIUMPH CAESARS

a) Die Ausschaltung des Pompeius

Pompeius hatte Rom umgehend verlassen, um die unerläßlichen Truppen zusammenzuziehen. Die Truppen, auf die er sich verlassen konnte, befanden sich im Süden. Zwei regierungstreue Legionen waren in Capua stationiert. Pompeius hoffte, noch weitere Legionen in den Kolonien der Veteranen und bei den Völkern im Landesinnern ausheben zu können. Aber die Ergebnisse entsprachen nicht seinen Hoffnungen. Die Aushebungen wurden nur sehr schleppend von denen durchgeführt, die mit ihnen beauftragt worden waren (Cicero war erst einige Tage zuvor aus seiner Provinz Kilikien zurückgekehrt, wo er mit einigem Erfolg Krieg geführt hatte. Er wurde völlig vom Ausbruch des Bürgerkriegs überrascht). Vor allem aber kam Caesar an der Küste der Adria rasch vorwärts, so daß er den Beauftragten des Pompeius zuvorkam.
Caesar hatte am 12. Januar 49 den Rubicon überschritten, jenes Flüßchen, welches zwischen Ravenna und Rimini die Grenze zwischen der Provinz der Gallia Cisalpina und Italien bildete. Am gleichen Abend noch hatte er Ariminum besetzt, dann hatte er unverzüglich seinen Marsch nach Süden fortgesetzt. Bevor das Gros seiner Armee, die sich immer noch in der Gallia Transalpina befand, eingreifen konnte, ließ er von einigen Kohorten nacheinander Pisaurum (Pisaro), Fanum (Fano) und Ancona an der Küste einnehmen und im Innern Arretium (Arezzo), daraufhin Iguvium (Gubbio) an der Pforte nach Umbrien. Alle diese Städte empfingen Caesar, ohne den geringsten Widerstand zu leisten. Die Truppen, die sich in ihnen befanden, ergaben sich dem Sieger über Gallien. Eine einzige Stadt, Corfinium, versuchte, sich zu widersetzen, aber lediglich gezwungenermaßen und weil L. Domitius Ahenobarbus dort Truppen zusammengezogen hatte, die er kurz vorher in den Abruzzen ausgehoben hatte. Caesar schloß die Stadt ein, die nach sechs Tagen am 21. Februar kapitulierte. Zum erstenmal war einer der führenden Männer der Partei des Pompeius auf Gedeih und Ver-

derb Caesar ausgeliefert. Die Gesetze des Bürgerkriegs hätten es ihm gestattet, ihn zu töten. Doch Caesar begnügte sich damit, ihn fortzuschicken, indem er ihm gleichzeitig den Schatz wiedergeben ließ, den dieser in der Stadt verwahrt hatte. Die »Milde« Caesars trug ihm allmählich die Wertschätzung derer ein, die von weitem dem Lauf der Dinge folgten. Sie entsprach der Milde des Pompeius, der nach seinem Sieg über Sertorius[5] sich geweigert hatte, die Politik der Rache und Massaker fortzuführen.
Pompeius, der begriff, daß er in Italien keinen Widerstand zu leisten vermochte und vielleicht schon von Beginn des Krieges an diese Strategie im Auge gehabt hatte, gab offiziell seine Entscheidung bekannt, Italien mit allen nur verfügbaren Truppen zu verlassen, und ging nach Brindisi. Caesar begann sofort, ihn zu verfolgen, in der Hoffnung, mit einem Schlag Pompeius und die ihn begleitenden Senatoren gefangenzunehmen. Aber Pompeius hatte damit gerechnet. Er schloß sich in Brindisi ein und ließ Feldbefestigungen gegen die Angriffe Caesars errichten. Schließlich gelang es ihm trotz der Anstrengungen der Gegenseite, seine gesamten Truppen einzuschiffen und Illyrien zu erreichen. Pompeius setzte seine ganze Hoffnung auf den Osten, wo alle Staaten und Könige seine »Klienten« waren. Als Herr des Ostens würde er auch über die Meere gebieten. Dies würde ihn in die Lage versetzen, eine wirksame Blockade Italiens durchzuführen und die Getreideschiffe daran zu hindern, das unerläßliche Getreide nach Rom zu schaffen. Caesar, den das Volk für die Verknappung verantwortlich machen würde, würde dem Zorn der Massen nicht standzuhalten vermögen. Damals entstand der Plan, der einige Jahre später von Sextus Pompeius übernommen wurde, den er als Erbe der väterlichen Strategie gegen Octavius anwenden sollte.[6]
Diese Entscheidung führte zu der Konsequenz, die Pompeius überhaupt nicht vorausgesehen hatte: Die Oligarchen erschienen nun mehr denn je als die wahren Feinde des römischen Volkes. Die so geschaffene Lage führte keineswegs dazu, die Plebs gegen Caesar aufzubringen, sondern trieb sie vielmehr in seine Arme. Das gleiche traf nicht nur auf die Plebs, sondern auf alle Rechtschaffenen, die Unentschlossenen und all die zu, die keine so bedeutende Stellung besaßen, daß sie um jeden Preis Partei ergreifen mußten. Caesar marschierte am 3. März in Rom ein. Die wenigen Senatoren, die geblieben waren, stahlen sich davon, als er ihnen vorschlug, eine Gesandtschaft zu Pompeius zu entsenden, um Friedensverhandlungen aufzunehmen. Sie fürchteten sich, in die Hände derjenigen zu fallen, die erklärt hatten, daß jeder, der nicht mit ihnen, gegen sie sei. Vor die Wahl zwischen beide gestellt, entschieden sie sich schließlich für Caesar. Dieser traf sofort dringend erforderliche Maßnah-

men. Von den »Inseln«[7] wurde Getreide herbeigeschafft, das heißt, wahrscheinlich von Sardinien und Sizilien, so lange noch der Seeweg offen war. Für die Zukunft plante er die Besetzung dieser beiden Getreideprovinzen. Darüber hinaus befahl er, Afrika zu besetzen, das ebenfalls reich an Getreide war. Sardinien und Sizilien wurden ohne einen Schwertstreich genommen. Aber die Armee des jungen Curio, den Caesar mit der Unterwerfung Afrikas beauftragt hatte, wurde nach glänzenden Anfangserfolgen von den Numidern geschlagen, die Juba I. dem pompeianischen Statthalter zu Hilfe geschickt hatte, Curio kam in der Schlacht ums Leben (20. August 49).

Unterdessen verließ Caesar Rom, wo er sich nur acht Tage nach seinem Einmarsch aufgehalten hatte, und begab sich nach Spanien, wo die pompeiustreuen Truppen für seine rückwärtigen Verbindungen eine gewisse Gefahr darstellten. Es standen dort sieben Legionen unter dem Kommando von drei *legati* des Pompeius, L. Afranius (im diesseitigen Spanien), M. Petreius (in Lusitanien) und M. Terentius Varro (im jenseitigen Spanien). Als jedoch Caesar auf seinem Weg nach Spanien vor Marseille erschien, verweigerten ihm die Magistraten die Aufnahme. Offiziell behaupteten sie, sie wollten keine Partei ergreifen, in Wirklichkeit aber stellten sie sich auf die Seite des Pompeius. Die oligarchische Regierung von Marseille war traditionsgemäß ein Verbündeter des römischen Senats. Dort hatte Milo Zuflucht gefunden, nachdem ihm durch ein Urteil der Aufenthalt in Rom verboten worden war. Die Stadt leistete den Angriffen der Caesarianer lange Zeit Widerstand, während Domitius Ahenobarbus, der in Corfinium begnadigt worden war, mit einer kleinen Flotte, die er auf eigene Kosten in Etrurien zusammengestellt hatte, in den Hafen eindrang. Caesar mußte sich schließlich damit begnügen, vor Marseille nur drei Legionen zurückzulassen. Er übergab sie dem Kommando seines Unterführers Trebonius und übertrug das Flottenkommando D. Brutus mit dem Auftrag, den Zugang zum Meer zu blockieren. Er setzte dann in aller Eile seinen Marsch nach Spanien fort, wo seine Vorhut unter dem Befehl des C. Fabius mit nur drei Legionen vor Ilerda in Schwierigkeiten geriet (Mai 49).

Der Feldzug Caesars gegen die Armeen des Pompeius in Spanien dauerte den ganzen Sommer des Jahres 49 über an. Er nahm einen schlechten Anfang. Die Stellung der Truppen des Afranius und Petreius, die sich vereinigt hatten, war sehr stark. Hinzukamen heftige Regengüsse, die das Land in viele Sümpfe verwandelten und Caesar isolierten. In Rom lief schon das Gerücht um, daß er zur Kapitulation gezwungen sei. Aber allmählich wechselte das Kriegsglück. Caesar gelang es, leichte Brücken durch versumpfte Ebenen zu bauen. Vor dieser Bedrohung zogen sich die Pompeianer nach Süden zurück, während mehrere

iberische Völker in das Lager Caesars überwechselten, dessen Name in Spanien noch nicht vergessen war. Ehe die Armee des Afranius die Linie erreichen konnte, an der sie ihre Verteidigungsstellungen auszubauen gehofft hatte, litten die durch den langen Marsch in glühender Hitze erschöpften Soldaten unter Hunger. Sie ergaben sich auf offenem Gelände (2. August). Wie bereits früher verhielt sich der Sieger maßvoll und beschränkte sich darauf, die Entlassung der pompeianischen Armee zu fordern.
Es blieb noch die Armee des Terentius Varro, die das jenseitige Spanien, die frühere Provinz Caesars, verteidigte. Dieser brauchte sich nur mit einer Eskorte von 600 Reitern zu zeigen, und die einheimische Bevölkerung empfing ihn als Befreier. Es war nicht einmal notwendig, zu den Waffen zu greifen. Eine Legion ergab sich und stellte sich ihm zur Verfügung. Varro besorgte die Übergabe der zweiten Legion. Als Sieger zog er in Gades ein, wo ihm früher einmal, als er dort Quästor war, in einem Traum die Herrschaft über die Welt verheißen worden war.[8] Auf dem Rückweg erreichte er die Kapitulation von Marseille, das dabei seine wirtschaftliche Autonomie einbüßte, obwohl es seine politische Unabhängigkeit bewahrte. Aber Caesar nahm ihm die Gebiete weg, die ihm in den voraufgegangenen Jahren von Rom zugeteilt worden waren. Der wirtschaftliche Einfluß Marseilles war damit nicht ganz zurückgedrängt, aber er konnte von jetzt an nur noch innerhalb des Reiches und unter den von Rom zugestandenen Bedingungen wirksam werden.
In Marseille vernahm Caesar, daß er von dem Prätor Lepidus, seinem Beauftragten in der Stadt, den er mit der Verwaltung Roms während seiner Abwesenheit betraut hatte, zum Diktator ernannt worden sei. Nach und nach nahm die Rebellion Caesars legale Formen an. Der Diktator – für einige Tage nahm er diesen von Sulla zu neuen Ehren gebrachten Titel an – beeilte sich, sich in den Centuriatskomitien zum Konsul wählen zu lassen, die ordnungsgemäß von ihm aufgrund seines diktatorischen *imperium* einberufen wurden. Mit ihm zusammen wurde vorschriftsgemäß ein zweiter Konsul gewählt, und zwar P. Servilius Isauricus (er war der Schwiegersohn der Servilia, der Mätresse Caesars). Als amtierender Konsul (ab 1. Januar 48) nahm Caesar den Kampf gegen die Pompeianer auf, die, fern vom römischen Volk und dem heiligen Boden der Stadt, nur noch Scheinmagistraturen bekleideten und wertlose Titel führten, die jeden Gehalt und jegliche Legalität verloren hatten. Diese Konsequenz hatte Pompeius nicht vorausgesehen, nämlich daß der rebellierende *imperator* zum Hüter des Gesetzes und die Senatoren, die in Begleitung ihres Führers ins Exil gegangen waren, zu Geächteten und vaterlandslosen Gesellen werden würden.
Die Welt war in Wirklichkeit zweigeteilt. Pompeius rief zum

gemeinsamen Kampf aller Verbündeten Roms bis in die fernsten Gegenden des Reiches auf. Die Truppenkontingente von überallher strömten nach Makedonien, wo sich die »provisorische Regierung« niedergelassen hatte. Sie bestand aus 200 Senatoren, die alle Magistrate oder frühere Magistrate waren und gewissermaßen den »Rat« des Pompeius bildeten. Die gesamte hellenistische Welt bot ihre Unterstützung an. Der Bürgerkrieg hatte die Konfrontation von West und Ost bewirkt, die so oft schon der Alptraum der Senatspolitik gewesen war. Den Dichtern wird sich der Gedanke aufdrängen, daß dieser Bruderkrieg den Traum des Hannibal verwirklichte. Das Zentrum der Streitkräfte des Pompeius war die Stadt Dyrrhachium (Durazzo), wo die Verbindungslinien auf dem Land und vom Meer zusammenliefen.

Caesar, der entschlossen war, die Entscheidung an der Stelle herbeizuführen, wo sich der Feind befand, setzte mitten im Winter (4.–5. Januar nach dem vorjulianischen Kalender, also Ende November nach dem julianischen Kalender) mit sieben Legionen über die Adria. Die griechischen Städte (Orikon, Apollonia, Byllis, Amantia) öffneten Caesar ihre Tore, da er in ihren Augen der rechtmäßige Konsul war. Die Überquerung der Adria war trotz eines Geschwaders, das unter dem Kommando des Bibulus, eines früheren erfolglosen Kollegen Caesars in der Zeit seines Ädilenamtes und seines Konsulats, in der Adria kreuzte, erfolgreich. Nach diesem Überraschungserfolg rief Caesar den Rest seiner Armee unter der Führung des Antonius zu sich, der in Brindisi auf Abruf bereitstand. Antonius traf allerdings erst zu Beginn des Frühlings ein; als er aufbrach, mußten die Konvois wegen der Bedrohung durch das pompeianische Geschwader und infolge widriger Winde nach Norden ausweichen. Sie erreichten die Küste unweit Lissos, ziemlich weit im Norden von Dyrrhachium. Die römischen Bürger von Lissos, die früher einige Wohltaten durch Caesar erfahren hatten[9], nahmen Antonius auf und halfen bei der Ausschiffung. Obwohl Pompeius versuchte, Antonius zu überraschen (was ihm nicht gelang), vereinigten sich die Truppen Caesars und seines Unterführers, und Pompeius mußte sich an der Küste im Süden von Dyrrhachium festsetzen, um wenigstens die Seeverbindung zu dieser Stadt aufrechtzuerhalten.

In Asien fuhr unterdessen Metellus Scipio, der Schwiegervater des Pompeius (der seine Tochter Cornelia nach dem Tode der Julia geheiratet hatte), fort, Menschen und Subsidien zusammenzubringen, wobei er eine Energie entfaltete, die, wenn man Caesar glauben darf, an Grausamkeit grenzte. Er sollte mit allen Truppen, über die er verfügen würde, nach Makedonien zurückkehren und zusammen mit der Armee des Pompeius Caesar angreifen. Dieser durchschaute die Gefahr. Er wußte, daß seine

eigene Flotte bei ihrer Rückkehr nach Italien, nachdem sie Antonius übergesetzt hatte, von den Pompeianern zerstört worden war. Ein eventueller Rückzug war also nicht mehr möglich.[10] Um seine Position zu stärken, begann er damit seinen Aktionsradius zu vergrößern, indem er die aitolischen und thessalischen Städte für seine Sache gewann. Die Bündnisse, die er so würde abschließen können, würden ihm bei der Verproviantierung seiner Truppen von Nutzen sein. Aber mit den ihm verbleibenden Legionen führte er gleichzeitig ein Manöver aus, zu dem ihn wahrscheinlich der Sieg von Alesia inspirierte. Pompeius befand sich an der Küste, einige Kilometer südlich von Dyrrhachium. Caesar begann, ihn zu isolieren, indem er um seine Stellung eine Umwallung anlegen ließ, die die Verbindungen des Pompeius zum Kontinent unterbrechen sollte. Die Arbeiten wurden Mitte Juli abgeschlossen (nach dem vorjulianischen Kalender Ende Mai). Pompeius, der unmöglich noch länger seine Armee in einer Stellung halten konnte, die für die Truppen wegen der Hitze unerträglich wurde, durchbrach die Blockade und floh nach Süden, da er sich nicht in der Lage sah, die direkte Verbindung zu Dyrrhachium aufrechtzuerhalten. Caesar war es also gelungen, die feindliche Streitmacht zu schwächen, wenn er auch nicht Pompeius zur Tatenlosigkeit hatte verurteilen können.
Pompeius hatte es sich zum Ziel gesetzt, sich mit den Truppen seines Schwiegervaters in Thessalien zu vereinigen. Während er nach Osten auf der Via Egnatia marschierte, schlug Caesar die gleiche Richtung ein, nur etwas weiter im Süden durch das Tal des Aoos, wobei sich ihm auf dem Vorbeimarsch die kleinen an der Marschroute gelegenen Städte ergaben. Die beiden Armeen bezogen in Thessalien in der Ebene von Pharsalos Anfang August (nach dem julianischen Kalender) Stellung. Die Schlacht begann am 9. August (nach dem vorjulianischen Kalender am 28. Juni). Pompeius verließ sich auf seine Kavallerie, mit der er eine Umfassungsbewegung durchführte. Er konnte sich nämlich nicht ganz auf seine Infanterie verlassen, die sehr zusammengewürfelt und weniger kriegsgeübt war als diejenige Caesars. Dieser reagierte rasch auf das Manöver, schlug den Angriff der pompeianischen Reiterei ab und griff dann die feindlichen Legionen an. Die Entscheidung fiel gegen Mittag. Als die Legionen zum Angriff auf das Lager des Pompeius übergingen, floh dieser in Begleitung einiger Reiter. Unverzüglich begab er sich nach Mytilene, wo er seine Frau Cornelia und seinen zweiten Sohn Sextus antraf. Dort beriet er mit seinen Freunden, entmutigt, obwohl Zuversicht vorschützend, was nun geschehen solle.[11] Er hatte die Absicht, den König der Parther um Asyl zu bitten, den er seit seinen Ostfeldzügen persönlich kannte. Man hielt ihm jedoch vor, daß er damit die römische Würde kompromittiere, wenn er den Sieger über Crassus um

Hilfe anginge. Außerdem würde er seine junge Frau fortgesetzter Erniedrigung an einem Hof aussetzen, dem die Ehre einer Frau nichts gelte. Man entschloß sich deshalb für Ägypten, wo der junge König Ptolemaios XIII. (er war noch ein Mündel, sechs Jahre alt) durch Pompeius auf den Thron gesetzt worden war. Als Pompeius vor Pelusion erschien, wo sich der König mit seinen Ratgebern aufhielt, beschloß man in der Umgebung des Ptolemaios, Pompeius zu erschlagen, um sich die Dankbarkeit Caesars zuzuziehen. Der Plan war ebenso dumm wie verwerflich. Er wurde von einigen verbrecherischen Männern ausgeheckt, und zwar von Potheinos, einem Eunuchen, Theodotos, einem Rhetor aus Chios, Achillas, einem Soldaten, der die königlichen Truppen befehligte. Ein ehemaliger Centurio im Dienst des Königs, Septimius, schlug zuerst zu. Der Kopf des Pompeius wurde vom Rumpf getrennt, um Caesar bei seiner Ankunft überreicht zu werden. Den Leichnam ließ man am Strand liegen (28. September = 16. August 48).
Inzwischen war Caesar der Herr über das gesamte Festland geworden, er brauchte nur noch die Flotten seiner Gegner zu fürchten. Aber die Flucht und darauf der Tod des Pompeius hatten die Senatspartei zersetzt. Ohne den Überlebenden eine Atempause zu lassen, hatte Caesar einen regelrechten Triumphzug durch Asien begonnen. Überall unterwarfen sich ihm die Städte und Völker und unterstützten ihn. Sie erwiesen ihm die größten Ehren.[12] Am 2. Oktober (19. August) kam er schließlich an der Spitze einer Flotte, von der ein Teil von den Rhodiern gestellt worden war, in Ägypten an. Als man ihm dort den Kopf des Pompeius und seinen Ring zeigte, weinte Caesar. Schon im Altertum war es eine klassische Übung, sich die Frage zu stellen, wie ehrlich diese Tränen gemeint waren. Gewiß, diese Tat des Ptolemaios befreite ihn von einem immer noch gefährlichen Feind. Aber Caesar hatte bis dahin nie durch Meuchelmord politische Probleme zu lösen versucht. Die Verbindung zu Pompeius war zu eng und bedeutete ihm zu viel, als daß er den Wunsch gehabt haben kann, sie mit einer solchen Gewalttat zu brechen. Caesar hatte wahrscheinlich noch nicht die Hoffnung aufgegeben, sich mit ihm zu versöhnen, und man vermag sich nur schwer die Heftigkeit seiner gemischten Gefühle vorzustellen, die er dabei empfunden haben muß, als er sah, wie der ruhmreichste Römer zum Spielzeug einiger verkommener Orientalen geworden war. Was war, verglichen mit diesen Gefühlen, die kleinliche und uneingestandene Befriedigung und Erleichterung über den Tod des Pompeius?

b) Caesar Herr der Welt

Zwischen dem Sieg bei Pharsalos und dem Sieg von Munda, der am 17. März 45 die endgültige Niederlage der Pompeianer auf dem letzten Schlachtfeld brachte, auf dem sie noch einmal ihre letzte Kraft angespannt hatten, vergingen nicht ganz drei Jahre, die von ebenso vielen Feldzügen gekennzeichnet waren. Nachdem Caesar in Alexandria eingezogen war, mußte er eine Erhebung der Ägypter niederschlagen, die sich nicht damit abfinden wollten, daß der Römer wie ein Sieger in Alexandria einzog, seine Bedingungen dem jungen König diktierte, der zu dieser Zeit mit seiner um sieben Jahre älteren Schwester Kleopatra Krieg führte, die Königin zurückholte und ihr einen Teil der Macht zusagte. Im königlichen Palast eingeschlossen, leistete er den Angriffen des Eunuchen Ganymedes Widerstand, der die aus Pelusion herangeführten königlichen Truppen befehligte. Dort wartete Caesar den Tag ab, bis die in Asien angeforderten Verstärkungen eintreffen würden. In einer einzigen Schlacht zerschlug er die ägyptische Streitmacht und zwang Alexandria, ihn um Nachsicht zu bitten (27. März = 6. Februar 47). Nun begann für Caesar ein Abenteuer besonderer Art. Er ging auf das Werben der jungen Kleopatra ein (die er soeben dem jungen Ptolemaios XIV. vermählt hatte, der wie sie ein Kind des Ptolemaios XII. Auletes, aber erst zehn Jahre alt war). Mit ihr fuhr er auf der königlichen Galeere den Nil stromaufwärts. Wie die ägyptischen Könige wurde er als lebendiger Gott angesehen, der sein Reich besuchte – ein Land, das schon lange eine starke Anziehungskraft auf ihn ausgeübt und schon immer seinen Schutz gegen die ehrgeizigen Machtgelüste anderer (unter anderem des Pompeius) erfahren hatte. Als er im Juni 47 Ägypten verließ, überließ er es der Obhut der Kleopatra, vor allem aber der der drei Legionen, die damit beauftragt wurden, ein schwieriges und unruhiges Land zu halten, das letzte Königreich am Mittelmeer.
Er verließ Ägypten, um sich nach Antiocheia zu begeben, wo er dem unerschrockenen Vorgehen des Pharnakes, des Sohnes des Mithridates Eupator, Einhalt gebieten mußte. Pompeius hatte diesen in dem bosporanischen Reich als König eingesetzt. Pharnakes, der sich den Bürgerkrieg zunutze machte, hatte versucht, das Königreich seines Vaters zurückzuerobern. Eine Schlacht reichte aus, um die Niederlage des Pharnakes herbeizuführen: die Schlacht von Zela in Pontos. Caesar ging am 13. Juli (23. Mai) 47 in Antiocheia an Land, am 2. August (12. Juni) trug er bereits den Sieg von Zela davon. »*Veni, vidi, vici* – ich kam, ich sah, ich siegte« war die Siegesmeldung Caesars an die Römer.[13] Pharnakes gelangte, fast allein, an den Kimmerischen Bosporus, wo er bald darauf ermordet wurde. Caesar kehrte nach Rom zurück, wo er Anfang Oktober (Mitte August 47)

einzog. Er hatte die großen Leistungen des Pompeius wiederholt, erneut den Osten unterworfen und sogar ein neues Gebiet, nämlich Ägypten, dem Reich einverleibt. Alexander übertreffend, hatte er sich von den fernsten Gebieten Asiens bis an die Küsten des Ozeans alles unterworfen. Diesmal gab es keinen Senat mehr in Rom, der eifersüchtig darauf bedacht sein konnte, die Größe des Eroberers in Frage zu stellen.

In Rom angekommen, hatte er sich mit einer Meuterei des Militärs auseinanderzusetzen. Die meisten Legionen waren nach der Schlacht von Pharsalos nach Italien zurückgekehrt; dort war durch Nichtstun und Ausschweifungen Disziplinlosigkeit eingekehrt. Die Soldaten, die sich an Sulla und Pompeius erinnerten, meinten, Rom gehöre ihnen. Aber Caesar hatte nicht gekämpft, um sich schließlich seinen Veteranen unterzuordnen. Als er sich auf dem Marsfeld den Meuternden stellte, fragte er sie, was sie denn wünschten, und als sie ihre Entlassung verlangten, entließ Caesar sie auf der Stelle und fügte hinzu: »Und ich werde euch alles geben, was ich euch versprach, wenn ich mit anderen Soldaten gesiegt haben werde.«[14] Da trat völlige Stille ein. Der Gedanke, daß andere Soldaten unter ihrem Feldherrn neue Siege erringen und sie vielleicht um ihren Lohn und ihren Ruhm bringen würden, ergriff nach und nach ganz von ihnen Besitz und verwirrte sie. Danach wollte Caesar sich auf das Verlangen der Freunde hin, die ihn umgaben, von ihnen verabschieden, da sie sich ja nun für immer trennen würden. Er hielt eine kurze Ansprache, in der er sie mit »*Quirites*«, »Bürger«, anredete. Das war für die Männer zu viel. Sie schrien, daß sie ihr Verhalten bereuten und nicht wieder Zivilisten werden wollten. Caesar tat erst so, als schwanke er noch, dann erklärte er jedoch, als gebe er ihren Bitten nach, daß er bereit sei, sie weiterhin unter Waffen zu halten. Er versprach, allen später Land zuzuweisen, nicht jedoch in der Weise, »wie Sulla es getan habe, der den rechtmäßigen Eigentümern den Landbesitz weggenommen und Veteranen und frühere Herren nach ihrer Enteignung in den Kolonien zusammengefaßt habe, wo sie in ständiger Feindschaft gelebt hätten; er wolle vielmehr Siedlerstellen aus Staatsland schaffen und aus eigenen Mitteln das erwerben, womit er jedermann werde zufriedenstellen können«.[15]

Mit den Legionen, die er auf diese Weise wieder in die Hand bekommen hatte, begann Caesar mit der Eroberung Afrikas, wo sich die Überlebenden der pompeianischen Partei zusammengeschlossen hatten. Der Tod des Pompeius hatte die Oligarchen vor das Problem gestellt, wem nun die Führung übertragen werden sollte. Der Streit, der darüber entbrannte, machte deutlich, daß man wieder einen Führer würde wählen müssen. Die Mehrheit schlug Cato vor, der ohne Zweifel am meisten Tatkraft besaß und am besten für die Übernahme dieser Aufgabe

Abb. 15: Marcus Porcius Cato Minor (Uticensis)

geeignet erschien. Catos Autorität und sein Ansehen rührten von seinem strengen Lebensstil und der Konsequenz her, mit der er die stoischen Lebensregeln befolgte. Darüber hinaus war allein schon sein Name, der an die großen Zeiten der Republik und der Regierung durch den Senat erinnerte, Verheißung und Programm zugleich. Aber im Gehorsam gegenüber der Tradition, die er vertrat, lehnte Cato ab; denn aufgrund der bestehenden Institutionen fiel das Oberkommando dem ältesten lebenden ehemaligen Konsul zu – in diesem Fall also Cicero, dem Konsul des Jahres 63. Cicero suchte jedoch nach Ausflüchten, was die leidenschaftlichsten Republikaner als Verrat betrachteten. Es hätte nicht viel gefehlt und Cn. Pompeius, der älteste Sohn des Pompeius Magnus, hätte ihn auf der Stelle mit seinem Schwert erschlagen. Schließlich löste sich der frühere Führungsstab des Pompeius auf. Mehrere Senatoren entschlossen sich, den Kampf aufzugeben und sich Caesar auf Gedeih und Verderb zu ergeben. Unter ihnen befand sich Cicero. Er kehrte nach Italien zurück und wartete über ein Jahr lang die Rückkehr des neuen Herrschers über Rom ab. Caesar schrieb ihm aus Alexandria, um ihn seiner Nachsicht zu versichern. Die Zusage der Vergebung wurde indessen erst Ende September 47 wirk-

sam, als Caesar auf dem Weg von Tarent nach Brindisi vom Pferd stieg, weil er den alten ehemaligen Konsul erblickte. Er führte mit ihm ein langes und freundschaftliches Gespräch, das einen Strich unter die Vergangenheit zog.
Afrika war die einzige Provinz, wo die pompeianische Partei ihre Kräfte mit Hilfe Jubas I., des Siegers über Curio, wieder sammeln konnte. Das Kommando wurde Metellus Scipio übertragen, dessen Konsulat automatisch verlängert wurde, weil keine ordnungsgemäßen Wahlen fern von Rom stattfinden konnten. Caesar ging in Afrika in den letzten Dezembertagen des Jahres 47 (Anfang November nach dem julianischen Kalender) an Land. Trotz erheblicher Schwierigkeiten zu Beginn gelang es ihm während des Winters, seine Stellung zu festigen, eine nahezu normale Lebensmittelversorgung für das Land sicherzustellen und aus Sizilien das Gros seiner Legionen nachkommen zu lassen. Die Entscheidungsschlacht fand vor Thapsus statt, einer Hafenstadt an einem Kap (Ras Dimasse) im Süden des Golfs von Hadrumetum. In der Stadt befand sich eine zahlenmäßig starke Kolonie römischer Bürger, die treue Anhänger des Pompeius waren. Caesar vernichtete vollständig die Streitmacht des Metellus Scipio, zu der noch die Truppen Jubas gestoßen waren (6. April = 6. Februar 46). Cato war zu diesem Zeitpunkt in Utica, dessen Einwohner im großen und ganzen auf der Seite Caesars standen. Als Cato sie aufforderte, die Stadt in den Verteidigungszustand zu versetzen, kamen sie dieser Aufforderung derartig lasch und unwillig nach, daß er begriff, daß das Spiel verloren war. In der Nacht noch beging er Selbstmord. Vorher hatte er jedoch für die Abfahrt der Schiffe Sorge getragen, auf denen die römischen Senatoren mit ihren Familien Afrika verließen (in der Nacht vom 12. auf den 13. April = in der Nacht vom 12. auf den 13. Februar 46). Die öffentliche Meinung nahm diesen Tod als das unausweichliche Schicksal einer versinkenden Welt hin. All das, was zu seinem Ruhm gesagt wurde, faßte später Lukan – wie Cato ein Stoiker –, der in der Bewunderung für den Mann groß geworden war, den man als den römischen »Weisen« schlechthin ansah, in folgenden Worten zusammen: »Die Götter wählten die siegreiche Sache, Cato die der Niederlage.«[16] Das bedeutet, daß die Götter sich nicht über den richtigen Lauf der Geschichte irren; aber der einzelne Mensch hat das Recht, sich auf die Seite der Besiegten zu stellen, wenn er zu der Überzeugung gelangt ist, daß er schicksalhaft und unzertrennlich mit ihnen verbunden ist. Cato war in den Tod gegangen, um nicht die Milde Caesars erfahren zu müssen und weil die Welt, an die er geglaubt hatte, um ihn her einstürzte. Er starb auch, weil er nur so seine Freiheit wahren konnte; denn als Lebender wäre er zum Schuldner des Siegers geworden. Der Name Catos wurde zum Kristallisations-

kern der Opposition gegen Caesar. Dabei zog sie aus der Verwirrung Nutzen, die hinsichtlich des Begriffs der »Freiheit« entstanden war. Die Freiheit Catos hatte als metaphysisches Postulat fast nichts gemein mit der politischen »Freiheit«, die die Republikaner angeblich verteidigten.[17] Caesar prangerte später die Ausnutzung dieses geradezu legendären Cato in seinem *Anti-Cato* an, der leider verlorengegangen ist.

Der Rest der pompeianischen Armee erreichte Spanien. Unter den überlebenden Heerführern befanden sich nur noch Sextus Pompeius, Labienus und Attius Varus. Caesar durfte nun annehmen, daß der Widerstand endgültig gebrochen sei. Und so blieb er von seiner Rückkehr nach Rom am 25. Juli (= 25. Mai 46) bis zu seinem Aufbruch nach Spanien gegen Ende des Jahres in der Stadt und befaßte sich damit, die zahllosen Probleme zu lösen, die während seiner Abwesenheit aufgetaucht waren, und Ordnung in die öffentlichen Angelegenheiten zu bringen, die sehr unter dem Krieg gelitten hatten. In dieser Zeit glich er durch zwei Schaltmonate den Vorsprung des offiziellen Kalenders gegenüber dem wirklichen Jahr aus und führte die »julianische« Reform durch, die bis zur Zeit Gregors XIII. (1582) Gültigkeit haben sollte.

Schließlich jedoch zwang die Lage in Spanien Caesar dazu, sich selbst dorthin zu begeben. In Spanien hatten einige Truppenteile, die nach der Vertreibung der Pompeianer im Jahr 49 das Land besetzt hielten, die Sache Caesars verraten und sich dem Befehl des Cn. Pompeius unterstellt, mit dem sie bereits vor der Schlacht von Thapsus Verhandlungen aufgenommen hatten. Nach zwei Monaten des Kampfes zwang Caesar Pompeius, sich ihm in offener Feldschlacht zu stellen, und zwar in der Nähe der kleinen Stadt Munda im Süden Cordobas. Die Schlacht fand am 17. März 45 statt; sie war besonders hart, und Caesar war gezwungen, selbst in den Kampf einzugreifen. Aber schließlich trugen die kriegstüchtigeren und auf so vielen Schlachtfeldern erprobten Legionen Caesars den Sieg über einen Feind davon, der verbissen um sein Leben kämpfte. P. Attius Varus und Labienus kamen im Kampf ums Leben. Cn. Pompeius gelang es, zu entkommen, aber er wurde zum unsteten Leben eines Flüchtlings verdammt, fortgesetzt verfolgt und einige Monate später getötet. Dieses Mal war der Sieg Caesars endgültig. Sextus Pompeius, der einzige überlebende Sohn des Pompeius, sollte erst viel später, als Caesar bereits nicht mehr lebte, den Krieg von neuem beginnen.

Caesar hatte sich weit über die Schranken erhoben, die dem gewöhnlichen Sterblichen gesetzt sind. Dennoch verfolgte ihn der Wahn, ein neuer Alexander zu werden. Die Erinnerung an die Legionen des Crassus ließ ihn nicht los. Nachdem er die Küsten des Ozeans im Westen der Welt erreicht hatte, hoffte er, zumindest so weit wie der Makedone, bis an die Pforten Indiens, vorzustoßen. Schon gegen Ende des Jahres 45 begann er damit, in Apollonia eine Armee zusammenzuziehen, die für diesen neuen Feldzug im Osten bestimmt war.[18] Die Sibyllinischen Bücher, die befragt worden waren, um den Willen der Götter hinsichtlich dieser gigantischen Unternehmung zu erfahren, hatten geantwortet, daß der Sieg den Römern gehören werde, wenn ein König sie anführte.[19] Es ging Caesar nicht darum, König in Rom zu werden, sondern diesen Titel für die zu erobernden Provinzen zu erhalten. Höchstwahrscheinlich entsprang die Weissagung der heiligen Bücher seiner eigenen Phantasie. Er wußte, daß es für die Regierung bestimmter Völker — seine Erfahrungen in Ägypten hatten ihn dies gelehrt — einfach notwendig war, die politischen Formen zu achten, an welche sie gewöhnt waren. Er erinnerte sich auch daran, daß sein Erfolg in Gallien das Ergebnis einer geschickten Diplomatie gewesen war, die den militärischen Einsatz vorbereitete und den Siegen eine nachhaltigere Wirkung verlieh.

c) Die Opposition gegen Caesar

Aber die Opposition gegen Caesar gab sich nicht geschlagen. Sogar die jungen Adligen, die, wie er gehofft hatte, sich zusammenschließen würden, um sein Werk fortzusetzen und einen Staat und ein Reich neu zu schaffen, die frei wären von den Schwächen und den Mängeln der Vergangenheit, verrieten ihn im Namen der »Freiheit«. Die Seele — oder vielmehr das Gewissen — der Verschwörer, die sich zusammentaten, um Caesar zu ermorden, war M. Junius Brutus, der Schwiegersohn Catos, ein Sohn der Servilia, die lange Zeit die »offizielle« Mätresse Caesars gewesen war und seine Freundin blieb. Ihre Verbindung war derartig zum Gegenstand des Stadtklatsches geworden, daß man hin und wieder, gewiß zu Unrecht, behauptete, Brutus sei der natürliche Sohn des Diktators. Brutus war ebenso wie Cato Stoiker; er ging jedoch nicht aus seiner philosophischen Überzeugung heraus auf die Einflüsterungen seines Schwagers C. Cassius ein, der Epikureer war. Beide handelten als Römer, denen das Königtum verhaßt war, wohingegen Zenon und seine Schüler Theoretiker der Monarchie gewesen waren[20] und sich glücklich schätzten, Freunde eines Königs zu sein. In der Senatssitzung, in der über das Dekret über die Verleihung des Königtitels an Caesar für »außerhalb Roms« abgestimmt werden sollte — den »Tyrannenmördern« erschien diese Unterscheidung sinnlos — umringten ihn Brutus, C. Cassius und andere, unter ihnen solche, die Caesar bis dahin gefolgt waren, sich aber dagegen aussprachen, daß Rom das Wagnis eines

Weltreiches auf sich nehme, wie Servius Sulpicius Galba, die beiden Servilii Casca, C. Trebonius und D. Junius Brutus, und erstachen ihn mit ihren Dolchen (an den Iden des März 44 = 15. März). Sie waren der Auffassung, daß nach dem Tod Caesars die Republik neu erblühen werde; selbst Cicero huldigte diesen Illusionen. Aber die Entwicklung Roms zur Monarchie war schon lange nicht mehr aufzuhalten. Die Mörder Caesars verlängerten nur die Unruhen, die Kriege, das Blutvergießen, denen der Sieg Caesars ein Ende gesetzt hatte. Sie gaben und konnten gar nicht einer Klasse die Macht zurückgeben, die, wie sich inzwischen deutlich herausgestellt hatte, unfähig war, sie auszuüben.

II. ROM BEIM TOD CAESARS

Der sterbende Diktator hinterließ ein von Grund auf gewandeltes Rom. Dieser Wandel war gewiß nicht sein Werk, sondern das Ergebnis einer Entwicklung, die lange vorher schon eingesetzt hatte; aber die unermüdliche Energie Caesars und der Scharfblick seines Genies hatten wesentlich dazu beigetragen, diese in sich zwangsläufige Entwicklung zu beschleunigen und in bestimmte Bahnen zu lenken.
Wir sprachen bereits von den politischen Umwandlungen; aber sie hatten, abgesehen von dem, was sich ganz zufällig oder aus der Veranlagung der jeweils herrschenden Persönlichkeiten und

Abb. 16: Caesartempel auf dem Forum Romanum

dem unkontrollierbaren Spiel der Wirtschaftskräfte ergab, ihren tieferen Ursprung in einem geistigen Wandlungsprozeß, der in der Zeit des Scipio Aemilianus und des Polybios eingesetzt hatte und dessen Spuren sich in der Geschichte der Literatur verfolgen lassen.

a) Die Literatur

Die Literatur, mit deren Betrachtung wir bei den Scipionen innehielten[21], geriet unter den Einfluß der Philosophen und vor allem des Stoizismus. Das Theater des Terenz ging unmittelbar auf die »sophistische« athenische Komödie zurück. In dieser Zeit entstand eine neue Gattung oder setzte sich zumindest als eine typisch römische Schöpfung durch, die dazu diente, der Reaktion Roms auf den Einbruch der Philosophie Ausdruck zu verleihen. Höchstwahrscheinlich verfaßte Ennius »Satiren« (die Bezeichnung für diese Gattung rührt vielleicht daher, daß ihr Hauptmerkmal darin bestand, alle Sujets und Stile zu mischen[22]). Er nahm damit eine schon alte Tradition moralischer und didaktischer Dichtung wieder auf (wie die des alten Appius Claudius Caecus). Die Satiren des Ennius sind nahezu vollständig verlorengegangen, während diejenigen des Lucilius, eines Freundes und Waffengefährten des Scipio Aemilianus bei der Belagerung Numantias, weit besser überliefert sind. Was indessen äußerst bezeichnend ist, ist die Tatsache, daß sie nicht von einem Berufsdichter verfaßt wurden, sondern von einem kampanischen Ritter, einem Freund der *principes* seiner Zeit, der nichts Verwerfliches darin sah, seine Gedanken über Menschen und Dinge, über Probleme der Philosophie, der Literatur und sogar der Grammatik sowie des öffentlichen Lebens in wohlbekannte Verse zu kleiden. Bis dahin hatte es zwischen Politik und Dichtung nichts Gemeinsames gegeben. Es waren zwei verschiedene Welten. Nun schien es, als dürfe ein geistig aufgeschlossener Mann, selbst wenn es ein römischer Adliger war – einer von denen, die die Verantwortung für das Reich und die wichtigsten Fragen trugen –, sich nicht mehr gleichgültig all dem gegenüber verhalten, was die alten Römer als griechische Spielereien abgetan hatten. Scipio Aemilianus selbst nahm seit seiner Jugend am Geistesleben Anteil. In dem neuen Staatswesen begannen die Fragen der Kultur und Bildung eine Rolle zu spielen, und die Literatur gewann dort an Bedeutung, wo es darum ging, sich über die Dinge und die zu treffenden Entscheidungen klarzuwerden.

a) Die Entwicklung der Prosa

Neben der Poesie gewann – mit geringem zeitlichem Abstand – die Prosa eine Bedeutung, die bald entscheidend sein und die der Dichter übertreffen sollte, deren Einfluß eine Zeitlang durch die Prosa in den Schatten gestellt wurde. Dieser Einfluß der Prosa setzte sich auf zwei Gebieten durch: in der Geschichtsschreibung und der Beredsamkeit. Die Bedeutung der Geschichtsschreibung war im Zweiten Punischen Krieg durch das Werk des Fabius Pictor deutlich geworden.[23] Es kam indessen nicht mehr auf eine Konfrontation Roms mit der griechischen Welt an, sondern auf eine Besinnung auf die Vergangenheit, um dadurch zu einer klaren Erkenntnis der römischen Eigenart und der Definition seiner eigentlichen Werte zu gelangen. Dieses Ziel verfolgte Cato, als er die *Origines* verfaßte. Man kann den Scharfblick dieses latinischen Kleinbürgers nicht genügend bewundern, der sich nicht damit begnügte, die traditionellen Mythen über die Entstehungszeiten Roms zu wiederholen und zweifelsfreie Tatsachen, die er selbst beobachtet hatte, darzulegen, sondern der sich über die anderen Gemeinwesen ganz Italiens Gedanken machte (zumindest über die Gebiete, die man damals so nannte, also Mittel- und Süditalien). Zwei Generationen vor dem Bundesgenossenkrieg weigerte er sich, die Völker losgelöst von Rom zu betrachten, die ihm in seinen Schicksalsstunden beigestanden und ihm geholfen hatten. Es ist auch bezeichnend, daß Cato im allgemeinen nicht die Persönlichkeiten nannte, deren Taten er dadurch ins Licht gerückt hätte. Für ihn war der Heerführer »der Prätor« oder »der Konsul«. Ihre Persönlichkeit war von zweitrangiger Bedeutung. In seiner Sicht übte sie lediglich eine unpersönliche Macht aus, deren Inhaber sie vorübergehend war. Das öffentliche Leben sollte seiner Meinung nach nicht von »Helden« bestimmt sein. Die *Origines* erscheinen auf diese Weise als ein Versuch, die Entwicklung, die vom ersten Africanus zu Caesar über Aemilianus, Sulla und Pompeius führte, aufzuhalten. Der »Prozeß der Scipionen« ist die politische Seite einer Haltung, die ihren Niederschlag in der Geschichtsschreibung Catos fand.

Bald sollten weniger doktrinäre Historiker bewußt oder unbewußt in der Wiedergabe der Fakten zugleich auch die außerordentlichen Leistungen einiger großer Männer herausstellen. Einige von ihnen bemühten sich darum, diese Glanzleistungen zu verherrlichen, sie auszuschmücken, um damit ihrem Familienstolz zu schmeicheln. Valerius von Antium, der am Ende des 2. vorchristlichen Jahrhunderts schrieb, ist für diese entstellende Darstellungsweise berühmt geworden. Aber die Geschichtsschreibung im Stil Catos bestand unauslöschlich in der römischen Historiographie fort, die in stärkerem Maß als die griechische Historiographie den Erscheinungsweisen der Volksgemeinschaft weit mehr Aufmerksamkeit schenkte als den Taten einzelner. Titus Livius wählte als Mittelpunkt seiner Gesamtschau eine abstrakte Person, das römische Volk, ein unsterbliches Wesen, das durch alle Schicksale des Staates hindurch unveränderlich (oder fast unveränderlich) erscheint. Sonderbarerweise verband sich dieses catonische mit dem philosophischen Denken, wie Polybios es nach Rom gebracht hatte, dessen Philosophie ihrerseits unter den Einfluß der römischen Tradition geriet. Als Polybios die Ursachen der römischen Größe und vor allem des Wunders zu begreifen versuchte, daß Rom es fertiggebracht hatte, eine feste und starke, auf der Gerechtigkeit im Innern beruhende Staatsgewalt zu errichten – etwas, was die hellenistischen Könige in zwei Jahrhunderten trotz ihrer Macht nicht hatten zuwege bringen können –, führte er als Erklärung dafür die verschiedenen Ausdrucksformen des Kollektivbewußtseins, eine allgemeine Geisteshaltung und nicht etwa die Genialität einiger Männer an. Rom hatte nie einen Alexander gehabt, und dennoch war sein Reich größer, gefestigter und besser als das des Makedonen. Und die Gründe für diesen Erfolg lagen überall und nirgends, sie lagen gewissermaßen in der Luft, die man in Rom atmete, in den sittlichen Normen, an die man sich hielt.

Dieser Sinn für die historische Analyse, der sich besonders in der stoischen Schule entfaltete, inspirierte einen Rhodier namens Poseidonios, der die Geschichte Roms ebenfalls in seine Weltgeschichte aufnahm und sie als besonders bedeutungsvolles Moment der kosmischen Entwicklung betrachtete. Poseidonios war der Freund aller Römer, die gegen Ende der Republik (er starb vielleicht um das Jahr 57[?]) Rang und Namen besaßen. Als Schüler des Panaitios vermittelte er der jungen römischen Generation das Denken seines Meisters, indem er es noch mehr in die Breite führte. Poseidonios hatte es sich zur Aufgabe gemacht, nach den Ursachen der Ereignisse innerhalb eines bestimmten Zeitabschnitts zu suchen und sogar ihren Zusammenhang mit dem Willen des Schicksals aufzudecken. Zu seinen Schülern zählten römische Historiker. In seiner Zeit werden Caelius Antipater oder Sempronius Asellio genannt (deren Lebensdaten es im Grund verbieten, sie im eigentlichen Sinn als seine Schüler anzusehen, die sich aber in ihren Monographien von der gleichen Einstellung leiten lassen wie Poseidonios, also, wenn man so will, von polybischer Geschichtsauffassung). Zur Zeit Caesars muß besonders Sallust genannt werden. Aber schon vor Sallust, der seine Werke erst nach dem Tod Caesars schrieb, drang ein neues Moment in diese in der Entwicklung begriffene Gattung ein. Viele Politiker, die während der ersten Jahre des Jahrhunderts im öffentlichen Leben gestanden hatten, schrieben ihre Memoiren: L. Cornelius Sisinna, ein Freund und

Waffengefährte des Sulla, verfaßte einen Augenzeugenbericht über den Bürgerkrieg gegen die Marianer. Q. Lutatius Catulus, der Amtskollege des Marius, M. Aemilius Scaurus, Rutilius Rufus schrieben ebenfalls Memoiren. Natürlich steht das historische Werk Caesars in dieser Tradition, das *Corpus*, das den Krieg in Gallien und den Bürgerkrieg behandelt. Hinzu kommen die unter seiner Schirmherrschaft geschriebenen Geschichtsdarstellungen des Krieges in Afrika, des Krieges gegen Alexandria und des spanischen Krieges, die jeweils von Augenzeugen abgefaßt wurden, von Offizieren der Armeen, die alle Feldzüge mitgemacht hatten. Das Aufblühen der Memoirenliteratur (zu den Memoiren zählen auch die Memoiren Sullas) führte zu einem gewaltigen Aufschwung der historischen Disziplin. Sie wurde mehr denn je zum Ausdrucksmittel politischer Auseinandersetzungen, indem man entweder Satiren oder Apologien schrieb. Immer war sie jedoch, zumindest ihrer Intention nach, ein direktes oder indirektes Aktionsmittel.
Sallusts Standort wird man im Schnittpunkt dieser beiden Strömungen zu suchen haben, und zwar der poseidonischen Richtung einerseits und der Memoirenliteratur andererseits. Dieser »caesarische« Schriftsteller faßt am Anfang seiner beiden großen Monographien (*Die Verschwörung des Catilina* und *Der Krieg gegen Jugurtha;* sein Hauptwerk, die *Historien,* ist zum großen Teil verlorengegangen) seine eigenen bitteren Erfahrungen zusammen und analysiert die Bedeutung der beiden Episoden in ihrem Kausalzusammenhang, die seiner Meinung nach entscheidend auf die Entwicklung der Republik einwirkten. Man bekäme ein nur unvollständiges Bild von der Bedeutung Sallusts, wenn man nicht zu seinen Hauptwerken wenigstens den ersten *Brief an Caesar* hinzurechnete, dessen Echtheit zwar noch immer umstritten ist, jedoch keinen Zweifel mehr zuläßt.[24] Was bei der Aufzählung der Ursachen für die Verschwörung des Catilina und den Krieg gegen Jugurtha noch abstrakt bleibt, wird in diesen Briefen, die ein Regierungs- und Reformprogramm für den Diktator sein wollen, eingehender dargelegt. Sallust meint, daß die Gründe für die schweren Rückschläge Roms und die Labilität seiner Staatsform wesentlich geistig-sittlicher Natur sind, wobei er vor allem die Geldgier verantwortlich macht. Sallust erkennt sehr richtig, daß diese Geldgier nicht eine »Ursünde« ist, sondern daß sie erst das Resultat des überkommenen Gesellschaftsgefüges ist. Die Haupttriebkraft einer ganz auf den *census* gegründeten Gesellschaft wie der römischen mußte einfach die Geldgier sein. Das Beispiel des Krieges gegen Jugurtha und die Verschwörung des Catilina hatten ihm dies deutlich gezeigt. Der erste Brief an Caesar, der präzise Ratschläge enthält, zeigt, wie die historische Reflexion zum Ausgangspunkt konkreten Handelns wird.[25]

β) Die Beredsamkeit

Dieselbe Tendenz wird noch deutlicher sichtbar, wenn man die Geschichte der Beredsamkeit betrachtet; denn der Zweck und die einzige Rechtfertigung dieser Gattung war zunächst einmal der Wille zur Tat. Auch hier wieder erscheint Cato als Vorläufer. Er ist einer der ersten, vielleicht der erste, der eine Veröffentlichung seiner Reden gewollt hat[26], und zwar gewiß vor allem deshalb, um ihre Wirkung nachhaltiger zu machen, und nicht etwa aus schriftstellerischer Eitelkeit. Zur Zeit Ciceros gab es noch 150 Reden Catos. In ihnen war bereits ein politisches Denken vorgezeichnet, das für spätere Staatsmänner eine Fundgrube von Argumenten, Präzedenzfällen, ja einer ganzen Doktrin werden sollte, nämlich der Doktrin der traditionsgebundenen Republik, einer Staatsform, die durch den Druck von seiten der Nobilität und einen stets anwachsenden Reichtum sich, wie wir bereits sahen, in einem Auflösungsprozeß befand.

In dem Maß, in dem der politische Kampf immer schärfere Formen annahm und die Entscheidungen der Volksversammlungen immer größeres Gewicht erhielten, wurde die Beredsamkeit eine immer schlagkräftigere Waffe. Daher waren auch alle großen Persönlichkeiten, die das öffentliche Leben im Lauf des 2. Jahrhunderts bestimmten, bedeutende Redner. Und schon bildeten sich Schulen heraus, die unter sich uneins waren bezüglich der geeignetsten Methoden der Überredungskunst. Scipio Aemilianus bevorzugte mit Vorliebe und entsprechend seiner Familienherkunft und Bildung den eher nüchternen attischen Stil. Seine beiden Schwager Tiberius und Gaius Gracchus versprachen sich von ihr besonders Wirkungen auf die menschlichen Leidenschaften, und sie standen damit keineswegs allein. Dieselbe Neigung wird übrigens auch dem Servius Sulpicius Galba nachgesagt, dem es auf diese Weise gelang, sich in der Sache der Lusitanier in Sicherheit zu bringen, obwohl er auf jeden Fall eine Verurteilung verdient hätte.[27] Aber diese Beredsamkeit blieb meist noch etwas Spontanes, Instinkthaftes. Sie war noch nicht durch die Schule der Rhetorik gegangen und richtete sich noch nicht nach bestimmten Vorbildern aus. Die Persönlichkeiten, deren natürliche Beredsamkeit Cicero lobt, waren vor allem Adlige, einflußreiche Senatoren und Staatsmänner. Es gab offenbar keine »plebejische« Beredsamkeit. Dieses typische Phänomen, daß die Redekunst als eine für jeden Römer, der durch seine Herkunft zum politischen Leben berufen war, unerläßliche Fähigkeit angesehen wurde, sollte noch lange in der Kaiserzeit fortbestehen. Tacitus entrüstete sich darüber, daß Nero eines Tages guten Rat brauchte, ja sogar sich von Seneca Reden verfassen ließ. Es nimmt nicht wunder, daß in der Zeit Sullas die ersten Redner, die eine Schule für Rhetorik zu eröffnen versuchten, aus Rom ausgewiesen wurden (im Jahr 92). So sehr befürchtete man, daß diese schreckliche Waffe der Überredungskunst in die Hände von Männern geraten könnte, die sie zum Unheil des Staates nutzen würden. Nicht jeder beliebige dürfe das Recht haben, eine Rede an das Volk zu halten (*ius agendi cum populo* oder *ius contionem habendi*[28]). Lediglich Magistraten waren dazu befugt. Und wenn es auch theoretisch möglich war, irgend jemanden zu bitten, die eigene Sache zu vertreten, so war es andererseits völlig klar, daß ein berühmter Mann mehr Gewicht haben würde. Die Redekunst war aus all diesen Gründen gleichsam das Privileg der Adligen. Das geistige und literarische Leben Roms spielte sich gleichzeitig auf zwei Ebenen ab. Auf der einen Seite standen die großen Persönlichkeiten, für die Bildung eine Wirkungsmöglichkeit darstellte, ein Mittel, *dignitas* zu erwerben oder sie zu stärken, auf der anderen Seite die Freigelassenen, die griechischen oder, ganz allgemein, die östlichen Kenner ihres Faches, die nach Rom kamen, um dort als Philosophen, Rhetoren und auch als Dichter in den Häusern der Adligen zu wirken, wie sie es früher in Alexandria am Hof der Ptolemäer oder in Antiocheia oder in Pergamon getan hätten. Solange dieser Unterschied fortbestand, gab es eine eigenständige römische Kultur. In dem Augenblick, in dem diese Schranke verschwand und die Bildung den Zugang zur Ämterlaufbahn öffnete (ein Vorgang, der sich im 2. Jahrhundert unserer Zeitrechnung vollzog), kam es zur Erneuerung und schließlich zum Siegeslauf des Hellenismus. Wenn aber zur Zeit Ciceros die Redner bereit waren, bei den griechischen Rhetoren in die Schule zu gehen, in zwei Sprachen zu deklamieren, sahen sie darin lediglich Übungen, die sich im Rahmen der Erfordernisse der römischen Wirklichkeit hielten.

γ) Cicero

Cicero ist für uns das Vorbild dieser ausgewogenen römischen Geisteskultur, die ebenso weit von den Auswüchsen der Schule wie der Unbildung und Roheit vergangener Zeiten entfernt war. In seinen rhetorischen Abhandlungen und seinen philosophischen Büchern entwirft er das Bild des Mannes, der sich mit Recht so nennen dürfe: Er sehe in der Bildung keinen Selbstzweck und verwende nicht sein ganzes Leben und alle seine Kräfte darauf, alles nur Erdenkliche zu wissen, zum Beispiel die Zahl der Ruderer des Odysseus, den Namen der Großmutter des Priamos, kurz, all das, was die hellenistischen »Philologen« leidenschaftlich interessiere, sondern er bemühe sich nach Kräften darum, vor dem Volk und im Senat ein »guter Ratgeber« zu sein, der als solcher fähig sei, die Wahrheit über ein Problem aufzudecken oder zumindest zu erkennen. Er solle also Philosoph sein, sich aber nicht ganz dem Reiz der Debattierkunst und dem hohlen Gezänk hingeben, in welchem sich die Schulen ge-

Abb. 17: Marcus Tullius Cicero

fallen. Er solle die Gesetze seines Landes kennen, aber nicht ein lebendiges juristisches Kompendium sein, das in der Lage sei, auf der Stelle drei oder vier Präzedenzfälle für die absonderlichsten Situationen bereitzuhalten. Cicero verabscheute diese unterbelichteten Rechtsberater, und er wirft ihnen vor, verhindert zu haben, daß das römische Recht eine in sich schlüssige und logisch fundierte Wissenschaft wurde. Sokrates macht er den Vorwurf, daß er zwischen den geistigen Disziplinen verhängnisvolle Unterschiede gemacht und undurchsichtigen Spezialisten die Künste überlassen habe, die er als eine Beleidigung der Philosophie angesehen hätte. Cicero meint, daß die wirkliche Würde der Philosophie darin liege, alle menschlichen Tätigkeiten zu erleuchten, zu ordnen und vor dem Versinken in

die Routine zu bewahren, vor all dem, was sie unfruchtbar mache.
Cicero schätzte außerordentlich die Lektüre der Philosophen und den Umgang mit ihnen, wenn er dazu wie in Athen und auch in Rom im Haus des Lucullus die Gelegenheit fand, wo er zwischen seinem Konsulat und seinem Exil oft Gast war. Er entschied sich nicht wie Cato einige Jahre zuvor für eine Lehre, nach welcher er sein Leben ausrichtete. Wäre dies nötig gewesen, dann hätte er wahrscheinlich dem Stoizismus den Vorrang gegeben, und zwar wegen des hohen Adels seiner Moral, in welcher die Römer das wiederfanden, was in der Vergangenheit ihr Daseinsgrund gewesen war. Aber er mißtraute auch dem Dogmatismus einer Lehre, die in der Versuchung stand, das sittliche Leben von der politischen und sozialen Wirklichkeit loszulösen und die Lebensnotwendigkeiten Roms zu übersehen. Er zog die Elastizität der Neuen Akademie vor, deren Wahrscheinlichkeitslehre seinem Rechtsanwaltstemperament mehr entgegenkam.[29]
Wir wiesen bereits darauf hin, wie das Ciceronische Ideal, das im *De Oratore* dargelegt ist, zumindest seinem Wesen nach einen Augenblick lang die von Pompeius und Caesar verkörperten Werte, die noch am ehesten der Tradition entsprachen, aufzuwiegen schien.[30] Tatsächlich ist der Höhepunkt der lateinischen Beredsamkeit in Cicero erreicht, sowohl wegen seines unvergleichlichen rednerischen Talents wie vor allem deshalb, weil in ihm eine ganze Kultur Gestalt annahm, eine Ära Roms, in welcher sich der Geist der Freiheit, der Sinn für Größe und die Werte der Weisheit sich harmonisch die Waage hielten. Er verkörperte ein Ideal, das das Geistesleben einiger Jahrhunderte prägen sollte.
Das Denken Ciceros hat den Beginn des Prinzipats vorbereitet. Mit all dem, was es an damals bekanntem stoischem Gedankengut aufgenommen hatte, kam es den Sehnsüchten der römischen Elite entgegen, die bereit war, die Konzeption einer Republik zu bejahen, in der die allgemeine Führung einem einzigen Mann übertragen (wie ja auch im Menschen die Vernunft die Aufgabe hat, die anderen Tätigkeiten zu lenken) und in der die *dignitas* an die Stelle des Ruhms treten würde (darin liegt wohl auch der Sinn der berühmten Formel *»otium cum dignitate«*, mit welcher er das Programm eines Lebens umschrieb). Der Senator und der Ritter sollten sich politisch engagieren, aber die Politik andererseits auch wieder nicht zu ihrem einzigen Lebensinhalt machen. Das hohe Ansehen des Individuums wurde nicht mehr allein von der Macht abhängig gemacht, sondern von seiner Bildung und in weitem Maß schon von seinem Innenleben. Dieser wachsenden Bedeutung des *otium*, der Muße, der Selbstentfaltung, entspricht die Abfassung der philosophischen Schriften Ciceros

De Finibus Bonorum et Malorum (Über die Grenzen des Guten und Bösen) und *Tusculanae Disputationes.*

δ) Das Lehrgedicht des Lukrez

Ermunterung zur Weisheit, das ist auch das Ziel des großen Gedichts *De Rerum Natura*, das Lukrez in jener Zeit verfaßte und für dessen Herausgabe Cicero nach dem Tod des Dichters sorgte. Obwohl die von Lukrez entwickelte Lehre epikureisch war und Cicero sie immer als etwas Gefährliches betrachtete, da sie die Seele zersetze und auf anfechtbaren Prinzipien beruhe, glaubte er, dies seinem Freund schuldig zu sein. Lukrez legte im übrigen keinen Nachdruck auf die Lehre vom Lebensgenuß, eine Seite des Epikureismus, der Cicero besonders skeptisch gegenüberstand. Um so mehr interessierte er sich für dessen Naturlehre, für die Erklärung des Universums, dieses Mechanismus, der darauf beruht, daß die Dinge letztlich aus winzigen Materieteilchen bestehen, die alle gleich sind, in ewiger Bewegung mitgerissen werden und durch ihre Verschmelzung alles hervorbringen, was wir sehen. Lukrez entwirft in seinem Gedicht gleichsam ein Riesengemälde, das dem Betrachter zeigen soll, wie die Sterne, der Himmel, die Erde entstanden, auf ihr Pflanzen und Tiere auftauchten und das Menschengeschlecht sich auszubreiten begann, dessen trauriges Dasein (im Naturzustand weniger begünstigt als das der Tiere, die sich besser durch ihre Geschwindigkeit oder mit ihren Waffen, den Zähnen und Krallen, die der Zufall ihnen gab, verteidigen können) sich ganz allmählich in dem Maß verbesserte, in dem der Lebenskampf seinem Verstand immer geschicktere Lösungen eingab, um die Vielzahl der Probleme, die sich ihm stellen, zu lösen.

Das Gedicht des Lukrez ist ein Epos der Menschheit, vielleicht nur beiläufig und nur insoweit, wie die Entwicklung der Menschheit Teil der Entwicklung des gesamten Kosmos ist, aber diese Nachzeichnung des kosmischen Werdens geschah nicht ohne eine bestimmte Absicht des Dichters. Ihr Ziel bestand darin, uns Menschen die Heiterkeit der Seele zurückzugeben, die getrübt wird durch irrige Meinungen über das Wesen der Welt, beispielsweise durch die Todesfurcht und den Aberglauben, daß die Götter in unser Leben eingreifen. Wenn erst einmal der Schleier der Illusionen zerrissen ist und die Wirklichkeit offen vor uns liegt, vermag nichts mehr die *ataraxia* zu stören (die Unerschütterlichkeit der Seele), die das Wesen des menschlichen Glücks ausmacht, und niemand wird mehr daran gehindert werden können, die Lebensfreude in ihrer Totalität zu erfahren. Es ist nicht ganz unerheblich festzustellen, daß dieses Gedicht über die Zurückgezogenheit und Leidenschaftslosigkeit (nichts hoffen, nichts fürchten – war eine Maxime Epikurs) Memmius gewidmet war, einem der unzähligen Politiker, die in der Republik zu der Zeit des Triumvirats nur ihr persönliches Fortkommen in dem Spiel fortgesetzt wechselnder Allianzen und Intrigen im Auge hatten. Memmius, ein Caesargegner, der dann auf die Seite Caesars übergetreten war, gehört zu denen, die vielleicht am wenigstens imstande waren, die Weisheit des Lukrez zu hören, und die es dabei am nötigsten gehabt hätten, auf seine Lehren zu hören. Gewiß, hätten Memmius und viele andere – sie gehörten keineswegs zu den »großen Römern«, die sogar, ohne es zu wissen, weniger für den eigenen Ruhm als vielmehr für den Fortbestand Roms wirkten – plötzlich die Nichtswürdigkeit der Werte erkannt, denen sie nachjagten (ihren Ehrgeiz, ihr Verlangen nach einer Magistratur, die ihnen ein Kommando oder eine Provinzverwaltung einbringen würde, ihre Gier, mit der sie sich unter Einsatz aller Mittel ein Vermögen zu ergattern suchten, dessen Erwerb und spätere Verwaltung ihr Herz nur mit Unruhe erfüllte und sie mehr denn je von der *ataraxia* entfernte), wären also die römischen Aristokraten plötzlich von Lukrez zum Epikureismus bekehrt worden und hätten sie sich – nach dem Willen Epikurs – damit begnügt, den »guten Königen« die Sorge um die Staatsgeschäfte zu überlassen, dann wären der Welt die Schrecken des Bürgerkriegs erspart geblieben. Lukrez schrieb (vielleicht) zwischen 60 und 53. Zu eben dieser Zeit verfaßte ein anderer Epikureer (auf griechisch), der ebenfalls Dichter war, aber fast nur in Prosa philosophierte, nämlich Philodemos von Gadara, unter anderen Abhandlungen eine mit dem Titel *Der gute König im Sinne Homers*.[31] Das epikureische Denken verband sich mit seinem großen Rivalen, dem Stoizismus, auf dem Weg zum Prinzipat, wenn nicht sogar zur Monarchie.

ε) Die Erneuerung des Alexandrinismus

Lukrez hatte bei der großen Tradition des römischen Epos anknüpfen wollen, und sein Stil, seine Sprache sind den *Annales* des Ennius in hohem Maß verpflichtet. Aber Lukrez erschien seiner Zeit und seiner Welt, in der er lebte, als ein unzeitgemäßer Dichter. In der Umgebung des Memmius lernte er Catull kennen, den jungen Dichter aus der Gallia Cisalpina, der für uns (was nicht ganz zutreffend ist und wohl deshalb geschieht, weil die Werke seiner Freunde uns heute nicht mehr zugänglich sind) die Hauptgestalt der literarischen Richtung ist, die wir die »Modernen« nennen. Während Ennius in einer echten Synthese die römische Größe und die Formen des hellenistischen Epos hatte verschmelzen wollen[32], schätzten die neuen Dichter die Ästhetik der Alexandriner höher ein, die entscheidend dazu beigetragen hatten, die Liebhaber der »langen Gedichte« zurückzudrängen. Kallimachos hatte wahrscheinlich zu seinen Lebzeiten nicht ein so begeistertes Echo und so viele

Nachahmer gefunden wie im Rom der ausgehenden Republik. Man fragt sich nach den Gründen dieser Begeisterung. Vielleicht läßt sie sich auf irgendeine individuelle Offenbarung zurückführen, auf den Einfluß des Dichters Parthenios aus Nikaia, der im Krieg gegen Mithridates gefangengenommen wurde und nach Rom kam, wo er nach seiner Freilassung der Freund einer Gruppe junger Leute wurde, die er mit dem Werk des Kallimachos vertraut machte.[33] Aber zu dieser Offenbarung bedurfte es einer Erwartung, eines allgemein empfundenen Bedürfnisses. Es läßt sich zunächst feststellen, daß die Gruppe der »Modernen«, die von Cicero abschätzig als *»Deklamatoren des Euphorion« (cantatores Euphorionis)*[34] tituliert wurden und deren Raffinesse er die epische Gediegenheit des Ennius entgegenhielt, sich fast ausschließlich aus Römern aus der Gallia Cisalpina zusammensetzte, ob man nun dabei an C. Helvius Cinna aus Brescia oder an Valerius Cato oder Furius Bibaculus denkt. Dort war offensichtlich die nationale Tradition, wie sie aus den Punischen Kriegen hervorgegangen war, weniger tief verwurzelt. Diese jungen Leute, die der Aristokratie der römischen Kolonien auf gallischem Gebiet angehörten, hatten ein besonders ausgeprägtes kulturelles und soziales Überlegenheitsgefühl. Es ist nur natürlich, daß dieses Gefühl sie zu gesuchteren Ausdrucksformen, ja bis zum Manierismus verleitete. Ihr Dichten und Trachten galt weniger der Politik, als es bei den jungen Adligen der Fall war, deren Leben zur Ämterlaufbahn bestimmt war. Daher konnte es nicht ausbleiben, daß der Dilettantismus und die hellenistische Geschmackskultur aus dem Orient, die ihnen nach den Eroberungen des Pompeius zugänglich wurde, als sich die Beziehungen jeglicher Art zwischen Italien und den griechischen Ländern intensivierten, eine große Verlockung darstellten. Man darf auch nicht übersehen, daß in Rom selbst zu Beginn des 1. vorchristlichen Jahrhunderts ein feinsinniger Aristokrat wie Q. Lutatius Catulus, der Sieger von Vercellae, Liebesepigramme verfaßt und um sich Dichter geschart hatte wie Valerius Aedituus und Porcius Licinius, von dem wir leider nur sehr wenig wissen. Cicero selbst hatte sich in der Poesie versucht. Wenn man von seiner Übersetzung der *Phänomene* des Aratos und seinem Gedicht *Über sein Konsulat (de consulatu suo)* absieht, hatte auch er Epigramme im alexandrinischen Stil verfaßt. Das Vorbild eines Archias und eines Philodemos, dem er in Freundschaft verbunden war, trug sehr zu dieser Begeisterung für die lyrische Gelegenheitspoesie bei. Die »Modernen« konnten ohne weiteres, auch unter den seriösesten Senatoren, mit einem Publikum rechnen.

Die Rolle, die die Dichter in dieser Gesellschaft spielen, läßt sich nicht mehr mit derjenigen vergleichen, die dem »Vater« Ennius zufiel. Sie sind nicht mehr nur die Sprecher des Gemeinwesens im Angesicht der Götter bei den szenischen Spielen (das Theater war übrigens in völligem Verfall begriffen. Der Mime ersetzte die richtigen Tragödien und Komödien). Die Dichter wurden nun die Interpreten ihrer eigenen Gefühle, »Historiker« des Alltags mit seinen denkwürdigen oder banalen Vorkommnissen. So verfaßte Catull Epigramme über die Skandale von Verona, seiner Geburtsstadt, hielt aber auch die Augenblicke fest, die er mit Clodia, seiner Geliebten, verbrachte, der Schwester des unsteten Tribuns P. Clodius und der Gattin des Konsuls Metellus. Er verfaßte aber auch tiefsinnigere und schwer deutbare Gedichte, die vielleicht (aber das läßt sich bestreiten) gegen Ende seines Lebens von einem latenten Mystizismus erfüllt sind.[35] Auch hier kann wieder wie bei der Philosophie lediglich festgestellt werden, wie die Geisteskultur Schritt mit der Auflösung der sozialen Bindungen und der Umwandlung der Werte hielt, die an Tiefe gewannen und immer mehr den Einzelmenschen in den Vordergrund stellten.

b) Die Religion

Die traditionellen Formen der Religion bestanden fort. Die Riten wurden genau beachtet, und wenn es darum ging, irgendeine politische Unternehmung zu verhindern oder irgendein taktisches Manöver in Szene zu setzen, dann ließen die Senatoren die Sibyllinischen Bücher öffnen, in denen sie wunderbarerweise immer das fanden, was sie suchten. So untersagten die Götter die Annexion Ägyptens in einem Augenblick, als zu viele Ambitionen und allzuviele begehrliche Blicke sich auf das Königreich des Ptolemaios Auletes richteten. Man würde aber fehlgehen in der Annahme, daß bei dieser Manipulation der Prophetien und des Göttlichen nur Scheinheiligkeit die Triebfeder gewesen sei und beides nur als ein Mittel der Machtausübung betrachtet wurde. Die Prophetien waren da. Man nahm sie ernst, wenn auch nicht immer im Kreis der Senatoren, so doch in der Masse des Volkes. Und es war nicht einfach, sich über sie hinwegzusetzen. Cicero hatte mit unendlichen Schwierigkeiten zu kämpfen, als er sein Grundstück zurückhaben wollte, das Clodius der Göttin der Freiheit geweiht hatte. Umsonst versprachen die Senatoren und die Priesterkollegien die »Entheiligung« des umstrittenen Bodens. Es genügte ein Erdgrollen im Gebiet von Latium[36], um alles wieder in Frage zu stellen. Ebenso wurde die Kolonisierung Karthagos in der Zeit der Gracchen durch die phantastische Mitteilung kompromittiert, daß Wölfe die Grenzsteine der Feldbezirke herausrissen. Die größten Skeptiker waren dagegen, die Zeichendeutung und Weissagung abzuschaffen. Die Philosophen bemühten sich um

ihre Rechtfertigung, die im allgemeinen kein großes Kopfzerbrechen verursachte; denn es gab eine mit dem Verstand erfaßbare, ja wissenschaftliche Seite der »magischen« Kausalität. Die Stoiker wiesen auf das »Mitleiden« des Weltganzen hin, die Epikureer auf das Gesetz von Ursache und Wirkung. Die Astrologie, die von der stoischen Lehre gefördert wurde, welche die Sterne als »Himmelskörper«, als Teilstücke des formenden Feuers ansah, das für sie eine Ausdrucksform des höchsten Gottes war, ersetzte allmählich die primitivsten Formen der Weissagung. Die Beziehungen mit dem Osten und besonders der syrischen und der persischen Welt führten unweigerlich zur Verbreitung dieser Glaubensüberzeugungen. In dieser Zeit begann sich wohl auch die Mithrasreligion auszubreiten, die im Kaiserreich eine so bedeutende Rolle spielen sollte. Dabei förderte wahrscheinlich die von Pompeius den kilikischen Piraten aufgezwungene Ansiedlung ihre Verbreitung.[37] Aber der Mithraskult wurde zweifellos erst von nur sehr wenigen Gläubigen praktiziert. Dagegen verbreitete sich der Isiskult derart, daß die Magistraten sich zu Maßnahmen genötigt sahen.
Das erste Verbot gegen die Einführung des Isiskults in Rom stammt aus dem Jahr 58[38], aber es mußte im Jahr 53, dann im Jahr 50 und schließlich im Jahr 48 erneuert werden.[39] Diese schon lange in Kampanien heimische Religion[40] setzte sich zwangsläufig auch in Rom durch. Dafür gab es mehrere Gründe. Zunächst war es einfach unvermeidlich, daß eine Religion und Glaubensüberzeugungen, die im ganzen Mittelmeergebiet verbreitet waren, auch ihren Weg nach Rom fanden, das im Begriff stand, die Hauptstadt der Welt zu werden, in der sich Menschen aus allen Völkern begegneten. Darüber hinaus wandten sich die Isisriten mehr an das Gefühl als die offizielle römische Religion. Die Gläubigen waren unmittelbar beteiligt, verbanden ihr Gebet mit dem der Priester, spürten die Gegenwart der hilfreichen Göttin. Besonders die Frauen fühlten sich zu Isis hingezogen, die ebenfalls ein weibliches Wesen war und die Leiden der Liebe erfahren hatte. Für die Römer, die sich am intensivsten mit der Philosophie befaßten, lag ein besonderer Reiz dieser Religion darin, daß sie sich auf eine geoffenbarte Wahrheit[41] berief und daher in die Spekulationen über das Göttliche einströmte, die zu dieser Zeit aus der Philosophie gar nicht wegzudenken sind.
Es scheint, daß Caesar selbst für die Faszination dieser »orientalischen« Kulte empfänglich war. Gewiß, er neigte selbst dem Epikureismus zu und glaubte angeblich kaum an das Wirken der Götter im Leben der Menschen, aber er wußte, welche Gewalt der (wahre oder falsche) Glaube an die Götter über das Denken der Menschen hat. Daher ist es ziemlich glaubhaft, daß er aus dem Wunsch heraus, seine eigene Person mit einer göttlichen *aura* zu umgeben (was ein erster Schritt zum Königtum

war), für die Erneuerung der dionysischen Religion eintrat. Der Text des Servius, unsere einzige Quelle, aus der wir dies erfahren, wurde schon oft in Zweifel gezogen.[42] Wir wissen nicht, wann den Bacchuspriesterinnen die Erlaubnis erteilt wurde, in Rom wieder ihre Tätigkeit aufzunehmen, die bis dahin immer noch aufgrund des Senatsbeschlusses aus dem Jahr 184 untersagt war.[43] Trotz der zuweilen vorgebrachten Gründe für ein weiter zurückliegendes Datum erscheint es kaum glaubhaft, daß Caesar sich trotz seiner Vollmachten als Pontifex Maximus vor Pharsalos so weit vorwagte. F. Cumont vertrat die Auffassung, daß das Beispiel der ägyptischen Königsreligion ausschlaggebend war.[44] Es ist auch denkbar, daß sich Caesar der Unterstützung der Bacchuspriesterinnen versichern wollte, deren Bedeutung für den Osten nachgewiesen werden konnte[45], indem er ihnen die Tore zur Hauptstadt öffnete.

Es gibt vielleicht in der ganzen römischen Geschichte keine Periode, in welcher die Religion in solcher Gunst stand. Die traditionelle Religion wurde wohl vor allem als ein politisches Machtmittel angesehen, das man sich aus ganz praktischen Erwägungen heraus erhalten mußte. Und niemand glaubte mehr an die absolute Wahrheit der traditionellen Mythen. Allerdings übertreibt Cicero, wenn er sagt, daß es nicht eine einzige alte Frau mehr gebe, die sich noch die Hölle so vorstelle, wie die Fabel sie beschreibt. Er selbst aber glaubte an die Unsterblichkeit der Seele und dachte bei dem Tod seiner Tochter ernsthaft daran, ihr wie einer Göttin einen Tempel errichten zu lassen.[46] Andererseits begann der Pythagoreismus eine Begeisterung zu wecken, die seine Gläubigen bis zum Martyrium trieb, wie der Fall des größten Neo-Pythagoreers dieser Zeit, des P. Nigidius Figulus, zeigt.[47] Man kann sagen, daß sich das religiöse Leben gleichzeitig auf drei unterschiedlichen Ebenen abspielte: im politischen Leben, wo man nicht ohne Absichten an den Traditionen festhielt, in der Dichtung, in der man Begriffe des Göttlichen und Mythen benutzte, um das auszudrücken, was nicht anders gesagt werden könnte (so begann der Epikureer Lukrez sein Gedicht mit einer Anrufung der Venus, die für ihn die *voluptas* verkörpert, die wirkliche Seele der Welt und die Quelle alles Lebens, des körperlichen wie des geistigen Lebens), schließlich in der Philosophie, in welcher das Denken völlig frei und ohne die Fesseln, die zu anderen Zeiten den Geist gefangengehalten hatten, die überlieferten Glaubensüberzeugungen kritisch prüfte, einen Teil der Wahrheit zu finden versuchte, sie einander anglich und manchmal die Möglichkeit ventilierte, auf das Göttliche einzuwirken oder seine Geheimnisse zu ergründen. Es gab keinen wirklichen Atheisten: Die Epikureer, die man als solche bezeichnete, schafften die Götter nicht ab, sie verwiesen sie lediglich weit weg von unserer irdischen Welt in Zwischenwelten, von wo sie zu unserer Stärkung einen Abglanz ihres Glücks herüberleuchten lassen.

III. VON CAESAR ZU AUGUSTUS

Unmittelbar nach Caesars Tod kam der Glaube an seine Göttlichkeit auf. Überall war immer wieder zu hören, daß zahllose Voraussagen angedeutet hatten, was sich jetzt als eine Katastrophe herausstellte. Die ganze Kreatur war von der Erschütterung ergriffen worden[48], und das Ausmaß der Prophezeiungen wuchs in dem Maß, in dem ihre Übereinstimmung mit der Wirklichkeit immer deutlicher wurde. Antonius, der zu dieser Zeit Konsul war, unternahm nichts, um die Dinge wieder ins Lot zu bringen. Im Gegenteil! Er setzte alles daran, die Bestattung seines Freundes zum Anlaß einer gewaltigen Demonstration zu nehmen, um zu zeigen, wie tief Caesar sich dem Bewußtsein des römischen Volkes eingeprägt hatte. Während die Mörder den Leichnam zum Tiber schleifen und das Gedächtnis desjenigen Mannes verfluchen wollten, den sie für einen Tyrannen und einen Verräter Roms hielten, ordnete Antonius ein feierliches Staatsbegräbnis mit Trauerspielen an, bei denen Verse aus alten Tragödien rezitiert wurden, die man sorgfältig ausgewählt hatte, um die Entrüstung und das Mitleid der Hörer anzustacheln. In dem Augenblick der Verbrennung der Leiche kam es zu einem Ausbruch kollektiven Wahnsinns. Zwei Bewaffnete legten Feuer an die Totenbahre, die man auf dem Forum, nicht weit von den *rostra,* aufgestellt hatte, und die Umstehenden warfen wahllos alles in die Glut, was ihnen in die Hände fiel. Nichts war zu schön für dieses Opfer. Die Schauspieler entledigten sich ihrer Gewänder, die Veteranen ihrer Waffen, die sie für die Bestattung wieder angelegt hatten. Die römischen Mütter warfen die mit Purpur verbrämten Togen und die Goldkapseln ihrer Kinder und ihren eigenen Schmuck ins Feuer. Von der gleichen Erregung fortgerissen, entbrannte die Masse Fackeln am Scheiterhaufen, verstreute sich in der Stadt, um sich an den Mördern zu rächen. Ein Unschuldiger kam dabei um, ein Opfer seiner Namensgleichheit mit einem der Verschwörer. Der erste Augenblick, in welchem die »Befreier« die Begeisterung für Caesar hätten auslöschen können, war verstrichen. Einige hatten vorgeschlagen, auch Antonius umzubringen, und ein halbes Jahrhundert zuvor wäre wohl keiner der Sieger davor zurückgeschreckt. Aber die Gesinnung der Milde, welche die Philosophen zu den Tugenden zählten, die einem Manne anstünden, trug dank Brutus den Sieg davon.

Caesar hatte zwar nicht mehr die Zeit gehabt, die Herrschaftsform zu festigen, die er zu schaffen im Begriff stand, und erst recht nicht, seine Nachfolge zu sichern. Er hatte jedoch, als Römer dem Rat des alten Cato folgend, der behauptete, nur einen einzigen Tag ohne ein gültiges Testament gelebt zu haben, dafür Vorsorge getroffen. In dem Testament, das er bei den Vestalinnen hinterlegt hatte, hatte er seinen Großneffen Octavius, den Enkel seiner Schwester Julia, zu seinem Adoptivsohn bestimmt, dessen Fähigkeiten er im Lauf des letzten Feldzuges von Munda[49] schätzen gelernt hatte. Im Unterschied zu Sulla, der abgedankt hatte, gedachte Caesar sein Werk über seinen Tod hinaus fortzusetzen. Ebenso wie eine seiner ersten Taten bei seinem Aufstieg zur Macht die Erlangung des Amtes des Pontifex Maximus gewesen war, ebenso hatte er im Senat im Jahr 45 durchgesetzt, daß dieses Amt nach seinem Tod automatisch seinem Sohn, wer auch immer er sein werde, gehören sollte.[50] Das war eine ganz entscheidende Neuerung, die es unter anderem zuläßt, das Regiment Caesars als Monarchie zu bezeichnen; denn nur die Monarchien wurden durch Erbfolge weitergeführt. Caesar beabsichtigte, das Prinzip auf Rom zu übertragen, welches in den orientalischen Königreichen vorherrschte und auf der Vorstellung beruhte, daß die königliche Familie ein eigenes *Charisma*, eine Berufung zur Herrschaft, besitze. Seiner Meinung nach war die *gens Julia* vom Schicksal dazu ausersehen, und es ist möglich, daß dies bei seiner Entscheidung den Ausschlag gab, den jungen Octavius sich zum Erben zu erwählen.[51] Vielleicht fanden bei Caesar auch die Weissagungen Gehör, deren Gegenstand der junge Mann zu sein begann, angefangen bei der Weissagung, die Nigidius Figulus bei der Geburt des späteren Augustus am 23. September des Jahres 63 spontan ausgesprochen hatte.[52]

a) Die Intervention des Octavian

Als Caesar starb, befand sich Octavius (Octavian) in Apollonia, wo sich die Armee des Ostens sammelte. Bei der Nachricht von der Ermordung dachte er einen Augenblick lang daran, nach Rom zurückzukehren und das Erbe seines Adoptivvaters zu fordern. Aber seine Umgebung riet ihm ab, in die Schranken zu treten. Er würde nur in Widerstreit mit Antonius, dem Konsul, und M. Aemilius Lepidus, dem *Magister equitum* Caesars, geraten, die beide die einzig verfügbaren Streitkräfte besaßen. Überdies hatte es den Anschein, als seien Antonius und Lepidus übereingekommen, die Macht an sich zu reißen und die Revolution oder eher die von den »Tyrannenmördern« angestrebte Restauration aufzuhalten. Lepidus erhielt durch das Wohlwollen des Antonius das Amt des Pontifex Maximus, und diese Entscheidung hinderte Augustus lange Zeit daran, es selbst zu übernehmen. Angesichts dieser Situation ging Octavius zu einer raffinierten Taktik über. Im Senat waren viele Väter mit der Wendung, die die Dinge nahmen, unzufrieden. Das Übergewicht von Antonius und Lepidus erschien ihnen als das einzige Hindernis für die Wiederherstellung der Freiheit. Sie nahmen das Anerbieten des Octavius an, der seinerseits ihrer Hilfe bedurfte, um Antonius aus dem Feld zu schlagen. Cicero, der angesehenste unter den alten Konsuln, trat in freundschaftliche Beziehungen zu Octavius und begünstigte ihn. Bald übertrafen sich der alte Redner und der junge ehrgeizige Mann in gegenseitigen Schmeicheleien. Octavius verfolgte dabei das Ziel, Nutzen aus der Feindschaft zu ziehen, die Cicero gegenüber Antonius bereits deutlich in der Rede gezeigt hatte, die er im Senat am 2. September gehalten hatte, um seine Haltung zu erklären (die erste *Philippica*). Während Antonius in die Gallia Cisalpina aufbrach, um zu versuchen, die Provinz D. Brutus, einem der Verschwörer der Iden des März, zu entreißen, der der rechtmäßige Gouverneur war, organisierte Cicero den Widerstand gegen den neuen »Tyrannen«. Er überredete den Senat dazu, Octavius zu ermächtigen, Legionen auszuheben und offen den Bürgerkrieg vorzubereiten. Als die rechtmäßig gewählten Konsuln Hirtius und Pansa ihr Amt antraten (am 1. Januar 43), versuchte Cicero durchzusetzen, daß der Senat den Staatsnotstand erklärte. Es verging ein Monat, bis die Senatoren sich hinter diesen Vorschlag stellten, und erst nach nahezu drei Monaten begannen die militärischen Operationen. Antonius wurde am 27. April vor Modena besiegt, aber die beiden Konsuln fielen im Kampf, und von den Führern der senatorischen Armee überlebte nur Octavius, der Gelegenheit gehabt hatte, während der Verhandlungen und dem Handel, der dem Kampf vorausgegangen war, sein Ansehen bei den Veteranen Caesars zu festigen. Als der Senat sich weigerte, ihm das Konsulat zu übertragen, das durch den Tod der beiden Konsuln unbesetzt war, marschierte er nach Rom, drang in die Stadt ein und ließ sich zum Konsul wählen. Danach konnte er Antonius seinen Willen aufzwingen. Der auf diese Weise gedemütigte und aller militärischen Mittel beraubte Senat mußte wohl oder übel die Bedingungen des Octavius akzeptieren.[53] Aber zuvor noch bildete er ein Tribunal, um die Mörder Caesars zu richten, und erreichte ohne weiteres ihre Verurteilung. Die meisten allerdings befanden sich gar nicht in Rom. Brutus und Cassius hatten sich nach Osten abgesetzt, wo sie die Strategie des Pompeius wieder aufnahmen und eine Armee zusammenzogen, um ein für allemal den »Caesarismus« auszulöschen. Indem Octavius die Mörder seines Vaters verurteilen ließ, schuf er sich den berechtigten Kriegsgrund und schmeichelte der öffentlichen Meinung, die im allgemeinen für solche leidenschaftlichen Bezeugungen der *pietas* empfänglich war. Hier hatte man es nicht mehr mit einem Ehrgeizigen zu tun, der nach der Macht griff, sondern mit einem Sohn, der Pietät besaß und eine heilige Pflicht erfüllte. Nachdem er dieses Ziel erreicht hatte, söhnte sich Octavius mit Antonius aus. Tatsächlich war es für ihn unmöglich, nur mit seinen Truppen einen Krieg gegen die zwanzig Legionen ins Auge zu fassen, die Brutus und Cassius schon im Orient ausgehoben hatten.

b) Das zweite Triumvirat

Unter diesen Bedingungen schloß er mit Antonius, dem sich alle Befehlshaber der in Gallien stationierten Truppen angeschlossen hatten, gegen D. Brutus einen Pakt, den die Historiker das »zweite Triumvirat« nennen. Der dritte im Bund war Lepidus. Diesmal handelte es sich nicht mehr nur um ein Geheimabkommen, sondern um eine offizielle Magistratur, die von der Plebs auf Vorschlag eines Tribuns, allerdings unter Zwang, gewährt worden war.[54] Der offizielle Titel, den jeder der drei annahm, war *triumvir Rei Publicae Constituendae,* was nichts anderes besagte, als daß sich das Problem der Institutionen stellte. Wie zur Zeit der Decemvirn[55] hatten die außerordentlichen Magistrate die Aufgabe, neue Gesetze zu erlassen, und sie waren in der Zwischenzeit mit allen Vollmachten ausgestattet. Die Triumvirn erhielten das *imperium* für die Dauer von fünf Jahren und das Recht, nach eigenem Gutdünken Magistrate zu ernennen. Weiter erhielt jeder einen Teil der westlichen Provinzen, die allein von allen Provinzen noch nicht im Besitz von Brutus und Cassius waren.

Octavius, Antonius und Lepidus kamen auf die von Caesar scharf verurteilten Praktiken zurück und begannen, Proskriptionslisten aufzustellen. Das Blut floß in Rom: Dreihundert Senatoren und dreitausend Ritter wurden erschlagen (unter den Senatoren auch Cicero, dem Antonius die *Philippicae* nicht verziehen hatte). Ihr Vermögen wurde konfisziert. Es wurde dazu benutzt, den Krieg gegen die Tyrannenmörder zu finanzieren und die Triumvirn zu bereichern. Im folgenden Jahr überquerten Antonius und Octavius nach Beendigung ihrer Vorbereitungen die Adria und zogen der Armee des Cassius und Brutus entgegen, die sie in zwei aufeinanderfolgenden Schlachten in der Ebene von Philippi besiegten (die zweite Schlacht fand am 23. Oktober statt). Cassius und Brutus begingen Selbstmord. Das war das Ende der Republik. Ein einziger Republikaner blieb unbeirrbar: Sextus Pompeius, der jüngste Sohn des Pompeius Magnus. Er hatte nach den Iden des März vom Senat das Kommando über die Flotte erhalten und kontrollierte seither das

Meer. Zum Zeitpunkt der Schlacht von Philippi stand er in Sizilien und befehligte eine Armee von Geächteten, von Freigelassenen und Sklaven, die von glühendem Haß gegen die Triumvirn beseelt waren. Auf seiner Seite standen besonders die Bürger der italischen Städte, deren Grundbesitz unter die Soldaten der Sieger aufgeteilt werden sollte und deren einzige Hoffnung in der Verlängerung des Bürgerkrieges lag. Wenn auch die Flotte und die Armee des Sextus Pompeius den Triumvirn viele Schwierigkeiten bereiten sollten, vor allem Octavius, indem sie für Jahre die Versorgung Roms gefährdeten, glaubte doch niemand ernsthaft daran, daß sie in der Lage sein würden, die Republik wiederherzustellen.

Nach der Schlacht von Philippi fand eine erneute Teilung des Westens statt, bei der die beiden Triumvirn, die am Kampf teilgenommen hatten, sich den Löwenanteil sicherten. Antonius erhielt die Gallien und die Gallia Narbonensis (die Gallia Cisalpina, die als integrierender Bestandteil Italiens angesehen wurde, wurde bei der Teilung nicht berücksichtigt). Octavius erhielt die Spanien, Lepidus Afrika. Darüber hinaus blieb Antonius im Orient, um die Länder zu unterwerfen, die sich Brutus und Cassius angeschlossen hatten. Octavius erhielt die Aufgabe der Regierung Italiens. Die Bedingungen dieser Teilung waren bis ins einzelne ausgeklügelt. Antonius erhielt den Löwenanteil. Seine Phantasie gefiel sich in der Vorstellung, daß er in den griechischen Ländern der Nachfolger von Pompeius sein würde, vor allem aber der Nachfolger Caesars, als dessen wirklicher Erbe er sich verstand. Octavius spielte dem Anschein nach eine geringere Rolle, aber es war ihm klar, daß die Quelle der Macht letztlich ja doch die Stadt Rom war und der Herrscher über Rom auch der Herrscher über das Reich sein werde. Die Zuteilung Afrikas an Lepidus (die ohne seinen Willen erfolgte) kam einer Kaltstellung gleich, zumal er als Pontifex Maximus gar nicht den Boden Italiens verlassen durfte. Antonius hatte um so lieber Italien Octavius überlassen, als eine der Aufgaben darin bestehen würde, den Veteranen das Land, auf das sie einen Anspruch hatten, zuzuweisen. Dies mußte unweigerlich den Mann, der damit beauftragt war, unpopulär machen und ihn unendlichen Gefahren aussetzen.

Octavius übernahm diese Aufgabe mit offensichtlicher Gelassenheit, bereit, jedem Widerstand die Stirn zu bieten. Er wußte, daß er sich auf seine Umgebung verlassen konnte, vor allem auf drei Männer, die in dieser Zeit an die Öffentlichkeit traten: Q. Salvidienus Rufus und M. Vipsanius Agrippa, die schon in der Zeit von Apollonia seine Gefährten, vielleicht auch etwas seine Mentoren gewesen waren. Etwas später kam noch C. Maecenas hinzu, dessen Name erst in der Zeit des Krieges von Perugia auftauchte. Maecenas war der älteste dieser Gruppe, er war vielleicht um das Jahr 72, auf jeden Fall vor dem Jahr 70 geboren worden. Salvidienus war jünger als er. Agrippa dürfte wohl das gleiche Alter wie Octavius gehabt haben. Die Familie des Maecenas war etruskischer Herkunft und führte sich auf die »Könige« von Arretium (Arezzo[56]) zurück. Über die Herkunft der beiden anderen tappen wir völlig im Dunkeln, und niemand hat je etwas über den Vater des Agrippa sagen können, dessen Gentilname Vipsanius ganz unrömisch ist. Salvidienus war Soldat, Agrippa Verwaltungsfachmann und Soldat, Maecenas ein geborener Diplomat. Octavius sollte die Begabungen der drei in gleicher Weise nötig haben.

α) Das Veteranenproblem

Das Hauptproblem war die Landverteilung. Vor die Wahl gestellt, sich für die Soldaten oder die Grundbesitzer von 18 Städten zu entscheiden, die die vorgesehenen Grundstücke zur Verfügung stellen sollten, zog Octavius es vor, die Soldaten zufriedenzustellen, was in den italischen Städten fast zu offenem Aufruhr führte. L. Antonius, der Bruder des Triumvirn, wollte, angestachelt von Fulvia, der Frau des Antonius, die Lage ausnutzen, um Octavius auszuschalten. Er versprach den Veteranen, daß M. Antonius ihnen Genugtuung verschaffen werde. Dasselbe versprach er den italischen Bürgern. An der Spitze einer Armee von 100 000 Mann versuchte er, Rom einzunehmen, drang in die Stadt ein, hielt sich dort eine Zeitlang, mußte sich aber dann zurückziehen. Der Kampf kam in der Nähe von Perugia zu einem Ende, das von Octavius belagert, von L. Antonius verteidigt wurde. Die Verbündeten von Antonius (Asinius Pollio, der die Gallia Cisalpina trotz der Entscheidungen nach Philippi besetzt hielt, Calenus und Ventidius, die *legati* des Antonius in den verschiedenen Gallien jenseits der Alpen) ließen sich Zeit, Perugia zu Hilfe zu eilen. Es wurde eingenommen und zur Plünderung freigegeben. Bei der Entscheidung hatte die Weigerung der Soldaten, gegen den Sohn Caesars zu kämpfen, den Ausschlag gegeben und nicht der Wille der Heerführer.

Die Erhebung Perugias war eine Episode im Kampf um die Freiheit gewesen. Octavius täuschte sich nicht darüber hinweg. Er schritt zu brutalen Unterdrückungsmaßnahmen. Er konnte es sich nicht leisten, in einem Italien Milde zu zeigen, das von den Flotten des Sextus Pompeius eingekreist war. Außerdem war Marcus Antonius im Anmarsch, der bald Brindisi belagerte und für den sich die Überlebenden des pompeianischen Widerstandes, Sextus Pompeius und Domitius Ahenobarbus, erklärten. Octavius aber wurde gerettet, vielleicht durch die Verkettung glücklicher Umstände, vielleicht aber auch besonders durch das Geschick des Maecenas, der sich ins Mittel legte, um einen Kompromißfrieden zwischen beiden Triumvirn auszuhandeln, aber feststeht ebenfalls, daß auch diesmal wieder die Soldaten der anwesenden Armeen wenig Begeisterung zeigten, es zu einer Kraftprobe kommen zu lassen. Sogar die Berufssoldaten waren allmählich des Bürgerkriegs müde.

β) Der Frieden von Brindisi

Die Bemühungen der Unterhändler (Asinius Pollio für Antonius, Maecenas für Octavius) führten im Oktober des Jahres 40 zum Frieden von Brindisi. Lepidus behielt Afrika (wo sich Kämpfe ohne eindeutigen Ausgang zwischen Armeen abspielten, von denen man nicht so recht zu sagen wußte, für wen sie kämpften), aber die übrige Welt wurde zwischen Antonius aufgeteilt, der die hellenistische Hälfte behielt, und Octavius, der den gesamten Westen erhielt. Diese Teilung war so lange unvermeidlich, wie nicht der Sieg des einen der beiden Partner das Reich einen würde. Es mochte den Anschein haben, als habe der Auflösungsprozeß der römischen Welt bereits begonnen, so wie etwa eine zu gewaltige Masse auseinanderbricht und unter ihrer eigenen Last zusammenstürzt. Die Nachricht von dem Friedensschluß von Brindisi wurde von der öffentlichen Meinung Italiens mit großer Genugtuung aufgenommen, die ganz den Überblick über das Geschehen verloren hatte, seit sich nicht mehr zwei Parteien, sondern zwei Männer gegenüberstanden, von denen keiner eine eindeutige Legitimität besaß. Vergil besang in seiner *Ekloge,* die er Pollio widmete, der vierten, die gegen Ende des darauffolgenden Jahres veröffentlicht wurde, das Ereignis als die Heraufkunft einer neuen Zeit. Indem er die bevorstehende Geburt eines Kindes des Asinius Pollio, des Konsuls dieses Glücksjahres, zum Anlaß nahm, verfaßte er ein halb scherzhaftes, halb ernstgemeintes Gedicht, das ein Echo der Sehnsüchte seiner Zeit ist: Die Zeit der Kriege wird ein Ende nehmen, das Goldene Zeitalter wird neu erblühen. Aber Vergil sagt wohlweislich nicht, wem die Welt dieses Glück verdankt, und hütet sich, sich zwischen Antonius und Octavius zu entscheiden.[57] Der Vertrag von Brindisi sah die Ehe zwischen Antonius und Octavia, der Schwester des Octavius, vor. Fulvia, die erste Frau des Antonius, war im Vorjahr in Griechenland gestorben. Die Erinnerung an sie und mit ihr an den Krieg von Perugia war somit ausgelöscht. Kaum war das Bündnis geschlossen, da erfuhr Octavius von Antonius selbst, Salvidienus, der Kampfgefährte der ersten Jahre, habe in den vergangenen Monaten mit ihm, Antonius, Geheimverhandlungen aufgenommen und seinen Freund verraten. Octavius rächte sich sofort auf exemplarische Weise. Salvidienus wurde durch den Senat zum Tod verurteilt und hingerichtet.

Es blieb jedoch ein letztes Problem: Sextus Pompeius. Über die Annäherung der beiden Triumvirn enttäuscht, war er wieder mit seiner Flotte ausgelaufen und hatte den Kampf wiederaufgenommen. Das Volk Roms hungerte. Gezwungenermaßen nahmen Octavius und Antonius Verhandlungen mit ihm auf, die zu dem Frieden von Misenum führten (wahrscheinlich im Juli 39). Diesmal schienen alle Probleme gelöst. Die Verbannten sollten zurückkehren dürfen (sie kehrten tatsächlich zurück), und Pompeius sollte die Verwaltung Siziliens, Sardiniens und der Peloponnes erhalten. Die Versprechungen von Brindisi schienen sich zu erfüllen. Vergil veröffentlichte, wahrscheinlich im Dezember, seine *Eklogen*, deren erstes Gedicht ausdrücklich Octavius verherrlichte, den »jungen Gott«, der Italien den Frieden geschenkt habe.

Aber schon zu Beginn des Jahres 38 verfinsterte sich wieder alles: Sextus Pompeius begann wieder seine Feindseligkeiten, und der Krieg zwischen Octavius und ihm brach erneut aus, während im Osten die Parther Syrien bedrohten. Antonius, der einen ruhigen Winter mit Octavia in Athen verbracht hatte, mußte sich in aller Eile dorthin begeben. Ein junger Dichter, Horaz, der bei Philippi an der Seite der Tyrannenmörder gekämpft hatte und der seitdem ein armseliges Dasein in Rom fristete, mit sich und der Welt zerfallen, verkündete in einer Anwandlung tiefer Verzweiflung, daß die Zeit der Bürgerkriege nie ein Ende nehmen werde (er sagt genau das Gegenteil von dem, was die Ekloge an Pollio ausdrückt, und stellt die Aussagen auf den Kopf) und Rom verflucht sei; denn das Blut des Remus laste auf den Nachfahren des Romulus. Man müsse, wie einst Sertorius unter ähnlichen Verhältnissen es sich ersehnt habe[58], Rom verpflanzen, und zwar auf die Inseln der Seligen.[59] Die Ereignisse gaben dem Pessimismus des Dichters recht. Die Invasion der Parther erfolgte offensichtlich nicht, aber die Blokkade Italiens durch Sextus Pompeius nahm immer bedrohlichere Formen an. Ein erster Versuch, sie zu durchbrechen, endete mit einer Katastrophe, und Octavius war gezwungen, Antonius zu Hilfe zu rufen. Die noch größere Festigung des Bündnisses erfolgte in Tarent im Frühjahr des Jahres 37. Antonius, der endgültig Sextus Pompeius fallenließ, trat 120 Schiffe an Octavius ab. Danach ließ er Octavia in Korfu zurück, von wo sie Italien erreichte, und brach wieder nach Asien auf, wo er endlich seinen Traum verwirklichen zu können hoffte (der der große Plan Caesars gewesen war): die Eroberung des Partherreiches.

γ) Vom Vertrag von Tarent zur Schlacht von Actium

Nach Philippi hatte sich Antonius nach Ephesos begeben, das zwar nicht die politische Hauptstadt, aber doch die bedeutendste Stadt und die religiöse Metropole Asiens geworden war. Dort hatte er verlangt, daß innerhalb von zwei Jahren Tributzahlungen für neun Jahre ausgezahlt werden sollten. Das war der

Preis, den die Bewohner Asiens für ihren »Verrat« und die Dienste zahlen mußten, die sie (gezwungenermaßen) den Tyrannenmördern geleistet hatten. Bei diesem Aufenthalt im Orient hatte Antonius Rechenschaft auch von der Königin Ägyptens gefordert, die er verdächtigte, die republikanische Partei unterstützt zu haben. Die Königin reiste nach Tarsos, um sich zu rechtfertigen. Antonius befand sich damals dort. Bei ihrer Begegnung im Jahr 41 kam es zu einem außergewöhnlichen Auftritt: Die Königin erschien als neue Isis auf einer heiligen Galeere mit einem Gefolge von Dienerinnen und kleinen Sklaven, die als Nereiden und Amors verkleidet waren.[60] Vor ihr stand Antonius, der vielleicht schon der Geliebte der Königin bei ihrem Aufenthalt in Rom gewesen war.[61] Er ging erneut ein intimes Verhältnis zu ihr ein; viel wichtiger aber ist, daß er sich mit ihr in einer richtigen *Hierogamie* verband, die ihn zum neuen Dionysos neben der neuen Isis machte.[62] Er folgte ihr nach Alexandria, wo er, wie einst Caesar, viele Monate mit ihr verbrachte. Das geschah zu der Zeit, als Fulvia ungeschickterweise den Krieg von Perugia vom Zaun brach, der schließlich Antonius zwang, einen vielleicht pikanten Aufenthalt zu unterbrechen, der vor allem aber in dem Maß nutzbringend war, als er der Beginn einer monarchischen Politik war, die Caesars Pläne fortführte.

Zwischen 40 und 38 waren die Parther, die sich als Freunde der pompeianischen Partei ausgaben, bedrohlich aufmarschiert. Eine unter dem Befehl des Labienus (eines Sohnes von Caesars Unterführer) stehende Armee und eine andere unter Pakores, dem Sohn des Partherkönigs, drangen in das römische Gebiet ein. Antonius wagte indessen nicht, sich allzu weit vom Westen zu entfernen, wo ihn die Machenschaften des Octavius beunruhigten. Sein Unterführer Ventidius Bassus verjagte jedoch mit Erfolg die Eindringlinge. Aber nach dem Frieden von Tarent sollte Antonius selbst das Kommando übernehmen und zur Offensive übergehen. Sein Plan entsprach den früheren Plänen des Lucullus und Pompeius. Zunächst marschierte er im Frühjahr des Jahres 36 in Armenien ein und wandte sich von dort nach Süden. Aber seine Verbindungen wurden bald unterbrochen, und er mußte sich mit Einbruch des Winters unter schwierigen Bedingungen zurückziehen. Er war sogar gezwungen, Armenien zu räumen und nach Syrien zurückzukehren. Dieser Mißerfolg erfüllte Octavius mit Genugtuung – er war für ihn zugleich aber auch eine bleibende Lehre; denn er gelangte zu der Erkenntnis, daß es Leichtsinn war, römische Streitkräfte in eine Eroberung des Partherreiches zu verwickeln. Er selbst hatte gerade dank der hohen Fähigkeiten des Agrippa über Sextus Pompeius einen entscheidenden Sieg bei Naulochos am 3. September 36 davongetragen und Sizilien zurückerobert. Sextus Pompeius war nach Asien geflohen, lehnte jedoch alle Friedensangebote ab und versteifte sich auf einen Verzweiflungskampf, der schließlich mit seiner Gefangennahme und Hinrichtung endete. Die Niederlage des Antonius gegen die Parther kam gerade im rechten Augenblick, um das Ansehen eines immer noch gefährlichen Gegners zu schmälern, dem sich viele Adlige, Überlebende des zugrunde gegangenen Systems, angeschlossen hatten. Daher lehnte Octavius es trotz seiner Versprechungen in Tarent ab, Antonius die 20 000 Mann, die dieser angefordert hatte, zu schicken. Octavia, die ihrem Gatten die Treue hielt, bot ihm 2000 Elitesoldaten, die sie von ihrem Bruder erbettelt hatte. Das war nur ein armseliger Ersatz. Antonius akzeptierte ihn dennoch, verbot aber Octavia, weiter als bis Athen zu gehen und nach Rom zurückzukehren. Antonius traf diese Entscheidung wohl weniger deshalb, weil er Kleopatra liebte, als vielmehr deshalb, weil er ganz deutlich machen wollte, daß er Octavius mißtraute.

Kluggeworden aus seiner Erfahrung vom Vorjahr, besetzte Antonius während des Jahres 34 zunächst einmal Armenien und beschränkte sich ganz auf dessen Befriedung, ohne Zweifel mit der Absicht, es zu einer Operationsbasis gegen die Parther auszubauen. Octavius ließ indessen überall bekanntgegeben, daß er Britannien zu erobern gedenke[63], aber das Glück spielte ihm andere Gelegenheiten zu, unmittelbarer und nutzbringender seinen militärischen Ruhm zu erhöhen. Ein Aufstand in Dalmatien zwang ihn zur Intervention in Pannonien, wo er den vorgeschobenen Posten Siscia (Siszak am rechten Ufer der Save) einnahm. Er befriedete ebenfalls die Küstengebiete an der Adria bis zu den Dinarischen Alpen. Der Feldzug war sehr hart, und Octavius engagierte sich ganz persönlich. Aber die Resultate, die er erzielte, gewährleisteten die Sicherheit Italiens in einem Gebiet, gegen das Caesar früher schon Krieg hatte führen wollen und in dem Rom über kurz oder lang seine Herrschaft festigen mußte. In dem Maß, in dem das Ansehen des Octavius wuchs, wurde immer klarer, daß ein bewaffneter Konflikt zwischen ihm und Antonius unvermeidlich war. Lepidus, der in dem Augenblick, als Octavius Sizilien zurückeroberte, versucht hatte, sich ihm zu widersetzen, hatte seinen Titel »Triumvir« verloren und war nach Cercei verbannt worden, wo man ihn leben ließ. Nun blieb nur noch der Kampf zwischen den zwei Rivalen. Die Zeitgenossen gaben sich keinen Illusionen darüber hin und beklagten ihr Schicksal, das offenbar Rom in nicht endenwollende Kriege hineinriß, in denen es seine Kräfte im Kampf gegen sich selbst verbrauchte.[64]

§ 1 Antonius im Osten Antonius führte sich überdies im Osten immer mehr wie ein König auf. Er verfügte frei über die

Provinzen, um sie dem Königreich der Kleopatra einzuverleiben. Dies stand an sich nicht im Widerspruch zu der traditionellen Politik Roms, ganz nach Belieben Vasallenstaaten zusammenzufassen. Aber es war für Octavius ein leichtes, in seiner Propaganda diese Maßnahmen als Verrat hinzustellen, als Tat eines Mannes, der vollkommen im Bann der ägyptischen Königin stehe, mit der er zusammen lebte. Diese Propaganda war höchst wirkungsvoll. Sie verfolgte nicht nur das Ziel, die Italiker für Octavius einzunehmen, indem sie ihnen suggerierte, daß er der alleinige Erbe der nationalen Tradition sei gegenüber einem unheimlichen Osten, dessen Sklave Antonius geworden sei. Viel wichtiger war, daß sie den drohenden Bürgerkrieg als Konflikt deutete, in welchem Rom seine Existenz gegen den Imperialismus der letzten Lagidin verteidige.

Es wäre indessen nicht richtig, anzunehmen — selbst wenn man Kleopatra solche grotesken Absichten unterstellen kann —, daß es reine Verlogenheit war, wenn Vergil und Horaz das Thema eines auf die Vernichtung der westlichen »Werte« versessenen Orients wiederaufnahmen, und sie nur Komplizen des Machiavellismus eines Octavius und vor allem Maecenas gewesen seien oder sich von ihm hinters Licht hätten führen lassen. Es scheint außer Zweifel zu stehen, daß Antonius, der vielleicht zu Beginn ein aufrichtiger »Caesarianer« und römischer Patriot gewesen ist, sich immer mehr von der Königsidee und dem Wunder seiner Göttlichkeit hat betören und fesseln lassen. Hätten ihn sonst die Römer, die ihn umgaben und die noch im Jahr 32 zu ihm gingen, einer nach dem anderen verlassen? Er begründete ja schon eine Dynastie. Von Kleopatra hatte er drei Kinder, und er gab ihnen Königreiche. Alexander Helios erhielt Armenien und Medien (wo Antonius nach seinem Rückzug im Jahr 35 sein Intrigenspiel fortgesetzt hatte), Ptolemaios Philadelphos (dessen Name die älteste Lagidentradition wiederaufnahm) erhielt Syrien und einen großen Teil Kilikiens, Kleopatra bekam die Kyrenaika. Wenn nicht alles trog, wurde Großägypten wiederhergestellt, unter der Ägide des Antonius zwar, aber wie lange würde der Erbe Caesars ein Römer bleiben? Mußte man nicht befürchten, daß er, wenn er erst einmal der Herrscher der Welt geworden wäre, sie nicht in ein Königreich verwandeln würde? Natürlich läßt sich heute feststellen, daß für den Fall, daß Octavius die Herrschaft zugefallen wäre (was ja letztlich geschah), das Risiko gleich groß gewesen wäre. Schließlich ging auch eine Monarchie aus dem Ringen hervor. Aber zwischen beiden gab es einen grundlegenden Unterschied. Die Monarchie des Antonius hätte auf göttlichem Recht basiert und letztlich alle römischen Bürger zu Untertanen gemacht. Bei Octavius konnte man noch hoffen, daß der »junge Sohn Gottes«, wenn er auch wie der von der Vorsehung gesandte Retter erschien, nur Princeps bleiben würde. Die Vorstellung vom Princeps hatte sich immer mehr durchgesetzt, nachdem sie im Verlauf der vorangegangenen Jahre aufgekommen und zum Teil schon lebendige Wirklichkeit geworden war.[65]

§ 2 Der Bruch zwischen Antonius und Octavian Der Bruch wurde schon zu Anfang des Jahres 33 deutlich. Beide Seiten überhäuften sich mit Anschuldigungen, die allzu lang unausgesprochen geblieben waren, und es begann ein Kampf mit Schmähschriften, von denen einige Exemplare erhalten geblieben sind.[66] Anfang Januar des Jahres 32 brach die Krise offen aus, als die schon lange gewählten Konsuln C. Sosius und Cn. Domitius Ahenobarbus ihr Amt antraten. C. Sosius hielt im Senat eine leidenschaftliche Rede gegen Octavius, aber dieser hatte bereits Rom verlassen und Veteranen zusammengezogen, um allen Eventualitäten begegnen zu können. Einige Tage später kehrte er unter starkem Begleitschutz zurück. Er gab zu, daß seine Vollmachten als Triumvir abgelaufen seien, fügte jedoch hinzu, daß er in einigen Tagen den Verrat des Antonius würde beweisen können.[67] Die beiden Konsuln, die der Auffassung waren, daß ihnen in Rom die Ausübung ihrer Amtsgewalt unmöglich geworden war, verließen die Stadt in Begleitung einer ansehnlichen Zahl von Senatoren. Alle erreichten Antonius, ohne daß Octavius das geringste unternommen hätte, sie daran zu hindern.
Die Stellung des Octavius war nun völlig illegal geworden. Theoretisch war er nur noch ein einfacher Privatmann. Die beiden Konsuln, die er ernannte, M. Valerius und L. Cornelius Cinna, verdankten ihre Machtbefugnisse einer Wahl, die ihrerseits illegal war. Da die Gesetze nicht in der Lage waren, seine tatsächliche Machtstellung zu legitimieren, führte Octavius eine Neuerung ein, die von bedeutenden Präzedenzfällen ausging und die tatsächlichen Gegebenheiten berücksichtigte. Er forderte die italischen Städte auf, einen Eid auf seine Person zu schwören. Auf diese Weise erschien Octavius als der Führer einer wirklichen Nation, als der Führer Italiens (das plötzlich zu diesem Rang aufstieg) im Kampf gegen die bösen Mächte des Ostens. Man fragt nach den Mitteln, die Octavius und seine Freunde anwandten, um diesen Eid durchzusetzen. Wahrscheinlich waren sie sehr vielfältig, angefangen bei regelrechter Einschüchterung bis zu verwickelten Manipulationen der lokalen Politiker, die für ihre Auftraggeber in Rom handelten. Da waren die Neusiedler, die Octavius ergeben waren, aber auch die Ritter, deren Handel durch die Maßnahmen der territorialen Neuregelung im Osten, die Antonius durchführte, in Mitleidenschaft gezogen wurde. In der gesamten früheren Gallia Cisalpina herrschte ein Gefühl persönlicher Dankbarkeit gegenüber

Caesar vor, und sein Adoptivsohn zog nun daraus Nutzen. Schließlich war die Bewegung stärker als aller Widerstand, und die Zustimmung Italiens, dem sich die westlichen Provinzen anschlossen, gab Octavius eine Macht, die weit größer war als die, die ihm die Gesetze hätten geben können.[68] Die Präzedenzfälle, von denen Octavius sich leiten ließ, sind oft genannt worden: der Eid der Italiker, den sie auf den Tribun Livius Drusus leisteten, die Willenskundgebungen zu Ehren Ciceros, als P. Clodius seine Verbannungsgesetze verabschiedete. Die Vorstellung einer persönlichen Bindung der Bürger an ihren Führer, eine Art »*coniuratio*« war dem römischen Denken keineswegs fremd, und erst recht nicht den Provinzialen in Spanien, Gallien oder Numidien.[69] Die Vorstellung vom »Princeps« als Führer war nicht weit entfernt von der des »Patron« als Beschützer und Ratgeber seiner Klienten. Es war so, als hätte man in der vorhistorischen Politik der westlichen Völker und vor allem der italischen Völker schon halb in Vergessenheit geratene Formen gesucht, die nur noch als instinktmäßige Verhaltensweisen und nicht mehr als Institutionen fortbestanden.

Jedenfalls konnte Octavius zu Beginn des folgenden Jahres (31) mit seinen militärischen Operationen beginnen, nachdem er feierlich der Königin, und nicht etwa Antonius, den Krieg erklärt hatte, der lediglich als ihr Verbündeter angesehen wurde. Die beiden Armeen wurden in Griechenland zusammengezogen, das damit endgültig zum unausweichlichen Kriegsschauplatz des Bürgerkriegs wurde. Octavius und Antonius verfügten über starke Flotten, und schließlich wurde die Entscheidung durch die Seeschlacht vor Actium am 2. September 31 herbeigeführt. Die Beendigung des Krieges nahm noch ein ganzes Jahr in Anspruch. Antonius und Kleopatra waren nach Alexandria geflohen, wo Widerstand noch möglich war. Aber durch ein geschicktes Manöver des Cornelius Gallus, des *praefectus fabrum* des Octavius, der von der Kyrenaika her angriff, während das Gros der Streitkräfte des Octavius von Osten her aufmarschierte, wurde die Strategie des Antonius schachmatt gesetzt. Der besiegte Antonius beging Selbstmord. Kleopatra, die noch gehofft hatte, ihr Königreich zu erhalten, ließ sich von den Schlangen beißen, deren Abbild auf den Insignien der ägyptischen Könige stand.

c) Octavian Herr der Welt

Sueton hat in der Zeit Hadrians eine Darstellung des Mannes gegeben, der nach der Einnahme Alexandrias am 1. August des Jahres 30 und dem Tod des Antonius der alleinige Herrscher der Welt war, und die Historiker haben sich seit der Antike darum bemüht, die Persönlichkeit des Mannes zu begreifen, der für die einen ein rücksichtslos-ehrgeiziger Mensch war, der auf wunderbare Weise vom Glück begünstigt wurde, eine unglaubliche Lebensdauer und ihm treu ergebene Freunde hatte, die besser waren als er, und für die anderen ein tiefsinniger Philosoph, dessen Weisheit auf Jahrhunderte hinaus Frieden und Stabilität im Innern und nach außen hin schuf. War Octavius nur ein degenerierter Erbe seines Adoptivvaters, ein »verbürgerlichter Caesar«, der unfähig war, die Erhabenheit des Ideals des Eroberers von Gallien zu begreifen? Oder hat er vielleicht den Mut gehabt, nicht den Verlockungen der Machtvollkommenheit zu erliegen, die Schwierigkeiten richtig einzuschätzen und einer öffentlichen Meinung zu widerstehen, die immer mehr nach dem Erhabenen und größeren Profiten verlangte.

a) Die Reorganisation der Macht

Beim Tod des Antonius gab es keine andere Legalität als die persönliche Machtstellung des Octavius. Aber es ergab sich, daß er in diesem Jahr wie im Vorjahr Konsul war, und zwar aufgrund der Ernennungen, die er als Triumvir vorgenommen hatte, und es war keineswegs zweckmäßig, das Konsulat abzuschaffen. Antonius hatte beim Tod Caesars feierlich die Amtsbezeichnung Diktator abgeschafft, und dieses Versprechen konnte kaum rückgängig gemacht werden. Noch unmöglicher war es, das Königtum offiziell wiederherzustellen, vielleicht weniger deshalb, weil dieses Wort zur Ermordung Caesars geführt hatte, als vielmehr wegen der jüngsten und letzten Episode des Bürgerkriegs, in welchem Italien dafür gekämpft hatte, die letzte hellenistische Monarchie, die noch fortbestanden hatte, zu zerstören. Nachdem Antonius geschlagen war, konnte man unmöglich in seinen Spuren fortfahren.[70] Ebenso wenig konnte es aber darum gehen, einfach die Republik wiederherzustellen, von der viele Römer (mit Ausnahme vielleicht eines Teils des Traditionsadels, der zahlenmäßig immer mehr zurückging) und in noch stärkerem Maß die Italiker und die Provinzialen kaum mehr etwas wissen wollten. Die Notwendigkeit eines »ersten Bürgers«, eines wirklichen »Patrons« für den Staat konnte von niemandem mehr bestritten werden. Das Hauptmerkmal der oligarchischen Republik, wie sie schlecht und recht seit einem Jahrhundert funktioniert hatte, war die Einschaltung eines von dem Senat gebildeten *concilium civitatis* zwischen dem tatsächlichen Führer (Scipio Aemilianus, Pompeius, ja sogar Cicero) und den wirklichen Staatsorganen (die Magistraturen in der Stadt und in den Provinzen, die militärischen Befehlsgewalten). Auf diese Weise waren die Entscheidungen in allen Angelegenheiten das Resultat von Beratungen, ähnlich denen, welche wichtigen öffentlichen oder privaten Urteilen und Entscheidungen eines

Magistrats oder einfach nur eines *pater familias* vorausgingen. Das Vorhandensein eines solchen »Rates« stellte an sich schon einen bedeutenden Unterschied zu den Monarchien dar. Natürlich hatten auch die orientalischen Könige Berater um sich, aber es gab keine Gleichheit von König und Kammerherr oder Höflingen. In Rom dagegen war der Führer in der Vergangenheit rechtlich mit den anderen Beratern des Staates gleichgestellt. Seine Vollmachten waren geistig-sittlicher Natur. Wenn er ein Amt ausübte, dann tat er dies unter gesetzlich festgelegten Bedingungen und denselben Rechten, wie die anderen Mitbürger sie besaßen. Seine Autorität beruhte auf seiner Person, seinem Prestige (seiner *dignitas*), seiner Weisheit, aber auch – wir haben es mit einer Zeit zu tun, in welcher das Gefühl für das Göttliche allen gegenwärtig ist[71] – auf einer Art göttlicher Aura, einem *Charisma,* das sich in einer ruhmreichen Vergangenheit und seiner gegenwärtigen *auctoritas* bezeugte. In diesem komplexen Begriff der *auctoritas* (dieses Wort umschreibt die privilegierte Stellung eines Scipio Aemilianus oder eines Pompeius) strömen sehr alte Traditionen zusammen, die nicht ihren Niederschlag in den Institutionen gefunden haben, aber im Bewußtsein der Menschen fortleben und nicht weniger bedeutungsvoll sind als die Gesetze. Ebenso verhielt es sich mit dem Gefühl für das Sakrale des *imperator,* das nicht der ordnungsgemäß durch ein Gesetz eingesetzte Heerführer hatte, sondern nur der auf dem Schlachtfeld von seinen Soldaten in einem einhelligen Ruf akklamierte Sieger.[72] Dieser Ausruf der Soldaten, die ihren Führer mit dem Titel *imperator* begrüßten, hatte eine rituelle Bedeutung, er war gleichsam eine mystische Investitur, die über die Gesetze hinausreichte und über ihnen stand. Octavius war als *imperator* auf dem Schlachtfeld von Modena begrüßt worden, und schließlich sollte der Titel von den Kaisern als Vorname getragen werden, und später leitete sich sogar die Bezeichnung für die Institution von ihm ab.

Es gab auch noch ein anderes *Charisma,* das nicht von den versammelten Soldaten ausging, sondern vom Volk der *Quirites.* Die jüngste Geschichte Roms bewies, daß man mit ihm rechnen mußte. So wirksam auch die Autorität eines Scipio oder eines Pompeius war, so waren doch die schweren Krisen und auch einige der großen Errungenschaften aus dem Programm der Gracchen auf die Machtstellung der Volkstribunen zurückzuführen. Niemand bestritt wirklich, daß das Volk letztlich die Souveränität über das politische Leben besaß. Die Tribunen verkörperten nun eben diese »Majestät« des Volkes. Sie machte die Tribunen unverletzlich, umgab sie mit einer Art von Heiligkeit, die, wie man instinktiv glaubte, von den Göttern sanktioniert wurde. Man wies oft darauf hin, daß jeder, der einen Tribun zwinge, sein Amt niederzulegen, indem er beispielsweise eine

Volksabstimmung herbeiführte, noch vor Ende des Jahres eines schrecklichen Todes sterben werde, und man führte Beispiele dafür an. In der Zeit des P. Clodius schreckte man nicht davor zurück, den Fluch der Ceres, der Beschützerin der Plebs, auf einen politischen Gegner herabzuwünschen.[73] Es ist nicht verwunderlich, daß eine der ersten Taten des Octavius nach seinem Sieg darin bestand, sich nicht das Tribunat übertragen zu lassen, das in seiner traditionellen Form eine auf ein Jahr begrenzte und kollegiale Magistratur war, sondern die tribunizische Gewalt, die ihn zum politischen und religiösen Repräsentanten des Volkes machte. Seit dem Jahr 36 besaß er die Unverletzlichkeit der Tribunen. Im Jahr 30 riß er ein weiteres wichtiges tribunizisches Privileg an sich, das Beistandsrecht (*ius auxilii*), das ihm die höchsten richterlichen Vollmachten gab, da er darüber entscheiden konnte, ob er einem in Gefahr befindlichen Bürger seinen Schutz gewähren wollte oder nicht.
Octavius blieb indessen vom Jahr 31 an Jahr für Jahr Konsul. Eine solche, im eigentlichen Sinn revolutionäre Situation konnte nicht fortdauern. Sie war ein Widerspruch in sich. Wenn das Konsulat eine republikanische Magistratur war, konnte sie unmöglich mit den Prärogativen des Tribunats verbunden werden, wenn sie nicht zur Farce werden wollte. Man mußte entweder offen zugeben, daß dieses Konsulat nur eine Fiktion sei und daß der Sieger von Actium, der mit allgemeiner Zustimmung[74] mit der Gesamtheit der Machtbefugnisse ausgestattet worden war, diese zu behalten und König zu werden beabsichtige, was viele Gefahren in sich barg, oder man mußte auf irgendeine Weise die *res publica* wiederherstellen und erneut das Räderwerk der Institutionen zulassen, das nicht so unmittelbar von seiner Person abhängen würde.
Der Senat war gewiß nicht mehr mit dem identisch, der sich zweimal in der Vergangenheit gegen Caesar gewandt hatte, aber trotz des Aderlasses, den die Bürgerkriege verursacht hatten, waren einige Vertreter der großen Adelsfamilien noch im Senat vertreten, wo man die republikanischen Traditionen nach wie vor hochhielt. Die Provinzstatthalter rekrutierten sich immer noch aus den Reihen der Senatoren, und die Väter versammelten sich weiterhin, um unter dem Vorsitz des *imperator-consul* sich über die Dinge zu informieren, die er ihnen zur Begutachtung unterbreiten wollte. Das ganze Problem bestand darin, diese so unzertrennlich mit der Idee Roms verbundene Oligarchie an der wirklichen Machtausübung zu beteiligen.
Am 13. Januar 27 verkündete Octavius vor dem Senat, daß er auf seine Vorrangstellung verzichten und den Staat wieder der Sorge von »Senat und Volk« von Rom anheimstellen wolle.[75] Die Senatoren beschworen Octavius, nichts dergleichen zu tun, aber er blieb unbeirrbar und erklärte sich lediglich damit ein-

verstanden, einen auf eine Zeit von 10 Jahren beschränkten Regierungsauftrag zu übernehmen. Danach sollte er prokonsularischer Statthalter der Provinzen sein, die am unmittelbarsten seine Autorität zu brauchen schienen, das heißt, Spanien, Gallien und Syrien. In Spanien war der Aufruhr zum Dauerzustand geworden. Gallien war vielleicht deshalb genannt worden, weil man auch dort eine Erhebung befürchten mußte, vor allem aber deshalb, weil es die Ausgangsbasis für die Eroberung Britanniens – dieses heiligen Erbes Caesars – abgeben sollte. Syrien schließlich war der Eckpfeiler der Ostpolitik, die der Princeps offensichtlich zu führen gedachte.

β) Der Name des Augustus

Drei Tage später, während der Tiber über seine Ufer trat und, zum Entsetzen des Volkes, das darin ein düsteres Zeichen[76] erblickte, die tiefer gelegenen Stadtteile überflutete, verfiel der Senat auf den Gedanken, Octavius einen neuen Titel zu verleihen, den Titel *Augustus*. Der Vorschlag für diesen Titel kam von Munatius Plancus, dem es glückte, die zweideutige Stellung und die komplexe Bedeutung der *auctoritas*, die dem siegreichen Caesar zuerkannt wurde, der nicht mehr ganz allein die Macht auszuüben wünschte, in einem einzigen Wort zusammenzufassen. Es ist nachgewiesen worden[77], daß dieses Adjektiv aufgrund seiner Etymologie, die es in den Bereich der sakralen Sprache (besonders *augur*) verweist, das sakrale Wesen des Princeps sowie seine religiöse »Glückseligkeit« zum Ausdruck brachte (das Prädikat *Felix* war endgültig durch Sulla kompromittiert worden) und ihn gleichsam zu einem Erneuerer des Staates machte. Dieses Wort zeigte offenbar deutlich an, daß es sich bei Augustus um die Übertragung von Sondervollmachten handelte, die ihn einwandfrei über das Staatswesen erhoben. Der Staat konnte sein Eigenleben fortführen unter dem Schutz des Mannes, für den nun die Einübung in die Gottesebenbürtigkeit begann. Im Verlauf derselben Senatssitzung wurden dem Princeps noch andere Ehren zuerkannt. Der Monat August, der bis dahin *Sextilis* geheißen hatte, sollte von nun an *Augustus* heißen, ebenso wie *Quintilis* (Juli) vor nicht allzu langer Zeit in *Julius* umbenannt worden war. Augustus sollte das Recht haben, vor seiner Haustür einen Lorbeerbaum zu pflanzen, zum Zeichen dafür, daß er »ewiger Triumphator« sei. Schließlich wurde ihm ein goldener Schild zuerkannt, der in der Curia aufgehängt werden und die vier »Kardinaltugenden« des Augustus rühmen sollte: *virtus, iustitia, clementia* und *pietas*.[78]

γ) Die Dynastie

In Wirklichkeit hatte Augustus auch weiterhin eine regelrechte und wirksame »Präsidentschaft« inne. Er blieb der *imperator* schlechthin. Er besaß das prokonsularische *imperium*, das ihn weit über alle anderen Magistrate außerhalb Roms erhob. Nur drei Provinzen, nämlich Illyrien, Makedonien und Afrika, die er nicht regierte und die dadurch unmittelbar dem Senat unterstanden, hatten eine Armee. In Rom war Augustus Jahr für Jahr Konsul, und wenn er auch rechtlich die gleichen Vollmachten besaß wie seine Kollegen, so stand er doch über ihnen, weil er das höchste Amt ohne Unterbrechung innehatte. Der Princeps trug Sorge dafür, daß er als Amtskollegen im Konsulat nur die Männer auswählte, die im Grund seine militärischen Unterführer waren, wie zum Beispiel Agrippa, der mit ihm in den Jahren 28 und 27 dieses Amt bekleidete, T. Statilius Taurus, ein Mitkämpfer in allen Bürgerkriegen, sodann im Jahr 25 M. Junius Silanus, dessen vergangene Laufbahn eigentlich nicht anzudeuten schien, daß er ein ergebener Diener werden würde[79], während dies auf den Konsul des Jahres 24 C. Norbanus Flaccus zutraf, dessen Vater einer der Mitkämpfer des Octavius und Schwiegersohn des berühmten Caesaranhängers Cornelius Balbus war.[80] Freunde des Princeps teilten de facto die konsularische Gewalt mit ihm bis zum Jahr 23, als es zu einer Krise kam, aus der das Regierungssystem wieder verändert hervorging.

Nach den Maßnahmen des Jahres 27 hatte Augustus Rom verlassen, wobei er einer seit Solon altbekannten Sitte der Reformer folgte, die aus der Stadt fortgingen, während sich die Institutionen konsolidierten, und sich nach Westen begeben, von wo er gegebenenfalls sofort zurückkehren konnte. Dort hatte er zwei Jahre lang gegen die Kantabrer Krieg geführt. Tatsächlich hatte ihn seine Gesundheit daran gehindert, an allen Feldzügen teilzunehmen, und schließlich mußte er wegen seiner Krankheit im Lauf des Jahres 24 nach Rom zurückkehren. Schon während des Krieges gegen die Kantabrer hatte er sich mit seiner Nachfolge befaßt. Er hatte zu sich seinen Neffen, den Sohn der Octavia, gerufen, den jungen M. Claudius Marcellus, und hatte ihn zu seinem Schwiegersohn gemacht, indem er ihm seine einzige Tochter Julia zur Frau gab. Sie war aus einer Ehe hervorgegangen, die aus politischen Gründen in der Zeit des Triumvirats geschlossen und noch nicht einmal ein Jahr später im Dezember 39 wieder geschieden worden war. Octavius hatte sich nämlich in die junge Livia Drusilla verliebt, die schon mit Ti. Claudius Nero verheiratet war, einem Parteigänger des L. Antonius, der nach dem Krieg von Perugia bei Sextus Pompeius Zuflucht gesucht hatte. Als aufgrund des Vertrages von Misenum die Verbannten heimkehren durften, waren auch Livia und Claudius Nero nach Rom zurückgekehrt. Damals hatte Octavius Livia gesehen und sich entschlossen, sie – koste es, was es wolle – zu heiraten. Livia hatte schon einen Sohn und erwartete ein Kind. Octavius verlangte jedoch ihre sofortige Scheidung und heiratete sie am 17. Januar 38, und zwar noch vor der Geburt des Kindes, das ein Sohn wurde. Im Hause des Augustus lebten also drei Kinder: Julia, die in den letzten Monaten des Jahres 39 geboren wurde, und zwei Stiefsöhne, Tiberius Claudius Nero (der spätere Tiberius, geboren am 16. November 42) und Nero Claudius Drusus (der später Drusus der Ältere genannt wurde), der das Licht der Welt im Hause des Octavius im Lauf der ersten Monate des Jahres 38 erblickte. Marcellus, der Anfang 42 geboren wurde, war etwas älter als der spätere Tiberius, der sein Stiefbruder wurde.

δ) *Die Krise des Jahres 23 v. Chr.*

So standen die Dinge, als im Jahr 23 die Krise ausbrach, die ganz plötzlich die Brüchigkeit des politischen Systems aufdeckte, wie es im Jahr 27 allmählich zu funktionieren begonnen hatte. Zu Beginn des Jahres erfuhr man plötzlich, daß der zweite Konsul, A. Terentius Varro Murena, gegen Augustus konspiriert und geplant habe, ihn zu töten. Sein Komplize war ein überzeugter Republikaner, Fannius Caepio. Die Umstände, unter denen die Verschwörer denunziert wurden, durchschauen wir nicht ganz. Auf jeden Fall wurden sie in Abwesenheit verurteilt und bei ihrer Verhaftung getötet. Diese Krise zeigte deutlich, daß selbst ein Freund des Augustus, ein Schwager eines seiner vertrautesten Berater, nämlich Maecenas, in Wirklichkeit das neue System haßte und alles daransetzte, um es zu zerschlagen. In dieser Zeit verschlechterte sich die Gesundheit des Augustus. Einen Augenblick lang glaubte man an sein baldiges Ende; er selbst glaubte daran. Er ließ den anderen Konsul, Calpurnius Piso, an sein Krankenlager rufen, der als Ersatz für Murena ernannt worden war, und ohne ein Wort übergab er ihm die Geheimakten der Staatsverwaltung. Zusammen mit ihm ließ er auch Agrippa zu sich rufen und gab ihm seinen Siegelring, mit dem die persönlichen Verfügungen des Princeps versiegelt wurden. Von den Umständen plötzlich dazu gezwungen, wollte er das Prinzip des neuen Staatssystems erhalten, und zwar die Aufgliederung des Staatsapparates in zwei Bereiche, in einen öffentlichen, der dem Senat unterstand, und den gesamten Bereich, der zur Zuständigkeit des »Hauses« des Princeps gehörte, das prokonsularische *imperium* eingeschlossen, auf dem letztlich seine Machtstellung beruhte. Agrippa war ausersehen worden, das Amt des Princeps zu übernehmen, weil niemand da war, der diese Aufgabe hätte übernehmen und die Last der Verantwortung für das Reich tragen können. Marcellus war noch zu jung und unerfahren, als daß er hätte in Frage kommen können.

Wider alles Erwarten erholte sich Augustus wieder. Er glaubte, dies den Anweisungen eines griechischen Arztes, Antonius Musa, zu verdanken, der kalte Bäder vorgeschrieben hatte. Dank dieser wunderbaren Heilung wurde dieser Arzt weithin berühmt und gewann ein Riesenvermögen. Augustus zog seine Lehren aus dieser Warnung. Es war von jetzt an dringend erforderlich, das Haus des Princeps und die Magistraturen zu trennen und die höchste Instanz im Staat nicht von einem sterblichen Menschen abhängig zu machen, solange nicht wenigstens eine unanfechtbare Nachfolge ganz sicher gewährleistet war. Schon am 1. Juli 23 legte deshalb Augustus sein Konsulat nieder und ernannte an seiner Stelle L. Sestius, einen Gegner aus der Zeit der Schlacht von Philippi und Mitkämpfer des Horaz. Da sich die »Freunde« als unzuverlässig erwiesen, warum sollte man es da nicht mit der Loyalität derjenigen versuchen, die umgeschwenkt waren? Von dieser Zeit an beruhte die Macht des Augustus auf der tribunizischen Gewalt (die er zweifellos schon besaß, aber die zu nutzen er noch keine Gelegenheit gehabt hatte, solange er durch die Konsulargewalt das Vetorecht gegen die Entscheidungen all der anderen Magistraten besaß). Andererseits besaß er das prokonsularische *imperium* nicht mehr nur für alle sogenannten »kaiserlichen« Provinzen, die ihm im Jahr 27 zugesprochen worden waren, sondern für das gesamte Reichsgebiet, die *Urbs* mit einbegriffen, was ein Privileg darstellte, das im Widerspruch zu der gesamten republikanischen Tradition stand, die die militärische Kommandogewalt auf die Gebiete außerhalb Roms beschränkte – auf das Land außerhalb des *pomerium*, das ein fest umgrenzter Bereich war, in welchem allein die städtischen Organe zuständig waren. Auf diese Weise konnte Augustus in der Stadt selbst seine Leibgarde, die Prätorianerkohorten, stationieren. Es gibt nachweislich erst seit dem Jahr 2 v. Chr. »Präfekten des Praetoriums«[81], feststeht jedoch, daß sich Augustus von Anfang an eine Truppe als persönliche Leibgarde und ausführendes Organ hielt. Wie bei vielem, so war auch hier das neue Regierungssystem den bestehenden Institutionen weit voraus.

Aber alle diese Maßnahmen lösten nicht das Hauptproblem, das sich im Jahr 23 gestellt hatte, nämlich das Problem der zeitlich unbegrenzten Amtsgewalt, die man schon als »kaiserliche« Macht bezeichnen kann. Schon in diesem Jahr ließ Augustus den Mann an seinem prokonsularischen *imperium* teilnehmen, den er im Augenblick der Krise als seinen Nachfolger bestimmt hatte. So wurde Agrippa damit beauftragt, Augustus in den Gebieten »jenseits des Ionischen Meeres« zu vertreten, ohne ausdrücklich mit einem *imperium* ausgestattet worden zu sein, das sich von demjenigen des Princeps unterschied.[82]

In der Öffentlichkeit lief das Gerücht um, daß die Mission des

Agrippa lediglich ein Vorwand sei und der langjährige Freund und ehemalige Unterführer sich freiwillig fortbegeben habe, um nicht ansehen zu müssen, in welcher Gunst Marcellus stand. Tatsächlich aber war diesem nur noch eine kurze Lebenszeit beschieden; denn er starb unmittelbar nach den Spielen, die er als Ädil im September 23 gegeben hatte, in Baiae, wohin er sich zu einer Kur begeben hatte. Der Plan des Augustus, seine Nachfolge auf einer Verbindung der *Julii* und *Claudii* zu gründen, wurde somit zunichte gemacht; die Marcelli gehörten zu den ältesten und ruhmreichsten Familien der römischen Vergangenheit.[83] Der Kern des Problems lag vielleicht darin, wie eine Versöhnung der Oligarchie und der auserwählten *gens* verwirklicht werden konnte.

Das Jahr 23 war für die Geschichte des augusteischen Prinzipats von besonderer Bedeutung, und zwar nicht so sehr wegen der Änderungen in der Staatsverfassung, die sich in diesem Jahr vollzogen, als vielmehr durch das urplötzliche geistige Erwachen, das in der römischen Elite durch die Veröffentlichung von zwei der größten poetischen Schöpfungen dieser Zeit ausgelöst wurde. Es erschienen die drei Bücher der *Oden* des Horaz (I bis III) und kurze Zeit darauf (wahrscheinlich zu Beginn des Jahres 22) das dritte Buch der *Elegien* des Properz, das den Zyklus über die Liebe zu Cynthia abschloß. In dieser Zeit arbeitete Vergil an der Abfassung des 6. Buchs der *Äneis* (aus dem er Augustus in Gegenwart von Octavia kurze Zeit nach dem Tod des Marcellus vorlas). Sonderbarerweise fiel dieses Aufblühen der Dichtkunst mit einem Augenblick zusammen, in welchem das römische Volk plötzlich von Angst ergriffen wurde und angesichts einer drohenden Hungersnot Augustus um Hilfe rief. Dieser war zu Beginn des Jahres 22 in den Osten aufgebrochen, ebenso wie er sich nach der Neuordnung des Jahres 27 in den Westen begeben hatte. Vor seiner Abreise hatte er dafür Sorge getragen, daß zwei Censoren ernannt wurden. Damit glich er ein weiteres Mal den Prinzipat den republikanischen Formen an. Aber das Volk glaubte, daß die Ursache aller gegenwärtigen Übel in der (relativen) Entfernung des Augustus liege. Es warf ihm Flucht vor der Verantwortung vor mit dem Hinweis darauf, daß er die ununterbrochene Folge seiner Konsulate unterbrochen hätte. Immer mehr wurde es von einer tiefen Unruhe ergriffen, so daß der Princeps gezwungen war, in die Stadt zurückzukehren, wo ihm das Volk die Diktatur anbot oder, wenn erforderlich, das Konsulat auf Lebenszeit. Der »Gott Augustus« hatte nicht mehr das Recht, die Republik, ja noch nicht einmal eine Attrappe der Republik wiederherzustellen. Augustus lehnte diese revolutionären Ämter ab, die allzu sehr an die Zeit der Bürgerkriege erinnerten, und begnügte sich damit, praktisch und mit unmittelbarer Wirkungsmöglichkeit die

Rolle des »Protektors« zu übernehmen. Er übernahm die Lebensmittelversorgung und stellte in wenigen Tagen auf eigene Kosten eine reichliche Versorgung der Märkte der Stadt wieder her.[84] Später schuf Augustus eine besondere »Präfektur« (die *praefectura annonae*), die den Ädilen, also den Senatoren, dieses wichtige Amt entzog. Im Lauf der Jahre baute Augustus auf diese Weise allmählich eine neben dem Senat arbeitende Verwaltung auf, indem er »Beamten«, die er selbst ernannte und im allgemeinen aus dem Ritterstand wählte, die Aufgabe übertrug, die Verantwortung für diese oder jene große Verwaltungsbehörde zu übernehmen, deren Arbeit von ihm aus eigenen Mitteln, dem *fiscus,* finanziert wurde.
Die Aufgabe des Augustus war unermeßlich. Es war nicht nur notwendig, die Aristokratie, die Kernzelle des Staatswesens, mit dem Regiment des »Protektorats« auszusöhnen, sondern auch die anderen Stände in ein neues System einzugliedern. Augustus wußte nur allzu gut (wie Caesar), welche Rolle die Ritter bei der Aushöhlung der republikanischen Staatsform gespielt hatten, als daß er ihnen ihre Finanzmacht hätte lassen können. Die staatlichen Steuerpachten wurden zwar nicht abgeschafft, aber sie wurden nur noch für solche Steuern vergeben, die von geringer Bedeutung waren. Die Finanzen des Reiches wurden in zwei Hauptzweige aufgeteilt: in die Staatskasse einerseits, das *aerarium Saturni* (weil das Geld, das sich in dieser Kasse befand, im Unterbau des Saturntempels am Fuß des Kapitols nach guter alter republikanischer Sitte hinterlegt wurde), in den *fiscus* andererseits (von *fiscus,* Korb), der die persönliche Kasse des Princeps war. Das *aerarium Saturni* wurde seit dem Jahr 25 v. Chr. von zwei Prätoren verwaltet, die eigens für dieses Amt gewählt wurden. Seine Einnahmen kamen aus den senatorischen Provinzen. Der *fiskus* erhielt seine Gelder über Oberverwalter der kaiserlichen Einkünfte aus den kaiserlichen Provinzen oder von den kaiserlichen Domänen in senatorischen Provinzen oder aus kaiserlichen Steuermonopolen. Die Oberverwalter waren meist Ritter.[85] Hier eröffnete sich dem Ritterstand eine Laufbahn, in welcher er seine traditionellen Fähigkeiten zum Wohl des Princeps statt zum Verhängnis des Staates einsetzen konnte. Den Rittern, die bis dahin zugegebenermaßen kein anderes Interesse besessen hatten als sich zu bereichern, wurden damit vornehmere Aufstiegsmöglichkeiten geboten. Es bildete sich allmählich ein prokuratorischer *cursus* heraus, der von den bescheidensten bis zu den höchsten Ämtern reichte. Dieser *cursus* entsprach den *honores,* also der Ämterlaufbahn, die die Senatoren normalerweise durchliefen. Das Gefühl der persönlichen *dignitas,* das, wie wir sagten, für die Adligen von großer Bedeutung war, wurde nun auch vom Ritterstand geteilt, dessen Mitglieder die Möglichkeit erhielten, in den

Senat aufgenommen zu werden, oder deren Kinder später Zugang in den Senat erhalten konnten. Auf diese Weise führte Augustus die Reform durch, für die sich früher Sallust bei Caesar eingesetzt hatte.[86]

Abb. 18: Marcus Vipsanius Agrippa

Eines der größten Hindernisse für die vorbehaltlose Bejahung des Prinzipats war das Gefühl, daß seine Errichtung einer Verleugnung der römischen Vergangenheit und einem tiefen Einschnitt in der Kontinuität seiner Tradition gleichkam. Es kam darauf an, nachzuweisen, daß Rom durch das augusteische Regiment in Wirklichkeit zu seinem eigentlichen Wesen zurückfand. Die Bedeutung der wichtigsten *Oden* des Horaz und des 6. Buches, das Vergil in den Mittelpunkt seines Epos stellte, liegt darin, zu zeigen, wie die Geschichte Roms ein langsamer, schicksalhafter Aufstieg gewesen sei, der seinen Kulminationspunkt nun im Sendungsauftrag des Augustus erreicht habe, mit welchem das langersehnte Goldene Zeitalter anbreche. Es war davon bereits in der Zeit des Friedens von Brindisi die Rede. Im Jahr 23 sprach man erneut davon, und vielleicht hätte Augustus in diesem Jahr oder etwas später den Beginn eines neuen Zeitalters feierlich begangen, wenn nicht die Krise, von der wir sprachen, und der Tod des Marcellus diesen verfrühten Optimismus Lügen gestraft hätten. Das neue Zeitalter, dessen Beginn durch die Feier der Jahrhundertspiele angezeigt wurde, begann offiziell im Jahr 17 v. Chr.[87] Der Grund dafür lag darin, daß Augustus in der Zeit zwischen 23 und 17 das Problem seiner Nachfolge gelöst und das Herrschaftssystem endgültig gesichert zu haben glaubte. Nach dem Tod des Marcellus wählte er Agrippa zu seinem Schwiegersohn, der seine zweite Frau, Marcella, verlassen mußte, um Julia zu heiraten. Die Heirat fand im Jahr 22 statt. Im darauffolgenden Jahr schenkte Julia einem Sohn das Leben, der den Namen Gaius erhielt. Zwei Jahre später wurde Lucius, der jüngere Bruder, geboren. Die Götter schienen auf die Gelübde des Augustus geantwortet zu haben. Während er sich früher geweigert hatte, Marcellus zu adoptieren, um dadurch allen diesbezüglichen Gerüchten den Wind aus den Segeln zu nehmen, adoptierte er offiziell im Jahr

17 seine beiden Enkel. Agrippa, der nun nicht mehr auf die Nachfolge des Augustus hoffen konnte, war gleichsam der Hüter der »Prinzen«. Gewissermaßen als Ausgleich dafür betrachtete Augustus ihn mehr und mehr als seinen Partner. Im Jahr 18 vergrößerte er sein prokonsularisches *imperium* und übertrug ihm die tribunizische Gewalt für fünf Jahre.

ε) *Die Sittengesetzgebung*

Das Jahr 18 war noch durch den Beginn der »Sittengesetzgebung« bemerkenswert. Das Volk hätte es gerne gesehen, wenn er die Zensur übernommen hätte oder, genauer gesagt, eine »Kuratel für die Sitten und Gesetze«, die er ganz allein übernommen haben würde[88], aber er weigerte sich, irgendein Amt anzunehmen, das nicht der Tradition entsprach (*contra morem maiorum*). Er ergriff indessen Maßnahmen, die eine solche Magistratur impliziert hätte, indem er lediglich auf seine tribunizischen Vollmachten zurückgriff.[89] Die in diesem Rahmen erlassenen Gesetze des Jahres 18 sind die *lex Julia de maritandis ordinibus* (»Julianisches Ehegesetz für die Stände«) und die *lex Julia de adulteriis* (»Julianisches Ehebruchgesetz«), die, streng genommen, keine »Sittengesetze« waren, sondern Verordnungen mit dem Ziel, dem katastrophalen Rückgang der Familien im Senatorenstand und der Blutvermischung entgegenzuwirken. In einer Ode, die lange vor diesen Gesetzen geschrieben wurde (sie geht auf die Zeit vor der Schlacht von Actium zurück), beklagt Horaz die Bastardisierung des Volkes als eine der schlimmsten Gefahren für Rom. Die Ehemänner, so sagt er, zeigten große Nachsicht und verschlössen ihre Augen, während ihre Frauen sich den reichen Kaufleuten aus der Provinz hingäben.[90] Augustus war also nicht der einzige, den dieses Problem beschäftigte. Die Vorstellung von der »auserwählten Rasse« war dem römischen Denken keineswegs fremd. Unter »auserwählter Rasse« ist dabei weniger die eigentlich römische Oligarchie zu verstehen als die italische Bevölkerung, diese *Italica pubes*, deren Ruhm Vergil in seinen *Georgica* singt.

Das Gesetz über die »Eheschließung der Stände« verfolgte das Ziel, die eheliche Bindung zu festigen, die durch die allgemeine Ehescheidungspraxis sehr locker geworden war und mühelos wieder aufgehoben werden konnte. Es war unter allen Umständen erforderlich, die herrschende Klasse zu stabilisieren und ihr die Möglichkeit zu geben, selbst die Traditionen fortzuführen und zum Träger der Zukunft Roms zu werden. Das wurde in dem Augenblick unmöglich, in dem die Söhne der Senatoren oder die Senatoren selbst, statt eine »Tochter aus gutem Haus« zu heiraten und Kinder zu zeugen, die eines Tages ihre Nachfolge antreten konnten, sich damit begnügten, ein sorgloses

Leben in der Gesellschaft einer willfährigen Freigelassenen zu führen, und auf diese Weise die Verantwortung der Vaterschaft flohen. Augustus soll zunächst daran gedacht haben (vielleicht um das Jahr 27), die Ehe für obligatorisch zu erklären, zumindest für die Senatoren. Man soll ihm klargemacht haben, daß Zwang auf diesem Gebiet nicht nur undurchführbar, sondern vor allem unmoralisch sei. In der *lex Julia* begnügte er sich damit, zur Eheschließung zu ermuntern, indem er besondere Vorrechte gesetzlich festlegen ließ für Väter (und auch für Mütter), die mindestens drei Kinder hatten, und sich Strafbestimmungen für hartnäckige Junggesellen oder Ehepaare ohne Kinder ausdachte. Die Beamtenlaufbahn der Familienväter aus den Rängen des Senats sollte rascher nach oben führen, und die Bürger ohne Kinder sollten mit gewissen Einschränkungen auf dem Gebiet des Erbrechts bestraft werden.[91]

Diese Maßnahmen zum größtmöglichen Schutz der Stabilität oder Integrität der herrschenden Stände wurden durch weitere Maßnahmen ergänzt, die sich auf die Freilassung von Sklaven bezogen. Die Freilassungen sollten in Zukunft eingeschränkt werden, wenn die feierlichen Formen nicht respektiert worden waren. Ein gewisser Immobilismus war der bestimmende Grundsatz der augusteischen Politik sowohl hinsichtlich der Gesellschaft als auch des gesamten Reiches, als müsse das unter so unendlichen Leiden erzielte Gleichgewicht unter allen Umständen erhalten bleiben.

Octavius, Antonius und Lepidus waren ursprünglich mit der Reorganisation des Staates beauftragt worden. Schließlich fiel diese Aufgabe Octavius ganz allein zu, der sie als Augustus mit Erfolg durchführte – nach der feierlichen Einsetzung des Jahres 27, in welchem ihm die alle anderen überragende *auctoritas* zuerkannt worden war. Aber diese Reorganisation wurde nicht auf einmal verwirklicht, sie war zweifellos auch nicht bis zur letzten Konsequenz durchdacht worden. Augustus lag alles doktrinäre Denken fern. Er hatte auch nichts von einem Lykurgos, er war weder ein Platon noch ein Cicero. Er sorgte jeweils für eine konkrete Situation vor und behielt von seiner Improvisation das bei, was sich in der Praxis als nützlich und dauerhaft erwies. Augustus machte zunächst behutsam-tastende Versuche, ließ sich von Gedanken leiten, die aus seiner Umgebung kamen, ließ sich von seinen Beratern, seiner Lektüre (besonders von Ciceros *De Re Publica*) und den Philosophen beeinflussen, die mit zu der Bildung seines Geistes beigetragen haben, wie Athenodoros von Tarsos oder Areios von Alexandria. Ersterer war ein Stoiker und Schüler des Panaitios, letzterer ebenfalls, aber in stärkerem Maße ein Eklektiker und angeblich von Antiochos von Askalon beeinflußt, der einer der Lehrer Ciceros war und dazu beigetragen hat, gegen Ende der Republik den Einfluß der

Akademie zu festigen. Je mehr Erfahrung Augustus im Umgang mit der Macht gewann, um so weniger zögerte er, sich selbst zu widersprechen und seine früheren Taten zu widerlegen. Obwohl er als Rächer Caesars begonnen hatte, unternahm er nichts, seine Politik fortzusetzen, die die Herrschaft der Oligarchie zerschlagen hatte. Im Gegenteil! Er schien sich darum zu bemühen, nicht nur sie, sondern sogar den Namen totzuschweigen. Das nahezu völlige Verstummen der »offiziellen« Dichter aus dem Kreis des Maecenas hinsichtlich der großen Taten und des Gedächtnisses des *Divus Julius* ist ganz bezeichnend.[92] Die modernen Historiker neigen vielleicht allzu sehr dazu, die Politik des Augustus im Licht dessen zu analysieren, was sie als den ewigen Machiavellismus der Staatsmänner ansehen. Sie weisen immer wieder darauf hin, daß der Princeps sich bemüht habe, ein verlogenes, in der Praxis monarchisches und dem Schein nach republikanisches Regime zu errichten, und daß er hinter der Fassade der Tradition eine Tyrannis verdeckte, die sogar die Erinnerung an die alte Freiheit Lügen strafte. Vielleicht macht man sich dabei allzu sehr den verleumderischen Standpunkt eines Tacitus zu eigen.[93] Konnte Augustus denn etwas anderes aus einem Rom machen, das schon über ein Jahrhundert lang auf die Führung eines einzelnen angewiesen, aber unfähig war, dies offen zuzugeben? Mußte er Rom nicht nehmen, wie es war, mit allen seinen Widersprüchen, seiner Geschichte, seiner spezifischen Eigenart, mit all dem, was in dieser Zeit Titus Livius in seiner Geschichte erforschte und Äneas in der Unterwelt in einem einzigen visionären Blick schaute? Es ist ihm gelungen, der mehr oder weniger respektierte Mittler zwischen einem Volk, das sich nach Gerechtigkeit und Wohlergehen sehnte, und einer Aristokratie zu werden, die ihren jahrhundertealten Auftrag verriet. Er rettete nicht nur die römische Idee, sondern trug mit seinen Anhängern dazu bei, sie klarer zu fassen. Er vermochte fortzudauern, während die Keime des Todes überall am Werk waren.

IV. DAS RÖMISCHE WELTREICH

Die Reorganisation der Zentralgewalt, die wir soeben in großen Zügen nachgezeichnet haben, wirkte sich auf die Zukunft und das Leben des gesamten Reiches aus. Die Geschichte der *Urbs* muß losgelöst von der der Provinzen gesehen werden. Das Bemerkenswerteste an der neuen Herrschaft beruhte vielleicht nun gerade darauf, daß sie die Provinzen mit einbezog und sich nicht darauf beschränkte, sie als unerschöpfliche Quellen für Profitmacherei und Ämterstellen anzusehen, aus denen nacheinander Statthalter schöpften, die nichts anderes im Auge hatten, als sich

in Rom eine Stellung zu erobern, auf die sie ein Recht zu haben glaubten. Es steht fest, daß es anständige und umsichtige Statthalter in der Zeit der Republik gegeben hat, aber ihrem nutzbringenden Wirken waren durch eine oft sehr kurze Mandatsdauer Grenzen gesetzt. Die höchste Instanz, der Senat, war fortgesetzt Veränderungen unterworfen, je nach den stets wechselnden Mehrheiten und Maßnahmen, die von rein städtischen Überlegungen diktiert waren. Mit dem Prinzipat dagegen brach für die Provinzen eine neue Ära der Stabilität an, die ihnen das allmähliche Hineinwachsen in das Reich ermöglichte.
Zur Zeit der Schlacht von Actium setzte sich das *Imperium Romanum* aus den verschiedensten Ländern und Völkern zusammen, deren einzige Gemeinsamkeit darin bestand, daß sie in dieser oder jener Form von der Macht und der Herrschaft Roms abhingen. Zu keiner Zeit der Republik hatte irgendein Römer sich darum bemüht, eine rationelle und einheitliche Organisation dieses komplexen Gebildes ins Auge zu fassen. Wer es versucht hätte, hätte das Gefühl gehabt, der Natur der Dinge Gewalt anzutun. Das Reich war schrittweise durch Kriege, Verträge, Bündnisse, die jeweils ganz unterschiedlich waren, entstanden. Wie wäre es möglich gewesen, Staaten und Völker, die der römischen Gemeinschaft unter ganz besonderen Bedingungen beigetreten waren, einem einheitlichen System unterzuordnen?
Die von Rom unterworfene Welt bestand aus zwei voneinander sehr verschiedenen Hälften: dem Westen, dessen größter Teil vor kurzer Zeit noch der Welt der Barbaren angehört hatte, und dem Osten mit einer alten Kultur, für den die Römer selbst noch fast Barbaren waren. Die offizielle Sprache der östlichen Provinzen war das Griechische, das die hellenistischen Herrscher eingeführt hatten. In den westlichen Provinzen begannen die lokalen Dialekte vor dem Lateinischen zurückzuweichen — zumindest in Spanien und Afrika, während die Eroberung Galliens noch zu kurze Zeit zurück lag, als daß die Fortschritte des Lateinischen, abgesehen von der Gallia Narbonensis, spürbar gewesen wären. Die Römer redeten ihre Untertanen im Osten auf griechisch an. Als Octavius in Alexandria einzog, verlas er vor den Einwohnern eine auf griechisch verfaßte Ansprache — er hatte sie nicht selbst geschrieben, nicht, weil er dazu nicht in der Lage gewesen wäre, sondern weil er der Meinung war, daß ihm diese Sprache nicht so zu Gebote stand wie das Lateinische.[94] Selbst nach Cicero und in der Zeit des Titus Livius und Vergil wurde das Griechische weiterhin als eine unersetzliche Kultursprache angesehen.
Diese tiefe Dualität des Imperium — ein moderner Historiker kann sich nur darüber wundern, daß das Imperium nicht schon lange vor Konstantin auseinanderbrach — bewirkte, daß die

Verwaltungsprobleme im Osten nicht die gleichen waren wie im Westen. Der römische Realismus machte gar nicht erst den Versuch, das zu vereinheitlichen, was seinem Wesen nach heterogen war. Es genügte, wenn die gleichen Führungskräfte sowohl in der einen als auch in der anderen Hälfte der Welt eingesetzt werden konnten. Aber schon diese Tatsache führte zu einer gewissen Einheitlichkeit, denn es konnte nicht ausbleiben, daß dieselben Menschen sich in ihrem Denken hier wie dort nach denselben Idealen ausrichteten. Das gemeinsame Ideal war der Staatsgedanke, und im Westen wie im Osten sollte dieses Ideal zum einigenden Mittelpunkt des Reiches werden.

a) Die östlichen Provinzen

Antonius war durch den Osten als König, ja fast als Gott, gezogen. Wäre Antonius der Sieger von Actium gewesen, dann wäre der Osten sein Königreich gewesen, und das Reich hätte sich mit Sicherheit nach der griechischen Welt hin verlagert. Die Hauptsorge des Octavius bestand darin, das traditionelle Gleichgewicht zu erhalten und nicht den Versuchungen zu erliegen, die Antonius zum Verhängnis geworden waren. Das bewies er in der Weise, wie er die ägyptische Frage löste.

Ägypten war das letzte Königreich, das von den großen Königreichen, die aus dem Alexanderreich hervorgegangen waren, übriggeblieben war. Kleopatra, die letzte Lagidin, verkörperte für die Römer das Königtum schlechthin, all das, was Italien zutiefst ablehnte. Octavius konnte ihr unmöglich den Thron lassen, den Caesar ihr gegeben hatte. Andererseits konnte er aber Ägypten, ein königliches Land par excellence, nicht einem Vasallenkönig anvertrauen, wie das bei weniger wichtigen Gebieten wie Judäa und Kappadokien geschah. Die Monarchie wiederum hatte in Ägypten so tief Wurzeln geschlagen, daß ein anderes Regierungssystem undenkbar war.

Angesichts dieses Dilemmas ersann Octavius eine Lösung, die sich in der Praxis als außerordentlich zweckmäßig erwies. Da er wußte, daß nun einmal nichts daran zu ändern sein würde, daß man den Herrscher Ägyptens an den Ufern des Nils als König ansehen und wie einen König behandeln würde, übertrug er dieses Königsamt auf sich selbst. Aber er hütete sich, es auszuüben. An seiner Stelle ernannte er einen seiner Freunde, seinen Generalstabschef Cornelius Gallus. Gallus erhielt den Titel *praefectus*, einen sehr vagen Titel, der denjenigen, der ihn trug, weder in die Hierarchie der Magistraturen noch der Pro-Magistraturen einordnete. Für die Ägypter war Gallus ein »Freund des Königs«, wie das in der Zeit der Lagiden Usus war. Das Land würde also im Namen eines Königs, aber eines inexisten-

ten Königs, regiert werden. Und die öffentliche Meinung Roms brauchte nicht mehr eine Ansteckungsgefahr des Königtums für den Princeps zu befürchten.
Gallus fiel bald in Ungnade, und zwar in demselben Jahr, als Octavius den Titel *Augustus* annahm. Der öffentliche Vorwand war der, daß auch Gallus nicht der Versuchung habe widerstehen können. Er habe sich an die Stelle des Princeps stellen wollen und Ehren für sich beansprucht, die Augustus zukamen. Er wurde vom Senat verurteilt, der vielleicht nur allzu froh war, einen der vorzüglichsten Unterführer des Octavius während des Bürgerkrieges vernichtend zu treffen. Gallus mußte Selbstmord begehen. Sein unglückliches Ende änderte jedoch nichts am System selbst. Andere und gefügigere Präfekten folgten ihm, und der von den Lagiden aufgebaute Verwaltungsapparat funktionierte weiterhin. Das alte Königreich bestand innerhalb des Reiches fort, aber isoliert nach außen hin. Kein Senator durfte sich ohne eine Sondergenehmigung des Kaisers dorthin begeben.
Indem Octavius diese Lösung für die Verwaltung Ägyptens fand und durchsetzte, die dieses Land dazu verurteilte, ganz auf sich gestellt und in einem fast vollständigen Immobilismus dahinzuleben[95], richtete er sich lediglich nach dem Hauptgrundsatz der römischen Politik, nämlich den unterworfenen Völkern, so weit wie möglich, die Regierungsform – gleich welche – zu lassen, an die sie gewöhnt waren. Daher gab es in Judäa eine Königsherrschaft, weil klar geworden war, daß nur ein König mit Erfolg dieses schwierige, stets zum Aufruhr neigende Volk regieren konnte. Ebenso bestanden das Königreich von Pontos und das Königreich der Krim fort. Es gab auch ein thrakisches Königreich an der Grenze der Provinz Makedonien.[96] Aber der größte Teil der östlichen Gebiete blieb wie in der Zeit der Republik aufgeteilt in die traditionellen Provinzen, und Rom tastete in ihnen, getreu der Politik der großen hellenistischen Monarchien, die Autonomie der Stadtstaaten in keiner Weise an. Es ging nie von seinem Grundsatz der »Freiheit« der Städte ab, zu dem es sich feierlich, schon in den ersten Zeiten der römischen Intervention, bekannt hatte.[97] Diese Freiheit wurde bekanntlich durch die Autorität des Senats geschützt und gleichzeitig eingeschränkt. Durch den Prinzipat wurde die Berufung auf den Senat immer mehr durch eine direkte Berufung auf den Princeps ersetzt, der, über jeder genau festgelegten Rechtsstellung stehend, als der Beschützer und höchste Schiedsrichter erschien. So läßt sich feststellen, wie Augustus direkt in die Angelegenheiten dieses oder jenes griechischen Gemeinwesens eingriff, aber er tat es von sich aus, und nicht etwa aufgrund seines prokonsularischen *imperium*, das es ihm rechtlich nicht gestattete, irgendwelche Maßnahmen in den lokalen Gemeinwesen auf Ge-

bieten durchzusetzen, für die ausschließlich sie selbst zuständig waren (Finanzen der Stadt oder Rechtsprechung unter den Bürgern des betreffenden Gemeinwesens usw.). Wenn die Untersuchung oder die Regelung einer Angelegenheit die Intervention des nächsten Statthalters erforderlich machten, dann wurde dieser nur als »Freund des Princeps« hinzugezogen.[98]

Die verschiedenen Staatswesen hatten indessen gegenüber Rom nicht die gleiche Rechtsstellung. Sie hing ab von den jeweiligen vertraglichen Abmachungen. Die Lage, die sich aus diesem Wirrwarr von verschiedenen Rechtsverhältnissen und Traditionen einer schon längst überholten Vergangenheit ergab, war völlig unübersichtlich geworden.[99] Hinzu kamen die Schwierigkeiten, die sich aus der unterschiedlichen Rechtsstellung der Personen ergaben. Manche Bürger eines griechischen Stadtstaates hatten beispielsweise aus irgendeinem Grund das römische Bürgerrecht erhalten, was zur Folge hatte, daß sie, wenigstens zum Teil, nicht mehr den gleichen Gesetzen unterstanden wie ihre Landsleute. Sollten für sie die gleichen Steuerabgaben gelten (von denen die ortsansässigen römischen Bürger im allgemeinen befreit waren)? Die örtlichen Behörden waren durchaus dieser Auffassung, die Betroffenen vertraten die gegenteilige Meinung. Hier konnte nur der Princeps entscheiden. So schritt Augustus im Jahr 6 v. Chr. in Kyrene mit einem Edikt ein, dessen Text erhalten geblieben ist.[100] Der Princeps entschied, daß die römischen Bürger von Rechts wegen nicht von der lokalen Steuer befreit seien und ihre eventuelle Befreiung Gegenstand einer besonderen Entscheidung der römischen Verwaltung sein müsse. Wir erfahren aus einem der Edikte, die in Kyrene gefunden wurden, daß die Zahl der Personen, um die es ging und für die Augustus seine Verordnung erließ, sich auf 215 Menschen belief. Das gibt uns eine Vorstellung von der Zergliederung der Verwaltung, die über unendlich viele Dinge Entscheidungen zu treffen hatte, die oft sehr geringfügig waren.

Wohl um dieser Schwierigkeit abzuhelfen, begünstigte Augustus die Bildung von Bündnissystemen zwischen kleineren Stadtstaaten. Die großen Staaten blieben dabei aus dem Spiel. Das lief auf die Wiederbelebung einer Tradition hinaus, die hundert Jahre zuvor in so tragischer Weise durch den Krieg gegen Korinth unterbrochen worden war. So gab es einen Bund der freien Lakonier, in dem vierundzwanzig lakonische Stadtstaaten, außer Sparta, zusammengeschlossen waren. Der Achaiische Bund gruppierte sich um Patros, aus dem Augustus eine Kolonie – eine Rivalin Korinths – gemacht hatte. Korinth gehörte nicht zum neuen Achaiischen Bund. So gab es auch eine thessalische Konföderation und einen makedonischen Bund, dessen Mittelpunkt Thessalonike war. Außerhalb Griechenlands bestand das *koinon* (die Gemeinschaft) der Stadtstaaten fort, die der römischen Provinz Asien angeschlossen waren. Diese Bünde existierten sogar außerhalb der Provinzgebiete wie in Lykien, wo Strabo die föderativen Institutionen lobend erwähnt, deren glänzendes Funktionieren es den Römern ermöglicht hätte, von einer direkten Annexion abzusehen.[101]

Diese Bünde stellten jedoch keine Vorform einer indirekten Vertretung dar, die sich mit dem modernen parlamentarischen System vergleichen ließe. In Wirklichkeit waren sie eher supranationale Organe, dazu bestimmt, die allen Staaten gemeinsamen Fragen zu erörtern, die durch eine historische, rassische, religiöse, manchmal auch einfach nur geographische Gemeinsamkeit miteinander verbunden waren. In diesen Bünden spielte die Religion, die ihrem Wesen nach und durch die Götter, an die sie glaubte, international war, eine besonders große Rolle. Augustus reorganisierte die delphische Amphiktyonie, in die er weitgehend Vertreter seiner Stadt, Nikopolis (die »Stadt des Sieges«), die er, an eine Tradition der Diadochen anknüpfend, in der Nähe von Actium gegründet hatte, aufnahm. Die Versammlungen dieser Bünde, ganz besonders der Amphiktyonie, waren Stätten der Meinungsbildung, und es war daher für den Princeps von Belang, seine Beauftragten in ihnen zu haben.

b) Die westlichen Provinzen

Der Westen war bis zu einem bestimmten Grad von den Erschütterungen des Bürgerkrieges verschont geblieben. Die einheimischen Volksgruppen hatten im allgemeinen nicht zwischen den beiden Parteien zu wählen gehabt, und der Widerstand der pompeianischen und republikanischen Generäle war — außer in Afrika — rasch gebrochen worden. Die Kriege, die in Spanien geführt werden mußten (und die erst im Jahr 19 endeten), waren auf die Aufstände von Eingeborenen zurückzuführen, die noch nicht vollständig unterworfen worden waren. Der große Aufstand des Jahres 52 in Gallien, der von Vercingetorix angeführt wurde, war ohne Folgen geblieben. Es kam noch zu örtlichen Erhebungen, aber die Zeit des gemeinsamen Kampfes gegen Rom war vorbei. Augustus fiel vor allem die Aufgabe zu, den eroberten Gebieten unter dem Schutz der Rheinarmee, die die Provinzen gegen die Einfälle der Germanen schützte, eine Verwaltungsorganisation zu geben.

In Afrika, der dritten Provinz, waren die Probleme verschieden und ähnelten eher denjenigen, die sich im Osten stellten. Caesar hatte nach seinem Sieg über die Reste der pompeianischen Armee und über König Juba I., den Verbündeten der Republikaner, neben der Provinz Africa Vetus, die nach der Zerstörung von Karthago gegründet worden war, eine neue Provinz Africa Nova auf Kosten Numidiens gegründet, die sich als breiter Streifen über den Osten des heutigen Algerien bis Bône (Hippo Regius) erstreckte. Darüber hinaus hatte er P. Sittius, einem seiner treuesten Anhänger, ein regelrechtes Königreich anvertraut, das vier Städte umfaßte, von denen die wichtigste Cirta (Constantine) war. Die Gebiete weiter im Osten, die von nomadisierenden Stämmen bewohnt waren und früher Juba I. unterstanden hatten, wurden dem mauretanischen König Bocchus gegeben.

Augustus behielt diese Organisation bei. Er gab Mauretanien einem jungen romanisierten Prinzen, dem Sohn des pompeianischen Königs Juba I., des Verlierers von Thapsus. Dieser junge Prinz lebte seit seiner Kindheit als Geisel in Rom und war von Augustus mit Kleopatra Selene, der Tochter des Antonius und der Kleopatra, verheiratet worden. Juba II., der zunächst in dem noch unabhängig gebliebenen Teil Numidiens eingesetzt worden war, erhielt später das Königreich Mauretanien, als sich Augustus (im Jahr 25 v. Chr.) entschloß, ganz Numidien der Provinz Africa anzugliedern. Nach und nach wurden die riesigen Gebiete Westafrikas unter der Führung des aufgeklärten Königs der Zivilisation zugeführt. Städte wurden gegründet (vor allem wahrscheinlich Volubilis), der hellenistische Einfluß setzte sich allmählich durch, und zwischen den Stämmen herrschte endlich Frieden.

Im Unterschied zu Afrika wurden Gallien und Spanien voll und ganz in Provinzen umgewandelt, ohne daß man wieder einheimische Könige einsetzte. Der Grund für diesen Unterschied ist sicherlich in der geographischen Lage zu suchen. Die Iberische Halbinsel und Gallien waren genau umgrenzte geographische Räume, die sich für die Bildung von Provinzen eigneten. Nichtsdestoweniger beachtete Augustus die historisch bedingten Unterschiede zwischen den einzelnen Regionen. So wurde in Spanien das Tal des Guadalquivir von der lusitanischen Küste getrennt, und in dem früheren jenseitigen Spanien wurden die Provinzen Baetica und Lusitanien gebildet. Das frühere diesseitige Spanien wurde die Tarraconensis, die nach ihrer Hauptstadt Tarraco so genannt wurde. In Gallien beließ man es bei den Unterteilungen, die Caesar vorgenommen hatte. Neben der Narbonensis gab es die Provinz Aquitanien, die Provinz Celtica (genannt Lugdunensis), die Provinz Belgica[102], aber ihre Grenzen fielen nicht mit denen der Gebiete zusammen, die Caesar so benannt hatte. Aquitanien wurde um einen Teil der Gallia Celtica zwischen Gironde und Loire vergrößert. Die Lugdunensis bestand aus einem langgezogenen Gebiet zwischen der Loire und der nördlichen Seine. Die Belgica, der einige frühere Stammesgebiete genommen wurden, reichte bis an den Rhein. Schon im Jahr 39 v. Chr. hatte Octavius Agrippa damit beauftragt, Gallien geographisch zu erfassen und einen Plan für das Straßennetz, das die Einheit des Landes verwirklichen sollte, zu entwerfen. Die von Caesar geplante und von Munatius Plancus im Jahr 43 (wahrscheinlich am 11. Oktober) gegründete Stadt Lyon[103] war der Mittelpunkt dieses Systems. Die Achse des römischen Gallien verlief tatsächlich durch das Tal der Rhone, der Saône und dann über die Straßen, auf denen man in das Rheintal oder zum fernen Britannien gelangen konnte. Diese Vorrangstellung Lyons wurde durch die Errichtung eines Altars bekräftigt, der dem Kult der Roma und des Augustus geweiht wurde. Vom Jahr 12 (oder 10 v. Chr., wir wissen es nicht genau) an kamen jedes Jahr am 1. August die Abgesandten aller gallischen Stämme aus den drei Provinzen zusammen, um dort ein feierliches Opfer darzubringen und eine Versammlung abzuhalten. Die Anregung zu dieser Einrichtung, die sehr dazu beitrug, die vor der Eroberung so labile Einheit zu festigen, gab wohl die kultische Verehrung, die der Roma und Augustus schon seit langem von den Städten und den *koina* von Pergamon, Nikomedien, Ephesos und Nikaia dargebracht wurde. Wie das *koinon* der Griechen in Asien hatten die Stämme Galliens in Lyon einen Rat, dem ein gewählter Bundespriester vorstand, dem drei Magistrate zur Seite standen, ein *inquisitor Galliarum*, der ein Finanzexperte gewesen zu sein scheint[104], ein *iudex arcae Galliarum*, der wahrscheinlich die Bundeskasse verwaltete und der neben sich einen *allectus* hatte (einen Beigeordneten). Diese Magistrate, die zunächst reine Verwaltungsfunktionen hatten, gewannen, weil sie gewählt wurden, sehr rasch die Stellung von Vertretern der verschiedenen Gallien in ihrer Gesamtheit. Ihnen kam es beispielsweise zu, dem Princeps die Grußbotschaften der Stämme zu überbringen.

In Spanien gab es eine ähnliche Einrichtung. In Tarraco wurde, wahrscheinlich nach den ersten Siegen gegen die Kantabrer, ein Altar für Augustus errichtet.[105] Er wurde also vor dem Altar von Lyon errichtet, hatte jedoch, zumindest zu Beginn, keine föderative Funktion.

c) Der Kult des Augustus

Die modernen Historiker haben oft nach dem Wesen, der Bedeutung und den Ursprüngen der göttlichen Verehrung gefragt, die Augustus von den Römern der *Urbs* und den Provinzialen entgegengebracht wurde. Wir haben es hier mit einer allgemeinen Erscheinung zu tun, die weit weniger überrascht, als das zunächst den Anschein hat, wenn man die Mentalität der Antike berücksichtigt. Die Gründe dafür sind je nach den Ländern verschieden. Zunächst handelt es sich um eine tief im Volk wurzelnde Erscheinung, wenn man zum Beispiel feststellt, wie in Narbonne der Geburtstag des Princeps vom einfachen Volk in gläubiger Ehrfurcht gefeiert wurde.[106] Viel wichtiger ist, daß der Princeps bei der Regelung, die er schließlich durchsetzte, um die spontanen und anarchischen Kundgebungen zu vereinheitlichen, die Aufgabe, den Kult seines *genius* zu zelebrieren, den Freigelassenen und kleinen Leuten übertrug. Die Volksmasse war es, die aus einer spontanen Regung der Dankbarkeit und der Begeisterung heraus jemanden zum Gott erhob – ebenso wie die Soldaten auf dem Schlachtfeld die *imperatores* »machten«. Die Menge war es auch, die an die geschickt unter das Volk gebrachten Legenden glaubte, wie zum Beispiel an die, daß Augustus der Sohn des Appollo sei. Die Phantasie des Volkes entdeckte zu allererst das Wunderbare und Zufällige. Die Volksfrömmigkeit verband die schlichten Schutzgötter des Hauses mit dem *genius Augusti,* dem »allgegenwärtigen« Gott.

Die göttliche Verehrung des Augustus hatte vor der Schlacht von Actium eingesetzt.[107] Nach dem Sieg breitete sie sich immer mehr aus. Ein *senatus consultum* empfahl den Menschen, während der Mahlzeit seinem *genius*[108] ein Trankopfer zu spenden. Allmählich setzte sich die Vorstellung von seiner Göttlichkeit durch. Im Osten stieß sie dabei auf die traditionellen Formen der Monarchie, aber Augustus sorgte mit Bedacht dafür, daß die Altäre und die Tempel, die man errichtete, seine Person mit der göttlichen Natur Roms verbanden, was ihn von dem Verdacht, nach der Krone zu greifen, befreite.[109] In Rom wurde der Name des Octavius (im Jahr 29) in den Gesang der *Salii* aufgenommen[110], und zwei Jahre später wies ihn das bereits erwähnte Epitheton *Augustus* als wirklichen »Heros« aus. Für die Römer der *Urbs* war Augustus weniger ein Gott als eine Persönlichkeit, die von wohltätigen Mächten umgeben war, die man für sich verehrte – in der Weise der göttlichen Verehrung der iranischen Herrscher.[111] So gab es einen Altar für den Sieg Caesars, einen anderen für die Fortuna, die ihn heil und gesund nach Rom zurückbringen sollte[112], und vor allem einen Altar der *Pax Augusta,* der im Jahr 13 auf dem Marsfeld errichtet wurde.[113] Aber wir dürfen nicht vergessen, daß es neben den Votivgaben für diesen »Frieden des Augustus« noch unzählige andere private Weihgeschenke in allen Provinzen des Reiches gab, die sich an andere Verkörperungen der göttlichen Natur des Augustus richteten, an die *concordia Augusta,* die *securitas,* die Gerechtigkeit usw.[114] In dem Augenblick, als man den Altar des Friedens einweihte, wurde offiziell der Kult des *genius Augusti* eingeführt. Vielleicht wurden damals schon, vielleicht aber erst im Jahr 7 v. Chr., als die Stadt in Regionen und »Vier-

tel« (*vici*) eingeteilt wurde, die Sechsmännerkollegien geschaffen (*seviri augustales*), die meistens aus Freigelassenen bestanden, die vielleicht einmal im Monat, mit Sicherheit aber beim jährlich stattfindenden Fest der *Compitalia* (Anfang Januar) den Kult des *genius* feierten, der mit dem der Laren, den eigentlichen Beschützern des Hauses und der Stadt, verbunden wurde, die, wie der Princeps, Fruchtbarkeit und Glück spendeten.
Es ist nahezu sinnlos, sich die Frage zu stellen, ob Augustus zu seinen Lebzeiten als Gott angesehen wurde. Er war der Mittler des Göttlichen, in dessen Person selbst schon die Verheißung der Gottwerdung lag, wenn erst einmal seine sterbliche Erscheinung nicht mehr sein würde. Der Begriff der Divinität ist weder einfach noch klar; es ist müßig, eine einfache Antwort auf ein Problem zu fordern, das keine Antwort enthält.

d) Die außenpolitischen Probleme

Augustus hat sich mit der Unterstützung Agrippas darum bemüht, die Form und die Grenzen der Welt festzulegen und zunächst einmal eine Karte zu zeichnen. War es möglich, das Reich bis an die Grenzen der bewohnten Länder auszudehnen? Oder würde man immer wieder unbekannte Länder entdecken? Im Norden waren die Gletscher, im Süden die unerträgliche Hitze der Sahara, im Westen der Ozean. Das wirkliche Problem war der Osten. Daher organisierte Augustus verschiedene Erkundungsexpeditionen in den Osten. Es ist wahrscheinlich, daß das Ziel dieser Erkundungszüge, die behutsam durchgeführt wurden, nicht nur eine uneigennützige geographische Erforschung war. Vermutlich ging es Augustus um die Straßen nach Indien (unter Umgehung des Partherreiches), und er wollte wohl auch Anhaltspunkte zur Klärung seiner Außenpolitik gewinnen.
Nachdem der Friede im Reich wiederhergestellt war, wurde es möglich, sich mit der angrenzenden Welt zu befassen. Die Welt der Barbaren war je nach ihrer Lage mehr oder weniger bekannt. Wir vermögen uns vielleicht heute eine klarere Vorstellung von dieser brodelnden Welt zu machen, die in der Geschichte Roms und des Westens eine immer bedeutendere Rolle spielen sollte. Sie setzte sich in der Sicht der Römer aus vier großen »Sektoren« zusammen: Germanien, das die unmittelbarste Bedrohung darstellte, die Länder unter der Herrschaft der Daker, an deren Eroberung Caesar vielleicht einen Augenblick gedacht hatte, die die Fortsetzung der germanischen Länder darstellten und sich längs der Donau bis zum Schwarzen Meer erstreckten; sodann das Land der Skythen zwischen der Donaumündung und dem Kaukasus, das sich endlos nach Norden in die Ebenen Rußlands hinein erstreckte. Schließlich das Parther-

reich von den Bergen Armeniens bis an den Persischen Golf. Diese großen Bereiche, die alle eine eigenständige Kultur besaßen, verdienen nacheinander unsere Aufmerksamkeit.

α) Die Germanen

Einleitung

Die Bastarner und Skiren, die um 200 v. Chr. vor Olbia erschienen, und die Kimbern und Teutonen, die 113 und 105 an beiden Flügeln der Alpen Zugang nach Oberitalien zu erzwingen suchten, sind von allen germanischen Völkerschaften am frühesten in den Lichtkreis schriftlich überlieferter Geschichte getreten. Da sie sich nicht selbst Germanen nannten, ist es bei dem damaligen Stand ethnographischer Kenntnisse verständlich, daß sie von den antiken Historikern sehr spät erst als den Germanen zugehörig in die damals bekannte Welt der Völker eingeordnet werden konnten. Die heutige Forschung hat an dieser Zuordnung trotz mancher begründeter Zweifel festgehalten. In den Wanderungen der Bastarner- und Kimberngruppen sieht sie den Beginn jener Bewegungen, die einen ihrer Höhepunkte fanden, als Ariovist mit einem Heerhaufen aus verschiedensten Völkerschaften in das Gebiet der Sequaner im Elsaß eingebrochen war und hier auf den energischen Widerstand Caesars traf (58 v. Chr.). Zum vorläufigen Stillstand kam die Expansion durch die römische Eroberung Galliens und die Gewinnung der Rheinlinie sowie einiger Teile des Voralpenlandes (15 v. Chr.). Obgleich über Art und Ausmaß und über Ursachen und Verlauf dieser ersten Etappe germanischer Expansionsbewegungen nur wenig präzise Vorstellungen erarbeitet worden sind, besteht doch kein Zweifel an ihrer Bedeutung: Zwischen Weichsel und Rhein und vom Mittelgebirge bis ins südliche Skandinavien haben sich damals diejenigen Grundlagen entwickelt, auf denen das historisch bekannte Germanien während der ersten beiden Jahrhunderte n. Chr. politisch wie sprachlich und in seinen allgemeinen Kulturverhältnissen aufgebaut war.
Einigkeit besteht dagegen nicht in den Vorstellungen, die sich die an der Germanenforschung beteiligten Wissenschaften, vor allem Sprachforschung, Alte Geschichte und Urgeschichte (Archäologie), über den Bildungsprozeß des Germanischen erarbeitet haben, wenn man »germanisch« als Ausdruck bestimmter sprachlicher Erscheinungen, besonderer ethnischer Verhältnisse und charakteristischer Kulturformen nimmt. Entweder sind diese Wissensgebiete im Verlauf ihrer Untersuchungen zu abweichenden Ergebnissen gekommen, oder sie haben derart aufeinander Rücksicht genommen, daß bei äußerlicher Übereinstimmung in jedem ihrer Resultate die Prämissen und Fehler der anderen Disziplinen stecken können.

Sprachgeschichtliche Grundlagen und ethnographische Berichte der Antike

Für den Germanisten, dessen sprachgeschichtliche Erwägungen für Zeiten ohne Eigenüberlieferung außer rückschließendem Sprachvergleich fast gänzlich auf namenkundlichem Material beruhen, gibt es germanische Sprachen erst seit der Zeit, in der die Lautänderungen, die es vom Indogermanischen trennen, abgeschlossen oder doch wenigstens so weit gediehen waren, daß die Besonderheiten des neuen Idioms eine größere Gruppe Germanisch Sprechender von den anderen abgesondert haben. Die Sprachdenkmäler, die diesen Vorgang zeitlich fixieren, sind freilich derart gering an Zahl, daß der Zeitraum, der näher in Betracht zu ziehen wäre, nur sehr allgemein und dann nur mit dem archäologischen Terminus »vorrömische Eisenzeit« umschreibbar schien. Gemeint sind damit die letzten 500 Jahre v. Chr., wobei man sich im wesentlichen auf die Inschrift eines Helmes stützt, der mit vielen anderen bei Negau in der südlichen Steiermark aus irgendwelchen Gründen im 5. oder 4. Jahrhundert in den Boden geriet. Das Alphabet, in dem sie in das Metall eingeritzt ist, wird als nordetruskisch eingeschätzt, und der Lautstand zeigt uns, daß das germanische Idiom noch in der Ausbildung begriffen war. Die Frage, ob der Träger des Helms, dessen Form etruskisch und dessen Herkunft südalpin ist, ein Krieger war, der als Reisläufer aus dem Norden stammte, läßt sich mit den uns heute verfügbaren Mitteln nicht entscheiden. Er zeigt jedoch, daß jener sprachgeschichtlich so bedeutsame Prozeß am Beginn der zweiten Hälfte des letzten Jahrtausends v. Chr. angelaufen war. Seine untere zeitliche Begrenzung scheint er durch Sprachdenkmäler der augusteischen Zeit zu finden, in deren meisten das Germanische voll entwickelt ist. Jedenfalls darf man für diese Zeit in Übereinstimmung mit den historischen Quellen mit Germanen rechnen, welche die entscheidenden lautlichen und akzentualen Änderungen hinter sich gebracht hatten.

Viel schwieriger steht es mit der räumlichen Umgrenzung des Sprachwandels. Da zeitgenössische Texte nur vereinzelt und nur unter besonderen Bedingungen auf uns gekommen sind – Eigenüberlieferung in Runenschrift setzte erst im späten 2. Jahrhundert n. Chr. ein –, stehen für diesen Zweck ausschließlich Fluß- und Ortsnamen sowie einige antik überlieferte Personen- und Völkernamen zur Verfügung. Diese Namen sind freilich entweder durch den Filter der antiken Quellen oder durch Fortentwicklung mehr oder minder stark verändert worden, so daß ihre ursprüngliche Gestalt von der Sprachwissenschaft erst erschlossen werden muß. Besondere Aussagekraft billigt man dabei solchen ortsfesten Namen zu, die ihren alten unverschobenen Lautbestand auch dann noch bewahrten, als in ihrem Verbrei-

tungsgebiet längst Germanisch gesprochen wurde, die also während der Ausbildung des Germanischen selbst zunächst noch außerhalb seines Geltungsbereiches geblieben waren. Auf diese Weise hat man eine ganze Reihe später sicher germanischer Gebiete als ursprünglich nicht germanisch auszuscheiden vermocht: Hinterpommern und Westpreußen, Großpolen und Schlesien, den böhmischen Kessel und die ganze süddeutsche Hochebene einschließlich Wetterau und Thüringer Becken, dann noch Niederhessen und das rechtsrheinische Gebirgsland sowie weite Teile des westfälischen und niedersächsischen Tieflandes bis zur Weser- und Allerlinie. Dagegen hat der Küstenstreifen bis hin zum Niederrhein und zur Scheldemündung sehr frühe, lautlich verschobene Namenszeugnisse ergeben, was genauso auch für das südliche und mittlere Schweden gilt, wo freilich wie auch in Norwegen mit unverschobenen Namensrelikten einer vorgermanischen Sprachschicht zu rechnen ist. In diesen Periphergebieten stellen sich denn auch immer wieder Zweifel an der Zugehörigkeit zu jenem Bereich ein, dessen Bewohner durch gemeinsame Neuerungen unter Distanzierung von den Nachbarn sich sprachlich neu gruppierten, in dem man also die Ausbildung des germanischen Idioms durch Lösung von den älteren zentraleuropäischen Dialekten erblicken will. Aus dieser Begrenzung, die im einzelnen strittig bleiben wird, hat man die Überlegung abgeleitet, daß der Sprachwechsel in den genannten Periphergebieten mit einer Germanisierung durch Kolonisation, Eroberung, Überschichtung oder bloße Sprachübernahme zu erklären sei. Diese Folgerung ist freilich zunächst nicht mehr als eine Möglichkeit, weil sie aus dem sprachgeschichtlichen Befund allein in keiner Weise zu belegen ist. Deshalb hat sich die Forschung um eine Kombination der sprachgeschichtlichen und der historisch-ethnographischen Quellen bemüht, und zwar schon in einer Zeit, als weder die Tragfähigkeit der sprachgeschichtlichen Rückschlüsse noch auch die Zuverlässigkeit der antiken Berichte so weit methodisch geprüft waren, daß historisch einwandfreies Material aus ihnen hätte gewonnen werden können.
Die Theorien, die man damals aufstellte, belasten noch heute jeden Neuansatz der Forschung. Insbesondere war der Charakter der antiken Quellen, die ja ausschließlich griechischen und römischen Ethnographen und Geschichtsschreibern verdankt werden, noch kein Problem. Erst allmählich lernte man, daß die Aussagen, die sie zulassen, von unterschiedlichem Wert für die Rekonstruktion der germanischen Geschichte sind. Traditionsgebundenes ethnographisches Denken und politisches Kalkül scheinen in alter Zeit tatsächlich die reine Beobachtung häufig genug überwuchert zu haben, und noch immer arbeiten zahlreiche Gelehrte mit philologisch und historisch geschulter Quellenkritik an den alten Texten, um möglichst präzise Auskünfte

zu erhalten. Natürlich fragt es sich, wie weit das bei einer Materie überhaupt möglich ist, die man in antiker Zeit sicherlich nicht mit den gleichen Zielen erforschen wollte wie heute, die man teilweise nur vom Hörensagen kannte und die man bei Autopsie überhaupt nur in gewissen Einzelheiten oder in allgemeinen Umrissen kennenlernen konnte. Obendrein waren die ethnischen Verhältnisse in andauerndem Wandel begriffen, wie sich im folgenden erweisen wird.

Aber schon eine grobe Durchsicht der einschlägigen älteren Literatur, etwa Plutarchs Marius für die Kimbern und Teutonen, Caesars Kommentare über den Gallischen Krieg für Ariovist, sowie Poseidonios' und Strabons ethnographische Beschreibung der Länder ostwärts des Rheins zeigt doch schon sehr klar, daß seit dem 2. Jahrhundert v. Chr. die germanischen Völker in Bewegung geraten waren und einen Raum auszufüllen begannen, der ursprünglich, soweit Süddeutschland in Betracht kommt, sicher von nichtgermanischen Bevölkerungsgruppen bewohnt wurde, namentlich von verschiedenen keltischen Verbänden: Bojern im Moldautal, Volkern im Mittelgebirgsbereich, Vindelikern im Alpenvorland, Helvetiern im Neckarraum. Aber sobald man die Quellen nach der ethnischen Zugehörigkeit der westlichen und östlichen Nachbarn befragt, stößt man auf Überlieferungsprobleme, die sich aus einer so engen Verflechtung von geographischer und ethnographischer Begriffsbildung ergeben, daß ihre Trennung in den meisten Fällen nicht mehr möglich ist. Hielten die Alten beispielsweise im osteuropäischen Flachland alles für skythisch und später dann für sarmatisch, was in Skythien oder Sarmatien je wohnhaft war, so verfuhren sie für den keltischen Bereich nicht anders: Noch Poseidonios teilte anscheinend die am unteren Rheinstrom siedelnden germanisch benannten Verbände dem Kreis der Kelten zu, und erst als Caesar, der in Ariovist den ersten gefährlichen Gegner germanischer Herkunft traf, den Namen der Germanen auf alle Bevölkerungsgruppen, die rechts des Rheins siedelten, übertragen hatte, sonderte sich allmählich aus der Keltikä als neuer geographischer Begriff, dem auch ein besonderer ethnographischer und politischer Inhalt zukam, »Germania« ab. Bei einem solchem Verfahren läßt sich nicht mehr mit Sicherheit entscheiden, ob und in welchem Umfang die Wandlung, die der antike Germanenbegriff seit seiner ersten Verwendung durch Poseidonios durchzumachen hatte, tatsächlich auf verbesserter Einsicht in die wirklichen Verwandtschaftsverhältnisse der einzelnen Bevölkerungsgruppen beiderseits des Rheins beruht. An die Stelle des quellenkundlich bezeugten Tatbestandes tritt leicht die gelehrte Konstruktion.

Das gilt insbesondere für die verwickelten Verhältnisse zwischen Niederrhein, Maas und Schelde. Hier wohnten mehrere durch Tributpflicht miteinander verbundene, also in gewisser Abhängigkeit lebende Völkerschaften, die einerseits zu den Belgen zählten, deren politisches Zentrum zwischen Seine und Somme gelegen war, andererseits sich aber auf ihre germanische Abkunft beriefen und tatsächlich auch aus dem Gebiet rechts des Rheines stammen sollten, ja sogar wie die Eburonen als Gesamtbezeichnung den Germanennamen trugen. Dadurch nahmen sie in Gallien eine Sonderstellung ein, deren Auswirkungen und wirkliche Ursachen man freilich aus den antiken Quellen allein kaum noch zu beurteilen vermag. Auch kann man nicht mehr ausmachen, wie weit diese Gruppe auch rechts des Rheines noch verbreitet war, wohin immerhin Abkunft und Namen weisen sollen und wo es Verbände gab, die genauso wie die Eburonen als Germanen galten: so neben den Ubiern und Sigambrern die Usipiter und Tenkterer, deren Versuche, unter dem Druck der von Osten her andrängenden Sueben über den Strom zu setzen und das Eburonenland zu überfallen, gerade in Caesars Tage fallen. Eine ganz andere Frage ist es freilich, ob das alles Germanen waren, wie sie der heutige Sprachwissenschaftler definieren möchte. Das aus der römischen Zeit für die rheinischen Gruppen überlieferte Namengut ermutigt nicht zu diesem Schluß, zumal sich hier die Bevölkerung in ihrer Zusammensetzung nach der Strafexpedition Caesars gegen die Eburonen (53 v. Chr.) und durch die Ansiedlung mehrerer rechtsrheinischer Verbände in augusteischer Zeit grundlegend geändert zu haben scheint. Aber mit Recht wird darauf hingewiesen, daß Eburonen wie Tenkterer und Ubier in einem Gebiet wohnhaft waren, in dem die meisten ortsfesten und deshalb überlieferungsfähigen Namen ebenso wie die Stammesbezeichnungen und die Personennamen der Frühzeit vorgermanischen Lautstand bewahrt zu haben scheinen, also von Haus aus nicht »germanisch« waren. Dies darf man dann wohl auch für die Sprache annehmen, die sie gesprochen haben: Es waren aller Wahrscheinlichkeit nach alteuropäische Dialekte, die von der germanischen Lautverschiebung mit wenigen Ausnahmen – vor allem im Schelderaum – nicht erfaßt worden waren. Da diese rheinischen Stämme charakteristischerweise den Sammelnamen Germanen trugen, der sprachlich sicher nicht germanisch ist, der später aber für den Gesamtbereich Germanisch sprechender Bevölkerungsgruppen verwendet wurde, wird er von diesen belgisch-niederrheinischen Verbänden aus zu irgendeinem Zeitpunkt auf die Germanisch Sprechenden ostwärts des Rheins übertragen worden sein.

Weniger kompliziert liegen die Dinge anscheinend im östlichen Grenzbereich, im Weichselland, aber das wird vermutlich mit dem wesentlich ärmeren Bestand an sprachlichem und historischem Quellenmaterial zusammenhängen. Ostwärts der Oder bis hin zur Weichsel waren in alter Zeit Veneter und Lugier verbreitet. Dies sind jedenfalls die ältesten Volksbezeichnungen, die wir von dort kennen und die dann seit Christi Geburt allmählich durch Benennungen nun sicher germanischer Herkunft verdrängt worden sind. Veneter und Lugier umschreiben also wohl Bevölkerungsgruppen (Omanoi, Dunoi, Buri), über deren Sprache wir nichts Sicheres wissen; was an unverschobenen Gewässernamen überliefert ist, zeigt veneto-illyrischen und auch baltischen Charakter. Gegen diese Nachbarn hat sich, worauf neuerdings hingewiesen worden ist, das ethnische Distanzgefühl im germanischen Bereich wie im Süden gegen die Volcae (Welsche) sehr früh bereits zu regen begonnen, wobei der Venetername dann auf alle möglichen östlichen Fremdvölker ausgedehnt worden ist, wie das auch noch in späterer Zeit der Fall gewesen zu sein scheint (Wenden). Freilich ist auch hier das chronologische Verhältnis zum Germanischen noch unklar. Namentlich bleibt die Frage unbeantwortet, seit wann im Weichselraum Germanen im sprachwissenschaftlichen Sinn verbreitet sind, wann z. B. die Buri, die bei Ptolemaios noch zu den Lugiern zählten, sich den Sueben zuzuordnen lernten, wie bei Tacitus zu lesen steht. Wie stets in Zeiten mit mangelhafter Überlieferung, so werden auch hier dem Bestreben, Einzelheiten zu erfahren und auf induktivem Weg zu einem Gesamtbild zu kommen, bald Grenzen gesetzt. Vielleicht ist es sinnvoller, aus größerem Abstand die Konturen des Geschehens zu umreißen.

Archäologische Quellen

Dies gilt in nicht geringerem Ausmaß vorerst auch noch für die archäologischen Quellen. Sie stehen zwar rein quantitativ in großer Menge zur Verfügung, aber sie unterrichten nur einseitig über das damalige Leben. Dazu kommt ein sehr ungleichmäßiger Forschungsstand in den einzelnen Ländern, weil Forschungsziele und -methoden lange Zeit hindurch häufig genug vom völkisch-nationalen Geschichtsdenken des 19. Jahrhunderts belastet waren und teilweise auch heute noch sind. So ist das Bild, das man vornehmlich aus der Verbreitung charakteristischer kultureller Ausdrucksformen und aus siedlungsgeschichtlichem Tatsachenmaterial gewinnen kann, im Detail noch äußerst lückenhaft, wenn man es nicht vorzieht, wieder aus größerer Entfernung seine Grundlinien nachzuzeichnen und es zu kombinieren mit den Aussagen, zu denen die sprachgeschichtlichen und die historisch-ethnographischen Quellen imstande sind.

Was in den Jahrhunderten vor Christi Geburt (La-Tène-Zeit) an archäologischen Erscheinungsformen inhaltlich wie regional den Germanen zuzurechnen ist, wird man zunächst vermutlich am allerbesten dadurch kennzeichnen können, daß man den

Kulturbesitz ihrer historisch besser bekannten Nachbarn schildert, vor allem der Kelten, die nach den antiken Quellen und nach namenskundlichen Zeugnissen nördlich bis zu einer Grenze anzutreffen sind, die von der Marne über die Mosel zum Main und bis zur oberen Elbe und Oder reicht. Überall hier kann man seit dem 3. Jahrhundert v. Chr. jene charakteristischen Kulturzüge feststellen, die in der Welt der Festlandskelten auch sonst als Merkmale ihres Wesens verbreitet sind. Sie erstrecken sich ferner auf Gebiete, für die es keine schriftliche Überlieferung mehr gibt und die man deshalb dennoch als keltisch bezeichnen muß: auf Teile Thüringens und Mittelschlesiens sowie auf Oberschlesien und auf das obere Weichselgebiet. Diese Grenzzone, die geographisch durch den Mittelgebirgszug umrissen wird, ist nicht immer keltisch gewesen. Sie hat sich durch Wanderungen tonangebender Bevölkerungsgruppen und durch Zusammenschlüsse anderer Art in den Kreis der Kelten einzugliedern vermocht. Sie ist auch nicht überall bis zum gleichen Zeitpunkt in diesem Verband verblieben. Mittelschlesien und Thüringen gehörten ihm im letzten Jahrhundert sicher nicht mehr an, und in der Wetterau machten gleichzeitig Bevölkerungsgruppen von sich reden, die aus ganz anderen Teilen des Barbarikums, nämlich aus dem Weichselraum, über Mitteldeutschland dorthin verschlagen worden waren. Aber Oberschlesien wie Böhmen, der Thüringer Wald mit Arnstadt im Norden und den Gleichbergen bei Römhild im Süden, die Rhön, das Lahnknie bei Gießen und der Taunus sind selbst noch zu einer Zeit keltischer Kultur verbunden, als wesentliche Teile ihres Territoriums ihre politische Selbständigkeit verloren hatten und dem römischen Reich einverleibt waren wie Gallien und Teile der Schweiz. Die Impulse, die damals aus Norikum und von Oberitalien ebenso wie vom besetzten Gallien her auf die noch freien Kelten zwischen Donau und Main in erheblichem Ausmaß einzuwirken vermochten, brachten noch im letzten Jahrhundert v. Chr. eine kulturelle Blüte hervor, die selbst die peripheren Bereiche noch zu befruchten imstande war. Es ist dies die sogenannte Oppidakultur, wie Caesar sie uns in seinen Kommentaren über den Gallischen Krieg schildert und wie sie die Archäologie viel vollständiger noch zu erschließen im Begriff ist. Die Oppida waren großräumige und befestigte Anlagen, ebenso zum ständigen Aufenthalt des Volkes eingerichtet wie für die zeitweilige Wohnung der ländlichen Nobilität, gleichzeitig Sitz spezialisierten Handwerks und zentraler Marktort wie Mittelpunkt kultischen Lebens. Die Zeugnisse aus dem wirtschaftlichen Leben nähern diese Siedlungsform mediterranen Gemeinwesen städtischen Charakters an, etwa das Münzgeld, von dem einige Sorten vorwiegend innerhalb der Stammesgrenzen kursiert zu haben scheinen; auf technischem

Gebiet die Eisenindustrie und die Glasherstellung, beides Gewerbe, die auf einen hohen Stand gebracht sind; im keramischen Handwerk herrschte maschinelle Fertigung vor, wobei die Verteilung der Produkte nicht allein auf die produzierende Örtlichkeit selbst beschränkt, sondern auch über große Entfernungen berechnet war. Eine wichtige Rolle spielte schließlich eine technisch hochentwickelte und auf Großbetrieb eingestellte Gewinnung von Salz (Schwäbisch Hall, Bad Nauheim u. a.), das ebenfalls weithin vertrieben worden zu sein scheint.

Ähnliche Züge verfolgt man nördlich der Lahn bis hin zum Rand des rechtsrheinischen Schiefergebirges, und man begegnet ihnen westlich des Rheins bei den Treverern im Hunsrück-Eifel-Raum, dann bei den belgischen Stämmen bis in den Hennegau, wo die Nervier verbreitet waren, und bis zur mittleren Maas bei Namur, wo die Atuatucer siedelten, die Caesar zu den linksrheinischen Germanen rechnete, weil man behauptete, daß sie von den Kimbern und Teutonen abstammten. Kulturell war dies ganze Gebiet seit dem 5. vorchristlichen Jahrhundert Randprovinz der Kelten mit gleichartigen oder doch ähnlichen Lebensformen.

Dagegen zeigt das nördlich anschließende eburonische Gebiet von der Kölner Bucht über Brabant bis zur Schelde ein gänzlich anderes Gesicht. Zwar waren hier noch immer Kulturzüge aus der Marneregion, einem der keltischen Kerngebiete der Frühzeit, wirksam, aber was im archäologischen Quellenstoff durchschnittlich zutage tritt, hat im Land selbst eine jahrhundertealte Tradition. Die spärlich überlieferten materiellen Güter wie die Keramik, vor allem aber die Totenbehandlung, der Grabbau und die Beigabensitte, die als geistige Zeugnisse vergangenen Lebens hier in besonderem Maß in Betracht zu ziehen sind, lassen ein Beharrungsvermögen erkennen, das viel stärker ausgebildet zu sein scheint als der Impuls durch Zustrom von außen. Es ist wichtig, darauf hinzuweisen, daß dies genauso auch auf das Tiefland beiderseits des deutschen Niederrheins zutrifft, wo ähnlich geformter Hausrat und verwandte Beigabensitten auf der gleichen kulturellen Grundlage entstanden sind. Es handelt sich dabei archäologisch offenbar um das Siedlungsgebiet jener linksrheinischen Germanengruppen, mit denen sich Caesar auseinanderzusetzen hatte und von denen oben bereits die Rede war.

Verwandte, wenn auch in Einzelheiten abweichende Erscheinungen bietet das ostwärts und nördlich anschließende Gebiet, also die Ostprovinzen der Niederlande nördlich des Rheins, das Emsland, Oldenburg, Westfalen und das westliche Niedersachsen. Hier betreten wir einen Bereich, über den von den antiken Schriftstellern einigermaßen ausreichend erst seit den Römerkriegen berichtet wird, wo dann überall schon Völkerschaften begegnen, die sich wie die Friesen und die Ampsivarier, die Tubanten und die Brukterer mehr oder minder eindeutig kulturell als Germanen zu erkennen geben. Um so mehr bedauert man, über ihre vorrömische Vergangenheit so gut wie gar nicht unterrichtet zu sein. Es fehlen noch alle Anschlüsse der römerzeitlichen Erscheinungsformen an die Quellen der älteren Zeit. Auch siedlungsgeschichtlich läßt sich noch keine Brücke schlagen, sieht man vom Marschengebiet am Küstensaum ab, über das noch zu sprechen ist. Tatsächlich ist es noch nicht gelungen, aus dem überlieferten Kulturbesitz klar umschriebene und quantitativ ausreichende Materialien der zwei oder drei letzten Jahrhunderte v. Chr. auszuscheiden, also gerade derjenigen Periode der vorrömischen Eisenzeit, in der sich das Germanische als sprachliches Phänomen herausgebildet hat. Die älteren Zeitalter bis über die letzte Jahrtausendwende hinaus sind hier archäologisch viel besser dokumentiert als die, die der römischen Zeit unmittelbar vorausgegangen sind. Es ist deshalb verständlich, wenn die Forschung dazu neigte, den Germanisierungsprozeß dieser Gebiete in sehr alte Zeit zurückzuverlegen. Meist sind dabei freilich nur wieder Friedhöfe die Quelle unseres Wissens, deren Grabformen und Beigabensitten und deren materieller Inhalt allerdings auszureichen scheinen, bei aller Verschiedenheit, ja Gegensätzlichkeit der Typen im räumlichen Nebeneinander und im zeitlichen Nacheinander einen größeren Kulturkreis zwischen Ijsselmeer und Weser abzugrenzen.

Die einzelnen Etappen, die er durchlief und die schärfer herauszuarbeiten die Archäologie gegenwärtig sich bemüht, waren durch Zeitstil und Einwirkung der Nachbarn mitgeprägt, wobei das Rheinland ebenso wie der Kulturbereich nördlich der Elbe zweifellos eine wichtige Rolle gespielt haben. Aber wie in Belgien, so gestaltete auch hier ein erstaunliches Beharrungsvermögen das Quellenbild einförmig und entfaltungsarm. Gibt es doch Friedhöfe, die sich auf diese oder jene Art an bedeutendere Grabmonumente des hohen 2. Jahrtausends anzulehnen und von dort dann gleichsam in der Belegung bis in die Mitte des 1. fortzuwandern scheinen. Das spielte sich in Drenthe genauso ab wie in Westfalen und im inneren Niedersachsen westlich der Weser. Überall führte das Totenritual, dessen Reichtum in merkwürdigem Gegensatz zu der Armut der materiellen Ausstattung steht, zäh die von alters her überkommenen Muster weiter, auch wenn neue Formen allmählich an Geltung gewannen.

Konservativ blieb dies Gebiet selbst im späten 6. Jahrhundert, am Beginn der vorrömischen Eisenzeit, als es neue Gestaltungsprinzipien in der Beigabensitte und im gegenständlichen Bereich (Typus Dötlingen, Zeijen und Nienburg) enger an die mitteleuropäische Kulturentwicklung (Wende Hallstatt/La Tène) gebunden und damit jenen anderen damals neu entstehenden Kulturkreisen angenähert hatten, die zwischen Weser und Weichsel verbreitet waren. Aber während es, worüber später noch mehr zu sagen ist, an Elbe und Weichsel in expansiver Kraftentfaltung zu Zusammenschlüssen mit anderen autochthonen Gruppen kam, zu einer Auflösung traditioneller, teilweise jahrhundertealter Grenzen und zu einer Neuverteilung der Kulturprovinzen, versank Nordwestdeutschland für längere Zeit in einen Zustand, dessen Quellenarmut auch bedeutendere Geschehnisse gänzlich zu verdecken vermag. Bis zu einem gewissen Grad mag das mit besiedlungs- und wirtschaftsgeschichtlichen Vorgängen zusammenhängen, wie sie sich in archäologisch gut erforschten Teilgebieten, wie Drenthe, abzuzeichnen beginnen: Vermehrung der Bevölkerung durch Geburtenüberschuß oder Zuzug von außen führte hier bei seßhafter, auf Pflugbau basierender Lebensweise zur Vergrößerung der ständigen Äcker (celtic fields) durch Rodung der Wälder, dies aber durch mangelnden Windschutz zur Versandung der bewirtschafteten Flächen und schließlich zwangsläufig zur Aufgabe der Siedlungen selbst. Wenn auch die Siedlungsplätze nicht vollständig verlassen wurden, so wich die Bevölkerung damals doch in erheblichem Umfang in die der Küste vorgelagerte Marschzone aus, die bis dahin gar nicht oder nur wenig besiedelt war. Sie verblieb dort, selbst in der Zeit, in der die einsetzende Meerestransgression zu einer völlig neuen Bau- und Wirtschaftsweise, nämlich zur Anlage von Wurten (Terpen) zwang. Als diese Bevölkerung ins Licht der Geschichte trat, tat sie das unter dem Namen der Friesen, deren Anfänge sich also besiedlungsgeschichtlich bis in die Zeit um 500 zurückverfolgen lassen. Indessen, welche Funktionen sozialer und wirtschaftlicher Art hinter diesem Vorgang stehen und welche Rolle er bei der friesischen Stammesbildung gespielt haben mag, soll in anderem Zusammenhang erörtert werden. Es zeigt sich immerhin, daß in dieser Periode mit Binnenwanderungen gerechnet werden darf, die das Kulturgefüge empfindlich stören mußten. Natürlich fragt es sich, wie weit solche »Binnenkolonisation« auch in den Nachbargruppen und auch ostwärts der Weser erwartet werden kann oder ob man dort nicht auf andere Weise mit den auftauchenden Schwierigkeiten fertig zu werden verstanden hatte, etwa durch Abgabe größerer Bevölkerungsteile durch Wanderungen in die Ferne, wodurch sich die expansive Kraft, von der wir sprachen, erklären könnte.

Eine von diesen kontinentalen Verhältnissen abweichende Situation bietet das archäologische Material an der nördlichen Peripherie der Ökumene in Norwegen und in Mittelschweden. Die Schwierigkeiten, die sich einer ausgewogenen Beurteilung entgegenstellen, liegen jedoch nicht wie in Nordwestdeutschland darin, daß dieser Kulturbereich grundsätzlich andere Wege ging als die südlicheren, dem Kontinent geographisch viel näher liegenden Teile Skandinaviens. Sie sind vielmehr in einem fühlbaren Mangel an kontinuierlichen Fundserien begründet, die ja die Voraussetzung für besiedlungsgeschichtliche Erwägungen bilden. Während nämlich Südnorwegen mit Teilen Bohusläns am Beginn der vorrömischen Eisenzeit ein für skandinavische Verhältnisse noch einigermaßen dichtes Fundnetz aufzuweisen hat, ist es in der gleichen Periode in Mittelschweden (Östergotland und Uppland) sowie auf Gotland schon erheblich lockerer geknüpft, um sich anderwärts vollständig aufzulösen. Stets aber sind die Quellen räumlich in Einzelgruppen aufgespalten, deren innerer Zusammenhang nur mühsam oder gar nicht herzustellen ist. Das liegt vermutlich nicht allein an der Natur des Landes, sondern ebenso an seiner Entfernung vom Kontinent, der damals in der Typenbildung auch für Skandinavien ausschlaggebend war, aber mit wachsender räumlicher Distanz nur mehr in Auswahl und mit beträchtlichen Verzögerungen wirksam werden konnte. Erst während des letzten Jahrhunderts v. Chr. beginnt der Quellenstoff von neuem sich kräftig zu entfalten und auf vorher leere Gebiete auszudehnen, streckenweise nun aber mit Besiedlungs- und Formenkontinuität bis weit über den Übergang zur römischen Kaiserzeit hinaus, über deren Bedeutung für die Binnenkolonisation des schwedisch-norwegischen Subkontinents hier nicht gesprochen werden kann. Wieder aber liegt die eigentliche Bildungszeit des Germanischen im Dunkel der überlieferungsarmen Zeiten zwischen ältester und jüngerer vorrömischer Eisenzeit. Germanische Kultur trat erst in Erscheinung, als dieser Vorgang, dessen Faktoren uns verborgen sind, bereits abgeschlossen war.

Im Weichselgebiet lassen die Quellen viel schärfere chronologische Differenzierungen und kulturgeschichtliche Zäsuren zu. Das Material ist sehr reich. Neben Siedlungen gibt es viele umfangreiche und lange Zeit hindurch benutzte Gräberfelder. Sie zeigen, daß im späten 6. Jahrhundert ein tiefgreifender Kulturwandel im Gang war, den man den Veränderungen westlich der Oder und auch zwischen Weser und Rhein an die Seite stellen kann. Nur beruhte er im östlichen Mitteleuropa auf anderen Voraussetzungen, hatte andere Ursachen und nahm einen anderen Verlauf. Vorgänger war hier die Lausitzer Kultur östlicher Prägung. Obwohl sie in verschiedene räumliche Gruppen aufgespalten war, gab sie sich im Siedlungswesen, im Totenritual und in der Sachkultur, soweit diese archäologisch faßbar sind, so einheitlich und traditionsstark, daß auch periphere Bereiche bis hin zum Bug und bis zu den baltischen Gruppen in Hinterpommern, im Weichselmündungsgebiet und in Ostpreußen von ihr mehr oder weniger stark beeinflußt worden waren. Während des 6. und 5. Jahrhunderts hatten dann aber östliche Nomadenvölker, die unter dem Sammelnamen der Skythen in die antike Literatur eingegangen sind, nicht allein die Karpatenländer verheert, die für den Weichselraum schon für die Versorgung mit Kupfer als Rohstoff für Waffen, Gerät und Schmuck ausschlaggebend waren, sie hatten außerdem durch Streifzüge und Kriege das Jahrhunderte alte System der nördlich anschließenden Gruppen gründlich durcheinandergebracht. Auf diesem Boden erwuchs mit klarer Orientierung zu den Ostalpenländern und nach Süddeutschland hin eine neue Kulturgemeinschaft etwa in gleicher Begrenzung wie die Lausitzer Welt, die ihr vorangegangen war. Ihr Werdegang wurde, wie stets in solchen Fällen, vom Zustand der regionalen Gruppen mitbestimmt, so daß der Kulturwandel nicht überall zur gleichen Zeit einsetzte. Diesmal gingen anscheinend die peripheren Gruppen im östlichen Hinterpommern und im Weichselmündungsgebiet allen anderen voran, der Oder-Warthe-Raum schloß sich ihnen an, Schlesien, Polesien am Pripjat und das westliche Podolien folgten im Lauf der Zeit. Deshalb hat man neben einem besonders häufig wiederkehrenden und charakteristischen Gefäßtyp, der Urne mit Gesichtsdarstellung, die Landschaft Pommerellen für die Benennung der Kulturerscheinung ausgewählt. Vielleicht aus einer gewissen Einseitigkeit heraus, denn was die einzelnen Regionalgruppen in dem weiten Gebiet ihrer Gesamtverbreitung zusammenhielt, waren gewiß nicht allein und ausschließlich Eigentümlichkeiten Pommerellens, sondern neben gemeinsam von außen übernommenen Dingen und zeitbedingten stilistischen Tendenzen im äußeren Erscheinungsbild der Sachkultur überall noch Spätwirkungen der älteren Lausitzer Formenwelt. Aus diesem Grund wird man bei der Verbreitung der Gesichtsurnenkultur nicht überall von Wanderungen aus Westpreußen sprechen dürfen, zumal ihr Verhältnis zu den älteren Gruppen etwa an Hand der Belegungsstetigkeit auf Gräberfeldern nur vereinzelt überprüft worden ist.

Das gilt genauso für das Ende der Gesichtsurnenkultur, deren späte Formen sich irgendwann im Verlauf der älteren Latèneperiode, wohl während des 3. Jahrhunderts zu verlieren scheinen. Damals brach aber die Belegung der Friedhöfe nicht ab. Man hatte sie offenbar weiterbenutzt, bis an der Wende zum 1. Jahrhundert v. Chr. eine Bevölkerung sie aufzusuchen begann, die weniger in der Grabform als vielmehr in der Beigabensitte (Mitgabe von Waffen, Gürtelteilen u. a. m.) und in einer Gestaltung der dem Toten mehr oder weniger reichlich mitgegebenen Gegenstände fundamental Neues brachte. Der Bruch zum Alten war so groß, daß Kulturwandel allein diese einschneidenden Veränderungen selbst dann nicht erklären kann, wenn man berücksichtigt, daß zwischen dem Versiegen der älteren Quellen und dem Neubeginn eine gewisse Zeitspanne liegt, die nur schwer oder gar nicht archäologisch dokumentierbar ist. In diesem Fall rechnet die Forschung überzeugend mit Zuwanderungen, vermutet aber in der gelegentlich feststellbaren Weiterbenutzung der älteren Gräberfelder den archäologischen Ausdruck einer Kontinuität der Eingeborenen in gewissem Umfang. Künftige Untersuchungen werden gerade dieses mögliche Nebeneinander autochthoner Siedler und Zugewanderter schärfer fassen müssen.

Sieht man von einem Formenwandel in augusteischer Zeit ab, der sich in fast allen Gebieten zwischen Weichsel und Elbe im Quellenbild niederschlug, leitet die Sachkultur dann ohne Unterbrechung in die Zeit nach Christi Geburt hinüber. Für sie stehen uns bereits so viele ethnographische Berichte zur Verfügung (Strabo, Plinius, Tacitus u. a.), daß wir der Zugehörigkeit zum germanischen Kulturkreis auch von den antiken Quellen her sicher sein dürfen. Sie nennen die Rugier und Burgunder, die Goten und Wandalen, und da man sie in eben jenen Gebieten lokalisieren muß, in denen die Neuerungen verbreitet sind, an der unteren Weichsel und in Hinterpommern, in Schlesien und im Wartheland, an der Weichsel und am Narew, hat die Forschung diese Veränderungen mit der Zuwanderung germanischer Völkerschaften in Zusammenhang gebracht. Die Frage ihrer Herkunft, die mit der Aufdeckung skandinavischer Beziehungen des Fundstoffes und ihrer Kombination mit den Verhältnissen, die im Namengut und in den Wandersagen zum Ausdruck kommen, gelöst zu sein schien, hat man zugunsten einer intensiveren Quellenanalyse einstweilen zurückgestellt. Aber es fällt auf, daß in diesen »ostgermanischen« Kulturkreis nun auch westlicher gelegene Gebiete einbezogen worden sind, Gebiete, in denen es keine Gesichtsurnenkultur gegeben hatte, so beiderseits der Lausitzer Neiße und in Niederschlesien, vor allem aber in Hinterpommern bis zur Oder, wo der Wechsel der Erscheinungen in kontinuierlich belegten Gräberfeldern besonders deutlich wird. Ostgermanisches taucht auch in Mitteldeutschland und am Main und Taunus auf. Hinter dieser auf sehr weite Entfernungen hin gestreuten Verbreitung standen offenbar bewegliche Verbände kleineren Umfanges, die sich erst als Gast bei Fremden eingenistet hatten und dann sich gelegentlich zur Führungsschicht emporzuschwingen wußten, wie es damals vielleicht alle reisigen Germanengruppen taten, sofern es die Verhältnisse nur irgend gestatteten. Ein typisches Beispiel scheint der in seiner Zusammensetzung bunt gewürfelte Heerhaufen unter der Führung des Ariovist zu sein, den die in Stammesfehden bedrängten gallischen Sequaner nach mediterranem Vorbild in Söldnerdienste nahmen, der dann aber Gefal-

len an ihren wohlbestellten Äckern fand und erst ein Drittel ihres Landes mit Beschlag belegte und dann noch das zweite Drittel gefordert haben soll.
Es fällt auf, daß Ostgermanisches andererseits auch wieder nicht den Gesamtbereich der älteren Gesichtsurnenkultur ausfüllte und nach Südosten zum Bug und Dnjestr anscheinend sich erst sehr spät ausgedehnt zu haben scheint. Es hatte hier Kontakte zur sog. Sarubinzy-Kultur aufgenommen, die bei ähnlichen Grabformen, aber andersartiger Beigabensitte (Waffenlosigkeit) und abweichendem Formengut in ihrem westlichen Verbreitungsgebiet am Mittelbug und Pripjat nicht ohne Beteiligung der Gesichtsurnenkultur und verwandter Erscheinungen in gleicher Zeit entstanden war wie Ostgermanisches, sich darüber hinaus aber noch an Dnjepr und Desna findet, anscheinend ohne solchen Anteil. Sarubinzymaterial füllt wenigstens noch die frührömische Periode, aber es hat noch keinen sicheren Anschluß an das 3. und 4. Jahrhundert. Erst aus dieser Zeit sind brauchbare Hinweise auf ethnische Verhältnisse überliefert, so daß die Frage vorerst noch unbeantwortet ist, welche Bevölkerung hinter Sarubinzy stand. Daß sie zu den Vorfahren der Slawen zählen muß, dürfte keinem Zweifel unterliegen.
Es ist wohl richtig, anzunehmen, daß weite Teile des östlichen Mitteleuropa bis hin zum Weichselbogen an der Wende vom 2. zum 1. Jahrhundert v. Chr. im »Ostgermanischen« den Ausdruck einer Zusammengehörigkeit gefunden hatten, die durch Einzelverbände germanischer Abkunft nach der Auflösung der Gesichtsurnenkultur von neuem und in anderer Weise gefördert worden war, und daß sich darin der Vorgang allmählicher Germanisierung widerspiegelt. In der gleichen Zeit ließ sich ganz im Süden an der Moldau und in Bessarabien in dakischer Umgebung eine Gruppe nieder, die nach ihrem archäologischen Erscheinungsbild aus dem Gebiet westlich der Oder stammen dürfte. Obwohl nichts zwingt, sie mit den Bastarnern zu verbinden, weil diese bereits viel früher in diese Gegend kamen, wird man dennoch an diesen Verband zu denken haben. Wir kennen seine Zusammensetzung nicht, aber nach der freilich umstrittenen Wortbedeutung wird man wohl mit verschiedenen Bestandteilen rechnen können. Bastarner machten hier überdies bis weit in römische Zeit hinein immer wieder von sich reden. Aber dies archäologische Indiz lenkt den Blick auf die Verhältnisse in jener Gegend, in der einer der Herde der Bewegung der damaligen Zeit zu suchen ist.
Der Elbe-Oder-Raum mit Jütland ist tatsächlich das einzige Gebiet, in dem die Etappen im Werdegang des germanischen Kulturkreises ohne Quellenlücke archäologisch faßbar scheinen; der gleiche Raum, in dem die Germanistik die sprachlichen Besonderheiten, welche die Germanen von den Indoeuropäern schei-

det, sich am frühesten entwickeln sieht. Die archäologische Überlieferung ist reich und mannigfaltig ausgeprägt: Wohnbau und Siedlungsart sind genauso zugänglich wie die Tracht, die bei der Abgrenzung von Kulturprovinzen eine bedeutende Rolle spielen kann, und das religiöse Leben, soweit es im Opfer- und Bestattungsbrauch zum Ausdruck kam. Die räumlichen Gruppierungen aber blieben, einmal ausgebildet, bis in die römische Kaiserzeit so konstant, daß es möglich ist, die Namen von Völkerschaften mit ihnen zu verbinden: die Chauken an der Weser bis zur Elbe, die Langobarden beiderseits der Niederelbe, die Semnonen in Brandenburg und die Hermunduren im Mittelelbbereich. Dazu kamen dann noch die Markomannen in Nordböhmen und die Cherusker zwischen Weserknie und Aller. Niemand kann derzeit sagen, wann und unter welchen inneren Bedingungen diese politischen Gebilde in der Form zustande gekommen waren, in der sie uns bei den antiken Schriftstellern umrißhaft entgegentreten, und auf welche Weise die größeren Gruppen entstanden waren, die zwar schwer definierbar sind, von denen aber die Sueben, die an Rhein und Donau Angst und Schrecken brachten wie einst die Kimbern und Teutonen, die bedeutendsten gewesen sind.

Aber die geschichtlichen Voraussetzungen aller solcher Bildungen beginnen sich doch heute schon einigermaßen klar im archäologischen Quellenbild abzuzeichnen. Die ihnen zugrunde liegende Schicht reicht auch zwischen Weser und Oder bis weit ins 2. Jahrtausend v. Chr. hinauf. Sie läßt sich wieder in mehrere regionale Gruppen gliedern, die bei mancherlei Gemeinsamkeiten, wie sie bei Nachbarschaft und allgemeiner Abhängigkeit von den Rohstofflieferanten für Salz und Kupfer leicht begreiflich sind, ihr Eigenleben in Besonderheiten der Sachkultur zum Ausdruck brachten: Südskandinavien mit Schleswig-Holstein, Westmecklenburg, die Stader Geest und die Lüneburger Heide (nordischer Kreis); das östliche Mecklenburg, die nordöstliche Mark und Teile Hinterpommerns; das Odermündungsgebiet mit Ostbrandenburg (Göritz); das südlich anschließende Brandenburg und Sachsen bis zur Mulde (Billendorf); das Harzvorland bis zur Saalemündung (Hausurnenkultur); der Bereich zwischen Harz und Thüringer Wald. Dies über lange Zeit stabile System prähistorischer Kulturen wurde dann nach dem 6. Jahrhundert zunächst von den Veränderungen stark beeinflußt, die das Werden des Festlandkeltentums mit sich brachte, dann allmählich umgewandelt und schließlich abgebaut und durch die nach einem Fundort im Lüneburgischen benannte Jastorfkultur ersetzt, die ihrerseits ohne merkliche Unterbrechung in die römerzeitliche Epoche mündete. Keine der an diesem komplizierten Prozeß beteiligten Gruppen wird freilich von Haus aus als germanisch bezeichnet werden dürfen, obgleich in jeder einzelnen autochthone Vorfahrenschaft zu stecken scheint: Die Entstehung der Jastorfkultur fällt nicht überall in die gleiche Zeit, und ihre weitere Entfaltung kann genauso wenig als synchron verstanden werden. Ihr Geltungsbereich hat sich offenbar allmählich ausgeweitet, zuerst zur Oder und zur Rega hin, ferner über die Mecklenburger Seenplatte nach Brandenburg, weiter ins Harzvorland, dann zur Mulde, Elster und Oberelbe, am spätesten zweifellos ins Thüringer Becken. Es ist mit anderen Worten ein Zusammenschluß von Bevölkerungsgruppen verschiedener Herkunft und mit verschiedener Geschichte gewesen, ein Zusammenschluß, der in augusteischer Zeit auch im politischen Bereich zum Tragen kam.

Es ist wohl kein Zufall, daß diese elbgermanischen Völkerschaften unter die Führung eines Mannes gerieten, der nach seiner Rückkehr aus Rom am Anfang seiner Laufbahn – einem Condottiere ähnlich – durch die Lande zog, bis er sich in der Fremde bei den Bojern auf dem Boden der spätkeltischen Oppidakultur zwischen Beraun, Moldau und Elbe ein eigenes Reich schuf, nachdem hier mitteldeutsche Bevölkerung in größerem Umfang zugewandert war. Es war der Markomanne Marbod, »ein Mann von vornehmer Herkunft, mehr seinem Volkstum als seinem Verstande nach ein Barbar«, wie Velleius ihn schilderte, wohl der erste und auf lange Zeit der einzige, der die engen Grenzen seiner Völkerschaft zu sprengen wußte und dessen politischer Wirksamkeit, deren Weiträumigkeit im Gegensatz zur Begrenztheit der Herrschaft des Arminius stand, eine gewisse Dauer beschieden war. Hatte er doch so viel Einfluß auf die suebischen Verbände, daß man nach der Niederlage des Varus (9 n. Chr.) nicht Arminius, sondern ihm den Kopf des geschlagenen Feldherrn anvertraute, ein Symbol, das nach dem Brauch der Zeit nicht nur Ansehen, sondern auch Macht zu steigern imstande war; daß er die Trophäe dem Kaiser weitergab, spricht für seinen sicheren politischen Instinkt.

Archäologisch spiegelt sich ein solcher Ausgriff über die Grenzen der Jastorfkultur hinaus in einer räumlichen Erweiterung jastorfartigen Fundguts nach Nord- und Südwestböhmen sowie zum bayerischen Main während der Regierungszeit des Augustus, wahrscheinlich um Christi Geburt. Gleichzeitig stellte es sich westlich der Weser im Gebiet der Lippe ein, dann an Fulda und Eder, an der oberen Lahn und in der Wetterau, schließlich in Starkenburg und in der Pfalz. Daß dies vorerst noch locker gestreute Material keinesfalls die ersten Germanenscharen in diesem Raum repräsentiert, geht bereits aus Caesars Erwähnung suebischer Verbände hervor, die schon zu seiner Zeit gegen den Rhein hin drängten, so daß die dortigen Bewohner über den Strom zu den Galliern und Belgen flüchten mußten. Aber es sind die ersten, die offenbar dauerhaftere Siedlungen gründeten in Gebieten, die bis zum Abschluß römischer Feldzugstätigkeit rechts des Rheins (16 n. Chr.) als Operationsraum der Legionen benutzt und in denen Marschlager wie dauerhafte Anlagen militärischen Charakters errichtet worden waren. Daß sich Germanen an solchen Durchzugsstraßen in der Okkupationszeit niederlassen durften, ist schwerlich denkbar. Deshalb kann man wohl mit einer Dauersiedlung erst nach dem Zusammenbruch der Eroberungsversuche rechnen. Obgleich die chronologischen Differenzierungsmöglichkeiten des jastorfartigen Fundstoffes westlich der Weser vorerst noch gering sind, wird dieser Schluß bis zu besserer Einsicht durch reichlicheren Quellenniederschlag gelten dürfen. Daß die Feldzüge der Römer zwischen Main und Lippe eine Bevölkerung trafen, die kulturell wie sprachlich nichts mit Germanischem zu tun hatte, ergibt anscheinend nicht nur der sprachliche, sondern sicher auch der archäologische Befund. Daraus darf man vielleicht folgern, daß sich die Germanen politisch und dann auch kulturell wie sprachlich in diesem Raum auf die Dauer erst durchzusetzen vermochten, als einerseits die ansässige Bevölkerung durch die Feldzüge geschwächt oder gar ausgerottet war und andererseits die Niederlage des Varus das Ansehen der Germanen gefestigt hatte und ihnen nun auch die Möglichkeit zur Herrschaft gab.

Kulturverhältnisse

Es ist eine alte Frage, welche Kräfte hinter diesem Geschehen standen, welche Faktoren es in Gang gesetzt und wie sie ihm die Richtung gaben, die es im letzten Jahrhundert v. Chr. genommen hat. Das Ergebnis hat wahrhaft historisches Format: Ein Barbarenvolk, offenbar damals im Begriff, sich politisch zu formieren, wurde zum Schicksal eines Staates, der schon in der Zeit der späten Republik die Dimensionen regionaler Machtentfaltung verlassen hatte und in weltgeschichtliche Verhältnisse hineingewachsen war. Die Germanen lebten damals noch, im Gegensatz zum Keltentum, das sich mediterraner Lebensart seit langem angenähert hatte, in prähistorischer Daseinsform: ohne Schriftbesitz, jede Nachricht dem Gedächtnis anvertrauend, geschichtliche Erinnerung in Erzählungen und Liedern überliefernd; ohne Kenntnis städtischer Organisationsformen und deshalb ohne Möglichkeit, die Gestaltung des öffentlichen Lebens einer Körperschaft zu übertragen, die vom Personalverband, Familie, Sippe oder Stamm, unabhängig war. Geschlechterverband und Völkerschaft garantierten Tradition, Sitte, Frieden, Recht; solange diese Gruppen in angesehenen Führern aus alten Familien sich darzustellen wußten, hatte solch lockere Ordnung Bestand. Daß darin bei einer Umwelt, die nach ganz anderen Maßstäben eingerichtet war, der Keim des Zerfalls enthalten sein mußte, zeigt der rasche Wechsel im Stammesgefüge und in der erstaunlich geringen Stabilität der umfassenderen Verbände, worüber in anderem Zusammenhang noch mehr zu sagen sein wird (s. Fischer Weltgeschichte, Bd. 8). Hegemonialen Bestrebungen war deshalb nur unter besonderen Umständen zeitweiliger Erfolg beschieden, und zwar anscheinend stets nur dort, wo in der Fremde Überschichtungen unter der Führung starker Persönlichkeiten reichsähnliche Bildungen geschaffen hatten. Daß dabei Schulung in römischen Diensten eine Rolle spielte, lehrt wohl das Beispiel, das Marbod und in gewissem Ausmaß auch Arminius gaben und das so ganz andere Züge zeigte, als das Verhalten der altväterischen Kimbern und der Sueben unter Ariovist.

Tatsächlich gab es im politischen Bereich Unterschiede zwischen denen, die zu Hause geblieben waren, und den anderen, die das Wagnis der Wanderung auf sich genommen und sich in der Fremde angesiedelt hatten, teils in kleinen, weit gestreuten Gruppen, wie der freilich noch lückenhafte Befund am Main und zwischen Rhein und Weser anzudeuten scheint, oder flächenhafter wie in Thüringen und in Nordböhmen. Wo im Gebirgsland Oppidakultur verbreitet war, wurden die Einheimischen sicher nicht vertrieben: Sie besorgten als Metallurgen, als Schmiede und als Handwerker anderer Art die hochentwickelten technischen Fertigkeiten weiter, soweit sie den neuen Herren brauchbar schienen. Hatten sich Händler angesiedelt, sind auch sie geblieben, wie aus Marbods Reich ausdrücklich bestätigt wird. Auch die Masse der Fluß-, Orts- und Personennamen konnte sich erhalten. Anderes wurde abgestoßen, das Oppidum als ständiger Wohnort, die Töpferscheibe, die für Massenfabrikate berechnet war, das Münzgeld. Darin zeigt sich schon, daß das Kulturgefüge in der Kontaktzone sich viel komplizierter gestaltete, und es ist leicht einzusehen, daß der tonangebenden Schicht ganz andere Mittel zur Repräsentation zuwuchsen, als dies in den engen Verhältnissen der Heimat möglich war. Aber auch davon und von den Folgen für die Kulturverhältnisse in ganz Germanien soll erst später die Rede sein.

Das durchschnittliche Leben spielte sich in mehr oder minder dauerhaften Niederlassungen ab und war durchweg bäuerlich geblieben, wobei in der meeresnahen Marschenzone im Verhältnis zur Geest die Tierhaltung die Bewirtschaftung des Bodens überwogen haben mag. Jagdbeute als Nahrungsquelle hat nirgends mehr eine Rolle spielen können. Die Niederlassungen waren Einzelgehöfte oder gewöhnlich Weiler mit durchschnittlich zwei bis vier und selten mehr als zehn Familien. Nur im letzten Jahrhundert v. Chr. kam es zu Anlagen größeren Umfanges. Aber mehr als zwanzig Höfe, die nach dem Brauch der Zeit als dreischiffige Hallenhäuser mit Wohn- und Stallteil unter gemeinsamem Dache eingerichtet waren, hat es damals nicht gegeben, wobei nicht jeder Hof gleich viele Tiere hatte. Manche hatten Platz für achtzehn und mehr Stück, andere nur für drei. Die eine oder andere Hütte besaß gar keinen Stallraum, so daß die Bewohner wohl ihren Anteil an der Kleintierherde des Dorfes geltend machen konnten und sich sonst auf andere Art beschäftigten, mit Fischfang, mit Kleingewerbe (Drechslerei, Kammherstellung u. a. m.) oder vielleicht auch mit Dienstleistungen in der Nachbarschaft. Die Äcker, die sich stellenweise in quadratischen Rainen (celtic fields) erhalten haben, waren ebenfalls in Form und Größe verschieden. Von 134 Parzellen eines eindrucksvollen Beispiels waren über 30 % zwischen 1000 und 2000 qm groß, je rund 20 % hatten bis 1000, zwischen 2000 und 3000 bzw. bis 5000 qm, nur 3 % darüber. Anscheinend fünfzehn Hektar pro Hof, diesen an einem solchen günstigen Befund berechneten hohen Durchschnittswert zu verallgemeinern, ist freilich kaum statthaft. So wird es Abhängigkeiten und Unterschiede im Ansehen in den Siedlungen gegeben haben, die um so schärfer hervortreten mußten, je länger die Niederlassungen bestanden. Wir haben noch keine klaren Vorstellungen über ihre Dauerhaftigkeit, weil noch zu wenige in ihrer Gesamtheit ausgegraben worden sind. Dies nachzuholen, scheint um so dringlicher, als der Faktor der Siedlungsdauer zusammen mit der äußeren Form und der inneren Gliederung als Ausdruck der wirtschaftlichen und der sozialen Struktur der Bewohner gewertet werden darf, die es ja letztlich aus den Trümmern der Vergangenheit archäologisch wiederherzustellen gilt. Vielleicht kann man sagen, daß eine Niederlassung, die länger als fünf Generationen an Ort und Stelle verblieb, als außergewöhnlich angesehen werden muß. Aber selbst in solchen Fällen haben die Großhäuser ihren Platz gewechselt, wenn man sie nach Baufälligkeit und Brand neu errichten mußte. Dagegen wird die Gesamtsiedlung als Rechtsbezirk gegolten haben, wenn man das dem Zaun, der sie gelegentlich umgeben hat, entnehmen darf. Es hat daneben noch eine Reihe anderer Siedlungstypen gegeben, teils von geringerer Dauer, teils wesentlich stabiler. Zu den kurzfristigen zählen Niederlassungen zu ganz bestimmten handwerklichen Zwecken, unter denen die Eisenverhüttung offenbar eine wichtige Rolle spielte. Zu den stabileren gehören Anlagen, die durch planierten Schutt zerfallener oder zerstörter Baulichkeiten zu Wohnhügeln von mehreren Metern Mächtigkeit angewachsen sind. In diesem speziellen Fall wird Wohnplatzkontinuität über Jahrhunderte beobachtet, wobei der natürliche Zuwachs an Bevölkerung jeweils zu räumlicher Erweiterung drängte. Dasselbe Bauprinzip, das unter dem Zwang des Meeresspiegelanstiegs in der zweiten Jahrtausendhälfte stand, zeigen die Wurten in der Marschenzone zwischen Ijsselmeer und Ems. Natürlich fragt es sich, warum die Bevölke-

rung bei solcher Lage nicht immer in der Art der Binnenkolonisation in unbewirtschaftete Areale ausgewichen ist, die es damals noch in ausreichender Menge gegeben hat. Tatsächlich scheinen im letzten Jahrhundert v. Chr. auch solche Siedlungsbewegungen im kleinen Raum stattgefunden zu haben, aber dann handelte es sich wohl stets um die Räumung dürftigster Sandstrecken zugunsten reicherer Areale.
Eine Parallele bietet sich in der Dauerhaftigkeit der Ackerfluren an, die sogar sekundäre Teilungen aufzuweisen scheinen, was möglicherweise erbrechtlich erklärt werden kann. Gibt es doch ferner in Küstennähe Wirtschaftsflächen, deren Humusauflage noch heute Mächtigkeiten zeigt, die schwerlich anders als durch künstlichen Bodenauftrag entstanden sein können. Stetige Bewirtschaftung von Grund und Boden und seine Besiedlung über lange Zeit hinweg stehen hier im Gegensatz zum üblichen Siedlungstyp, wie man ihn auch sonst im prähistorischen Bereich finden kann. Die Forschung steht solchen Befunden noch abwartend gegenüber und vermeidet deshalb eine einheitliche Theorie; sie ist sich der Bedeutung der Folgerungen bewußt, die man aus ihnen ziehen kann. Bei gleichbleibender Größe des Ackerlandes und Kontinuität des Siedlungsplatzes einerseits und normalem Bevölkerungszuwachs andererseits mußten sich andere Sozialverhältnisse ergeben als bei räumlichem Wechsel der Wirtschafts- und der Siedlungsflächen und bei Binnenkolonisation. Bis zu welcher Kopfzahl vermochten die beschriebenen Verbände anzuwachsen, ohne zu diesen üblichen Lösungen zu kommen oder gar zweite und dritte Söhne, die keine Betätigung und keine ausreichende Ernährung auf den heimatlichen Höfen finden konnten, in die Fremde abzugeben? In diesem Spannungsverhältnis zwischen Kopfzahl, Sozialorganisation und wirtschaftlichen Bedingungen steckt vermutlich eine der Ursachen für die Wanderungsbewegung der letzten Jahrhunderte v. Chr. Zugegeben, daß der Reiz der Fremde dabei eine Rolle spielte und daß das militärische Geschehen an Rhein und Donau Möglichkeiten der Bewährung und auch der Herrschaft in Überschichtungsräumen bot; aber darüber sollten die Verhältnisse im Hinterland nicht vergessen werden, über die begründet zu urteilen heute freilich noch sehr schwierig ist.
Die Gräberfelder, die auf die angeschnittenen Fragen von einem anderen Aspekt her eine Antwort geben könnten, sind leider nur vereinzelt vollständig und modern ausgegraben und wissenschaftlich ausgewertet. Wo dies der Fall ist, sind sie meist lange Zeit hindurch belegt gewesen, ohne daß daraus etwas für die Konstanz der einzelnen Siedlung gefolgert werden könnte. Die Aussagen, die das Material statt dessen zuläßt, sind anderer Art; sie beziehen sich auf die Zusammensetzung der Bevölkerung nach Altersgruppen, auf die soziale Gliederung, so-

weit sie in der Kombination der Beigaben zum Ausdruck kommt, und auf gewisse religiöse Phänomene. Aus einem anthropologisch vollständig untersuchten Beispiel lernen wir, daß bei einer Kindersterblichkeit von 30–65 % – ein bis zwei Drittel aller Kinder starben vor dem 18. Lebensjahr – das Durchschnittsalter kaum mehr als 40 Jahre betrug. Die einzelnen Generationen überschnitten sich nur wenig; die Kopfzahl der Bevölkerung, die man sich gern überschlägig aus Gräberzahl, Belegungsdauer und angenommener Sterbeziffer (3 % pro Jahr) errechnet, wobei sich natürlich nicht diejenigen erfassen lassen, die auf ungewöhnliche Weise umgekommen und nicht bestattet worden sind, kann im Normalfall nur klein gewesen sein, wie ein Beispiel unter vielen zeigt: 400 Gräber, davon ein gutes Drittel Kinder, ergeben in zehn Lebensaltern bestenfalls eine Einwohnerschaft von zwanzig Köpfen, die als Erwachsene handelnd am sozialen und politischen Leben beteiligt waren. Leider ist noch kein Fall bekannt, in dem Siedlung und Gräberfeld als Ganzes auf solche Beziehungen hin untersucht worden wären. Aber selbst wenn man größere Gemeinden dazunimmt – der größte bisher ausgegrabene Friedhof enthielt 3000 Gräber –, wird der Sozialaufbau weniger in der einzelnen Niederlassung selbst darstellbar als vielmehr in den Verbänden, zu denen sie sich vereinigten. Tatsächlich fand die Familie als kleinste Einheit auf den Friedhöfen in der Verteilung der Toten nur vereinzelt Ausdruck, während die Geschlechter, dann auch Altersklassen und Kriegergruppen topographisch und durch Beigabenkombinationen sich viel deutlicher abzuzeichnen scheinen. So hat man Männer und Frauen in gewissen Gebieten auf räumlich getrennten Friedhöfen beigesetzt, woraus hervorgeht, daß dem familiären Zusammenhang für die Zeit nach dem Tod nicht immer die Bedeutung zukam, die man ihm sonst zumißt. Überörtliche Verbände stellten natürlich auch die Waffenträger dar, deren Rangstaffelung sich in mannigfaltigen Beigabenkombinationen getreulich widerspiegelt. Es ist bezeichnend, daß solche Kriegerklassen sich erst während des letzten Jahrhunderts v. Chr. im Totenritual durchsetzten, und zwar in den östlichen Gebieten früher als anderswo. In dieser Klassifizierung, die von Stamm zu Stamm immer wieder andere Ausdrucksmittel fand, traten einige wenige Krieger mit besonders vollständiger Ausrüstung hervor. Ihre Sonderstellung scheint schon dadurch betont zu sein, daß sie sich mehrfach von den anderen absonderten und unter sich in Nachbarschaft bestattet wurden. Mit Recht hat man in ihnen eine Schicht von Lokalhäuptlingen erblicken wollen, die zusammen mit anderen, ebenfalls reich, aber ohne Waffen Ausgestatteten in den Siedlungen eine führende Rolle zu spielen vermochten. Daß diese Schicht überregionale Macht besaß, darauf deutet in dem hier behandelten Zeitabschnitt kein einziger Befund hin. Aber sie war auf dem besten Weg, über die Lokalgemeinde hinaus Geltung zu gewinnen. Was in den peripheren Überschichtungszonen an herrschaftlichen Organisationsformen heranwachsen konnte, griff bald auf ganz Germanien über.

β) Geten und Daker
Der Aufstieg der Daker im 2. und 1. Jahrhundert v. Chr.
Daker und Römer in der Zeit des Augustus

Die literarischen Quellen der Antike erwähnen die Geten als »die mutigsten und gerechtesten Thraker« (Herodot), die um die Mitte des 1. Jahrtausends v. Chr. am Unterlauf der Donau und in der Ebene der Walachei wohnten und mit den Persern zur Zeit der berühmten Expedition Dareios' I. gegen die Skythen im Norden des Schwarzen Meeres in Konflikt gerieten. Später überquerte im 4. Jahrhundert Alexander, der König Makedoniens, die Donau (im Jahr 335 v. Chr.), indem er dabei Boote aus ausgehöhlten Baumstämmen, wie sie die Eingeborenen besaßen, benutzte, um einen befestigten Platz der Geten in der Ebene der Walachei zu erobern, ohne daß er jedoch dadurch seine Herrschaft im Gebiet jenseits des Stroms hätte errichten können. Die Dobrudscha gehörte indessen zur makedonischen Machtsphäre schon in der Regierungszeit Philipps II., des Siegers über den Skythenkönig Ateas, der in dieses von den getischen Autochthonen verteidigte Gebiet einfallen wollte.
In der Zeit der Diadochen brachte der Dynast Dromichaïtes zweimal Lysimachos, dem thrakischen König, eine vernichtende Niederlage bei, was dennoch schließlich gutnachbarschaftliche Beziehungen nicht verhinderte. In dieser Zeit erfolgte der jähe Einfall der Kelten im Gebiet zwischen den Karpaten und der Donau. Verschiedene Inschriften aus dem 3. Jahrhundert, die bei Ausgrabungen von alten griechischen Kolonien am Schwarzen Meer gefunden wurden, nehmen auf bestimmte Getenführer Bezug, unter anderem auf Zamoldegikos und Rhexamos, die mit der Stadt Histria in Verbindung standen, die sich ihren Schutz zur Wahrung der Rechte der Stadt zunutze machte.
Während die uns überlieferten Nachrichten sich zunächst ganz auf den Südosten Rumäniens beschränken, gibt die Geschichte der Geto-Daker vom Ende des 3. Jahrhunderts v. Chr. Auskunft über das gesamte Gebiet. Um diese Zeit wird der König der Daker, Oroles, erwähnt, der gegen die Bastarner kämpfte. Gleichzeitig hören wir von der Herrschaft der Daker in Transsylvanien unter Rubobostes *(incrementa Dacorum per Rubobostem regem)*. Dies deutet bereits auf die Anfänge einer Expansion hin, die ihren Höhepunkt in der Zeit des Burebista um die Mitte des 1. Jahrhunderts v. Chr. erreichen sollte.
Die Geten und Daker in Transsylvanien *(Daci inhaerent monti-*

bus), von der nördlichen Moldau und weiter nach Osten und Westen und vielleicht bis in das Gebiet des Olt, lebten, obwohl sie, besonders seit dem 5. Jahrhundert v. Chr., eine eigene Entwicklung durchliefen, im 2. Jahrhundert v. Chr. hinsichtlich ihres wirtschaftlichen und kulturellen Lebens mitten in der La Tène-Zeit. Diese Kultur zeigte zu dieser Zeit im gesamten Gebiet Rumäniens ein einheitliches Bild. Sie war das Ergebnis einer Entwicklung, die ihre Wurzeln in der Bronzezeit, der Hallstatt-Zeit und in ihrer Assimilierung durch jene Thraker im Norden der Balkanhalbinsel hatte. In ihr strömten Elemente der ›Kimmerer‹, der Skythen, der Kelten zusammen. Vor allem waren in ihr griechische und hellenistische Elemente vertreten, die über den Weg der Kolonien an der Schwarzmeerküste oder der im Süden wohnenden Thraker eingedrungen waren. Zu diesen Einflüssen, die zum Aufblühen der lokalen Kultur beitrugen, kam von Beginn des 2. Jahrhunderts an der Einfluß der Römer hinzu, deren Politik schließlich nach der Eroberung Dakiens zur Romanisierung der Daker führte.

Unseren Überlieferungen aus dem Altertum zufolge sprachen die Geten und die Daker die gleiche Sprache, die nach allgemeiner Meinung der Philologen ein thrakischer Dialekt war, obwohl er eine spezifische Eigenart aufwies. Davon zeugen die wenigen Glossarien ebenso wie die Ortsnamen und Personennamen und die Namen der Völkerschaften oder geto-dakischen Stämme. Von diesem indo-europäischen Idiom sind einige Worte im Rumänischen erhalten geblieben, von denen wir nur einige Beispiele nennen wollen: *brad* (Tanne), *brîu* (Gürtel), *buză* (Lippe), *mal* (Ufer), *moş* (Greis), *prunc* (Neugeborenes), *strungă* (Schafstall), *vatră* (Herd). Darüber hinaus konnte durch linguistische Untersuchungen die Bedeutung einiger Worte nachgewiesen werden, von denen wir folgende anführen: in der Ortsnamenkunde bedeutet *dava* »Dorf, Niederlassung, Markt«, **guet* »sprechen« in *Getae*, **daca* »Krummschwert«, von dem nach Meinung einiger Gelehrter der Name der Daker stammt, während andere ihn in Zusammenhang mit *Daoi* sehen, dem Namen eines phrygischen Volkes, der soviel wie »Wolf« *(daos)* bedeutet, *bostes* »glänzend« in *tarabostes* (die Adligen), *per* »Kind« (vgl. den Stempel einer Vase aus Terrakotta aus Grădiştea Muncelului, der lautet: *Decabalus per Scorilo*). Was die Namen der geto-dakischen Götter anlangt, so bedeutet Zamolxes »Gott der Erde«, während Gebeleises »Gott des Lichtes, des Himmels« bedeutete. Einige Namen von Flußläufen (Mureş, Olt, usw.) gehen ebenfalls auf die *Satem*-Sprachgruppe zurück.

Obwohl die Geten und die Daker keine bildlichen Darstellungen ihrer äußeren Erscheinung und ihrer Kleidung hinterlassen haben, sind wir dennoch in der Lage, eine Beschreibung zu

geben, und zwar aufgrund einiger verstreuter literarischer Quellen und besonders der Darstellungen auf der Trajanssäule und des Denkmals von Adamclissi aus römischer Zeit. Männer von starkem Wuchs mit langen Haaren und Bärten trugen weite oder eng anliegende Hosen, ein Hemd über den Hosen und einen Umhang, der am Hals mit einer Spange befestigt war. Die einfachen Daker aus dem Volk *(comati)* gingen ohne Kopfbedeckung, während die Adligen *(tarabostes, pileati)* eine spitze Mütze zum Zeichen ihrer gesellschaftlichen Stellung trugen. Sie trugen Filzschuhe oder Ledersandalen. Die Frauen, die einen hohen Wuchs hatten, trugen ein langes Hemd und eine gefältelte Schürze und auf dem Kopf ein buntes Kopftuch. Diese Tracht erinnert in mehr als einer Hinsicht an diejenige der Bewohner vieler Gebirgsgegenden Rumäniens. Diese Kleidung, die sich von der der Thraker im Süden unterschied, ähnelte eher der Kleidung der Skythen und der Völker nördlich des Schwarzen Meeres, die eng mit den Geto-Dakern verbunden waren.
Die antiken Autoren seit Herodot erwähnen, daß die Geten und die Daker den gleichen Glauben hatten, und sie weisen mit Nachdruck auf die wichtige Funktion der Priester in der geto-dakischen Gesellschaft und auf den Glauben an die Unsterblichkeit der Seele hin, die die Geten auf das gleiche Niveau mit den zivilisierten Griechen gestellt habe. Obwohl Zamolxes, der frühere Gott der Erde, mit dem Gott des Himmels gleichgesetzt wurde, läßt sich die Meinung, die früher oft vorgebracht wurde, die Geto-Daker seien Monotheisten gewesen, nicht aufrechterhalten. Neben Zamolxes, der in der historischen Zeit der Hauptgott wurde, ist die Göttin Bendis genannt, die alle Thraker anbeteten, sodann der Kriegsgott und andere Götter. Die Donau wurde von den Geten und Dakern als ein heiliger Strom angesehen, und die Krieger tranken von ihrem Wasser, bevor sie in den Kampf zogen. Ein anderer Ritus, der auf dem Glauben an die Reinigung der Seele beruhte, bestand darin, daß man einen Boten zum Gott des Himmels sandte. Wenn dieser Bote auf die aufgerichteten Lanzenspitzen seiner Gefährten fiel und auf der Stelle tot war, galt sein Auftrag als erfüllt. Die Götter wurden auf den Bergesspitzen oder in Heiligtümern verehrt, von denen einige bei Ausgrabungen gefunden wurden.
Diese Einheit zwischen Geten und Dakern, die in ihrer Sprache und ihrem Glauben zum Ausdruck kommt, hatte ihren Ursprung in der Entwicklung der nach dem patriarchalischen System organisierten Stämme der Bronzezeit, als gegen Ende des 3. Jahrtausends das Gebiet zwischen Karpaten und Donau von der indo-europäischen Welle überrollt wurde, an der die Völker mit Ockergräbern und Bandkeramik aus dem Nordosten und aus Anatolien (Cernavodakultur) ebenso wie die dort bereits ansässigen Stämme des ausgehenden Neolithikums teil-

hatten. Obwohl sich in der Bronzezeit verschiedene Kulturen auf dem gesamten Gebiet Rumäniens durchsetzten, ist doch die ethnische und kulturelle Einheit ihrer Träger überall deutlich sichtbar. Es handelt sich um die Proto-Thraker, von denen einige Volksgruppen an der großen Wanderung gegen Ende der Bronzezeit oder der Hallstatt-Zeit teilnahmen, die mit dem Aufbruch der Kimmerer nach dem Südosten oder nach Mitteleuropa in Verbindung stand.

In der Eisenzeit bildeten sich bei den Thrakern die typischen Merkmale ihrer Kultur gegenüber den anderen Völkern in denjenigen Gebieten heraus, die an das Land der Illyrer grenzten, um dann in der Folgezeit unter die Einflüsse zu geraten, von denen weiter oben die Rede war.

Die archäologischen Funde der letzten fünfzehn Jahre, die die Richtigkeit der literarischen Quellen bestätigen, haben ergeben, daß die Geten die ersten gewesen sind, die von den Nordthrakern der Balkanhalbinsel eine eigene Kultur des La Tène-Typs geschaffen haben, und zwar vor dem Eindringen der Kelten schon in der Mitte des 5. Jahrhunderts v. Chr., während die anderen verwandten Stämme ihr Leben auf der Kulturstufe der späten Hallstatt-Zeit fortführten (bis um das Jahr 300 v. Chr.).

Die Geten des istro-pontischen Gebietes, die eng mit den Südthrakern verbunden waren, gerieten unter starken griechischen Einfluß, erhielten dabei aber doch ihre Beziehungen zu den Königlichen Skythen im Norden des Schwarzen Meeres aufrecht. Dadurch waren sie in der Lage, eine eigenständige Kultur zu schaffen, wie sie für die zweite Periode der Eisenzeit typisch war. Die Elemente dieser neuen Kultur wurden bis in das Gebiet der nördlichen Thraker (Daker) hineingetragen, wo dennoch einige charakteristische Merkmale noch in der Zeit der politischen Einheit der Geto-Daker im 1. Jahrhundert v. Chr. deutlich erkennbar waren.

Diese Kultur nahm ihren Anfang zwischen der Mitte des 5. Jahrhunderts und dem Beginn des 4. Jahrhunderts, wie durch verschiedene Ausgrabungen von Cernavoda, Satu Nou, Murighiol in der Dobrudscha und in Zimnicea an der Donau in der Walachei nachgewiesen werden konnte. Obwohl sie bestimmte Formen der Hallstatt-Zeit beibehielt, entwickelte sie doch schon neue keramische Formen. Einige Gefäße wurden von den Einheimischen auf Töpferscheiben gearbeitet oder hatten griechische Vorbilder. Der Umlauf von griechischem Geld, das in den Kolonien am Schwarzen Meer geprägt wurde, nahm unter den getischen Stämmen immer mehr zu. Die Stammesführer prägten selbst Geld, wie die vor kurzem in der Dobrudscha gefundenen Münzen von Moskon zeigen, die die Aufschrift Basileos Moskonos tragen. In diesem Gebiet entwickelten sich im 4. Jahrhundert die Wohnsiedlungen schon zu richtigen *oppida*, in denen sich ein reges wirtschaftliches und kulturelles Leben feststellen läßt. Der Unterschied zwischen dem einfachen Volk und der Aristokratie der Gemeinwesen verschärfte sich. Das zeigt sich vor allem an der thrakogetischen Kunst, die schon einen ausgeprägteren Eigencharakter hat, obwohl sich der skythische und der gemeinsame griechische Einfluß nicht übersehen läßt. Diese »fürstliche« Kunst ist erkennbar an einem Zierwappen in Form eines Schwertes *(akinakes)* von Medgidia aus der zweiten Hälfte des 5. Jahrhunderts v. Chr., an den Gegenständen im Grab von Agighiol, das als Hügelgrab konstruiert ist und das Skelett eines thrako-getischen Stammesführers *(Cotys)* enthielt, wie an dem sogenannten »Schatz« von Craïova, der aus silbernen Harnischplatten bestand.

Bei der Invasion der Kelten in das Land zwischen Karpaten und Donau lebten also die thrako-getischen Stämme des istro-pontischen Gebiets auf einer Kulturstufe, die der zweiten Periode der Eisenzeit angehört. Sie nahmen, wie nachgewiesen wurde, am politischen Leben der griechischen Städte am Schwarzen Meer teil.

Mit dem Beginn des 3. Jahrhunderts v. Chr. setzte sich die La Tène-Kultur im gesamten von Geto-Dakern bewohnten Gebiet durch, wobei neue Einflüsse hinzukamen, von denen diejenigen der Kelten in dieser Zeit die wichtigsten waren, ohne daß man deswegen allerdings von einer Keltisierung Dakiens sprechen könnte. Die Kelten drangen nicht bis in das istropontische Gebiet vor, das von mächtigen getischen Herrschern verteidigt wurde, und die keltischen Gruppen wurden im Innern assimiliert. Zwischen den Kelten, die um das Gebiet der Daker wohnten, und den Dakern selbst kam es zu einem regen Austausch, der sich besonders auf die kulturelle Entwicklung der Daker, aber auch der Kelten dieses Gebietes von Europa auswirkte. Bei einigen Grenzgebieten kann man von einer regelrechten dako-keltischen Symbiose sprechen, wobei die Daker den Kelten eigene oder von den Griechen übernommene Kulturgüter weitervermittelten.

Im Hinblick auf die Kelten, die sich im Innern der von den Dakern bewohnten Gebiete ansiedelten, kann gesagt werden, daß das Auftauchen der Kelten in Transsylvanien fast nur durch Gräber belegt ist, die Kriegern angehörten, wie zum Beispiel das bekannte Grab von Silivaş, das Grab von Mediaş oder die Nekropole von Ciumeşti (Maramureş) zeigen. Hier hat man indessen nichtsdestoweniger eine keltische Wohnsiedlung mit typischen Gegenständen entdeckt, die denen der Daker ähneln. Ein Grab von Ciumeşti lieferte eine besonders reiche Ausbeute. Besonders erwähnenswert ist ein Eisenhelm mit einem Adler, dessen Flügel ausgebreitet und kunstvoll in Bronze gearbeitet sind, ein Panzerhemd und Beinharnisch usw.

Die Kelten haben zu einem großen Teil zur Entstehung der La Tène-Kultur beigetragen. Diese wies dadurch innerhalb der einheitlichen geto-dakischen Kultur besondere Züge auf und förderte die Kultur der Autochthonen. Andererseits nahmen sie an der Kristallisierung und der Verbreitung der La Tène-Kultur im gesamten geto-dakischen Siedlungsraum teil. Von den keltischen Elementen, die die Geto-Daker übernahmen, wollen wir folgende nennen: die Töpferscheibe, die sich im Karpatengebiet in dieser Zeit allgemein durchsetzte, die keltische Fibel, die Keramik, deren Bemalung ihrem Stil nach derjenigen weit überlegen ist, die man ebenfalls in den Südkarpaten in den befestigten Plätzen der Geto-Daker, besonders in Ocniţa (im Oltgebiet), in Popeşti am Ufer des Argeş und in anderen Orten gefunden hat.
Es gibt jedoch keine keltischen Festungen im Gebiet zwischen Karpaten und Donau, die sich mit den keltischen Festungswerken in Mitteleuropa vergleichen ließen, obwohl man in den dakischen Festungen Transsylvaniens gewisse Elemente findet, die man keltischem Einfluß zuschreiben kann. Infolge des Fehlens einer größeren Zahl von bewohnten Plätzen sowie von Festungsanlagen der Kelten im Gebiet der Geto-Daker läßt sich die Behauptung einer wirklichen Herrschaft der Kelten über die Geten und Daker nach ihrer plötzlichen Invasion zu Beginn des 3. Jahrhunderts v. Chr. nicht aufrechterhalten. Vielleicht haben lediglich die Skordisken im Südwesten Rumäniens einen gewissen Einfluß gehabt, wenn man an die keltischen Grabmäler denkt, die älter sind oder aus der Zeit um das Jahr 100 stammen, die man in dieser Provinz im Donautal fand.
Es gab indessen keltische Niederlassungen in unmittelbarer Nachbarschaft der Geten und Daker. Zwischen ihnen und ihren Nachbarn kam es zu einem regen Austausch, und die Kelten übernahmen ihrerseits Kulturgüter von den Dakern, wie zum Beispiel einige Vasentypen, den Krummsäbel *(sica)*, der ein thrakisches oder thrako-illyrisches Produkt ist. Durch die Kelten kamen die Daker mit der La Tène-Kultur in Mitteleuropa in Berührung, die ihrerseits mit Italien in Verbindung stand. Auf diese Weise wurde der direkte Einfluß der Römer vorbereitet.
Solche intensive Beziehungen zwischen den Dakern und den Kelten machen die besondere Bedeutung des lokalen Substrats auf dem gesamten Gebiet der Geten und Daker deutlich, die gerade zu der Zeit einen Höchststand der Entwicklung auf dem Gebiet der Wirtschaft, des Gesellschaftslebens und der Kultur erreichten, die unverkennbare Originalität aufweist, in der griechisch-hellenistische Einflüsse vom Schwarzen Meer und aus dem Süden eine bedeutende Rolle spielten.
Im 2. und besonders im 1. Jahrhundert v. Chr. hat sich eine eigene geto-dakische Kultur gebildet. Sie übernahm allerdings

in der Folgezeit verschiedene kulturelle Errungenschaften der Römer, die ihre Herrschaft über die Balkanhalbinsel in dieser Zeit immer mehr festigten. Hinzu kamen Einflüsse der Bastarner, die sich im 3. Jahrhundert v. Chr. in der Moldau niederließen, und der Sarmaten, deren Bedeutung in Zukunft wird genauer herausgestellt werden müssen. Diese auf dem Ackerbau und der Weidewirtschaft beruhende Kultur der Autochthonen nahm einen *oppidanen* Charakter an.

Tatsächlich nimmt in dieser Periode der La Tène-Kultur die Zahl der mit Gräben, Erdwällen und Palisaden befestigten Plätze zu. Im Innern der Karpaten und in den angrenzenden Gebieten treten immer mehr Befestigungsanlagen auf, deren Grundmauern aus kantigen Steinen bestanden *(murus dacicus)*. Man trifft immer häufiger richtige Wohnsiedlungen an.

Diese Wohnsiedlungen, die von den Autochthonen *davae,* von den Griechen *poleis* (vgl. Ptolemaios, der vierzig nennt) oder *oppida* genannt wurden, waren die politischen Zentren für die verschiedenen Zusammenschlüsse der Stämme auf militärischem, wirtschaftlichem und religiösem Gebiet. Sie konnten die verschiedenen Aufgaben erfüllen, die sich von Fall zu Fall ergaben (bedeutende ländliche Wohnsiedlung, *refugium,* Hauptort eines Kantons, usw.).

Von diesen Wohnsiedlungen wollen wir zunächst Poiana nennen (das frühere *Piroboridava*) in der Moldau am Unterlauf des Sereth. Es bestand sehr lange dank seiner Lage am Verbindungsweg zwischen den Karpaten und der Schwarzmeerküste. Andere blühende Orte in dieser Zeit sind Popeşti am Argeş in der Walachei, das von manchen Forschern als alte Hauptstadt des Burebista *(Argedava)* angesehen wird, Piscul Crăsani, Tinosul, Cetăţeni am Oberlauf der Dîmboviţa, das nach Meinung der Forscher ein bedeutender Ort für den Austausch zwischen den Stämmen beiderseits der Karpaten gewesen sein muß, Sighişoara, Sf. Georghe-Bedehaza, Pecica in Transsylvanien usw. In dieser Zeit, besonders aber im 1. Jahrhundert v. Chr., wurde mit dem Bau der berühmten dakischen Festungen auf den Bergen von Orăştie, Piatra Craivii (unweit der Stadt Alba Julia) begonnen, die bereits die neue Kulturstufe der Daker zeigen.

Durch die archäologischen Funde bei den Ausgrabungen in diesen befestigten Orten und anderen Orten sowie durch zufällige Funde vermögen wir uns ein Bild von den typischen Aspekten der Kultur der Daker und Geten zur Zeit ihrer vollen Entfaltung in den letzten Jahrhunderten v. Chr. zu machen.

In dieser Zeit setzte sich die Eisenverarbeitung allgemein durch, so daß sich Eisenwerkzeuge in der bescheidensten Hütte finden. Gleichzeitig wurden die Waffen aus diesem Metall hergestellt. Eisenerz wurde gefördert, und Werkstätten und Schmelzhütten

Abb. 20: Ocnita (im Norden Olteniens)/Rumänien. Große handgefertigte Vase aus einer porösen Masse, mit einem Reliefband und anderen Reliefs verziert

Abb. 19: Poiana/Rumänien. Geto-dakischer Krug mit gewundenem Henkel, auf der Töpferscheibe hergestellt

entstanden überall in dieser Zeit reger Wirtschaftstätigkeit. Die eiserne Pflugschar kam in Gebrauch, und mit der eisernen Axt begann man mit der Urbarmachung der bewaldeten Hügel und selbst hoher Berge. Unter den Gegenständen aus Eisen sind besonders zu nennen: schwere Beile, Querbeile, Bohrer, Zirkel, Zangen, Hämmer, Messer und Ambosse, die in ihrer Mehrzahl alle an Ort und Stelle von dakischen Handwerkern angefertigt wurden. Sehr wenige Werkzeuge kamen aus dem Ausland. Die Eisenverarbeitung erhöhte die Bedeutung des Handwerks in den dakischen Siedlungen ebenso wie die Differenzierung der Handwerke. Der Handelsaustausch zwischen den verschiedenen Stämmen nahm zu. Die metallverarbeitenden Orte verschickten ihre Produkte an Umschlagsplätze, wo man regelrechte Lager von Gebrauchsgegenständen, die für den Handel bestimmt waren, gefunden hat, wie zum Beispiel in Cetăţeni an der Dîmboviţa.

Die dakische Keramik, die eng mit der der Geten zusammenhängt, die die ersten eigenständigen Formen erfanden, welche in der Folgezeit sich über das gesamte Siedlungsgebiet der Geto-Daker ausbreiteten, weist eine große Vielfalt auf. Es gibt graue

Vasen, die auf der Töpferscheibe hergestellt sind (Abb. 19), ebenso wie handgemachte Vasen, die meist aus einer porösen Masse hergestellt wurden (Abb. 20) und traditionelle, auf die Hallstatt-Zeit zurückgehende Formen aufweisen. Im 1. Jahrhundert v. Chr. findet man die dakische Tasse, die offensichtlich für einen Bestattungskult bestimmt war und bis in das 4. Jahrhundert n. Chr. verwendet wurde. Von den auf der Töpferscheibe hergestellten Gefäßen nennen wir die großen Vorratskrüge *(pithoi, dolia)*, die aus einer grauen oder roten Masse hergestellt wurden, sowie Krüge mit einem oder zwei Henkeln. Im 1. Jahrhundert v. Chr. begegnet man ebenfalls bemalter Keramik keltischen Ursprungs.

Außer der bereits erwähnten Tasse sind die Vasen, die als Verzierung einen Reliefgürtel mit Aushöhlungen haben, und typische Hausratsgegenstände, wie sie von den Dakern verwendet wurden, zu nennen.

Neben den Vasen des lokalen Typs fanden sich in den getodakischen Wohnstätten importierte Vasen griechischer Herkunft, wie Amphoren und Schalen im Stil von Delos oder Megara, die von den dakischen Töpfern in schöpferischer Weise nachgeahmt wurden. Die geto-dakische Töpferei beweist die Eigenständigkeit der Kultur dieses Volkes, das zwar fremde Formen, vor allem griechische Vorbilder assimilierte, sie aber seinen eigenen Bedürfnissen und Traditionen anpaßte. Dies ist zugleich das Wesensmerkmal der La Tène-Kultur bei den Geto-Dakern im Vergleich zu der gleichen Kultur der Kelten dieser Zeit.

Obwohl Dakien ein an Gold sehr reiches Land war, wurde in der La Tène-Zeit dieses Edelmetall nicht bearbeitet, das man vielleicht in den Schatzkammern der Führer der verschiedenen Stammesverbände und der Könige der Berge von Orăştie aufbewahrte. Dagegen war Silber der wichtigste Rohstoff für die Herstellung von Vasen, Schmuck und dakischem Geld.

In der Münzprägung haben die Geto-Daker, wie neuere Forschungen ergeben haben, unabhängig von den Kelten, verschiedene Geldtypen geschaffen, die sich nicht mit den keltischen Münzen in Verbindung bringen lassen. Tatsächlich haben die Geto-Daker durch ihre Verbindungen mit den südlichen Thrakern und den griechischen Kolonien am Schwarzen Meer, deren Geld weithin im Umlauf war, ebenso wie mit dem griechischen und hellenistischen Süden von den Griechen und südlichen Thrakern die Technik der Münzprägung übernommen.

Im 3. Jahrhundert v. Chr. und sogar schon gegen Ende des voraufgegangenen Jahrhunderts, wenn man das bereits erwähnte Geld von Moskon hinzurechnet, kam das Geld bei den Geto-Dakern auf. Das von den Einheimischen geprägte Geld,

das im 2. Jahrhundert unter den Stämmen weit verbreitet war, verschwand im 1. Jahrhundert v. Chr., nachdem es durch den Denar der römischen Republik ersetzt wurde.
Die dakischen Münzen tragen keine Aufschrift. Sie haben die Form eines *skyphos*, wobei die griechischen und makedonischen Buchstaben, die als Vorbild dienten, durch Linien ersetzt wurden. Eine erste Gruppe ist durch Münzen vertreten, die die Tetradrachmen Philipps II. von Makedonien nachahmen, mit einem Bild, das auf der Vorderseite Zeus und auf der Rückseite einen Reiter zeigt. Eine andere, besonders im Süden der Karpaten im Siedlungsgebiet der Geten verbreitete Serie zeigt Imitationen der Tetradrachme des Herakles, des mythischen Ahnherrn der makedonischen Dynastie. Auf der Rückseite ist der auf dem Thron sitzende Zeus abgebildet. Eine dritte Gruppe besteht schließlich aus einem Mischtyp, der auf der Vorderseite den Kopf des Herkules zeigt, auf der Rückseite den Reiter der Münzen Philipps II. Es gibt auch noch andere Münzen, die die Münzen mit dem Bild des Alexander Arrhidaios nachahmen, oder Münzen, die von verschiedenen griechischen Städten in Umlauf gesetzt wurden.
Die vom technischen und stilistischen Gesichtspunkt eher unbeholfene Ausführung dieser Münzen darf nicht über den zu gleicher Zeit fortgeschrittenen Entwicklungsstand der Stämme oder Stammesverbände hinwegtäuschen, innerhalb derer sie im Umlauf waren. Zudem sind sie ein Beweis für die Eigenständigkeit der Geldprägekunst der Daker, die mit anderen Ausdrucksformen auf diesem Gebiet in Zusammenhang gebracht werden kann.
Was die Preziosen anlangt, so zeigen viele Schätze und Horte und ebenso die Funde, die in den Ausgrabungsorten Rumäniens und an anderen von Dakern bewohnten Orten gemacht wurden, spezifische Züge hinsichtlich der Formgestaltung und der Ornamentik. In diesen Schätzen fanden sich Spangen, die sich von denen der Kelten unterscheiden, verschiedene Armbänder, Halsketten und besonders Vasen klassischen Stils, wie Silbergefäße aus dem Schatz von Sîncrăieni in Transsylvanien.
Die Silberschmiedekunst nahm ihren Anfang im Wohngebiet der Geten, wo in der Mitte des 5. Jahrhunderts v. Chr. die thrako-getische Tiermalkunst entstand, wie sie durch die Funde von Cernavoda, Agighiol und Craïova nachgewiesen werden konnte, die weiter oben genannt wurden und zu denen man auch den Goldhelm von Poiona Coţofăneşti hinzurechnen muß. Sie erreichte ihren Höhepunkt bei den Dakern, die über reiche Silbervorkommen in den Gebirgsgegenden verfügten.
Obwohl es noch keine eingehende Untersuchung über die Entwicklung der Silberschmiedekunst unter stilistischen und vor

allem chronologischen Gesichtspunkten für das gesamte Gebiet der Geten und Daker gibt, kann doch die Behauptung aufgestellt werden, daß in der Zeit der dakischen Expansion der Stil der getischen Tiermalkunst weitgehend aufgegeben wurde. Die getischen Künstler kehrten zum traditionellen geometrischen Stil zurück, der in die Hallstatt-Zeit zurückreicht, nicht so sehr hinsichtlich der Form wie der Verzierung des Schmucks und der Silbergefäße. Die Verzierung besteht aus Punkten, Kreisen und verschieden stark stilisierten Pflanzenmotiven. Sehr oft schließen die Armbänder mit Schlangenköpfen ab, entsprechend einer alten indo-europäischen und thrakischen Tradition. Hier wird – wie wir meinen – einer der Aspekte des dakischen Konservatismus sichtbar, der ebenfalls in der Religion zum Ausdruck kommt.

Wie aus den Ausgrabungen dieser Orte hervorgeht, bauten die Daker, die früher in Erdbehausungen gelebt hatten, viereckige Häuser mit oder ohne Wölbung oder runde Häuser mit Wänden aus Astwerk oder Pfählen, die auf einem Steinuntergrund standen. Die Wände waren mit Lehm verputzt und weiß oder sogar bunt gefärbt. Die Häuser hatten Strohdächer oder Dächer aus Schilfrohr, und manchmal verwendete man Schindeln oder sogar Ziegel griechischen Stils oder Ursprungs. Eine verfeinerte Technik zeigt sich bei militärischen Zweckbauten, die im 1. Jahrhundert v. Chr. im Gebiet der Daker auftauchen.

Aufgrund der Berichte der Antike und der archäologischen Funde läßt sich behaupten, daß die Geto-Daker eine ziemlich fortschrittliche Landwirtschaft besaßen. Sie bauten Weizen, Hirse, Hanf und wahrscheinlich auch Leinen an. Außerdem gab es schon Weinbau und Bienenzucht. Groß- und Kleinviehzucht (besonders Schafe) gehörten zu den wichtigsten wirtschaftlichen Tätigkeiten der Vorfahren der Rumänen.

Der Handel, vornehmlich mit den griechischen Städten an der Schwarzmeerküste (Histria, Tomis, Callatis) und der Donaumündung, richtete sich im 1. Jahrhundert v. Chr. immer mehr nach Italien aus. Die einheimischen Händler und die Führer der politischen Gruppierungen der Daker traten in Geschäftsverbindung mit den römischen Händlern, die bei den Dakern eine ganze Reihe von Kulturgütern einführten, die den griechisch-hellenistischen Einfluß verstärkten, der die Basis der geto-dakischen La Tène-Kultur darstellte.

Der hohe Entwicklungsstand der Wirtschaft führte unweigerlich zu Veränderungen in der sozialen und politischen Struktur und Gliederung der Daker. Die soziale Differenzierung zwischen den Adligen *(tarabostes, pileati)* und dem einfachen Volk *(comati)* verschärfte sich, und die Sklaverei tauchte in ihrer patriarchalischen Form auf. Aufgrund der im übrigen ziemlich ungenauen Informationen war die Lage der einheimischen oder ausländischen Sklaven die gleiche wie bei den süd-

lichen Thrakern, über die wir von Herodot, Thukydides, Athenaios usw. wissen. Sie arbeiteten in den großen adligen Familien oder wurden beim Bau von Festungen eingesetzt.
Das Auftreten des Privateigentums an Vieh und zum Teil an Boden wie die Intensivierung des Handelsaustausches bereicherten die Aristokratie, die zahlreiche Herden, eine große Menge von Edelmetallen in Barren, Preziosen oder Vasen und Geld und die besten Grundstücke des Gemeinwesens besaß. Der Sippenverband trat zugunsten einer dörflichen Gebietskörperschaft zurück, die gemeinsam das Ackerland, die Wiesen und die Wälder auf den Bergen ihrer Gemarkung nutzte.
Das Vorhandensein von befestigten Plätzen und von Festungen *(davae)* und die Entdeckung von Waffen weisen auf eine politische Zusammenfassung der Stammesverbände in einer Militärdemokratie hin. Die militärischen Führer wurden von der Versammlung der Krieger gewählt. Die Bewaffnung der Daker bestand aus Angriffswaffen wie dem Bogen, dessen Pfeile nach einer alten Tradition mit dreikantigen Eisenspitzen versehen waren, und verschiedenen Schwertern (Kurzschwert, *sica* oder *daca*, der gefürchteten *falx*, dem geraden Schwert keltischen oder sarmatischen Ursprungs). Später kamen Kriegsmaschinen hinzu. Von den Verteidigungswaffen müssen der Schild, der wahrscheinlich aus Holz bestand, auf dem reichverzierte Eisenplatten aufgeschlagen waren, und der Helm erwähnt werden, der, wie es scheint, nur von den Anführern getragen wurde. Das Signal zum Sammeln für die militärischen Einheiten der Infanterie und Kavallerie war der berühmte Drachen *(draco)*. Nach den alten Quellen soll die Armee der Daker in der Zeit des Burebista eine Stärke von 200 000 Mann erreicht haben.
Bevor wir jedoch zur politischen Geschichte der Daker im 1. Jahrhundert gelangen, müssen wir kurz auf die Geisteskultur dieses Volkes eingehen. Wie von verschiedenen Autoren belegt wird (Dioskorides, Pseudo-Apuleius, Jordanes), besaßen die Gebildeten unter den Dakern, besonders die Priester, Kenntnisse über die Eigenschaften von Heilkräutern und über die Astronomie. Ihre ›Philosophen‹ befaßten sich überdies mit ethischen Problemen. Tatsächlich wuchs die Bedeutung der Religion als Mittel zur Stärkung der Macht der Könige. Die Priesterkaste erhielt gleichzeitig eine straff gegliederte Hierarchie. Unter den Priestern nahm der Hohepriester des Zamolxes eine hervorragende Stellung im Staat ein. Seine Anordnungen wurden ihm nach dem Glauben der Daker von seinem Gott eingegeben, dessen Sitz sich auf dem Berg Kogeon in der Nähe eines Flusses befand. Dennoch behielt die Religion wie bei den anderen Thrakern ihr polytheistisches Wesen bei. Nach Herodot und Strabo soll der Glaube an das Leben im Jenseits, im Reich des Zamolxes, von Zamolxes selbst gepredigt worden sein, den die Grie-

chen als einfachen Sterblichen ansahen, und zwar als einen Schüler des Pythagoras, dessen Sklave er gewesen sein soll. Neben dem Hohenpriester sollen nach Ausweis der Antike (Strabo, Flavius Josephus) bei den Dakern auch Anachoreten gelebt haben, die ein asketisches Leben führten *(ktistai* und *polistai)*, was die Daker von den Thrakern im Süden unterscheidet, die sich dem Dionysoskult weihten.
Für ihre Gottesverehrung bauten die Daker kreisförmige oder rechteckige Heiligtümer, von denen einige aus dieser Zeit durch Ausgrabungen, wie zum Beispiel bei Popeşti am Argeş bei Bukarest, entdeckt wurden.
Der Bestattungsritus war lange Zeit die Einäscherung, die im 5. Jahrhundert v. Chr. allgemein verbreitet war. Die Asche wurde in eine Urne oder gleich ins Grab geschüttet. Der Zeremonie folgte ein Leichenschmaus. Dieser Ritus steht gewiß mit dem Glauben der Daker an die Unsterblichkeit der Seele in Zusammenhang.
Neben den Ausdrucksformen der dakischen Kultur muß außer auf die bereits oben erwähnte Schmiedekunst noch auf andere Manifestationen hingewiesen werden, wie zum Beispiel auf die Ornamentik der Vasen und anderer Gegenstände. Die Menschen- und Tierdarstellungen sind allerdings noch ziemlich ungeschickt oder stark stilisiert.
Allem Anschein nach verwendeten die Daker die Schrift erst im 1. Jahrhundert v. Chr.
In den letzten zwei Jahrhunderten vor unserer Zeitrechnung nahm der Druck der Römer auf die Geto-Daker immer mehr zu, und die Beziehungen zu Rom wurden für ihr politisches Leben bestimmend, ohne daß der Austausch mit den griechischen Städten am Schwarzen Meer oder mit den Nachbarvölkern, den Kelten, Sarmaten oder Bastarnern, zurückgegangen wäre. Die Kontakte mit diesen Völkern sind archäologisch nachweisbar, wie zum Beispiel in Židovar und in Zemplin, wo man eine regelrechte dako-keltische Symbiose feststellte. Besonders in der Slowakei hat man eine enge Verbindung zwischen Dakern und Kelten nachweisen können. In der Moldau wurden Stellen entdeckt, wo man eine Vermischung von Kulturelementen der Daker und Bastarner beobachtete.
Im Kampf gegen die Bastarner festigte sich die Macht der Daker in Transsylvanien. Die Geto-Daker hatten in ihren Feldzügen gegen die Römer, die in das Gebiet zwischen Karpaten und Donau zur Zeit des Mithridates VI. Eupator (König von Pontos von 123 bis 63) einfielen, als Führer den »größten König Thrakiens«, den berühmten Burebista, der diesen Namen auf einer bekannten Inschrift von Dionysopolis trägt. Sie ist Akornion gewidmet, der von diesem König mit verschiedenen diplomatischen Missionen betraut wurde.

Burebista, dessen Herrschaft um das Jahr 70 v. Chr. begann, vereinigte mit Erfolg die geto-dakischen Stämme und baute mit Hilfe des Hohenpriesters Deceneios eine straff organisierte Herrschaft (ἀρχή) auf. Nach den Berichten des Strabo erstreckte sich sein Herrschaftsbereich bis zu den Bergen der Slowakei, nachdem er die Bojer, die Taurisken und Anarten geschlagen hatte (um das Jahr 60), nach Osten bis Olbia, das ebenso wie die griechische Stadt Tyras zerstört wurde (um das Jahr 50 oder 48 v. Chr.). Indem er die griechischen Städte der Westküste des Schwarzen Meeres unterwarf, etablierte er seine Macht bis zum Balkan und bedrohte die römische Provinz Makedonien. Durch die Vermittlung von Akornion von Dionysopolis trat Burebista mit Pompeius in Verbindung (50–48 v. Chr.) und versprach ihm seine Hilfe gegen Caesar. Der Aufstieg einer geto-dakischen Macht im Norden des Balkans stellte für die Römer eine Bedrohung dar, und Caesar plante eine Expedition gegen Burebista in dem Augenblick, als er unter den Dolchen der Verschwörer zusammenbrach. Ebenfalls im Jahr 44 v. Chr. wurde der geto-dakische König in seiner Hauptstadt das Opfer einer Verschwörung, die von unzufriedenen dakischen Aristokraten angezettelt worden war.
Nachdem das »Reich« des Burebista untergegangen war, setzten die Daker ihre antirömische Politik fort, obwohl der Druck der Römer besonders auf den Unterlauf der Donau in der Regierungszeit des ersten römischen Kaisers immer mehr zunahm. Die Quellen berichten von vier, später fünf Königen der Geto-Daker nach dem jähen Ende des Burebista. Unter ihnen wird Cotiso genannt, dessen Königreich von den Historikern in die Gebirgsgegend des Banat und das Oltgebiet verlegt wird. Er wurde als Feind der Römer zu Beginn der Herrschaft des Augustus besiegt, wahrscheinlich von dem Prokonsul der Provinz Makedonien, Marcus Licinius Crassus. Ein anderer König der Geten, der von Sueton erwähnt wird, war der König Coson. Dieser sollte nach den Aussagen des M. Antonius die Tochter des Octavian, Julia, zur Frau bekommen, was zwar noch kein Beweis für eine Heirat, aber dennoch für die guten Beziehungen zwischen dem König und Octavian nach dem Sieg der Triumvirn bei Philippi (42 v. Chr.) ist. Es scheint, daß derselbe Coson vor Philippi der Verbündete des Brutus gewesen ist, der Goldmünzen mit dem Namen von Coson geprägt haben soll, um die Soldaten zu bezahlen, die ihm der getische König geschickt hatte.
Ein anderer geto-dakischer König der Donaugegend, Dycomes, war der Verbündete des M. Antonius in der Schlacht von Actium. Die dakischen Gefangenen wurden vom Sieger gezwungen, im Amphitheater gegen suebische Gefangene zu kämpfen.

Der erste römische Kaiser schuf, indem er seine Eroberungspolitik am Unterlauf und Mittellauf der Donau fortsetzte, um die natürlichen Grenzen des Imperiums *(termini imperii)* zu erreichen, die Voraussetzungen für die Umwandlung dieses gewaltigen Flusses, des heiligen Flusses der Geten, in einen römischen Fluß. Der römische Vormarsch erfolgte von Illyrien und Makedonien aus. Das erste Gebiet der Geto-Daker, das unter römische Herrschaft geriet, war die Dobrudscha, wo die getischen Könige Dapyx und Zyraxes von dem Prokonsul von Makedonien, Marcus Licinius Crassus, kurz nach 29 v. Chr. besiegt wurden. Der getische König der Dobrudscha selbst, Roles, der den römischen Statthalter von Makedonien unterstützte, erhielt den Titel »Freund und Verbündeter des römischen Volkes«. Die Dobrudscha wurde dem Königreich der Odrysen angeschlossen, einem Vasallenstaat der Römer, und das Küstengebiet des Schwarzen Meeres wurde der Aufsicht eines *praefectus orae maritimae* unterstellt. Die Situation der Dobrudscha zur Zeit des Kaisers Augustus fand im Werk des römischen Dichters Ovid ein Echo, der nach Tomis verbannt wurde, wo er »am Ende der Welt« starb. In dieser Zeit traten an die Stelle der zarten Prägung dieser Gegend durch die »griechische Anmut« die herben Konturen der »römischen Energie« (Seneca), obwohl die Römer fortgesetzt Kämpfe gegen die Geto-Daker des linken Donauufers und die einfallenden Bastarner und Sarmaten, die mit Brustharnischen ausgerüstet waren, zu führen hatten. Die Geten waren eine ernste Gefahr für die Römer, und sie verlachten, wie der Dichter schreibt, Rom, »sich auf ihren Bogen, ihren Köcher und ihr Pferd verlassend, das gewaltige Strecken zurücklegen könne« (Pontica I, 2). So spricht Ovid auch von der Besetzung der Stadt Troesmis (Igliţa) durch die Geten des linken Donauufers, die von L. Pomponius Flaccus verteidigt wurde, der später Statthalter von Mösien wurde. Die Dobrudscha stellte, angesichts des Widerstandes der einheimischen Bevölkerung und der Vorstöße der Barbaren, nach Osten hin eine Basis dar, von der aus die römische Herrschaft am Unterlauf der Donau und an der West- und Nordküste des Schwarzen Meeres gesichert werden konnte.
Zwischen den Jahren 11 und 12 n. Chr. begannen die Römer von Pannonien und Mösien aus eine großangelegte Operation. Cn. Cornelius Lentulus, der Statthalter von Pannonien, einer römischen Provinz, die wiederholt von den Dakern angegriffen wurde, griff die Daker des Banats und Olteniens an, aber es gelang ihm lediglich, die Gefahr vorübergehend abzuwenden, da die Macht der Daker keineswegs gebrochen war.
Gleichzeitig überquerte der Distriktskommandeur von Mösien, Sextus Aelius Catus, die Donau in der Walachei und zerstörte unter anderem die geto-dakischen Orte Popeşti und Piscul

Crăsani, die in dieser Zeit zu existieren aufhören, und er deportierte 50 000 Geten in das Gebiet südlich der Donau.
In dieser Zeit wuchs angesichts der römischen Bedrohung die Macht der Daker im Innern des transsylvanischen Banats. Nach dem Tod Burebistas waren die Zitadellen im Gebirge von Orăștie das Zentrum einer starken politischen und militärischen Organisation, die sich unter Führern weiterentwickelte, deren Nachfolger von diesem großen König an verfolgt werden kann. Nach dem Zeugnis des Jordanes soll Deceneios ebenfalls den Titel König angenommen haben. Sein Nachfolger war Comosicus.
Im 1. Jahrhundert unserer Zeitrechnung traten die Daker in ein neues Entwicklungsstadium ihrer Kultur ein. Weit davon entfernt, sich »der Herrschaft des römischen Volkes zu beugen« *(Res Gestae Divi Augusti)*, rüsteten sie sich zum blutigen Kampf um ihre Unabhängigkeit.

γ) Südosteuropa zur Zeit der Skythen

Zum vollen Verständnis der Entwicklungen, die sich zur Römerzeit in den Gebieten um das Schwarze Meer und in Transkaukasien vollzogen, ist es gut, sich einige Veränderungen zu vergegenwärtigen, die während des 1. Jahrtausends v. Chr. im heutigen Südrußland vor sich gingen. Die Epoche begann damit, daß skythische Stämme an den asiatischen Grenzen Osteuropas erschienen. Die Neuankömmlinge waren Indoeuropäer, die einen iranischen Dialekt sprachen. Vermutlich waren sie mit den kimmerischen Nomaden verwandt, die bald von ihnen aus den Gebieten des heutigen Südrußland vertrieben werden sollten. Sie hatten, während sie in Westasien lebten, das Reiten auf dem Pferd erlernt, ebenso die Bearbeitung von Eisen, eine Kunst, die sie wahrscheinlich von den Metallarbeitern in Minussinsk übernommen hatten. Diese beiden Fähigkeiten gaben ihnen einen ungeheuren Vorsprung gegenüber ihren Zeitgenossen. Ihre berittenen Bogenschützen hatten eine Kampftaktik entwickelt, die sogar die Großmächte jener Zeit zwang, ihre Heere zu modernisieren.
Einige Gruppen der Skythen müssen bereits zu Beginn des 1. Jahrtausends nach Europa vorgedrungen sein, denn am westlichen Wolga-Ufer erscheinen anstelle der Katakomben-Grabstätten der Kimmerer des 10. und 9. Jahrhunderts v. Chr. jetzt holzverkleidete Gräber des für die Skythen bezeichnenden Typs. Die Mehrzahl der Skythen überquerte den Derbend-Engpaß aber erst zu einem viel späteren Zeitpunkt, denn sie erreichten das Gebiet des Urmia-Sees erst in den Jahren zwischen 722 und 705 v. Chr. Von hier aus drängten sie unaufhaltsam weiter zu den Grenzen Assyriens, überrannten Phrygien und Lydien und machten sich um das Jahr 640 zu Herren über die Gebiete des

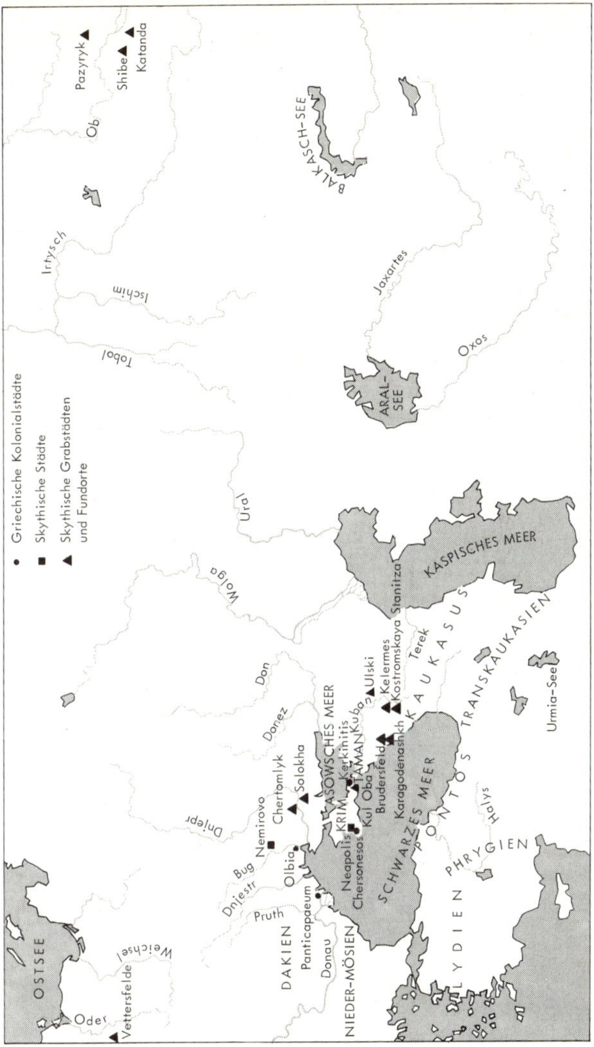

Abb. 21: Der Einflußbereich der Skythen

heutigen Nordwestiran und der Osttürkei, die im Westen bis zum Halys reichten. Nach einer Herrschaft von rund achtundzwanzig Jahren wurden sie von den Medern überwältigt, die sie nach Norden abdrängten, ohne sie jedoch weiter nach Europa hinein zu verfolgen. So war es den Skythen möglich, sich im Kuban-Tal anzusiedeln, wo reich ausgestattete Gräber wie die Kurgane von Kelermes und Kostromskaya aus dem 7. und 6. Jahrhundert oder der Ulski-Kurgan aus dem 6. Jahrhundert von dem Wohlstand zeugen, den sich die Stammesfürsten damals bereits erworben hatten.

Viele Skythen blieben im Kuban-Tal, aber die Mehrzahl stieß in das heutige Südrußland vor. Dort schlossen sie sich mit ihren Stammesgenossen der Wolga-Don-Bereiche zu gemeinsamen Kampfgruppen zusammen, und es gelang ihnen, die Gebiete am unteren Dnjepr und Bug zu erobern. Wo immer ein Skythe hinging, folgten ihm sein Pferd, seine Herde und seine Familie, und wo ein Skythe starb, begruben ihn seine Gefährten mit dem traditionellen Prunk und Zeremoniell, töteten ausnahmslos sein Streitroß und einige seiner Lieblingspferde, die sie ihm mit ins Grab gaben, damit sie zur Stelle seien, ihm in der anderen Welt zu dienen. Folglich ist jede Skythengrabstätte zugleich eine Pferdegrabstätte. Die Zahl der getöteten Pferde richtete sich nach dem Reichtum des Herrn, seiner Beschäftigung und dem Gebiet, in dem er lebte. Im Bereich von Kuban und Dnjepr, wo die Skythen sich vorwiegend der Pferde- und Viehzucht widmeten und wo die besten Herden zu finden waren, ging daher bei der Beerdigung eines Stammesfürsten die Zahl der getöteten Pferde oft in die Hunderte, während in der Gegend um Kiew und Poltava, wo in erster Linie Ackerbau betrieben wurde, selten mehr als ein Pferd im Grab zu finden war. Aber was auch immer die Beschäftigung, die wirtschaftliche und soziale Stellung des Toten oder die Zahl der getöteten Dienstmannen und Pferde waren, stets wurden sowohl die menschlichen Opfer, unter denen sich häufig eine der Frauen des Fürsten befand, als auch die Pferdeopfer in ihren schönsten Kleidern, Juwelen und Geschirren bestattet.

Die skythische Kleidung unterschied sich im Schnitt auffallend von der in der Alten Welt üblichen. Die Männer trugen lange, enganliegende wamsartige Jacken, die vielleicht die assyrische Tunika zum Vorbild hatten, und weite, an den Knöcheln zusammengehaltene Hosen, dazu weiche hohe Stiefel. Für den Winter kamen Mantel und Kapuze hinzu. Diese Ausstattung entsprach vorzüglich den Anforderungen ihres Reiterdaseins. Die Parther behielten sie bei, und als im Jahr 300 v. Chr. die Chinesen berittene Einheiten innerhalb ihrer Armee aufstellten, übernahmen auch sie diese Kleidung für ihre Reiterei.

In einigen wesentlichen Punkten unterschieden sich die Skythen von anderen Nomadengemeinschaften. Besonders auffallend war ihr erstaunliches künstlerisches Empfinden und ihr Verständnis für die Grundprinzipien von Regierung und Handel. Selten sind Stammesgemeinschaften mit derartigen Gaben ausgestattet. Die Skythen waren durch sie befähigt, ein Königreich mit allen wesentlichen Merkmalen eines Staates zu errichten und eine Kunst zu entwickeln, die sich zahlreichen verwandten und fremden Stämmen mitteilte und uns heute als die Kultur der Steppenvölker bekannt ist.

Genau genommen sollten die Bezeichnungen »Skythien« und »Skythen« auf jene Nomaden beschränkt bleiben, die wir die Königlichen Skythen nennen. Diese lebten und herrschten in Südrußland. In ihrer Blütezeit, also vom 6. bis zum 3. Jahrhundert v. Chr., lag das Kernland ihres Reiches in den Gebieten des unteren Dnjepr und Bug und schloß die Krim mit ein, mit Ausnahme jener Küstenstreifen, die in den Händen griechischer Siedler waren, und der Taman-Halbinsel, aus welcher die Skythen die Kimmerer nicht hatten verdrängen können. Der kulturelle und politische Einfluß der Skythen aber erstreckte sich über ein weit größeres Gebiet. Östlich des Asowschen Meeres reichte er vom Kuban nach Norden, wo die Sinden und die maeotischen Stämme dem skythischen Verband eingegliedert waren, bis nach Westsibirien. Die Nomaden, die dort im Altai vom 5. bis zum 2. Jahrhundert in den Frostgräbern von Pazyryk, Katanda, Shibe und Tuekt beigesetzt wurden, hatten praktisch die Lebensweise der Skythen. Von hier aus drang die skytische Kultur nach Zentralasien vor und blühte auch im Südwesten, im Kaukasus und in Transkaukasien. In Europa erstreckte sich der Einfluß der Skythen weit nach Westen über das eigentliche Skythien hinaus in Gebiete, unter deren Bewohnern sich sehr wohl Vorfahren der Slawen befunden haben mögen. In diesem ungeheuer großen Bereich gebrauchten die Menschen Waffen, Pferdegeschirr, Werkzeug und Schmuck skythischer Art. Im 4. Jahrhundert v. Chr., als sich die Herrschaft der Königlichen Skythen bis zur Donau hin ausdehnte, an deren rechtem Ufer so mancher thrakische Stammesfürst ihr Vasall geworden war, und ehe sie die ungarische Ebene betraten, um nach Transsylvanien vorzustoßen, drückten sie der Kunst, welche Nieder-Mösien, das heutige Bulgarien, hervorgebracht hatte, ihren Stempel auf. Wenn auch ihr Vordringen nach Nordwesten von den Kelten, den Illyrern und den Makedonen aufgehalten wurde, so teilten sie doch ihre künstlerischen Überlieferungen den Bewohnern Dakiens und Pannoniens, vielleicht sogar den Hallstatt-Kelten mit.

Die ersten Griechen, die sich an den Ufern des Schwarzen Meeres ansiedelten, wählten seine Südostküste, um in erreichbarer Nähe der kaukasischen Goldvorkommen zu sein. Später nahmen die Milesier die Westküste in Besitz, besetzten das Bug- und Dnjeprgebiet und gründeten Olbia. Im 5. Jahrhundert v. Chr. verloren sie Chersonesos an die Dorer; diese erhoben die Stadt ungeachtet des Widerstandes der eingeborenen Taurier zur Hauptstadt der an der Süd- und Westküste der Krim ansässigen Griechen. Panticapaeum blieb milesisch, dehnte seinen Herrschaftsbereich über die Asowsche Meerenge und die Donaumündung aus und bildete um 438/37 unter der thrakischen Spartokiden-Dynastie das Königreich am Bosporus, dessen Oberhaupt, der Sohn des Spartokus, über die Sinden in der Taman-Halbinsel herrschte. Alle diese Fremden verschlossen sich dem skythischen Einfluß. Nur die Griechen mußten sich von Anfang an auf die Nomaden einstellen, denn nur mit deren gutem Willen konnten sie sich in diesem Gebiet halten; ihr Verbleiben war für die Versorgung des Mutterlandes notwendig geworden, insbesondere für Attika, das selbst nicht mehr genug Fische und Getreide für seinen Lebensbedarf aufbringen konnte. Bis zum 4. Jahrhundert v. Chr. wurde Olbia von den griechischen Siedlern als Hauptexporthafen benutzt. Die Skythen wurden reich als Mittelsmänner zwischen den Ackerbauern des Hinterlandes und den Griechen der Küste, indem sie die Güter, welche die ersteren produzierten, gegen die von den Griechen gelieferten Luxuswaren tauschten.

Zu Herodots Zeit wurden die Königlichen Skythen von einem König regiert, bei dessen Tod die Herrschaft auf seinen Sohn überging. Höflinge und Stammesfürsten lebten wie Feudalherren, besaßen große Herden, zahlreiche Sklaven und üppige Schätze. Die gewöhnlichen Stammesangehörigen bildeten eine gesonderte, ihnen untergeordnete, aber doch privilegierte Klasse. Als Freie waren sie berechtigt, Pferde zu besitzen und sie zu reiten; so waren sie Jäger und wenn nötig Krieger mit dem Recht auf einen Anteil der Beute, die mit ihrer Hilfe in der Schlacht gemacht wurde. Diese Männer waren das Herz und die Stärke Skythiens. Auch waren sie eifersüchtige Hüter der alten Tradition, leidenschaftliche Verfechter des Nomadentums und zähe Anhänger ihrer gewohnten Lebensformen. Als gegen Ende des 6. Jahrhunderts König Skyles ein Haus in Olbia erwarb, beschuldigten sie ihn des übertriebenen Philhellenismus und töteten ihn, angestachelt von seinem Bruder Octomasades. Die auf ihn folgenden Könige wirkten weiterhin als ausgesprochene Beschützer der griechischen Kolonialstädte, hüteten sich aber sehr wohl, sich einer ähnlichen Anklage auszusetzen, und blieben im Lager ihrer Soldaten in Zelten wohnen.

Nichtsdestoweniger zeigte sich aber schon im 7. Jahrhundert das Verlangen nach Städten, wenn dieses auch erst im 5. Jahrhundert allgemein anerkannt wurde. Bis heute sind zwar erst verhältnismäßig wenige skythische Siedlungen ausgegraben worden, es liegen aber Beweise dafür vor, daß mehr Städte existierten, als früher angenommen wurde. Eine der ältesten und wichtigsten dieser frühen Stätten ist die befestigte Zitadelle von Nemirovo im südlichen Podolien, etwa 250 Kilometer südwestlich von Kiew. Sie stammt aus dem 7. Jahrhundert, erhielt allerdings erst im 6. Jahrhundert eine Schutzmauer, die aus großen Steinen errichtet, mit Zweigen abgedeckt und mit einer Lehmschicht verputzt wurde. Innerhalb dieser Ummauerung bot sich genügend Platz für die glockenförmigen Getreide- und Abfallager sowie die Lehmhütten. Die Wohnstätten waren kaum mehr als anderthalb Meter hoch und hatten in der Mitte einen Pfosten, der, neben dem Lehmherd eingerammt, als Stütze für das konisch gewölbte Dach diente. Ihr Durchmesser betrug 4 bis 7 Meter. Diese Niederlassung wurde im 5. Jahrhundert aufgegeben, ungefähr zu der Zeit, als die weit wichtigere Siedlung von Kamenskoe gegründet wurde. Letztere liegt etwa 40 Kilometer südwestlich von Dnjepropetrovsk; es ist sehr gut möglich, daß sie die Skythenhauptstadt von König Ateas wurde. Sie behielt ihre Bedeutung bis ins 2. Jahrhundert, als sie von der Skythenstadt Neapolis überflügelt wurde. Zu jener Zeit nahm sie eine Fläche von rund 12 Quadratkilometern ein und war gut befestigt. Ihre große Zitadelle war aus Holzpfählen erbaut, die vertikal in den Boden eingerammt waren, ähnlich wie in dem reichen Kuban-Grab in Kostromskaya aus dem 7./6. Jahrhundert. Sie war eine blühende Stadt mit allerlei Werkstätten, unter denen die der Metallarbeiter, der Eisengießer und der Schmiede besonders zahlreich waren. Die Ausgrabungen zeigen, daß die größeren Häuser vielfach mehr als drei oder vier Wohnräume mit Balkenwänden besaßen. Sie waren über halb versenkten Kellern errichtet, in denen sich aus Lehm gebrannte Herde befanden.

Noch charakteristischer für die Skythen sind indessen die Gräber, in denen die Stammesangehörigen ihre Fürsten und Krieger bestatteten. Die königlichen Kurgane, in denen die Herrscher zur letzten Ruhe gebettet wurden, haben meist eine Höhe von 15 bis 20 Metern, die der weniger hochstehenden Skythen sind oft nicht höher als einen Meter. Aber unabhängig von der Größe blieb die Grundkonstruktion der Grabstätten die gleiche. So führte das eine Mal ein eindrucksvoller Gang oder Korridor zu fünf Grabkammern, ein anderes Mal öffnete sich ein Schacht zu einem Einzelgrab. Dem Reichtum des Toten entsprechend und in gewissem Maß auch durch die örtlichen Gegebenheiten bestimmt, waren die Grabbauten mit Balken, Rohr oder Stein abgestützt. Der Tote wurde auf den Rücken gelegt, auf eine Binsenmatte oder Bahre, den Kopf nach Westen. Die Gräber wurden mit Nahrungsmitteln und Getränken wie auch mit all den Dingen versehen, die im künftigen Leben nötig sein würden. Als Angehörige eines Jäger- und Kriegervolkes wurden die Skythen mit ihren Waffen begraben, also mit Bogen, Schild, Rüstung, dem kurzen eisernen Schwert, der langen, mit einer Eisenspitze versehenen Lanze, dreiblattförmigen Pfeilspitzen und Trinkbechern, die aus dem Schädel eines erschlagenen Feindes gearbeitet und oft in Gold gefaßt waren. Die Frauen wurden mit ihrem Schmuck bestattet, ihren Webstuhlgewichten, eisernen Nadeln und in den reichsten Gräbern mit Spiegeln. Letzteres wird wohl eine besondere Bedeutung gehabt haben, da der Spiegel ein Attribut der Großen Göttin war, welche die Skythen als einzige Gottheit anbeteten, ehe sie sich durch griechischen Einfluß veranlaßt sahen, auch die Elemente zu verehren. In jedes Grab wurde ein Kessel auf einem ringförmigen Untersatz gestellt und vermutlich auch die Zutaten, die man zum Hanfrauchen brauchte.

Die erstaunliche Schönheit und Vitalität der vornehmlich graphischen und dekorativen Kunst, deren Wurzeln sicherlich in der Holzschnitzerei zu suchen sind, ist einer der Hauptgründe unseres Interesses an den Skythen. Viele der Gegenstände, die in ihren ungewöhnlich reichen Grabstätten gefunden wurden, sind aus Gold, aus Goldsilberlegierungen und Bronze. Überraschend viele sind von größter Schönheit und Kunstfertigkeit. Es ist eine Kunst vor allem der Tierform, welche die Tiere so impressionistisch zu erfassen wußte, daß deren Stellung den Eindruck von Bewegung und zugleich von Ruhe vermittelt. Und doch sind sie naturalistisch dargestellt, wenn auch in starker Stilisierung.

Vor kurzem haben einige hervorragende Gelehrte mehrere der schönsten goldenen Gegenstände aus Skythengräbern fremdem Kunstschaffen zugewiesen. Die Reliefs der liegenden Hirsche aus dem Kostromskaya-Kurgan schrieben sie thrakischen und den Fisch von Vettersfelde ionischen Künstlern zu. Aus Gründen des Stils fällt es schwer, diese Zuweisungen zu akzeptieren, wenn auch die Thraker und Skythen manches gemeinsam hatten, da sie oft untereinander heirateten und vielfach die gleichen Bräuche pflegten. Über die Metallarbeit der Thraker in vorrömischer Zeit ist wenig bekannt. Aber sie hatten im 6. Jahrhundert begonnen, ihre Silberminen auszubeuten und große Mengen von Silbermünzen zu prägen, so daß sie sehr wohl für den thrakischen Markt gearbeitet haben mögen. Sollte dies zutreffen, so ist anzunehmen, daß sie im Stil des großen Schiffes arbeiteten, das kürzlich in der Nähe von Thessalonike gefunden wurde und jetzt im dortigen städtischen Museum ausgestellt ist. Seine Dekorationen erinnern lebhaft an die Darstellungen auf dem berühmten Kumyskrug aus dem Chertomlyk-Kurgan; diese enthalten jedoch noch einen Fries, der eine Gruppe von Skythen mit ihren Pferden in so realistischer Weise zeigt, daß das Werk mit Sicherheit einem griechischen Künstler zugeschrieben werden muß. Genreszenen dieser Art sind selten, aber sie erscheinen auf verschiedenen Gegenständen, die in den Gräbern von Chertomlyk, Kul Oba (nahe Panticapaeum), Solokha

Abb. 22: Vase aus dem Kul Oba-Grab bei Kertsch. 4. bis 3. Jahrhundert v. Chr. Die Darstellung zeigt skythische Krieger im Feldlager (Ein Arzt behandelt einen verwundeten Soldaten)

(am unteren Dnjepr) und Karagodenashkh (Kuban) gefunden wurden. Wenn nicht ein Grieche, so könnte durchaus auch ein Ioner oder Thraker diese lebendigen Geschehnisse des täglichen Lebens erschaffen haben, viel eher als jene Tierreliefs, die ohne Zweifel der Kunstschule zuzuschreiben sind, die in Nordwestiran, Westsibirien, im Altai, in Transkaukasien und im östlichen mehr als im westlichen oder zentralen Europa in Blüte stand. Andererseits ist der Fisch von Vettersfelde in seiner Konzeption im wesentlichen nomadisch, ja fast barbarisch und fügt sich unschwer in die Kunst der Steppenvölker ein. Erinnert man sich der Weigerung der Griechen, sich fremder Art anzupassen, ihrer Verspottung primitiver Völker und ihres Geschicks, die eigene Sprache anderen aufzuzwingen, so kann man sich schwerlich einen Griechen oder Ioner, auch kaum einen thrakischen Künstler vorstellen, der bereit gewesen wäre, sich so

völlig der Diktatur eines nomadischen Auftraggebers zu unterwerfen, um diese faszinierende Darstellung zu schaffen.
Der Inhalt der Gräber läßt darauf schließen, daß die Skythen im 5. Jahrhundert eine Wirtschaftskrise durchmachten, denn die Grabstätten jener Zeit weisen wenig wirklich wertvolle Gegenstände und weniger in den Werkstätten von Olbia angefertigte Stücke auf als die früheren und die etwas späteren. Der wirtschaftliche Abstieg mag vielleicht das Ergebnis der Politik der verbrannten Erde gewesen sein, zu der die Skythen Zuflucht nahmen, um das Vorhaben Dareios' I., der sie unterwerfen wollte, zu vereiteln. Daß sie und auch die Griechen am Bosporus im 4. Jahrhundert wieder zu Wohlstand kamen, ist möglicherweise dem freien Kornhandel zuzuschreiben, der einsetzte, als Athen die Kontrolle über das Schwarze Meer verlor. Aber wenn auch die Wirtschaft Skythiens neu aufblühte, so brachte das 4. Jahrhundert doch die erste Bedrohung seiner Sicherheit mit sich. Sie kam aus dem Osten in Form einer sarmatischen Invasion.
Die Sarmaten bestanden aus einer Vielzahl von Stämmen iranischen Ursprungs. Als solche waren sie den Kimmerern und Skythen nicht fremd, deren Kultur und Lebensweise sie teilten, wenn auch ihre Gesellschaft matriarchalisch aufgebaut war. Stammesunruhen in Asien trieben die Sarmaten westwärts und haben vermutlich auch König Ateas veranlaßt, seine skythischen Krieger über den Pruth zur Donau zu führen in ein Gebiet, das in der Antike als Kleinskythien bekannt war. Skythische Vorhuten waren um 339 v. Chr. bis westlich von Baltschik vorgedrungen. Philipp II. von Makedonien hielt es für notwendig, ein weiteres Vorrücken aufzuhalten, und stellte sie in der Nähe der Donau zur Schlacht an einem Ort, der bis heute nicht identifiziert wurde. Obwohl Ateas über 90 Jahre alt war, führte er seine Männer selbst in den Kampf und fiel auf dem Schlachtfeld. Ihrer Führung beraubt, waren die Skythen bereit, Frieden zu schließen, aber sie hörten nicht auf, die Makedonen zu belästigen. Deshalb schickte Alexander drei Jahre später eine Strafexpedition, um sie zu unterwerfen. Die Skythen trieben diese aber in die Flucht, töteten ihren Befehlshaber Zepyrion, den Gouverneur von Thrakien, waren aber selbst durch den Kampf zu sehr geschwächt, um ohne Unterstützung ihren Sieg auszunutzen. Sie wandten sich um Hilfe an Olbia, aber die Sicherheit dieser Stadt war durch den Krieg bedroht, so daß die Kaufleute sich veranlaßt sahen, ihren Hafen zugunsten von Panticapaeum aufzugeben, und die verarmten Einwohner eine Intervention verweigerten. Trotzdem stießen einige Skythen weiter in die Dobrudscha vor, die Mehrheit kehrte jedoch in ihre Heimat am Dnjepr zurück. Dort mußten sie sich gegen zunehmenden sarmatischen Druck wehren, denn die Eindringlinge begnügten sich nicht mit dem Ostufer des Dnjepr, das sie

zu Beginn des 4. Jahrhunderts erreichten. Einige von ihnen, die Siraken, wandten sich nach Süden und vertrieben die Skythen aus dem Kubangebiet. Die restlichen überschritten im Jahr 330 den Don, drängten die Skythen weiter westwärts und errichteten schließlich im Jahr 179 v. Chr. unter ihrem König Gatalos einen bedeutenden Staat westlich der Krim, mit Außenposten, wie den Stämmen der Aorsen und Jazygen, die in der Nähe des Asowschen Meeres ihre verschanzten Gebiete hatten, und den Roxalanen, die sich nördlich davon niedergelassen hatten. Den Roxalanen gelang es dann, die Jazygen aus ihrem Land zu vertreiben, und bis zur Mitte des 1. Jahrhunderts v. Chr. hatten sie sie über Dakien hinaus bis in die Ebene zwischen Donau und Theiß getrieben, also dicht vor die Grenzen des Römischen Reiches.
Obwohl die Skythen die Mündungsgebiete des Dnjepr und Bug in ihrer Gewalt behielten, verlegten sie ihr Zentrum auf die Krim, wo die Sarmaten keine Möglichkeit hatten, sie zu unterwerfen. So wurden die Skythen Herren der Krim und hielten sich dort, bis sie durch die Hunnen vernichtet wurden. Anfänglich unternahmen sie nichts, um die Griechen aus den Küstenstreifen zu vertreiben. So bewahrten diese eine Zeitlang ihren Wohlstand. Chersonesos, das bald Mithridates unterliegen sollte, war zunächst in der Lage, Pharnakes I. von Pontos zu bekriegen und mit Hilfe der Sarmaten, die von Königin Amaga anstelle ihres trunksüchtigen Gatten Gatalos angeführt wurden, sowohl die Skythen als auch die ansässigen Taurier zu bekämpfen. Zu dieser Zeit lehnten die Skythen das Stadtleben nicht mehr ab. Gegen Ende des 3. Jahrhunderts gründeten sie sich eine eigene Hauptstadt am linken Ufer des Salgir in der Nähe des heutigen Simferopol. Sie war als das skythische Neapolis bekannt zum Unterschied von anderen Städten gleichen Namens. Ihre Lage war gut gewählt, denn sie beherrschte die Straßen sowohl zu den Städten am Bosporus als auch nach Skythien. Ihre griechischen und skytischen Einwohner bewirkten, daß sie sich rasch zu einem wichtigen Handels- und Gewerbezentrum entwickelte. Den Höhepunkt ihres Wohlstandes erreichte sie in der zweiten Hälfte des 2. Jahrhunderts v. Chr. unter König Skilurus und dessen Sohn Palakus, wie umgekehrt jetzt das Leben der Griechen schwieriger wurde. Zu Beginn war Neapolis durch eine 2½ Meter breite Mauer befestigt, die aber bald durch eine neue Mauer von 12 Meter Höhe und 8½ Meter Breite ersetzt wurde. Dieser Wall war in der Form eines Quadrats gebaut und hatte Tore in der Mitte jeder Seite. Bronze- und Marmorstatuen verschönten die Stadt. Sie barg zahlreiche vornehme, aus Stein gebaute Häuser, die mehrere Räume hatten und deren Höfe mit Getreidespeichern versehen waren. Neapolis hielt sich so lange wie die Skythen, aber sein Abstieg begann bereits im 3. Jahrhundert v. Chr. Sein Friedhof lag außerhalb der Stadtmauern.

Während die Gräber der Armen entlang der Seiten angelegt waren, befanden sich die zahlreichen Grabstätten der Adligen in seiner Mitte. Einige der steinernen Gräber waren mit den frühesten Freskenmalereien geschmückt, die auf der Krim gefunden wurden. Eine von ihnen zeigte einen Teppich mit Schachbrettmuster, eine andere einen Lyraspieler und wieder eine andere die Verfolgung eines Bären durch einen Reiter. In einem großen Mausoleum ruhten die Leichname von 72 hochgestellten Persönlichkeiten. Ein besonders prunkvolles Grab war einer Königin errichtet worden. Aber der wichtigste aller Funde war ein Grab, das vermutlich König Skilurus gehörte: 800 skythische Gegenstände und vier Pferdeleichen wurden darin aufgefunden.

Da Skilurus erkannte, welche Vorteile mit dem Exporthandel verbunden waren, beschloß er, den Griechen die Kontrolle über die Krimküste zu entwinden. Um dies zu bewerkstelligen, verbündete er sich mit den Roxalanen und eroberte Olbia, wodurch er dessen Schutzherr wurde. In dieser Eigenschaft prägte er im Jahr 110 v. Chr. seine eigenen Bronzemünzen. Sie ersetzten die bronzenen pfeilförmigen Geldstücke, die, nach einem kürzlich gemachten Fund zu urteilen, im 4. Jahrhundert v. Chr. von den Skythen in Olbia als Zahlungsmittel benutzt worden waren. Als nächstes zwang Skilurus die Taurier unter seine Herrschaft und errichtete in ihrem Gebiet ein Fort. Dann eroberte er den wichtigen Hafen von Kerkinites und griff Chersonesos an. Gleichzeitig versuchte er mit Hilfe von olbischen Seeleuten die Piratentätigkeit der Satarchen der nördlichen Krim zu unterbinden; mit der Unterstützung des Posideos, eines griechischen Kaufmanns aus Olbia, nahm er den Handel mit Rhodos auf.

Auf Skilurus folgte dessen Sohn und Mitregent Palakus. Jetzt sahen sich Pairisades, der letzte der bosporanischen Könige, sowie das selbständige Chersonesos von den Skythen und auch den Sarmaten bedroht. Sie benötigten deshalb dringend einen Verbündeten. Da Rom sich noch selbst ernähren konnte und somit noch nicht an den fruchtbaren Dnjepr- und Krimgebieten interessiert war, wandten sie sich um Hilfe an Mithridates VI. Eupator, den König von Pontos. Nur allzu bereitwillig gab dieser seine Unterstützung unter der Bedingung, daß er Herr der nördlichen Schwarzmeerküste würde. So schickte er die erste von drei von ihm ausgerüsteten Expeditionen gegen die Skythen im taurischen Gebiet und um Chersonesos. Sie wurde von Diophantos befehligt, den Palakus übereilt zum Kampf stellte. Palakus erlitt eine schwere Niederlage. Neapolis und eine weitere, wenn nicht mehrere skythische Städte wurden eingenommen und niedergebrannt. Obwohl Diophantos Chersonesos unter pontische Herrschaft stellte, erhoben sich dort bald die Skythen. Sie verbündeten sich mit den Roxalanen, nahmen

Eupator, die Festung des Mithridates, ein (nicht zu verwechseln mit dem modernen Eupatoria) und belagerten Chersonesos. Diophantos kehrte von Pontos an der Spitze einer zweiten Kampfgruppe zurück, wegen des einbrechenden Winters entschied er sich aber dafür, die griechischen Städte an der westlichen Schwarzmeerküste zu besetzen. Wieder griff Palakus an, und wieder wurde er geschlagen; vermutlich starb er in der Schlacht. Nun konnte Diophantos die skythischen Städte, die auf dem Weg nach Panticapaeum lagen, unterwerfen, wo Saumakus, ein skythischer Prinz, der entweder als Sklave oder als Mündel des Pairisades aufgewachsen war, die ansässigen Skythen zu Revolten aufgewiegelt, Pairisades erschlagen, Panticapaeum und Theodosia eingenommen und triumphierend ein S über den Kopf des Helios, der die dortigen griechischen Münzen schmückte, geprägt hatte. Wieder erwies sich Diophantos als der bessere Feldherr; er nahm Saumakus gefangen und schickte ihn nach Pontos, wahrscheinlich, um ihn dort töten zu lassen. Jetzt war Mithridates der wirkliche Herrscher über die Krim, wo die Kampfführung in die Hände des pontischen Admirals Neoptolemos übergegangen war. Dieser muß die taurischen und olbischen Gebiete erobert haben, denn eine Stadt im letzteren Bezirk trägt seinen Namen. Seine Siege erwiesen sich als glückbringend für Mithridates, dessen pontische Besitzungen den römischen Legionen anheimfielen. Roms Erfolge im kappadokischen Raum waren tatsächlich so beachtlich, daß sie Lucullus ermutigten, sein Heer ostwärts über den Tigris zu führen und die armenische Stadt Tigranokerta anzugreifen. Obwohl sein Heer sehr zusammengeschmolzen war, fügte er den Armeniern eine vernichtende Niederlage zu. Jetzt erklärte sich Mithridates, der viel von seinem Hinterland verloren hatte, zum Führer des Ostens und ermutigte den armenischen König Tigranes II. (95—56 v. Chr.), Rom Widerstand zu leisten, während er selbst Männer aushob und das Land gegen die Eindringlinge aufhetzte. Seine Politik blieb nicht ohne Wirkung auf die Krieger des Lucullus. Im römischen Heer brachen Unruhen aus, die Lucullus zwangen, sich bis Nisibin zurückzuziehen. Dadurch gewann Mithridates einen großen Teil seiner früheren Macht zurück und konnte im Jahr 66 v. Chr. in Panticapaeum eine nördliche Hauptstadt errichten und Pharnakes, einen seiner Söhne, dort als Vizekönig einsetzen. Pharnakes verbündete sich gleichzeitig mit den Sarmaten und den griechischen Städten der Dobrudscha, welche die Skythen zur Zeit des Skilurus den Thrakern entrissen hatten, und zwang beide, Mithridates als ihren Herrn anzuerkennen. Auf der Krim und der taurischen Halbinsel ließ Pharnakes den Griechen die Freiheit, ja er gestattete ihnen sogar, eigene Münzen zu prägen. Auch gab er den Skythen ihre Krimstädte zurück und beließ ihnen ihren König,

wenn auch einige benachbarte Sarmaten verpflichtet wurden, Mithridates Tribut zu zahlen und in seinem Heer zu dienen.
Seit einiger Zeit genügten in Rom die Getreidevorräte nicht mehr zur Befriedigung der Bedürfnisse, ähnlich wie früher in Athen. Anfänglich war Rom bereit gewesen, den Mangel dadurch auszugleichen, daß es Getreide von den Skythen erwarb, zunächst mittels Tausch, dann durch Kauf. Römische Münzen, die zu diesem Zweck verwandt wurden, sind verschiedentlich im Dnjepr-Dnjestrgebiet gefunden worden. Indessen war im 1. Jahrhundert v. Chr. der Mangel stark angewachsen, und Rom gab sich nicht länger damit zufrieden, mit den Stämmen zu handeln. Jetzt begehrte es selbst die Kontrolle über die getreidereichen Landstriche an der unteren Donau und im nördlichen Hinterland des Schwarzen Meeres. Zu gleicher Zeit gewannen die Gebiete von Pontos und Trapezunt auf der gegenüberliegenden Seite des Meeres eine ungeheure strategische Bedeutung für Rom. Um die Verbindungswege im dortigen Raum zu beherrschen, strebte Rom danach, das Schwarze Meer in einen römischen See zu verwandeln. Zu diesem Zweck mußte Tigranes wie auch Mithridates unterworfen werden. Der Krieg gegen den letzteren begann im Jahre 88 v. Chr. in Bithynien. Mithridates entschloß sich aber, als Panticapaeum seine nördliche Hauptstadt wurde, den Krieg auf die Krim zu verlegen. Im Jahr 64 plante er dort einen Feldzug gegen Rom, als er plötzlich starb, vermutlich durch Gift. Sein Leichnam wurde Pompeius übergeben, der ihn aber nach Pontos zurückschickte, wo er königlich bestattet wurde. Der Tod des Mithridates ließ die Krim ohne einen Führer, der fähig gewesen wäre, sich gegen Rom zu behaupten. Die bosporanische Dynastie war an ihrem Ende angelangt, und die langen Kampfjahre hatten die Skythen so geschwächt, daß sie nur noch vereinzelte Überfälle auf römische Vorposten unternahmen. In den verbleibenden zwei Jahren, während deren Pompeius noch den Osten beherrschte, begnügten sich die Römer damit, eine Garnison in Chersonesos einzurichten, Forts zu bauen und an einigen strategisch wichtigen Punkten in skythischem Gebiet Truppen zu stationieren. Ihr eigentlicher Feind im Osten waren immer noch die Parther, aber die politischen Intrigen in Rom, die an der Kraft des Reiches zehrten, gaben den Stammesgemeinschaften des Dnjepr- und Donaugebietes neue Hoffnung. In den Jahren zwischen 67 und 50 v. Chr. gelang es den Geten oder den Thrakern, Olbia zu zerstören, aber derartige Überfälle hatten für Rom nur wenig bleibende Bedeutung. Es blieb den Sarmaten vorbehalten, Vorteil aus der Situation zu ziehen, ihr Gebiet zu erweitern und ihre Macht zu stärken, bis sie einen Staat errichten konnten, der Rom bedrohen und die gotische Invasion überdauern sollte, um dann selbst dem Ansturm der Hunnen zu erliegen.

δ) Die Welt der Parther

Der Verfall des Seleukidenreiches hatte zur Folge, daß während des 2. vorchristlichen Jahrhunderts Parthien und verschiedene lokale Dynastien im Nahen Osten zur Macht kamen. Während des 1. Jahrhunderts v. Chr. kämpften Römer und Parther um die Vorherrschaft in diesem Gebiet. Beide kamen als Fremde in die alten Kulturländer zwischen Tigris und Nil, doch hatte es den Anschein, als ob sie den alten Antagonismus, der zwischen Griechen und Achämeniden, zwischen West und Ost bestanden hatte, weiterführen wollten. Weil die meisten unserer Nachrichten zur Geschichte des 1. und 2. Jahrhunderts v. Chr. auf griechische oder römische Autoren zurückgehen, ist die Geschichte des weiten Gebietes zwischen Mittelmeer und Indus stets als ein nebensächlicher Teil der griechischen oder römischen Geschichte betrachtet worden. Die Parther waren jedoch keineswegs Barbaren aus dem Osten, die, etwa wie die Germanen im Norden, den Römern Schwierigkeiten bereiteten, sondern sie waren die Erben der Achämeniden und Mittler zwischen Indien und China und dem Westen. Die Parther hatten im Osten ebenso um die Erhaltung ihrer Grenzen zu kämpfen wie im Westen. Diese zentrale Lage ihres Reiches darf man bei der Rekonstruktion ihrer Geschichte nicht vergessen.

Über die frühe Geschichte der Parther ist kaum etwas bekannt; sie muß aus den spärlichen klassischen Quellen wie etwa Justins Epitome des Pompeius Trogus, Münzen und archäologischem Material erschlossen werden. Justin (41, 4.6) berichtet, daß Aršak, ein Mann unbekannter Abkunft, der Begründer der parthischen Macht gewesen sei; abweichende Angaben klassischer oder neuerer Autoren sind nur Mutmaßungen. Strabos Bemerkung (XI, 515), Aršak oder Arsakes sei ein Anführer der Parni-Nomaden gewesen, die, aus Zentralasien kommend, Parthien erobert hätten, wird allgemein als überzeugend akzeptiert. Anscheinend hatte Aršak den allgemeinen Aufstand der Satrapen im Osten des Seleukidenreiches zur Zeit der Thronbesteigung Seleukos' II. dazu benutzt, in Zentralasien ein eigenes Reich zu gründen. Dieses Ereignis muß etwa in das Jahr 247 v. Chr. fallen. Mit ihm beginnt die Ära der Arsakiden, die sich vermutlich nach dem Vorbild der Seleukiden-Ära richtete. Um das Jahr 238 v. Chr. drang Aršak in das eigentliche Parthien ein und besiegte dessen unabhängigen Satrapen Andragoras. Kurz zuvor hatte sich auch Diodotos, der Satrap von Baktrien, gegenüber den Seleukiden selbständig erklärt. Schwierigkeiten im westlichen Teil des Seleukidenreiches gaben den Parthern wie auch anderen Mächten im Osten die Möglichkeit zur Konsolidierung ihrer Macht.

Die Ausgrabungen sowjetischer Archäologen in Nisā (der griechische Name für Parthaunisa), wo nach dem Bericht des Isidoros

Abb. 23: Iran unter der Herrschaft der Parther

von Charax Königsgräber lagen, haben unser Wissen über das Parthien der letzten beiden Jahrhunderte v. Chr. sehr bereichert. Nach einem der in Nisā gefundenen Ostraka scheint der offizielle Name der Stätte, zumindest von der Regierungszeit Mithridates' I. an[115], Mithridatkirt gewesen zu sein. Jeder der Arsakidenkönige trug den Namen Aršak, was wir aus Legenden ihrer Münzen und dem Bericht Justins (41, 5.6) erfahren. Dieser Sachverhalt erschwert die Identifizierung der verschiedenen Herrscher natürlich sehr, aber er wirft ein Licht auf die konservative Haltung der Parther und ihre Ehrfurcht vor der Königsfamilie während der ganzen Zeit der Partherherrschaft. Der Familienname Aršak wurde jedoch niemals zu einem Titel wie der Name Caesar im Westen.

Die Parther regierten das neue Königreich in ihrem Stammland vermutlich mit Hilfe einer Verwaltung, die sich vorwiegend auf eine in den herkömmlichen Praktiken des Achämenidenreiches und der aramäischen Sprache geübten Gruppe von Schreibern stützte. Die griechische Sprache spielte in Zentralasien und Ostiran wahrscheinlich eine unbedeutendere Rolle, obwohl wir annehmen dürfen, daß sowohl Griechisch als auch Aramäisch als Amtssprachen der zweisprachig geführten Verwaltung der Seleukiden, zumindest im Osten[116], gepflegt wurden. Die Parther übernahmen jedoch bald die griechische Sprache für ihre Münzlegenden und führten die hellenistische Tradition der Seleukiden fort. Ich glaube, man sollte sich stets vor Augen halten, daß im parthischen Herrschaftsbereich die Verwaltung zweisprachig geführt wurde und, ebenso wie vorher im Seleukidenreich, zwei Kulturen nebeneinander bestanden. In manchen Gebieten war die hellenistische Tradition schwächer, in anderen dagegen kräftig entwickelt; die herkömmliche Ansicht, daß der Aufstieg der Parther eine Reaktion der einheimischen iranischen Elemente gegen die Griechen (und die Makedonen) gewesen sei, ist sicher nicht richtig. Griechen müssen den parthischen Herrschern in gleicher Weise gedient haben wie Iranier den griechischen Königen Baktriens.[117] Die von Alexander dem Großen oder einem der Seleukiden im Iran gegründeten Städte waren natürlich Zentren des Hellenismus, während die umliegenden Gebiete weniger davon beeinflußt waren. Die Städte lagen an der großen Handelsstraße nach Indien und dem Fernen Osten; abseits der Straße war der hellenistische Einfluß sicherlich nur gering.

In Nisā kamen mehr als 2000 Ostraka zutage, die von Wein und Weingärten handeln; sie sind, obwohl aramäisch geschrieben, parthisch zu lesen. Unter mehr als 40 Siegelabdrücken auf Ton findet sich nur einer mit einer griechischen Inschrift, ein Hinweis, daß die griechische Sprache in Nisā selten gebraucht wurde.[118] Zur gleichen Zeit bedienten sich die Parther in Awroman im westlichen Iran bei der Abfassung von Rechtsurkunden des Griechischen.[119] Die Nisā-Ostraka sind nach der parthischen Ära, die griechischen Dokumente von Awroman dagegen nach der Seleukiden-Ära datiert. Das deutet jedoch keineswegs auf eine Rivalität zwischen zwei Datierungssystemen, sondern zeigt nur, daß im parthischen Reich beide Systeme, zuweilen nebeneinander, zuweilen einzeln, verwendet worden sind. Auch in den beiden Zeitrechnungen spiegeln sich, wie ich glaube, die hellenistische und die iranische Strähne der parthischen Kultur, zwei Strähnen, die im archäologischen Material häufig isoliert, aber auch – und vor allem in späterer Zeit – zu einer synkretistischen Einheit verflochten erscheinen.

Wir haben hervorgehoben, daß die Parther während ihrer Expansion an den Grenzen im Osten ebenso gegen Feinde kämpfen mußten wie im Westen. Das Interesse der Historiker hat sich fast ausschließlich auf die Rolle der Parther als Gegner der Seleukiden und später der Römer gerichtet. Aber die Parther kamen aus Zentralasien und verloren niemals die Verbindung mit dem Osten. Tatsächlich war die Ostgrenze des Arsakidenreiches ebenso wichtig wie seine Grenze im Westen, und wir sollten dem wenig bekannten Osten ein eingehenderes Studium widmen als den besser bekannten Eroberungen der parthischen Waffen im Westen.

Wenn wir das oben behandelte Thema weiterführen, müssen wir uns gegen zwei verbreitete Vorurteile im Bild der frühen parthischen Geschichte wenden. Man war der Meinung, die Seleukiden und die griechischen Könige Baktriens hätten im Osten als Vorkämpfer des Hellenismus gegen ein barbarisches Iraniertum gewirkt, das sich in den dem Hellenismus feindlichen Parthern und anderen einheimischen Völkern verkörperte. Die Tatsache, daß die Mutter Antiochos' I. eine Iranierin war, hätte vor einer solchen einseitigen Meinung warnen sollen. Es gibt noch andere Belege dafür, daß die Seleukiden und die baktrischen Griechen »einheimische« Kulturen in gleicher Weise förderten wie das griechische Erbe; so waren die Seleukiden z. B. um die alte babylonische Religion und um die Erhaltung der keilschriftlichen Überlieferung bemüht.[120] Freilich hat es trotzdem Konflikte zwischen »Hellenen« und »Einheimischen« gegeben, aber die offizielle Politik in den verschiedenen Staaten, die während der letzten drei Jahrhunderte v. Chr. auf dem iranischen Plateau existierten, mußte darauf gerichtet sein, beiden Gruppen gerecht zu werden. Verschiedene Königsfamilien rühmten sich ihrer griechischen *und* ihrer iranischen Abstammung; das auffallendste Beispiel ist Antiochos I. von Kommagene (etwa 69–34 v. Chr.), der seine Abkunft von dem Achämeniden Dareios und über die Seleukiden von Alexander dem Großen stolz verkündete.[121] Legitimität, die sich auf iranische ebenso wie auf griechische Abstammung stützen konnte, fügte sich gut in orientalische Vorstellungen vom Charisma der Königsherrschaft ein.[122] Zweifellos war es für einen neuen Herrscher vorteilhaft, wenn er seinen Herrschaftsanspruch durch eine, wenn auch noch so fiktive Abstammung von beiden Seiten begründen konnte.

Zu der offiziellen Politik, die zumindest im Osten die Förderung zweier Kulturen vorsah, kam noch hinzu, daß Iranier in den Heeren der Gräko-Baktrier und der Seleukiden dienten und manche zu hohen Rängen aufrückten. J. Wolski (a. a. O.) hat dieses Thema in zahlreichen Veröffentlichungen überzeugend behandelt. Eine weitere Revision betrifft unsere Vorstellung vom Verlauf der seleukidischen Geschichte: Bei der Thronbesteigung Seleukos' II. verloren die Seleukiden den gesamten Osten Irans, und alle späteren Versuche Seleukos' II. und anderer Seleukidenkönige, den Osten zurückzugewinnen, schlugen fehl. Erst unter Antiochos III., nach 209 v. Chr., wurde der seleukidische Einfluß in geringem Umfang wiederhergestellt, aber selbst dieser hat die Niederlage, die Antiochos im Jahr 189 v. Chr. bei Magnesia von den Römern hinnehmen mußte, kaum überlebt. Obwohl die Seleukiden in Syrien, Mesopotamien und selbst im westlichen Iran Beistand fanden und geachtet waren, wurde ihnen im Osten keine solche Ehrerbietung entgegengebracht. Doch lag es nicht etwa daran, daß sich die einheimischen Völker dem seleukidischen Hellenismus widersetzt hätten, sondern eher in der Tatsache begründet, daß die Seleukiden den Osten niemals für wichtig erachtet hatten und daß die Oasen Zentralasiens und Ostirans von jeher nach unabhängiger Herrschaft strebten. Wenn wir zudem Tarns Vorschlag, die Gräko-Baktrier zu den übrigen Diadochen-Dynastien – Seleukiden, Ptolemäer, Antigoniden und Attaliden – zu rechnen, folgen würden, müßten wir m. E. auch die Spartokiden Südrußlands und die Parther dazu zählen.[123] Denn im Osten führten die Parther die griechische Tradition der Seleukiden ebenso weiter wie ihre eigenen Überlieferungen. Jedenfalls gibt es zumindest in den beiden letzten Jahrhunderten v. Chr. keine Anzeichen für eine anhaltende antigriechische Politik der Parther.

Einer Ausbreitung der Parther nach Osten widersetzte sich der neue gräko-baktrische Staat unter Diodotos und später unter Euthydemos. Die Oase Merv, die Satrapie Margiane, die auf Befehl Antiochos' I., des zweiten Seleukiden, mit einer Mauer umgeben worden war, fiel vermutlich in die Hand der Gräko-Baktrier, desgleichen Aria, das Gebiet von Herat, und Sogdiana. Deshalb breitete sich das parthische Reich zuerst über Hyrkanien nach Westen aus. Eine Bedrohung für das junge Partherreich bildete eine Expedition, die Seleukos II., möglicherweise im Bund mit Diodotos von Baktrien, nach dem Osten unternahm (um 237 v. Chr.), aber Seleukos mußte nach Syrien zurückkehren, und die Parther konnten weiter vorrücken. Später wurde das Partherreich in fünf Provinzen – Astauene, Apavarktikene, Parthyene, Hyrkanien und Komisene – aufgeteilt. Dieser Ordnung lag vermutlich eine seleukidische Unterteilung der ursprünglichen achämenidischen Satrapien in Provinzen, die sogenannten Eparchien, zugrunde.[124] Später wurde noch die Provinz Choarene, in der Nähe des Demavend, dem parthischen Herrschaftsbereich zugeordnet.

Es ist wichtig hervorzuheben, daß es den Parthern niemals gelungen ist, ein starkes zentralisiertes Staatswesen zu schaffen, obwohl sich das Königshaus der Arsakiden die Loyalität des Volkes mehrere Jahrhunderte lang erhalten konnte. Die geschichtlich dunkle Zeitspanne vom Tod Alexanders des Großen bis zum Emporkommen der Sassaniden im 3. Jahrhundert n. Chr. erscheint bei späteren arabischen und persischen Schriftstellern als eine Zeit zahlreicher Vasallenkönigtümer. Das ist eine zutreffende allgemeine Charakterisierung der Partherzeit. Aber unter der Regierung der Parther herrschte fast auf dem gesamten iranischen Plateau eine gemeinsame Kultur und Sprache vor. Die parthische Sprache oder verwandte Dialekte wurden in Chorassan, im östlichen Iran, gesprochen, und mit den Eroberungen der Parther im Westen verbreitete sich ihre Sprache bis nach Medien und sogar bis Mesopotamien, wo auch immer parthische Beamte und Soldaten auftraten. Wenn man vom parthischen Reich spricht, sollte man bedenken, daß es sich dabei vielleicht eher um eine parthische Hegemonie als um ein zentralisiertes Staatswesen gehandelt hat. Unter starken Herrschern erschienen die Parther ihren Nachbarn zweifellos geeint und mächtig. Es ist jedoch fraglich, ob das Partherreich jemals über einen zentralisierten Staatsapparat verfügt hat, der sich in irgendeiner Weise mit dem der römischen Republik oder des römischen Reiches vergleichen ließe.

Wenden wir uns wieder den geschichtlichen Ereignissen im Partherreich zu. Der Friedensschluß mit Diodotos II. von Baktrien (Justin 41,4.9) gab den Parthern freie Hand, die Herrschaft in ihrem Stammland zu festigen und Städte zu gründen. Anscheinend hatten die Parther im Laufe der Zeit mehrere Hauptstädte, darunter Nisā, Dara, wahrscheinlich im Süden und Osten von Nisā (Justin 41,5.2), und gegen Ende der Regierung Tiridates', des Nachfolgers des Dynastiegründers Aršak, schließlich Hekatompylos. Die Stätte, an der sich das alte Hekatompylos befunden hat, ist noch nicht identifiziert worden; einige Gelehrte möchten sie in der Nähe des heutigen Damghan suchen. Unter Artaban I. (etwa 211—191 v. Chr.) drangen die Parther weiter nach Westen vor, aber ein neuer Seleukidenherrscher ging zum Angriff über und konnte das zurückeroberte Land und sein Ansehen im Iran eine Zeitlang behaupten.

Um das Jahr 209 v. Chr. unternahm Antiochos III. eine großangelegte Expedition, um den Osten für die Seleukiden wiederzugewinnen. Über den Verlauf seiner Feldzüge berichtet Polybios (X, 28—31). Antiochos besiegte die Parther, nahm Hekatompylos ein und ging weiter nach Osten vor. Artaban wurde anscheinend endlich gezwungen, die Oberherrschaft der Seleukiden anzuerkennen und einen Vertrag mit dem Sieger zu schließen. Darauf wandte sich Antiochos gegen Euthydemos von Baktrien, den er nach mehreren Schlachten in seiner Hauptstadt belagerte. Auch hier kam es um das Jahr 206. v. Chr. zu einem Friedensschluß. Antiochos zog darauf weiter bis zur Grenze Indiens, ehe er nach Seleukeia am Tigris, der östlichen Hauptstadt der Seleukiden, zurückkehrte. Der Feldzug des Antiochos hatte Parthien, das den größten Teil des eroberten Gebietes in Westiran aufgeben mußte, geschwächt. Die Gräko-Baktrier unter Euthydemos dagegen schienen nach der Kraftprobe mit Antiochos neue Kraft gewonnen zu haben, denn der gräko-baktrische Staat erreichte jetzt seine größte Ausdehnung in Zentralasien; außerdem unternahm Demetrios, des Euthydemos' Sohn, weitreichende Eroberungszüge im Süden des Hindukusch. Die große Menge der Münzen verschiedener Herrscher scheint jedoch darauf hinzuweisen, daß die Gräko-Baktrier, wie später die Parther, gegen die Selbständigkeitsbestrebungen lokaler Lehensfürsten zu kämpfen hatten. Wir können hier nicht näher auf die mannigfaltigen Probleme eingehen, denen man bei der Rekonstruktion

der Aufeinanderfolge der gräko-baktrischen Könige begegnet. Die zahlreichen Fehden dieser Könige, von denen Justin erzählt (41, 6), nutzten die Parther zu Eroberungen aus, sobald ein fähiger Herrscher auf dem Arsakidenthron saß. Ein solcher tatkräftiger König war Mithridates I. (etwa 171–138 v. Chr.).
Um die gleiche Zeit, als Mithridates die Herrschaft über Parthien antrat, bestieg in Baktrien ein Usurpator, der Rebell Eukratides, den Thron.[125] Während er anfangs seine Herrschaft in einem weiten Gebiet festigen konnte, verlor er in späterer Zeit mehrere Provinzen im westlichen Teil seines Herrschaftsbereiches an Mithridates (Strabo XI, 517). Diese Provinzen umfaßten vermutlich das gesamte Gebiet westlich des heutigen Herat, das anscheinend im Besitz der Gräko-Baktrier verblieben war, während die Oase Merv, nach Münzfunden zu urteilen, zu dieser Zeit den Parthern botmäßig war.[126] Unter Mithridates I. waren die parthischen Waffen jedoch in erster Linie gegen den Westen gerichtet. Um das Jahr 155 v. Chr. wurde Medien nach harten Kämpfen erobert. Als nächstes fiel Mesopotamien in die Hände der Parther, und im Jahr 141 v. Chr. wurde Mithridates in Seleukeia als König anerkannt. Kurz darauf mußte der König jedoch in sein Stammland zurückkehren, weil dort vermutlich zentralasiatische Nomaden eingedrungen waren. Unterdessen versuchte der Seleukide Demetrios Nikator an die Parther verlorene Gebiete zurückzugewinnen, aber er wurde geschlagen und als Gefangener zu Mithridates in den Osten geschickt.
Mithridates' Sohn, Phraates II. (etwa 138–128 v. Chr.), kämpfte gegen den Seleukiden Antiochos VII. Sidetes, den Bruder des Demetrios. Nach anfänglichen Erfolgen, die zur Rückeroberung Mesopotamiens und eines Teils von Medien führten, wurde Antiochos im Frühling des Jahres 129 v. Chr. besiegt und getötet. Phraates nahm Mesopotamien ein und setzte den Hyrkanier Himeros in Seleukeia als Statthalter des Landes ein. Die Bestrebungen der Parther, sich die westlichen Gebiete des Seleukidenreichs in Syrien anzueignen, wurden durch die Einfälle der Nomaden aus Zentralasien verhindert.
Das Eindringen zentralasiatischer Nomaden im Nahen Osten hat eine wesentliche Rolle in der Geschichte dieses Gebietes gespielt. Wenn man sich vor Augen hält, daß Ostiran und Zentralasien von Steppen und Wüsten umgebene Oasenländer sind, versteht man, daß die dauernde Wechselwirkung von Steppe und kultiviertem Land Politik und Handeln der dort herrschenden Völker in mannigfacher Weise bestimmte. Streitereien und Kämpfe um Wasserrechte füllen die örtlichen Berichte, so weit unsere Nachrichten zurückreichen, und Wasser ist noch heute das Lebensblut des Landes. Immer wieder geschah es, daß Nomaden aus dem fernen Osten verdrängt und zur Wanderung und zu Masseneinfällen in Ostiran und Nordwestindien gezwungen

wurden. Um die Mitte des 2. Jahrhunderts v. Chr. war wiederum eine solche Völkerverschiebung im Gange.
Wir können uns hier nicht mit den Ereignissen an den Grenzen Chinas, in der fernen Mongolei, befassen, von wo aus sich die Hiung-nu, vermutlich die Vorfahren der Hunnen, gegen ein in chinesischen Quellen Yüeh-chih genanntes, eine indo-europäische Sprache sprechendes Volk wandten. Die Yüeh-chih wanderten nach Westen und verdrängten die Saka-Nomaden, die nun ihrerseits in Baktrien einfielen. Die erste Wanderung der Yüeh-chih vom Fernen Osten nach Westturkestan muß etwa in die Jahre um 165 v. Chr. fallen, während der zweite Vorstoß nach Baktrien in die Zeit um 130 v. Chr.[127] datiert werden kann. Justin (42, 2) berichtet von Saka-Söldnern in den Heeren Phraates' II., wo sie anscheinend mehr Verwirrung gestiftet als Hilfe geleistet haben. Zu einem späteren Zeitpunkt war Phraates gezwungen, gegen eine andere Saka-Horde zu marschieren, die, von Osten kommend, in Parthien eingefallen war und das Land geplündert hatte. In einer Schlacht gegen diese Saka fand Phraates um das Jahr 128 v. Chr. den Tod; die Saka aber wurden von den Yüeh-chih nach Süden und Osten abgedrängt. Man ist jetzt allgemein der Überzeugung, daß die Yüeh-chih die Vorfahren der Kušān waren und diese ihren Namen von einem Stamm der Yüeh-chih herleiteten. Ein anderer Stamm der Yüeh-chih waren vermutlich die Tochari; daß dieser Name eine andere Bezeichnung für das ganze Volk der Yüeh-chih gewesen sein könnte, ist weniger wahrscheinlich. Artaban II., der Onkel und Nachfolger Phraates', soll um das Jahr 123 v. Chr. von ihnen geschlagen und getötet worden sein.[128] Zum Glück für die Parther war der Nachfolger Artabans eine starke Herrscherpersönlichkeit, dem es gelang, die Nomaden zu besiegen und die parthische Autorität im Osten wiederherzustellen.
Mithridates II. (123–87 v. Chr.) war der Dareios des Partherreiches. Wie dieser hatte er zu Beginn seiner Herrschaft gegen zahlreiche Rebellen zu kämpfen, um die Ordnung wiederherzustellen. In Mesopotamien besiegte er vermutlich zuerst Himeros, der sich selbständig erklärt hatte. Dann schlug er den Herrscher von Characene, den Araber Hyspaosines; das lehren uns die überstempelten Münzen dieses Königs.[129] Darauf eroberte Mithridates die von den Saka besetzten Ostprovinzen zurück. Möglicherweise gab er den Befehl zur Ansiedlung der Saka in dem nach ihnen benannten Sakastan, dem heutigen Seistan, doch ist das Ausmaß seiner Eroberungen im Osten nicht genauer zubestimmen. Der parthische Herrschaftsbereich, wie Isidoros von Charax ihn in seinem Werk *Parthische Stationen* – vermutlich aus der Zeit des Kaisers Augustus – darstellt, dürfte die von Mithridates und seinen unmittelbaren Nachfolgern hergestellten Grenzen wiedergeben; aber das ist nur eine einleuchtende Vermutung.

Archäologische Ausgrabungen haben gezeigt, daß der Ansturm zentralasiatischer Nomaden die Entwicklung einer neuen Festungsbauweise in den Städten des gräko-baktrischen Reiches zur Folge hatte. In diesem Gebiet hatte es zwar schon vor Alexander dem Großen Städte gegeben, in der gräko-baktrischen Periode sind sie jedoch von starken und hohen, mit Türmen bewehrten und mächtigen Toren versehenen Mauern mit Verbesserungen gegenüber den älteren Bauperioden geschützt.[130] Daß das baktrische Königreich zahlreiche Städte besessen hat, ist durch klassische Quellen (z. B. Justin 41, 4.5) belegt, und wir dürfen damit rechnen, daß in ihnen Kunst, Handwerk und Gewerbe blühten. Die Ausgrabung einer gräko-baktrischen Stadt, die im Jahr 1964 am Zusammenfluß des Kokcha und Oxus im heutigen Afghanistan entdeckt worden ist, verspricht manche Lücke in unserem Wissen über das gräko-baktrische Reich zu schließen. Kunstgegenstände und der Befund archäologischer Ausgrabungen zeigen, daß sowohl die parthischen als auch die gräko-baktrischen Herrscher und die Aristokratie die wesentlichen kulturellen Impulse aus griechischer Überlieferung empfingen. Neben der griechisch beeinflußten Kunst existierte eine Volkskunst, ein weiterer Beweis für das oben erwähnte Nebeneinanderbestehen zweier Kulturen. Der Kunstgeschmack der parthischen Königsfamilie offenbart sich in den Statuen und Rhyta, die in Alt-Nisā, der alten Königsresidenz, zum Vorschein gekommen sind.[131] Die Abwandlungen, die der hellenistische Stil erfuhr, sind bereits an den Funden aus Nisā zu erkennen; in späterer Zeit kamen iranische Motive dazu, und es entwickelte sich ein iranischer Stil.

Die Herrschaft Mithridates' II. kann als ein Höhepunkt der parthischen Macht angesehen werden; klassische Quellen berichten, daß der König den Beinamen »der Große« erhielt.[132] Auf seinen Münzen erscheint der Titel »König der Könige« in griechischer Schrift und Sprache, ein weiterer Beweis für seine Macht und sein Ansehen. Später nahmen freilich auch Tigranes von Armenien, die Saka-Könige im Osten und sogar Pharnakes, der Herrscher des Kimmerischen Bosporus (etwa 63–47 v. Chr.) diesen Titel an. Neben seinen Eroberungen im Osten waren Mithridates Erfolge im Westen beschieden. Er besiegte Artavasdes I., den König von Armenien, und nahm dessen Neffen Tigranes, den späteren Großkönig von Armenien, als Geisel mit sich. Die Könige von Characene prägten auch weiterhin Münzen, aber sie standen vermutlich in einer Art Vasallenverhältnis unter der Oberherrschaft der Parther. Die Könige von Elymais, dem heutigen Khuzistan, und der Persis, dem heutigen Fārs, befanden sich in einer ähnlichen Situation. Auch in Mesopotamien führte die Auflösung der seleukidischen Macht dazu, daß Statthalter von Provinzen wie Adiabene – die Gegend um das heutige Kirkuk – kleine Königreiche gründeten. Während der Herrschaft des Mithridates scheinen sich auch die großen Lehensfamilien auf ihrem Lehensbesitz auf dem iranischen Plateau festgesetzt zu haben; freilich haben die großen Adelsgeschlechter das Leben im Iran während der ganzen Zeit von den Achämeniden bis zur Eroberung durch die Araber bestimmt. In dieser Zeit stiegen vermutlich die dem Haus des Aršak verwandten Fürstengeschlechter zur neuen herrschenden Aristokratie empor.

Das Adelsgeschlecht der Sūrēn dürfte Seistan als Lehen erhalten haben, nachdem Mithridates die Saka besiegt und seßhaft gemacht hatte; allerdings könnte dies auch später unter Volagases I. (etwa 51–80 n. Chr.) geschehen sein. Der parthische General, der Crassus bei Carrhae besiegte, gehörte dem Geschlecht Sūrēn an; später, in sassanidischer Zeit, hatte ein Mitglied dieser Familie die höchste Machtstellung nach dem König im Land inne.[133] In einigen Quellen erscheint der Familienname fälschlich als Titel, durch Inschriften ist jedoch erwiesen, daß es sich tatsächlich um den Namen eines Adelsgeschlechts handelte. Die Familie Kārēn besaß ausgedehnte Ländereien in Medien mit dem Hauptsitz bei Nihawend; armenischen Quellen zufolge verlor sie Macht und Grundbesitz, als die Sassaniden zur Herrschaft kamen.[134] Da diese Nachricht weder durch Inschriften noch bei späteren Erwähnungen der Adelsfamilie bestätigt wird, müssen wir annehmen, daß nur ein Zweig des Geschlechts betroffen war. In den Quellen, die sich auf die Partherzeit beziehen, werden als einzige die beiden Geschlechter Sūrēn und Kārēn genannt, doch müssen später erwähnte weitere Adelsgeschlechter, wie z. B. die in sassanidischen Inschriften und klassischen Quellen genannte Familie Spāhpat (armenisch Aspahapet), bereits in parthischer Zeit existiert haben. Die Familie Spāhpat könnte ein Zweig des Hauses Kārēn gewesen sein und ihren Hauptsitz in Kōmis, in der Nähe des heutigen Damghan gehabt haben, aber die Nachrichten darüber sind spärlich und verworren.[135] Es sind noch weitere Namen gefunden worden, wie z. B. Gevpuhr in Hyrkanien – das heutige Gurgān. Diesem Geschlecht entstammte vielleicht Gotarzes I. (etwa 90–80 v. Chr.), aber das ist nur eine Vermutung.[136] Erwähnt wird auch die Familie Mihrān, deren Hauptsitz sich vielleicht in Raghes, dem heutigen Teheran befunden hat. Sie könnte eine Seitenlinie des Geschlechts Spāhpat gewesen sein.[137] Es führt zu weit, Vermutungen über andere Namen wie Zek, Varaz, Andegan und Spandiyad vorzutragen, die in sassanidischer Zeit auftauchen und die wohl sämtlich feudalen Adelsgeschlechtern gehörten. Manche von ihnen haben ihre Ursprünge jedoch zweifellos in arsakidischer Zeit.

Die Zunahme an Titeln, die während der Partherherrschaft zu beobachten ist, kann als Folge der feudalen Tendenzen im Arsakidenreich erklärt werden. Der Satrapentitel war freilich so abgewertet, daß er schließlich zur Amtsbezeichnung des Statthalters von einem Teil einer ehemaligen achämenidischen großen Provinz geworden war; in sassanidischer Zeit bezeichnete dieser Titel nur noch den Bürgermeister einer Stadt mit den umliegenden Dörfern. Eine Untersuchung einiger Titel, die uns in verschiedenen Quellen begegnen, wird die hierbei auftauchende Problematik zeigen. Vor allem muß man sich des Unterschieds zwischen Rängen, Ehrenämtern und Ämtern bewußt sein, wenn das in den Quellen auch keineswegs klar ausgedrückt wird, und man muß damit rechnen, daß sich diese Bezeichnungen sowohl während der Partherzeit als auch in sassanidischer Zeit in ihrem Wert und ihrer Bedeutung wandelten.

Was die soziale Schichtung anbetrifft, so wurde bereits auf die großen Adelsgeschlechter hingewiesen, die zusammen mit dem Königshaus der Arsakiden die hohe Aristokratie bildeten. Sie sind etwa zu vergleichen mit den Herrschern großer Provinzen *(šahrdār)* und Mitgliedern der großen Lehens-Familien *(vāspuhr)* sassanidischer Zeit.[138] Im parthischen Reich hat es, zumindest in der Zeit, mit der wir uns hier beschäftigen, d. h. der Zeit vor Augustus, wohl keine ausgeprägte Einteilung in Klassen gegeben wie im sassanidischen Reich. Die beiden anderen Klassen der Sassaniden, vermutlich auch ein Erbe aus spätparthischer Zeit, waren »die Großen« *(vuzurgān)* und »die Freien« *(āzādān)*. Beide Klassen könnten zwar schon früher existiert haben, aber wir haben keine Belege für »die Großen«, während »die Freien« für die parthische Zeit als eine verhältnismäßig kleine Schicht in klassischen Quellen erwähnt werden.[139] Man ist geneigt, »die Freien« mit den Rittern des westeuropäischen Mittelalters zu vergleichen. Die alte religiös gebundene Struktur der iranischen Gesellschaft, die in drei Klassen – Krieger, Priester und Volk – oder später in vier Klassen – Krieger, Priester, Schreiber und Handwerker – eingeteilt ist, bietet zahlreiche Probleme. Zweifellos hat es eine gesellschaftliche Schichtung gegeben, die etwa dem indischen Kastensystem vergleichbar ist, doch läßt sich die gesellschaftliche Ordnung im parthischen Iran nicht fassen. Die vorher genannten verschiedenen Ränge der Aristokratie gehören alle der Kriegerkaste an. Die Priester und das Volk sollen später behandelt werden. Für die parthische Zeit bieten die Quellen natürlich eine Mischung iranischer und hellenistischer Titel, deren Interpretation nicht einfach ist. Ein Darlehensvertrag aus Dura-Europos bietet ein gutes Beispiel dafür.[140] Metolbaessas, einer der hohen Beamten, gehörte dem Orden der »ersten und geehrten Freunde und Leibwächter« an, ein Rang, der in leicht veränderter Form aus seleukidischer Zeit übernommen ist. Im Iran entspricht dieser Rang vielleicht dem der Vāspuhrakān. Metolbaessas hatte die Stellung oder das Amt eines Garnison-

Kommandeurs inne. Ein anderer Beamter, in einem höheren Rang, war Manesos, der Sohn des Phraates, Statthalter von Mesopotamien und Parapotamia und Herrscher über die Araber der umliegenden Gebiete. Er war Mitglied der *batēsa*, vermutlich ein iranischer Orden hohen Ranges, und Ritter, wenn man den verderbten Text als die griechische Entsprechung für *āzādān* interpretieren darf. Die Etymologie von *batēsa* ist unsicher, doch bezeichnet der Ausdruck vermutlich einen Orden oder einen Rang, nicht aber ein hohes Amt. Der Gläubiger in diesem Vertrag ist der Eunuch Phraates, einer der Leute des Manesos. Er war nicht Angehöriger eines Ordens, sondern hatte das Amt eines *(h)arkapatēs* inne. Dieser Titel besagt, daß Phraates den Frondienst leitete und vielleicht auch mit der Einnahme von Steuern beauftragt war. Später, in frühsassanidischer Zeit, erhielt dieser oder ein anderer gleichlautender Titel einen höheren Wert. Die zahlreichen Titel mit der Bedeutung »Bevollmächtigter«, »Erster« oder »Zweiter Befehlshaber« erschweren das Verständnis der zweifellos komplizierten parthischen Rangordnung. In der feudalen Struktur des parthischen Reiches könnte der Grund für die verwirrende Vielfalt feudaler Ränge, erblicher Rechte und Ämter zu suchen sein. Die Ämter und Ehrentitel sind dem Außenstehenden, der sich mit der Geschichte Irans beschäftigte, von jeher verwirrend erschienen.

Auf die Entwertung des Satrapenamtes, das in den Nisā-Ostraka unter dem aramäischen Wort *PḤT'* erscheint, wurde bereits hingewiesen. Mit Hilfe dieser Ostraka läßt sich eine Hierarchie der Beamten, die den östlichen Iran verwalteten, aufstellen.[141] Die kleinste Verwaltungseinheit im parthischen Stammland bildete das Gebiet von einem *diz*, das ein *dizpat*, wörtlich »Herr der Festung«, verwaltete. Der *dizpat* unterstand dem Satrapen, dem Vorstand eines Distriktes, der viele kleine Bezirke mit je einem *dizpat* umfaßte. Über dem Satrapen stand der *marzbān*, wörtlich »Schützer der Grenze«, er war vermutlich das östliche Äquivalent des *stratēgos* oder »Statthalters« im westlichen Teil des arsakidischen Herrschaftsbereiches. Andere untergeordnete Beamte, wie Hauptschreiber, Schatzmeister und ähnliche, die in den Nisā-Ostraka erscheinen, wurden natürlich überall gebraucht. Ein Vergleich der Urkunden von Nisā mit denen von Dura-Europos zeigt deutlich, daß die Verwaltung in den einzelnen Landesteilen des Partherreichs unterschiedlich aufgebaut war und daß es auch Unterschiede in der Beamtenhierarchie gegeben haben muß.

Über das Volk im Partherreich, seine Organisation und seine Lebensweise ist nichts bekannt. Wir wissen zwar, daß es Sklaven gegeben hat, aber der Unterschied zwischen Leibeigenen und Sklaven ist nicht klar zu erkennen. Römische Kriegsgefangene wurden vermutlich als Sklaven behandelt, über ihre Stellung, verglichen mit der der Haussklaven, existieren jedoch keine Nachrichten. Die Priester oder Magier behaupteten zweifellos eine hohe Stellung innerhalb der Gesellschaft, doch gibt es für die Partherzeit keine Belege für eine organisierte Kirche und eine Priesterhierarchie. Ihre Hauptaufgabe fanden die Priester wohl in der Ausführung der kultischen Handlungen und der Wartung der heiligen Feuer, aber auch hier lassen uns die antiken Nachrichten im Stich.

Wenden wir uns der Religion, Literatur und Kunst im Partherreich zu, so macht sich der gleiche Mangel an ausreichenden Quellen bemerkbar wie auf dem Gebiet der politischen und der Gesellschaftsgeschichte. Da die Überlieferung über den Zoroastrismus und andere Religionen dieselbe merkwürdige Lücke aufweist, ist man hier in noch höherem Maß auf Vermutungen angewiesen. Wir wissen zwar, daß es in Anatolien und Mesopotamien Feuerpriester gegeben hat, aber die »Magier« außerhalb Irans unterschieden sich wahrscheinlich von den Priestern des iranischen Plateaus. Eine Überprüfung des spärlichen Nachrichtenmaterials des partherzeitlichen Irans läßt eine Reihe religiöser Probleme erkennen, die eingehender behandelt werden sollten. Die Ostraka von Nisā geben, abgesehen von dem häufigen Vorkommen des Namens Mithras in zusammengesetzten Personennamen, wie Mithradat, Mithrabōxt, Mithrafarn, keine Auskunft über Angelegenheiten der Religion. Weitere theophore Namen sind Spandatak, Srōshak, Tīr, Vahuman und Ohrmazdīk, die alle dem zoroastrischen Glaubensbereich angehören. Das Wort *magus* erscheint einmal in der heterographischen Schreibung *MGWŠH;* das ist merkwürdig, denn dieses Wort ist vermutlich schon in achämenidischer, wenn nicht sogar noch früherer Zeit als Lehnswort aus dem Iranischen übernommen worden.[142] Dieses semitisierte Wort stellt uns vor die Frage, ob sich Unterschiede zwischen einem *magus* Parthiens und jenen in griechischen Quellen *magusaioi* genannten Priestern Anatoliens und Mesopotamiens feststellen lassen.

Die elfenbeinernen Rhyta von Nisā sind mit figürlichen Darstellungen geschmückt, deren Themen meist der griechischen Mythologie entnommen sind. Andere iranische Kunstgegenstände der gleichen Zeit bezeugen die Popularität der Kulte des Herakles und des Dionysos. So haben wir bei dem Material von Nisā den widersprüchlichen Befund, daß in den schriftlichen Urkunden zoroastrische Elemente, in den Werken der bildenden Kunst dagegen griechische Züge vorherrschen. Aber die Funde von Nisā stammen aus der Zeit, in der die beiden Kulturen noch getrennt und nicht zu einem Synkretismus, wie wir ihn später, z. B. im Mithraismus, finden, verschmolzen sind. Einige Gebiete Irans hielten vermutlich am Zoroastrismus fest und pflegten ihn als die wahre iranische Religion, während es in anderen Gebieten zu einer Verschmelzung der verschiedenen religiösen Richtungen und Riten kam. Man darf sicher nicht erwarten, daß die Religion der Magier in Mesopotamien oder in Anatolien mit dem Glauben und den kultischen Handlungen der Magier im Iran identisch gewesen wäre oder daß die Priester im westlichen Iran notwendigerweise Anhänger des gleichen Glaubens gewesen wären wie die Priester im Osten. Die unter dem Namen Zervanismus bekannte religiöse Bewegung innerhalb des Zoroastrismus z. B. scheint in Mesopotamien und Westiran mehr Anhänger gehabt zu haben als im Osten. Der Zervanismus, über den viel geschrieben worden ist, läßt sich charakterisieren als der Glaube an die Oberherrschaft des Zervan — der Zeit — über seine beiden Söhne, die Gottheit des Guten, Ohrmazd, und die Gottheit des Bösen, Ahriman. Das Philosophieren über die Zeit, eine geistige Beschäftigung aller Zeiten, wurde während der Partherzeit zu einer Modeerscheinung, und die Rolle, die Zervan im Mithraismus und im Manichäismus spielt, zeigt, wie der Glaube an das Schicksal nicht nur den Zoroastrismus, sondern auch andere Religionen beeinflußt hat. Es ist das Verdienst F. Cumonts, darauf hingewiesen zu haben, daß sich der Zervanismus als Theologie oder geistige Richtung in Mesopotamien zuerst unter dem Einfluß der babylonischen Astrologie entwickelt hat. Als synkretistische Bewegung hatte er eine so umfassende Wirkung erlangt, daß einige christliche Autoren späterer Zeit den Zervanismus für die offizielle und vorherrschende Religion des sassanidischen Reiches hielten.[143] Obwohl der Zervanismus ursprünglich im Iran beheimatet war, fand er unter der breiten Masse der Iranier im parthischen Herrschaftsbereich, die im allgemeinen anscheinend tolerante Zoroastrier gewesen sind, kaum viele Anhänger. Der Mithraismus, wie man ihn als religiöse Bewegung im römischen Reich kennt, hatte sich, worauf Plutarch hinweist[144], vermutlich unter den *magusaioi* Anatoliens entwickelt. Die Ursprünge vieler mithraistischer Vorstellungen sind jedoch mit Sicherheit im Iran, vor allem in zervanistischen Kreisen zu suchen. Aber das soll nicht heißen, daß der Mithraismus voll entwickelt vom Iran ausgegangen wäre, auch dürfen wir nicht schließen, daß der Zervanismus ein »einheimischer Mithraismus« im Iran gewesen wäre. Auf iranischem Boden haben die Archäologen kein einziges Mithräum gefunden; im übrigen gibt es im parthischen Iran überhaupt keine Anzeichen für eine Religion mit organisiertem Kult, einer Priesterhierarchie und heiligen Schriften. Weder der Königskult[145], in dessen Bereich auch das alte Pferdeopfer gehört, noch im Volk verwurzelte religiöse Bräuche, wie z. B. die kultische Verehrung von Familien-Ikonen oder -Idolen, kann als zoroastrisch erklärt werden. Trotz der Vielfalt der religiösen Bräuche, der Glaubensrichtungen und Kulte dürfen wir doch damit rechnen, daß während der ganzen Partherzeit ein zoroastrischer Kern, der das Verbindungsglied zwischen der Religion der Achämeniden und dem Glauben der Sassaniden bildete, erhalten geblieben ist. Der Zoroastrismus der Partherzeit muß jedoch Wandlungen erfahren haben, die nicht leicht zu verfolgen sind, denn einerseits fehlt es an ausreichenden Quellen, andererseits wurde die Meinung des Westens über die Religion des Iran durch das Wirken der iranischen Diaspora in Mesopotamien und Anatolien sowie durch spätere Religionen, wie Mithraismus und Manichäismus, zu einseitig bestimmt.

Wir können hier nicht auf die Frage eingehen, ob bereits in parthischer Zeit zoroastrische Schriften abgefaßt worden sind. Ein Teil des *Awesta*, das sogenannte *Vendidad* (eigentlich *Videvdat* »antidämonisches Gesetz«), könnte unter parthischer Herrschaft kodifiziert worden sein, da in diesem Buch griechisch-römische Maßbezeichnungen vorkommen.[146] Die Frage, ob in parthischer Zeit bereits ein geschriebenes *Awesta* existierte und in welcher Sprache und Schrift es abgefaßt war, wirft zahlreiche Probleme auf; es ist jedoch nicht damit zu rechnen, daß es eine kanonische Sammlung der *Awestatexte* gegeben hat. Andererseits war die schriftliche Übermittelung bekannt, und sicherlich sind manche religiöse Texte wahrscheinlich in verschiedenen Schriftsystemen und sogar in verschiedenen Sprachen aufgeschrieben worden. Die mündliche Überlieferung wurde gewiß von Priestern gepflegt; aber auch Epen und andere literarische Stoffe sind mündlich weitergegeben worden. Leider sind nur sehr geringe Reste der parthischen Sprache erhalten. Die Ostraka von Nisā, ein auf Pergament geschriebener Vertrag von Awroman in Kurdistan und ein paar Inschriften sind alles, was wir aus parthischer Zeit besitzen. Sämtliche Texte sind in ideographischem Aramäisch geschrieben; so schrieb man z. B. das Wort »Sohn« mit dem aramäischen Wort *BRY*, sprach es aber als parthisches Wort *puhr* aus. Das schwerfällige Schriftsystem der Parther, das sich des von der achämenidischen Verwaltung übernommenen Aramäischen bediente, hat zweifellos eine weitere Verbreitung der Kunst des Lesens und Schreibens unter den Parthern verhindert. Die parthische Sprache ist zwar in manichäischen Dokumenten erhalten, die in Chinesisch-Turkestan entdeckt worden sind, aber sie stammen aus späterer, nachsassanidischer Zeit. Der Inhalt dieser Urkunden – es sind vorwiegend Hymnen – reicht freilich in viel ältere Zeit zurück, aber für die parthische Literatur ist er nicht sehr aufschlußreich. Nur aus späteren mittel- und neupersischen Texten, die, wie z. B. der neupersische Roman *Vīs und Rāmīn*, älteres, allerdings überarbeitetes, parthisches Material enthalten, läßt sich die parthische Literatur erschließen. Aus der Untersuchung solcher literarischer Werke darf man folgern, daß während der Partherzeit Epik und Spielmannsdichtung in Blüte standen. Und gerade das würde man von einem »Heldenzeitalter« – der Name »Parther« selbst lebt in veränderter Form in dem heutigen *pahlavān* »Held« fort – erwarten. Eine Untersuchung der parthischen Wörter im Armenischen und das Studium der epischen Gesänge der Osseten, eines heute im nördlichen Kaukasus lebenden iranischen Volkes, vermittelt weitere Erkenntnisse über die mündlich überlieferte parthische Literatur. Den *gōsān* (armenisch *gusan*), den Spielleuten oder fahrenden Sängern, verdanken wir wahrscheinlich das Weiterleben der alten Heldensagen, die ihre endgültige Fassung in Firdōsīs *Šāhnāme*, dem Epos der Geschichte des vorislamischen Iran, erhalten haben. Sicherlich hat es eine Reihe von Sagenkreisen gegeben, wie etwa die in Seistan beheimateten Erzählungen von der Adelsfamilie Rustam, die vielleicht bei den Saka entstanden sind.[147] Aber nur das, was Firdōsī in sein Werk aufgenommen hat, ist davon übriggeblieben. Immerhin findet man in verschiedenen späteren Büchern Belege für die Popularität, deren sich die epische Dichtung einstmals im Iran erfreute. Die zahlreichen Nachdichtungen des *Šāhnāme* in der modernen persischen Dichtung, wie das *Barzunāme, Khāvarnāme* und andere Epen zeigen, daß das Volk auch heute noch eine Vorliebe für diese Literaturgattung hat. Der gleiche Geist, der sich in dem von der parthischen adligen Gesellschaft geförderten Heldenepos offenbart, ist auch in den erhaltenen Werken der bildenden Kunst zu verspüren. Jagdszenen, Darstellungen von Rittern im Zweikampf, von Reitern im fliegenden Galopp finden wir in Werken aus Stein, Metall und Stuck. Das ursprünglich vielleicht als hieratisches Ausdrucksmittel angewandte Prinzip der Frontalität bei der Darstellung von Gottheiten und Heroen fand während der Partherzeit eine so weite Verbreitung, daß es ein Kennzeichen der parthischen Kunst geworden ist. Das charakteristische Gewand des Parthers, eine, zuweilen durch Gamaschen ergänzte, in weichen Falten fallende Hose und eine darüber getragene Tunika, wurde zu einer weitverbreiteten modischen Tracht im Nahen Osten.[148] Die parthische Architektur, so wenig auch davon erhalten ist, zeigt in ihrem Gewölbe- und *aivan*-Bau ausgeprägt eigene Züge, wie sie sich auch in der Münzprägung, der Tracht und der frontalen Darstellung in der bildenden Kunst ausdrücken. Wir sollten nicht immer wieder fragen, ob diese eigentümlichen Züge parthischen Ursprungs sind, sondern warum sie, wie man es nennen möchte, ihre Kanonisierung durch die Parther erfahren haben. Trotz des lockeren und feudalen Charakters des Arsakidenreiches haben die Parther eine überraschende Einheit der Kultur bewahrt. Diese kulturelle Solidarität ist ein wichtiger Grundzug der iranischen Geschichte. Wenn römische Autoren schreiben, daß die Welt zwischen Römern und Parthern geteilt sei, haben sie damit nicht nur die politische oder militärische, sondern in gleicher Weise, und vielleicht in erster Linie, die kulturelle Teilung im Sinn. Zur Zeit des römischen Reiches war es, als ob sich zwei große Kulturen mit den ihnen eigenen, ganz bestimmten Daseinsformen und Traditionen gegenüberstünden. Aber während sich die Römer bei der Weitergabe ihres eigenen Erbes an die westeuropäischen Länder in hohem Maß griechisches Kulturgut aneigneten, führten die Parther, indem sie zwar vieles von den Griechen übernahmen, die einheimische alte achämenidische Tradition fort und gaben sie an die Sassaniden weiter. So hat Parthien in gewissem Sinn das Vermächtnis des Orients bewahrt, während Rom der Repräsentant des neueren Westens werden sollte. Die geistige und kulturelle Verschiedenheit der beiden großen Mächte hat bereits zu dieser Zeit zu einer Vorstellung geführt, für die spätere Jahrhunderte den Kampfruf »Ost ist Ost und West ist West« geprägt haben.

Wir sind nur kurz auf Religion, Literatur und Kunst der Parther eingegangen, aber wir mußten zumindest erwähnen, wie das parthische und das römische Reich den Nahen Osten unter sich aufteilten. Fast ein Jahrtausend lang – seit dem Tod Alexanders des Großen bis zur Eroberung durch die Araber – blieb der Nahe Osten geteilt, obwohl die Idee von der Einheit des riesigen Gebietes Parther wie Römer inspirierte, denn für die Parther war das Vermächtnis der Achämeniden, für die Römer das Alexanders des Großen eine dauernde Verpflichtung. So hat die ruhmvolle Vergangenheit Ziel und Handeln bei Parthern und Römern mitbestimmt.

Es ist bemerkenswert, daß das erfolgreiche Vordringen der Römer im Nahen Osten in den Jahren 66–62 v. Chr. unter dem Oberbefehl des Pompeius in die gleiche Zeit zu fallen scheint, in der der Arsakidenkönig Phraates III. ein großes Gebiet im Osten verlor. Um die Mitte des 1. Jahrhunderts v. Chr. war ein großes indisch-parthisches Königtum entstanden, das Seistan und das Gebiet des heutigen südlichen Afghanistan beherrschte. Sehr schwierig ist es, die Münzen der Saka und der Parther aus diesem Gebiet voneinander zu trennen. Deshalb behandelt man sie gewöhnlich als eine Gruppe und bezeichnet sie als Münzen der Saka-Pahlava (parthischen)-Könige von Afghanistan und Nordwestindien. Auf diesen Münzen erscheinen Namen, wie der des Saka Azes und die parthischen Namen Vonones, Gondaphernes und Pakores. Im 1. Jahrhundert v. Chr. zerfiel das Gebiet des heutigen Afghanistan wahrscheinlich in zahlreiche kleine Königtümer, die größtenteils in den Bergen des Hindukusch lagen und von Nachfahren der Gräko-Baktrier beherrscht wurden; andere befanden sich in den Händen zentralasiatischer Eindringlinge. Das Pahlava-Reich im östlichen Iran – wir übernehmen hier die indische Bezeichnung, um es von dem arsakidischen Königreich in Westiran zu unterscheiden – eroberte vermutlich die letzten gräko-baktrischen Königtümer im Bereich des Hindukusch, brach aber später selbst auseinander.[149] Das Emporkommen der Kušān und das Schicksal der Pahlava können wir hier nicht eingehend behandeln. Jedenfalls hat sich die Herrschaft der Arsakiden niemals bis zum Indus oder bis zu den Gebieten jenseits des Oxus, nach Zentralasien, erstreckt. Selbst Seistan und Herat blieben umstrittene Gebiete. Zur Zeit Christi hatte der indo-parthische König Gondaphernes vermutlich sogar das Land um Kirman, westlich von Seistan, erobert.[150] Im Westen dehnten die Parther ihre Herrschaft jedoch weiter aus, indem sie die von den zurückweichenden Seleukiden geräumten Gebiete übernahmen. Aber es gab noch andere, die auf das Erbe der Nachfolger Alexanders Anspruch zu haben meinten. Tigranes der Große von Armenien nahm den Titel eines Königs der Könige an und vergrößerte sein Königreich bis nach Syrien und Mesopotamien hinein, während Mithridates von Pontos ebenfalls ein Reich gründete. Innere Kämpfe um die Thronfolge hinderten die Parther eine Zeitlang, eine beherrschende Stellung in Mesopotamien zurückzugewinnen. Schon vor dem Tod Mithridates' II. im Jahr 87 v. Chr. hatte sich ein Gegenkönig, Gotarzes I., erhoben. Die Chronologie der Regierungen ist unsicher, doch dürfen wir sie wohl in folgender Weise rekonstruieren:

Gotarzes I. etwa 91–80 v. Chr.
Orodes I. etwa 80–77 v. Chr.
Sinatrukes etwa 77–70 v. Chr.
Phraates III. etwa 70–57 v. Chr.

In den Jahren zwischen 57 und 54 v. Chr. kämpfte Mithridates III. mit seinem Bruder Orodes II. um den Thron; aus diesem Kampf ging Orodes schließlich als Sieger hervor. Wäre Crassus ein Jahr früher in parthisches Gebiet einmarschiert, so hätte er möglicherweise Erfolg gehabt, aber der parthische Bürgerkrieg war beigelegt, ehe es zu der Katastrophe von Carrhae (Harran) kam.

Weder die Römer noch die Parther hatten vor der Schlacht bei Carrhae die Macht und Bedeutung des Gegners richtig erkannt, denn Armenien unter Tigranes und selbst das von Mithridates beherrschte Pontos hatten sich als wirksame Puffer zwischen den beiden Mächten erwiesen. Immerhin hatten die Parther eine weit bessere Vorstellung von der Macht, die ihnen gegenüberstand, als die Römer.[151] Die Auseinandersetzung bei Carrhae hatte die Entstehung des Machtkampfes zwischen dem Partherreich und Rom zur Folge, das unmittelbare Ergebnis war jedoch, daß nun der Euphrat die Grenze zwischen den beiden Mächten bildete und daß sich der armenische König und andere kleinere Fürsten auf die Seite der Parther stellten. Über zehn Jahre lang wartete Rom auf eine Gelegenheit, die Niederlage von Carrhae zu rächen, doch die Bürgerkriege daheim verzögerten ein

solches Unternehmen. Schließlich forderten die Parther einen Gegenangriff heraus, als Pakores, der Sohn des Orodes, im Jahr 40 v. Chr. in Syrien und Palästina einfiel. Es ist einleuchtend, daß die Politik der Parther darum bemüht sein mußte, gegen die Römer gerichtete Bündnisverträge mit den lokalen Königen abzuschließen, aber hier blieb der Erfolg aus. Als Pakores im Jahr 38 v. Chr. auf dem Schlachtfeld fiel, wandte sich das Geschick zugunsten der Römer.
Antonius' Einmarsch in Armenien im Jahr 36 v. Chr. hätte jedoch beinahe mit einer Katastrophe für die Römer geendet; aber der Kampf zwischen dem Vasallenkönig von Medien und Phraates IV. (etwa 38–2 v. Chr.), der das Partherreich erschütterte, gab Antonius die Möglichkeit, im Jahr 33 v. Chr. das verlorene Gebiet in Armenien zurückzugewinnen. Der Bürgerkrieg zwischen Antonius und Octavius wiederum ließ Phraates freie Hand, um die parthische Oberherrschaft über Medien wiederherzustellen und einen proparthischen Herrscher in Armenien zu stützen. Aber der Fluch der parthischen Herrschaft, Anschläge der Verwandten des Königs, sich des Throns zu bemächtigen, ließen Phraates nicht zur Ruhe kommen. Während mehrerer Jahre mußte er gegen einen gewissen Tiridates kämpfen, der etwa fünf Jahre lang (30–25 v. Chr.) eigene Münzen prägte. Die Regierung des Augustus sicherte den Frieden im römischen Reich, und gleichzeitig wuchs der Einfluß Roms im Nahen Osten. Was die römischen Waffen nicht vollbracht hatten, gelang der römischen Diplomatie. Während der beiden folgenden Jahrhunderte war der römische Einfluß in dem ganzen Gebiet vorherrschend, wenn es den Römern auch niemals wieder gelang, Mesopotamien zu besetzen und zu halten. Das raffinierte Eingreifen der Römer in die internen Angelegenheiten der Parther wurde für diese noch gefahrvoller wegen der wachsenden Macht der parthischen Aristokratie, die, in einem Rat formiert, dem König ebensooft Widerstand leistete, wie sie ihm Ratschläge erteilte. Man darf nicht vergessen, daß das Gebiet, das dem parthischen König direkt unterstand, nicht sehr umfangreich war; es umfaßte das eigentliche Parthien, die zentralen Teile Irans und Mesopotamien und war vermutlich nicht viel größer als das von den Seleukiden zur Zeit des ersten Arsakidenaufstandes beherrschte Gebiet. Es existierten noch eine Reihe halbautonomer Städte seleukidischer Gründung im Herrschaftsbereich des Großkönigs; die bedeutendste unter ihnen war Seleukeia am Tigris. Die Vasallenstaaten im Westen, Osroene (Edessa), Gordyene, Adiabene im nördlichen Mesopotamien und Mesene oder Characene und Elymais im Süden waren vermutlich durch Verträge mit Parthien verbunden, während die Herrscher von Armenien, Medien und der Persis dem parthischen Großkönig häufig Widerstand leisteten. Es gab freilich viele Könige im parthischen Reich,

aber der ehrgeizige Anspruch des arsakidischen Oberherrn, König über alle diese Könige zu sein, war oftmals nicht gerechtfertigt.

Abschließend wenden wir uns der Frage zu, warum so wenige griechische Nachrichten über die Parther auf uns gekommen sind. Arrian hat eine Geschichte Parthiens geschrieben; wir wissen von den Werken des Apollodoros von Artemita und von einem unbekannten Autor, der den Trogus-Fragmenten als Quelle diente. Demnach hat es Geschichtswerke über die Parther gegeben, die zumindest die Zeit bis zum Tod Mithridates' II. behandelt haben. Vielleicht sind diese Werke verlorengegangen, weil sich niemand für sie interessierte. Schließlich erlosch die Kenntnis der griechischen Sprache im Osten, im Westen blickte alles auf Rom. Die römischen Autoren beschäftigten sich nur mit der römisch-parthischen Rivalität, für die sich ihre Leser interessierten. Die Teilung der Welt wurde von nun an als eine vollendete Tatsache hingenommen, und dieses »Dogma« hat, wie schon erwähnt, lange Zeit Geltung besessen.

ε) *Die Suche nach den Grenzen*

Nicht planvolles Vorgehen, sondern Kriege hatten allmählich das Imperium geschaffen. Eine Provinz nach der anderen war hinzugekommen, ohne daß man sich über geographische Notwendigkeiten Gedanken gemacht hätte. Caesar hatte wohl die Tragweite dieses Problems begriffen, er hatte jedoch keine Zeit mehr zu seiner Lösung gehabt — diese Aufgabe überstieg wohl auch die Kräfte eines Menschen. Man kann sogar sagen, daß das römische Reich zugrunde ging, ohne daß diese Aufgabe bewältigt worden wäre. Augustus bemühte sich um die Bewältigung der Schwierigkeiten, die in den wichtigsten Gebieten auftauchten. Wir sagten bereits, wie er das Bindeglied zwischen den östlichen Provinzen und dem Westen fest in seine Hand zu bekommen versuchte.[152] Er konnte sich damals von der Bedeutung dieser Grenze überzeugen, die, wenn sie unzureichend gesichert bliebe, Italien den Barbaren ausliefern würde. Die Hauptsorge des Augustus scheint der Sicherung der Halbinsel gegolten zu haben. Um dieses Ziel zu erreichen, erschien es ihm unumgänglich, den Frieden in den Provinzen Spanien und Gallien endgültig herzustellen. Er beauftragte zunächst Valerius Messalla im Jahr 28, einen Aufstand der Aquitanier niederzuwerfen. Danach schickte er, während er selbst in Spanien gegen die Kantabrer Krieg führte, Terentius Varro Murena gegen die Salasser, die im Aostatal lebten.[153] Die Salasser wurden zum größten Teil deportiert und als Sklaven verkauft. Die Stadt *Augusta Praetoria* (Aosta) wurde gegründet.

Neun Jahre lang wurden keine Operationen mehr gegen die Bewohner der Alpen unternommen. Aber im Jahr 16 befriedete

P. Silius Nerva, der Illyrien regierte und im Krieg gegen die Kantabrer Erfahrungen in der Kriegsführung im Gebirge gesammelt hatte, die Alpentäler zwischen dem Gardasee und Julisch-Venetien.[154] Diese Operationen waren das Vorspiel einer großangelegten Offensive, die das Ziel verfolgte, vom Süden und Westen her gleichzeitig in das Gebiet der Zentralalpen einzudringen. Im Jahr 15 v. Chr. zog Drusus das Etschtal hinauf und erreichte über den Brenner das Inntal. Eine andere Abteilung zog unter dem Befehl des Tiberius das Rheintal hinauf mit dem Ziel, sich mit den Truppen des Drusus zu vereinigen. Die Entscheidungsschlacht gegen die Bewohner von Vindelicien fand an den Ufern des Bodensees im Jahr 15 v. Chr. statt. Vielleicht war mit Absicht das Datum des 1. August, des Tages, an dem Alexandria eingenommen worden war, wegen seiner Bedeutung im dynastischen Kalender gewählt worden. Dieser Sieg ermöglichte Augustus die Bildung von zwei neuen Provinzen: Rätien und Norikum. Rätien umfaßte zusammen mit Vindelicien, das von ihm abhängig war, die Ostschweiz, Nordtirol und Südbayern. Norikum, ein altes Vasallenkönigreich, erstreckte sich zwischen Rätien und der Donau. Diese beiden Provinzen waren ein Bollwerk zum Schutz der Zugangsstraßen nach Italien.

Bald nach diesen Siegen in den Zentralalpen begannen andere Feldzüge zur Befriedung der Südalpen. Die Bildung der Provinz der *Alpes Maritimae* geht auf das Jahr 14 zurück. Zu gleicher Zeit wurde ein Königreich der *Alpes Cottiae* geschaffen (in dem Gebiet des Mont Genèvre), das einem einheimischen romanisierten Prinzen, M. Julius Cottius, übergeben wurde. Diese und ähnliche Operationen führten im Jahr 6 v. Chr. zur vollständigen Sicherung der Straßen zwischen Gallien und Italien, die ein Siegesdenkmal auf dem höchsten Punkt der Küstenstraße (im heutigen La Turbie) verherrlichte.

Die Einnahme der Alpen hatte die Legionen bis an die Ufer der Donau von ihrer Quelle bis nach Wien geführt. Es war ein verlockender Gedanke, dieses Gebiet mit Makedonien zu verbinden und eine kürzere und sicherere Umgehungsstraße zu bauen an Stelle der üblichen, der *Via Egnatia,* die die Überquerung der Adria zwischen Brindisi und Apollonia erforderlich machte. Außerdem würde es möglich sein, die fortgesetzt rebellierenden Bergbewohner zwischen der Donau und der dalmatischen Küste fester in die Hand zu bekommen, indem man sie vom Rücken her in Schach hielt. Diesem doppelten Ziel galt der Krieg in Pannonien, der von Agrippa und Tiberius zwischen 13 und 9 v. Chr. geführt wurde. Er führte zur Bildung der Provinz Pannonien (im heutigen Westungarn) und der Provinz Mösien (zwischen der Mündung der Drau und dem Schwarzen Meer).

Obwohl Italien durch die Besetzung der Alpenstraßen von einem Ende bis zum anderen geschützt war, die Verbindungen nach Osten sicherer geworden waren und die Nahtstelle des Reiches konsolidiert war, blieb dennoch eine Gefahr: die Bedrohung Galliens durch die Germanen. Caesar hatte einige Einschüchterungsexpeditionen unternommen, und in der ersten Hälfte der Regierungszeit des Augustus kam es lediglich zu kleinen Gefechten. Die Legionen beschränkten sich darauf, den Rhein abzuschirmen. Im Jahr 16 gingen jedoch die Germanen zum Angriff über und trugen einen Sieg über den Legaten M. Lollius davon, der auf römischem Gebiet von den Usipitern und Tenkterern geschlagen wurde. War dies der Grund, weshalb Augustus vier Jahre später eine großangelegte Operation gegen Germanien unter Führung des Drusus einleitete? Vielleicht ermutigten den Princeps die in Pannonien erzielten Erfolge dazu, einen neuen »Sprung nach vorn« zu wagen und die Grenze zu verkürzen, indem er sie bis an die Elblinie und von da bis Wien vortrug.

Drusus errang entscheidende Erfolge. Im Jahr 9 war er bis zur Elbe vorgestoßen, als er bei einem Unfall mit seinem Pferd ums Leben kam. Tiberius übernahm die Fortführung des Krieges. Drei Jahre später war das gesamte Germanien erobert. In Köln im Land der Ubier wurde ein Altar der Roma und des Augustus errichtet.

Die Provinz Germanien sollte jedoch nur eine Episode bleiben. Die Welt der Germanen war keineswegs unterworfen. Die Markomannen, ein Stamm aus dem Maintal, waren unter Führung von Marbod ausgewandert und hatten sich im mittleren Elbtal in Böhmen niedergelassen. Das Königreich des Marbod war rasch aufgeblüht, so daß es bald eine Gefahr darstellte. Davon konnte sich L. Domitius Ahenobarbus bei seiner Erkundungsexpedition überzeugen, die er von der Donau aus (8 bis 7 v. Chr.)[155] unternahm. Zehn Jahre später versuchte im Jahr 6 n. Chr. Tiberius in einem Manöver, wie er es mit Erfolg gegen Pannonien durchgeführt hatte, das Königreich des Maroboduus einzukreisen. Er hatte an der Donau zwölf Legionen zusammengezogen. Die Rheinarmee sollte ihrerseits unter dem Kommando des C. Sentius Saturninus nach Böhmen marschieren. In diesem Augenblick brach ein Aufstand in Illyrien los. Tiberius konnte glücklicherweise rasch Frieden mit Marbod schließen, der den Titel »Freund des römischen Volkes« annahm. Dafür erhielt Tiberius völlig freie Hand, so daß er alle seine Truppen gegen die Rebellen einsetzen konnte. Aber der Krieg gegen sie zog sich über drei Jahre hin. Sogar Italien wurde bedroht. Der vernünftige Plan des Augustus zur Sicherung Italiens schien gescheitert zu sein. Schließlich siegte die Geduld des Tiberius über alle Schwierigkeiten, und die Aufständischen wurden im Jahr 9 n. Chr. besiegt. Endlich schien der Augenblick der Eroberung Böhmens gekommen. Aber in demselben Jahr ereignete sich die

Katastrophe des Varus, dessen Legionen von Arminius, einem Stammesführer der Cherusker, der bis dahin in römischen Diensten gestanden hatte, im Teutoburger Wald (in der Gegend von Osnabrück?) aufgerieben wurden. Dieses Fiasko, in dem drei Legionen und die Hilfstruppen, insgesamt 20 000 Mann, umkamen, machte die Stationierung der Legionen auf dem rechten Rheinufer unmöglich. Augustus mußte auf die »kurze« Elbgrenze verzichten, und Rom blieb, entsprechend den tatsächlichen Möglichkeiten, an der Rheinlinie stehen.

Das war die Politik des Augustus im Westen. Im Osten verzichtete der Princeps sehr bald auf die Fortführung der Pläne von Caesar und der Träume von Antonius, und zwar trotz des Drucks der öffentlichen Meinung, die die Demütigung von Carrhae nicht verwinden konnte. Um soweit wie möglich die Erinnerung auszulöschen, brachte es Augustus nach langen Verhandlungen zuwege, daß die Feldzeichen, die auf dem Schlachtfeld erobert worden waren, und die Gefangenen ausgeliefert wurden, die sich schon längst im Land angesiedelt und den parthischen Lebensstil übernommen hatten. Den Verhandlungen wurde durch eine unter dem Befehl des Tiberius stehende Expedition gegen Armenien Nachdruck verliehen, wo ein Vasallenkönig eingesetzt wurde. Aber Augustus erklärte bei dieser Gelegenheit, daß das Reich »seine natürlichen Grenzen« erreicht habe und man nicht weitergehen dürfe. Aber selbst dieser schwache Trost erwies sich als illusorisch. Die römischen Truppen im Dienst des neuen Königs wurden im Jahr 1 v. Chr. aus dem Land verjagt. Augustus beauftragte seinen ältesten Enkel, Gaius, den römischen Einfluß in Armenien wiederherzustellen. Bei diesem Feldzug kam der junge ›Prinz‹ im Alter von zwanzig Jahren ums Leben. Das römische Protektorat über Armenien brach zusammen.

V. DAS AUGUSTEISCHE ZEITALTER

Die Regierungszeit des Augustus wird im allgemeinen, und zwar zu Recht, als der Höhepunkt der römischen Kultur angesehen, selbst wenn man die Zeit der Antoninen als den Höhepunkt des Kaiserreiches betrachtet. Dieses Urteil gründet sich vor allem auf das großartige Aufblühen der Dichtkunst, das Rom in der zweiten Hälfte des letzten vorchristlichen Jahrhunderts erlebte. Man darf dabei jedoch nicht übersehen, daß die Hauptwerke von Vergil, Tibull und Horaz in der Zeit der Bürgerkriege oder in den ersten Jahren von Augustus' Herrschaft erschienen. Augustus und Maecenas hatten also auf diesen literarischen Frühling keinen ausschlaggebenden Einfluß. Sie waren nicht die Ursache, aber sie wußten Nutzen aus dem zu ziehen,

was die Dichter zu ihrer Verherrlichung beitrugen. Gewiß erscheint Vergil zunächst als der ›Sänger‹ des Augustus und des neuen Regiments. Und Horaz hat Oden zum Lob des Siegers von Actium verfaßt. Aber man zog daraus voreilig den Schluß, daß es sich um eine ›Hofliteratur‹ im Dienst der Staatsgewalt gehandelt habe. Die Wirklichkeit war viel differenzierter.
Die Ära Ciceros war die Zeit der Literatur der Freiheit gewesen. Die große augusteische Dichtkunst folgt ihr auf demselben Weg; aber die Freiheit hatte sich gewandelt. Diese Freiheit wird dem inneren Menschen zuteil, während eine starke Staatsgewalt für Ruhe und gute Gesetze Sorge trägt. Der Einfluß des Epiku-

Abb. 24: Kaiser Augustus und seine Familie im Jahr 9 v. Chr.
Relief der Ara Pacis in Rom

reismus überwiegt.[156] Es ist kein Zufall, wenn Horaz sich zum Epikureismus bekennt und Vergil ein Schüler des Philosophen Siron ist, der eine epikureische Schule in Neapel leitete (vielleicht in der Gegend des Pusilypos, dessen Name ›Schmerzensstiller‹ wie ein Programm der *ataraxia* anmutet). Maecenas, der Gönner der Dichter, ist selbst ein Epikureer ebenso wie Varus, der Verfasser eines Gedichtes ›Über den Tod‹. Welch ein sonderbarer Wandel in der Staatsdoktrin, die früher so unverhohlen ihr Mißtrauen gegenüber den Dichtern gezeigt hatte! Die römische Geistigkeit siegte über die Orthodoxie. Es könnte vielleicht Verwunderung erregen, daß die Ära des Augustus, in der sich angeblich der Princeps bemühte, die fromme Verehrung der alten Götter Roms wieder durchzusetzen, gleichzeitig die Glanzzeit des Epikureismus gewesen ist. Wer sich darüber wundert, läßt sich von Worten narren. Die *pietas* des Augustus, die so gepriesen wird, gab ihm den unbeugsamen Willen, seinen ermordeten Vater zu rächen. Wenn die Heiligtümer wiederhergestellt wurden, dann deshalb, weil die traditionsgemäße Erfüllung der religiösen Pflichten sich unmittelbar auswirkte (was von den Epikureern nicht bezweifelt wurde): Es war richtig, den Göttern die Ehrfurcht zu bezeugen, die man ihnen immer bezeugt hatte, weil dies den Menschen im Volk einen Halt gab und ihnen ›göttliche‹ Gedanken des inneren Friedens und der Weisheit eingab. Und dann war ja Rom in den Zeiten groß gewesen, in denen es seine Götter verehrte. Darum war es ein Gebot der Klugheit, ihm seinen alten Glauben wiederzugeben, um es auf die einstige Höhe emporzuheben. Die Epikureer leugneten nicht die Existenz der Götter. Sie meinten nur, daß der Mensch sie schwer begreife und er sie zum Gegenstand schädlichen Aberglaubens mache. Die Staatsreligion erließ verbindliche Vorschriften und befreite den einzelnen von seiner Verantwortung gegenüber dem Göttlichen. Dadurch bot sie eine befriedigende Lösung für die einzelnen – und für den Princeps. Hier liegt wohl auch die Erklärung für das Mißtrauen des Augustus gegenüber fremden Religionen, die nur Anarchie und Unordnung verursachten.[157] Diese Haltung entspricht genau der Politik des Senats zur Zeit der Affäre der Bacchanalien.

Gewiß erklären der Epikureismus, die Neigung zur Verinnerlichung und das Verlangen nach Frieden nach den Zeiten der Anarchie nicht vollständig die augusteische Literatur. Sie sind aber eine Erklärung für viele Oden des Horaz und auch für die *Georgica* des Vergil. Gleichzeitig können die Dichter, eben weil sie Römer sind, nicht ganz ihr Verantwortungsbewußtsein gegenüber dem Staat verdrängen. Schon in den *Bucolica* engagiert sich Vergil – vielleicht gegen seinen Willen – in der Politik, nachdem er sich zunächst darum bemüht zu haben scheint, die Kunst des Theokrit in die lateinische Sprache zu übertragen. Ob Vergil persönliche Gründe hatte (er soll seinen Familienbesitz in Mantua bei der Landverteilung an die Veteranen von Philippi verloren haben) oder ob eben einfach das Problem der Vertreibung auf dem Land damals die große Tragödie war, die zum Krieg von Perugia führen sollte: der Protagonist dieser ländlichen Dialoge war nicht etwa ein fröhlicher Hirt, ein selbstgenügsamer Ziegenhirt wie bei Theokrit, sondern ein italischer Bauer. Die unvergeßliche Gestalt in diesen Gedichten bleibt Tityrus, das Symbol des einfachen Mannes, der die Last des Bürgerzwistes zu tragen hatte.

Rom fand zu sich selbst in seinen Dichtern der augusteischen Zeit und in den Werken des Titus Livius. Kühn und bewußt schuf Vergil den großen Mythos, in dem Rom sich selbst betrachten oder vielmehr sich nach seiner Erneuerung neu entdecken konnte. Darum liegt der Höhepunkt dieses Werkes wohl auch in der Offenbarung, die Anchises dem Äneas im VI. Buch der *Aeneis* zuteil werden läßt. Dort strömen alle Glaubensgewißheiten und Philosophien, die von den Griechen übernommen worden waren, und diejenigen der italischen Tradition zu einem einzigen Credo zusammen. Eine gewaltige Synthese bahnte sich an: die von Augustus bewirkte Versöhnung der Italiker, die noch an den Wunden litten, die der Bundesgenossenkrieg geschlagen hatte, mit den östlichen Völkern, die zum Spielball der verschiedenen Parteien geworden waren, die sie mit Gewalt in ihren Streit mithineingerissen und für ihre Zwecke rücksichtslos ausgebeutet hatten. Es ist bemerkenswert, daß das Zeitalter des Augustus die große Zeit der römischen Dichtkunst gewesen ist, vermochte doch nur sie allein so tief den Menschen zu ergreifen und das Wunder zu bewirken, das allen Politikern und Heerführern versagt blieb.

Zeittafel

225–222	Kämpfe Roms gegen die Kelten in der Poebene. Gewinnung des Landes am Po
223–187	Antiochos III., der Große
220	C. Flaminius Zensor. Bau der Via Flaminia
218–201	Zweiter Punischer Krieg
202	Schlacht von Zama
200–197	Zweiter Makedonischer Krieg
197	Schlacht von Kynoskephalai
196	Freiheitserklärung Roms für die griechischen Staaten
192–188	Krieg Roms mit Antiochos III.
189	Schlacht von Magnesia
188	Frieden von Apameia
184	Marcus Porcius Cato Maior Zensor. Tod des Plautus
180	Lex Villia Annalis
171–168	Dritter Makedonischer Krieg
168	Schlacht von Pydna. Ende der Antigonidenherrschaft
159	Tod des Terenz
149–146	Dritter Punischer Krieg
148	Makedonien römische Provinz
146	Zerstörung von Karthago und Korinth. Griechenland unter dem Namen »Achaia« römische Provinz. Errichtung der römischen Provinz Africa
133	Attalos III. vererbt Pergamon den Römern. Errichtung der römischen Provinz Asia. Zerstörung von Numantia. Tiberius Sempronius Gracchus Volkstribun
123–122	Gaius Sempronius Gracchus Volkstribun
113–101	Krieg Roms gegen die Kimbern und Teutonen
111–105	Jugurthinischer Krieg. Numidien römische Provinz
102	Schlacht von Aquae Sextiae
101	Schlacht von Vercellae
91–89	Bundesgenossenkrieg
88–84	Erster Krieg Roms gegen Mithridates VI. Eupator, gleichzeitig Bürgerkrieg zwischen Marius und Sulla
83–81	Zweiter Krieg Roms gegen Mithridates VI. Eupator
82–79	Sulla Diktator
82	Leges Corneliae
74–64	Dritter Krieg Roms gegen Mithridates VI. Eupator
73–71	Sklavenaufstand unter der Führung des Spartakus

66	Sieg des Pompeius über Mithridates VI. Eupator
63	Neuordnung Vorderasiens durch Pompeius. Errichtung der römischen Provinzen Bithynien und Pontus, Kilikien, Syrien. Ende der Seleukidenherrschaft. Cicero Konsul. Verschwörung des Catilina
60	Erstes Triumvirat zwischen Pompeius, Caesar und Crassus
59	Caesar Konsul
58–51	Gallischer Krieg. Gallien römische Provinz
53	Schlacht von Carrhae gegen die Parther. Niederlage und Tod des Crassus
52	Aufstand des Vercingetorix. Sieg Caesars bei Alesia
49–46	Bürgerkrieg zwischen Caesar und Pompeius
48	Schlacht von Pharsalos
46	Schlacht von Thapsus
45	Schlacht von Munda
44	Caesars Tod
43	Zweites Triumvirat zwischen Octavian, Marcus Antonius und Lepidus. Ciceros Tod
42	Schlacht von Philippi
31	Seeschlacht von Actium
30	Eroberung Alexandrias durch Octavian. Ende der Ptolemäerherrschaft. Ägypten römische Provinz
30 v. Chr. – 14 n. Chr.	Caesar Octavianus Augustus
27	Formale Wiederherstellung der Republik. Augustus Inhaber des »imperium consulare« (bis 23) und des »imperium proconsulare«
23	Augustus erhält die »tribunicia potestas« auf Lebenszeit
20	Friedliche Wiedergewinnung der in der Schlacht von Carrhae verlorenen Legionsadler. Oberer und mittlerer Euphrat Grenze zwischen Rom und Parthien
19	Tod des Vergil und Tibull
15	Eroberung Rätiens, Vindeliciens und Norikums. Tod des Properz
13–9	Eroberung Pannoniens
12–9	Germanenkriege des Drusus zwischen Rhein und Elbe (Vollendung der Eroberung dieses Gebietes durch Tiberius)
12	Augustus Pontifex Maximus
9	Einweihung der Ara Pacis Augustae
8	Tod des Horaz
2	Augustus Pater Patriae
9 n. Chr.	Schlacht im Teutoburger Wald. Niederlage Roms und Räumung Germaniens
17 n. Chr.	Tod des Ovid und Livius

Anmerkungen

Kapitel 1: Die Zeit der grossen Eroberungen Roms (202–129 v. Chr.)

1 Titus Livius, XXXIII, 47.
2 Ders., *a. a. O.*, 47 ff. Siehe unten S. 37.
3 Siehe unten S. 87.
4 Siehe *Fischer Weltgeschichte*, Bd. 6, S. 346.
5 Schon im Ersten Makedonischen Krieg hatten sich die Aitoler, die Erbfeinde Makedoniens, mit den Römern gegen Philipp verbündet (vgl. *Fischer Weltgeschichte*, Bd. 6, Anm. 511). Später, während des Zweiten Makedonischen Krieges, warnten die Rhodier und Pergamon Rom, um die Pläne Philipps V. und Antiochos' III. zum Scheitern zu bringen (siehe unten S. 25).
6 *Fischer Weltgeschichte*, Bd. 6, S. 328 ff.
7 Vgl. Marino Barchiesi, *Nevio Epico*. Padua 1962, S. 261, Anm. 144.
8 Siehe zum Beispiel das Fragment 12 (Morel), wo der alte Anchises, *fretus pietati*, Neptun anruft; oder wie derselbe Anchises mit den gleichen Gesten, die man in der Vergilschen Äneis wiederfindet, den Penaten von Troja das rituelle Opfer darbringt (Fr. 3 Morel), nachdem er den Vogelflug innerhalb des *templum* beobachtet hat.
9 *Fischer Weltgeschichte*, Bd. 6, S. 329. Vgl. P. Grimal, *Comment naquit la Littérature latine*. Annales de l'Université de Paris 1965, Nr. 2.
10 *Fischer Weltgeschichte*, Bd. 6, S. 325 ff.; 334 ff. Titus Livius, XXV, 1, 6–12.
11 *Fischer Weltgeschichte*, Bd. 6, S. 89 ff.
12 Über den Prolog der *Annales*, vgl. A. Gianola, *Q. Ennio e il sogno degli Annales*. Rom 1913; H. v. Kameke, *Ennius und Homer*. Leipzig 1926. Es ist denkbar, daß die Metamorphose von Homer in einen Pfau eine Art »Revanche« darstellt, da ja der Pfau von Augen übersät ist (vgl. die Legende von Argos), während der Dichter blind war.
13 Am Anfang der *Aitia* ließen die Musen dem Kallimachos eine Offenbarung zuteil werden, vergleichbar derjenigen, die Hesiod erhalten hatte (vgl. *Anthol.*, VII, 42).
14 Ennius starb wahrscheinlich im Jahr 169. Die Komödien des Terenz wurden zwischen 166 und 160 verfaßt. Terenz selbst starb im darauffolgenden Jahr.
15 Über sie siehe *Fischer Weltgeschichte*, Bd. 6, S. 188 ff. Die Entlehnungen von Plautus reichen von Menandros bis Poseidippos (der bis um das Jahr 240 v. Chr. gelebt zu haben scheint, d. h. bis etwa zehn Jahre vor der Geburt des Plautus, die um das Jahr 250 anzusetzen ist). Terenz wurde um das Jahr 190 geboren.
16 *Fischer Weltgeschichte*, Bd. 6, S. 193 ff.

17 *Fischer Weltgeschichte*, Bd. 6, S. 174 ff.

18 Über diese Probleme und ihr Fortwirken im römischen Denken des 1. Jahrhunderts v. Chr. vgl. P. BOYANCE, *Sur la théologie de Varron*, in: Rev. des Et. Anc. LVII (1955), S. 56–84.

19 Siehe dazu H. DIELS, *Sibyllinische Blätter*. Berlin 1890; R. BLOCH, *Les origines étrusques des livres sibyllins*, in: Mél. A. Ernout, 1940, S. 21–28; J. GAGE, *Apollon romain*. Paris 1942, S. 49 ff.

20 Über die Verhältnisse von Riten und Divinität vgl. GRAILLOT, *Le culte de Cybèle, Mère des Dieux* ... Paris 1912, S. 49 ff.

21 Vgl. H. LE BONNIEC, *Le culte de Cérès à Rome*. Paris 1958, S. 295 ff.

22 Siehe dazu A. BRUHL, *Liber Pater*. Paris 1953, S. 13 ff.

23 Über diese Affäre besitzen wir literarische Quellen (TITUS LIVIUS, XXXIX, 8 ff.) und Inschriften (Inschrift von Tiriolo, C. I. L. I^2, 581; vgl. BRUNS, *Fontes iuris romani antiqui*. 7. Aufl. Freiburg 1909, S. 164). Bibliographie in A. BRUHL, *a. a. O.*, S. 87, Anm. 20; S. VI–VII.

24 Bei aller Skepsis, die darüber geäußert wurde, fällt es schwer, diesen Hinweis nicht mit dem in Verbindung zu bringen, was wir aus anderer Quelle von dem blutigen Charakter des dionysischen Kults wissen. H. JEANMAIRE, *Dionysos, histoire du culte de Bacchus*. Paris 1951.

25 Über die »internationale« politische Rolle der dionysischen Bünde im Orient vgl. H. JEANMAIRE, *a. a. O.*

26 A. BRUHL, *a. a. O.*, S. 119 ff. Siehe unten S. 215 f.

27 *Fischer Weltgeschichte*, Bd. 6, S. 106 ff.

28 Ausgabe im *Corpus Paravianum*. Mailand 1954; dazu die Untersuchung von R. STIEHL, *Die Datierung der kapitolinischen Fasten*. Unters. zur klass. Philol. und Gesch. d. Altert. I. Tübingen 1957.

29 J. HEURGON, *Recherches ... sur Capoue préromaine*. Paris 1942, S. 262 ff.

30 Vgl. PLINIUS, *Naturalis Historia*, VII, 136, wo das legendäre *aition* der *adlectio* des Vorfahren der Fulvii durch den römischen Senat berichtet wird. Zu den Curri vgl. CICERO, *Pro Sulla*, VII, 23; über andere aus Tusculum stammende konsularische Familien vgl. CICERO, *Pro Plancio*, VII, 19; XXIV, 58.

30a Die Rolle der Patrizier im Staat in der Spätzeit der Republik wird von CICERO zusammenfassend dargestellt in *De Domo sua*, XIV, 37–38.

31 *Fischer Weltgeschichte*, Bd. 6, S. 101.

32 *Fischer Weltgeschichte*, Bd. 6, S. 318.

33 *Fischer Weltgeschichte*, Bd. 6, S. 107.

34 TITUS LIVIUS, III, 55.

35 TITUS LIVIUS, *a. a. O.* Zu den Tributskomitien und ihrem Ursprung siehe *Fischer Weltgeschichte*, Bd. 6, S. 318.

36 TITUS LIVIUS, VIII, 12, 15.

37 Diese vorgegebene *auctoritas* der Väter verfolgte das Ziel und wirkte sich dahingehend aus, daß ein eventuelles *veto* des Senats gegen eine von den Plebejern angenommene Maßnahme illusorisch wurde; denn diese *auctoritas* kam einer Blankovollmacht gleich. Es verhielt sich ebenso bei den Wahlen, bei denen der Senat von vornherein die Wahl der Tribunen billigte.

38 GAIUS, *Institutiones*, I, 3; PLINIUS, *Naturalis Historia*, XVI, 10, 37.

39 *Fischer Weltgeschichte*, Bd. 6, S. 101.

40 Das berühmteste Beispiel ist der Prozeß des Rabirius, der im Jahr 63 v. Chr. eine alte Verfahrensweise wieder aufleben ließ. Vgl. A. BOULANGER, Ausgabe von *Cicero*, Bd. IX, S. 120 ff.

41 Zu diesen Problemen und der Entwicklung der gebietsmäßigen Einteilung und Verwaltung der Tribus vgl. L. R. TAYLOR, *The voting districts of the Roman Republic*, in: Papers and Monogr. of the Amer. Acad. in Rome XX (1960).

41a So verteilte der Censor Appius Claudius im Jahr 304 zur Unterstützung seiner eigenen Politik die Freigelassenen auf die ländlichen Tribus. TITUS LIVIUS, IX, 46; VALERIUS MAXIMUS, II, 2, 9 (L. R. TAYLOR, *a. a. O.*, S. 134 ff.). Wurde die Maßnahme schon in der Zensur von 304 wieder aufgehoben, und wurden die Freigelassenen auf die vier städtischen Tribus verteilt?

42 Im Jahr 189 wurden die Freigelassenen auf alle Tribus verteilt (L. R. TAYLOR, *a. a. O.*, S. 138 ff.), vielleicht auf eine Initiative der Sippe der Scipionen hin, die mit diesem Manöver ihren Machteinfluß in den Versammlungen zu stärken versuchte (L. R. TAYLOR, *a. a. O.*). Aber im Jahr 179 wurden sie in eine einzige städtische Tribus eingetragen, was ihnen praktisch jedes Stimmengewicht nahm (*a. a. O.*, S. 140).

43 Vgl. die Bemerkungen von G. TIBILETTI, *The Comitia during the decline of the Roman Republic*, in: Studia et Docum. Histor. et Iuris XXV (1959), S. 95 ff.

44 TITUS LIVIUS, XL, 44, 1.

45 Vgl. die Schlußfolgerungen von A. E. ASTIN, *The Lex Annalis before Sulla*. Coll. Latomus XXXII. Brüssel 1958, S. 45–46.

46 POLYBIOS, VI, 19, 4.

47 POLYBIOS, VI, 13, 1 ff. faßt die Befugnisse des Senats folgendermaßen zusammen: alleiniges Entscheidungsrecht in Haushaltsfragen, Untersuchung der in Italien begangenen Verbrechen (Vergiftung usw.), Schiedsspruch bei privaten Angelegenheiten, Beziehungen zu den Botschaftern, Abordnung von Gesandtschaften ins Ausland. »Und wieder war es so, daß jemand, der sich in Rom bei Abwesenheit der Konsuln befand, es mit einem durch und durch aristokratischen Staat zu tun zu haben glaubte ...«

48 Siehe unten S. 87.

49 Siehe unten S. 93 f.

50 *Fischer Weltgeschichte*, Bd. 6, S. 163.

51 Das Königreich von Hamarchis. Vgl. A. BOUCHE-LECLERCQ, *Histoire des Lagides*. 4 Bde. Paris 1903 ff.; M. ALLIOT, *The Thébaïde en lutte contre les rois d'Alexandrie sous Philopator et Epiphane*, in: Rev. Belge de Philol. et d'Hist. XXIX (1951), S. 421 bis 443.

52 BOUCHE-LECLERCQ, *a. a. O.*

53 Wahrscheinlich im Jahr 205. Vgl. F. W. WALBANK, *The Accession of Ptolemy Epiphanes*, in: Journ. of Egypt. Arch. 1936, S. 20–34 und E. BICKERMAN, *L'avenement de Ptoléméé V Epiphane*, in: Chronique d'Egypte XXIX (1940), S. 124–131.

54 Es handelt sich um Arsinoe III., Schwester und Frau von Ptolemaios IV. Philopator.

55 Sehr lebendige Beschreibung der Szenen, die diesen Staatsstreich begleiteten, in POLYBIOS, XV, 26 ff.

56 Siehe HANS VOLKMANN, Art. *Ptolemaios*, Nr. 22, in: R. E. XXIII, Sp. 1684–1687.

57 Über die Familienbande zwischen Antiochos III. und Achaios siehe folgende Übersicht:

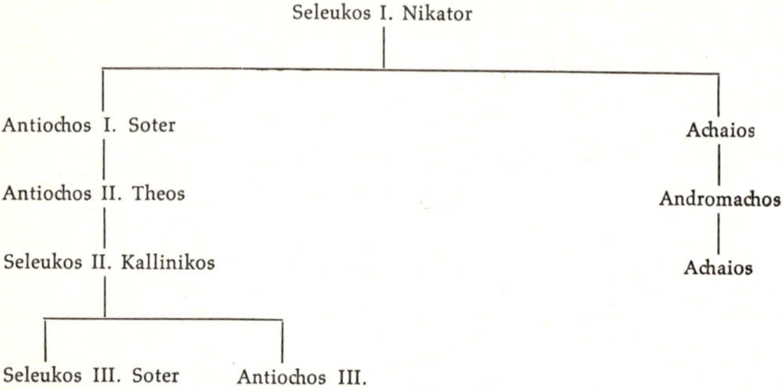

58 E. LEUZE, *Die Feldzüge Antiochos' des Großen . . .*, in: Hermes LVIII (1923), S. 187–201; L. ROBERT, *La campagne d'Attale I en 218*, in: Études Anatoliennes, Paris 1937, S. 185–189.

59 *Fischer Weltgeschichte*, Bd. 6, S. 166.

60 Vgl. unten S. 35 ff.

61 TITUS LIVIUS, XXX, 26; 42; XXXI, 1, 10. Vgl. die Auseinandersetzung um diesen Bericht nach E. PAIS – J. BAYET, *Hist. Rom.*, S. 486–487, Anm. 15.

62 In dieser Zeit verfaßt NAEVIUS das *Bellum Punicum* (siehe oben S. 11). In seiner *Historia* hebt FABIUS PICTOR den phrygischen Ursprung der Römer hervor.

63 Siehe die Auseinandersetzung darüber in E. V. HANSEN, *The Attalids of Pergamon*. New York 1947, S. 50–51. Vgl. auch H. GRAILLOT, *Le culte de Cybèle*. Paris 1912, S. 25–69.

64 Über Einzelheiten der Organisation des Kybelekults in Rom und darüber, wie der Senat die orgiastischen Elemente, die er enthielt, aufdeckte, vgl. J. CARCOPINO, *Aspects mystiques de la Rome païenne*. Paris 1942, S. 49 ff.

65 Bei dem Versuch von Byzantion, eine Schiffahrtsabgabe in den Meerengen zu erheben (im Jahr 219?), hatte Attalos die Stadt gegen Rhodos unterstützt. Im Ersten Makedonischen Krieg hatte sich Rhodos bemüht, die Intervention des Attalos in Griechenland zu verhindern.

66 Durch das Wirken des Aratos; PLUTARCH, *Aratos*, 34. Zu dieser Periode der Geschichte Athens siehe FERGUSON, *Hellenistic Athens*.

67 Philopoimen wurde um das Jahr 252 v. Chr. geboren (vgl. PAUSANIAS, VIII, 49–51). Er war der Sohn einer hochgestellten Persönlichkeit aus Megalopolis. Zusammen mit den Schülern von Arkesilas aufgezogen, hatte er eine philosophische Bildung. Da er sich jedoch hauptsächlich aufs Kriegführen verlegte, widmete er sein ganzes Leben dem Kampf gegen Sparta, und zwar im Auftrag des Achaiischen Bundes, in dem er (seit 207) der Nachfolger

des Aratos (der im Jahr 213 starb) war. Siehe PLUTARCH, *Philopoimen.*

68 Eine Schutzherrschaft, zu der sich Aratos entschlossen hatte; *Fischer Weltgeschichte*, Bd. 6, S. 172.

69 Nabis, der seiner Herkunft nach zur königlichen Familie der Eurypontides gehörte, war der große Gegenspieler des Philopoimen. Nach dem Sieg des Philopoimen über Sparta im Jahr 207 bemächtigte sich Nabis der Staatsführung, um zu verhindern, daß Sparta in Anarchie versank. Er übernahm das Programm des Kleomenes (*Fischer Weltgeschichte*, Bd. 6, S. 170). Über Nabis siehe POLYBIOS, XIII, 6, 1 ff.

70 Vgl. F. W. WALBANK, *Philipp V of Macedon.* Cambridge 1940.

71 POLYBIOS, XVIII, 54, 7–11. Vgl. M. HOLLEAUX, *Études d' Histoire hellénistique*, in: Rev. Et. Gr. 1920, S. 223–247.

72 Die Rhodier ahnten rechtzeitig den Verrat; Herakleides konnte nur 13 Trieren zerstören, bevor er sich davonmachte; POLYBIOS, XIII, 4–5; POLYAENOS, V, 17.

73 POLYBIOS, III, 2,8; XV, 20. APPIAN, *Macedonica*, IV, 2.

74 *Cambridge Anc. Hist.*, Bd. VIII, S. 150 ff.

75 Siehe oben Anm. 61.

76 Die Verluste Philipps waren sehr groß, aber Attalos verlor sein Admiralsschiff und mußte schmachvoll auf das Festland flüchten. Über die Schlacht von Chios vgl. M. HOLLEAUX, in: Rev. Et. Anc. XXV (1923), S. 335; POLYBIOS, XV, 7. Trotz der wenig glanzvollen Rolle, die seine Flotte gespielt hatte, errichtete Attalos zur Erinnerung an dieses Ereignis, das ja nach allem schließlich doch ein Sieg gewesen war, dem Zeus und der Athene Nikephoros ein Denkmal; M. HOLLEAUX, in: Rev. Et. Gr. XI (1898), S. 251–258 (= Inscr. de Pergame, Nr. 52).

77 Über die damals improvisierte Verteidigung von Pergamon vgl. die zusammengestellten Berichte in E. V. HANSEN, *The Attalids . . .*, S. 54.

78 Da zwei junge Akarnanen von der Volksmenge in Athen getötet worden waren, und zwar unter dem Vorwand, daß sie sich heimlich in das Heiligtum von Eleusis hätten einschleichen wollen, hatte der König seinen Freunden in Akarnanien gestattet, Attika anzugreifen. TITUS LIVIUS, XXXI, 14,7; XXXI, 9.

79 *Fischer Weltgeschichte*, Bd. 6, S. 337.

80 POLYBIOS, XVI, 27.

81 TITUS LIVIUS, XXXI, 24–27.

82 Über das Vorspiel zu diesem Feldzug bei den Dassareten und dann in Lykestidien vgl. TITUS LIVIUS, XXXI, 33. Über die Schlacht von Otobolos TITUS LIVIUS, XXXI, 36.

83 TITUS LIVIUS, XXXII, 10; PLUTARCH, *Flaminius*, 4 ff.

84 POLYBIOS, XVII, 1–8; TITUS LIVIUS, XXXII, 32 ff.

85 POLYBIOS, XVIII, 4–8.

86 POLYBIOS, XVIII, 44,4.

87 POLYBIOS, XVIII, 29; TITUS LIVIUS, XXXIII, 33.

88 Zum Beispiel Bargylia in Karien, das Philipp lange belagert hatte (siehe oben S. 28 f.); POLYBIOS, XVIII, 44,4.

89 *Fischer Weltgeschichte*, Bd. 6, S. 35.

90 *Fischer Weltgeschichte*, Bd. 6, S. 175 ff.

91 *Fischer Weltgeschichte*, Bd. 6, S. 148 ff.

92 TITUS LIVIUS, XXXII, 39–40.
93 Siehe unten S. 112 ff.
94 POLYBIOS, XVI, 18; 39.
95 Siehe oben S. 33 f.
96 Wie eine römische Münze bezeugt, die M. Aemilius darstellt, wie er Ptolemaios V. krönt.
97 *Fischer Weltgeschichte*, Bd. 6, S. 131 ff.
98 Vgl. E. LEUZE, in: Hermes LVIII (1923), S. 190–201.
99 PLUTARCH, *Flaminius*, 6; POLYBIOS, XVIII, 24.
100 DITTENBERGER, *Sylloge*[3], 591.
101 POLYBIOS, XVIII, 47, 2.
102 POLYBIOS, XVIII, 32.
103 Zum Beispiel für Lysimachos; *Fischer Weltgeschichte*, Bd. 6, S. 61.
104 TITUS LIVIUS, XXXIV, 58.
105 TITUS LIVIUS, XXXIV, 43,3 ff.
106 TITUS LIVIUS, XXXIII, 44–49; CORNELIUS NEPOS, *Hannibal*, 8,2.
107 *Fischer Weltgeschichte*, Bd. 6, S. 139 ff.
108 TITUS LIVIUS, XXXV, 35 ff.; PLUTARCH, *Philopoimen*, 15.
109 TITUS LIVIUS, XXXI, 43–51; POLYBIOS, XX, 1–3; DIODORUS SICULUS, XXIX. 1.
110 Zum Beispiel die Beisetzung der makedonischen Soldaten auf dem Schlachtfeld von Kynoskephalai, die Philipp ohne Bestattung zurückgelassen hatte; APPIAN, *Syrica*, 16; TITUS LIVIUS, XXXVI, 8,4 ff.
111 TITUS LIVIUS, XXXVI, 4.
112 TITUS LIVIUS, XXXIV, 60; CORNELIUS NEPOS, *Hannibal*, 8.
113 Er hatte als Agent einen Tyrier namens Ariston nach Karthago geschickt. TITUS LIVIUS, XXXIV, 61, 1 ff.; APPIAN, *Syrica*, 8.
114 TITUS LIVIUS, XXXVI, 7; APPIAN, *Syrica*, 7; JUSTIN, XXXI, 5 ff.
115 TITUS LIVIUS, XXXVI, 14 ff.; PLUTARCH, *Cato maior*, 13 ff.; APPIAN, *Syrica*, 17 ff.
116 POLYBIOS, XI, 34.
117 Siehe unten S. 72.
118 Sie hatten die Aufgabe, einerseits die Richtigkeit der Berichte über die allgemeine Lage und andererseits die Bestimmung der Beute nachzuprüfen, die gewaltig gewesen zu sein scheint. Cato trat als Zeuge auf gegen M. Acilius in dem Prozeß, der gegen letzteren nach seiner Rückkehr angestrengt wurde. TITUS LIVIUS, XXXVII, 57, 14.
119 Konsul im Jahr 194, konnte er nicht vor Ablauf von zehn Jahren wiedergewählt werden.
120 TITUS LIVIUS, XXXVII, 27 ff.; APPIAN, *Syrica*, 27. Die Schlacht von Samos führte dazu, daß mehrere Städte Asiens in das Lager des Antiochos überwechselten, und die Römer hätten fast den Kampf auf dem Meer aufgegeben. Die Revanche der Verbündeten erfolgte zweimal: eine erste Schlacht fand statt bei Side, Ende Juli–Anfang August 190 (TITUS LIVIUS, XXXVII, 22 ff.; CORNELIUS NEPOS, *Hannibal*, 8), die zweite bei Myonnesos gegen Ende des Herbstes.
121 TITUS LIVIUS, XXXVII, 20; APPIAN, *Syrica*, 26. Zum Verwandtschaftsverhältnis der Prinzen von Pergamon siehe Übersicht auf Seite 335 oben.
122 TITUS LIVIUS, XXXVII, 6, 2.

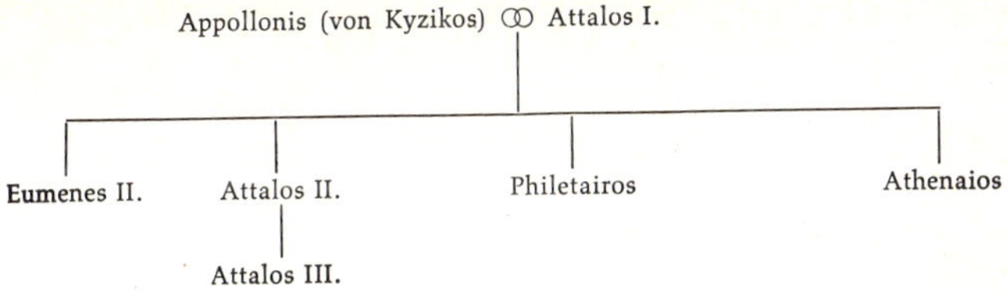

123 War es Nachlässigkeit der Untergebenen oder ein Kalkül des Königs, der auf diese Weise sich mit seinen Gegnern auszusöhnen hoffte, mit denen er nur zu gerne Frieden schließen wollte? Vgl. Titus Livius, XXXVII, 33 ff.; Polybios, XXI, 4 ff.
124 Polybios, XXI, 15, 2 ff.; Titus Livius, XXXVII, 34 ff.
125 Titus Livius, XXXVII, 34 ff. Was vielleicht bedeutete, daß Scipio sich auf dem Schlachtfeld sehr für das Leben des Königs einsetzte und ihm versprach, persönlich für seinen Schutz zu sorgen.
126 Titus Livius, XXXVII, 50 ff. Die Stellung des Manlius Vulso wird deutlich durch seine drei Ankläger: M. Aemilius Lepidus, M. Fulvius Nobilior, L. Aemilius Paullus.
127 Titus Livius, XXXVIII, 18–27; vgl. Polybios, XXI, 37–40.
128 *Fischer Weltgeschichte*, Bd. 6, S. 132.
129 Polybios, XXI, 29,1 ff. Es wird zuweilen unter dem Begriff »Krone«, der von Polybios verwendet wird, einfach »Geschenk« verstanden, doch daß es sich so verhält, ist keineswegs sicher.
130 Cicero, *Pro Archia*, 27; Plinius, *Naturalis Historia*, XXXV, 66.
131 Vgl. die Anschuldigungen gegen Manlius Vulso und Fulvius Nobilior, Titus Livius, XXXVIII, 42.
132 A. Aymard, *Polybe, Scipion l'Africain et le titre de Roi*, in: Revue du Nord XXXVI, Nr. 42 (Mél. L. Jacob), 1954, S. 121–128.
133 Siehe oben S. 21.
134 Titus Livius, *Epitome*, LVI. Das genaue Datum dieses Gesetzes ist unbekannt; Mommsen verlegt es in das Jahr 150.
135 Über diese umstrittene Frage siehe E. V. Marmorale, *Cato Maior*. 2. Aufl. Bari 1949, S. 43 ff.
136 Siehe oben S. 31.
137 Vgl. die unerwartete, aber nicht unwahrscheinliche Schilderung Catos – was auch immer über sie gesagt worden sein mag –, die Cicero im Alter in seinem *Cato Maior* gibt.
138 Plutarch, *Cato Maior*, 12, 4.
139 Vgl. Dietmar Kienast, *Cato der Zensor*. Heidelberg 1954.
140 Siehe unten S. 72.
141 Vgl. M. Rostovtzeff, *The Social and Economic History of the Roman Empire*. 2. Aufl. 1957, S. 314.
142 Darüber vgl. die Untersuchung von E. Marmorale, *a. a. O.*, S. 52 ff.
143 Über den Prozeß der Scipionen siehe die Richtigstellung von D. Kienast, *a. a. O.*, S. 57 ff.
144 Cato versuchte nicht, ein geschlossenes System von Gesetzen für die Verwaltung vorzuschlagen, aber er bemühte sich, die Traditionen der Uneigennützigkeit und der Mäßigung der Magistrate von einst aufrechtzuerhalten. Dabei war seine Methode die der persönlichen Anklage. Vgl. D. Kienast, *a. a. O.*, S. 68 ff.

145 Vgl. dazu A. N. SHERWIN-WHITE, *The Roman citizenship*. Oxford 1939.
146 *Fischer Weltgeschichte*, Bd. 6, S. 346.
147 *Fischer Weltgeschichte*, Bd. 6, S. 351 ff.; siehe unten S. 74 ff.
148 Siehe unten S. 74 ff. Über die erste römische Kolonisation in Spanien siehe S. A. J. N. WILSON, *Emigration from Italy in the Republican Age of Rome*. Manchester 1966, S. 22 ff.
149 *Praetor* hießen die Konsuln zuerst; *Fischer Weltgeschichte*, Bd. 6, S. 105.
150 Siehe unten S. 84 ff.
151 Über diese Probleme vgl. A. N. SHERWIN-WHITE, *a. a. O.*, Teil I: *Roman citizenship during the Republic* und CH. WIRSZUBSKI, *Libertas* ... Cambridge 1950.
152 Siehe die von T. FRANK, in *Cambridge Anc. Hist.* Bd. VIII, S. 351 ff. zusammengestellten Beispiele: die Affäre der Bacchanalien, Begrenzung des Wucherzinses in den italischen Städten (im Jahr 193) und Angleichung an Rom.
153 In dem Maße, in dem Vollbürger nur zu den Legionen gehörten, schienen sie mehr Rechte zu besitzen als die anderen, die in den »niederen« Einheiten Dienst taten (vgl. SENECA, *De Vita Beata*, VIII, 2).
154 Siehe unten S. 72 ff.
155 TITUS LIVIUS, XXXIX, 2,10.
156 Siehe unten S. 132 ff.
157 CORNELIUS NEPOS, *Cato*, 1,4.
158 Siehe zum Beispiel die ersten sibyllinischen Aufzeichnungen (*Oracula Sibyllina*. Geffcken. Leipzig 1902). HAROLD FUCHS, *Der geistige Widerstand gegen Rom in der antiken Welt*. Berlin 1938.
159 Er starb bei einem Versuch, den Tempel des Bel zu plündern; DIODORUS SICULUS, XXVIII, 3; XXIX, 15.
160 Zu einem Zeitpunkt, der zwischen Oktober 176 und Anfang 174 angesetzt wird. Vgl. A. AYMARD, *Autour de l'avènement d'Antiochos IV*, in: Historia II (1953), S. 49, Anm. 3.
161 Siehe über die Umstände dieser Rückkehr A. AYMARD, *a. a. O.*
162 *Fischer Weltgeschichte*, Bd. 6, S. 254 ff.
163 Dieser Krieg brach im Jahr 169 aus, als die beiden Könige, anstatt sich feindlich gegeneinander zu verhalten, sich zu gemeinsamer Regierung zusammentaten. Die Intervention des Antiochos wurde ohne Zweifel möglich durch die Tatsache, daß Rom in diesem Augenblick in Makedonien gebunden war; aber Antiochos hatte nicht mit der Festigkeit des Senats gerechnet.
164 POLYBIOS, XXIX, 27,8; CICERO, *Phil.* VIII, 23; TITUS LIVIUS, XLV, 12,4 ff.
165 TITUS LIVIUS, XXXVII, 7, 13.
166 TITUS LIVIUS, XXXIX, 25 ff.
167 TITUS LIVIUS, XXXIX, 34; 35; POLYBIOS, XXII, 13; 14.
168 POLYBIOS, XXVIII, 3, 4 ff.
169 TITUS LIVIUS, XL, 5, 10; POLYBIOS, XXIV, 4; TITUS LIVIUS, XL, 21 ff.
170 TITUS LIVIUS, XL, 24.
171 Vgl. TITUS LIVIUS, XLI, 23, 2; POLYBIOS, XXV, 6, 2.
172 POLYBIOS, XXVIII, 7, 9. A. AYMARD, *Les assemblées de la Confédération achéenne*, S. 185–186.

173 TITUS LIVIUS, XLII, 11 ff.
174 Über den Tod Hannibals, der Selbstmord beging, um den Römern zu entkommen, vgl. TITUS LIVIUS, XXXIX, 50; CORNELIUS NEPOS, *Hannibal*, 13 (Datum: 183, 182 oder 181 nach den Quellen). Er befand sich damals bei König Prusias von Bithynien, und dieser hatte von den Römern den Befehl erhalten, ihn auszuliefern. Die vom Senat ergangene Order wurde von T. Flamininus überbracht.
175 Ein Felsen hatte sich vom Berg, an dem der König vorbeizog, gelöst und ihn fast erschlagen. POLYBIOS, XXII, 18; XXVII, 6; TITUS LIVIUS, XLII, 15.
176 Zum Beispiel die bedeutendsten Senatoren vergiften zu lassen; vgl. R. E. VIII, Sp. 662, Art. MÜNZER, *Herennius* 1.
177 TITUS LIVIUS, XLII, 25.
178 TITUS LIVIUS, XLII, 47.
179 Auf einem Hügel mit dem ansprechenden Namen Kallinikos. TITUS LIVIUS, XLII, 58 ff.
180 TITUS LIVIUS, XLIII, 4, 8; 7, 10.
181 TITUS LIVIUS, XLIII, 7 ff.
182 TITUS LIVIUS, XLIV, 3, 6; POLYBIOS, XXVIII, 13; APPIAN, *Macedonica*, 12.
183 TITUS LIVIUS, XLIV, 14, 5 ff.
184 Er hatte um das Jahr 190 einen glänzenden Sieg über die Lusitanier davongetragen; dann über die Ligurer. Seine Biographie wurde von Plutarch geschrieben.
185 TITUS LIVIUS, XLIV, 37 ff.
186 POLYBIOS, XXIX, 17, 3–4; TITUS LIVIUS, XLV, 5; PLUTARCH, *Aemilius Paullus*, 23; APPIAN, *Macedonica*, 14. Perseus wurde bei dem Triumph des Aemilius Paullus mitgeführt. Dann wurde er nach Alba gebracht, wo er zwei Jahre später starb. Nach Meinung der einen beging er Selbstmord, nach Meinung der anderen kam er infolge von Folterungen durch die Wachsoldaten ums Leben.
187 TITUS LIVIUS, XLV, 18; 29 ff.; DIODORUS SICULUS, XXXI, 7–8.
188 Über die Rolle des Königtums in der makedonischen Gesellschaft siehe *Fischer Weltgeschichte*, Bd. 6, S. 18 und Anm. 14. Hinzuzufügen ist A. AYMARD, *Βασιλευς Μακεδων*, in: Rev. Intern. Hist. du Droit (Mél. F. de Visscher 3), Brüssel 1950, S. 61 ff.
189 POLYBIOS, XXXVI, 9 ff.; 17, 13 ff. Über das Einvernehmen mit Karthago, das im Krieg mit Rom stand, vgl. APPIAN, *Punica*, 111; STRABON, XIV, S. 624 C.
190 Es gab andere ähnliche Versuche, und zwar den eines gewissen Alexandros (ZONARAS, IX, 24) und den eines gewissen Philippos (TITUS LIVIUS, *Periochae*, LIII; VARRO, *Res Rusticae*, II, 4, 1.).
191 Vgl. CICERO, *In Pisonem*, 38: *Macedoniam ... quam tantae barbarorum gentes attingunt, ut semper Macedonicis imperatoribus idem fines provinciae fuerint qui gladiorum atque pilorum.*
192 Verwandter des unglücklichen Gegners des Andriskos.
193 A. GELLIUS, *Noctes Atticae*, VI, 3. Vgl. D. KIENAST, *a.a.O.*, S. 118 ff.
194 POLYBIOS, XXIX, 19, 1; XXX, 4 ff.
195 Diese Einnahme sank, wenn man POLYBIOS, XXX, 31, 12, glauben darf, von 1 000 000 Drachmen auf 150 000.

196 Über die *lex Rhodia* vgl. H. KRELLER, *Lex Rhodia*, in: Zeitschr. f. d. ges. Handelsrecht . . ., 1921, S. 257 ff.
197 Siehe unten S. 148.
198 *Fischer Weltgeschichte*, Bd. 6, S. 336.
199 Über den Handel von Delos vgl. ROSTOVTZEFF, *Die hellenistische Welt* . . . Stuttgart 1955–56, passim.
200 Vgl. E. LAPALUS, *L'agora des Italiens.* Exploration archéologique de Délos XIX (Paris 1939).
201 Es wird verwiesen auf die Bände der *Exploration archéologique de Délos.* Paris 1909 ff.
202 Die neueste Veröffentlichung über die Ausgrabungen in Rhodos ist die von EJNAR DYGGVE, *Lindos. Fouilles de l'Acropole* . . . Berlin 1960.
203 Die neueste Untersuchung über Puteoli ist der Aufsatz von M. W. FREDERIKSEN, in: R. E. XXIII (1959), Sp. 2036–2060.
204 P. DUBOIS, *Pouzzoles antique.* Paris 1907. Siehe auch V. TRAN TAM TINH, *Le culte d'Isis à Pompéi.* Paris 1964.
205 Die Entwicklung des »samnitischen« Pompeji erstreckt sich von der Mitte des 5. Jahrhunderts v. Chr. bis zur Einnahme der Stadt durch Sulla und der Errichtung der römischen Kolonie. Das Ende des 3. Jahrhunderts ist von einer umfangreichen Bautätigkeit gekennzeichnet; in dieser Zeit tauchen die ersten Häuser mit Peristyl auf.
206 Zum Beispiel LUKREZ, VI, 1 ff.
207 Was symbolisch in den Mythen von Demeter und Daedalus zum Ausdruck kommt.
208 Diese Erfindung wird zuweilen dem Erechthaios, einem König von Athen, zugeschrieben.
209 Vgl. P. GRIMAL, *Siècle des Scipions.* Paris 1953, S. 136 ff.
210 *A.a.O.*, S. 150 ff.
211 Ein Lob der Verfassung von Sparta ist schon zu finden bei POLYBIOS, VI, 46; 48. Es ist möglich, daß der Vergleich zwischen den Gesetzen des Lykurgos und den ältesten römischen Sitten von Poseidonios zuerst gezogen wurde; vgl. ATHENAIOS, VI, S. 273 ff., CICERO, *De Re Publica*, II, 23.
212 POLYBIOS, XXX, 20.
213 Siehe oben S. 38.
214 Er wurde gefangengenommen und nach Messenien entführt, wo er gezwungen wurde, den Giftbecher zu trinken. PLUTARCH, *Philopoimen*, 20, 2 ff.
215 POLYBIOS, XXIV, 10 ff.
216 POLYBIOS, *a. a. O.* Vgl. DITTENBERGER, *Sylloge*[3], 634.
217 TITUS LIVIUS, XLV, 31,9; POLYBIOS, XXX, 13, PAUSANIAS, VII, 10,9.
218 Vgl. POLYBIOS, XXXII, 9 ff.
219 Siehe oben S. 62.
220 Siehe oben S. 57 f.
221 PAUSANIAS, VII, 14; TITUS LIVIUS, *Periochae*, LI.
222 Die Gesandtschaft stand unter der Führung von Sex. Julius Caesar. POLYBIOS, XXXVIII, 9, 1; 10, 1, weist mit Nachdruck auf das maßvolle Verhalten der römischen Gesandten hin.
223 Vgl. oben S. 34.
224 DIODORUS SICULUS, XXXII, 26, 4; POLYBIOS, XXXVIII, 12, 8.
225 POLYBIOS, XXXVIII, 15 ff.

226 Cicero, *De Oratore*, 232; Plinius, *Naturalis Historia*, XXXV, 24; Polybios, XXXIX, 6, 1; Pausanias, V, 10, 5; 24, 4; 8.
227 Polybios, XXXIX, 2 ff.
228 Polybios, XXX, 19.
229 Vgl. den Brief des Königs an den Hohenpriester von Pergamon, Attis, in Welles, *Royal Correspondence in the Hellenistic period*, S. 245–246, Nr. 61.
230 Über diesen Krieg siehe L. Robert, *Sur la campagne de Prusias II contre Attale II*, in: Études Anatoliennes, S. 111–118.
231 Vgl. E. V. Hansen, *The Attalids* ..., S. 128 ff.
232 E. V. Hansen, *a. a. O.*, S. 128 ff.
233 Diodorus Siculus, XXXIV, 3; Justin, XXXVI, 4, 1–2.
234 Vgl. besonders Galenos, XIII, 409–416 (K); XIII, 162; 250 ff.; Plinius, *Naturalis Historia*, XXXII, 8 (27), 87; Varro, *Res Rusticae*, I, 1, 8, etc.
235 *Fischer Weltgeschichte*, Bd. 6, S. 178 ff.
236 *O.G.I.S.* Nr. 338; Titus Livius, *Periochae*, LVIII; Velleius Paterculus, II, 4, 1; Plutarch, *Tiberius Gracchus*, 14, etc.
237 Es gab einen Präzedenzfall, das Testament des Ptolemaios Euergetes; siehe folgende Anm. Einige Jahre später tat Ptolemaios Apion das gleiche; vgl. G. I. Luzzatto, *Appunti sul testamento di Tolomeo Apione a favore di Roma*, in: Stud. et Doc. Hist. Iuris VII (1941), S. 259 ff.
238 A. Piganiol, in: Rev. Hist. du Droit, 1933, S. 409.
239 Polybios, XXXI, 1 ff.; 11 ff.; Diodorus Siculus, XXXII, 10.
240 Diodorus Siculus, XXXI, 17a; Appian, *Syrica*, 45–47; 66; I *Makk.*, 8; Flavius Josephus, *Antiquitates Judaicae*, XII, 10, 6.
241 Polybios, XXXI, 33; XXXII, 1 ff.; Diodorus Siculus, XXXI, 29 ff.
242 In Kappadokien tobte ein Machtkampf zwischen Demetrios und Attalos II.; zwei Prätendenten, die Halbbrüder waren, Orophernes und Ariarathes, stritten sich um den Thron. Ersterer wurde von Demetrios unterstützt, letzterer von Attalos und den Römern. Vgl. Polybios, XXXI, 3, 4; XXXII, 1 ff.; Diodorus Siculus, XXXI, 19, etc.
243 Justin, XXXV, 1–6.
244 Josephus, *Ant. Jud.*, XIII, 80–82; I *Makk.*, 10, 51–58.
245 Polybios, XXXIII, 15; 18, 6 ff.; Diodorus Siculus, XXXI, 32a.
246 Justin, XXXV, 1,6 ff.; Appian, *Syrica*, 67; Josephus, *Ant. Jud.*, XIII, 2, 4.
247 Justin, XXXV, 2; 1–3; Appian, *Syrica*, 67; Josephus, *Ant. Jud.*, XIII, 8, 4.
248 Justin, XXXVI, 1, 6; XXXVIII, 9, 1 ff.
249 Justin, XXXVIII, 10; Diodorus Siculus, XXXIV, 14; 15; 17; Josephus, *Ant. Jud.*, XIII, 8, 4.
250 Die berühmteste Gesandtschaft war die des Scipio Aemilianus, Sp. Mummius und Caecilius Metellus. Vgl. Münzer, in: R. E., IV, Sp. 1452; E. Cavaignac, *A propos des monnaies de Tryphon*, in: Rev. de Numism. 5. Serie, XIII (1951); A. E. Astin, *Diodoros and the date of the Embassy to the East of Scipio Aemilianus*, in: Cl. Philol. LIV (1959), S. 221.
251 Siehe oben S. 59.
252 Gegründet im Jahr 268 v. Chr. Vgl. *Fischer Weltgeschichte*, Bd. 6, S. 307 und Anm. 438.

253 Das klassische Werk ist, trotz der kürzlich gemachten archäologischen Entdeckungen, weiterhin das von A. GRENIER, *Bologne villanovienne et étrusque.* Paris 1912; vgl. *Civiltà del ferro.* Studi publicati nella ricorrenza centenaria della scoperta di Villanova. Bologna 1960.

254 TITUS LIVIUS, XXXIX, 45 und 55.

255 Wie zum Beispiel die Apuani, die an der Küste zwischen Genua und Luca wohnten und im Jahr 180 nach Samnium deportiert wurden (TITUS LIVIUS, XXXIX, 2 ff.), und die Statellati, die im Nordwesten von Genua saßen und im Jahr 173–172 in die Transpadana geschickt wurden (TITUS LIVIUS, XLII, 7, 3; 22).

256 *Fischer Weltgeschichte*, Bd. 6, S. 349 ff.

257 APPIAN, *Iberica*, 37; TITUS LIVIUS, XXVII, 38.

258 TITUS LIVIUS, XXVIII, 12, 11–12.

259 Vgl. J. M. BLAZQUEZ, *Causas de la Romanizacion de Hispania*, in: Hispania XXIV (1964), S. 5–26; 166–184; 325–357; 485–508.

260 Über die Probleme zur iberischen Vorgeschichte vgl. RAMON MENENDEZ PIDAL, *Historia de España.* I. Bd. III; P. BOSCH-GIMPERA, *La formacion de los pueblos de España.* Mexiko 1945; LUIS PERICOT Y GARCIA, *La España Primitiva.* Barcelona 1950.

261 A. SCHULTEN, *Tartessos.* Madrid 1945; DERS., *Fontes Hispaniae Antiquae*, I–IV. Barcelona 1928–1940; DERS., *Tartessos*, in: R. E., IV, Sp. 2446 ff.

262 AVIENUS, *Ora Maritima*, 223 ff.

263 1. *Kön.*, 10, 21–22: »das Silber galt zu Salomos Zeiten nichts. Denn der König hatte Tharsisschiffe auf dem Meer bei den Schiffen Hirams. Einmal alle drei Jahre kamen die Tharsisschiffe heim und brachten Gold, Silber, Elfenbein, Affen und Pfauen«. Vgl. *a. a. O.*, 22, 49.

264 STRABON, III, 6, S. 139.

265 Vgl. AVIENUS, *Ora Maritima*, 259 ff. Siehe auch SCHULTEN, *Tartessos*, S. 31 ff.

266 Um 800 v. Chr. Vgl. STRABON, III, 12, S. 149.

267 *Jes.*, 23. 1: »Heulet, ihr Tharsisschiffe; denn verwüstet ist eure Feste. Bei der Heimfahrt aus dem Lande der Chittäer ist es ihnen kundgeworden.«

268 HERODOT, I, 163. Geschichte der Beziehungen der Phokaier mit dem König Arganthonios lange vor der Gründung von Marseille.

269 L. PERICOT Y GARCIA, *a. a. O.*, Frz. Übers. v. R. Lantier, S. 208; *a. a. O.*, S. 119.

270 Der älteste ist HEKATAIOS VON ABDERA, Fr. 11–18.

271 Das ist die Theorie von SCHULTEN, Art. *Hispania*, in: R. E., VIII, Sp. 2029–2030.

272 Vgl. JUAN MALUQUEUR DE MOTES, *Pueblos ibericos*, in: MENENDEZ PIDAL, *a. a. O.*, I, 3, S. 306 ff.

273 Zum Beispiel die Akropolis von Azaila (Prov. von Teruel), wo ein starker römischer Einfluß sichtbar wird. Siehe *Hist. de España*, *a. a. O.*, S. 375, Abb. 239.

274 TITUS LIVIUS, XXII, 19, 6: *multis et locis positas turres Hispania habet, quibus et speculis et propugnaculis adversus latrones utuntur.* Vgl. Ps. CAESAR, *Bell. Hisp.*, VIII, 3.

275 *C. I. L.* II, 504 (= *I. L. S.* Nr. 15), Inschrift von Aemilius Paullus vom 1. Januar 189.

276 Erste Untersuchungen in dem Buch von P. PARIS, *Essai sur l'art et l'industrie de l'Espagne primitive.* Paris 1903–1904. Seither wurden zahlreiche Entdeckungen klassifiziert und untersucht von R. LANTIER, *Bronzes votifs ibériques.* Paris 1935; F. ALVAREZ OSSORIO, *Catalogo de exvotos ibericos de bronce del Museo Arqueologico Nacional.* Madrid 1941.

277 A. GARCIA Y BELLIDO, *La Dame de Elche.* Madrid 1943 will in dieser Büste ein augusteisches Werk sehen; es ist jedoch möglich, daß es viele Jahrhunderte älter ist.

278 BOSCH-GIMPERA, *El problema de la ceramica iberica.* Madrid 1915; B. TARACENA, *La ceramica iberica de Numancia.* Madrid 1924.

279 Vgl. M. GOMEZ MORENO, *La escritura iberica y su lenguaje.* Madrid 1948.

280 Zum gesamten Problemkomplex vgl. A. TOVAR, *Sobre la complejidad de las invasiones indoeuropeas en nuestra peninsula,* in: Zephyrus I (1950), S. 33 ff.

281 Vgl. BOSCH-GIMPERA, *Two Celtic Waves in Spain.* London 1930; DERS., *Celtas e ilirios,* in: Zephyrus II (1951), S. 141 ff.

282 J. M. RAMOS LOSCERTALES, *Hospicio y clientela en la España celtica,* in: Emerita X (1942), S. 308 ff.

283 PLUTARCH, *De Virt. Mulier.,* 248 e. Siehe P. GRIMAL, in: *Histoire mondiale de la Femme.* Paris 1966, II. Vgl. STRABON, III, 3, 7, und die bei J. CARO BAROJA, *Los pueblos de España,* Barcelona 1946, zusammengestellten Fakten.

284 *Fischer Weltgeschichte,* Bd. 6, S. 115. Vgl. J. MALUQUER DE MOTES, *Las culturas hallstatticas en Cataluña,* in: Ampurias VII–VIII (1946).

285 J. MALUQUER DE MOTES, in: *Historia de España, a. a. O.,* I, 3, S. 42 ff.

286 Siehe unten S. 248.

287 TITUS LIVIUS, XXI, 57, 5.

288 Diese Namen werden von den antiken Historikern angegeben (Appian, Polybios, Titus Livius etc.), aber die Hinweise dieser Texte sind nicht immer zusammenhängend; vgl. HÜBNER, Art. *Celtiberi,* in: R. E., III, Sp. 1886 ff.

289 Die Bibliographie zu Numantia ist von den Arbeiten von SCHULTEN bestimmt. Siehe oben Anm. 261.

290 TITUS LIVIUS, XXXIII, 21, 6.

291 DERS., XXXIII, 25.

292 DERS., XXXIV, 8, 4 ff.

293 DERS., XXXIV, 21, 7.

294 DERS., XLIII, 2: M. Porcius Cato und P. Cornelius Nasica für die Hispania Citerior, Paulus Aemilius und C. Sulpicius Gallus für die Baetica.

295 POLYBIOS, XXXV, 1 ff.

296 APPIAN, *Iberica,* 59 ff.

297 APPIAN, *a. a. O.,* 74 ff.

298 Die Episode von C. Hostilius Mancinus im Jahr 137 (APPIAN, *a. a. O.,* 79–83).

299 DIODORUS SICULUS, XXIV, 33, 3 ff.; APPIAN, *Punica,* 69; PLUTARCH, *Cato maior,* 27, 3; TITUS LIVIUS, *Per.,* XLVIII; XLIX.

300 Vgl. TITUS LIVIUS, XLII, 23; 29; XLV, 13 ff.

301 APPIAN, *Punica,* 70 ff.

302 Siehe oben S. 57 f.
303 APPIAN, *Punica*, 115.
304 DERS., *a. a.* O. Vgl. oben S. 21. Er war erst 38 Jahre alt.
305 Jüngster Sohn von Paulus Aemilius, geboren um 185 oder 184 v. Chr. Er hatte, obwohl noch ein Kind, an der Schlacht von Pydna teilgenommen.
306 Wenn man SERVIUS, *ad Aeneidem*, XII, 84, glaubt (der zum Teil von MACROBIUS, *Saturnalia*, III, 9, 7–8, bestätigt wird); vgl. zu diesem Problem V. BASANOFF, *Evocatio*. Paris 1947, S. 63 ff.
307 Frag. XXXVIII, 22 (nach APPIAN, *Punica*, 132).
308 Vgl. POLYBIOS, XXXVI, 9, 1 ff.

KAPITEL 2: DIE AGONIE DER REPUBLIK (133–49 V. CHR.)

1 Siehe oben S. 37 f. Zu Scipio Aemilianus siehe oben S. 86 ff.
2 PLUTARCH, *Cato maior*, XXVII, 4. Als Cato von den großen Leistungen des Scipio hörte, zitierte er auf griechisch aus der *Odyssee* (X, 495): »er allein ist verständig, die anderen sind unstet wie die Schatten«. Vgl. POLYBIOS, XXXVI, 8.
3 W. SCHWAHN, *Tributum und Tributus*, in: R. E. VII, Sp. 4 ff. Siehe *Fischer Weltgeschichte*, Bd. 6, S. 317.
4 *Fischer Weltgeschichte*, Bd. 6, S. 180 ff.
5 *A. a. O.*, S. 317.
6 Im Jahr 199; vgl. TITUS LIVIUS, XXXII, 7, 3, wo von den *portoria* von Capua die Rede ist.
7 TITUS LIVIUS, XL, 51, 8. Zensur des M. Aemilius Lepidus und des M. Fulvius.
8 POLYBIOS, VI, 17, 1 ff.
9 *Fischer Weltgeschichte*, Bd. 6, S. 180. Das System im lagidischen Königreich soll ursprünglich aus Athen stammen (ebd.).
10 *Fischer Weltgeschichte*, Bd. 6, S. 318.
11 TITUS LIVIUS, XXIII, 48, 10 ff. Im Jahr 215.
12 T. FRANK, *Economic Survey*. Bd. I, S. 154 ff.
13 A. W. VAN BUREN, Art. *Pompeji*, in: R. E. XXI, Sp. 2020–2021.
14 Siehe oben S. 60.
15 TITUS LIVIUS, XL, 51, 3. War es ein aus Stein oder einfach nur aus Holz mit bestimmten bleibenden Fundamenten erbautes Theater? Hatte es Sitze in der *cavea*? Die Frage bleibt sehr im Dunkeln. Vgl. J. GAGE, *Apollon romain*. Paris 1955, S. 397.
16 TITUS LIVIUS, XL, 8.
17 FRONTINUS, *De Aquae Ductu* . . ., 6.
18 Der Plan war bis ins Detail hinein ausgedacht worden; er sah Bögen vor, im Unterschied zu den alten Aquädukten, die meistens am Erdboden entlanggeführt wurden.
19 VITRUVIUS, III, 2, 5. Über die Tätigkeit des Hermodoros in Rom vgl. FABRICIUS, s. v., Nr. 8. in: R. E., VIII, Sp. 861–862.
20 Vgl. J. CARCOPINO, in: Roma, 1938; OATES, in: Class. Phil., 1934, S. 101–116.
21 BLOCH und CARCOPINO, *Hist Rom.* (Von den Gracchen zu Sulla), S. 98 ff.
22 A. GELLIUS, *Noctes Atticae*, XV, 11, 1.
23 ATHENAIOS, XII, 547 a.

24 Es gibt tatsächlich zwei Konsulate des L. Postumius, eines im Jahr 173, das andere 154. Wenn sich feststellen läßt, daß unter den Gesandten des Jahres 155 kein Epikureer war, dann liegt der Grund dafür gewiß in der Maßnahme, die seit 174 die Anhänger Epikurs traf. Man denke auch an die Anwesenheit des Stoikers Krates von Mallos in Rom (um 269?), des Lehrers von Panaitios. Vgl. SUETON, *De gramm.*, 2. Über sein Wirken vgl. unten S. 104.

25 Siehe oben S. 63.

26 Das ist der Sinn des berühmten Vergleichs zwischen der Tugend und einer in Abschnitte unterteilten Zielscheibe. Welchen Abschnitt der Bogenschütze auch mit seinem Pfeil erreiche, er erhalte den Preis. STOBAIOS, *Ecl.*, II, 7 (VAN STRAATEN, *Panaitios*, Nr. 109).

27 DIOGENES LAERTES, VII, 128 (VAN STRAATEN, a. a. O., Nr. 110).

28 Siehe unten S. 241.

29 Vgl. die ihm gewidmete Studie von W. KROLL, Art. *Krates*, Nr. 16, in: R. E., XI, Sp. 1634 ff. und neuerdings J. COLLART, *Varron grammairien latin*. Paris 1954.

30 Dieser Aspekt bei Poseidonios scheint uns aus der Arbeit von M. LAFFRANQUE, *Posidonius d'Apamée*, Paris 1965, hervorzugehen.

31 *Fischer Weltgeschichte*, Bd. 6, S. 125.

32 *Fischer Weltgeschichte*, Bd. 6, S. 105.

33 CICERO, *Brutus*, 106. Vgl. W. S. FERGUSON, *The Lex Calpurnia of 149 B. C.*, in: J. R. S. XI (1921), S. 86 ff.

34 Um den Sinn der *Lex Calpurnia* zu verstehen, muß man unter allen Umständen das Datum berücksichtigen. Der Senat ist mit den verwickelten Vorgängen in Spanien, Afrika und besonders in Griechenland beschäftigt. Schließlich werden Senatskommissionen in die Provinzen entsandt, und allmählich bilden sich »Spezialisten« für die achaiischen, asiatischen, spanischen usw. Probleme heraus. Es war nur natürlich, ihnen eine Vorrangstellung bei der Regelung der Angelegenheiten einzuräumen, in denen es um die Provinzen ging, und der Fragen, in denen sie sich besser auskannten als irgend jemand sonst. Anlaß zu dieser *Lex Calpurnia* war das empörende Verhalten des Galba gegenüber den Lusitaniern (siehe oben S. 86.). Vgl. H. H. SCULLARD, *Roman politics . . .*, S. 235–236.

35 Über die Familie der Gracchen vgl. J. CARCOPINO, *Autour des Gracques*. Paris 1928, S. 47–81. Die grundlegenden Texte sind: PLUTARCH, *Tiberius Gracchus*, I, 2; PLINIUS, *Naturalis Historia*, VII, 57; SENECA, *Ad Marciam*, XVI, 3; *Ad Helviam*, XVI, 6.

36 Die ausführlichste Quelle über die Gracchen ist PLUTARCH, *Ti. et C. Gracchus*; man muß sie kritisch prüfen durch APPIAN, *Bürgerkriege*, I. Zu ihrem jeweiligen Wert vgl. J. CARCOPINO, *a. a. O.*

37 D. R. DUDLEY, *Blossius of Cumae*, in: J. R. S. XXXI (1941), S. 92–99. Man vergleiche D. C. EARL, *Tiberius Gracchus, a Study in Politics*. Coll. Latomus LXVI (1963) und C. NICOLET, *L'inspiration de Tiberius Gracchus* (zu einem kürzlich erschienenen Buch), in: R. E. A. LXVII (1965), S. 142–158.

38 Vgl. seine Haltung gegenüber Athenion bei dem Aufstand gegen Rom (M. LAFFRANQUE, *Posidonius d'Apamée*. Paris 1965).

39 PLUTARCH, *Ti. Gracchus*, 8, 7.

40 Vgl. E. BIDEZ, *La Cité du monde et la Cité du Soleil*. Paris 1932.

41 Vgl. *Fischer Weltgeschichte,* Bd. 6, S. 317 ff. und die Bedingungen, unter denen es zur Bildung der *latifundia* kam.

42 Vgl. J. Carcopino, *Hist. romaine,* S. 187 ff. Quelle: Diodorus Siculus, XXXIV, 1–12. Siehe auch J. P. Brisson, *Spartacus,* Paris 1959, S. 67 ff. (der den Beginn des Aufstandes in das Jahr 140 verlegt).

43 Plutarch, *a. a. O.,* 9, 1.

44 Appian, *Bürgerkriege,* I, 10.

45 J. Carcopino, *a. a. O.,* S. 206.

46 Zum Beispiel die *lex de imperio,* wie sie in der Zeit des Vespasian erlassen wurde.

47 Appian, *a. a. O.,* I, 16–17; Plutarch, *a. a. O.,* 19, 5–6; Diodorus Siculus, XXXIV, 30.

48 Wir folgen der Chronologie, wie sie aufgestellt wurde von J. Carcopino, *Autour des Gracques,* S. 29 ff. Da in ihr der Tod des Attalos nach dem des Tiberius angesetzt wird, zwingt sie uns, den Text des Plutarch, *Ti. Grac.,* 14, 1 ff., zu verwerfen, nach dem der Tribun den Vorschlag gemacht haben soll, die Schätze des Königs zu benutzen, um die Ansiedlung neuer Landeigentümer nach dem Ackergesetz zu finanzieren.

49 *Schol. Bob.,* S. 283 (Or.).

50 Siehe dazu die Untersuchung von J. Carcopino, *Autour des Gracques,* S. 83–123.

51 Cicero, *De Re Publica,* IV, 2, 2.

52 Strabon, XIV, 1, 38.

53 Siehe oben S. 112.

54 J. Beloch, *Socialismus und Kommunismus im Altertum,* in: Zeitschr. f. Socialwiss. IV (1901), S. 360; vgl. Bidez, *a. a. O.* (siehe oben Anm. 40), aber auch Dudley, *a. a. O.* (siehe oben Anm. 37), S. 98–99.

55 J. Carcopino, *Hist. rom.,* S. 244–245.

56 Aufzählung der Programmpunkte: Plutarch, *C. Gracchus,* 5, 1 ff.

57 *Fischer Weltgeschichte,* Bd. 6, S. 317.

58 Cicero, *De Oratore,* III, 214.

59 Sallust, *Bellum Jugurthinum,* V, 2.

60 Siehe oben S. 90.

61 Strabon, XVII, 3, 13.

62 Sallust macht nicht die geringste Anspielung auf die Intervention des Konsuls Porcius Cato bei der Teilung, die er als Entscheidung der Prinzen hinstellt, die sich nicht einigen konnten; vgl. aber St. Gsell, *Hist. anc. Afrique du Nord,* VII, S. 142.

63 Appian, *Celtica,* XIII.

64 Siehe oben S. 125.

65 Sallust, *Bellum Jugurthinum,* 43 (Übers. A. Ernout).

66 Asconius, *Ad Cic., Corn.,* S. 71 (K. S.). Vor dem Volk durch den Tribun Domitius angegriffen, wurde er von allen Tribus außer zweien freigesprochen.

67 Über die Probleme hinsichtlich der Bestimmung dieses Gesetzes vgl. J. Carcopino, *Autour des Gracques,* S. 205 ff. und G. Tibiletti, *Le leggi de iudiciis repetundarum,* in: Athen. XXXI (1953), S. 5 ff.; E. Badian, in: Cl. Rev. N. S. IV (1954), S. 101 ff.

68 Über die Militärreform des C. Marius vgl. E. Gabbia, *Ricerche sull' esercito professionale romano da Mario ad Augusto,* in: Athen. XXIX (1951), S. 171 ff.
69 Sallust, *Bellum Jugurthinum,* 114, 3–4.
70 Appian, *Bell. Civ.,* I, 4, 32.
71 Siehe oben S. 121.
72 Appian, *Bell. Civ.,* I, 5, 35.
73 Diodorus Siculus, XXXVII, 11.
74 Über diesen Aspekt des Krieges vgl. J. Carcopino, *Hist rom.,* S. 377 ff.
75 Cicero, *Pro Archia,* 7; *Schol. Bob.,* S. 353 (Or.).
76 Siehe oben S. 119.
77 Vgl. M. Laffranque, *Poseidonios historien. Un épisode significatif de la première guerre de Mithridate,* in: Pallas, 1963, S. 202– 212.
78 Geboren im Jahr 138; Velleius Paterculus, II, 17, Plutarch, *Sulla,* 6.
79 Plutarch, *Sulla,* 8; *C. Marius,* 35; Appian, *Bell. Civ.,* I, 55–56.
80 Über diese romanhaften Episoden im Leben des Marius vgl. Plutarch, *C. Marius,* 39–40.
81 Appian, *Bell. Civ.,* I. 95. Die Exekutionen und Proskriptionen nahmen ihren Fortgang, und die Gesamtzahl der Opfer war schließlich weitaus größer.
82 J. Carcopino, *La naissance de Jules César;* Mél. Bidez. Brüssel 1933, S. 35–69.
83 Über den royalistischen Charakter der sullanischen Diktatur vgl. J. Carcopino, *Sulla ou la monarchie manquée.* Paris 1931.
84 Über die Rolle der Metelli in diesem Prozeß (der wahrscheinlich im Januar stattfand: J. Carcopino, *a. a. O.*) vgl. H. de la Ville de Mirmont und J. Humbert, *Cicéron. Discours.* 2. Aufl. Paris 1934, Bd. I, S. 62, Anm. 1.
85 Siehe oben S. 136.
86 Siehe oben S. 145.
87 Cicero richtete denselben Vorwurf gegen L. Calpurnius Piso in Makedonien (vgl. *In Pisonem,* 90).
88 Vgl. J. Carcopino, *Un Cicéron trop habile,* in: Rencontres de l'Histoire et de la Littérature. Paris 1963, S. 13–58.
89 Appian, *Mithridates,* 96; Plinius, *Naturalis Historia,* VII, 93; 98, Strabon, XIV, 3,3.
90 Cicero, *Or. in toga cand.* (bei Asconius, S. 80, K. S.); Valerius Maximus, IX, 2, 1; Plutarch, *Sulla,* XXXII, 2.
91 Vgl. Sallust, *Coniuratio Catalinae,* 15 ff.
92 Er konnte im Jahr 65 nicht bei den Wahlen für das Jahr 64 kandidieren, weil er zum Zeitpunkt der Komitien im Juli unter einer Anklage *de repetundis* stand, die von P. Clodius angestrengt worden war; vgl. Cicero, *Ad Atticum,* I, 11; 2, 1.
93 Siehe oben S. 143.
94 Plutarch, *Cicero,* 15, 1–2; ders., *Crassus,* 13, 3.
95 Siehe den Brief des C. Manlius an Marcius Rex, Sallust, *Coniuratio Catilinae,* 33.
96 Über diesen Aspekt des Denkens von Cicero vgl. A. Michel, *Rhétorique et Philosophie chez Cicéron.* Paris 1960, S. 158.
97 Sueton, *Caesar,* 1: Mit der Tochter von Cinna, Cornelia, ver-

heiratet, wurde er von Sulla um die Aussicht auf die Priesterschaft des Jupiter gebracht, weil der Diktator nicht hatte durchsetzen können, daß er seine Frau verstieß. In dieser Zeit mußte sich Caesar versteckt halten und jede Nacht sein Asyl wechseln.

98 Siehe oben S. 160.

99 Vgl. CASSIUS DIO, XXXVII, 56–57.

100 *Fischer Weltgeschichte*, Bd. 6, S. 115 ff.

101 Über die Bedeutung der Zinnstraße vgl. J. CARCOPINO, *Promenades historiques aux pays de la Dame de Vix*. Paris 1957; J. VENDRYES, *La route de l'étain en Gaule*. C. R. A. I. 1957, S. 204–209; J. J. HATT, *Hist. de la Gaule romaine*. Paris 1959, S. 19 ff. und die Bibliographie. Siehe auch *Actes du Colloque sur les influences helléniques en Gaule*. Dijon 1957.

102 Siehe oben S. 123 f.

103 Vgl. H. ROLLAND, *Fouilles de Glanum* [Suppl. zu Gallia, I (1946) und XI (1956)].

104 Vgl. zu diesem Punkt die Bemerkungen von J. JANNORAY, *Ensérune*. Paris 1955, S. 289 ff.

105 J. JANNORAY, *a. a. O.*, S. 303 ff. Vgl. H. GALLET DE SANTERRE, *Ensérune. An oppidum in Southern France*, in: Archaeology XV (1962), S. 163–179.

106 A. BLANCHET, *Traité des monnaies gauloises*. 2 Bde. Paris 1905; A. GRENIER, *Les Gaulois*, S. 260 ff.

107 STRABON, IV, 1, 1, C. 176.

108 CAESAR, *Bell. Gall.*, I, 1, 2.

109 R. DION, in: *Annuaire du Collège de France*, LXIII. Jahr (1963), chaire de géographie historique de la France, S. 389–398.

110 Siehe die Karte S. 167.

111 Vgl. J. WHATMOUGH, *The Dialects of ancient Gaul*. Ann Arbor University 1950–1951 (Mikrofilm).

112 Vgl. M. L. SJOESTEDT, *Dieux et héros des Celtes*. Paris 1940; J. VENDRYES, *La religion des Celtes*. Paris 1948; P. M. DUVAL, *Les dieux de la Gaule*. Paris 1957; *Les religions des Celtes*. Paris 1958; *Mythologie celtique*, in: Mythologies. Bd. II. Paris 1963, S. 3–19; J. J. HATT, *Essai sur l'évolution de la religion gauloise*, in: Rev. Et. Anc. LXVII (1958), S. 80–125.

113 C. JULLIAN, *Vercingétorix*. Hrsg. v. P. M. DUVAL, Paris 1963, S. 47.

114 STRABON, IV, 2, 3, 191 C.

115 POSEIDONIOS bei ATHENAIOS, IV, 152d.

116 Vgl. oben S. 123; VELLEIUS PATERCULUS, II, 10, 2; *C. I. L.*, I^2, S. 49; VALERIUS MAXIMUS, IX, 6, 3. Bituitus beschloß sein Leben in »überwachter Residenz« in Alba.

117 TITUS LIVIUS, *Per.*, LXI.

118 CAESAR, *Bell. Gall.*, I, 17–18.

119 PLUTARCH, *De Virtutibus Mulierum*, VI, S. 246 C.

120 Vgl. P. GRIMAL, in: *Histoire mondiale de la Femme*. Bd. II. Paris 1966.

121 STRABON, IV, 4, 3.

122 CAESAR, *Bell. Gall.*, VI, 19.

123 Rede von Critognatos, CAESAR, *a. a. O.*, VII, 77, 12.

124 PLINIUS, *Naturalis Historia*, X, 53.

125 Vgl. J. CARCOPINO, *Les Etappes de l'Impérialisme romain.* Paris o. J. (1961), S. 231 ff.
126 J. J. HATT, *Histoire de la Gaule romaine.* Paris 1959, S. 51 ff.
127 CAESAR, *Bell. Gall.*, II, 34.
128 *A. a. O.*, IV, 20.
129 Über die Episode von Alesia vgl. J. CARCOPINO, *Alésia et les ruses de César.* Paris 1958. Über die Ausgrabungsstätte und die Ausgrabungen etc.: J. LE GALL, *Alésia, Archéologie et Histoire.* Paris o. J. (1963).

KAPITEL 3: VON DER DIKTATUR ZUM PRINZIPAT (49 V. CHR. – 14 N. CHR.)

1 Siehe oben S. 129.
2 Siehe oben S. 162.
3 Vgl. CICERO, *Ad Atticum*, X, 8, 2; CAESAR, *Bell. Civ.*, III, 1, 3.
4 SALLUST, *Epistola ad Caesarem*, I, 2, 5.
5 Siehe oben S. 149.
6 Siehe unten S. 223 f.
7 CASSIUS DIO, XLI, 16, 1.
8 SUETON, *Caesar*, 7.
9 CAESAR, *Bell. Civ.*, III, 29.
10 *A. a. O.*, 39–40.
11 PLUTARCH, *Pompeius*, 75, 1.
12 Besonders in Ephesos. DITTENBERGER, *Sylloge*³, 760.
13 PLUTARCH, *Caesar*, 50, 1; vgl. SUETON, *Caesar*, 37.
14 APPIAN, *Bell. Civ.*, II, 93.
15 DERS., *a. a. O.*
16 LUKAN, *Pharsalus*, I, 128.
17 Zu diesem Problem vgl. CH. WIRSZUSKI, *Libertas.* Ital. Übers. Bari 1957; vgl. A. MOMIGLIANO, in: J. R. S. XLI (1951), S. 146–153. Es läßt sich feststellen, daß die alten Stoiker fast nie den Begriff der ’ελευθερια verwenden. Die Entwicklung in diesem Sinn scheint römisch zu sein.
18 Über die Pläne Caesars vgl. SUETON, *Caesar*, 44; PLUTARCH, *Caesar*, 58, 3.
19 APPIAN, *Bell. Civ.*, II, 110; PLUTARCH, *Caesar*, 60, 1.
20 *Fischer Weltgeschichte*, Bd. 6, S. 146.
21 Siehe oben S. 12 ff.
22 Die Etymologie bringt das Wort mit *satur*, gesättigt, in Verbindung, vor allem mit *satura lanx*, einem Ausdruck der Sakralsprache. Dieser bezeichnet eine Opfergabe, bei der auf einer Platte Korn und Nahrungsmittel aller Art lagen.
23 *Fischer Weltgeschichte*, Bd. 6, S. 345.
24 M. CHOUET, *Les Lettres de Salluste à César.* Paris 1950; ELIO PASOLI, *Le Historie ... di Sallustio.* Bologna 1965. Entgegengesetzte Auffassung: R. SYME, in: Mus. Helvet. XV (1958), S. 46–55; DERS., *Sallust.* Berkeley 1964.
25 Obwohl dieser Brief vor der *Coniuratio Catilinae* und dem *Bellum Jugurthinum* abgefaßt wurde, steht es außer Zweifel, daß Sallust sich nicht erst im Alter dem Reflektieren über die Geschichte hingab.
26 CICERO, *Brutus*, 61. Nur die Leichenreden wurden veröffentlicht. Die Reden des Appius Claudius und des Q. Fabius waren nur

zusammengestellt worden; die des Cato wurden vom Autor für die Veröffentlichung verändert.
27 Siehe oben S. 86. CICERO, *Brutus*, 90.
28 Vgl. A. GELLIUS, *Noctes Atticae*, XIII, 16, 1. Siehe IHM, Art. *contio*, in: R. E., IV, Sp. 1149.
29 Über die Bedeutung der Philosophie im Leben Ciceros vgl. A. MICHEL, *a. a. O.* Siehe oben S. 154.
30 Siehe oben S. 155.
31 Fragmente, die in den Papyri von Herculanum gefunden wurden; siehe Ausgabe von A. OLIVIERI, Teubner 1909; vgl. R. PHILIPPSON, in: Berl. Philol. Woch. XXX (1910), S. 740 ff.; M. PAOLUCCI, in: Rend. Ist. Lomb. LXXXVIII (1955), S. 483 ff.; OSWYN MURRAY, *Philodemus on the Good King according to Homer*, in: J. R. S. LV (1965), S. 161–182. Philodemos war der Freund des L. Calpurnius Piso Caesoninus, des Schwiegervaters des Caesar. Wir nehmen an, daß dieser Vertrag in das Jahr 45 fällt.
32 Über diese Formen vgl. K. ZIEGLER, *Das hellenistische Epos*. Leipzig 1934.
33 Siehe zu diesen Fragen die ausgezeichnete Untersuchung von WENDELL CLAUSEN, *Callimachus and Latin Poetry*, in: Greek, Rome, Byz. Stud. VI (1964), S. 181 ff.
34 CICERO, *Tusc.*, III, 45.
35 Vgl. E. MARMORALE, *L'Ultimo Catullo*. Neapel 1952.
36 CICERO, *De Har. Resp.*, 20.
37 Vgl. E. WILL, *Le relief culturel gréco-romain*. Paris 1955.
38 TERTULLIAN, *Apologeticus*, 6; *Ad Nat.*, I, 10; ARNOBIUS, II, 73.
39 Vgl. G. WISSOWA, *Röm. Relig.*, S. 293.
40 TRAN TAM TINH, *Le culte d'Isis en Campanie*. Paris 1964.
41 *Fischer Weltgeschichte*, Bd. 6, S. 240.
42 Vgl. A. BRUHL, *Liber Pater*. Paris 1953, S. 124 ff. und die voraufgehende Bibliographie. Dazu: E. MARMORALE, *L'Ultimo Catullo*. Neapel 1952, S. 160 ff.
43 Siehe oben S. 16.
44 *Les religions orientales dans le paganisme romain*. 4. Aufl. Paris 1929, S. 198 ff.
45 JEANMAIRE, *Dionysos*. Paris 1951.
46 Die Apotheose der Tullia. Vgl., unter diesem Titel, P. BOYANCE, in: Rev. Et. Anc. XLVI (1944), S. 179 ff.
47 Siehe über ihn FERRERO, *Storia del Pitagorismo*.
48 SUETON, *Caesar*, 81; besonders VERGIL, *Georgica*, I, 466 ff.
49 SUETON, *Augustus*, 8, 3.; NIKOLAOS VON DAMASKOS, *Vita Caesaris*, 10–12.
50 CASSIUS DIO, XLVI, 5, 3.
51 P. GRIMAL, *Les intentions de Properce et la composition du livre IV des Elégies*. Brüssel 1953, S. 27.
52 War die göttliche Abstammung des Octavian (Sohn des Apollon) Caesar wirklich bekannt, wie CASSIUS DIO, XLV, 1, 2, annimmt? Ein Traum des Cicero, PLUTARCH, *Cicero*, 44, 4–5.
53 CASSIUS DIO, XLVI, 47.
54 APPIAN, *Bell Civ.*, IV, 2, 7.
55 *Fischer Weltgeschichte*, Bd. 6, S. 107.

56 Von den Cilnii, wahrscheinlich durch seine Mutter. Aber diese Abstammung enthält große Ungewißheiten; vgl. R. A. VALLONE, *Mecenate*. Neapel o. J. (1962).

57 Über die schwierigen Probleme dieser *Ekloge*, die uns weniger »mystisch« als bewußt alexandrinisch und leicht zu sein scheint, vgl. J. CARCOPINO, *Virgile et le Mystère de la IV° Eglogue*. Paris 1930.

58 Siehe oben S. 145.

59 P. GRIMAL, *A propos de l'Epode XVI d'Horace*, in: Coll. Latomus XX (1961), S. 721–730.

60 PLUTARCH, *Antonius*, 26.

61 Die Hypothese wird aufgestellt und gestützt von J. CARCOPINO, *Passion et politique chez les Césars*. Paris o. J. (1958), S. 40 ff.

62 JEANMAIRE, *Revue Archéol.* 1924, S. 241–261 (zitiert von J. CARCOPINO, *a. a. O.*).

63 CASSIUS DIO, XLIX, 38, 2. Über die Ernsthaftigkeit dieser Absicht vgl. D. MEYER, *Die Außenpolitik des Augustus* ... Köln 1961, S. 9 ff.

64 Zum Beispiel HORAZ, *Carm.*, III, 6. Dieses Carmen, das um diese Zeit (32?) verfaßt wurde, erinnert an die enttäuschte Stimmung der *Epode* XVI.

65 Siehe oben S. 154.

66 SUETON, *Augustus*, 69. Vgl. KENNETH SCOTT, *The political propaganda of 44–30 B. C.*, in: Mem. of the Amer. Acad. in Rome, 1933, S. 7–49.

67 CASSIUS DIO, L, 2, 5.

68 *Res Gestae Divi Augusti*, 25, 2. Über die Bedingungen und den Wortlaut dieses Eides siehe vor allem R. SYME, *The Roman Revolution*, S. 285–293.

69 Für Spanien vgl. R. ETIENNE, *Le culte impérial dans la péninsule ibérique*. Paris 1958, S. 357 ff.

70 Dies ist unserer Ansicht nach der Sinn der dritten Römerode des Horaz (III, 3).

71 Siehe oben S. 216.

72 Über diesen einzigartigen Brauch und seine Bedeutung vgl. ROSENBERG, Art. *imperator*, in: R. E., IX, Sp. 1139–1154.

73 CICERO, *Pro Domo*, 124; CASSIUS DIO, XXXVIII, 30, 2.

74 *Res Gestae*, 34: *per consensum universum potitus rerum omnium.*

75 *A. a. O.*

76 CASSIUS DIO, LIII, 20, 1; vgl. HORAZ, *Carm.*, I, 2 (entgegengesetzte Auffassung: E. FRAENKEL, *Horace*, S. 246, Anm. 4).

77 A. ERNOUT, *Augur-Augustus;* Mem. Soc. Linguist. XXII, S. 234.

78 Diese letzte Tugend spielt auf die Rache an den Mördern Caesars an und nicht, wie oft behauptet wurde, auf die Restaurierung der Heiligtümer.

79 Vgl. DESSAU, *Prosop. Imp. Roman.* II, 246; MÜNZER, Art. *Junius*, Nr. 172, in: R. E., X, Sp. 1095–1096.

80 Im übrigen hypothetische Beziehung, abzuleiten von *C. I. L.*, VI, 16357. Vgl. GROAG, in: R. E., XVII, Sp. 932–934.

81 CASSIUS DIO, LV, 10; über die Prätorianerkohorten im allgemeinen vgl. M. DURRY, *Les cohortes prétoriennes*. Paris 1938; DERS., Art. *Praetoriae Cohortes*, in: R. E., XXII, Sp. 1607–1634.

82 Das Wesen dieses *imperium* stellt ein sehr vielschichtiges Problem dar. Vgl. R. HASLIK, Art. *M. Vipsanius Agrippa,* in: R. E., IX, Sp. 1251 ff. (mit der Bibliographie bis 1961).

83 Vgl. HORAZ, *Carm.*, I, 12, 45–48.

84 *Res Gestae,* 5. Über die gesamte Krise vgl. CASSIUS DIO, LIV, 1.

85 Über das sehr komplexe Problem der *procuratores* vgl. H. G. PFLAUM, *Les procurateurs équestres sous le Haut-Empire romain.* Paris 1950; DERS., Art. *procurator,* in: R. E. XXIII (1957), Sp. 1240–1279.

86 SALLUST, *Ad Caes.*, I, 7,3: *id ita eveniet si pecuniae, quae maxuma omnium pernicies est, usum atque decus dempseris.*

87 Die Jahrhundertspiele, die in großen Zeitabständen gefeiert wurden, im Prinzip einmal in einem »Jahrhundert« (100 oder 110 Jahre), tatsächlich jedoch nach den Hinweisen der Weissagungen, wurden ursprünglich den Göttern der Unterwelt geweiht: Dis Pater und Proserpina. Sie kennzeichneten den Übergang von einem »Zyklus« zum nächsten und feierten die Erneuerung der Welt. Die ersten waren im Jahr 348 gefeiert worden. Vgl. J. GAGE, *Recherches sur les Jeux Séculaires.* Paris 1931; A. PIGANIOL, in: Rev. Et. Anc. XXXVIII (1936), S. 219.

88 *Res Gestae,* 6. Diese Bitte wurde im Jahr 19, 18 und erneut im Jahr 11 vorgetragen.

89 Das scheint uns angedeutet zu sein in der Abfassung des Abschnitts 2 im griechischen Text, dem einzig erhaltenen für diese Stelle.

90 HORAZ, *Carm.*, III, 6.

91 Die Familiengesetzgebung nahm ihre endgültige Form erst mit der *lex Pappia Poppaea* im Jahr 9 n. Chr. an.

92 Zum Beispiel HORAZ, *Carm.*, I, 12; III, 2, wo die Erörterung über die Göttlichkeit Caesars, die in einer Ekloge über die »virtus« erwartet wurde, fortgelassen ist. Dieses Schweigen wird in gewisser Weise begründet in den letzten beiden Strophen, die die Zurückhaltung preisen, die der Dichter üben sollte.

93 TACITUS, *Ann.*, I, 9 und 10.

94 Vgl. G. W. BOWERSOCK, *Augustus and the Greek World.* Oxford 1965, S. 33, der SUETON, *Augustus,* 89, 1 und CASSIUS DIO, LI, 16, 4, zitiert.

95 Vgl. PH. DERCHAIN, in: *Fischer Weltgeschichte,* Bd. 6, S. 216 ff.

96 Eine ausführliche Darlegung über das System der Vasallen-Könige findet sich in: G. W. BOWERSOCK, *a. a. O.*, S. 42–61.

97 Siehe oben S. 33 f.

98 DITTENBERGER, *Sylloge*³, 780 (Inschrift von Knidos).

99 Was gut nachgewiesen wird in dem Buch von S. ACCAME, *Il domino romano in Grecia dalla Guerra Acaica ad Augusto.* Rom 1946.

100 Siehe den Text in V. EHRENBERG und A. H. M. JONES, *Documents illustrating the Reigns of Augustus and Tiberius.* 2. Aufl. Oxford 1955, S. 139 ff.

101 STRABON, XIV, 3, S. 664–665 C.

102 Siehe oben S. 167 ff.

103 P. WUILLEUMIER, *Lyon.* Paris o. J. (1953), S. 13.

104 DERS., *a. a. O.*, S. 37 ff.

105 Vgl. R. ETIENNE, *Le culte impérial dans la péninsule ibérique.* Paris 1958, S. 367 ff.
106 Inschrift von Narbonne (11 n. Chr.), *C. I. L.*, XII, 4333 (DESSAU, *I. L. S.*, Nr. 112). Vielleicht lagen besondere Umstände vor, die den Volkscharakter derjenigen, die sich am Kult beteiligten, erklären. Vgl. DESSAU, *a. a. O.*
107 RIBEZZO, *Il primissimo culto di Cesare Augusto*, in: Riv. indo-greco-ital. XXI (1937), S. 117–138. Die literarische Version dieses Kults: VERGILS 1. *Ekloge* (39 v. Chr.).
108 CASSIUS DIO, LI, 19, 21.
109 Tempel von Pergamon und Nikomedien: TACITUS, *Ann.*, IV, 17; SUETON, *Aug.*, 52; CASSIUS DIO, LI, 20.
110 CASSIUS DIO, LI, 20; *Res Gestae*, 10.
111 CUMONT, *Les mystères de Mithra.* 2. Aufl. Brüssel 1902, S. 78: der iranische Herrscher ist umgeben von einer »Art glänzender Aureole . . ., die vor allem den Gottheiten zukam, die aber auch die Fürsten mit ihrem Schein umgab und ihre Macht bekräftigte«.
112 Den ersten im Jahr 29 (CASSIUS DIO, LI, 22, 1), den zweiten im Jahr 19 (*Res Gestae*, 11).
113 Am 4. Juli 13. *Res Gestae*, 12.
114 DESSAU, *I.L.S.* Nr. 3786 (Andalusien); 3787 (Praeneste); 3790 a (Ancona) etc. Es stimmt, daß die Daten dieser Texte sehr ungenau sind.
115 Ostrakon Nr. 1693; vgl. I. M. DYAKONOV und V. A. LIVSHITS, *Dokumenty iz Nisy.* Moskau 1960, S. 22.
116 D. SCHLUMBERGER u. a., *Une bilingue gréco-araméenne d'Asoka*, in: Journal Asiatique 1958, bes. S. 43–48; DERS., *Une nouvelle inscription grecque d'Asoka*, in: Comptes rendus de l'Académie des inscriptions et belles lettres 1964.
117 Vgl. J. WOLSKI, *Les iraniens et le royaume gréco-bactrien*, in: Klio 38 (1960), S. 116.
118 I. M. DYAKONOV, *Nadpisi na parfyanskikh pechatyakh iz drevnei Nisy*, in: Vestnik Drevnei Istorii 1954, S. 4 u. 170.
119 E. H. MINNS, *Parchments of the Parthian Period from Avroman*, in: Journal of Hellenic Studies 35 (1915), S. 28–32.
120 *Fischer Weltgeschichte*, Bd. 6, S. 270–291.
121 M. ROSTOVTZEFF, *Social and Economic History of the Hellenistic World.* Bd. 3. Oxford 1941, S. 1535–1536, für weitere Nachweise.
122 Siehe meinen Aufsatz *The Charisma of Kingship in Ancient Iran*, in: Iranica Antiqua 4 (1964), S. 36–54.
123 W. W. TARN, *The Greeks in Bactria and India.* Cambridge 1951, S. XX.
124 Siehe W. W. TARN, *Seleucid-Parthian Studies*, in: Proceedings of the British Academy 16 (1930), S. 29.
125 Eine Zusammenfassung der Ereignisse bei A. K. NARAIN, *The Indo-Greeks.* Oxford 1957, S. 34–36 u. 57–58.
126 Z. I. USMANOVA, *Erk-kala*, in: Trudy Yuzhno-Turkmenistanskoi Arkheologicheskoi Kompleksnoi Ekspeditsii 12 (Ashkabad 1963), S. 46.
127 Nachweise bei NARAIN, *a. a. O.*, S. 133.
128 JUSTIN, 42, 2. Zum Einfall der Tochari siehe auch STRABON, XI, 511.

129 A. Newell, *Mithradates of Parthia and Hyspaosines of Characene,* in: American Numismatic Society (New York 1925), S. 11.
130 Einen Überblick über die Ergebnisse der Ausgrabungen gibt *Istoriya Tadshikskogo Naroda,* hrsg. v. B. Gafurov und V. A. Litvinskii. Bd. 1. Moskau 1963, S. 316–328.
131 Siehe M. E. Masson und G. A. Pugachenkova, *Parfyanskie Ritony Nisy*. Moskau 1956, 120 Tafeln; Litvinskii und Gafurov, *a. a. O.*, S. 336–337.
132 Justin, 42, 2.3; Pompeius Trogus, *prol. libri*, 42.
133 Ammianus Marcellinus, 30, 2.5: *Surena potestatis secundae post regem.*
134 Siehe H. Hübschmann, *Armenische Grammatik.* Leipzig 1897, S. 45.
135 Dazu siehe J. Marquart, *Erānsahr.* Berlin 1901, S. 71–72.
136 D. G. Sellwood, *The Parthian Coins of Gotarzes I, Orodes I, and Sinatruces,* in: Numismatic Chronicle 7, ser. 2 (1962), S. 72–80; siehe auch E. Herzfeld, *Am Tor von Asien.* Berlin 1920, S. 39–42.
137 Marquart, *a. a. O.*, S. 71.
138 Siehe A. Christensen, *L'Iran sous les Sassanides.* Kopenhagen 1944, S. 101–110.
139 Justin, 41, 2.6, behauptet, daß von 50 000 Reitern nur 400 Freie gewesen seien.
140 C. B. Welles (Hg.), *The Excavations at Dura-Europos V, The Parchments and Papyri.* (New Haven 1959), S. 111[15]. Meine Bemerkungen an dieser Stelle müssen korrigiert werden.
141 I. M. Dyakonov und V. A. Livshits, *a. a. O.*, S. 22.
142 *a. a. O.*, S. 24.
143 J. Bidez und F. Cumont, *Les mages hellénisés.* Bd. 1. Paris 1938, S. 63–73.
144 *Lebensbeschreibung des Pompeius*, 24.
145 Siehe Philostratos, *Lebensbeschreibung des Apollonius von Tyana*, I, 18 und Tacitus, VI, 37.
146 Siehe W. B. Henning, *An Astronomical Chapter of the Bundahishn,* in: Journal of the Royal Asiatic Society 1942, S. 235.
147 Siehe M. Boyce, *The Parthian ›gosan‹ and Iranian Minstrel Tradition,* in: Journal of the Royal Asiatic Society (1957), S. 10–45.
148 Siehe G. Widengren, *Some Remarks on Riding Costume and Articles of Dress among Iranian Peoples in Antiquity,* in: Arctica, Studia Ethnographica Upsaliensia XI (1956), S. 241.
149 Siehe A. K. Narain, *The Indo-Greeks.* Oxford 1957, S. 162.
150 Zu den von Gondaphernes überprägten Münzen Artabans III. siehe J. Marshall, *Taxila.* Bd. 1. Cambridge 1951, S. 60.
151 Siehe J. Dobiáš, *Les premiers rapports des Romains avec les Parthes,* in: Archiv Orientální 3 (1931), S. 244.
152 Siehe oben S. 243 f.
153 Strabon, IV, 6, 7, 205–206 C.
154 Über die Operationen vgl. Nagl, *Silius Nerva* (Nr. 21), in: R. E., III, Sp. 94.
155 Cassius Dio, LV, 10.
156 Siehe oben S. 211 f.
157 Vgl. die Bemerkungen von P. Lambrechts, *Augustus en de Egyptische Godsdienst.* Brüssel 1956.

Literaturverzeichnis

1. Die literarischen Quellen

Unsere Quellen unterscheiden sich sehr nach den jeweiligen Zeitabschnitten; während sie für Rom reicher als für den Osten vertreten sind (Rom wurde damals das Zentrum der Welt), werden sie immer zahlreicher und genauer, je weiter die Zeit fortschreitet.
Für die erste Hälfte des 2. Jahrhunderts v. Chr. bleibt die Geschichte des POLYBIOS (siehe Fischer Weltgeschichte, Bd. 6, S. 394) die wichtigste Quelle für alle Auskünfte, die wir bei den antiken Historikern finden. Sie endete mit dem Jahr 146; leider besitzen wir ab Buch V (das mit der Schlacht von Cannae im Jahr 216 = 140. Olympiade abschließt) nur Fragmente, die zuweilen jedoch ziemlich umfangreich sind. Über Polybios siehe jetzt WALBANK, F. W., A historical commentary on Polybios. Bd. I. Oxford 1957.
Von Polybios leitet sich Titus Livius her, dessen erhaltenes Werk nach Pydna abbricht (176). Für die Zeit danach besitzen wir nur die Zusammenfassungen der Bücher (*Periochae*), die sehr wertvoll, aber äußerst gedrängt sind. Sie sind bis zum Ende des Werkes (9 n. Chr. Katastrophe des Varus) fortgesetzt. Diese Zusammenfassungen werden vervollständigt durch das *Buch der Wunder des* JULIUS OBSEQUENS, der all das aus dem Werk des Titus Livius herausgezogen hat, was Bezug zu diesem speziellen Thema hat. Die Fragmente des Titus Livius selbst sind nicht sehr zahlreich vorhanden und meistens sehr kurz.
Außer Polybios hatte Titus Livius heute verlorengegangene Bücher benutzt, nämlich das Werk der Annalisten und auch das des CATO (*Origines*), das die Zeit zwischen 216 und 149 (Tod des Cato) behandelt. Für das 2. Jahrhundert sind auch nur Fragmente von DIODOR VON SIZILIEN, APPIAN und CASSIUS DIO vorhanden.
Für die Zeit nach Polybios besaßen die antiken Historiker die *Historien* des POSEIDONIOS VON RHODOS, der die Geschichte seiner eigenen Zeit dargestellt hatte. Dieses Werk ist verlorengegangen. Wahrscheinlich findet man ein Echo auf dieses Werk in der Darstellung des Diodor von Sizilien. Andererseits wurde gewiß von den späteren Historikern eine reiche Literatur von *Memoiren* verwendet (von RUTILIUS RUFUS, SULLA, LUTATIUS CATULUS etc.), wir wissen jedoch nicht, inwieweit sie auf diese Literatur zurückgriffen. Die Vielfalt der Quellen und ihre unbezweifelbare Parteilichkeit sind eine Erklärung für die Divergenzen, ja Widersprüche in den antiken Darstellungen, die erhalten geblieben sind. Die wichtigsten sind:
Die *Bürgerkriege* des APPIAN (fünf Bücher, die mit dem Tod des Sextus Pompeius im Jahr 35 v. Chr. enden; vgl. GABBA, E., Appiano e la storia delle guerre civili. Rom 1956), aber auch andere Teile seines Werkes: *Die Spanischen Kriege, Die Punischen Kriege* (wichtige Quelle für den Dritten Punischen Krieg und die Zerstörung Karthagos), *Die Illyrischen Kriege, Die Kriege gegen Mithridates.* Neben Appian, der eine »sichere« Quelle ist, müssen die Biographien des

PLUTARCH sorgfältig kritisiert werden. Von Cassius Dio sind nur Fragmente auf uns gekommen (man benutzt, soweit dies möglich ist, den Text von ZONARAS und den von XIPHILIN), aber ab Buch XXXVI (Ereignisse ab 69 v. Chr.) wird die Darstellung zusammenhängender. Sie ist eine hervorragende Quelle für das Ende der Republik, die Bürgerkriege und die Errichtung des Prinzipats.

Vom Beginn des 1. Jahrhunderts v. Chr. besitzen wir zeitgenössische Texte oder zumindest Texte, die dem Zeitgeschehen sehr nahe stehen: *Der Krieg gegen Jugurtha* des SALLUST, die Fragmente seiner *Historien* und die *Reden* CICEROS, die *Kommentare* CAESARS (von Caesar selbst stammen die ersten sieben Bücher des *Bellum Gallicum*, das *Bellum Civile;* das achte Buch des *Bellum Gallicum* ist von Hirtius, dem Unterführer und Freund Caesars, verfaßt, das *Bellum Africanum*, das *Bellum Hispaniense* und *Bellum Alexandrinum* wurden von anderen fortgesetzt). Schließlich ist die Dichtung des LUKAN, *Der Bürgerkrieg*, nicht ohne historischen Wert, obwohl sie ein Jahrhundert nach den Ereignissen verfaßt wurde.

Die Regierungszeit des Augustus ist uns durch Cassius Dio bekannt, durch das *Leben des Augustus* von SUETON und VELLEIUS PATERCULUS. Eine Sonderstellung nehmen die *Res Gestae* ein, die von Augustus selbst über seine politische Laufbahn verfaßt wurden. Wir kennen sie vor allem durch eine Inschrift aus Ankyra (Ankara). Ausgaben: DIEHL, E., in: LIETZMANN, Kleine Texte. 6. Aufl. Berlin 1935; VOLKMANN, H., a. a. O. 1957; GAGE, J., Straßburg 1935.

2. Hilfsquellen

Die Numismatik und die Epigraphik sind für die Geschichte des Orients besonders wertvoll, deren literarische Quellen mangelhaft sind.

Im Hinblick auf allgemeine Werke und Sammelwerke wird verwiesen auf Fischer Weltgeschichte, Bd. 6, S. 394. Eine Liste der wichtigsten Inschriften ist zusammengestellt in: Cambridge Ancient History (s. unten), Bd. VIII, S. 730–734; a. a. O., S. 734–736 eine Liste der Papyri und Münzen für dieselbe Periode (Eroberung Makedoniens und syrischer Krieg). Für den folgenden Zeitabschnitt vgl. GREENIDGE, A. H. J. und A. M. CLAY, Sources for Roman History 133–70 B. C. 2. Aufl. Hrsg. v. E. W. Clay. Oxford 1960.

Für die Regierungszeit des Augustus vgl. EHRENBERG, VICTOR und A. H. M. JONES, Documents illustrating the Reign of Augustus and Tiberius. 2. Aufl. Oxford 1955.

3. Allgemeine Arbeiten

Zu den Arbeiten, die in Fischer Weltgeschichte, Bd. 6, S. 395 ff. genannt wurden, die, wenigstens zum Teil, den uns hier interessierenden Zeitabschnitt behandeln, kommen noch folgende Veröffentlichungen hinzu.

DRUMANN, W., Geschichte Roms in seinem Übergang von der republikanischen zur monarchischen Verfassung. 2. durchgesehene Aufl. Hrsg. v. P. Groebe. Berlin 1899 ff.

COOK, S. A., ADCOCK, F. E. und M. P. CHARLESWORTH, Cambridge Ancient History, Bd. VII (1930); Bd. IX (1932); Bd. X (1934)
GLOTZ, G., Histoire Générale, für folgende Bände:
PAIS, E. und J. BAYET, Histoire romaine. Bd. I. Paris 1940
BLOCH, G. und J. CARCOPINO, Histoire romaine. Bd. II, 1. 3. Aufl. Paris 1952
CARCOPINO, J., Histoire romaine. Bd. II, 2. 4. Aufl. Paris 1950
MEYER, E., Geschichte des Altertums. Stuttgart 1893 ff.
KORNEMANN, E., Weltgeschichte des Mittelmeerraums von Philipp II. von Makedonien bis Muhammed. 2 Bde München 1948–1949
DERS., Römische Geschichte. Bd. I: Die Zeit der Republik. Bd. II: Die Kaiserzeit. Hrsg. v. H. Bengtson. Stuttgart 1956–1959
SCULLARD, H. H., From the Gracchi to Nero, a history of Rome from 133 B. C. to A. D. 68. London 1959
PIGANIOL, A., Histoire de Rome. 5. Aufl. Paris 1962 mit einer umfassenden Bibliographie.
ALTHEIM, F., Römische Geschichte. Bd. II: Bis zur Schlacht bei Actium (31. v. Chr.). Berlin 1956

4. Hinweise auf Einzeluntersuchungen

Aus der nahezu unübersehbaren Zahl von Einzeluntersuchungen sollen nur folgende genannt sein:

I. ROM UND DER OSTEN

HOLLEAUX, M., Études d'épigraphie et d'histoire grecques. Hrsg. v. L. Rombert. 4 Bde. 1938–1952
HATZFELD, J., Trafiquants italiens dans l'Orient hellénique. Paris 1919
ROSTOVTZEFF, M., The Social and Economic History of the Hellenistic World. Oxford 1941
Exploration archéologique de Délos. Paris 1909 ff. [besonders LAPALUS, E., L'agora des Italiens. Exploration XIX (1939)]
AFZELIUS, A., Die römische Kriegsmacht während der Auseinandersetzung mit den hellenistischen Großmächten. Kopenhagen 1944
WALBANK, F. W., Philipp V of Macedon. Cambridge 1940
MAGIE, D., The Agreement between Philipp V and Antiochus III . . ., in: Journal of Roman Studies XXIX (1939), S. 32 ff.
BALSDON, J. P., Rome and Macedon 205–22 B. C., in: a. a. O. XLIV (1954), S. 31 ff.
DE REGIBUS, L., La repubblica romana e gli ultime re di Macedonia. Genua 1951
MELONI, P., Perseo e la fine della monarchia Macedona. Annali . . . . Facoltà di Lettere di Cagliari XXX (1953)
ACCAME, S., Il dominio romano in Grecia dalla guerra Acaica ad Augusto. Rom 1946
VAVRENEK, V., La révolte d'Aristonikos. Bospravy Českoslov. Akad. Ved. LXVII, 2. Prag 1957
BADIAN, E., Foreign clientelae (264–70 B. C.). Oxford 1958
–, Rome and Antiochus the Great. A study in cold war, in: Cl. Phil. LIV (1959), S. 81–89 [Deutsche Übersetzung in: Die Welt als Geschichte XX (1960), S. 203–225]

Bilz, K., Die Politik des P. Cornelius Scipio Aemilianus. Würzburger Stud. zur Altertumswiss. VII. Heft. Stuttgart 1935
Groag, E., Hannibal als Politiker. Wien 1929
Hoffmann, W., Die römische Politik des 2. Jahrhunderts und das Ende Karthagos, in: Historia IX (1960), S. 309–334
McShane, R. B., The foreign policy of the Attalids of Pergamum. Diss. Univ. of Illinois 1959
Magie, P., Roman rule in Asia Minor to the third century after Christ. Princeton Univ. Press 1950
Hansen, E. V., The Attalids of Pergamon. New York 1957
Reinach, Th., Mithridate Eupator. Paris 1890
Bouche-Leclerq , A., Histoire des Séleucides. Bd. II. Paris 1914

II. INNERE GESCHICHTE ROMS

Levi, M. A., La costituzione romana dai Gracchi a Giulio Cesare. Florenz 1928
Astin, A. E., The lex annalis before Sulla. Coll. Latomus XXXII (1958)
Sherwin-White, A. N., The Roman citizenship. Oxford 1939
Taylor, L. Ross, The votive districts of the Roman Republic. Papers and Mon. of the Amer. Academy in Rome XX (1960)
Scullard, H. H., Roman Politics 250–220 B. C. Oxford 1951
Niccolini, Il tribunato della plebe. Mailand 1932
Bleicken, J., Das Volkstribunat der klassischen Republik. Zetemata XIII (München 1955)
Kienast, D., Cato der Zensor, seine Persönlichkeit und seine Zeit. Heidelberg 1954
Tibiletti, G., Il possesso dell' ager publicus, in: Ath. N. S. XXVI (1948), S. 173 ff.; a. a. O. XXVII (1949), S. 3 ff.; vgl. a. a. O. XXVIII (1950), S. 183 ff.
Carcopino, J., Autour des Gracques. Études critiques. Paris 1928
Vogt, J., Die Struktur der antiken Sklavenkriege. Abhandl. Akad. Mainz, 1957, Nr. I
Pöhlmann, R. v., Geschichte der sozialen Frage und des Sozialismus in der antiken Welt. 2 Bde. 3. Aufl. München 1925
Schur, W., Das Zeitalter des Marius und Sulla. Klio, Beiheft XLVI (1942)
Gabba, E., Le origini della guerra sociale e la vita politica romana dopo l'89 a. C. Ath. N. S. XXXIII (1954)
Meyer, Hans D., Die Organisation der Italiker im Bundesgenossenkrieg, in: Historia VII (1958), S. 74 ff.
Gelzer, M., Cn. Pompeius Strabo und der Aufstieg seines Sohnes Magnus. Abhand. d. Preuss. Akad. Wiss., 1941, S. 14
Bennett, H., Cinna and his time. Menasha 1923
Carcopino, J., Sulla ou la monarchie manquée. Paris 1931
Lanzani, C., L. Cornelio Sulla dittatore. Mailand 1936
Berve, H., Sertorius, in: Hermes LXIV (1929), S. 199 ff.
Boissier, G., La conjuration de Catilina. Paris 1905
Hardy, E. G., The Catilinian Conspiracy. Oxford 1924
Macdonald Corban, J., Senate and provinces 78–49. Cambrindge 1935
Rostovtzeff, M., Geschichte der Staatspacht in der römischen Kaiserzeit, in: Philol. Suppl. IX (1904)

Boissier, G., Cicéron et ses amis. Paris 1865
Ciaceri, E., Cicerone e i suoi tempi. 2 Bde. Mailand 1926–1930
Van Ooteghem, J., Lucius Licinius Lucullus. Acad. Royale de Belgique, classe des Lettres, Mémoires LIII, 4 (1959)
–, Pompée le Grand, bâtisseur d'Empire. A. a. O. XLIX (1954)
Taylor, L. Ross, Party politics in the age of Caesar. Univ. of California Press 1949
Carcopino, J., Les secrets de la Correspondance de Cicéron. 2 Bde. Paris 1948
Gelzer, M., Pompeius. 2. Aufl. München 1949
Syme, R., The Roman Revolution. Oxford 1939
Oliver, J. H. und R. E. A. Plamer, Text of the Fabula Hebana, in: Am. Journ. of Philology LXXV (1956), S. 225 ff.
Seston, W., La table de bronze de Magliano et la réforme électorale d'Auguste. Comptes-rendus Acad. Inscr. 1950, S. 105 ff.
Tibiletti, G., Principe e magistrati repubblicani, ricerca di storia augustea e tiberiana. Rom 1953
Grant, Michael, From ›imperium‹ to ›auctoritas‹, a historical study of the aes coinage in the Roman Empire, 49 B. C.-A. D. 14. Cambridge 1946
Levi, M. A., Il tempo di Augusto. Florenz 1951
Beranger, J., Recherches sur l'aspect idéologique du principat. Basel 1953
Grenade, P., Essai sur les origines du principat. Paris 1961
Magdelain, A., Auctoritas principis. Paris 1947

III. Einzelne Länder

a) Spanien

Schulten, A., Tartessos, ein Beitrag zur ältesten Geschichte des Westens. Abhandl. der Univ. von Hamburg. 2. Aufl. 1950
–, Geschichte von Numantia. München 1933
–, Historia de Numancia. Barcelona 1945
Bosch-Gimpera, P., La formacion de los pueblos de España. Mexiko 1945
–, Etnologia de la peninsula iberica. Barcelona 1932
Menendez Pidal, R., Historia de España. Besonders Bd. I, 2: La España de las invasiones celticas y el mondo de la colonizacion. Hrsg. v. M. Almagro und A. Garcia Bellido. Madrid 1952
Garcia Bellido, A., La Peninsula Iberica en los comienzos de su historia. Madrid 1953
–, Hispania Graeca. Barcelona 1948
Blasquez, J. M., El impacto de la conquista de Hispania en Roma (218–154), in Et. Class. VII (1962), S. 1–29
Lantier, R., Les bronzes votifs ibériques. Paris 1935

b) Die keltische Welt und Gallien

Bosch-Gimpera, P., Les mouvements celtiques, essai de reconstitution, in: Études celtiques V (1950–1951), S. 351 ff.; VI (1953–1954), S. 345 ff.
Joffroy, R., La tombe de Vix (Côte d'Or). Monuments Piot XLVIII (1956)

Carcopino, J., Promenades historiques aux pays de la dame de Vix. Paris 1957
Benoît, F., Entremont, capitale celto-ligure des Salyens de Provence. Aix 1957
Duval, P. M., A propos du miliaire de Cn. Domitius Ahenobarbus trouvé dans l'Aude en 1949, in: Gallia VII (1949), II, S. 207–231
Jannoray, J., Ensérune, contribution à l'étude des civilisations préromaines. Paris 1955
Vgl. Gallet de Santerre, H., in Archaeology XV (1962), S. 163–179
Grenier, A., Archéologie gallo-romaine, in: Dechelette, Manuel d'Archéologie préhistorique, celtique et gallo-romaine. Bd. V und VI
Jullian, C., Histoire de la Gaule. 8 Bde. Paris 1908–1926
–, Vercingétorix. Neuherausgegeben v. P. M. Duval. Paris 1963
Hatt, J. J., Histoire de la Gaule romaine (120 av. J. C.–451 ap. J. C.). Paris 1959
Grenier, A., Les Gaulois. Paris 1945
Powell, T. G. E., The Celts. London o. J. (1958)
Le Gall, J., Alésia. Archéologie et Histoire. Paris 1963
Rambaud, M., L'art de la déformation historique dans les commentaires de César. 2. Aufl. Paris 1966
–, César. Paris 1963
–, L'ordre de bataille de l'armée des Gaules d'après les Commentaires de César, in: Rev. Et. Anc. LX (1958), S. 81–130
Dion, R., Les campagnes de César en l'année 55, in: Rev. Et. Lat. XLI (1963), S. 186–209
Schmittlein, R., La première campagne de César contre les Germains. Trav. et mémoires des Inst. Français en Allemagne VI (Paris 1955)
Arnould, M. M., La bataille du Sabis. Brüssel 1941
Merlat, P., César et les Vénètes, in: Annales de Bretagne, 1954, S. 154 ff.
Carcopino, J., Alésia et les ruses de César. Paris 1958
De Vries, J., Kelten und Germanen. Bern 1960

c) Die Germanen

Quellen

Capelle, W., Das alte Germanien. Die Nachrichten der griechischen und römischen Schriftsteller. Jena 1937

Allgemeine Darstellungen

Hachmann, R., Kossack, G. und Kuhn, H., Völker zwischen Germanen und Kelten. Neumünster 1962
Hachmann, R., Zur Gesellschaftsordnung der Germanen in der Zeit um Christi Geburt. Archaeologia Geographica 5 (1956)
–, Die Chronologie der jüngeren vorrömischen Eisenzeit. Studien zum Stand der Forschung im nördlichen Mitteleuropa und in Skandinavien. 41. Bericht d. Röm.-Germ. Kommission (1960)
Moberg, C. A., Zonengliederungen der vorchristlichen Eisenzeit in Nordeuropa. Lund 1941
Müller-Wille, M., Eisenzeitliche Fluren in den festländischen Nordseegebieten. Landeskundl. Karten u. Hefte d. geograph. Komm. f. Westfalen, Bd. 5. Münster 1965

SCHWANTES, G., Die Gruppen der Ripdorf-Stufe. Jahresschrift f. mitteldeutsche Vorgeschichte 41/42 (1958)
WENSKUS, R., Stammesbildung und Verfassung. Das Werden der frühmittelalterlichen Gentes. Köln – Graz 1961

Regionale Untersuchungen

HINSCH, E., Förromersk Jernalder i Norge. Finska Fornminnesföreningens Tidskrift 52 (1953)
NYLÉN, E., Probleme der ältesten Eisenzeit im Norden. Studien aus Alteuropa, Bd. 2. Beihefte d. Bonner Jahrb. 10 (1965)
BECKER, C. J., Førromersk Jernalder i Syd- og Midtjylland, Nationalmuseets Skrifter, Bd. 6. Kopenhagen 1961
HINGST, H., Die vorrömische Eisenzeit, in: KLOSE, O., Geschichte Schleswig-Holsteins, Bd. 2. Neumünster 1964
LAET, S. J. DE und GLASBERGEN, W., De Voorgeschiedenis der Lage Landen. Groningen 1959
WATERBOLK, H. T., Hauptzüge der eisenzeitlichen Besiedlung der nördlichen Niederlande. Offa 19 (1962)
SCHMID, P., Die vorrömische Eisenzeit im nordwestdeutschen Küstengebiet. Probleme der Küstenforschung im südlichen Nordseegebiet, Bd. 6 (1957)
TACKENBERG, K., Die Kultur der frühen Eisenzeit in Mittel- und Westhannover. Die Urnenfriedhöfe in Niedersachsen, Bd. 1, 3–4. Hildesheim 1934
BEHAGHEL, H., Die Eisenzeit im Raume des rechtsrheinischen Schiefergebirges. Wiesbaden 1943
VOIGT, TH., Gab es zur Spätlatènezeit eine selbständige Kulturprovinz im Saalegebiet? Jahresschrift f. mitteldeutsche Vorgeschichte 41/42 (1958)
MOTYKOVÁ-ŠNEIDROVA, K., Die Anfänge der römischen Kaiserzeit in Böhmen. Fontes Archaeologici Pragenses, Bd. 6. Prag 1963
KOSTRZEWSKI, J., Die ostgermanische Kultur der Spätlatènezeit. Leipzig 1919
–, La problème du séjour des Germains sur terres du Pologne. Archaeologia Polona 4 (1962)
KUCHARENKO, J. W., Sarubinezkaja Kultura. Archeologija SSSR, Svod D 1–19. Moskau 1964

d) Geten und Daker

Für einen Gesamtüberblick über die Thraker und Geto-Daker vgl. PARVAN, V., Getica, Ô protoistorie a Daciei. Bukarest 1926; DAICOVICIU, C. in Istoria României (Geschichte Rumäniens). 1960, Bd. I, S. 225–338; WIESNER, JOSEPH, Die Thraker. Stuttgart 1963
Die antiken Quellen über die Geto-Daker und die Nachbarvölker sind zusammengestellt in der Sammlung mit dem Titel: Izvoare privind istoria României. Bd. I (Fontes ad historiam Dacoromaniae pertinentes: Ab Hesiodo usque ad Itinerarium Antonini). Bukarest 1964
Über die La Tène-Kultur bei den Geto-Dakern siehe BERCIU, D., A propos de la genèse de la civilication de Latène chez les Géto-Daces, in: Dacia, NS I (1957); DERS., Prehistoric Romania before Burebista (im Druck)
Über die Kultur und die Geschichte der Daker vgl. VULPE, RADU, La civilisation dace et ses problèmes à la lumière des dernières fouilles

de Poiana en Basse Moldavie, in: Dacia, NS I (1957); DAICOVICIU, C., Le problème de l'état et de la culture des Daces à la lumière des nouvelles recherches, in: Nouvelles Études d'histoire. Bukarest 1955; DAICOVICIU, H., Dacii (Die Daker). Bukarest 1965
Über das Eindringen der Römer an der unteren Donau siehe PIPPIDI, D. M. und D. BERCIU, Din istoria Dobrogei (Über die Geschichte der Dobrudscha). Bd. I. Bukarest 1965

e) Die Skythen

BOROVKA, G., Scythian Art. Neuaufl. 1965
GRIASNOV, M., Le Kourgane de Pasyryk. Moskau – Leningrad 1931
GROUSSET, R., L'Empire des steppes. Paris 1939
MINNS, E. H., Scythians and Greeks. Cambridge 1913
–, The Art of the Northern Nomads. 1942
MONGAIT, A. L., Archeology in the USSR. Pelican Book. London 1961
PIETROWSKY, B. B., SCHULTZE, P. N., GOLOVKINA, V. A. und TOLSTOV, S. P., Ourartou, Néapolis des Scythes, Kharezm. L'Orient Ancien Illustré, Nr. 8. Paris
POTRATZ, J. A. H., Die Skythen in Südrußland. Basel 1963
ROSTOVTZEFF, M., Iranians and Greeks in South Russia. Oxford 1922
RUDENKO, S. I., Der Zweite Kurgan von Pazyryk. Berlin 1922
TALBOT RICE, T., The Scythians. London 1958

f) Die Parther

Grundlegend für die frühe parthische Geschichte sind die Aufsätze von J. WOLSKI, z. B. The Decay of the Seleucids and the Chronology of Parthian Beginnings, in: Berytus 13 (1956), S. 35–52; Arsace II et la généalogie des premiers Arsacides, in: Historia 11 (1962), S. 138 bis 145; Remarques critiques sur les institutions des Arsacides, in: EOS, 46 (1952), S. 59–82.
Als Handbuch für die Geschichte der Parther dient DEBEVOISE, N. C. A Political History of Parthia. Chikago 1938
Zur historischen Bedeutung von Nisā siehe MASSON, M. E., Novye dannye po istorii Parfii, in: Vestnik Drevnei Istorii 3 (1950), S. 41 bis 55.
Zu den Resten der parthischen Sprache aus der Partherzeit siehe HENNING, W. B., Mitteliranisch, in: Handbuch der Orientalistik. Bd. I, 4. Leiden 1958, S. 27–30 u. 40–43.
Zu den Münzen siehe Sammlung Petrowicz, Arsakiden Münzen. Wien 1904 und JENKINS, G. K. und NARAIN, A. K., The Coin-Types of the Saka-Pahlava Kings of India. Varanasi 1957.

Verzeichnis und Nachweis der Abbildungen

1 *Antike Stukkatur aus dem Haus der Isis-Priesterin im Garten der Villa Farnesina in Rom:* Foto Alinari, Rom

2 *Italien und die griechische Welt:* nach einer Vorlage von Herrn Prof. Dr. Pierre Grimal, Paris

3 *Gegend von Tusculum (Frascati):* Foto Deutsches Archäologisches Institut, Rom

4 *Der Vordere Orient:* nach einer Vorlage von Herrn Prof. Dr. Pierre Grimal, Paris

5 *Die Iberische Halbinsel:* nach einer Vorlage von Herrn Prof. Dr. Pierre Grimal, Paris

6 *Die Dame von Elche:* Foto Museo del Prado, Madrid

7 *Scipionenmonument in Tarragona:* Foto Marburg

8 *Pompeji. Haus des Fauns:* Foto Marburg

9 *Republikanische Tempel am Largo Argentina in Rom:* Foto Fototeca Unione, Rom

10 *Mithridates VI. Eupator:* Foto Louvre, Paris

11 *Entlassung römischer Legionäre. Relief vom Altar des Domitius Ahenobarbus:* Foto Marburg

12 *Pompeius Magnus:* Foto Ny Carlsberg Glyptotek, Kopenhagen

13 *Gallien zur Zeit Caesars:* nach einer Vorlage von Herrn Prof. Dr. Pierre Grimal, Paris

14 *Gaius Julius Caesar:* Foto Alinari, Rom

15 *Marcus Porcius Cato Minor (Uticensis):* Foto Direction des Musées et des Antiquités du Maroc

16 *Caesartempel auf dem Forum Romanum:* Foto Fototeca Unione, Rom

17 *Marcus Tullius Cicero:* Foto Alinari, Rom

18 *Marcus Vipsanius Agrippa:* Foto Marburg

19 *Poiana/Rumänien. Geto-dakischer Krug mit gewundenem Henkel, auf der Töpferscheibe hergestellt:* Foto Prof. Dr. D. Berciu, Bukarest

20 *Ocnita (im Norden Olteniens)/Rumänien. Große handgefertigte Vase aus einer porösen Masse, mit einem Reliefband und anderen Reliefs verziert:* Foto Prof. Dr. D. Berciu, Bukarest

21 *Der Einflußbereich der Skythen:* nach einer Vorlage von Madame Tamara Talbot Rice, Edinburgh

22 *Vase aus dem Kul Oba-Grab bei Kertsch. 4. bis 3. Jahrhundert v. Chr. Die Darstellung zeigt skythische Krieger im Feldlager (Ein Arzt behandelt einen verwundeten Soldaten):* Foto Victoria & Albert Museum, London

23 *Iran unter der Herrschaft der Parther:* nach einer Vorlage von Herrn Prof. Richard N. Frye, Cambridge/Mass.

24 *Kaiser Augustus und seine Familie im Jahr 9 v. Chr. Relief der Ara Pacis in Rom:* Foto Marburg

Register

Die Bearbeitung dieses Registers erfolgte durch die Redaktion der Fischer Weltgeschichte.

Abdera 55
Abruzzen 189
Achämeniden 301 f., 304, 310, 315, 317
Achaier 27, 31, 38, 62 ff.
Achaiischer Bund 32, 34, 54, 64 f., 246
Achaios 24
Achillas 195
Actium 224, 229, 232, 243 f., 247, 250, 286
Adamclissi 275
Addua 73
Adherbal 125 f.
Adiabene 309, 319
adlectio 141
Adour 169
Adria 9, 150, 189, 193, 220, 226, 321
Aduatuci 180
Aemilius Lepidus, Marcus, röm. Konsul (187, 175 v. Chr.) 30, 51, 73, 96 f.
Aemilius Lepidus, Marcus, röm. Konsul (78 v. Chr.) 144 f.
Aemilius Lepidus, Marcus, röm. Triumvir 192, 218 ff., 223, 226, 241
Aemilius Paullus Macedonicus, Lucius 56, 61, 63, 78, 89, 99
Aemilius Scaurus 125 f., 206
aerarium Saturni 238
Afghanistan 309, 317
Afranius, Lucius 191 f.
Africa Nova 248
Africa Vetus 247
Afrika 25, 31, 47, 72, 74, 87, 89, 110, 121, 126, 128, 138, 143, 156, 191, 197, 199, 206, 221, 223, 234, 243, 247 f.
Ägäis 23, 27 ff., 51 f., 54, 59
Agathokleia 23
Agathokles 23 f., 28
Agedincum 183 f.
Agen 174
ager campanus 164
ager publicus 50, 93, 111, 113, 120, 124, 131
Agighiol 277, 282
agorai 96 f.
Agrigent 112
Agrippa, Marcus Vipsanius 221 f., 225, 234, 236 f., 239 f., 249, 251, 321
Ägypten 23 ff., 28, 30, 35 ff., 52 f., 60, 68 ff., 165, 195 ff., 201, 214, 225, 244 f.
Ägypter 196
Ahriman 314
Aigina 25
Aisne 180
Aitoler 25, 27, 31, 33 f., 38, 40, 42, 44 f.
Aitolien 55
Aitolischer Bund 39
Aix-en-Provence (s. a. Aquae Sextiae) 169
Akademie 101
Akarnanen 40
Akarnanien 40
Akornion v. Dionysopolis 285 f.
Akrokorinth 27, 32, 34
Alaxamenos 38
Alba Julia 279
Albinus, Aulus Postumius 127
Albinus, Spurius Postumius 127
Alesia 170, 176, 184 f., 194
Alexander Arrhidaios 282
Alexander Balas 69 f.
Alexander der Große 24, 30, 68, 98, 107, 168, 178, 197, 200, 205, 244, 273, 296, 303 ff., 309, 317 f.
Alexander Helios 227
Alexandria 30, 35, 52, 60, 68, 196, 198, 206, 208, 225, 229, 243, 321
Alexandriner 212
Alexandrinismus 212
Algerien 248
Alicante 77
Alkios 101
allectus 249
Aller 266
Allobroger 123, 159, 169, 173, 179
Alpen 72 f., 126, 166, 168, 252, 255, 320 f.
Alpes Cottiae 321
Alpes Maritimae 321
Altai 291, 295
Amaga 297
Amantia 193
Ambrakia 44 f.
Ameria 143, 156
Amphissa 42
Ampsivarier 260
Anarten 286
Anas (Guadiana) 82
Anatolien 44, 275, 313 ff.
Anchises 326
Ancona 189
Andalusien 75
Andegan 310
Andes 183
Andragoras 301
Andriskos 57 f., 64, 67, 89
Äneas 11, 242, 326
Anio Vetus (Aquädukt) 97
Ankyra 44
annona 120
Ansellio, Aulus Sempronius 205
Antigoneia 31
Antigoniden 56, 305
Antigonos Gonatas 27 f., 110
Antiocheia 36, 69 f., 196, 208
Antiochos I. Soter 304 f.
Antiochos I. v. Kommagene 304
Antiochos III., der Große 24 f., 28, 30, 33, 36 ff., 48, 52 f., 68, 304, 306
Antiochos IV. Epiphanes 52, 69
Antiochos V. Eupator 69
Antiochos VI. Epiphanes Dionysos 70
Antiochos VII. Euergetes (Sidetes) 70, 307
Antiochos v. Askalon 241
Antipater v. Tarsos 110
Antoninen 323
Antonius Hybrida, Gaius 155 f., 159
Antonius, Lucius 222
Antonius, Marcus, röm. Triumvir 186, 193 f., 217 ff., 241, 244, 248, 286, 319, 323
Aoos 31, 194
Aorsen 297
Aostatal 320
Apameia 43, 48, 52, 54, 69
Apavarktikene 305
Apennin 72 f.
Apollo 177, 250
Apollodoros v. Artemita 320

Apollonia 31, 40, 42, 44, 58, 193, 201, 218, 321
Apollotempel auf dem Marsfeld 96
Appia (Aquädukt) 97
Appuleius Saturnius, Lucius 129 f., 136, 187
Apulien 50, 132
Aquae Sextiae (s. a. Aix-en-Provence) 123, 129
Aquileia 51, 73
Aquilius, Marcus 119, 121, 134, 136
Aquitaner 167, 169, 320
Aquitanien 180, 248
Araber 310, 312, 317
Arabien 24
Aramäisch 302
Arausio (Orange) 128
Araxes 148
Arcachon 169
Archias 213
Archon 63
Area Capitolina 98
Areios v. Alexandria 241
Arevaci 83
Argedava 279
Argeş 278 f., 285
Argos 34, 64
Aria 305
Ariarathes IV. 69
Ariminum (Rimini) 51, 73, 189
Ariovist 178 f., 252, 255, 264, 269
Aristion (Athenion) 137
Aristonikos 67, 118 f.
Arkadien 64
Armagnac 169
Armenien 24, 146 ff., 161, 179, 225 ff., 252, 309, 318 f., 323
Armenier 136, 299
Armenisch 316
Arminius 267
Arnotal 145
Arnstadt 258
Arpinum 154
Arretium (Arezzo) 189, 222
Arrian 320
Aršak (Arsakes) 24, 302, 306, 310
Arsakiden 301 ff., 305, 310, 316, 318 f.
Arsinoe, Gemahlin Ptolemaios' IV. Philopator 23
Artaban I. 306
Artaban II. 308
Artavasdes I. 309
Artaxata 148
Arvernii/Arverner 123, 170, 173 f., 183
Asculum in Picenum (Ascoli Piceni) 132 f.
Asien 25, 37, 41 f., 58 f., 67, 116, 118 ff., 129 f., 136 f., 147, 151, 154, 161, 174, 193, 195 ff., 224 f., 247, 296
Asopos 31, 35, 40
Asowsches Meer 291 f., 297
Aspromonte 150
Assyrien 288
Astauene 305
ataraxia 211 f., 324
Ateas 273, 293, 296
Athen 27, 29 ff., 52, 55, 61 f., 64, 137, 139, 210, 224, 226, 296
Athenaios 101, 284
Athener 59 ff.
Athenodoros v. Tarsos 104, 241
Äthiopier 23
Atlantik 74, 169 f.
Atrebates 180
Attaliden 24, 119, 121, 305
Attalos I. Soter 24 f., 27, 29 ff., 35 f.
Attalos II. Philadelphos 36, 42, 65 ff., 69 f.
Attalos III. Philometor 67 f., 116, 118 f.
Attika 30, 61, 292
Atuatucer 259
auctoritas 133, 231, 233, 241
augur 233
Augusta Praetoria (Aosta) 320
Augustus (Caesar Octavianus, Gaius Julius, s. a. Octavius) 73 f., 82 f., 96, 157, 217 f., 233 ff., 245 ff., 267, 273, 286 f., 308, 311, 319 ff.
Aulerci 180, 183
aura 215
Aurelius Cotta, Marcus 147
Ausci 169
Auvergne 170
Avaricum 183
Aventin 16, 122
Avignon 169
Awesta 315
Awroman 303, 315
āzādān 311 f.
Azes 317

Baalbek 119
Babylonien 69 f.
Bacchanalien 16, 325
Bacchus 16, 216
Bad Nauheim 259
Baetica (s. a. Hispania Ulterior) 84, 248
Baetis (s. a. Guadalquivir) 49, 84
Baiae 237
Baktrien 24, 30, 303 f., 308
Balbus, Cornelius Lucius 234
Balkan 166, 274, 276, 279
Baltschik 296
Banat 286 ff.
Barcelona 77
Barkiden 9, 48, 74
Barzunāme 316
Basileos Moskonos 276
Basilika Aemilia 96 f.
Basilika Julia 96
Basilika Porcia 96
Basilika Sempronia 96 f.
Basken 169
Baskisch 81
Bastarner 54, 252, 265, 273, 279, 285, 287
Bastitani 77
batēsa 312
Bazas 180
Belgen (Belgier) 81, 167, 170, 256, 267
Belgica (s. a. Gallia Belgica) 248
Belgien 260
Belli 83
Bellovaci 180
Bendis 275
Beraun 267
Berg Kogeon 284
Berytos (Beirut) 59
Bibaculus, Furius 213
Bibracte 176, 179, 184
Bigerriones 169
Bigorre 169
Billendorf 266
Bithynien 24, 43, 134, 136, 146 f., 161, 300
Bituitos 173 f.
Biturigen 175
Bituriges-Vivisci 169
Blossius v. Cumae 110, 119
Bocchus 128
Bodensee 321
Böhmen 166, 258, 322
Bohuslän 262
Boii/Bojer 169, 253, 267, 286
Bône (Hippo Regius) 248
Bononia (Bologna) 73
Böotien 55, 139
Bosporus 29, 292, 296 f.
Boulogne 182
Bourgogne 170
Brabant 259
Brandenburg 266 f.
Brenner 321
Brescia 213
Bretagne 170, 180
Briançon 169
Brindisi (Brundisium) 140, 190, 193, 199, 222 ff., 321
Britannien 172, 181 f., 226, 233, 249
Brukterer 260
Brutus, Decimus Junius 191, 202, 219 f.
Brutus, Marcus Junius 201, 217, 219 ff., 286
Buch der Makkabäer 52
Bug 262, 265, 290 f., 297
Bulgarien 291

Bundesgenossenkrieg 133 f., 136, 140, 145, 204
Burebista 273, 279, 284 ff., 288
Burgunder 264
Buri 257
Byllis 193
Byzantion 29, 165

Cadiz 78
Cadurci/Cadurcen 176, 183, 185
Caelius Antipater, Lucius 205
Caepio, Fannius 235
Caesar, Gaius Julius 96, 149, 154 ff., 159, 162 ff., 175 ff., 188 ff., 205 f., 210, 212, 215, 217 ff., 224 ff., 229 f., 232, 234, 238 f., 242, 244, 247 ff., 255 f., 258 f., 267, 286, 320, 322 f.
Caesar, Gaius, Sohn Agrippas 239, 323
Caesar, Lucius, Sohn Agrippas 132, 239
Caesarianer 191
caetra 78, 84
Calenus 222
Callatis 283
Calpurnius Bestia, Lucius röm. Konsul 126 f.
Calpurnius Bestia, Lucius röm. Volkstribun 158
Calpurnius Bibulus, Marcus 164, 193
Calvinus, Gaius Sextius 123
Cantabri (s. a. Kantabrer) 82
Capua 50, 120, 137 f., 150, 158, 189
caput 19
Carnuten 180, 182
Carpentras 169
Carrhae (Harran) 185, 310, 318, 323
Casca, Publius Servilius 202
Cassius, Gaius 201, 219 ff.
Cassius, Quintus 186
Castortempel auf dem Forum Romanum 97
Catilina, Lucius Sergius 310, 318, 323
Catilinarische Reden (1–4) 159
Cato Maior, Marcus Porcius 40 f., 46 ff., 50 f., 58, 68, 72, 84, 86 ff., 92, 96, 102 f., 125, 204, 207, 218
Cato Minor, Marcus Porcius 164 f., 181, 197 ff., 210
Catull(us), Gaius Valerius 212, 214
Catulus, Quintus Lutatius 129, 144 f., 206, 213
Catus, Sextus Aelius 287
celtic fields 261, 270
Celtilles 174
Cempsi 81
Cenabum (s. a. Orléans) 176, 183
census 18, 206
Ceparius 159
Cercei 226
Ceres 16, 116, 127, 232
Cernavoda 276, 282
Cernavodakultur 275
Cerro de los Santos (Albacete) 79
Cetăteni 279 f.
Cethegus, Gaius Cornelius 159
Cevennen 123, 183
Chaironeia 33
Chalkis 27, 32, 34, 39 f.
Characene 308 f., 319
Chauken 266
Chersonesos 291, 297 ff.
Chertomlyk 294
Chertomlyk-Kurgan 294
Cherusker 266, 323
China 301, 308
Chinesen 290
Chinesisch-Turkestan 315
Chios 29, 195
Choarene 305
Chorassan 305
Chrysogonus, Cornelius 143
Cicero, Marcus Tullius 92, 102, 104, 116, 122, 143, 151 ff., 162 f., 165 f., 179, 181, 186 ff., 198, 202, 207 ff., 213 f., 216, 219 f., 229, 241, 243, 324
Cimbres 81
Cinna, Gaius Helvius 213
Cinna, Lucius Cornelius, röm. Konsul (87 v. Chr.) 138 ff., 161
Cinna, Lucius Cornelius, röm. Konsul (32 v. Chr.) 228
Circus Flaminius 98
Cirta (s. a. Constantine) 125 f., 248
Ciumeşti (Maramures) 277
civis/cives 107
civitates 167
Claudii 165, 237
Claudius Caecus, Appius 203
Claudius Pulcher, Appius 112, 115
clementia 149, 233
Clodia, Geliebte Catulls 214
Clodius Pulcher, Publius 163 ff., 177, 181, 183, 185, 188, 214, 229, 232
Cocosates 169
collegia 16
comati 275, 283
Comosicus 288
Compitalia 251
Comum (Como) 73
concilium civitatis 230
concilium plebis 20 f.
concordia Augusta 250
concordia ordinum 22, 162
Congennatos 173
coniuratio 229
consilium 108
Constantine (s. a. Cirta) 125 f., 248
contiones 188
Cordoba 200
Corfinium 189, 191
Cornelia, Gattin des Scipio Aemilianus Africanus Minor, Mutter der Gracchen 109 f., 118
Cornelia, Tochter des Metellus Scipio 193 f.
Cornelii 90
Cornwall 172
Coson 286
Cotiso 286
Cottius, Marcus Julius 321
Cotys 277
Craïova 277, 282
Crassus, Marcus Licinius, Prokonsul v. Makedonien unter Augustus 286 f.
Crassus Dives, Marcus Licinius 150 f., 155 ff., 162, 164 f., 181, 185, 194, 200, 310, 318
Crassus Dives Mucianus, Publius Licinius 112, 116, 119
Cremona 51, 73
Culcha 84
Cumae 144
curia 43, 233
Curii 17
Curiosolites 180
Curius Dentatus, Manius 97
cursus 238

Daker 251, 273 ff., 277 ff., 281 ff., 285, 287 f.
Dakien 274, 277, 281, 291, 297
Dalmatien 226
Dame von Elche 79
Damghan (s. a. Kōmis) 310
Damophilos 112
Dapyx 287
Dara 306
Dardanellen 42
Dardaner 55
Dardanos 146
Dareios I. 273, 296, 304, 308
de ambitu 157
Deceneios 286, 288
Decii 17

Delion 39
Delische Zivilisation 60
Delos 59 f., 62, 95, 112, 137, 281
Delphi 26, 45, 54
delphische Amphiktyonie 247
Demavend 305
Demetrias 32, 34, 38
Demetrios I. v. Baktrien 306
Demetrios I. Soter 69 f.
Demetrios II. Nikator 307
Demetrios III. v. Makedonien 53
Derbend-Paß 288
de (pecuniis) repetundis 108, 119, 185
Desna 265
Diadochen 33, 37, 247, 273, 305
Diaios 64
Diana 122
Dido 11
Diegylis 67
dignitas 114, 133 f., 140, 186, 208, 210, 231, 238
Dijon 184
Dikearchos 28
Dîmbovita 279 f.
Dinarische Alpen 226
Diodotos v. Apameia 70
Diodotos I. v. Baktrien 301
Diodotos II. v. Baktrien 305 f.
Diogenes v. Seleukeia 62, 101
Dionysos 136, 225, 285, 313
Dionysopolis 285
Diophantos 298 f.
Dioskorides 284
Dis Pater 177
Diviciacus 179
diz 312
dizpat 312
Dnjepr 265, 290 f., 295 ff., 300
Dnjepropetrovsk 293
Dnjestr 265, 300
Dobrudscha 273, 276, 287, 296, 299
Domitius Ahenobarbus, Gnaeus, röm. Konsul (32 v. Chr.) 228
Domitius Ahenobarbus, Lucius, röm. Heerführer (um 190 v. Chr.) 42
Domitius Ahenobarbus, Lucius, Gegner Caesars 173, 186, 189, 191, 222
Don 290, 297
Donau 149, 166, 177, 251, 258, 266, 271, 273, 275 ff., 283, 286 ff., 291 f., 296 f., 300, 321 f.
Dorer 291
Dötlingen 260
Drau 321
Drenthe 260 f.
Dritter Makedonischer Krieg 54
Dritter Punischer Krieg 68, 86
Dromichaïtes 273
Druiden 172 f., 177, 179, 182
Druidismus 172
Drusus, Marcus Livius, röm. Volkstribun (122 v. Chr.) 121
Drusus, Marcus Livius, röm. Volkstribun (91 v. Chr.) 130 ff., 229
Drusus Germanicus, Nero Claudius 321 f.
Dumnorix 175
Dunoi 257
Dura-Europos 311 f.
Durance 167
Duro (Durius) 81, 83
Dycomes 286
Dyrrhachium (Durazzo) 58, 193 f.

Ebro 76, 84 f.
Eburones 81, 180, 182, 256
Eburovices 180, 183
École Française d'Athènes 60
Eder 267
Edessa 58
Editani 77
Eifel 259
Elatea 32
Elbe 258, 260 f., 264 ff., 322
Eleia 42
Elsaß 179, 252
Elster 267
Elusates 169
Elymais (s. a. Khuzistan) 309, 319
Emporion 77, 84
Ems 259
Ennius, Quintus 11 ff., 45, 51, 61, 203, 212 f.
Ensérune 168
Entremont 123
Ephesos 36, 40, 42, 224, 249
Epikur 211 f.
Epikureer 101, 201, 212, 215 f., 324 f.
Epikureismus 103, 211 f., 215, 324
Epirus 58, 139
equo publico 118
Ergamenes 23
Erigon 31
Erster Makedonischer Krieg 23, 25
Erster Punischer Krieg 11, 94
Esus Mars 177
Esuvii 180
Etrurien 73, 111, 114, 132, 157 ff., 191
Etrusker 16, 72, 111
Etsch 321
Euboia 40
Euboiakanal 31
Eukratides I. v. Baktrien 307
Eumenes II. v. Pergamon 36, 39, 42 ff., 52, 54 f., 65, 67, 118
Eunous 112, 119
Eupatoria 299
Euphrat 136, 185
Europa 36, 166, 277, 288 f., 291, 295
Euthydemos I. v. Baktrien 24, 305 f.
Evreux 180
extra pomerium 20

Fabius, Gaius 173, 191
Fabius Maximus 123
Fabius Pictor, Quintus 204
familia 108
Fanum (Fano) 189
Fārs (s. a. Persis) 309
Fasti 17
Felsina 73
Ferner Osten 303, 308
fides 25, 41
Fiesole (Faesulae) 145
Figulus, Publius Nigidius 216
Firdōsī 316
fiscus 238
Flaccus, Gaius Norbanus 234
Flaccus, Lucius Pomponius 287
Flaccus, Marcus Fulvius 119 ff.
Flavius Fimbria, Gaius 139, 147
Flavius Josephus 285
foedus/foedera 49 f., 117
forum olitorium 98
Forum Romanum 96 f., 137, 160, 188, 217
Friesen 260
Fulda (Fluß) 267
Fulvia, Gemahlin des Marcus Antonius 222 f., 225
Fulvii 17
Fulvius Nobilior, Quintus 44 f., 97
Furrina 122

Gabinius, Aulus 146, 153, 166
Gabinius Capito, Publius 159
Gades 145, 192
Galater (s. a. Gallier) 27, 43 f., 71, 83
Galatien 66, 147
Galba, Publius Sulpicius 25, 31, 35

Galba, Servius Sulpicius, röm. Prätor (um 150 v. Chr.) 86, 207
Galba, Servius Sulpicius, Caesarmörder 202
Gallia Aquitania 169
Gallia Belgica (s. a. Belgica) 169 f.
Gallia Celtica 169 f., 180, 182, 248
Gallia Cisalpina 26, 51, 73, 123, 144, 150, 165, 175, 181, 183, 188 f., 212 f., 219, 221 f., 228
Gallia Narbonensis 129, 165, 167 ff., 173, 179, 221, 243, 248
Gallia Transalpina 120, 178, 189
Gallicien 82
Gallien 9, 74, 81, 121, 124, 126 ff., 163, 166 f., 169 ff., 173 ff., 181 f., 184 f., 189, 201, 206, 220 ff., 229 f., 233, 243, 247 f., 252, 256, 258, 320 ff.
Gallier (s. a. Galater) 26, 45, 51, 72, 81, 132, 167 ff., 176, 179, 182, 184, 189, 267
Gallus, Cornelius 229, 244 f.
Ganymedes 196
Gardasee 321
Garonne 169
Gatalos 297
Gauda 125
Gaza 35
Gebeleises 274
Genf 168, 179
genius 250 f.
genius Augusti 250
gens / gentes 17, 49, 90
gens Julia 218
gens Sempronia 109
Genthios 57
Genua 73
Gergovia 170, 183 f.
Germanen 81, 182, 247, 252 f., 255 ff., 259 f., 264 f., 267 f., 301, 322
Germanien 251 f., 269, 273, 322
Germanisch 252, 253 ff., 260, 262, 268
Gerona 77
Gerusia 61
Geryon 75
Gesichtsurnenkultur 265
Geten 273 ff., 278 ff., 282 f., 287 f., 300
Geto-Daker 273, 275 ff., 281 ff., 285 ff.
Gevpuhr (s. a. Gurgān) 310
Gibraltar 74 ff.
Gießen 258
Gimnesii (Gymnetes) 77
Gironde 248
Glabrio, Manius Aeilius, röm. Heerführer des 2. Jhs. v. Chr. 40 f.
Glabrio, Manius Aeilius, röm. Heerführer des 1. Jhs. v. Chr. 153
Glanon 167
Gleichberge 258
Gondaphernes 317 f.
Gordyene 319
Göritz 266
gōsān (s. a. gusan) 316
Gotarzes I. v. Parthien 310, 318
Goten 264
Gotland 262
Gracchen 92, 109, 119, 122 f., 130 f., 154, 214, 231
Gracchuris 85
Gracchus, Gaius Sempronius 109 ff., 115 ff., 124, 135, 207
Gracchus, Tiberius Sempronius 48, 85, 109 ff., 129, 131, 207
Grădiştea Muncelului 274
Graditianus, Marius 156
Graeculi 47
Gräko-Baktrier 304 ff.
Gregor XIII. 200
Griechen 9, 32, 35, 38, 52, 58, 63, 65, 76, 84, 90, 124, 168, 277, 279, 281, 291 f., 295 f., 298 f., 301, 303, 326
Griechenland 27 ff., 37 ff., 45, 47, 53 ff., 60, 64 f., 67, 101, 112, 115, 139, 229, 246
Griechisch 243, 302
Großarmenien 148
Großpolen 254
Guadalquivir (s.a. Baetis) 75 ff., 84, 248
Gulussa 125
Gurgān (s. a. Gevpuhr) 310
gusan (s. a. gōsān) 316
Gytheion 38

Hadrian(us), Publius Aelius 229
Hadrumentum 199
Häduer 174 f., 179 f., 183 f.
Haliartos 55
Hallstatt-Kelten 291
Hallstattkultur 82
Hallstatt-Zeit 169 f., 260, 274, 276, 280, 283
Halys 43, 289
Hannibal 9 ff., 17, 22, 25 f., 37, 39 ff., 43, 50, 54, 72, 87, 94, 111, 132, 175, 193
Harz 266 f.
Haus des Fauns in Pompeji 95
Haus des Pansa in Pompeji 95
Hausurnenkultur 266
hegemonikon 110
Hekatompylos 306
Heliodoros 52
Heliopolitai 118
Helios 299
Hellenen 33, 45, 304
Hellenismus 9, 12 f., 33, 45, 48, 71, 92, 98, 101, 166, 168, 208, 303 f.
Hellespont 37, 139
Helvetier 168, 175, 178 f., 255
Helvier 168
Henna 112, 118
Hennegau 259
Herakleia Trachinia 64
Herakleides 28, 69
Herakles 75, 282, 313
Herat 305, 307, 318
Hérault 183
Hercules Musarum 45
Herkules 282
Hermodoros v. Salamis 98
Hermunduren 266
Herodot 90, 104, 273, 275, 284, 292
Hiempsal 125
Hierogamie 225
Hieron II. 9
Himeros 307 f.
Hindukusch 306, 317 f.
Hinterpommern 254, 263 f. 266
Hipparch 63
Hirtius, Aulus 186, 219
Hispania Citerior 84
Hispania Ulterior (s. a. Baetica) 84
Histria 273, 283
Hiung-nu 308
Homer 12, 104
honores 133, 238
Horatius, röm. Konsul 19
Horaz (Quintus Horatius Flaccus) 224, 227, 236 f. 239, 323 ff.
Hortensius Hortatulus, Quintus 152
hostes 159
Hunnen 297, 300, 308
Hunsrück 259
Hyrkanien 305, 310
Hyrkanier 307
Hyspaosines 308

Iberer 9, 76 ff., 81, 169
Iberische Halbinsel 72, 74, 84, 248
Ibiza 77
Iglita (s. a. Troesmis) 287
Iguvium (Gubbio) 189
Ijsselmeer 260
Ilerda 191
Ilergetes 77
Ilias 90
Ilipa 74

Illyrer 276, 291
Illyrien 40, 53, 56 ff., 165, 177 f., 190, 234, 287, 321 f.
imperator / imperatores 45 f., 96, 124, 128, 148, 155, 180 f., 192, 231, 234, 250
imperium 21, 48 f., 51, 165, 181, 192, 220, 234 ff., 240, 245
Imperium Romanum 48 f., 71, 74, 243
Indicetes 77
Indien 201, 251, 303, 306
Indoeuropäer 265, 288
Indus 301, 318
Inn 321
inquisitor Galliarum 249
intercessio 186
invidia 38
Ioner 295
Ionisches Meer 9, 236
Iran 303 f., 306, 312 ff., 319
Iranier 304
Irland 172
Isère 169
Isidoros v. Charax 301, 308
Isis 60, 215, 225
Isthmische Spiele 30, 33
Isthmus von Korinth 64
Itali 27, 51, 71
Italica 49
Italien 10, 13 f., 16, 39 f., 49 ff., 54 f., 59 f., 63, 65, 72 ff., 94, 98 f., 112, 114, 124, 127, 129, 132, 134, 136, 138 f., 144 f., 149 f., 162, 186, 188 ff., 194, 197 f., 204, 213, 221 ff., 230, 278, 283, 320 ff.
Italiker 9, 50, 95, 113, 117, 119, 121, 131, 136, 146, 227, 229 f.
iudex / iudices 105
iudex arcae Galliarum 249
iudicium populi 108
iuniores 20
ius agendi cum populo (ius contionem habendi) 208
ius auxilii 232
ius civile 107
ius intercessionis 108
ius provocationis 19, 108
iustitia 233

Jaen 78
Janiculus 19, 139
Jastorfkultur 266 f.
Jazygen 297
Jerusalem 69 f., 161
Jesaja 75
Jordanes 284, 288
Juba I 191, 199, 247 f.
Juba II. 248
Jucar 77
Judäa 70, 244 f.
Juden 71
Jugurtha 124 ff., 135
Jugurthinischer Krieg 124
Julia, Schwester Caesars 218
Julia, Tochter Caesars 165, 185, 193
Julia, Tochter des Augustus 234 f., 239, 286
Julii 90, 237
Julisch-Venetien 321
Junii 17
Junius, Marcus 146
Junius Silanus, Decimus 156 f.
Juno 98
Juno Caelestis 90
Jupiter 14, 177
Jupiter Capitolinus 48, 96
Jupiter Stator 98
Justin 301 f., 306 ff.
Jütland 265

Kabirische Götter 56
Kalchedon 29, 146 f.
Kallikrates 62 f.
Kallimachos 12, 212 f.
Kamenskoe 293
Kampaner 11, 95
Kampanien 17, 48, 50, 102, 134, 144, 158, 215
Kanarische Inseln 145
Kantabrer (s. a. Cantabri) 234, 249, 320
Kapitol 98, 122 f., 238
Kap Korykos 42
Kap Myonnesos 42
Kappadokien 69, 136, 146, 148, 161, 244
Karagodenashkh 295
Kārēn 310
Karien 24, 28 ff., 43
Karier 59
Karneades 62, 101, 104
Karpaten 263, 273, 275, 277 ff., 282, 285
Karthager 77, 88 f.
Karthago 9 ff., 23, 25, 28, 30, 37, 39, 47, 49, 58, 65, 72, 76, 84, 86 ff., 90, 92, 95, 99, 105, 121, 214, 248
Katanda 291
Kaukasus 251, 316
Kavaren 169
Kelermes 290
Kelten 9, 44, 72, 76, 81 f., 166 f., 169 f., 172, 175, 182, 255, 258, 268, 273 f., 276 ff., 281, 285, 291
Keltiberer 77, 81 ff., 86
Keltiberien 83
Kerkinites 298
Khāvarnāme 316
Khuzistan (s. a. Elymais) 309
Kiew 290, 293
Kilikien 36, 129, 136 f., 146 ff., 165, 189, 227
Kilikier 112
Kimbern 127, 129, 176, 252, 255, 259, 266, 269
Kimmerer 274, 276, 288, 291, 296
Kimmerischer Bosporus 196, 309
Kios 29
Kirkuk 310
Kirman 318
Kleinarmenien 135, 148
Kleinasien 24, 28, 33, 35, 37, 43, 67, 69, 71, 134, 136 f., 139, 178
Kleinskythien 296
Kleon 112
Kleopatra Selene 248
Kleopatra VII. Thea Philopator 68, 70, 196, 226 f., 229, 244, 248
Kleopatra, Tochter Antiochos' III. 37
Koile-Syrien 23 f., 28, 35, 52, 68, 70
koinon/koina 246, 249
Kokcha 309
Kolchis 135, 148 f.
Köln 322
Kölner Bucht 259
Kōmis (s. a. Damghan) 310
Komisene 305
Kommagene 161
Königliche Skythen 276, 291 f.
Konstantin der Große 243
Korfu 224
Korinth 32, 34, 36, 60, 64 f., 67, 86, 95, 115, 246
Korinther 65
Kos 29
Kostromskaya 290, 293
Kostromskaya-Kurgan 294
Krates 104
Kreter 146
Krim 135, 149, 245, 291 f., 297 ff.
Kritolaos 62, 64
Kroisos 90
ktistai 285
Kuban 290 f., 293, 295, 297
Kul Oba 294
Kurdistan 315
Kurgan(e) 290, 293
Kušān 308, 318
Kybele 15, 26, 129
Kyniker 103
Kynoskephalai 32 f., 36, 43, 57
Kyrenaika 28, 68, 227, 229
Kyrene 28, 246
Kyzikos 29, 147

Labienus, Titus 179, 183 f., 200
Labienus, Sohn des Titus Labienus 225
Laelius Sapiens, Gaius 41, 61
Lagiden 23, 28, 244
Lahn 258 f., 267
Lakonien 62
Lakonier 246
Lampsakos 36 f.
Langobarden 266
Langres 184
Laodike, Tochter Seleukos' IV. 53 f.
largitio 131
Larissa 55
Lateinisch 243
La Tène-Kultur 276 ff., 281, 283
La Tène-Zeit 82, 257, 260, 274, 281
Latium 16, 114, 120, 124, 134, 214
La Turbie 321
Lausitzer Kultur 262
Lausitzer Neiße 264
legatio/legationes 71
legatus/legati 35, 40 f., 71, 127, 130, 165, 191, 222
leges Corneliae 141
Lemnos 62
Lemovi 81
Lemovices 183
Lentulus, Gnaeus Cornelius 287
Lentulus Spinther, Publius Cornelius 159
Leukoptera 64
Leukos 56
lex Aurelia 152
lex Claudia 18
lex Cornelia de ambitu 142
lex de capite civis Romani 166
lex de imperio 19
lex de maiestate 142
lex de (pecuniis) repetundis 142, 164
lex Hortensia 19
lex Julia 132
lex Julia de maritandis ordinibus 240
lex Julia de repetundis 188
lex Licinia Pompeia 181
lex Manilia 148, 156
Lexovii 180
lex Sempronia 113, 116, 120, 137
lex Valeria Horatia 19
lex Villia Annalis 46
Libera 16
Liber Pater 16
Licinius, Porcius 213
Ligurer 9, 72 f.
Ligurien 73
Lilybaeum 152
Lingones / Lingonen 180, 184
Lippe 267 f.
Lissos 193
Liternum 48
Livia Drusilla 234 f.
Livius Andronicus, Lucius 11
Livius, Titus 12, 19, 21, 74, 82, 173, 205, 242 f., 325
Loire 248
Lollius, Marcus 322
Lot 169
Luca 73
Lucilius, Gaius 203
Lucques 180
Lucterius 183, 185
Lucullus, Lucius Licinius 146 ff., 153, 156, 210, 225, 299
Luernios 173
Lugdunensis 248
Lugdunum Convenarum (Saint-Bertrand de Comminges) 150
Lugier 257
Lukan 199
Lukanien 50, 132, 150
Lukrez (Titus Lucretius Carus) 211 f.
Luna 73
Lüneburger Heide 266
Luscus, Gaius Annius 145
Lusitanien 145, 163, 180, 248
Lusitanier 86, 207
Lusones 83
Lutetia 176
Lydien 288
Lykien 43, 247
Lykier 54, 59
Lykurgos 62
Lyon 249
Lyortes 63
Lysias 69
Lysimacheia 24, 29, 37, 42 f.
Lysimachos, thrak. König 273
Lysippos 98

Mäander 43
Maas 255, 259
Machiavellismus 227, 242
Maecenas, Gaius 221 ff., 227, 235, 242, 323
Magaba 44
Magister equitum 218
Magnesia 42 ff., 304
magus 313
magusaioi 313 f.
maiestas 142
Main 258, 264, 268 f., 322
Makedonen 28, 54, 57, 201, 205, 291, 296, 303
Makedonien 23 ff., 27 f., 36, 39, 55, 57, f., 64 f., 89, 94, 98, 129, 146, 151, 162, 165, 193, 234, 245, 273, 282, 286 f., 296, 321
Maliakischer Meerbusen 32
Manesos 312
Manichäismus 314 f.
Manilius, Gaius 153 f., 159
Manlius Vulso, Lucius 44
Mantua 325
Marbod/Maroboduus 267, 269, 322
Marcella, Gemahlin Agrippas 239
Marcelli 237
Marcellus, Marcus Claudius, röm. Konsul (222, 215 f., 210, 208 v. Chr.) 49
Marcellus, Marcus Claudius, röm. Konsul (51 v. Chr.) 157
Marcellus, Marcus Claudius, Schwiegersohn des Augustus 234 f., 237, 239
Marcia (Aquädukt) 98
Margiane 305
Marianer 143, 145, 151, 156, 206
Marius, Gaius 124, 127 f., 129 f., 132, 137 ff., 154, 187, 206, 255
Markomannen 266 f., 322
Marne 169, 258 f.
Maroneia 53
Marseille 123 f., 167 f., 173, 191 f.
Marser 131 f., 188
Marsfeld 20, 98 f., 188, 197, 250
marzbān 312
Masinissa 87 ff., 124
Massif Central 170
Massiva 125 f.
Mastanabal 125
Mastieni 77
Mauretania Tingitana 145
Mauretanien 128, 248
Mecklenburg 266
Mecklenburger Seenplatte 267
Meder 289
Medgidia 277
Mediaş 277
Medien 227, 305, 307, 310, 319
Mediolanum Insubrium (Mailand) 73
Megalopolis 62
Megara 281
Memmius, Gaius 126, 211 f.
Menalkidas 63
Menippos 39
Merkur Teutates 177
Merv 305, 307
Mesene 319

Meseta 81
Mesopotamien 70, 304 f., 307 ff., 312 ff., 319
Messalla, Valerius 320
Messenien 62 f.
Messenier 62
Metaurus 11 f., 30
Metelli 143 f., 156, 162
Metellus Celer, Quintus Caecilius 163
Metellus Macedonicus, Quintus Caecilius 58, 62, 64, 98
Metellus Nepos, Quintus Caecilius 160 f., 163
Metellus Numidicus, Quintus caecilius 127 f.
Metellus Pius, Quintus Caecilius 145, 149, 158, 193, 199
Metolbaessas 311
Micipsa 90, 124 f.
Mihrān 310
Milesier 291
Milet 29
Milo, Titus Annius 181, 185
Milvische Brücke 159
Minucius Rufus 121
Minussinsk 288
Misenum 224, 234
Mithrabōxt 313
Mithradat 313
Mithrafarn 313
Mithraismus 313 ff.
Mithras 215, 313
Mithridates I. v. Parthien 70, 297, 302, 307
Mithridates II. v. Parthien 136, 308 ff., 318, 320
Mithridates III. v. Parthien 318
Mithridates V. Euergetes v. Pontos 135
Mithridates VI. Eupator v. Pontos 134 ff., 139, 146 ff., 152 ff., 196, 213, 285, 298 ff., 318
Mithridatkirt 302
Mitteldeutschland 258, 264
Mitteleuropa 262, 276, 278
Mittelitalien 50 f., 176, 204
Mittelmeer 9, 41, 52, 59, 74, 76, 83, 96, 145 f., 153, 176, 196, 215, 301
Mittelschlesien 258
Mittelschweden 261 f.
Moldau (Fluß in der ČSSR) 255, 267
Moldau (Fluß in Rumänien) 274
Molosser 55
Mongolei 308
Mont Genèvre 321
Montmort 179
Morini 182
Morvan 170
Mosel 258
Mösien 287, 321
Moskon 276, 281
Mucia, Gemahlin des Pompeius Magnus 144, 162
Mucius Scaevola, Publius 112
Mucius Scaevola, Quintus 130
Mulde 267
Muluja 126
Mummius Achaicus, Lucius 64
Munda 196, 200, 218
Murcia 78
Murena, Gaius Licinius 159
Murena, Lucius Licinius 146, 156 f.
Mureş 274
Murighiol 276
murus dacicus 279
Musa, Antonius 236
Mutina (Modena) 51, 73, 150, 219, 231
Mytilene 110, 194

Nabis 27, 34, 38
Naevius, Gnaeus 11 ff.
Naher Osten 301, 317, 319
Namnetes 170
Namur 180, 259
Narbonne (Narba Martius) 123 f., 173, 183, 250
Narew 264
natio / nationes 49
Naulochos 225
navalia 98
Neapel 51, 60, 102, 324
Neapolis 293, 297 f.
Neckar 255
Negau 253
Nemirovo 292
Neolithikum 275
Neoptolemos 299
Neo-Pythagoreer 216
Nero Claudius Caesar 207
Nero Claudius Drusus (Drusus Germanicus) 235
Nero, Gaius Claudius 30
Nerva, Publius Silius 321
Nervier / Nervii 81, 180, 259
Neue Akademie 210
Niederhessen 254
Nieder-Mösien 291
Niederrhein 255, 259
Niedersachsen 259 f.
Niederschlesien 264
Nienburg 260
Nihawend 310
Nikaia 249
Nikomedes 66
Nikomedes II. 134, 136 146
Nikomedes III. 136
Nikomedien 249
Nikopolis 247
Nil 23, 196, 244, 301
Nisā 301 ff., 306, 312 f., 315
Nisibin 299
nobilitas 109, 133, 154, 156
Nordböhmen 266 f., 269
Norditalien 9, 72
Nordthrakien 276
Nordtirol 321
Nordwestdeutschland 261
Nordwestindien 307, 317
Nordwestiran 289, 295
Norikum 258, 321
Norwegen 254, 261
Numantia 83, 86, 92, 110, 125, 203
Numider 9, 87, 124, 191
Numidien 124 ff., 229, 248

Oberitalien 252, 258
Oberschlesien 258
occupatio / occupationes 188
Ocnita 278
Octavia, Schwester des Augustus 223 f., 226, 234, 237
Octavius (s. a. Augustus [Caesar Octavianus, Gaius Julius]) 104, 190, 218 ff., 223 ff., 241 ff., 249 f., 319
Octavius, Gnaeus (gest. 162 v. Chr.) 69
Octavius, Gnaeus, röm. Konsul (87 v. Chr.) 138
Octavius, Marcus 114
Octomasades 292
Oder 256, 258, 262 ff.
Odrysen 287
Odysseus 208
Ohrmazd 314
Ohrmazdik 313
oikumene 51
Olbia 252, 286, 291 f., 296, 298, 300
Oldenburg 259
Olerdola 77
Olt 274, 286
Oltenien 287
Olymp 44, 56
Omanoi 257
Opimius, Lucius 122 f., 125
oppidum/oppida 82, 176, 258, 267, 269, 276
Orange 169
Orăştie 279, 281, 299
orator 155
Orchomenos 64, 139
Oreos 31
Orestes, Lucius Aurelius 64
Orikon 193
Orléans (s. a. Cenabum) 183
Orodes I. v. Parthien 318

Orodes II. v. Parthien 318 f.
Oroles 273
Oropos 62 f.
Osismii 170, 180
Osnabrück 323
Osroene (Edessa) 319
Osseten 316
Ostbrandenburg 266
Östergotland 262
Osteuropa 288
Ostiran 302, 305, 307
Ostpreußen 262
Ostschweiz 321
Osttürkei 289
otium 210
otium cum dignitate 210
Ottobolos 31
Ovid (Publius Ovidius Naso) 287
Oxus 309, 318

pagi 171
Pahlava 317 f.
pahlavān 316
paideia 13
Pairisades 299
Pakores v. Parthien 225, 319
Palakus 297 ff.
Palästina 35, 70, 161, 319
Palatin 27, 131
Panaitios v. Rhodos 102 ff., 110, 205, 241
Pannonien 226, 287, 291, 321 f.
Panoin 35
Pansa, Vibius 219
Panticapaeum 149, 292, 294, 296, 299 f.
Paphlagonien 136
Papirius Carbo, Gaius 121
Papirius Cursor, Lucius 97
Parapotamia 312
Parisii 183
Parma 51, 73
Parni-Nomaden 301
Parthaunisa (Nisā) 301
Parthenios v. Nikaia 213
Parther 24, 70, 136 f., 146, 180, 185, 194, 224 ff., 251, 290, 300 ff., 305 ff., 311 ff., 315 ff.
Parthien 301, 306, 308, 313, 317, 319 f.
Parthyene 305
pater familias 231
Patres 19
patrimonium 58
Patros 246
Pax Augusta 250
Pax Romana 43, 73
Pazyryk 291
Pecica 279
Pelendones 81, 83
Pella 58
Peloponnes 32 f., 38, 62, 64, 224
Pelusion 24, 195 f.
perduellio 20
peregrini 105
perfidia 65
Pergamon 24 f., 27, 29, 35 f., 39, 42, 52, 56 f., 65 ff., 69, 71, 119, 134, 139, 208, 249
Perikleische Demokratie 61
Peripatetiker 101
Perperna, Marcus 119
Perperna Vento, Marcus 149
Perserkriege 40
Perseus 44, 53 ff., 59, 61, 63, 65
Persis (s. a. Fārs) 309, 319
Persischer Golf 252
Perugia 221 ff., 225, 234, 325
Pessinous 15, 26 f., 44
Pfalz 267
Phalloskult 16
Pharnakes, Herrscher des Kimmerischen Bosporus 309
Pharnakes I. v. Pontos 297
Pharnakes II. v. Pontos 149, 196, 299
Pharsalos 194, 196 f., 216
Philae 23
philhellenes / Philhellenen 30 f., 34, 40, 43, 47 f.
Philhellenismus 292
Philipp II. 168, 273, 282, 296
Philipp V. 23, 25, 27 ff., 38 ff., 44, 53, 55
Philippi 220 ff., 224, 236, 286, 325
Philippus, Quintus Marcius 55 ff.
Philiskos 101
Philodemos v. Gadara 212 f.
Philokles 32
Philopoimen v. Megalopolis 27, 38, 62
Phoinike 25, 28 ff.
Phokis 32
Phraates II. v. Parthien 307 f.
Phraates III. v. Parthien 148, 317 f.
Phraates IV. v. Parthien 319
Phraates, Eunuch 312
Phrygien 27, 288
Piatra Craivii 279
Picenum 51, 140
Pictones 180
pietas 91, 220, 233, 324
pileati 275, 283
pilum 128
Piräus 139
Piroboridava (s.a. Poiana) 279
Pisaurum (Pisaro) 189
Piscul Crăsani 279, 287
Pisider 43
Piso, Gnaeus Calpurnius 156
Piso, Lucius Calpurnius 235
Piso Caesoninus, Lucius Calpurnius 166
Piso Frugi, Lucius Calpurnius 108
Pistoria 159
Placentia (Piacenza) 51, 73
Plancus, Lucius Munatius 233, 249
Platon 241
Plautus, Titus Maccius 13, 61, 100
pleno iure 49
Plinius Secundus der Ältere, Gaius 264
Plutarch 110, 145, 175, 255, 314
Po 51
Podolien 263, 292
Poebene 51, 72 f.
Poiana (s. a. Piroboridava) 279
Poiona Cotofăneşti 282
Poitiers 180
Polesien 263
polistai 285
Pollio, Gaius Asinius 222 ff.
Poltawa 290
Polybios 63, 65, 69, 90, 94, 102, 104, 130, 203, 205, 306
pomerium 27, 236
Pommerellen 263
Pompaelo (Pamplona) 150
Pompeia, Gemahlin Caesars 163
Pompeianer 191 f., 194, 200
Pompeius Magnus, Gnaeus, röm. Staatsmann und Triumvir 140, 143 ff., 148 ff., 153 ff., 160, 162 ff., 174, 177 ff., 185 ff., 189 ff., 198, 204, 210, 213, 215, 220 f., 225, 230, 286, 300, 317
Pompeius Magnus, Gnaeus, Sohn des Triumvirn 198, 200
Pompeius Magnus, Sextus, Sohn des Triumvirn 190, 194, 200, 219 ff., 234
Pompeius Rufus, Quintus 137
Pompeius Strabo, Gnaeus 132, 137, 140
Pompeius Trogus 301, 320

Pompeji 60, 95 f.
Pomptinus, Gaius 169
Pontos 134 f., 146, 148, 196, 245, 285, 298 ff.
Popeşti 278 f., 285, 287
Popillius Laenas, Gaius 53
populus 93
Porta Collina 138, 140, 188
portoria 94
Portugal 82
Poseidonios 104, 110, 205, 255
Posideos 298
possessor/possessores 117
Post Spem 98
Postumius, Lucius 102
potentia 134
Potheinos 195
Pozzuoli (s. a. Puteoli) 60
praefectura annonae 238
praefectus 244
praefectus fabrum 229
praefectus orae maritimae 287
Praeneste 158
Priamos 208
Princeps / principes 149, 154, 203, 228 f., 234 ff., 242, 245 ff., 249 ff., 322 ff.
Prinzipat 237, 239, 243, 245
Pripjat 263, 265
Properz (Sextus Aurelius Propertius) 237
Protokelten 81
Proto-Thraker 276
Provence 129
Prusias I. 24 f., 29
Prusias II. 54, 66
Pruth 296
Ptolemäer 23, 27 f., 35 f., 69, 208, 305
Ptolemaios IV. Philopator 23, 28
Ptolemaios V. Epiphanes 28, 35, 37, 39
Ptolemaios VI. Philometor 68, 70
Ptolemaios VIII. Euergetes II. 68
Ptolemaios XII. Auletes 165, 196, 214
Ptolemaios XIII. Dionysos 195
Ptolemaios XIV. Philopator 196
Ptolemaios, Geograph 257, 279
Ptolemaios Philadelphos 227
publicani 94
pulvinar 100
Punier 9, 65, 74, 87, 90
Pusilyos 324
Puteoli (s. a. Pozzuoli) 51
Pydna 56 ff., 60, 62 f.
Pyrenäen 74, 76 f., 150, 169, 173
Pyrrhos 25, 28, 97
Pythagoras 14, 285
Pythagoreer 12
Pythagoreismus 12, 14, 216

quaestio/quaestiones 127, 130, 152
quaestio perpetua / quaestiones perpetuae 108 f., 120, 142
Quinctius Flamininus, Titus 31 ff., 36 ff., 47, 53
Quintilis 233
Quirina 20
Quirites 197, 231

Raghes (s. a. Teheran) 310
Raphia 23, 35
Ras Dimasse 199
Rätien 321
Ravenna 186, 189
Redones 170, 180
Rega 267
Remi 176, 180, 184
Remus 224
res publica 93, 232
Rex, Quintus Marcius 148, 153
Rhea 26
Rhein 81, 179, 181, 189, 247 ff., 252, 255, 259 f., 262, 266 ff., 271, 323
Rhexamos 273
Rhodier 36, 42 f., 54, 57 ff., 102 f., 195, 205
Rhodos 27 ff., 37, 43, 56, 58 f., 72, 104, 298
Rhön 258
Rhone 166, 168, 179, 183, 249
rogatio 113 f., 117 ff., 121, 127, 131, 153 f., 160, 163
rogatio Sempronia 113
Roles 287
Rom 9 ff., 16 f., 21, 23, 25, 27, 29 f., 32, 34 ff., 43 f., 47, 49 ff., 57 ff., 71 ff., 84, 87 ff., 111 ff., 121, 123 ff., 132 ff., 142, 144 f., 150 f., 153 ff., 158, 161, 163 ff., 173 f., 177, 179, 181 f., 184 ff., 188 ff., 196 ff., 210, 212 f., 215 ff., 224, 226 ff., 232, 234, 243, 245 ff., 250 f., 287, 298 ff., 317, 319 f., 323 ff.
Roma 249, 322
Römer 9 ff., 13, 17, 31 ff., 41 ff., 49, 51 ff., 59, 61, 64 f., 67 ff., 72, 74, 82 f., 86, 88 f., 92, 94 f., 97, 101 ff., 106, 110, 116, 119, 124, 136, 139, 147 f., 155, 165 f., 169, 173 f., 177, 180, 196, 201, 203, 205, 210, 212 f., 215, 218, 227, 230, 243 f., 247, 249, 251, 268, 273 f., 278 f., 285 ff., 300, 303 f., 316 f., 319
Römhild 258
Romulus 62, 224
Roscius, Sextus 143, 156
Roscius Otho, Lucius 152
rostra 188, 217
Roussillon 76
Roxalanen 297 f.
Rubicon 189
Rubobostes 273
Rubrius, röm. Volkstribun 121
Rudiae 12
Rugier 264
Rumänien 274 ff., 278, 282 f.
Rußland 251
Ruteni 183
Rutilius Rufus, Publius 130, 206

Saale 266
Sachsen 172, 266
sagum 78
Saguntum 77
Sahara 80, 251
šahrdār 311
Saint Rémy de Provence 167
Saka 308, 310, 316 f.
Saka-Pahlava 317
Sakastan (s. a. Seistan) 308
Salasser 320
Salgir 297
Salii 250
Sallust(ius) Crispus, Gaius 124, 127 f., 159, 205 f., 239
Salluvier 123 f., 169
Salomon 75
Salvidienus Rufus, Quintus 221 ff.
Samniter 17
samnitische Periode 60
Samnium 51, 132
Samos 24, 29, 42
Samothrake 56
Sandon 104
Sanga, Quintus Fabius 159
Santa Elena 78
Santonen 174, 179 f.
Saône 168, 249
Saragossa 77
Sardes 24, 36
Sardinien 51, 118 f., 145, 191, 224
Sarmaten 279, 285, 287, 296 ff., 300
Sarmatien 255
Sarubinzy-Kultur 265
Sassaniden 305, 310 f., 317

Satarchen 298
Satu Nou 276
Saturntempel in Rom 238
Saumakus 299
Save 226
Schelde 254 f., 256, 259
Schlesien 254, 263 f.
Schleswig-Holstein 266
Schottland 172
Schwäbisch Hall 259
Schwarzes Meer 135 f., 251, 275 ff., 281, 285 ff., 291, 296, 300, 321
Schweiz 179, 258
Scipio Aemilianus Africanus Maior, Publius Cornelius 25, 37, 41 ff., 46 ff., 74, 84, 90, 99, 102, 109, 111, 204, 207, 230 f.
Scipio Aemilianus Africanus Minor, Publius Cornelius 61, 63, 86, 88 ff., 92, 104, 109 f., 116 f., 124 f., 143, 203
Scipio Asiagenus (Asiaticus), Lucius Cornelius 41, 43 f., 48
Scipio Nasica Corculum, Publius Cornelius 56, 87, 115 f.
Scipionen 42, 47 ff., 203
scriptura 94
securitas 250
Sefes 81
Segura 77
Seine 169, 183, 256
Seistan (s. a. Sakastan) 308, 310, 316 ff.
Seleukeia 70, 306 f., 319
Seleukiden 23 f., 28, 35, 41, 43, 52 f., 68 ff., 146, 301 ff., 318 f.
Seleukos II. Kallinikos 301, 304 f.
Seleukos IV. Philopator 42, 52 f., 69
Semnonen 266
Sempronia, Gemahlin des Scipio Aemilianus Africanus Minor 118
senatus consultum 16, 250
senatus consultum ultimum 158, 186
Seneca, Lucius Annaeus 217, 287
seniores 20
Senones 183
Sentius Saturninus, Gaius 322
Septimius 195
Sequaner 179, 252, 264
Sereth 279
Sertorius, Quintus 143, 145 f., 149 f., 190, 224
Servianische Mauer 99
Servilia, Mätresse Caesars 192, 201
Servilius Glaucia, Gaius 127, 129 f., 136, 187
Servilius Isauricus, Publius 192
Servilius Vatia, Publius 146
Sestius, Lucius 236
Sestos 37
seviri augustales 251
Sextilis 233
Sf. Georghe-Bedehaza 279
Shibe 291
Sibyllinische Bücher 15, 26, 116, 201, 214
Sidon 35
Sigambrer 256
Sighişoara 279
Sikulurus 299
Sikyon 62
Silanus, Marcus Junius 127, 234
Silivaş 277
Silo, Pompaedius 131
Simferopol 297
Sinatrukes v. Parthien 318
Sîncrăieni 282
Sinden 291 f.
Sipylosgebirge 42
Siraken 297
Siscia (Siszak) 226
Sisinna, Lucius Cornelius 205
Sittius, Publius 156, 248
Sizilianer 152
Sizilien 9, 25, 39, 49, 58, 94, 112, 115, 121, 143, 150 f., 191, 199, 221, 224 ff.
Skandinavien 252, 262
Skarpheia 64
Skilurus 297 f.
Skiren 252
Skopas 35
Skordisken 54, 129, 278
Skotussa 32
Skyles 292
Skythen 251, 263, 273 ff., 288, 290 ff., 294, 296 ff.
Skythien 255, 291 f., 296 f.
Slawen 265, 291
Slowakei 285 f.
Smyrna 36 f.
Sogdiana 305
Sokrates 162, 209
Solokha 294
Somme 256
Sos 180
Soscius, Gaius 228
Sosibios 23, 28
Sotiates 169
Spāhpat (Aspahapet) 310
Spandatak 313
Spandiyad 310
Spanien 47 ff., 58, 72, 74, 76, 84, 86, 110 f., 116, 124, 143, 145 f., 149, 151, 163, 166, 169, 180 f., 185, 191 f., 200, 221, 229, 233, 243, 247 ff., 320
Spanier 46, 85 f.
Sparta 27, 33 f., 38, 61 ff., 115
Spartakus 150 f.
Spartaner 62 ff.
Spartokiden 292, 305
Spina 166
Srōshak 313
Stader Geest 266
Starkenburg 267
Statilius, Lucius 159
Statilius Taurus, Titus 234
Steiermark 253
Stoa 102 f., 111
Stoiker 101 f., 104, 201
Stoizismus 103, 110, 119, 203, 210, 212
Strabo(n) 169, 173, 175, 247, 255, 264, 284 ff., 301, 307
stratēgos 312
Subura 138
Sucro (Jucar) 82
Südbayern 321
Süddeutschland 255, 262
Süditalien 16 f., 60, 204
Südnorwegen 262
Südrußland 288, 290 f., 305
Südskandinavien 266
Südthraker 276
Südwestböhmen 267
Sueben 178, 181, 256 f., 266, 269
Suessiones 180
Sueton(ius) Tranquillus, Gaius 229, 286
Sulla, Lucius Cornelius 123, 128, 136 ff., 146, 148, 151, 153 ff., 161 f., 164, 174, 187, 192, 197, 204, 206 f., 233
Sulpicius Rufus, Publius 137 f.
Sulpicius Rufus, Servius 156
Sūrēn 310
Syrakus 9, 49
Syrakusaner 152
Syrer 69 f., 112
Syrien 41, 59, 68, 70, 161, 178, 180 f., 185, 224 f., 227, 233, 304 f., 307, 319

Tacitus, Cornelius 207, 242, 257, 264
Tajo 82
Taman-Halbinsel 291 f.
Tanger 145
tarabostes 275, 283
Taranis 177
Tarbelli 169
Tarent 9, 12, 101, 120, 199, 224 ff.
Tarraco (s. a. Tarragona) 248 f.
Tarraconensis 248

Tarragona (s. a. Tarraco) 77
Tarsos 225
Tartas 180
Tartessier 75
Tartessos 74 ff.
Tarusates 169
Taunus 258, 264
Taurier 291, 297 f.
Taurisken 286
Taurus 36, 42 f.
Teheran (s. a. Raghes) 310
Tempetal 32
Tenedos 147
Tenkterer 181, 256, 322
Terentius Varro Murena, Aulus 235
Terenz (Publius Terentius Afer) 13, 61, 203
termini imperii 287
Teutoburger Wald 323
Teutonen 126, 176, 252, 255, 259, 266
Thalna, Marcus Juventius 58
Thapsus 199 f., 248
Thasos 29
Theben 23, 36
Theiß 297
Theodosia 299
Theodotos 195
Theokrit 325
Thera 24
Thermopylen 32, 40 f., 64
Thessalien 31, 38, 40, 53, 55, 63, 194
Thessalonike 58, 246, 294
Thraker 275 f., 281, 284 f., 294 f., 299 f.
Thrakien 24, 30, 37, 285, 296
Thukydides 284
Thüringen 258, 269
Thüringer Becken 254, 267
Thüringer Wald 258, 266
Tiber 97 f., 122, 217, 233
Tiberius Claudius Nero, der spätere Kaiser Tiberius, Sohn der Livia Drusilla 235, 321 ff.
Tiberius Claudius Nero, erster Gemahl der Livia Drusilla 234
Tibull (Albius Tibullus) 323
Tigranes II. v. Armenien 146 ff., 174, 299 f., 309, 318
Tigranokerta (Tigranokirt) 146, 148, 299
Tigris 301
Timarchos 69
Timavus 73
Tinosul 279
Tīr 313
Tiridates 148, 306
Tochari 308
Tomis 283, 287
Tongerer 81
Toskana 111
Toulouse 168
Trajanssäule in Rom 275
Transkaukasien 288, 295
Transsylvanien 273, 277 ff., 282, 285, 291
Trapezunt 300
Trebia 73
Trebonius, Gaius 181, 202
Treveri/Treverer 184, 259
tributum 93
Trikastiner 169
triumvir agris iudicandis 119
triumviri agris iudicandis adsignandis 113
triumvir Rei Publicae Constituendae 220
Troesmis (s. a. Iglita) 287
Troja 90
Tubanten 260
Tuditanus, Publius Sempronius 30
Tuekt 291
Tullianum 128, 159
tumuli 169
Turdetani 77
Turduli 77
Turones 81, 183
Turris Luscutuna 78
Tusculum 17, 46
Tutti 83
Tyras 286
Tyrer 75
Tyros 59, 76
Tyrrhenisches Meer 72

Ubier 256, 322
Ulski-Kurgan 290
Umbrien 51, 189
Uppland 262
Urbs 236, 242, 249 f.
Urmia-See 288
Usipiter 181, 256, 322
Utica 88, 199
Uxellodunum 185

Vaga 127
Vahuman 313
Vaison 169
Valence 169
Valerius, röm. Konsul 19
Valerius Aedituus 213
Valerius Cato 213
Valerius Flaccus, Lucius, röm. Legat (192 v. Chr.) 41
Valerius Flaccus, Lucius, röm. Konsul (86 v. Chr.) 139
Valerius Flaccus, Marcus, Freund des Cato Maior 46
Valerius Flaccus, Marcus, röm. Konsul (32 v. Chr.) 228
Valerius v. Antium 204
Varaz 310
Varro, Marcus Terentius 191 f.
Varro Murena, Terentius 320
Varus, Attius 200
Varus, Quinctilius 267 f., 323
Vasates 169
vāspuhr 311
Vāspuhrakān 311
Vatinius, Publius 164, 178
Velay 170
Velina 20
Vellavi 170
Vendidad 315
Venelli 180
Veneti/Veneter 170, 180, 257
Venus 216
Ventidius, Bassus 222, 225
Vercellae 129, 213
Vercingetorix 174, 183 f., 247
Vergil (Publius Vergilius Maro) 11, 223 f., 227, 237, 239 f., 243, 323 ff.
Vergobreten 179
Vergobretus 174
Verona 214
Verres, Gaius 150 ff.
Vestalinnen 218
Vettersfelde 294 f.
Via Aemilia 51, 73
Via Egnatia 58, 194, 321
vici 251
Videvdat 315
Vienne 183
Villius, Lucius 21, 31
Vindelicien 321
Vindeliker 255
vir bonus 107
Viriathus 86
Viromandui 180
vir Romanus 47
virtus 45, 233
Vitruv (Vitruvius Pollio) 98
Vocates 169
Vokontier 169
Volagases I. v. Parthien 310
Volcae (Welsche) 257
Volker 255
Volubilis 248
voluptas 216
Vonones 317
Vorderer Orient 74
vuzurgān 311

Walachei 273, 279, 287
Wales 172
Wandalen 264
Warthe 263 f.
Weichsel 252, 256 ff., 261 ff.
Wenden 257
Weser 260 ff., 266 ff.
Westafrika 248

Westasien 288
Westfalen 259 f.
Westgallien 179
Westiran 306, 314, 317
Westmecklenburg 266
Westpreußen 254
Westsibirien 291, 295
Westturkestan 308
Westungarn 321
Wetterau 254, 258, 267
Wien 321
Wolga 290

Xerxes 40

Yüeh-chih 308

Zama 9 ff., 25, 28, 39, 72, 88
Zamoldegikos 273
Zamolxes 274 f., 284
Zeijen 260
Zek 310
Zela 196
Zemplin 285
Zenon 201
Zentralasien 291, 301 ff., 305 ff., 318
Zentralspanien 76
Zepyrion 296
Zervan 314
Zervanismus 314
Zeus 282
Židovar 285
Zimnicea 276
Zoroastrismus 313, 315
Zweiter Makedonischer Krieg 25, 39
Zweiter Punischer Krieg 9 f., 23, 25, 41, 50, 73 f., 77, 92, 96, 111, 117, 122 f., 204
Zypern 68, 165
Zyraxes 287

fi 560 / 1

Günter Barudio
GUSTAV ADOLF
DER GROSSE
S. Fischer

Fischer Weltgeschichte

1 Vorgeschichte

2 Die Altorientalischen Reiche I
Vom Paläolithikum bis zur Mitte des 2. Jahrtausends

3 Die Altorientalischen Reiche II
Das Ende des 2. Jahrtausends

4 Die Altorientalischen Reiche III
Die erste Hälfte des 1. Jahrtausends

5 Griechen und Perser
Die Mittelmeerwelt im Altertum I

6 Der Hellenismus und der Aufstieg Roms
Die Mittelmeerwelt im Altertum II

7 Der Aufbau des Römischen Reiches
Die Mittelmeerwelt im Altertum III

8 Das Römische Reich und seine Nachbarn
Die Mittelmeerwelt im Altertum IV

9 Die Verwandlung der Mittelmeerwelt

10 Das frühe Mittelalter

11 Das Hochmittelalter

12 Die Grundlegung der modernen Welt
Spätmittelalter, Renaissance, Reformation

13 Byzanz

14 Der Islam I
Vom Ursprung bis zu den Anfängen des Osmanenreiches

15 Der Islam II
Die islamischen Reiche nach dem Fall von Konstantinopel

16 Zentralasien

17 Indien
Geschichte des Subkontinents von der Induskultur bis zum Beginn der englischen Herrschaft

18 Südostasien
vor der Kolonialzeit

Fischer Taschenbuch Verlag

fi 40 / 2a

fi 40 / 2b